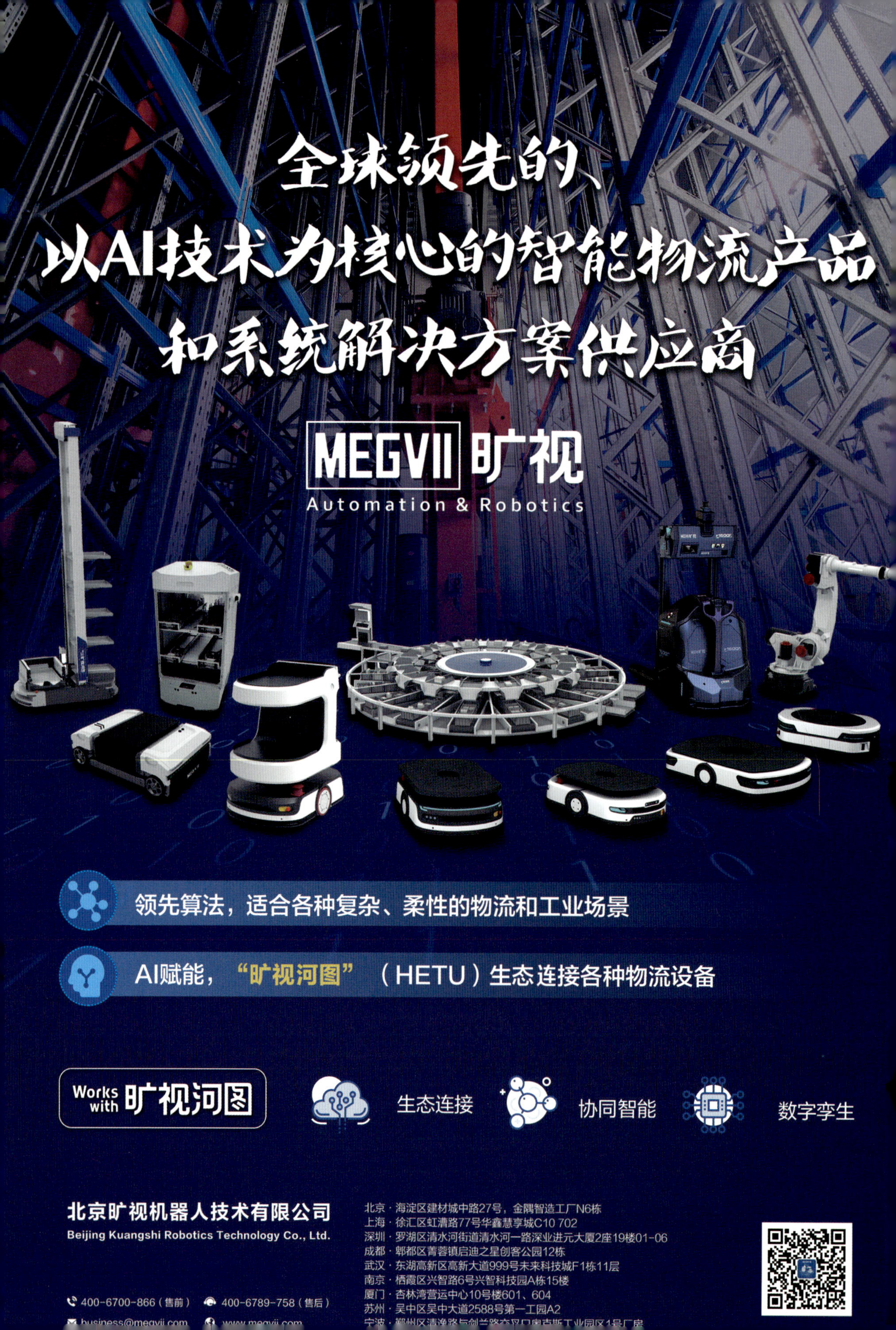

全球领先的、
以AI技术为核心的智能物流产品
和系统解决方案供应商
MEGVII 旷视
Automation & Robotics
领先算法，适合各种复杂、柔性的物流和工业场景
AI赋能，“旷视河图”（HETU）生态连接各种物流设备
Works with 旷视河图
生态连接
协同智能
数字孪生
北京旷视机器人技术有限公司
Beijing Kuangshi Robotics Technology Co., Ltd.
400-6700-866（售前）
400-6789-758（售后）
business@megvii.com
www.megvii.com
北京 · 海淀区建材城中路27号，金隅智造工厂N6栋
上海 · 徐汇区虹漕路77号华鑫慧享城C10 702
深圳 · 罗湖区清水河街道清水河一路深业进元大厦2座19楼01-06
成都 · 郫都区菁蓉镇启迪之星创客公园12栋
武汉 · 东湖高新区高新大道999号未来科技城F1栋11层
南京 · 栖霞区兴智路6号兴智科技园A栋15楼
厦门 · 杏林湾营运中心10号楼601、604
苏州 · 吴中区吴中大道2588号第一工园A2

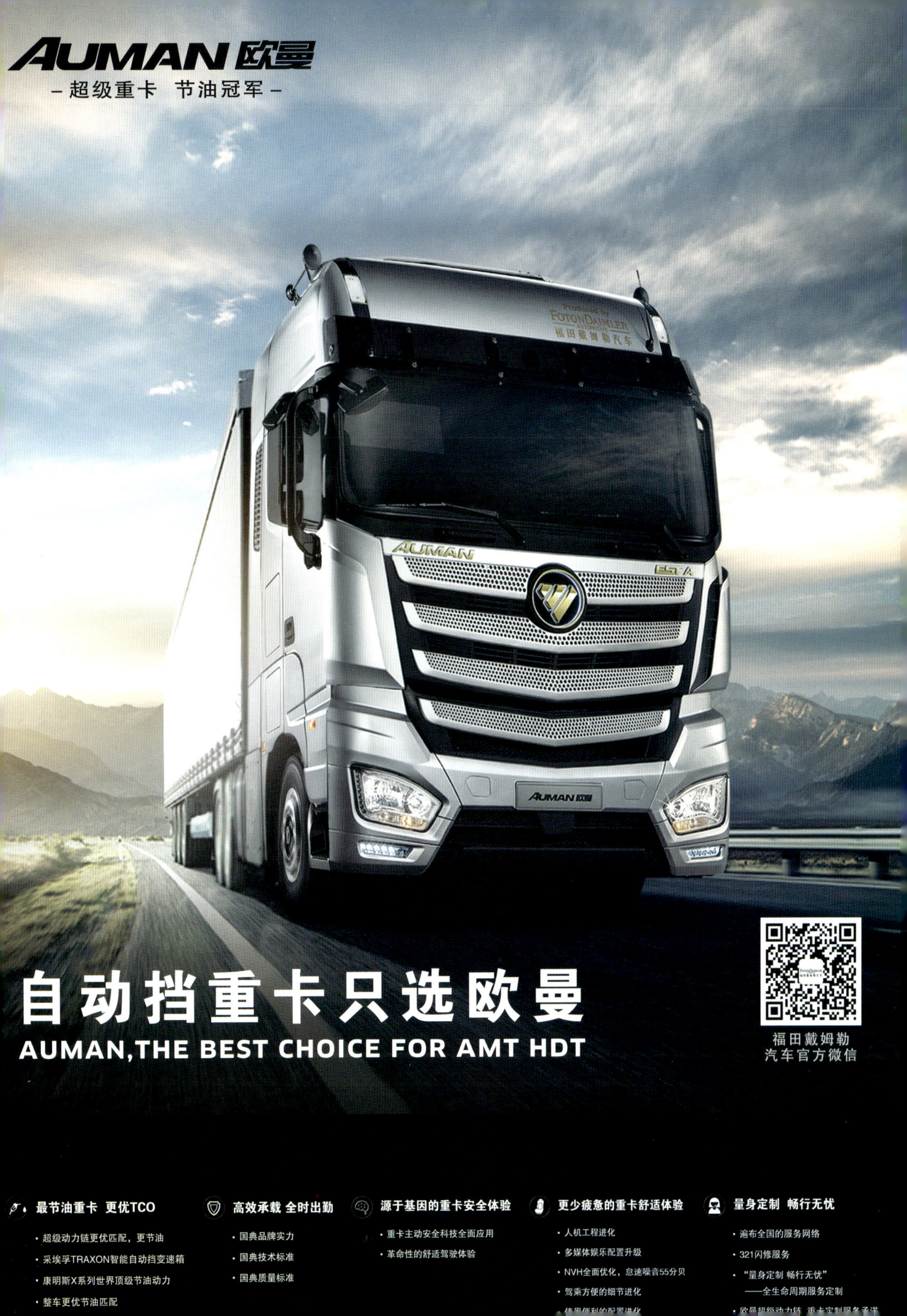
AUMAN 欧曼
-超级重卡 节油冠军-
自动挡重卡只选欧曼
AUMAN,THE BEST CHOICE FOR AMT HDT
福田戴姆勒
汽车官方微信
最节油重卡 更优TCO
• 超级动力链更优匹配，更节油
• 采埃孚TRAXON智能自动挡变速箱
• 康明斯X系列世界顶级节油动力
• 整车更优节油匹配
高效承载 全时出勤
• 国典品牌实力
• 国典技术标准
• 国典质量标准
源于基因的重卡安全体验
• 重卡主动安全科技全面应用
• 革命性的舒适驾驶体验
更少疲惫的重卡舒适体验
• 人机工程进化
• 多媒体娱乐配置升级
• NVH全面优化，怠速噪音55分贝
• 驾乘方便的细节进化
量身定制 畅行无忧
• 遍布全国的服务网络
• 321闪修服务
• “量身定制 畅行无忧”
——全生命周期服务定制

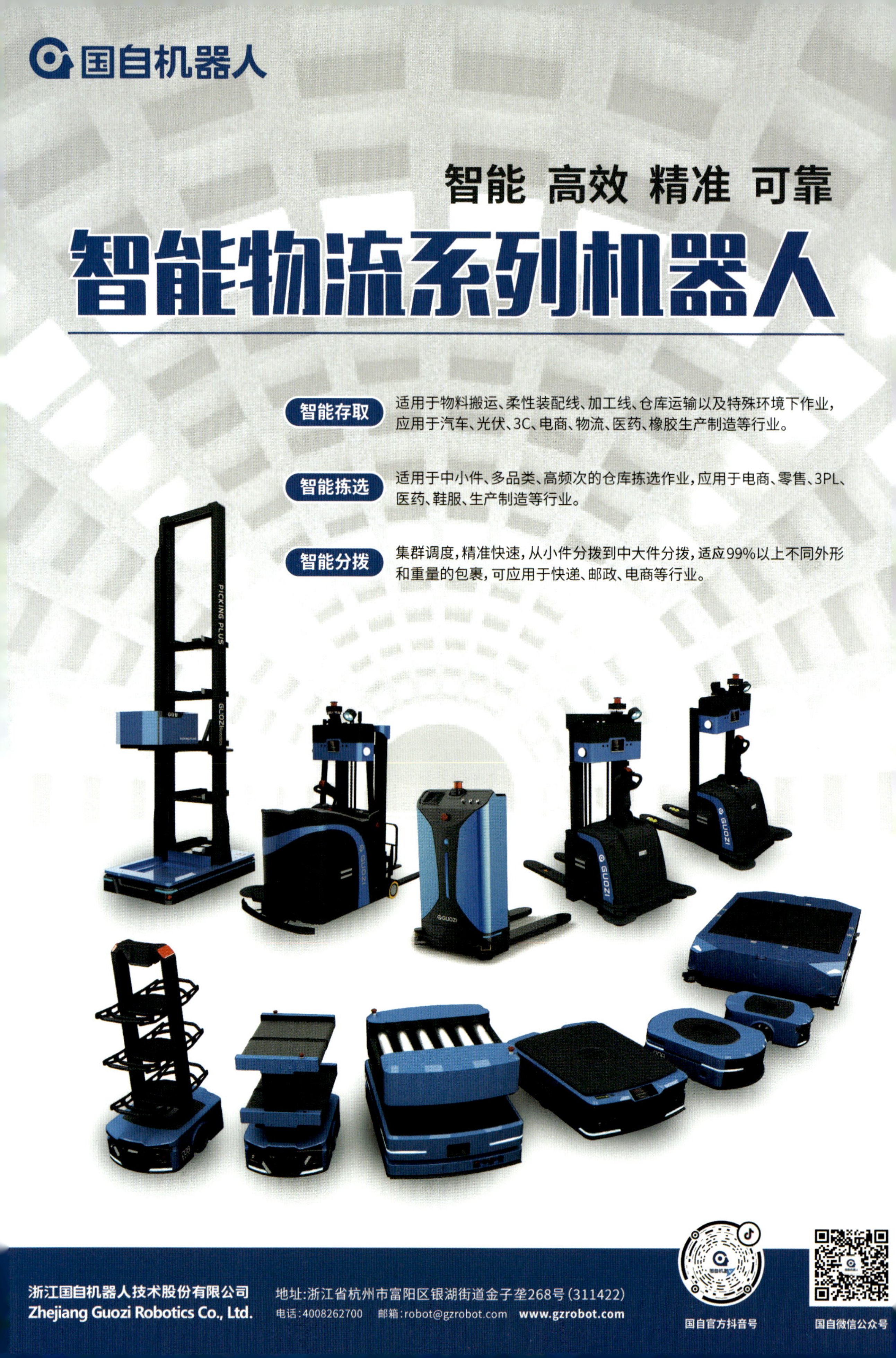
国自机器人
智能 高效 精准 可靠
智能物流系列机器人
智能存取
适用于物料搬运、柔性装配线、加工线、仓库运输以及特殊环境下作业，应用于汽车、光伏、3C、电商、物流、医药、橡胶生产制造等行业。
智能拣选
适用于中小件、多品类、高频次的仓库拣选作业，应用于电商、零售、3PL、医药、鞋服、生产制造等行业。
智能分拨
集群调度，精准快速，从小件分拨到中大件分拨，适应99%以上不同外形和重量的包裹，可应用于快递、邮政、电商等行业。
PICKING PLUS
GUOZI
浙江国自机器人技术股份有限公司
Zhejiang Guozi Robotics Co., Ltd.
地址：浙江省杭州市富阳区银湖街道金子垄268号（311422）
电话：4008262700 邮箱：robot@gzrobot.com www.gzrobot.com
国自官方抖音号
国自微信公众号

远程无忧 高效赚钱

吉利远程增程式冷藏车

吉利远程增程式厢式运输车

绿牌C照

舒适可靠

续航无忧

供电包够

智能安全

省心赚钱

中世国际物流有限公司是一家专注于汽车领域的现代化物流企业，拥有覆盖全国的物流运作网络，致力于给客户提供更好的物流服务。目前下设中甫（上海）航运有限公司、中久物流有限公司、零部件事业部、中世施奈莱克有限公司四个业务单位，共有三大业务板块：滚装航运、零部件物流和包装器具。

1 | 技术研发中心　4 | 国际主机厂的全球供应商　超2500种 | 汽车包装品种　46 | 技术工程师

包装器具

2 | 器具制造厂

12 | 业务中心，包括 3 个海外业务中心

17 | 汽车相关客户

超200万件 | 器具投入数量

超 1.6亿元 | 器具资产价值

超400名 | 员工

零部件物流

ROBOTICS　GOOGLE GLASS

PRODUCTION SUPPLY　MULTI–JIS 4.0

RFID　DRONES

MODULE ASSEMBLY

供应物流　KD件包装　模块化分装

SMART LOGISTICS

打包排序　仓储物流

SEQUENCING　运输物流　PICKING

SCHNELLECKE CLOUD

公司客户

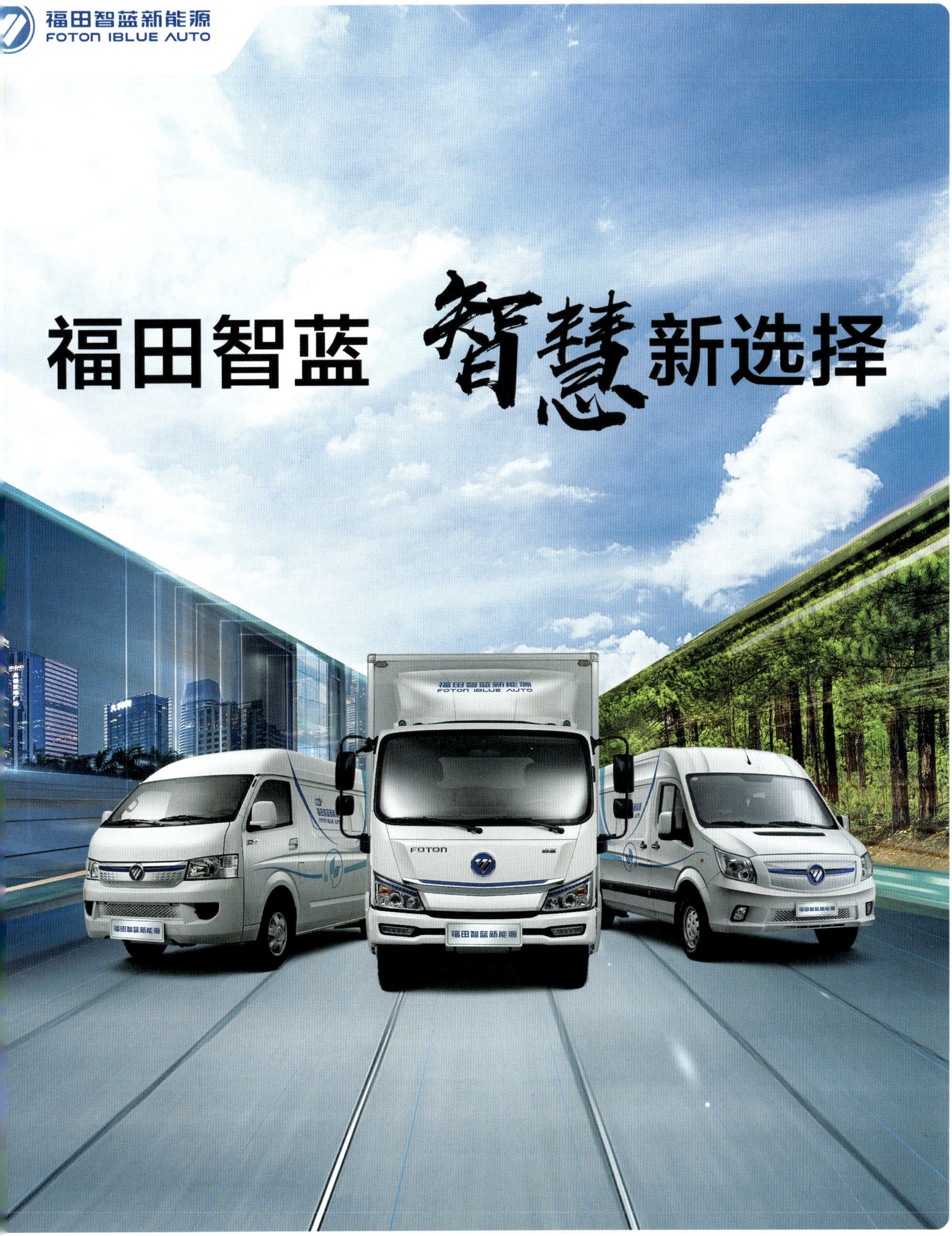

国家物流与供应链系列报告

中国物流技术发展报告（2020）

主　编　何黎明
副主编　张晓东　马增荣　郎茂祥

中国财富出版社有限公司

图书在版编目（CIP）数据

中国物流技术发展报告. 2020／何黎明主编. —北京：中国财富出版社有限公司，2021.3

（国家物流与供应链系列报告）

ISBN 978-7-5047-7399-9

Ⅰ. ①中…　Ⅱ. ①何…　Ⅲ. ①物流技术—研究报告—中国—2020　Ⅳ. ①F259.239

中国版本图书馆 CIP 数据核字（2021）第 054404 号

策划编辑 郑欣怡　**责任编辑** 邢有涛　张宁静

责任印制 梁　凡　**责任校对** 杨小静　**责任发行** 敬　东

出版发行	中国财富出版社有限公司		
社　　址	北京市丰台区南四环西路 188 号 5 区 20 楼	**邮政编码**	100070
电　　话	010-52227588 转 2098（发行部）		010-52227588 转 321（总编室）
	010-52227588 转 100（读者服务部）		010-52227588 转 305（质检部）
网　　址	http：//www.cfpress.com.cn	**排　　版**	宝蕾元
经　　销	新华书店	**印　　刷**	宝蕾元仁浩（天津）印刷有限公司
书　　号	ISBN 978-7-5047-7399-9/F·3278		
开　　本	787mm×1092mm　1/16	**版　　次**	2021 年 4 月第 1 版
印　　张	27.5　**彩　插**　1	**印　　次**	2021 年 4 月第 1 次印刷
字　　数	591 千字	**定　　价**	218.00 元

前 言

2020年是不平凡的一年，由于新冠肺炎疫情的影响，全球经济受到了巨大的冲击，经济衰退现象非常严重。新冠肺炎疫情是中华人民共和国成立以来传播速度最快、感染范围最广、防控难度最大的重大公共卫生事件。自新冠肺炎疫情暴发以来，我国快速响应，积极采取应对措施。在中共中央的坚强领导下，我国迎难而上、众志成城，统筹推进疫情防控和经济社会发展，国内经济得以快速恢复。经过一年的共同努力，我国成为2020年全球唯一保持正增长的主要经济体。在疫情防控与经济恢复的过程中，无论是初期修建火神山医院等的建材以及配套医疗物资的持续供应，还是复工复产阶段原材料和产成品的流动，物流活动都起着至关重要的作用，成为满足人民需求的重要保障。为适应疫情产生的物流新需求和新要求，在过去的一年里，以无接触配送、无人化仓储为代表的物流技术迅猛发展，取得了重大突破。物流技术的快速发展为疫情下的生活物资、医疗物资、生产物资的供应起到了重要的支撑保障作用。

近年来，随着物流业进入高质量发展阶段以及科技革命的兴起，物流技术对于物流业整体的影响正在逐渐加大，技术升级成为物流行业发展的核心动力。加快物流业结构调整、转型升级逐步成为发展大趋势。计算机与通信技术的迅猛发展以及物流设施设备性能的不断突破，推动物流业不断完善和进步。仓储、运输、配送等环节逐步融入前沿技术，未来物流的服务质量将会随着物流技术的突破而不断提升。习近平总书记在第七十五届联合国大会一般性辩论的讲话中，提出我国二氧化碳排放力争于2030年前达到峰值，努力争取2060年前实现碳中和。物流绿色化发展的重要性越来越高，清洁能源相关的物流技术发展将推动物流产业提高绿色化水平。

2020年是《中国物流技术发展报告》系列撰写出版的第5个年头，本报告旨在体现年度物流技术发展的新特点，总结物流技术研发与实际应用的新进展，分析未来发展的新趋势。《中国物流技术发展报告（2020）》（以下简称《报告》）是在总结前4年报告编写经验的基础上，广泛听取行业相关人士与读者的建议，依托物流技术前沿发展资料完成的最新成果。《报告》加入了与2020年全球物流技术大会相关的内容，以充分体现新技术在物流领域的应用和原有技术在物流领域的新拓展应用。在章节结构方面，《报告》基本延续了2019年的总体框架，并主要进行了三个方面的调整。第一，受新冠肺炎疫情影响，国外物流技术的发展新情况不够明朗亦难以收集，因此本报告删除了国际物流技术章节。第二，随着物流技术的发展，其影响的领域逐渐扩大，已逐渐影响到了管理层面。《报告》顺应物流技术发展大势，增加了与统筹规划相关的物流运筹技术章节。第三，疫情影响下我国暴露出了国际航空货运能力短板。2020 年 9 月 9 日，中央财经委员会第八次会议上，强调统筹推进现代流通体系建设，其中明确提出加强国际航空物流货运能力建设，航空物流业得到前所未有的关注和自上而下的高度重视，航空物流业迎来重要战略机遇期。为此，特色物流技术章节新增了航空物流领域相关的内容，同时新增了与生活息息相关的服装物流领域的情况，尽可能多地向读者展示物流技术的发展与应用情况。

本报告由何黎明任主编，张晓东、马增荣、郎茂祥任副主编。何黎明提出宏观的逻辑框架，张晓东、马增荣、郎茂祥负责确定本报告的具体层次结构，制定章节大纲。本报告由中国物流与采购联合会和北京交通大学交通运输学院物流工程系的相关人员参与编写。其中第一章由何黎明、张晓东、马增荣、贾若浩编写；第二章第一节由王沛、常禹、贾若浩编写，第二节由李艳东、王沛、姚铭昀编写，第三节由马增荣、李艳东、姚铭昀编写，第四节由李艳东、左新宇、常禹编写，第五节由张晓东、王沛、胡议友编写，第六节由郎茂祥、李玥熠、胡议友编写；第三章第一节由马增荣、房宇轩编写，第二节由左新宇、房宇轩、朱应编写，第三节由马增荣、王辉、兰允星、朱应编写，第四节由张晓东、兰允星编写，第五节由左新宇、李艳东、王坤编写；第四章第一节由郎茂祥、孟凌萱编写，第二节由郎茂祥、左新宇、吴一非、孟凌萱编写，第三节由郎茂祥、左新宇、李艳东、吴一非编写；第五章由张晓东、左新宇、赵方、齐昕、王坤、王慧玲编写；第六章由郎茂祥、刘舞凤、王辉、谢龙、戴岳、周培宇编写；第七章由郎茂祥、王辉、李玥熠、韩首侃编写；第八章第一节由马增荣、于乃康、李鹏、郭苏慧编写，第二节由刘宇航、张晓东、于乃康编写，第三节由马增荣、秦玉鸣、付文静编写，第四节由张晓东、王辉、唐炜琳编写，第五节由马增荣、张晋姝、王志婷、贾若浩编写，第六节由左新宇、施伟、孔婷婷、唐炜琳编写，第七节由王沛、张晓东、孔婷婷编写，第八节由万莹、付文静、王志婷编写。

在编写《报告》的过程中，得到了我国众多物流领域专家和物流技术装备企业的大力支持，获得了宝贵的最新资料。在此基础上，编写组进行了多轮研讨，将资料的价值尽可能多地发挥出来，呈现在各位读者面前。此外，编写组于 2020 年全球物流技术大会时便与中国财富出版社有限公司物流分社副主编就报告内容进行了交流，并在后续保持联系。正是由于中国财富出版社有限公司编辑们在时间紧、任务重的背景下加班加点工作，《报告》才得以保质保量如期出版。在此对为《报告》编写组提供帮助的各企业、各位专家和中国财富出版社有限公司表示衷心的感谢。

由于编写的时间有限，加之物流技术体系庞大，涉及生产生活的各个方面，特别是在疫情的影响下，物流技术更新迭代速度加快，《报告》中难免有疏忽、不妥之处，衷心希望读者谅解并提出宝贵意见，以便在今后的报告中不断改进与完善。

编　者

2020 年 2 月

目　录

第一章　物流技术发展环境

物流业是支撑国民经济发展的基础性、战略性、先导性产业，物流活动是畅通国民经济循环的重要环节。近年来，物流降本增效工作积极推进，社会物流成本保持稳步下降，但部分领域物流成本高、效率低等问题仍然突出，特别是受新冠肺炎疫情影响，社会物流成本出现阶段性上升，难以适应建设现代化经济体系、推动高质量发展的要求。物流技术作为物流业高质量发展的重要推动力，对于加快物流业结构调整与转型升级具有十分重要的作用。为促进物流业更好发展，应了解物流技术目前所处的经济、政策及行业需求环境。

第一节　物流技术发展经济环境

经济环境是物流技术发展的重要宏观环境之一。良好的经济环境将为发展物流技术提供良好的市场需求环境，刺激物流技术进步。在过去一年半的时间里，面对错综复杂的国内外环境，我国经济运行整体呈现平稳发展的态势。特别是面对新冠肺炎疫情时我国应对及时，经济的快速恢复为物流技术发展提供了良好的环境。

一、经济总体运行情况

2019 年是新中国成立 70 周年，面对国内外风险挑战明显上升的复杂局面，在以习近平同志为核心的党中央的坚强领导下，我国坚持稳中求进的工作总基调，坚持新发展理念，坚持以供给侧结构性改革为主线，积极推动高质量发展，扎实做好“六稳”工作，三大攻坚战取得关键发展，国民经济运行总体平稳，为物流技术发展提供了良好的环境。2020 年是全面建成小康社会和“十三五”规划收官之年，此时全球暴发新冠肺炎疫情，对我国经济造成较大冲击，但我国迅速开展防疫工作，有序推进复工复产，经济基本恢复平稳。新冠肺炎疫情的暴发对物流业提出了新挑战，但也为一些物流技术创造了发展机遇。

（一）国内生产总值（GDP）

2019 年我国经济保持了良好的发展势头，全年 GDP 近 100 万亿元，同比增长 6.0%，较 2018 年有所收窄。2015—2019 年 5 年间我国 GDP 呈稳步增长趋势，平均增幅约为 6.7%。2020 年受新冠肺炎疫情影响，我国 GDP 全年增幅仅为 2.3%，但全年总量突破 3100 万亿元大关，这是我国经济发展的一项重大突破。我国经济快速摆脱新冠肺炎疫情影响，稳中有进，有利于物流业稳定向好发展。2015—2019 年国内生产总值及其同比增长率如图 1－1 所示。

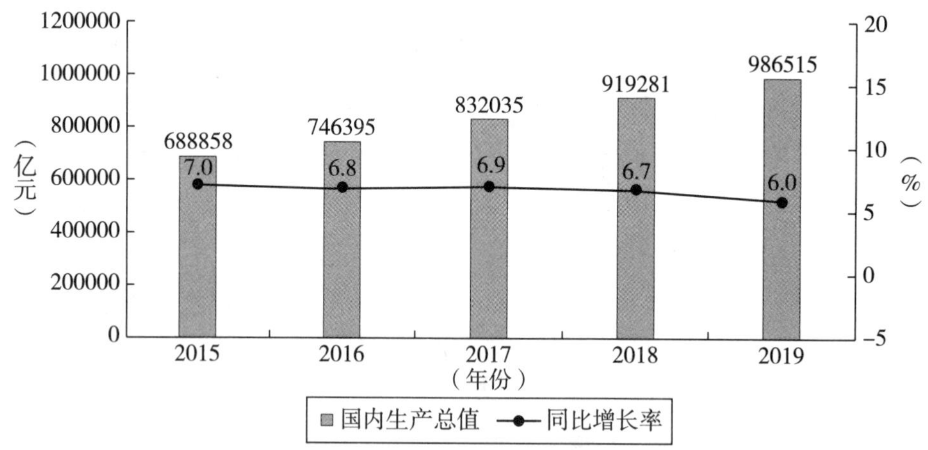

图 1－1 2015—2019 年国内生产总值及其同比增长率

资料来源：国家统计局。

（二）人均国内生产总值

2019 年我国人均国内生产总值为 70581 元，同比增长为 5.7%，增速较 2018 年有所收窄，但 2015—2019 年我国人均国内生产总值始终处于增长状态。人均国内生产总值持续增长代表着人民对于美好生活有更强的追求，由此带来对物流更高的需求。为满足需求，需要持续推进物流业高质量发展，而这离不开物流技术的研发与应用。发展物流技术对于提升物流业整体运作效率、保障人民生活质量有着重要的作用。2015—2019 年我国人均国内生产总值如图 1－2 所示。

（三）三次产业增加值

2019 年我国第一、第二、第三产业增加值分别为 70474 亿元、380671 亿元、535371 亿元①，占比分别为 7.1%、38.6%、54.3%，其中第三产业增加值占比较 2018

① 数据为初步核算数，下文同。

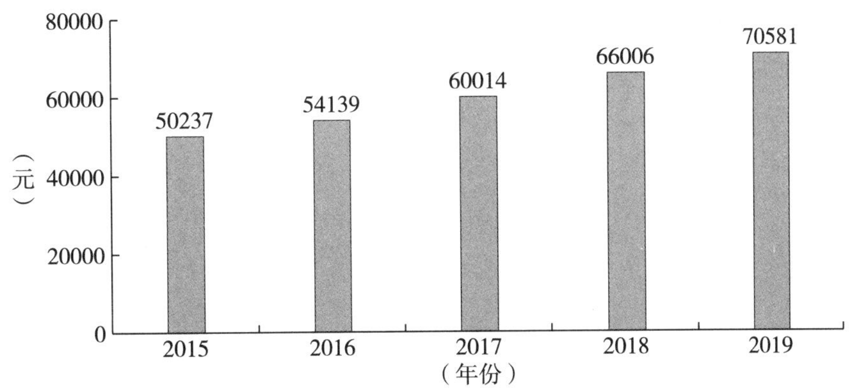

图 1－2 2015—2019 年我国人均国内生产总值

资料来源：国家统计局。

年上升 1 个百分点。2015—2019 年随着我国产业结构的不断优化，服务业发展不断向好，我国第三产业增加值占比一直处于上升状态。物流业作为服务业重要的组成部分，良好的外部环境为物流业发展带来了机遇，推动了物流技术的进步。2015—2019 年我国三次产业增加值占比如图 1－3 所示。

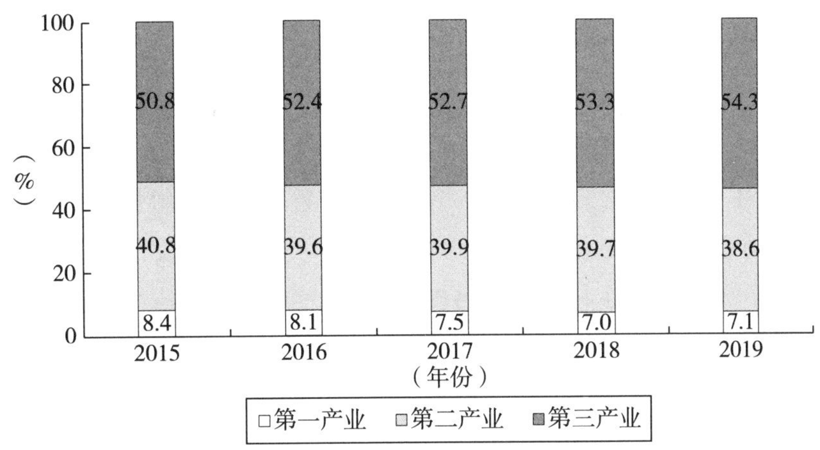

图 1－3 2015—2019 年我国三次产业增加值占比[①]

资料来源：国家统计局。

（四）工业增加值及交通运输、仓储和邮政业增加值

2019 年我国工业增加值为 311859 亿元，同比增长 4.8%，交通运输、仓储和邮政业增加值为 42466 亿元，同比增长 6.5%，增幅较 2018 年有所收窄。交通运输、仓储和邮政业增加值占我国国内生产总值的 4.3%，较 2018 年略有下降。自 2016 年以来，

① 数据分项存在四舍五入，未作机械处理。全书同。

交通运输、仓储和邮政业增加值增速一直高于工业增加值整体增速，这说明我国交通运输、仓储和邮政业对于工业发展具有较强的带动作用。2015—2019 年我国工业增加值及其同比增长率以及交通运输、仓储和邮政业增加值如图 1－4 所示。

图 1－4　2015—2019 年我国工业增加值及其同比增长率以及交通运输、仓储和邮政业增加值

资料来源：国家统计局。

（五）社会消费品零售总额

2019 年我国社会消费品零售总额达到 408017 亿元，整体来看，2015—2019 年我国消费品零售总额处于高速增长阶段。2020 年受新冠肺炎疫情影响，我国仅完成消费品零售总额 391981 亿元，同比下降了 3.9 个百分点，首次出现负增长，人民消费意愿不强，但未来随着新冠肺炎疫情得到进一步控制，很可能重新激发市场活力。常态化疫情防控下的消费形势为与末端无接触配送相关的物流技术的发展提出了新要求。2015—2019 年我国社会消费品零售总额如图 1－5 所示。

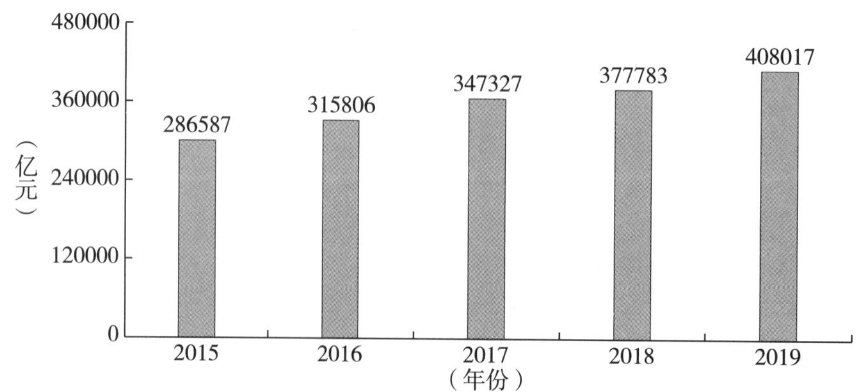

图 1－5　2015—2019 年我国社会消费品零售总额

资料来源：国家统计局。

（六）全社会固定资产投资

2019 年我国全社会固定资产投资完成 560874 亿元，较 2018 年出现下降。我国经济进入高质量发展阶段以来，一直提倡提高投资效率，减少无效投资，投资的方向也从传统的基础设施转向新型基础设施。部分新型基础设施可以与物流技术发展建立紧密的联系，如何利用好新型基础设施促进物流技术进步成为当下应重点关注的问题之一。通过加快新型基础设施建设可以促进我国物流业转型升级。2015—2019 年我国全社会固定资产投资如图 1-6 所示。

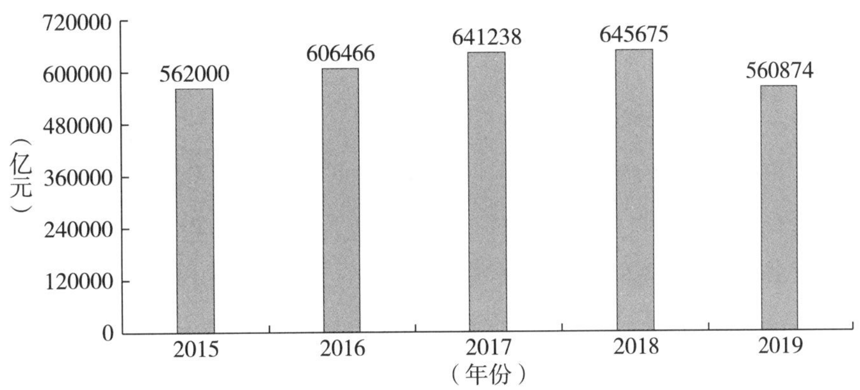

图 1-6　2015—2019 年我国全社会固定资产投资

资料来源：国家统计局。

（七）货物进出口总额

2019 年我国货物进出口总额为 315627 亿元，其中进口 143253 亿元、出口 172374 亿元。对“一带一路”国家进出口总额同比增长 10.8%，高出货物进出口总额增速 7.4 个百分点。2020 年受新冠肺炎疫情影响，我国货物进出口总额为 321557 亿元，同比上升 1.9 个百分点，其中进口 142231 亿元，同比下降 0.7%，出口 179326 亿元，同比增长 4.0%。如何在进行国际物流活动的同时防止 2019 新型冠状病毒的传播是当下需要重点关注的问题之一，这为物流技术提出了新的要求。2015—2019 年我国货物进出口总额如图 1-7 所示。

二、新形势下的新要求

（一）推动经济平稳发展

我国经济正处在转变发展方式、优化经济结构、转换增长动力的攻关期，经济发

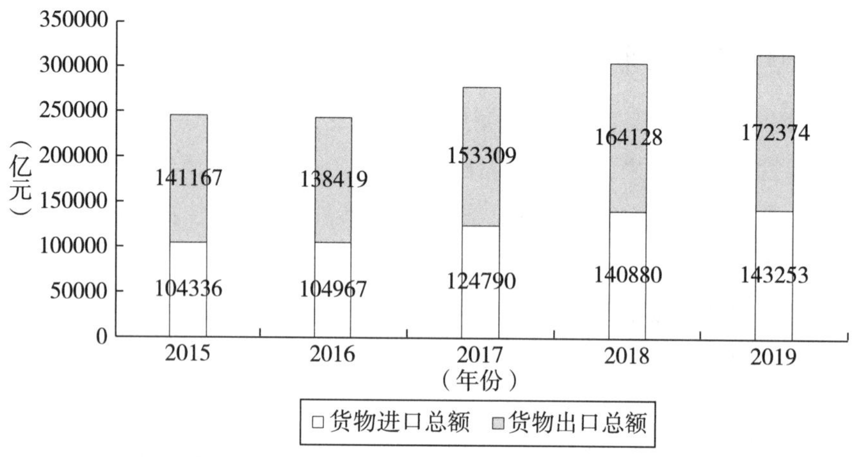

图1－7　2015—2019年我国货物进出口总额

资料来源：国家统计局。

展前景向好，但也面临着结构性、体制性、周期性问题相互交织所带来的困难和挑战，加上新冠肺炎疫情冲击，目前我国经济运行面临较大压力。2020年的政府工作报告中也指出要引导各方面集中精力抓好“六稳”“六保”。物流业是国民经济平稳运行的支柱产业，其对于保障基本民生、保障产业链供应链稳定有着重要的作用。近年来，物流业降本增效积极推进，社会物流成本水平保持稳步下降，2019年我国社会物流总费用与GDP的比率为14.7%，比2018年下降0.1个百分点①，已经实现了连续6年下降，但该比率依然高于世界主要发达国家及新兴经济体的平均水平，我国物流业仍有较大发展空间。

为更好地支撑我国经济平稳发展，物流业需要进一步实现降本增效，为此需要突出新发展理念，促进数量型降成本向效率型降成本转变，统筹协调，引导企业通过效率提升、技术进步、模式创新、节能环保来降低企业自身物流成本。物流技术是物流业高质量发展的重要推动力，应加快新技术的研发与应用，推进物流智慧化、绿色化建设，促进物流业降本增效与转型升级，进而使其提供成本更低、质量更高的物流服务，支撑经济平稳发展。

（二）促进国内国际双循环体系构建

面对当前经济发展新形势，我国提出要加快建设现代化经济体系，加快构建以国内大循环为主体、国内国际双循环相互促进的新发展格局，要立足国内大循环，发挥

① 国家发展改革委.2019年全国物流运行情况［EB/OL］.（2020－04－21）［2020－12－03］. https：//www.ndrc.gov.cn/fgsj/tjsj/jjyx/xdwl/202004/t20200421_1226120.html.

比较优势，协同推进强大国内市场和贸易强国建设，以国内大循环吸引全球资源要素。物流作为连接生产与消费的重要纽带，对于加快构建国内国际双循环的新发展格局，特别是促进形成强大国内市场，提升国民经济整体性水平有着重要的支撑作用。

国内国际双循环体系的构建对物流业提出了更高的要求，一方面要顺应消费升级、产业升级新需求，深化产业联动融合，从低水平粗放式发展方式转向精细化、高品质发展，挖掘新需求、创造新供给、壮大新动能①；另一方面应积极推进物流新技术的研发与应用，以适应越发庞大的物流系统，提高系统对于不确定性与时变性的应对能力，进而支撑强大国内市场的形成，促进国内国际双循环体系的构建。

（三）服务交通强国建设

近年来，我国政府对于物流业的重视程度越来越高，提出物流是畅通国民经济循环的重要环节，并为物流业提出了更高的发展目标要求。2019 年 9 月，中共中央、国务院印发的《交通强国建设纲要》提出，到 2035 年我国要基本形成“全球 123 快货物流圈”，即国内 1 天送达、周边国家 2 天送达、全球主要城市 3 天送达。这对物流服务的时效性提出了新的挑战。物流提速离不开物流技术的发展创新，例如，通过对载运工具的技术创新，提高货物的运输效率；通过对机械臂、无人车等智能机械的应用，提高装卸搬运效率；通过加强对大数据、人工智能等信息技术的应用，提高决策的效率与准确性，进而提高物流活动整体的速度。总之，实现物流活动效率的提升离不开物流技术的发展，为此需要加快物流技术的研发与应用。

（四）加快科技强国建设

习近平总书记指出“科技兴则民族兴，科技强则国家强”。要建成一个富强、民主、文明、和谐、美丽的社会主义现代化强国，科技是贯穿始终的不竭动力。近年来我国一直坚持创新在我国现代化建设全局中的核心地位，积极实行人才强国战略、创新驱动发展战略，完善国家创新体系，中共十九届五中全会更是强调了创新的重要性，这为我国科学技术发展提供了良好的环境。在国家的大力支持下，我国科学技术水平有了重大提升，第五代移动通信技术（5G）正式商用、北斗卫星导航系统全球联网成功均体现了我国的科技实力。

在国家大力发展科学技术的背景下，物流业也应当积极响应国家号召，坚持创新驱动，强化创新主体地位，促进各类创新要素集聚，加快物流技术的研发，推动新技

① 何黎明．推进物流高质量发展　助力全面建成小康社会［EB/OL］．（2020-01-17）［2020-12-03］．http：//www.chinawuliu.com.cn/lhhzq/202001/17/489563.shtml.

术在物流活动各个环节中的应用，其中着重加强5G、北斗卫星导航、人工智能、大数据、区块链等信息技术在物流场景中的应用，以加快形成信息化、网络化、智能化、集成化的物流系统，为物流业高质量发展助力。

（五）促进全面建成小康社会

2020年是全面建成小康社会的关键之年，而其中脱贫是全面建成小康社会必须完成的硬任务。为确保实现脱贫攻坚目标，需要落实脱贫攻坚和乡村振兴举措，保障重要农产品供给，提高农民生活水平。物流是连接贫困地区与其他地区的重要纽带，对贫困地区人民的生活物资供给与产成品销售起着重要的保障作用，是提高人民生活水平的重要一环。为更好地服务贫困人口，物流配送网络需要进一步向贫困地区延伸，因此需要克服偏远地区恶劣的地形、地势、气候等因素，而这离不开物流技术的支持。如通过无人机等无人配送设备实现偏远地区的高效配送，通过先进的包装容器保障货物在高寒、高温等恶劣环境下的完好性。为满足贫困地区人民日益强烈的对于美好生活的向往，物流技术还需要不断发展，确保高质量完成全面建成小康社会的时代任务。

第二节　物流技术发展政策环境

目前国内外形势复杂多变，面对新形势、新变化，物流技术需要来自国家层面的宏观指引，通过政府部门出台相关利好政策引导物流技术进一步发展，指明未来的发展方向，以实现物流数字化、智能化、智慧化、绿色化发展。作为《中国物流技术发展报告（2019）》对政策环境分析的延续，本书选取2019年6月—2020年11月的相关政策文件及2019年6月前对物流技术影响较大的政策文件进行了相应的总结梳理。

一、物流技术相关政策出台情况（见表1－1）

二、物流技术相关政策要点

近年来，我国政府高度重视物流业发展，出台了多个与物流业相关的政策文件，其中对于物流技术发展要求主要集中在补齐物流设施设备短板、提高物流信息化水平、加强物流智能化应用、推动标准化建设、促进物流绿色化发展五个方面。

表 1－1　　物流技术相关政策出台情况

序号	发文时间	发文部门	政策文件名称	有关物流技术内容
1	2014 年 10 月 4 日	国务院	《国务院关于印发物流业发展中长期规划（2014—2020 年）的通知》（国发〔2014〕42 号）	①创新驱动，协同发展。加快关键技术装备的研发应用，提升物流业信息化和智能化水平，创新运作管理模式，提高供应链管理和物流服务水平，形成物流业与制造业、商贸业、金融业协同发展的新优势。 ②节能减排，绿色环保。鼓励采用节能环保的技术、装备，提高物流运作的组织化、网络化水平，降低物流业的总体能耗和污染物排放水平。 ③完善标准，提高效率。推动物流业技术标准体系建设，加强一体化运作，实现物流作业各环节、各种物流设施设备以及物流信息的衔接配套，促进物流服务体系高效运转。 ④进一步加强物流信息化建设。加强北斗导航、物联网、云计算、大数据、移动互联等先进信息技术在物流领域的应用。 ⑤推进物流技术装备现代化。加强物流核心技术和装备研发，推动关键技术装备产业化，鼓励物流企业采用先进适用技术和装备
2	2016 年 7 月 29 日	国家发展改革委	《国家发展改革委关于印发〈“互联网＋”高效物流实施意见〉的通知》（发改经贸〔2016〕1647 号）	①构建物流信息互联共享体系，推动传统物流活动向信息化、数据化方向发展。 ②提升仓储配送智能化水平。利用互联网等先进信息技术手段，重塑企业物流业务流程，创新企业资源组织方式，促进线上线下融合发展，提高仓储、配送等环节运行效率及安全水平。 ③发展高效便捷物流新模式。依托互联网等先进信息技术，创新物流企业经营和服务模式，将各种运输、仓储等物流资源在更大的平台上进行整合和优化，扩大资源配置范围，提高资源配置有效性，全面提升社会物流效率

续 表

序号	发文时间	发文部门	政策文件名称	有关物流技术内容
3	2017年1月4日	交通运输部等十八个部门	《交通运输部等十八个部门关于进一步鼓励开展多式联运工作的通知》（交运发〔2016〕232号）	①实现行业信息共享。依托国家交通运输物流公共信息平台、电子口岸公共平台等现有信息管理系统建立多式联运公共信息资源平台，提供资质资格、认证认可、检验检疫、通关查验、税收征缴、违法违章、信用评价、政策动态等一站式服务。积极引导企业开放枢纽站场、运力调配、班线计划等数据资源。 ②推广标准化运载单元。大力推广应用集装箱、厢式半挂车等标准化运载单元和货运车辆，探索发展模块化汽车列车。研究发展适应我国铁路和公路技术条件的大尺寸、大容量内陆集装箱。组织开展可交换箱体技术研究，探索推进产业化研发应用。优先推广使用1200mm×1000mm标准托盘，推动一贯化带盘运输。 ③加强专业化联运设备研发。鼓励企业研发应用跨运输方式的吊装、滚装、平移等快速换装转运专用设备。组织开展重大技术装备关键技术和物联网在集装箱多式联运领域集成应用等专项科技攻关
4	2017年1月19日	商务部等五个部门	《商贸物流发展“十三五”规划》（商流通发〔2017〕29号）	①加强商贸物流标准化建设。重点完善基础类、服务类商贸物流标准，加快形成覆盖仓储、运输、装卸、搬运、包装、分拣、配送等环节的商贸物流标准体系。以“互联网+”为驱动，推动适应电子商务、连锁经营、共同配送等现代流通方式发展的商贸物流设施设备标准化、服务标准化和信息标准化。 ②加强商贸物流信息化建设。深入实施“互联网+”高效物流行动，构建多层次物流信息服务平台，发展经营范围广、辐射能力强的综合信息平台、公共数据平台和信息交易平台。 ③推动商贸物流专业化发展。重点推动电子商务、冷链、医药、生产资料等专业物流发展。发展冷链物流，加强多温层节能冷库、加工配送中心、末端冷链设施建设，鼓励应用专业冷藏运输、全程温湿度监控等先进技术设备。 ④促进商贸物流绿色化转型。引导企业创新绿色物流运作模式，通过信息技术优化物流资源配置和仓储配送管理，实现节能降耗。加快淘汰落后用能设备

续 表

序号	发文时间	发文部门	政策文件名称	有关物流技术内容
5	2017年2月13日	国家邮政局	《快递业发展“十三五”规划》	①鼓励快递企业建设现代化立体仓库和信息平台，推广应用自动化、信息化技术装备，提升处理能力和运营效率。探索“园区＋快递”的融合发展新模式，实现产业集聚、经营集约、功能集成。 ②提升快递企业与民航、铁路、公路、水路等运输企业合作深度，积极发展甩挂运输、多式联运等，加强不同运输方式间的无缝衔接，提高物流集约水平。制定并实施快递设施设备通用标准，提升运输装备标准化和专业化水平。 ③引导企业利用信息化、智能化手段，加强城乡社区末端网络模式创新，推进线上线下联动。强化信息流引领，优化末端路由组合，实现服务流程最短化。加强城乡惠民综合服务平台建设，鼓励企业升级改造末端服务网点，提升网点标准化程度。 ④推进科技创新。加强移动互联网、物联网、大数据、云计算、虚拟现实、人工智能等现代信息技术在企业管理、市场服务和行业监管中的应用。 ⑤推动快递企业服务“中国制造2025”战略，积极融入智能制造、个性定制等制造业新领域。 ⑥推广绿色包装。落实国家鼓励节能减排、循环利用资源的优惠政策，鼓励企业采用清洁生产技术，大力降低原材料和能源消耗。开展绿色包装物品研究，支持企业研发生产标准化、绿色化、减量化和可循环利用降解的包装材料。 ⑦推动绿色运输。推广应用高效、节能、环保的运输装备，在中转盘驳、城市配送等环节积极推广使用电动车辆
6	2017年10月13日	国务院办公厅	《国务院办公厅关于积极推进供应链创新与应用的指导意见》（国办发〔2017〕84号）	①推动建设农业供应链信息平台，集成农业生产经营各环节的大数据，共享政策、市场、科技、金融、保险等信息服务。 ②将供应链上下游企业全部纳入追溯体系，构建全链条可追溯体系。 ③推进机械、航空、船舶、汽车、轻工、纺织、食品、电子等行业供应链体系的智能化，加快人机智能交互、工业机器人、智能工厂、智慧物流等技术和装备的应用。 ④开发应用绿色包装材料，建立绿色物流体系

续 表

序号	发文时间	发文部门	政策文件名称	有关物流技术内容
7	2017年12月14日	工业和信息化部	《工业和信息化部关于印发〈促进新一代人工智能产业发展三年行动计划（2018—2020年）〉的通知》（工信部科〔2017〕315号）	①发展智能控制产品，加快突破关键技术，研发并应用一批具备复杂环境感知、智能人机交互、灵活精准控制、群体实时协同等特征的智能化设备。 ②推动智能硬件普及，深化人工智能技术在智能家居、健康管理、移动智能终端和车载产品等领域的应用。 ③支持车辆智能计算平台体系架构、车载智能芯片、自动驾驶操作系统、车辆智能算法等关键技术、产品研发，构建软件、硬件、算法一体化的车辆智能化平台。 ④支持智能避障、自动巡航、面向复杂环境的自主飞行、群体作业等关键技术研发与应用，推动新一代通信及定位导航技术在无人机数据传输、链路控制、监控管理等方面的应用
8	2018年1月23日	国务院办公厅	《国务院办公厅关于推进电子商务与快递物流协同发展的意见》（国办发〔2018〕1号）	①推广智能投递设施。鼓励将智能快件箱纳入便民服务、民生工程等项目，加快社区、高等院校、商务中心、地铁站周边等末端节点布局；鼓励传统物流园区适应电子商务和快递业发展需求转型升级，提升仓储、运输、配送、信息等综合管理和服务水平。 ②引导企业使用符合标准的配送车型，推动配送车辆标准化、厢式化。 ③加强大数据、云计算、机器人等现代信息技术和装备在电子商务与快递物流领域应用，大力推进库存前置、智能分仓、科学配载、线路优化，努力实现信息协同化、服务智能化。 ④加强快递物流标准体系建设，推动建立电子商务与快递物流各环节数据接口标准，推进设施设备、作业流程、信息交换一体化。 ⑤制订实施电子商务绿色包装、减量包装标准，推广应用绿色包装技术和材料，推进快递物流包装物减量化。 ⑥推动绿色运输与配送。加快调整运输结构，逐步提高铁路等清洁运输方式在快递物流领域的应用比例

续　表

序号	发文时间	发文部门	政策文件名称	有关物流技术内容
9	2018年7月3日	国务院	《国务院关于印发打赢蓝天保卫战三年行动计划的通知》（国发〔2018〕22号）	①大力发展多式联运，加快推广集装箱多式联运，鼓励发展江海联运、江海直达、滚装运输、甩挂运输等运输组织方式。 ②加快车船结构升级，推广使用新能源汽车。 ③加快推进城市建成区新增和更新的公交、环卫、邮政、出租、通勤、轻型物流配送车辆使用新能源或清洁能源汽车，重点区域港口、机场、铁路货场等新增或更换的作业车辆主要使用新能源或清洁能源汽车。 ④开展货物运输多式联运、内燃机及锅炉清洁燃烧等技术研究
10	2018年9月26日	中共中央、国务院	《乡村振兴战略规划（2018—2022年）》	①培育新产业新业态，研发绿色智能农产品供应链核心技术，加快培育农业现代供应链主体。加强农商互联，密切产销衔接，发展农超、农社、农企、农校等产销对接的新型流通业态。 ②加快构建农村物流基础设施骨干网络，鼓励商贸、邮政、快递、供销、运输等企业加大在农村地区的设施网络布局。加快完善农村物流基础设施末端网络，鼓励有条件的地区建设面向农村地区的共同配送中心。 ③实施数字乡村战略，加快物联网、地理信息、智能设备等现代信息技术与农村生产生活的全面深度融合，深化农业农村大数据创新应用
11	2018年10月9日	国务院办公厅	《国务院办公厅关于印发〈推动运输结构调整三年行动计划（2018—2020年）〉的通知》（国发办〔2018〕91号）	①促进“互联网＋货运物流”新业态、新模式发展，深入推进无车承运人试点工作。 ②大力推广集装化运输，支持企业加快多式联运运载单元、快速转运设备、专用载运机具等升级改造。 ③提高集装箱共享共用和流转交换能力，利用物联网等技术手段提升集装箱箱管和综合信息服务水平。 ④加快新能源和清洁能源车辆推广应用。 ⑤提升物流信息服务水平，强化货物在途状态查询、运输价格查询、车货动态匹配、集装箱定位跟踪等综合信息服务，提高物流服务智能化、透明化水平

续 表

序号	发文时间	发文部门	政策文件名称	有关物流技术内容
12	2018年10月11日	国务院办公厅	《国务院办公厅关于印发完善促进消费体制机制实施方案（2018—2020年）的通知》（国发办〔2018〕93号）	①加快推进第五代移动通信（5G）技术商用。支持企业加大技术研发投入，突破核心技术，带动产品创新，提升智能手机、计算机等产品中高端供给体系质量。支持可穿戴设备、消费级无人机、智能服务机器人等产品创新和产业化升级。 ②加强消费领域大数据应用。依托国家数据共享交换平台体系等基础设施资源，加快推动各部门、各地区消费领域大数据应用并实现互联互通。推动社会组织、电商企业等建设相关领域大数据库，支持专业化大数据服务企业发展
13	2018年12月14日	国家邮政局	《快递业绿色包装指南（试行）》	规定了快递业绿色包装坚持标准化、减量化和可循环的工作目标，加强与上下游协同，提出深入推进快递业绿色包装工作，逐步实现包装材料的减量化和再利用
14	2018年12月24日	国家发展改革委、交通运输部	《国家发展改革委 交通运输部关于印发〈国家物流枢纽布局和建设规划〉的通知》（发改经贸〔2018〕1886号）	①加强新技术、新装备创新应用，具体为推广电子化单证，加强自动化控制、决策支持等管理技术以及场内无人驾驶智能卡车、自动导引车、智能穿梭车、智能机器人、无人机等装备在国家物流枢纽内的应用，提升运输、仓储、装卸搬运、分拣、配送等作业效率和管理水平；加强物流包装物在枢纽间的循环共用和回收利用，推广使用可循环、可折叠、可降解的新型物流设备和材料，鼓励使用新能源汽车等绿色载运工具和装卸机械。 ②依托国家物流枢纽实现上下游各环节资源优化整合和高效组织协同，发展供应链库存管理、生产线物流等新模式，满足敏捷制造、准时生产等精益化生产需要；探索发展以个性化定制、柔性化生产、资源高度共享为特征的虚拟生产、云制造等现代供应链模式，提升全物流链条价值创造能力，实现综合竞争力跃升。 ③提升邮件快件分拨处理智能化、信息化、绿色化水平

续　表

序号	发文时间	发文部门	政策文件名称	有关物流技术内容
15	2019年1月3日	交通运输部	《交通运输部办公厅关于推进乡镇运输服务站建设加快完善农村物流网络节点体系的意见》（交办运〔2018〕181号）	①支持县级农村物流中心或农村物流龙头骨干企业建设县级农村物流综合信息服务平台，完善平台网上交易、运输组织、过程监控、结算支付、金融保险、大数据分析等服务功能，并加强与电商、邮政快递等平台的有效对接。 ②加强农村物流信息终端建设。应用条码、射频识别技术、车载卫星定位装置以及电子运单等先进信息技术和管理方式，加强货物交易、运输、仓储、配送全过程的监控与追踪，并实现信息数据与县级综合信息服务平台的互联互通。 ③加快装备升级改造。大力推广安全经济、节能环保的新能源车辆，不断提高新能源车辆在新增运力中的比重。鼓励农村物流、邮政快递、电子商务等企业应用托盘、集装篮、厢式货车等标准化、单元化设备和专业化包装、分拣、装卸设备，提高农村物流作业效率、减少货损货差
16	2019年1月25日	国务院	《国务院关于促进综合保税区高水平开放高质量发展的若干意见》（国发〔2019〕3号）	便利货物流转。运用智能监管手段，创新监管模式，简化业务流程，实行数据自动比对、卡口自动核放，实现保税货物点对点直接流转，降低运行成本，提升监管效能
17	2019年2月18日	中共中央、国务院	《粤港澳大湾区发展规划纲要》（国务院公报2019年第7号）	①支持香港物流及供应链管理应用技术、纺织及成衣、资讯及通信技术、汽车零部件、纳米及先进材料等五大研发中心以及香港科学园、香港数码港建设。 ②加快智能交通系统建设，推进物联网、云计算、大数据等信息技术在交通运输领域的创新集成应用。 ③加强低碳发展及节能环保技术的交流合作，进一步推广清洁生产技术，培育发展新兴服务业态，加快节能环保与大数据、互联网、物联网的融合

续 表

序号	发文时间	发文部门	政策文件名称	有关物流技术内容
18	2019 年 3 月 1 日	国家发展改革委	《关于推动物流高质量发展促进形成强大国内市场的意见》（发改经贸〔2019〕352 号）	①大力发展数字物流，加强数字物流基础设施建设，推进货、车（船、飞机）、场等物流要素数字化。加强信息化管理系统和云计算、人工智能等信息技术应用，提高物流软件智慧化水平。 ②鼓励应用智能化查验设施设备，推动口岸物流信息电子化，压缩整体通关时间，提高口岸物流服务效率，提升通道国际物流便利化水平。 ③加快绿色物流发展。持续推进柴油货车污染治理力度。研究推广清洁能源（LNG）、无轨双源电动货车、新能源（纯电动）车辆和船舶，加快岸电设施建设，推进靠港船舶使用岸电。 ④促进标准化单元化物流设施设备应用。鼓励应用中置轴厢式货车等标准厢式货运车辆，逐步建立以新能源配送车辆为主体、小型末端配送车辆为补充的配送车辆体系。支持集装箱、托盘、笼车、周转箱等单元化装载器具循环共用以及托盘服务运营体系建设，推动二手集装箱交易流转
19	2019 年 3 月 5 日	国务院	2019 年《政府工作报告》	①深化大数据、人工智能等研发应用，培育新一代信息技术、高端装备、生物医药、新能源汽车、新材料等新兴产业集群，壮大数字经济。 ②强化工业基础和技术创新能力，促进先进制造业和现代服务业融合发展，加快建设制造强国。打造工业互联网平台，拓展“智能 +”，为制造业转型升级赋能。支持企业加快技术改造和设备更新，将固定资产加速折旧优惠政策扩大至全部制造业领域。 ③提升科技支撑能力。加大基础研究和应用基础研究支持力度，强化原始创新，加强关键核心技术攻关
20	2019 年 7 月 25 日	交通运输部	《交通运输部关于印发〈数字交通发展规划纲要〉的通知》（交规划发〔2019〕89 号）	鼓励物流园区、港口、铁路和机场货运站广泛应用物联网、自动驾驶等技术，推广自动化立体仓库、引导运输车（AGV）、智能输送分拣和装卸设备的规模应用。推动自动驾驶船舶、自动化码头和堆场发展，加强港航物流与上下游企业信息共享和业务协同

续　表

序号	发文时间	发文部门	政策文件名称	有关物流技术内容
21	2019 年 9 月 19 日	中共中央、国务院	《交通强国建设纲要》	①发展“互联网 +”高效物流，创新智慧物流营运模式。 ②加快快递扩容增效和数字化转型，壮大供应链服务、冷链快递、即时直递等新业态新模式，推进智能收投终端和末端公共服务平台建设。积极发展无人机（车）物流递送、城市地下物流配送等。 ③优化交通能源结构，推进新能源、清洁能源应用，促进公路货运节能减排，推动城市公共交通工具和城市物流配送车辆全部实现电动化、新能源化和清洁化
22	2019 年 12 月 12 日	交通运输部	《交通运输部关于印发〈推进综合交通运输大数据发展行动纲要（2020—2025 年）〉的通知》（交科技发〔2019〕161 号）	推动货运物流数字化发展。逐步完善国家交通运输物流公共信息平台，推动全国多式联运公共信息系统建设，促进多种运输方式间数据交换共享。研究制定货运物流单据电子化相关技术标准。完善全国快件数据监测体系，为全程可跟踪、可追溯的“一站式”快递服务提供数据支撑。鼓励网络平台道路货运、车货匹配、智能航运等“互联网 + 货运物流”新模式发展。建立完善道路货运行业运行监测分析体系，充分利用大数据预测发展趋势，引导货运物流行业健康发展
23	2020 年 6 月 2 日	国务院办公厅	《国务院办公厅转发国家发展改革委交通运输部关于进一步降低物流成本实施意见的通知》（国办发〔2020〕10 号	①推广应用符合国家标准的货运车辆、内河船舶船型、标准化托盘和包装基础模数，带动上下游物流装载器具标准化。 ②推进新兴技术和智能化设备应用，提高仓储、运输、分拨配送等物流环节的自动化、智慧化水平。 ③深入推动货物包装和物流器具绿色化、减量化，鼓励企业研发使用可循环的绿色包装和可降解的绿色包材。加快推动建立托盘等标准化装载器具循环共用体系，减少企业重复投入

续 表

序号	发文时间	发文部门	政策文件名称	有关物流技术内容
24	2020 年 9 月 9 日	国家发展改革委等十三部门	《关于印发〈推动物流业制造业深度融合创新发展实施方案〉的通知》（发改经贸〔2020〕1315 号）	①鼓励制造企业在产品及包装设计、生产中充分考虑物流作业需要，采用标准化物流装载单元，促进 1200mm × 1000mm 标准托盘和 600mm × 400mm 包装基础模数从商贸、物流等领域向制造业领域延伸，提高托盘、包装箱等装载单元标准化和循环共用水平。 ②促进工业互联网在物流领域融合应用，发挥制造、物流龙头企业示范引领作用，推广应用工业互联网标识解析技术和基于物联网、云计算等智慧物流技术装备，建设物流工业互联网平台，实现采购、生产、流通等上下游环节信息实时采集、互联共享，推动提高生产制造和物流一体化运作水平。积极探索和推进区块链、第五代移动通信技术（5G）等新兴技术在物流信息共享和物流信用体系建设中的应用。 ③鼓励制造业企业适应智能制造发展需要，开展物流智能化改造，推广应用物流机器人、智能仓储、自动分拣等新型物流技术装备，提高生产物流自动化、数字化、智能化水平。 ④引导制造企业在产品设计、制造等环节充分考虑全生命周期物流跟踪管理，推动产品包装和物流器具绿色化、减量化、循环化
25	2020 年 8 月 24 日	国家发展改革委、民航局	《国家发展改革委　民航局关于促进航空货运设施发展的意见》（发改基础〔2020〕1319 号）	建设航空物流公共信息平台，支持加快开展航空电子货运试点，研究构建“单一窗口”空港通关系统，提升航空货运信息化、标准化水平，加快民航与铁路、公路等物流标准对接，推动航空物流操作标准、信息标准、运行标准和设备标准的建设工作。加强大数据、云计算、人工智能、区块链等新技术在机场货运中的综合运用，鼓励科技创新、业务创新、管理创新，努力实现资源优化配置和精细化、智能化管控，共同打造专业化、现代化的航空物流体系

续 表

序号	发文时间	发文部门	政策文件名称	有关物流技术内容
26	2020年9月21日	国务院办公厅	《国务院办公厅关于以新业态新模式引领新型消费加快发展的意见》（国办发〔2020〕32号）	提升电商、快递进农村综合水平，推动农村商贸流通转型升级。补齐农产品冷链物流设施短板，加快农产品分拨、包装、预冷等集配装备和分拨仓、前置仓等仓储设施建设。推进快递服务站、智能快件箱（信包箱）、无人售货机、智能垃圾回收机等智能终端设施建设和资源共享。推进供应链创新应用，开展农商互联农产品供应链建设，提升农产品流通现代化水平
27	2020年11月2日	国务院办公厅	《国务院办公厅关于印发新能源汽车产业发展规划（2021—2035年）的通知》（国办发〔2020〕39号）	①构建智能绿色物流运输体系。推进新能源汽车在城市配送、港口作业等领域应用，为新能源货车通行提供便利。发展“互联网+”高效物流，创新智慧物流营运模式，推广网络货运、挂车共享等新模式应用，打造安全高效的物流运输服务新业态。 ②开展智能有序充电、新能源汽车与可再生能源融合发展、城市基础设施与城际智能交通、异构多模式通信网络融合综合示范。推动城市无人驾驶共享出行服务、物流配送、市政环卫、定制化公交和高速公路自动驾驶智能网联汽车示范应用

一是补齐物流设施设备短板。物流设施设备是开展物流活动的基础，补齐物流设施设备短板对于物流业发展意义重大。在设施方面，政策要求推进快递服务站、智能快件箱（信包箱）、无人售货机、智能垃圾回收机等智能终端设施建设和资源共享，同时加快农产品分拨、包装、预冷等集配装备和分拨仓、前置仓等仓储设施建设。在设备方面，政策要求加强专业化联运设备研发。鼓励企业研发应用跨运输方式的吊装、滚装、平移等快速换装转运专用设备。

二是提高物流信息化水平。信息技术的应用对于提高物流企业管理和决策效率有着十分重要的意义。应积极探索和推进区块链、5G 等新兴信息技术在物流信息共享和物流信用体系建设中的应用。此外，还应利用信息技术建设物流工业互联网平台，实现采购、生产、流通等上下游环节信息实时采集、互联共享，推动提高生产制造和物流一体化运作水平。

三是加强物流智能化应用。物流智能化改造有利于在提高物流运作效率的同时降低成本。政策中提出一方面要推广应用物流机器人、智能仓储、自动分拣等新型物流技术装备，以推动物流作业无人化；另一方面推广应用以工业互联网标识解析技术和物联网、云计算技术为基础的智能物流系统，以优化物流活动的组织与管理。

四是推动标准化建设。促进物流标准化建设有利于提高设施设备的通用性以及各个环节的衔接效率。政策中要求深化流通体制改革，加强全链条标准体系建设，发展"互联网 + 流通"，推动物流操作标准、信息标准、运行标准和设备标准的建设工作，降低全社会物流成本。具体来说，要推广应用符合国家标准的货运车辆、内河船舶、标准化托盘和包装基础模数，带动上下游物流装载器具标准化。

五是促进物流绿色化发展。节约资源和保护环境是我国的基本国策，政策中指出要深入推动货物包装和物流器具绿色化、减量化，鼓励企业研发使用可循环的绿色包装和可降解的绿色包装材料。加快推动建立托盘等标准化装载器具循环共用体系，减少企业重复投入。同时引导制造企业在产品设计、制造等环节充分考虑全生命周期物流跟踪管理，推动产品包装和物流器具绿色化、减量化、循环化。

以上政策要点为物流业的发展指明了方向，物流技术作为物流活动的重要组成部分，其发展方向对于物流业整体方向影响较大，物流企业应响应国家政策号召，利用政策导向提升技术水平，更好地推动物流业发展，实现物流业降本增效与绿色可持续发展。

第三节　物流业发展状况

2019 年，是中华人民共和国成立 70 周年，也是物流业稳中有进、变中求新的一年。面对国内外风险挑战明显上升的复杂局面，全国物流行业以习近平新时代中国特色社会主义思想为指导，坚持新发展理念，坚持稳中求进工作总基调，深入推进供给侧结构性改革，取得了来之不易的成绩。2020 年在新冠肺炎疫情的冲击下，物流业下行压力较大，发展不平衡、不充分的矛盾比较突出，与人民群众日益增长的美好生活需要和现代化经济体系建设要求仍有差距，物流高质量发展任重道远。

一、物流业发展现状

2019 年，我国物流业主要经济指标运行在合理区间，结构调整和新旧动能加快转换，降本增效取得阶段性成果，营商环境持续改善，为实现“六稳”目标作出了应有贡献。2020 年受新冠肺炎疫情影响，我国物流业相关指标出现明显波动，但随着疫情得到控制，我国经济恢复正常运转，目前我国物流业已呈现出积极向好的态势。

（一）社会物流总额

2019 年全国社会物流总额为 298.0 万亿元，同比增长 5.9%，增速比 2018 年同期有所回落，全年社会物流总额缓中趋稳，第四季度小幅回升。从构成看，工业品物流总额 269.6 万亿元，按可比价格计算，同比增长 5.7%，增速比上年回落 0.5 个百分点；进口货物物流总额 14.3 万亿元，增长 4.7%，比上年提高 1 个百分点；农产品物流总额 4.2 万亿元，增长 3.1%，比上年回落 0.4 个百分点；单位与居民物品物流总额 8.4 万亿元，增长 16.1%；再生资源物流总额 1.4 万亿元，增长 13.3%。2020 年上半年受新冠肺炎疫情冲击，复工复产难，导致物流需求大幅减少。2020 年全国社会物流总额为 300.1 万亿元，同比增长 3.5%，受疫情影响增幅有所收窄，但整体发展趋势向好。2015—2019 年我国社会物流总额及其同比增长率如图 1 -8 所示。

（二）社会物流总费用

2019 年全国社会物流总费用为 14.6 万亿元，同比增长 7.3%，增速比上年回落 2.5 个百分点。其中，运输费用 7.7 万亿元，同比增长 7.2%；保管费用 5.0 万亿元，同比增长 7.4%；管理费用 1.9 万亿元，同比增长 7.0%。社会物流总费用与 GDP 的比率为 14.7%，即每万元 GDP 所消耗的社会物流总费用为 1470 元，比上年下降 0.1 个百分点。自 2016 年以来，我国社会物流总费用与 GDP 的比率趋于稳定，但该比率距离《国家物流枢纽布局和建设规划》中提出的到 2025 年，要推动全社会物流总费用与 GDP 的比率下降至 12% 左右的目标仍有一定差距，我国物流业需进一步高质量发展。2020 年我国社会物流总费用为 14.9 万亿元，同比增长 2.0%，社会物流总费用与 GDP 的比率为 14.7%，与 2019 年基本持平。图 1 -9 为 2015—2019 年我国社会物流总费用及社会物流总费用与 GDP 的比率。

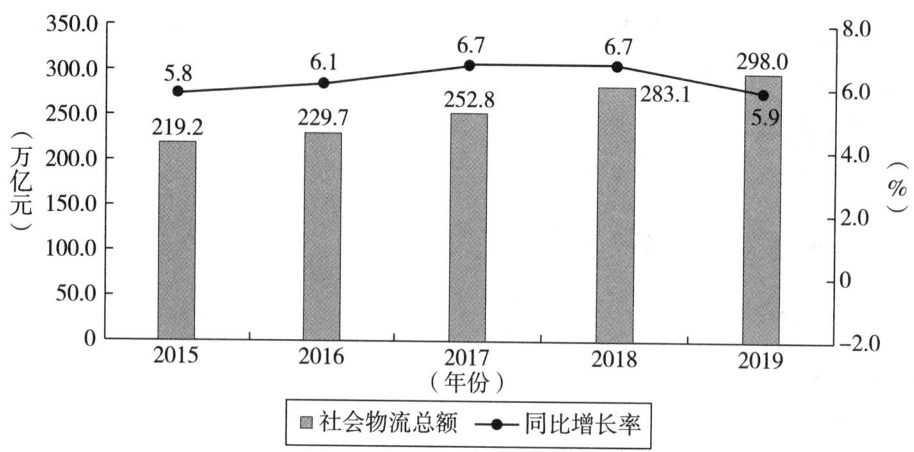

图 1－8　2015—2019 年我国社会物流总额及其同比增长率

资料来源：2015—2019 年《全国物流运行情况通报》。

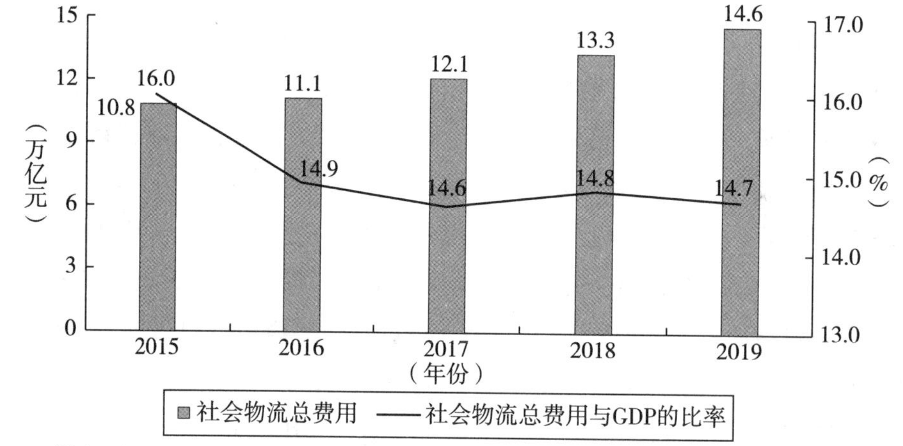

图 1－9　2015—2019 年我国社会物流总费用及社会物流总费用与 GDP 的比率

资料来源：2015—2019 年《全国物流运行情况通报》。

（三）物流业景气指数

2019 年我国物流业景气指数平均为 53.5%，与 2018 年基本持平。2019 年 2 月受春节影响，物流业景气指数正常回落，3—4 月，物流业景气指数快速反弹上升，5—8 月，物流业景气指数略有回落，但整体较为平稳，9—12 月，物流业景气指数位于扩张区间，并于 11 月达到峰值。全年来看，物流经济运行整体处于较为平稳的态势。2019 年 1—12 月我国物流业景气指数如图 1－10 所示。

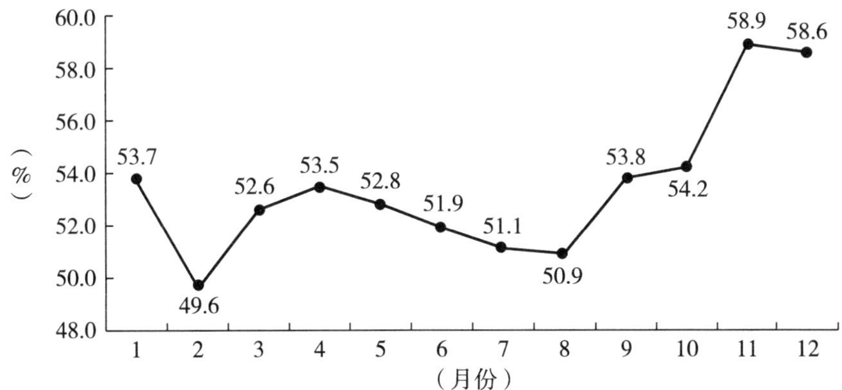

图1－10　2019年1—12月我国物流业景气指数

资料来源：中国物流与采购网。

（四）仓储指数

2019年我国仓储指数平均为52.5%，较2018年上升了1.2个百分点，数据表明2019年我国企业备货需求有所增加，仓储业务活动明显恢复，物流行业保持良好运行态势。2019年1—12月我国仓储指数如图1－11所示。

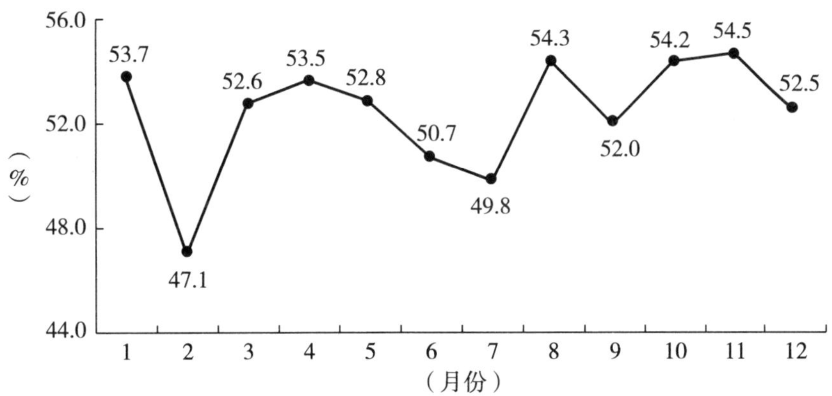

图1－11　2019年1—12月我国仓储指数

资料来源：中国物流与采购网。

（五）货运量与货物周转量

2019年我国完成货运量471亿吨，较2018年有所下降，这是近5年来首次出现下降的情况。2019年我国货物周转量为199394亿吨公里，同样较2018年出现下降的情况。2020年受新冠肺炎疫情影响，我国货运量和货物周转量分别为463亿吨和196618亿吨公里，进一步下降。在货运量与货物周转量出现下降的背景下，物流企业要寻求转型升级，提供更多延伸服务，而这离不开物流技术的发展。2015—2019年我国货运量如图 1－12 所示。2015—2019 年我国货物周转量如图 1－13 所示。

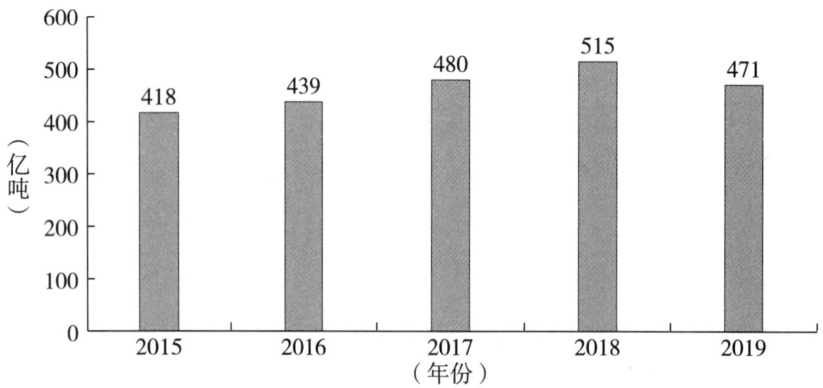

图 1－12　2015—2019 年我国货运量

资料来源：国家统计局。

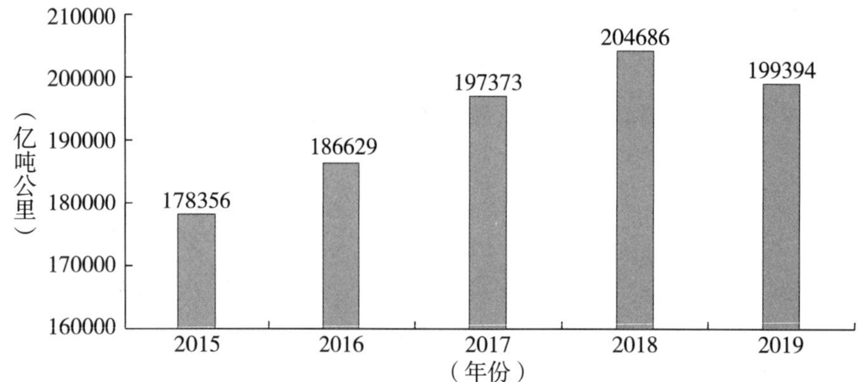

图 1－13　2015—2019 年我国货物周转量

资料来源：国家统计局。

（六）快递业务量及快递业务收入

随着电子商务的发展，快递正逐步成为人们日常生活中不可或缺的一部分。2019 年我国完成快递业务量 635.2 亿件，同比增长 25.2%。近年来，我国快递业务量处于高速增长阶段，2015—2019 年的年均增长率约为 32.8%。2020 年受新冠肺炎疫情影响，人们对于快递的依赖程度进一步提升，全年完成快递业务量 833.6 亿件，较 2019 年增长近三成。在收入方面，2019 年全年快递业务收入达到 7498 亿元，同比增长 24.1%，2020 年快递业务收入进一步增长，达到 8795 亿元。快递业的快速发展为物流业带来了新机遇，同时也对相关物流技术提出了新挑战。2015—2019 年我国快递业务量如图 1－14 所示。2015—2019 年我国快递业务收入如图 1－15 所示。

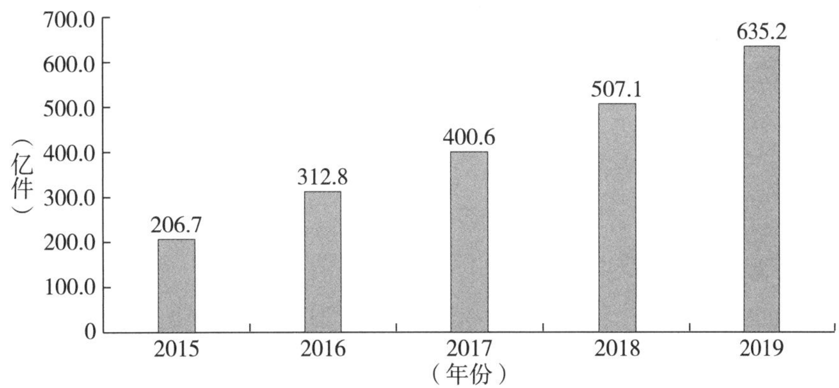

图1－14　2015—2019年我国快递业务量

资料来源：国家邮政局。

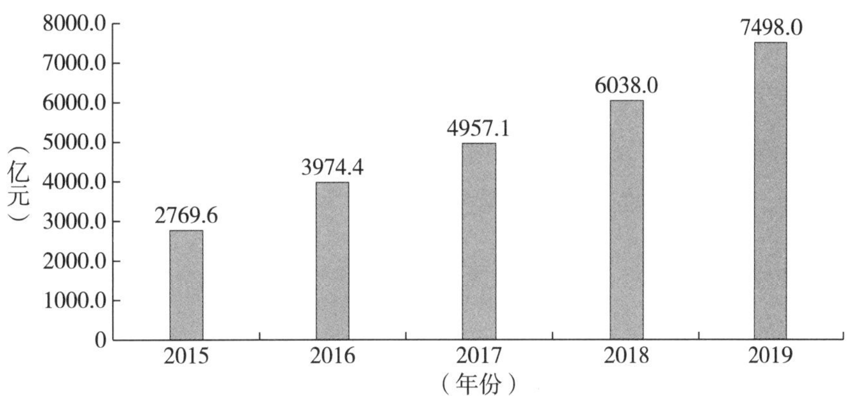

图1－15　2015—2019年我国快递业务收入

资料来源：国家邮政局。

二、物流业发展特点

（一）组织模式转型升级

目前，物流的组织形式发生了很大的变化，正在从传统的各个环节模块化的独立组织向供应链化的组织方式发展。所谓模块化管理是指将物流活动分为各个独立单元，如仓储模块、分拣模块等，这样导致了管理效率低下、各环节之间的衔接协同能力弱等问题。在新冠肺炎疫情期间，各个企业通过物流向上游的生产端、向下游的消费端逐渐延伸，形成由传统物流组织方式向供应链组织方式的转型升级。而对于物流企业则实现了由模块化管理向流程化管理的转变，协同性明显增强。这一变化过程对物流装备和技术提出了新的挑战。物流装备与技术也应该更具有协同性和集成性，不应仅参考单品的标准，而应尽快实现装备与装备之间、技术与技术之间的标准协同。

（二）物流枢纽网络推动枢纽经济形成

2019 年，我国新设立了 6 个自由贸易试验区，此外还出台了长三角区域一体化、粤港澳大湾区、西部陆海新通道等重大战略规划。目前区域协调发展新格局正在形成，这也对物流基础设施网络升级提出了新要求。目前，我国综合交通运输体系初具规模，高速铁路、高速公路里程数以及港口万吨级泊位数等指标均位居世界第一，机场数量和管道里程居世界前列，“五纵五横”综合运输大通道基本贯通。2019 年全年完成交通固定资产投资 3.2 万亿元，新增铁路 8000 公里、公路 33 万公里，高等级航道 385 公里、民用运输机场 5 个①。根据中国物流与采购联合会（以下简称“中物联”）调查统计，我国规模以上物流园区超过 1600 个，还有大量的物流中心、分拨中心，末端配送网络发达。物流枢纽凭借区位、产业、金融、信息等多方资源优势，与区域产业联动融合日益深化。按照国家有关部门规划，到 2025 年计划布局建设 150 个左右国家物流枢纽。2019 年，国家发展改革委和交通运输部首次确定 23 家国家物流枢纽，2020 年又新增确定了 22 家。实质性推进了国家物流枢纽建设，完善了物流枢纽网络，促进了枢纽经济的形成，对区域经济的发展形成有力支撑。

（三）智能化技术应用更加广泛

随着信息技术的快速发展，物联网、云计算、大数据等新一代信息技术在物流领域加快应用，物流业务实现全链路在线化和数字化，为企业智能化转型奠定了重要基础。无人机、无人车、无人仓、无人驾驶、无人码头等智能装备使用场景增多，人工智能技术在物流领域逐步落地。中物联区块链分会推出的《2019 中国物流与供应链产业区块链应用白皮书》显示，区块链在物流与供应链领域应用扩大到六大场景，具体包括流程优化与无储化、供应链协同与联盟化、物流与供应链征信、电子存证与司法监管、物流跟踪与商品溯源。平台经济日益兴起，在整车运输、城市配送、航运货代等领域涌现了一批大量整合零散资源、活跃用户数领先的平台型企业。交通运输部公布的 229 家无车承运人试点企业整合货运车辆 211 万辆，以政府监管平台、平台整合车辆为特点，市场集约化、规模化明显增强。进入 2020 年，随着新冠肺炎疫情的暴发，无人化技术进一步成为行业发展热点，这将推动物流技术进一步发展以适应新环境的变化。

---

① 齐慧. 2019 年交通固定资产投资将超 3.2 万亿元［EB/OL］.（2019－12－27）［2020－12－03］. http：//www.gov.cn/xinwen/2019－12/27/content_5464392.htm.

（四）柔性化需求逐渐增加

目前物流市场的柔性化趋势和特征越来越明显。随着物流高质量发展的持续推进，物流的精细化程度越来越高，物流作业越来越单元化。以铁路班列为例，传统的按货车为单位进行集配可能产生较大的闲置空间，进而造成浪费，因此需要逐步采用以集装箱为单位进行集配，进一步还需探索以托盘为单位进行集配。未来物流市场的需求是柔性化的，这要求物流技术和装备的发展也需要更加柔性化和精细化。物流柔性化的发展趋势既对物流技术与装备的发展提出了新的挑战，也为其带来了新的机遇。

（五）绿色化发展理念不断加强

在过去的一年里，污染防治攻坚战取得关键进展，主要污染物排放量持续减少，未达标城市细颗粒物（PM2.5）浓度继续下降，生态环境质量总体改善。柴油货车污染治理攻坚行动正式启动，多地出台环保限行和老旧柴油货车淘汰政策，各地老旧柴油货车淘汰数量有望达到任务量的40%以上。全国全面供应符合国六排放标准的车用汽柴油，北京、天津等重点区域提前实施机动车国六排放标准。加大用车环保监督执法力度，清洁能源物流车辆得到政府支持，电动船舶蓄势待发，随着《新能源汽车产业发展规划（2021—2035年）》的发布，新能源物流车辆将快速普及。国家邮政局开展绿色采购试点和可循环中转袋应用试点，为行业生态环保工作积累经验。快递、物流企业纷纷探索可回收包装和可循环材料，托盘循环共用、挂车交换共享、仓库太阳能屋顶日益普及，绿色、可持续物流取得新进展。越来越多的人认识到，绿色化不仅是节能，更重要的是环保，这对物流技术和装备提出了更高的要求，物流品质高端化，必须以绿色环保为前提。

第四节　常态化疫情防控下物流业新发展

自2019年12月以来，新冠肺炎疫情影响我国多个行业的发展，物流行业也不例外。在中共中央的领导下，目前国内疫情已经基本得到控制，但国际状况仍十分严峻，因此我国进入常态化疫情防控阶段，这将对物流业的发展趋势产生影响。

一、新冠肺炎疫情对物流业的影响

（一）整体结构发生变化

物流的结构在新冠肺炎疫情中发生了明显变化，具体体现在运输方式和流向两个方面。在运输方式上面，受疫情影响，国际物流中的医疗物资等对时效性要求较高的货物比例增大；由于企业停产，大宗物资的比例下降。货源结构的变化对以运输时效性要求较低的大宗物资为主的海上运输产生了较大影响，根据相关计算，在新冠肺炎疫情暴发后，中国集装箱海运出口量下降了25%以上①。相反地，时效性与经济性均存在优势的铁路货运量在增长。以中欧班列为例，2020年上半年我国共开行中欧班列5122列，比上年同期增长36%，不仅没有减少，反而有大幅度增长②。在流向方面，受货源结构变化的影响，更主要受各国疫情防控的进展情况影响，疫情严重的国家大幅减少了进出口货物量，我国物流的流向开始由东向西转移。国内同样存在类似的情况，为了防控疫情，国内很多地区有过交通管制，迫使物流的流向发生变化，甚至出现断裂。

（二）供需矛盾突出

受新冠肺炎疫情影响，物流业存在明显的供需矛盾。在运输环节，一方面，应急物资配送以及电商末端配送需求激增，货车司机从外地返回后要隔离以及外地员工难复工，导致一些物流企业的运力严重不足，无法满足爆发式增长的物资配送需求；另一方面，国内疫情防控常态化，而大部分生产企业开工延迟，造成短期内不少物流企业处于无货可运的境地。业务需求和供应能力严重不匹配，“用工荒”与“闲得慌”形成明显对比，且由于疫情防控的原因，运力资源无法像往常一样自由调配。在仓储环节，海外不同种类的防疫物资都要在特定仓库完成初步的分拣、再包装等工作，以最终完成准时配送。防疫物资需要巨大的仓储能力，且由于部分地区仓库管理能力弱，库内作业效率低，货物周转效率低，这对仓库造成了极大的压力。

（三）人员安全问题

自新冠肺炎疫情暴发以来，快递员、货车司机成为“逆行者”，为人们送去基本生活物资。但是由于物流人员每天在室外工作，接触人员较多，所以快递员的安全问题值得关注。疫情防控常态化期间，除了对快递员进行安全培训，配备口罩、消毒液、防护服等物资，物流公司还应为快递员设立各类特殊保障补助金，为快递员的健康安全全方位保驾护航。因此，疫情期间各个物流企业不得不承担以前从未有过的防疫培

---

① 信德海事．数据来了！截至目前，疫情对全球海运货量影响到底多大？［EB/OL］．(2020－09－07)［2020－12－08］．https：//www.sohu.com/a/416920413_800178.

② 樊曦．中欧班列上半年开行数量同比增长36%［EB/OL］．(2020－07－10)［2020－12－08］．http：//www.gov.cn/xinwen/2020－07/10/content_5525583.htm.

训和消毒成本，加之本身人手不足、人力成本高，物流企业经营产生了巨大的压力。

（四）运营收益下降

疫情暴发使得物流企业的运营收益出现明显下降。从需求端来看，由于无法及时复工复产，生产需要的物资流动大幅减少。同时由于收入减少，消费者的消费习惯更为保守，对于物流的需求也在减少。这些变化使得物流总需求降低。从供给端来看，定期消毒、使用防疫设备等行为减慢了生产节奏；采取隔离、限制人员流动等措施降低了劳动效率，增加了人力成本。各地设立检查消毒站，降低了流通效率，增加了在途时间，推高了运输成本。2003 年受 SARS（Severe Acute Respiratory Syndrome，严重急性呼吸综合征）疫情影响，75% 的物流企业受到不同程度的负面影响，其中导致收入减少的占 62%，造成成本上升的占 70%，收入和成本同时受到影响的企业达 35%。2019 新型冠状病毒的传播速度更快、波及范围更广，因此疫情防控举措的力度更大，物流企业面临前所未有的资金紧张。物流企业不得不积极开拓新业务，放弃非核心或亏损业务，并且努力提高内在的管理水平和应变能力，控制好运营成本①。

二、新冠肺炎疫情对物流业发展趋势的影响

（一）应急物流重视程度提升

据统计，中国现在共有 30 个城市的常住人口超过了 800 万，其中超过 1000 万的城市有 13 个，超过 2000 万的城市有 3 个，这些庞大的城市群形成了经济发展的主要力量，也提升了灾害性事件影响的集中度，使中国应对自然灾害、事故灾难、公共卫生事件和社会安全事件的压力越来越大。应对新冠肺炎疫情时应急物流暴露出来的问题，给予个人、企业、政府警示，须对应急避险工作引起重视。国家应对应急物流进行体系化梳理，在应急物流规划、应急机构设置、应急产业发展等方面加大建设力度，形成完善的应急管理体系。尤其是在物流规划方面，把应急物流作为重点要素进行考虑；对城市的整体评估，也将应急物流能力作为重要指标。在应急物流被广泛重视的背景下，应急产业也将得到大发展。

应急物流不同于常规的物流，它的计划性不强、时效性极高，同时，由于灾情发生地点的不一致，突发事件的不确定性也带来了应急救灾物资的品类、数量的多样性。因此，应急物流能力的建设不是一两个地区、一两个部门的事情，而是一个网络性、

---

① 汇森速运．疫情对物流行业的影响［EB/OL］．（2020－08－21）［2020－12－08］．https：//www. sohu. com/a/414226628_120654190.

社会化的规划。一直以来，国家的应急体系由政府主导，统一决策，统一指挥，统一调配人、财、物，社会化的资源虽然也有参与，但通过体系调配的资源比例还有待提高。随着中国社会化物流成熟度的提升，社会化物流与应急物流的统一规划已经有了很好的基础。通过将社会化的物流资源进行功能、属性与响应级别上的分类，与整体的应急物流规划结合，得到更专业的物流能力组合，是提升应急物流能力的必由之路。

（二）物流数字化信息平台将快速发展

疫情期间，整体供应链监控和响应计划缺少较低层的透明性，这是因为供应链的数字化程度并不高。在整个供应链中，数字化平台的应用还不普遍，这为应急物流中的及时响应与调度带来困难。疫情暴发后九州通物流对武汉红十字会捐赠物资的高效管理便体现了物流数字化信息平台的重要性。常态化疫情防控的背景下，物流数字化的信息平台将成为企业信息化建设的必备内容，基于软件平台建设的迭代性特点，整个技术平台都会按照应急物流的高要求来设计与部署。

（三）物流智能化水平将进一步提升

疫情期间，由于疫情防控需要，大量务工人员无法按时回到岗位，因此员工需求较少、便于管控的智能化工厂与智能化物流中心表现亮眼；相反，对劳动力要求较高的产业或企业受到较大影响。在此背景下，基于无人化、少人化的物流场景将会有较大的发展，对与此相匹配的无接触配送等物流相关需求也会增多，这就对智能物流技术的深度应用与可靠性提出了要求。

（四）物流设施柔性将成为关注焦点

基于疫情对物流响应的高要求，物流设施的共用性与通用性成为关注焦点，这也要求在未来的物流建设中，物流设施需具备一定的柔性属性。物流设施的柔性体现在物流中心或节点的多功能性、对多种业务的兼容性、对紧急业务的包容性，还体现在增设部署的柔性与便利性，实现在较短的时间内完成物流产能的补充或扩大，这对规划、软件与智能硬件的融合都提出了要求，为此需要加快相关物流技术的研发与应用。

（五）供应链风险防控技术将得到广泛关注

供应链管理的重点在于确保库存都在可控范围之内，所谓的可控即可得、可用，供应链安全在于任何时候都做到可控。本次疫情，让更多的企业了解到供应链网络的避险功能，供应链节点建设也将从重点建设转化为物流网络布局，利用物流的网络效应来提供服务与保障供给，降低受灾地区物流枢纽或通过其运送的货物的供应短缺概率。库存设置方面，在考虑供需平衡的前提下重新设置安全库存，做到在突发事件发生时也能保障供应链安全。在疫情冲击后仍存活下来的企业将会更加重视应用相关物流技术来防控供应链风险①。

第五节　物流技术发展状况

随着计算机与通信技术的迅猛发展，现代物流也在逐步完善和进步，无论是仓储、运输还是配送环节都融入了先进的技术，极大提高了物流的效率和服务质量。近年来，技术升级一直是物流行业发展的核心动力之一，核心技术包括人工智能、大数据、云计算、物联网以及区块链，这些都离不开高质量通信技术的支撑，随着 5G 的全面商用，基于上述核心技术的产品将逐步落地，带给物流业全新的变化。

一、物流技术发展情况

近年来信息技术高速发展，将信息技术与物流技术进行融合，使信息技术实际应用于物流场景之中成为当前物流技术发展的大趋势，这其中物联网技术、人工智能技术、大数据与云计算技术和区块链技术是与物流领域结合得较为密切的信息技术。

（一）物联网技术

物联网作为新一代信息技术，是网络通信领域的重要分支。物联网领域中有很多热门技术，如 RFID（Radio Frequency Identification，射频识别）、WSN（Wireless Sensor Network，无线传感器网络）、GPS（Global Positioning System，全球定位系统）、车载系统、PDA（Personal Digital Assistant，掌上电脑）以及 NB – IoT（Narrow Band Internet of Things，蜂窝网络）等。这些物联网技术使物流活动中每一个节点都能融入物联网大框架中，使每一个独立的物流模块都能相互建立起有效的关联关系，提升了物流运输的效率，并有利于构建一体化的物流信息平台。RFID 是现代物流中使用最广泛的物联网技术，各大物流企业利用 RFID 技术完成了物流环节中标签信息的流转。使用 NB – IoT 的物联网信息一体化平台，可以建立智能物流网关，监控物品流向的信息，保密客户产生的消费数据，实现权限性的数据查询，建立大数据分析体系，进而形成集中控制的物流型物联网架构。M2M（Machine to Machine）技术也是物联网和物流紧密相连的完美体现，该项技术通过在机器内部有效嵌入无线通信设备，可以实现物流节点与物

---

① 汇森速运．疫情对物流行业的影响［EB/OL］．（2020 – 08 – 21）［2020 – 12 – 08］．https：//www. sohu. com/a/414226628_120654190.

品之间智能化、交互式的通信。

（二）人工智能技术

近年来，人工智能技术迅猛发展。人工智能技术影响着物流业，随着平台、算法、交互方式领域的不断更新和突破，AI 与物流紧密结合将会是下一代物流体系的一个主要特性。例如，使用人工智能技术完成运输管理系统中的车货匹配，物流企业可以利用人工智能技术结合自身资源打造全新的货运匹配平台；使用机器学习和深度学习可以构建无人物流驾驶和配送体系，无人驾驶技术可以克服长途运输的困难，提高物流运输的效率；使用图像识别技术实现物流信息自动化录入，提高员工的工作效率；仓储的智能分拣依赖人工智能，目前已经有很多物流企业开始使用自动分拣系统，通过人工智能算法完成物流产品的分拣，完全不需要人工参与。这些人工智能技术应用于运输、仓储、配送以及管理等环节中，有利于高效物流体系的形成，进而更精准、高效地为客户服务。

（三）大数据与云计算技术

当今时代，数据具有体量大、类别多、价值密度低、处理速度快等特征，这使得传统的数据库软件已经无法有效地存储与管理数据，因此大数据技术快速发展。从传统数据库到大数据平台的发展不仅是技术需求上的蜕变，更是数据管理模式的颠覆。大数据与云计算相辅相成，相互促进、相互发展。云计算作为一种远程计算工具，可以提供强大的计算能力，高效地支撑着大数据存储、管理和分析，已经成为大数据时代不可或缺的工具。使用大数据与云计算技术可以为物流配送中心的选址问题提供参考方案，还可以实现路径监控、物流资源的合理分配等功能，有利于实现车辆调度、优化路线、信息查询等。此外，竞争环境的分析与决策和物流供给与需求分析都需要庞大的物流数据分析和高性能物流计算，通过大数据分析与云计算，可以有效了解消费者偏好，预判消费者的消费可能，提前做好货品调配。

（四）区块链技术

区块链具有共享账本、智能合约、隐私保护、共识机制几个关键特点，这使得区块链技术能够被广泛应用于各个应用场景之中。这其中物流活动通常较为复杂，需要多方参与，非常适合区块链技术发挥其价值和效果。区块链技术可以在物流行业中形成黑名单共享平台，让每个公司登记具有不良记录的工作人员，其他公司登录系统后就可以立即查询，而且黑名单数据不可以被修改，能够被永久追溯到。类似地，区块链技术还可以协助国家对各物流企业运营安全状况进行监管。区块链由于具有分布式账本的特性，当物流公司出现安全隐患事件时，就会将有关信息记录在区块链上，被监管机构实时监控，且永久不可更改。

（五）智慧化物流框架

综合应用前文提到的核心技术可以构建智慧物流架构。智慧物流架构是一个功能齐全的基础性服务平台，系统架构分为四层竖向结构，由上至下分别为感知层、传输层、服务层和应用层。除此之外还有数据层，由于物流数据具有大数据特征，数据层基本使用大数据分布式平台，竖向每一层都会产生和使用数据平台中存储的数据，因此数据层与每一层都有互动关系。核心技术层也是智慧物流架构的重要组成部分，人工智能技术主要在服务层推动物流架构智能化，大数据与云计算技术在感知层、传输层和服务层均会有所应用，最后区块链技术用于维护物流的安全体系。

二、物流技术发展趋势

新零售环境下，随着消费和产业迅速升级以及技术的迅猛发展，多环节、长链条、自动化运作和局部优化发展为主的模块化传统物流面临着巨大变革。传统物流具有长链条、多环节等特征，这导致系统容错性较差，一旦出错将导致物流效率降低和成本增加，难以适应复杂多变的外部环境。原本依靠经验的决策体系也将因为人工智能技术的优化而彻底改变，系统设备也能够实现自我思考和决策。传统物流主要作为各行业的支持模块，因此需要实现部分物流节点上的体验、效率、成本的最佳，即局部最优模式。但是在智能商业时代，物流应该从供应链和价值网络等全局形式去重新规划行业间、物流企业间的分工和协同化发展，为此需要不断优化仓储布局网络，提高交付效率，并能够将消费分析的结果反向输出给品牌商，促使上游精准营销，达到优化整个供应链性能的目的，同时提高整个供应链的柔性，以不断适应需求变化带来的风险。

为了满足物流业发展需要，物流技术将不断升级，致力于打造一个全面的智慧型物流系统。人工智能技术将实现从仓储、分拣、运输到配送的全供应链环节的无人化，形成高效智能的物流环境。大数据和云计算等先进技术将驱动全链路数据存储和性能计算，使得物流网络布局、物流仓储管理、物流运输规划、物流终端配送等都能够做到即时计算，实现精准的物流与供应链服务。另外，物联网等通信技术将彻底改变现有物流协同的途径，实现整个社会资源的智慧协同化，使得物流系统和其他产业能够无缝整合。

想要实现以上功能，需要强有力的通信技术，因为无论是业务的升级还是技术的突破，尤其是智慧化的新技术架构都需要通信技术的支撑，而且对通信技术的质量也有很高的要求。目前5G的出现成为推动物流技术进步的催化剂，因为5G无论是在时速频率方面，还是在稳定性方面都可以成为物流的最佳选择，加强5G在物流领域的应用同样将成为未来发展的大趋势①。

① 中国物流与采购联合会．新一代物流技术的现状与发展趋势［EB/OL］.（2019－05－31）［2020－12－08］. http：//www. chinawuliu. com. cn/xsyj/201905/31/341022. shtml.

第二章　年度热点技术

第一节　5G 技术

作为新一代信息技术的代表，5G 是工业、交通、教育、医疗等各行业创新发展所依赖的科技基础。2020 年，围绕加快推进新型基础设施建设的一系列举措不断推出。随着 5G 大范围应用，数字中国建设的步伐提速①。目前有多个国家逐步推广 5G 商用，发展初具规模。2019 年 6 月，我国工业和信息化部发放第一张 5G 商用牌照，标志着继韩、美、日、英后，我国成为全球第五个开通 5G 服务的国家。与 4G 相比，5G 在技术和应用方面有着显著提升②。我国高度重视 5G 发展，发布多份文件对 5G 发展做出了明确部署。5G 以划时代的技术能力、广泛的应用前景以及对其他技术的带动作用，有望成为引发新一轮技术革命的关键支点。

一、5G 技术简介及发展概况

（一）5G 技术的核心特点

1. 高速度

相对于 4G 技术，5G 峰值速率增长了数十倍，最高可达 1Gbps，频谱效率提升 5～10 倍，传输速率是 4G 的 10～100 倍。网络速度的提升可较大幅度地提升消费者移动互联网的体验；网络面对 AR（Augmented Reality，增强现实）技术、VR（Virtual Reality，虚拟现实）技术或超高清视频业务时不受限制；对网络速度要求很高的业务带来革命性的变革③。

---

① 张辛欣．开通基站超 70 万个，这个“G”给你我带来什么——5G 商用一年盘点［EB/OL］.（2020－12－16）［2020－12－17］. http：//www.gov.cn/xinwen/2020－12/16/content_5569769.html.

② 欧阳芳．5G 驱动物流业高质量发展的路径选择［J］. 企业经济，2020，39（6）：15－21.

③ 中国信通院．《5G 应用创新发展白皮书》［EB/OL］.（2020－10－16）［2020－12－16］. http：//www.chuangze.cn/third_down.asp? txtid＝2876.

2. 泛在网络

随着业务的发展，网络业务的范围也更加广泛。一定程度上，泛在网络比高速度还重要，因为泛在网络才是5G体验的根本保障。在3GPP（3rd Generation Partnership Project，第三代合作伙伴计划）的三大场景中没有提到泛在网络，但是泛在的要求是隐含在所有场景中的。

3. 低时延

5G可用于无人驾驶、工业自动化的高可靠连接。当人与人之间进行信息交流时，140毫秒的时延是可以接受的，但是出现在无人驾驶、工业自动化中时就会显得太长，这就对网络提出更高的要求。5G支持网络时延缩短至1～10毫秒，可以让实时的高清视频业务普及应用，诸多工业自动化业务得以落地实施。

4. 网络切片

网络切片就是把运营商的物理网络切分成多个虚拟网络，每个虚拟网络适应不同的服务需求，5G可以通过时延、带宽、安全性、可靠性来划分不同的网络，以适应不同的场景。在一个独立的物理网络上利用网络切片技术切分出多个逻辑网络，避免了为每一项服务建设专用的物理网络，大大节省部署的成本。

5. 边缘计算

在靠近物或数据源头的一侧，采用集网络、计算、存储、应用核心能力于一体的开放平台就近提供最近端服务。开放平台的应用程序在边缘侧发起，可以产生更快的网络服务响应，满足企业在实时业务、应用智能、安全与隐私保护等方面的基本需求。如果数据都要发送到云端和服务器中进行处理，然后再把指令发给终端，就无法实现低时延。边缘计算在靠近无线基站边缘或无线基站内部就可进行计算和存储，在最短时间内完成计算，并发出指令。

（二）5G技术应用概况

1. 全球5G技术应用概况

全球5G技术的应用发展呈现以下三个特点。一是消费领域应用最先落地，但尚未出现现象级应用。各国5G商用初期均以增强移动宽带业务为主，重点发展固定无线接入业务，以及基于高速接入提供超高清视频、VR或AR应用。当前5G应用更多是以5G技术的高带宽特性提升用户体验，现象级应用仍需进一步探索。二是5G行业应用仍处于起步发展阶段，逐渐与各国优势领域结合向纵深拓展。大多数5G行业应用项目还处在试验环境下的技术验证期或示范阶段，尚未出现可大规模复制、扩展的成熟应用。韩国、日本、德国等国家积极探索将5G与屏幕显示、机器人、工业等自身优势领域进行融合。三是部分国家的5G专网渐成热点，但是仍处于初期建设、用例验证和商业探索期。当前在德国和日本开展的5G专网试验在行业巨头中开展，我国运营商也在探索依托公网提供5G虚拟专网满足行业多样化需求，专网系统设备和应用均处于验证期，未来发展有待观察。

2. 我国5G技术应用概况

（1）5G技术的政策支持。

2020年中国5G正式进入规模商用时期。3月4日，中共中央政治局常务委员会召开会议，要求加快5G网络、数据中心等新型基础设施建设进度，5G作为新型基础设施的战略地位进一步凸显。自2019年，国家多次发布促进5G发展的相关政策，《工业和信息化部办公厅关于印发“5G+工业互联网”512工程推进方案的通知》（工信厅信管〔2019〕78号）提出打造5个产业公共服务平台，建设改造覆盖10个重点行业，形成至少20大典型工业应用场景。《工业和信息化部关于推动5G加快发展的通知》（工信部通信〔2020〕49号）要求全力推进5G网络建设、应用推广、技术发展和安全保障，充分发挥5G新型基础设施的规模效应和带动作用，支撑经济高质量发展。《关于组织实施2020年新型基础设施建设工程（宽带网络和5G领域）的通知》提出重点支持虚拟企业专网、智能电网、车联网等7大领域的5G创新应用提升工程。各地政府也积极出台各类5G扶持政策，以推动5G应用发展。在中央和地方政府的共同支持下，中国5G网络建设自2020年3月迅速启动后于10月初提前完成全年建设目标。

（2）5G发展初具规模。

一是建成全球最大规模5G商用网络。截至2020年12月，中国已累计建设5G基站超过70万个，终端连接数超过1.8亿个。5G网络建设呈现出东部沿海领先于内陆地区、南方领先于北方的特点。广东、江苏、浙江、河南、山东、上海、北京、四川、重庆等省市的5G基站建设数量超过2万个。

二是独立组网率先实现规模商用。中国电信在11月7日宣布5G独立组网（Standalone，SA）规模商用，将在全国超过300个城市规模商用5G SA。中国移动在11月20日也宣布实现5G独立组网（SA）规模商用。中国联通正在加紧从5G NSA（Non-Standalone，非独立组网）向5G SA过渡。

三是网络性能显著提升。与4G网络相比，5G网络的上下行速率明显提升，用户体验获得明显优化。2020年8—10月中国信息通信研究院（简称“中国信通院”）在全国14个重点城市开展了移动网络质量专项评测，结果显示，14个城市中有10个城市的下载均值速率超过800Mbps、上传均值速率超过100Mbps。2020年10月28日发布的《中国移动2020年智能硬件质量报告（第一期）》的评测结果也显示，在5G网络下直播类（4K高清直播）、网盘类、社交类、应用市场类应用的用户体验大幅提升。

四是虚拟专网探索取得积极进展。5G行业应用对行业专网有巨大的需求。行业专网目前形成了专用频率专网和虚拟专网两类典型组网模式。其中，虚拟专网是指基于现有5G公网构建的、按需实现软硬件隔离，同时向行业用户提供部分网络管理、监测、独立开户等权利的虚拟网络，具有网络覆盖定制化、安全性高、性能精准优化、运维管理自主化、成本经济等优势。我国尚未分配行业专网频段，政府鼓励行业积极探索5G行业虚拟专网。目前全国已建设5G虚拟专网约800个。

（3）5G技术标准持续创新。

5G技术标准沿着增强5G技术能力和支撑垂直行业应用两个方向持续演进发展，5G增强技术标准、5G行业虚拟专网技术等取得阶段性进展。

5GR16标准正式发布。3GPP于2020年6月正式发布5GR16标准，相比R15标准，R16标准的关键性能、应用能力和网络基础能力均显著提升。关键性能方面，R16标准对低时延和高可靠性能进行了增强，实现空口单向时延小于1ms、可靠性达到99.9999%。此外，R16标准增强了网络数据承载能力，特别是毫米波通信能力，扩展了毫米波应用场景。网络基础能力方面，R16标准增强了R15标准的若干基础功能，显著提升网络自组织、自动化运营、米级定位等。应用能力方面，R16标准完成后5G场景将扩大到人与物、物与物的连接，特别是低时延、高可靠垂直行业的应用，重点支持工业互联网及自动化、车联网、远程驾驶、智能电力分配等应用场景，并通过支持时间敏感网络协议，实现微秒级的时延抖动，为垂直行业应用提供灵活的网络部署模式。R16标准阶段，我国企业共提交相关内容文稿2.1万余篇，占3GPP总文稿的35%。

行业虚拟专网标准研究持续推进。5G应用产业方阵成立“5G行业虚拟专网研究项目组”，持续推进相关技术研究及标准制定工作。在网络架构方面，从应用场景、地理位置、服务范围等角度，定义了局域虚拟专网和广域虚拟专网，通过分类部署架构助力5G核心网网络资源下沉并保障行业业务安全。在对外服务能力方面，已推进面向行业的对外能力服务平台在架构、功能及接口上的标准制定，实现运营商和行业企业对5G网络的共同管理。在轻量级UPF（User Port Function，用户端口功能）方面，聚焦行业差异化的场景和需求，开展企业轻量级UPF的功能及接口标准制定工作，实现5G行业虚拟专网网络资源的低成本下沉。在5G与行业局域网融合方面，已开展5G LAN功能、二层网络互联互通、运营支撑等关键技术的探索。

二、5G助力智慧物流发展

5G作为新一代蜂窝移动通信技术，具有高速率、高带宽、低时延等特点，由5G发展而带动的诸如大数据、AI、边缘计算、物联网、工业互联网等技术在物流系统中具有较大的应用优势。目前物流发展正处在转型发展的关键阶段，5G的发展给物流系统带来了新的技术，将驱动传统物流向智慧化、智能化方向发展①。

智能物流包括智慧化的物流规划管理和自动化的物流管控执行，具有泛连接、数字化和智能化的特征。通过物联网、云计算、大数据、人工智能、AR/VR、区块链、机器人等关键技术，可以实现物流资源的在线化、自动化、数字化和智能化调配，提高物流系统感知、学习、预测决策和智能执行的能力，从而提升整个物流系统的自动化、数字化和智能化水平，降低社会物流成本，提高效率，推动中国物流行业的发展。

泛连接是指基于5G、IoT（Internet of Things，物联网）等网络技术实现人和人、人和物、物和物之间的连接，万物互联，连接无所不在。数字化是指物联网作为物理世界和数字世界的连接器，将数百亿的连接对象连接起来，实现数据的量变和质变。智能化是指基于高质量的海量数据，通过人工智能、数据智能、机器智能等智能技术的加持提升物流生产效率、降低物流成本。

智慧物流会随着5G的逐渐成熟而不断地发展演进。智慧物流的发展并不是一蹴而就的，而是随着URLLC（Ultra Reliable Low Latency Communication，极可靠低时延通信）和MMTC（Massive Machine Type Communication，大规模机器类型通信）标准的制定完善，不断探索前进。

（一）5G结合新技术实现物流高度互联

1. 5G与AI的融合，全程自动化

传统的仓储机器人和新型的AI机器人不同，AI机器人是通过与上端数据层紧密相连，进而满足数据的实时传输和储备，最后到达云端，得以实现两者的高度协同，5G恰能满足这个特定的应用场景。如此，5G技术的通信网络与AI的融合可谓是势在必行，以便实现物流全程自动化。

2. 5G与VR的融合，全程可视化

VR，即虚拟现实技术。它集计算机、电子信息、仿真技术于一体，制造出的环境沉浸感，让人深刻地感受到这一新型技术的好处。随着社会生产力的发展，VR新型技术与越来越多的行业紧密联系。因此，可以让摄像设备应用5G网络，使5G与VR技术进行深度融合，让信息能更快传到终端，如此一来就可以清晰地查看每个仓库的工作进度和流程，实时掌握货物的一系列信息，实现数据实时交互共享，提升整个物流仓储的运作效率和质量。

3. 5G与区块链的融合，全程数据化

如果说5G是网络设备的基础，那么区块链就是对其进行加工的辅料。区块链不仅

---

① 段超，王国华.5G在智慧物流发展中的应用研究［J］. 中国物流与采购，2020（13）：58－59.

可以应用在金融领域，还可以进行延伸和发展，利用5G网络的传输特性以及区块链的去中心化特性，达到物流全程数据化的目的，还可以保障用户的信息安全。

（二）5G助力智慧物流园区建设

1. 5G赋能物流园区智能安防

物流园区是一个多系统、多层次的复杂系统，具有点多、线长、面广的特点，多种业务交织并行，人、车、货同空间共存，我国物流园区管理长期处于粗放状态，特别是在安防方面缺乏有效、全域、智能的监管手段。物流的核心是对过程的监控。对物流场所、人、货物的全面安防管理是物流仓储的基本保障。

利用5G超高清网络摄像机，可实现前端视频的高效无线传输，避免用户挖沟埋缆，方便部署到有线网络尚未覆盖地区，进行无死角拍摄。该摄像机内置M2标准接口5G模组，适用于各种室外监控环境。在成像效果上，该摄像机采用高性能的800万像素1/2.5英寸CMOS（Complementary Metal Oxide Semiconductor，互补金属氧化物半导体）图像传感器，在5G网络下输出4K视频实时图像，图像更清晰、流畅，细节更全。

5G + AI仓储安防系统分为三个部分。第一部分为前端设备，使用5G超高清网络摄像机采集视频流。第二部分为视频分析平台系统，通过先进的人工智能技术，将海量视频资源中包含的人员、车辆、移动物体等各类信息资源提取出来进行存储和分析研判。基于深度学习构建算法模型，深度提取图像数据中目标特征（人脸、人形、车辆、行为等），结合关联数据，形成模块化的功能应用。第三部分为客户端，管理员通过登录Portal可以实现对视频分析平台系统的所有任务进行管理，视频分析的告警也会在Portal中呈现。5G摄像机配置如图2－1所示。

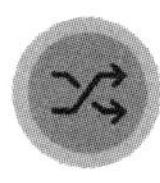

图2－1　5G摄像机配置[①]

资料来源：http：//www.clpma.cn/news_d.php？id＝1502。

① 图片引用时略有修改，全书同。

2. 5G 助力仓储智能化发展

（1）5G 加速 AMR 的迭代和创新。

随着业务场景越来越复杂，AMR（Autonomous Mobile Robot，自主移动机器人）应运而生，其拥有多种传感器融合技术和更强大的运算大脑，能够自主获取环境地图，并通过实时计算获取全地图定位并自主规划路径，能够自主避开障碍物。5G 的高速率、高带宽和低时延特性，能够带来更宽广的网络覆盖、更稳定的网络连接和更高效的数据传送，有效解决 WiFi 易受干扰、延时大、丢包率高等问题。AMR 通过 5G 和 Cloud 互联，结合物联网、大数据、人工智能等技术，实现了订单—生产—物流—运输—配送—门店/个人的智慧物流全流程贯通。

（2）5G 助力无人叉车云化升级。

随着 5G 技术的逐渐成熟，基于 5G 的远程控制叉车陆续出现，该类系统利用 5G 网络将车载行车记录仪的视频数据传回，为远端的工作人员提供控制辅助，实现了对叉车的远程控制。然而，截至目前，无人工业车辆与 5G 的结合仍然处于功能性验证阶段，并没有深度结合。

车载工控机、车载高清摄像头、车载三维视觉传感器等车载设备通过 5G 工业模组接入园区 5G 网络，其带宽要求适中，对网络稳定性及延时有较高要求（不超过 10ms）；用于仓内环境要素识别与监控的 5G 摄像头直接接入园区网络，其带宽要求高、时延要求适中；包括流水线到位传感器、卷帘门等的其他设备，通过工业 CPE（Customer Premise Equipment，客户前置设备）接入 5G 网络，这些数据接入点多，但带宽、延时要求较低。整套智能仓储设备通过 5G 基站以及园区下沉的 UPF 及 MEP 服务器，直接与园区内的相关服务器进行通信，完成对车载数据及其他数据的智能化分析，并将分析结果、车辆调度信息反馈给无人工业车辆。5G 智能仓储一体化解决方案网络架构如图 2－2 所示。

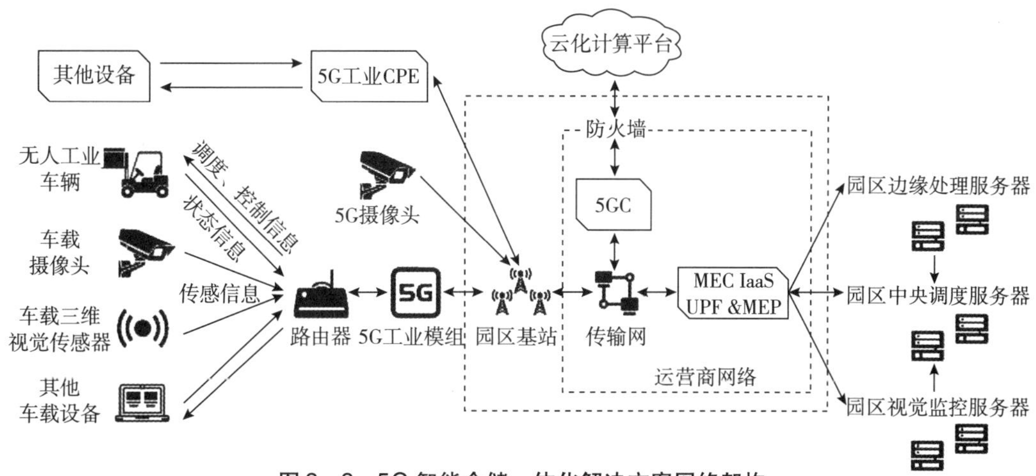

图 2－2　5G 智能仓储一体化解决方案网络架构

资料来源：http：//baijiahao. baidu. com/s？id = 1675274790469097879&wfr = spider&for = pc。

3. 5G 助力智能配送

随着5G基站的普及，5G无人配送车能够在小区和园区内更好、更快地提供智能配送服务。在高带宽、低时延的5G网络支持下，无人配送车不只是无人配送工具，它可以提供更多的智能服务，如实时安保监控、智能引导、云端客服等。

苏宁"5G卧龙"无人配送车（见图2-3）在5G技术支撑之下，智能化功能得以大幅度提升，速度更快，最快可达15公里/小时。同时，可检测到100米外的障碍物，并能迅速作出判断。此外，基于5G技术高带宽、低时延的特性，后端管理人员可以通过车身上360°环视摄像头，动态监测无人配送车的实时运行状态。如遇到交通障碍等紧急情况，可进行人工接管和远程控制。

图2-3 苏宁"5G卧龙"无人配送车

资料来源：http：//www. i56r. com/new/69712。

（三）5G促进智慧物流升级

1. 5G为生产物流柔性升级

在工业产品的整个生产过程中，仅有5%的时间用于加工和制造，剩余95%的时间用于储存、装卸、等待加工和配送。在工业4.0场景下，产品周期进一步缩短，生产节奏加快，时间价值变得越来越重要。

随着消费者的需求趋于多样化和个性化，企业生产也呈现出多品种、小批量、多批次、高时效的特点。基于5G网络，通过采用AGV（Automated Guided Vehicle，自动导引运输车）+协作机器人+生产线终端接口结合实现整个车间的生产原料自动配送，形成安全可靠的柔性的生产物流供应系统。AGV通过5G网络与车间的多条生产线交互，实时了解生产线的状态信息，当系统判定某条生产线原料即将用完时，AGV开始向智能仓储系统仓库移动，同时通过网络仓库发送需求信息，智能仓储系统仓库开始准备物料，AGV 到达仓库后通过协作机器人抓取物料，暂存于 AGV 上，协作机器人配置电动夹爪，能够抓取多种规格产品；取料完成后 AGV 移动到相应生产线，并由协作机器人卸载物料。整套系统流程快速响应，稳定性高。

在柔性的生产物流供应系统中 5G 是一个关键性因素。数据传输快、传输时延低、接入特性海量、按需组网、可移动边缘计算、网络泛在能力高、功耗低、传输安全性高等优势，保证了智能仓储系统信息输入和输出。通过对整个车间信息及仓库信息的综合实时处理，能够合理运送物料、管控库存，带来了生产和管理上的极大便利。未来 5G 可应用在诸多行业，如家电、电子、医疗设备等应用 SMT（Surface Mount Technology，表面组装技术）的行业，以及仓储物流拆/码垛、搬运、储存、拣选等环节①。

2. 5G 带来电商物流革命升级

电商物流系统要将每一个货品送到消费者手中，其物流配送路线极为复杂，频率很高，也难以预料。据统计，如今送货延迟在所有电商客户投诉中大约占到了 45.6%。因此，需要建立电商智慧物流系统，在各个地区建立智能分拣站点，通过大数据合理安排配送路线，将货品与客户快速匹配，提升客户体验。在先进技术和服务平台方面，5G 可以助力大数据技术释放更大的能量，为合并物流服务、促进行业分工贡献力量；人工智能、物联网技术则可以助力车路协同系统，在条件允许的情况下，在特定配送路线上实行无人送货。

随着"新基建"概念的提出，5G 的全面商用对传统商业模式带来深刻而彻底的改变，中国商业将再次迎来新的机遇和巨大变革，随着 5G 新商业时代的到来，直播带货、社交电商将会再次冲击时代风口，并首先体验由 5G 带来的新场景、新商机。"社交 + 直播 + 电商"将爆发出巨大的威力，特别是"社交电商 + 分享经济"碰撞出的火花，其优势帮助企业节省了大量的营销成本，给现有新零售市场带来更多活力，也势必会加剧电商之间的竞争。对商家来说，可以省去广告营销的费用；对消费者来说，可以受益更多②。

三、年度优秀案例：京东 5G 智能物流示范园区

2019 年 10 月，京东物流宣布建设全国首个 5G 智能物流示范园区，目前已逐步建

① 中国电子制造网 .5G 下的智慧物流——柔性生产物流系统［EB/OL］.（2020 - 10 - 26）［2020 - 12 - 19］. http：//www. emasia - china. com/jsqy/11788. html.

② 大众新闻 .5G 新商业时代万亿风口引发电商升级战［EB/OL］.（2020 - 10 - 26）［2020 - 12 - 19］. https：//money. 163. com/20/1026/12/FPS88MLK00259FA5. html.

成并落地上海运营，在2020年中国国际服务贸易交易会上，京东物流的“5G智能物流园区”被评为中国服务示范案例，为物流行业5G应用树立了典范。京东物流在5G方面的建设赢得了行业权威机构的肯定。

京东物流在亚洲一号仓库北京园区率先建设的国内首个5G智能物流示范园区，依托5G技术，通过AI、IoT、自动驾驶、机器人等技术和产品打造高智能、自决策、一体化的智能物流园区解决方案并进行应用示范，有效提升了园区系统的感知、认知、分析、决策能力，使物流体系更加智能化，提高了资源利用率和生产力水平。

京东物流5G智能物流平台LoMir（络谜）也公开亮相，持续的技术突破和创新应用是平台保持领先的基本要求。该平台支持数据的精准采集，可以进行运营预测、智能决策，构建一个包裹、场地、车辆、人员和设备高效连接的“智能物流世界”。LoMir在5G、IoT等技术加持下，使用数字孪生技术建立物理世界的数字镜像，利用数字世界的仿真及分析优化物理世界的效率，带来物理世界的效率革命。基于LoMir，京东物流在智能园区、智能枢纽和智能仓储等方面都有成果落地。

京东物流建成的5G智能物流示范园区（见图2-4）中，通过5G网络和高清摄像头，不仅可以实现人员的定位管理，还可以实时感知仓内生产区拥挤程度，及时进行资源优化调度，极大提高生产效率；5G与IIoT（工业物联网）结合，帮助对园区内的人员、资源、设备进行管理与协同；5G技术助力园区智能识别车辆，并智能导引货车前往系统推荐的月台进行作业，让园区内的车辆更加高效有序①。

图2-4 京东5G智能物流示范园区

① 央广网．全国首个5G智能物流园区落成 京东物流5G智能物流平台LoMir亮相［EB/OL］．(2019-10-29)［2020-12-19］．https：//baijiahao.baidu.com/s?id=1648715698192381568&wfr=spider&for=pc.

同时，京东物流依托大数据、5G、区块链、人工智能等前沿技术，打造集批发零售全渠道交易管理、产地销地智能基地管理、全程运输配送物流管理三个业务于一体的管理平台，共享农业蔬菜数据，打通寿光蔬菜从育种、种植、交易、加工、储存到物流的全环节、端到端的蔬菜全产业链数据，通过数字化、智能化的供应链实现蔬菜生鲜产品品牌化、精细化、可追溯的管理升级。

京东物流凭借5G技术提升了物流效率，打造了属于自己的智能物流体系，为今后进一步发展奠定了良好基础，以后必定引领物流行业走向一个新的未来。

第二节 北斗卫星导航系统

自古以来，在夜晚人们会通过北斗七星辨别方向，将卫星导航系统取名北斗卫星导航系统具有鲜明的中国特色，彰显了华夏悠久的历史文化。北斗卫星导航系统（BeiDou Navigation Satellite System，BDS）是中国着眼于国家安全和经济社会发展需要，自主发展、独立运行的全球卫星导航系统，随着2020年组网成功，为全球用户提供全天候、高精度的定位、导航、授时和短报文通信服务。

一、北斗卫星导航系统发展概况

（一）发展历程

中国作为独立自主的大国，建造属于自己的全球卫星导航系统，并在各种行业中应用，可以实现在确保国民经济的正常运行和国防安全的同时，推动各种新兴产业的发展，进而在国际社会上获得更多的话语权。目前，国内的卫星导航产业以北斗卫星导航系统为核心驱动力，北斗卫星导航系统包括北斗一号、北斗二号和北斗三号3个系统，从北斗一号开始计算，实际共发射59颗北斗卫星，其中北斗一号为4颗北斗导航试验卫星；北斗二号由14颗标称星座以及备份卫星、试验卫星等6颗卫星组成；北斗三号由30颗组网卫星和5颗试验卫星组成。

与其他卫星导航系统不同，北斗卫星导航系统由地球静止轨道、倾斜地球同步轨道以及中圆地球轨道三种轨道组成，能够更好地服务于国内及周边地区，同时也充分发展关键技术，提供导航、定位、短报文通信等服务。随着2020年北斗卫星导航系统服务范围覆盖全球，我国卫星导航与位置服务产业将迎来由技术融合创新和产业融合发展共同带来的升级变革。按照计划，到2035年，我国将建成以北斗卫星导航系统为核心，融合更加深入、更加智能的综合定位导航授时体系。为此，我国将不断突破关键技术，达到定位导航国际先进水平。北斗卫星导航技术的发展，不仅能够带动国内产业发展，还能通过互联互通带动国际产业链的发展，进一步促进世界各国多方面、多维度、多层次的深度合作。

（二）发展现状

2020 年 6 月 23 日 9 时 43 分，在西昌卫星发射中心，我国北斗卫星导航系统的第 55 颗北斗导航卫星成功升空，经过约 30 分钟的飞行，卫星顺利进入预定轨道，至此北斗三号系统最后一颗组网卫星成功发射，北斗三号全球卫星导航系统部署全面完成，我国正式成为世界上第三个拥有自己的全球卫星导航系统的国家。7 月 31 日上午，北斗三号全球卫星导航系统建成暨开通仪式在人民大会堂举行，中共中央总书记、国家主席、中央军委主席习近平向世界宣布北斗三号全球卫星导航系统正式开通，标志着北斗卫星导航系统“三步走”发展战略圆满完成，北斗迈进全球服务新时代。从 1994 年启动北斗一号全球卫星导航系统工程建设，到 2020 年北斗三号全球卫星导航系统最后一颗卫星成功升空，历时 26 年的艰辛建设，北斗卫星导航系统终于以“三步走”的方式全面完成组网，实现了向中国提供服务、向亚太地区提供服务，最后向全球提供服务的快速发展①。

二、北斗卫星导航系统关键技术

（一）辅助北斗定位技术

辅助北斗定位技术可以优化北斗卫星导航系统的性能。通过移动通信运营基站 A－BDS 可以实现快速定位，此技术应用于支持北斗功能的手机上。在卫星定位信号传播条件较差的环境中，普通卫星定位信号可能会被许多障碍物削弱，A－BDS 仍旧可以通过运营商基站信息来实现快速定位。A－BDS 的基本思路是通过在卫星信号接收效果较好的位置上设置若干参考卫星定位接收机，并利用 A－BDS 服务器与终端交互获得终端的大致位置，然后通过移动网络将该终端需要的星历和时钟等辅助数据发送给终端，由终端进行 BDS 定位测量。测量结束后，终端可自行计算位置结果或者将测量结果发回 A－BDS 服务器，服务器进行计算并将结果发回终端。

（二）北斗地基增强技术

北斗地基增强技术旨在建立以北斗卫星导航系统为主、兼容其他卫星导航系统的高精度卫星导航服务体系，该体系利用北斗高精度接收机，通过地面基准站网，借助

---

① 王立华．北斗导航 技术领航［J］．中国科技奖励，2020（8）：20－23.

移动通信、数字广播等手段，在服务区域内提供实时高精度导航定位服务。我国已于2014年9月正式启动北斗地基增强系统的建设工程，目前，北斗地基增强系统已具备在全国范围内提供实时米级、分米级、厘米级，后处理毫米级高精度定位基本服务能力。经测试评估，广域米级、分米级实时差分定位精度，水平分别小于2m、0.5m，垂直分别小于3m、1m；区域厘米级实时差分定位精度，水平小于5cm、垂直小于10cm；后处理毫米级精密定位精度，水平小于5mm、垂直小于10mm，系统能力达到国外同类系统技术水平。

（三）北斗星基增强技术

北斗星基增强技术是北斗卫星导航系统的重要组成部分，通过地球静止轨道卫星搭载卫星导航增强信号转发器，可以向用户播发星历误差、卫星钟差、电离层延迟等多种修正信息，实现对于原有卫星导航系统定位精度的优化。通过相关论证，北斗星基增强技术在下一代双频多星座标准中的状态已得到固化，北斗星基增强系统作为星基增强服务供应商的地位也得到了进一步巩固。星基增强技术与地基增强系统相结合，可形成更高效的卫星导航高精度定位服务网络，构建国土测绘、海洋勘探、精准农业、灾害监测、无人机、无人驾驶等专业应用以及汽车导航、移动手机等大众化应用的高精度位置服务基础环境。

（四）北斗短报文技术

北斗短报文技术是北斗卫星导航系统区别于其他卫星导航系统的关键之处，通过该技术，北斗终端和北斗卫星或北斗地面服务站之间能够双向传递信息。在普通移动通信信号不能覆盖的情况下，北斗终端仍旧可以采用短报文进行紧急通信。北斗短报文技术的不断发展为受灾地区及时上报灾害位置、突发灾害信息及灾区救助信息提供了更高效的操作手段，各级民政部门可通过北斗终端进行救灾物资的管理，在后续的发展中，北斗卫星导航系统也将与其他卫星导航系统共同组成全球中轨搜救系统，大幅提升全国救灾物资管理、调运水平与搜救效率，减少导航盲区①。

（五）全系统服务

结合上述关键技术，北斗卫星导航系统可提供导航定位和通信数据传输共计两大类、七种服务，具体包括在全球范围，提供定位导航授时、全球短报文通信和国际搜

---

① 中国信息通信研究院．北斗技术与产业发展白皮书［R/OL］．（2019-12-26）［2020-11-12］．https：//www.sohu.com/a/369295917-653604.

救三种服务；在中国及周边地区，提供星基增强、地基增强、精密单点定位和区域短报文通信四种服务。

1. 定位导航授时服务

北斗卫星导航系统空间信号精度优于 0.5 米；全球定位精度优于 10 米，测速精度优于 0.2 米/秒，授时精度优于 20 纳秒；亚太地区定位精度优于 5 米，测速精度优于 0.1 米/秒，授时精度优于 10 纳秒。

2. 国际搜救服务

按照国际搜救卫星组织标准，北斗卫星导航系统与其他卫星导航系统共同组成全球中轨搜救系统以服务全球用户，为用户提供具备北斗特色的反向链路服务，显著提升搜救效率及搜救成功率，北斗搜救系统如图 2－5 所示。

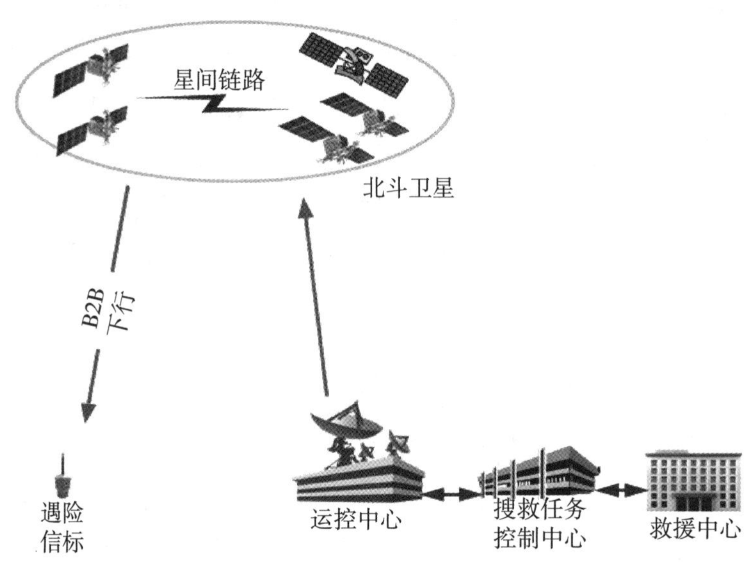

图 2－5 北斗搜救系统

资料来源：2020 全球物流技术大会演讲《北斗卫星导航系统建设与应用》。

3. 全球及区域短报文通信服务

全球方面，北斗卫星导航系统利用星间链路，通过 14 颗中轨道地球卫星，为全球用户提供短报文通信试用服务，进而助力精确搜救服务，单次通信能力可达 40 个汉字。

区域方面，北斗卫星导航系统服务中国及周边地区，容量提升至 1000 万次/小时、用户机发射功率降到 1～3W、单次报文长度达 1000 个汉字。目前基本完成区域短报文服务平台建设，推动短报文与移动通信有机融合，进一步发挥北斗卫星导航系统导通融合服务优势。

4. 星基增强服务

北斗星基增强系统按照国际民航组织标准建设，服务中国及周边地区用户，支持单频及双频多星座两种增强服务模式，性能指标满足国际民航 I 类精密进近（CAT－I）指标要求。目前北斗星基增强系统服务平台已基本建成，即将开展民航应用验证评估工作。

三、北斗卫星导航技术产业应用现状及趋势

自 2000 年我国发射第一颗北斗导航试验卫星以来，历经 20 年建设发展，北斗卫星导航技术已在交通运输、抢险救灾等领域得到广泛应用，产生了显著的经济效益和社会效益。

（一）北斗卫星导航技术基础产品

经过多年发展，北斗卫星导航技术已形成完整产业链，基础产品已实现自主可控，国产北斗芯片及模块等关键技术全面突破，性能指标与国际同类产品相当。多款北斗芯片实现规模化应用，工艺水平达到 22 纳米①。

据统计，国产北斗导航型芯片模块累计销量已突破 1.25 亿片，高精度板卡和天线销量分别占据国内 60% 和 90% 的市场份额，并输出到 100 余个国家和地区。

（二）北斗卫星导航技术在交通运输领域的推广应用

交通运输是国民经济、社会发展和人民生活的命脉。交通运输行业是北斗卫星导航系统最大的民用领域，将北斗卫星导航技术与现有交通运输系统设备融合，是助力实现交通运输信息化和现代化的重要手段，也是推动交通运输行业发展、建设交通强国的驱动力②。截至 2019 年 4 月，国内超过 620 万辆营运车辆、3 万辆邮政和快递车辆、约 8 万辆公交车、3200 余座内河导航设施、2900 余座海上导航设施已应用北斗卫星导航系统，由此建成了全球最大的营运车辆动态监管系统，有效提升了监控管理效率和道路运输安全水平。

1. 北斗卫星导航技术在公路运输领域的推广应用

在公路运输领域，利用北斗卫星导航系统的定位服务，结合车辆识别、清分结算等功能，可以开展公路自由流收费的试验工作，实现公路自由流收费。为进行车辆跟踪监控，我国建成了全国重点营运车辆联网联控系统和全国道路货运车辆公共监管与

---

① 胡喆．北斗三号成功组网星耀全球［J］．金秋，2020（17）：6－7.

② 王立华．北斗导航 技术领航［J］．中国科技奖励，2020（8）：20－23.

服务平台两大系统，实现了公路运输重点营运车辆卫星定位信息的全国联网。“两客一危”车辆安装北斗卫星导航终端，货运车辆安装双模卫星定位装置，两大系统可对车辆实现远程的实时监控，有效提升公路运输行业的安全监管能力，降低公路运输事故发生风险。

2. 北斗卫星导航技术在水路运输领域的推广应用

在水路运输领域，我国已实现长江干线公务船、客渡船北斗应用卫星导航技术全覆盖，全国已安装海上航标 7383 座，完成全部 97 个沿海北斗地基增强基准站的建设。此外，我国积极推动智慧港口建设。天津港等大型港口的集装箱和装卸集装箱的卡车上都已安装了北斗卫星导航终端，装卸和运输准确而高效，更有无人智能卡车可自动完成道路行驶、精确停车、集装箱装卸、障碍物响应等指定动作①。利用北斗卫星导航技术实现的船舶全天候化高精度卫星导航定位方法，已经替代陆标定位、天文定位方法成为船舶定位新手段。

3. 北斗卫星导航技术在航空领域的推广应用

在航空领域，2017 年 10 月，北斗卫星导航系统实现在国产飞机 ARJ21 – 700 上搭载试飞验证，正式拉开了国产卫星导航系统在国产民用客机应用的序幕，证明了北斗卫星导航系统可以满足民航飞机 I 类精密进近的精度要求（即水平 16m、垂直 4m）；北斗短报文系统在国产 ARJ21 – 700 飞机上的首次搭载试飞验证，再次证明了北斗短报文系统可为民航运行独立跟踪监视提供技术支撑。2019 年 12 月 24 日，北斗定位追踪设备首次进入全球适航审定领域，中国民用航空华北地区管理局颁发了波音 737 – 800 客机北斗定位追踪系统加装的补充型号合格证。根据《中国民航北斗卫星导航系统应用实施路线图》，我国将按照“从易到难，从便携到机载，从监视到导航，通用运输统筹推进”的总体实施路径，逐步实现北斗卫星导航系统民航行业应用“全覆盖、可替代”。

（三）北斗卫星导航技术与电子商务的深度融合

基于北斗卫星导航技术的各类服务已被电子商务、移动智能终端制造、位置服务等厂商采用，广泛进入消费、共享经济和民生领域，深刻改变着人们的生产和生活方式。国内多家电子商务企业的物流货车已普及应用北斗车载终端，配送员也携带了手环，实现了车、人、货等信息的实时调度和业态优化②。

---

① 黄子桐. 北斗全覆盖 智享新生活［J］. 中国科技奖励，2020（8）：24 – 26.

② 胡喆. 北斗三号成功组网星耀全球［J］. 金秋，2020（17）：6 – 7.

1. 北斗卫星导航技术在出行软件中的应用

在智能停放和用车需求服务上，各出行软件需结合城市需求总量、骑行需求、区域特征等多重因素合理制订车辆投放计划，保证车辆按需分布。同时也需按城市管理要求设置停车点、禁停区，对用户进行规范，引导其合规停放。2020 年 9 月 10 日，深圳市启动互联网租赁自行车高精度定点停放试点工作，利用北斗卫星导航系统高精准定位技术实现对共享单车“定点停放、入栏结算”的精准管控。其定位精度达亚米级，旨在解决共享单车乱停乱放问题，进一步推进北斗卫星导航技术在交通运输行业的深度应用。滴滴出行也应用北斗卫星导航系统高精准定位技术升级电子围栏，在分体锁 GEO 车型实现了“无桩车辆有桩化管理”，目前已在深圳、武汉、北京、杭州等地开展运营。

2. 北斗卫星导航技术在智能手机中的应用

智能手机是卫星导航最大的大众消费领域。国内外主流芯片厂商均选择推出兼容北斗卫星导航技术的通导一体化芯片。截至 2019 年第三季度，中国市场申请入网的手机中有 400 余款具有定位功能，其中支持北斗卫星导航技术的近 300 款。

（四）北斗卫星导航技术的国际合作

北斗卫星导航产业主要通过三种方式开拓国际市场。一是国家间双边和多边合作，尤其是与其他全球导航卫星系统在系统层面的兼容互操作，基本上与美国的全球定位系统、俄罗斯的格洛纳斯系统和欧洲的伽利略系统达成兼容，这是北斗卫星导航产业实现市场全球化的关键性基础。同时，中俄之间开展多方面的应用服务推广合作，中国与泰国、巴基斯坦、缅甸等国家合作建设了地面观测网络基础设施，还与阿拉伯联盟国家开展实质性合作。二是我国相关企业和集团在海外承担机场、港口、铁路、公路和产业园区等重大工程建设时，广泛应用了北斗卫星导航设备。三是中国企业大批走向世界，广泛推广北斗卫星导航应用与服务，中国北斗芯片及模块、高精度板卡和天线已输出到 100 多个国家和地区①。

未来，北斗卫星导航系统全面建成及其技术不断完善，将进一步应用于更多的行业领域，服务更多的用户，为提升全球、全人类的幸福贡献中国力量。

---

① 东方网. 北斗是中国的也是世界的［EB/OL］.（2020－01－16）［2020－11－12］. http://news.eastday.com/eastday/13news/auto/news/society/20200106/u7ai9011436.html.

第三节 智慧供应链技术

一、智慧供应链技术发展趋势

（一）新技术赋能智慧供应链

新一代信息技术是智慧供应链得以产生并快速发展的使能技术。这些技术的主要作用是实现了现实世界与信息世界的紧密连接，为传统供应链通过数字化转型、实现向智慧供应链转变提供了技术基础。

1. 感知技术

感知技术是物联网核心技术，是实现物品自动感知与联网的基础，其主要技术有编码技术、自动识别技术、传感技术、追踪定位技术等。此外，红外扫描、激光、NFC（近距离无线通信技术）、机器视觉等各类感知技术在智慧供应链领域也有一定的应用。

2. 数据处理技术

主要有大数据存储技术、大数据处理技术、机器学习技术。目前快速发展的区块链技术也可高效助力智慧供应链的创新和发展。

3. 数据计算技术

数据计算技术主要以云计算为核心，根据实际应用场景有所差异。智慧物流系统的层级常常应用雾计算技术，智慧物流独立硬件应用场景常采用边缘计算技术。

4. 网络通信技术

网络通信是智慧供应链信息传输的关键，在局部应用场景，如智慧物流仓，常采用现场总线、无线局域网等技术；在实现状态感知、物物联网、物与物通信时，常采用物联网技术，在全国或全球智慧物流网络大系统的连接中，主要采用物联网技术。

5. 自动化技术

自动化技术是智慧供应链系统应用层的执行操作技术，主要有自动分拣技术、智能搬运技术、自动化立体仓库技术、智能货运与配送技术。根据技术应用领域，形成相应的仓内技术、干线技术、末端技术、智慧物流底盘技术，共同支撑智慧供应链目标的实现。

（二）智慧供应链发展趋势

1. 供应链前端未来改造空间较大

以品牌商为中心，供应链前端包含了设计、原材料及生产制造三种职能，供应链末端则是分销/批发、零售、广告营销和消费者触达。供应链末端智慧化相对成熟，而前端的智慧化进程仍处于初期阶段。当下，各类企业的着力点通常集中在靠近消费者的末端，对前端的智慧化升级投入不够，因此产品设计与开发、供应商合规、原材料采购、工厂采购与生产控制、配送中心与货运代理、批发、增值服务都是供应链智慧化升级改造的潜在空间。

2. 全链条灵活程度更高

移动互联网的发展令产品类型日趋多样化，每一个库存保有单位下的货品数量随之减少，需求碎片化反向推动了生产碎片化，从而要求供应链灵活程度必须提高，研发、生产、补货以及配送流程必须无缝衔接且灵活高效。传统供应链开发一个系列产品的所需周期较长，无法与市场需求完全匹配，而智慧供应链可以将研发周期缩短到一个星期，有效减少所需时间，显著提升消费者的体验，让供应链随需而动，根据需求自由切换。

3. 生产过程的策略性更强

产品满足市场需求的程度越高、开发速度越快，可以让库存造成的损失越小，销售机会越多。因此，企业要关注如何在企划、生产和物流等节点上控制成本，在生产方面，应综合考量零部件的通用性、原材料可得性、生产工艺成熟度及生产便捷性。在物流方面，要注意包装材料可得性、空间浪费程度、运输可行性、破损率等因素①。在此过程中，可以通过物联网技术对生产过程中涉及的材料、零件进行质量监督，对产品质量进行自动识别和自动控制，降低人工成本，保障生产进度和产品质量②。

二、年度优秀案例：菜鸟全套数智化供应链解决方案

菜鸟网络科技有限公司（以下简称“菜鸟”）于2013年由阿里巴巴集团牵头成立，是一家互联网科技公司，专注于搭建四通八达的物流网络，打通物流骨干网和末端配送网络，提供智慧供应链服务。通过技术创新和高效协同，菜鸟与合作伙伴一起提高物流效率，降低社会物流成本，提升消费者的体验，为制造业创造更大利润空间。菜鸟的目标是与物流合作伙伴一道，加快实现“全国24小时，全球72小时必达”。为此，菜鸟正在推进“一横两纵”战略，建设整个物流行业的数字化基础设施，搭建面

① 朗尊软件．未来智慧供应链的三大趋势［EB/OL］．（2019-12-21）［2020-11-30］．http：//m. legendshop. cn/article/275.

② 金硕．基于物联网的智慧物流供应链体系建设研究［J］．计算机产品与流通，2020（11）：172.

向未来的、基于新零售的智慧物流供应链解决方案，打造一张全球化的物流网络①。菜鸟自成立至今已经走过了 7 个多年头，快递物流行业已进入了数智化新阶段，如今菜鸟持续不断加大技术方面的投入，推动物流行业优化升级，打造智慧供应链，服务商家降本增效②。菜鸟数智化供应链通过利用物联网、人工智能等先进技术，感知公开数据（如天气和交通数据）和物流体系内的过程数据，对整个城市物流流程进行动态管理、监控和优化，集成先进物流技术（如无人仓、AGV），建设高效的智慧供应链体系，菜鸟全套数智化供应链解决方案系统架构如图 2－6 所示。

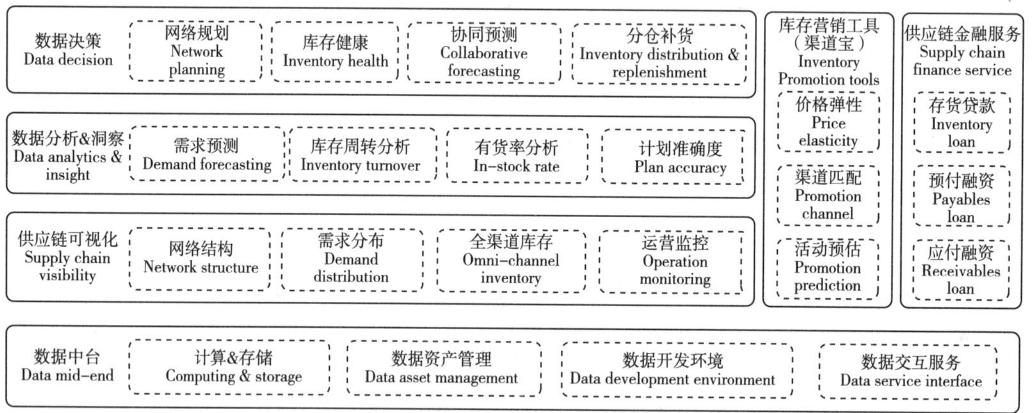

图 2－6　菜鸟全套数智化供应链解决方案系统架构

资料来源：2020 全球物流技术大会演讲《科技，让物流更简单》。

菜鸟供应链的数智化转型核心包括大数据驱动需求的预测、智能选品备货分仓、全链路数据实时可视、快速完美交付体验等③。根据前端数据和商家的能力，菜鸟数智化供应链将作出预测；根据商家的商品类型，菜鸟将为商家提供补货计划和全国放仓计划；在促销时，菜鸟将为商家推荐“大促宝”；在决策优化上，菜鸟通过一数智化供应链决策大脑为商家提供合理化建议，通过一系列智慧化运作为商家提供一整套数智化的供应链解决方案。

---

① 中国物流与采购网．浙江菜鸟供应链管理有限公司－菜鸟智能视频云监控助力双十一物流［EB/OL］．（2020－02－26）［2020－11－30］．http：//www. chinawuliu. com. cn/xsyj/202002/26/494170. shtml.

② 融汇岛．走进菜鸟——了解智慧供应链认识数智化的菜鸟［EB/OL］．（2019－12－26）［2020－12－10］．http：//www. rhd361. com/special/news？ id＝3139b4ec2f5c43f7824881a109038164.

③ 搜狐网．【物流】姚晓舟：菜鸟网络数智化供应链解决方案（附 PPT）［EB/OL］．（2019－10－10）［2020－11－30］．https：//www. sohu. com/a/345915438_757817.

（一）大数据驱动需求预测

在实现爆款打造后，菜鸟数智化供应链通过库存量单位级别的算法协助实现对天气、季节、消费者的画像绘制，共享各种中小型促销活动的既有经验数据，通过大数据分析得出日常销售量，帮助运营经验较少的商家实现大型促销活动时段内库存的适量提升及日常库存的幅度调整，实现备货智慧化。在各类促销活动期间，菜鸟数智化供应链会通过链条内多方资源的协调，帮助商家管理好库存，保障正常出货，进而实现现金流压力的降低①。

（二）智能选品备货分仓

智慧供应链的着眼点一般都是物流能力，而仅针对部分物流要素的改造难以对智慧供应链实现整体优化。因此菜鸟数智化供应链从商流开始介入，整合进销存数据并进行销售预测，识别不健康库存并构建价格弹性模型、制定营销渠道规则，帮助企业实现选品智慧化，打造高效的商品力，打造爆款，进而通过前台数据帮助企业进行新品培育，协助商家进行正常品的运营，介入商品全生命周期的管理。

在完成爆品打造以及出货计划后，菜鸟数智化供应链将根据促销计划和不同商家的能力水平，根据天猫平台的流量协同，就商家的具体补货计划和国内分仓点选择进行规划，避免出现计划与实际脱离严重的问题。菜鸟基于全球布局，将仓储和交通运输有机结合，形成网络。基于物流协同机制，整合与优化物流网络要素，形成解决方案。库存选品流程如图 2－7 所示。

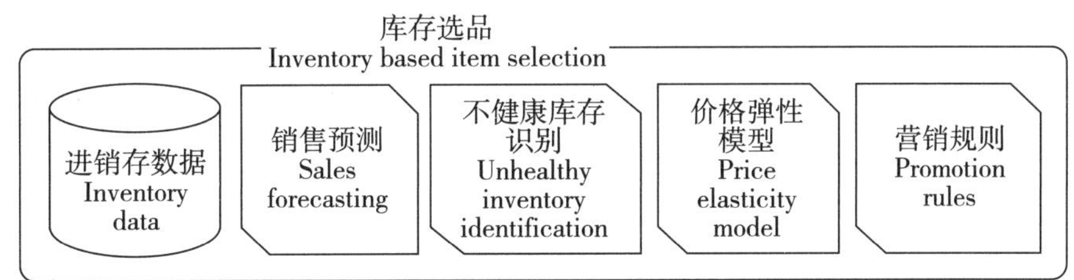

图 2－7　库存选品流程

资料来源：2020 全球物流技术大会演讲《科技，让物流更简单》。

（三）全链路数据实时可视

在菜鸟的供应链产品矩阵里，包含数智大脑、数智仓配、数智全案、商流联动。

---

① 融汇岛．揭秘：菜鸟网络全套数智化供应链解决方案［EB/OL］．2019－12－27）［2020－12－15］．http：//rhd361．com/special/news？id＝2ffa333c30d943888a14ef01ba190962．

数智大脑是菜鸟整合前沿科技推出的系列产品，覆盖从分仓到运营的完整场景，是供应链升级的首选，其中有分仓宝、预测宝、决策宝，“宝宝军团”是这些产品的代称。分仓宝，主要是网络规划，根据工厂位置和消费者分布，选择全国的分仓。分仓会根据爆品和长尾品等商品特性，采取不同的策略；预测宝，帮助分仓商家精准预测、精准备货，保证整体库存资金链占用最少，结合营销体系预测输出补货方案、调拨方案；决策宝，不仅是可视化的物流控制塔，还是供应链和物流的整体控制塔，能实时发现并分析企业变化，更快进行决策，让每一次的决策都有据可依①。

物流云的智能视频云监控（以下简称“菜鸟天眼”），通过对海量视频数据进行特定机器视觉算法学习，将未能有效利用的视频数据加以利用，对整个环节的人、车、货、场进行分析，对操作不规范等异常情况实时告警，协助合作伙伴进行决策分析，以及出现突发事件时的应急指挥，进而达到全链路的全域优化管理。在每个网点的摄像头数量足够多的基础上，菜鸟数智化供应链可通过现有的监控设备实现视频回溯以及证据查找，菜鸟数智化供应链监控流程如图 2－8 所示。在连接外部设备的大前提下，通过单点的图像算法识别分析，实现单点操作场地的异常预警，再结合订单和车辆的数据，将操作场地连接起来。整个流程连接起来后，通过预测出发、到达时间，让车辆在场地间的流转更加智能化；通过视频组网行成天眼系统，帮助物流公司做到更加精准的运营管理和异常数据的快速处理。

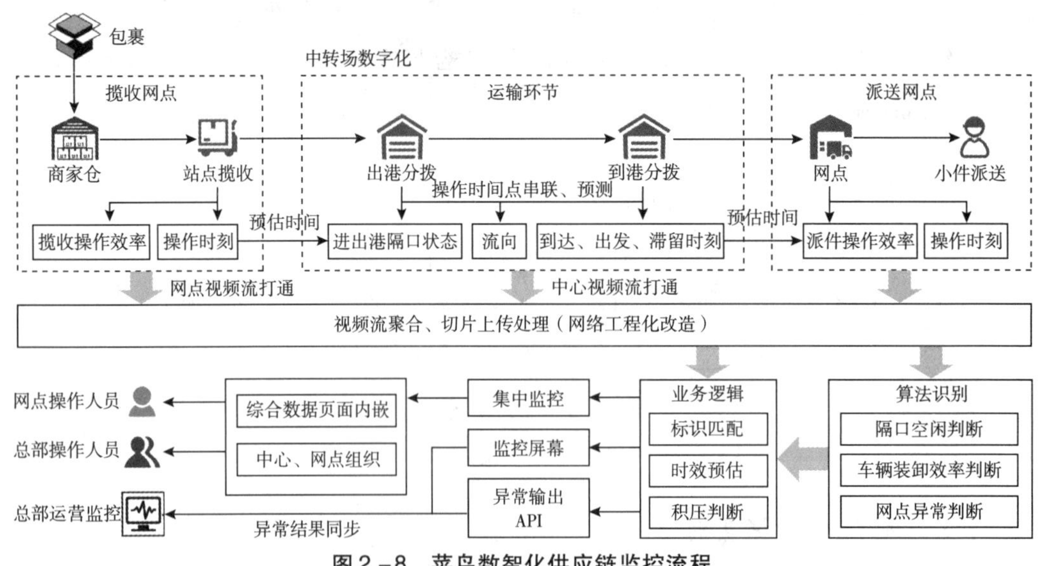

图 2－8　菜鸟数智化供应链监控流程

资料来源：2020 全球物流技术大会演讲《科技，让物流更简单》。

① 物流沙龙号．菜鸟供应链升级实践［EB/OL］．（2019－12－26）［2020－12－10］．https：//baijiahao. baidu. com/s? id＝1678986606076661672&wfr＝spider&for＝pc.

（四）快速完美交付体验

在促销期间，菜鸟数智化供应链使用“大促宝”协助商家开展活动。从以往经验来看，在“大促宝”的协助下，基本可以保证商家货量增长 50 倍、卖家服务评级系统能达到 4.8 分，投诉率降低 47%，售后服务响应快速，服务覆盖大促供应链全部环节。“大促宝”使商家在促销期间可以忽略货量爆发的潜在影响，平稳应对高爆发订单，实现促销日常化，使活动的开展更加稳定。2020 年某大型促销活动期间，“大促宝”核心的“预售极速达”服务为使用菜鸟仓的商家提供小时级预售商品送达服务。部分包裹实现一小时送达，超过一半的包裹都可以在半天内送达，80% 以上可以当日送达。

此外，在商流联动上，菜鸟数智化供应链也推出了菜鸟供应链金融，为商家提供更多的增值服务。菜鸟数智化供应链可以为入驻商家提供全链路金融供应链服务，为商家提供资金支持。商家可通过在菜鸟仓或菜鸟认证仓内存货作为质押担保，向菜鸟供应链金融申请存货融资。若其为菜鸟优质商家，还可以企业及借款人信誉向菜鸟供应链金融申请“菜鸟 E 贷”。菜鸟短期金融服务能够做到按日计息、随借随还，满足商家短期快速融资的需求。菜鸟供应链金融通过打通新零售仓配供应链与物流要素，以大数据风控为核心能力，专注于供应链金融产品设计及风控助贷，通过场景风控与撮合链接，为商家及物流企业提供供应链金融增值服务。菜鸟供应链金融产品解决方案如图 2-9 所示。

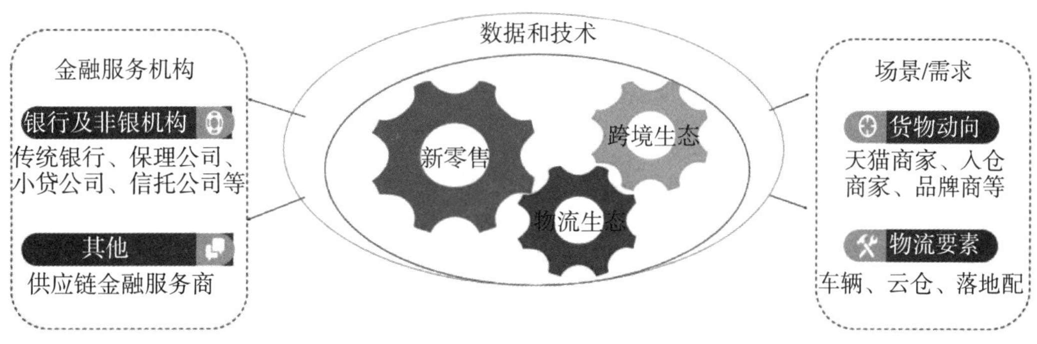

图 2-9　菜鸟供应链金融产品解决方案

资料来源：http：//www.rhd361.com/special/news? id = 3139b4ec2f5c43f7824881a109038164。

（五）线上线下全渠道协同

领先的仓配网络布局和覆盖全国的强大配送能力，是入仓商家对菜鸟供应链服务的共识。在社区场景下，菜鸟驿站通过站点基础硬件设施帮助商家进行线下营销，实现线上线下全渠道协同。目前，商家可通过菜鸟驿站硬件设施投放品牌柜贴、柜屏，以及在包裹上贴广告。基于大数据能力，菜鸟可以对用户标签进行细分，做到精准投放，拓展了品牌曝光渠道。

菜鸟通过全国5大区域分仓，让货物离消费者更近，降低成本，提升配送效能。前台通过天猫直送打标（一种天猫淘宝官方提供的打折显示方式）透出，为商家物流服务进行品牌背书。同时，菜鸟基于天猫超市、零售通、村淘的仓配服务网络，大大提升供应链效能。菜鸟基础设施模块如图2－10所示。

图2－10 菜鸟基础设施模块

资料来源：2020全球物流技术大会演讲《数智进化 链动未来》。

菜鸟将智慧供应链的思维和理念，贯彻到实践过程中，基于包容、开放、共享的思维搭建供应链平台。在包容的过程中求同存异，在求同存异的过程中形成共同发展的共识，在彼此开放的过程中扩大发展的空间。在共享的过程中，形成了互利共赢、风险共担的生态圈。包容、开放、共享是菜鸟供应链平台的理念①。

第四节 “新基建”赋能物流新技术

新型基础设施是以新发展理念为引领，以技术创新为驱动，以信息网络为基础，面向高质量发展需要，提供数字转型、智能升级、融合创新等服务的基础设施体系②。新型基础设施建设（简称“新基建”）成为广受国内甚至国际社会关注的热词，对于

① 中国物流与采购网．蔡进在“菜鸟供应链的数字化与全球化”在线论坛上的讲话［EB/OL］．（2020－04－269）［2020－12－15］．http：//www. chinawuliu. com. cn/lhhzq/202004/26/500773. shtml.

② 中华人民共和国国家发展和改革委员会．国家发展改革委举行4月份新闻发布会介绍宏观经济运行情况并回应热点问题［EB/OL］．（2020－04－20）［2020－12－14］．https：//www. ndrc. gov. cn/xwdt/xwfb/202004/t20200420_1226031. html.

“新基建”，中央谋篇布局已久，因为其不仅能够成为有效带动经济发展的龙头，同时也给各行各业带来更多的市场机遇。在2020年，中央在多个会议上强调了新型基础设施建设的重要性。“新基建”将重构生产、分配、交换、消费等经济活动各环节，催生新技术、新产品、新产业，物流行业也将受益颇多。

一、“新基建”的提出

（一）“新基建”发展时间线

近年来，中共中央、国务院高度重视新型基础设施建设，从2018年至今多次中央级会议或文件明确表示加强“新基建”。随着重视程度不断提升，相关政策发展时间脉络日趋清晰，具体见表2-1。

表2-1　“新基建”发展时间脉络

时间	会议	内容
2018年12月	中央经济工作会议	我国发展现阶段投资需求潜力仍然巨大，要发挥投资关键作用，加大制造业技术改造和设备更新，加快5G商用步伐，加强人工智能、工业互联网、物联网等新型基础设施建设，加大城际交通、物流、市政基础设施等投资力度，补齐农村基础设施和公共服务设施建设短板
2019年3月	全国两会政府工作报告	加大城际交通、物流、市政、灾害防治、民用和通用航空等基础设施投资力度，加强新一代信息基础设施建设
2019年7月	中共中央政治局会议	稳定制造业投资，实施城镇老旧小区改造、城市停车场、城乡冷链物流设施建设等补短板工程，加快推进信息网络等新型基础设施建设
2019年12月	中央经济工作会议	要着眼国家长远发展，加强战略性、网络型基础设施建设，推进川藏铁路等重大项目建设，稳步推进通信网络建设，加快自然灾害防治重大工程实施，加强市政管网、城市停车场、冷链物流等建设，加快农村公路、信息、水利等设施建设
2020年1月	国务院常务会议	大力发展先进制造业，出台信息网络等新型基础设施投资支持政策，推进智能、绿色制造

续 表

时间	会议	内容
2020 年 2 月	中央全面深化改革委员会第十二次会议	基础设施是经济社会发展的重要支撑，要以整体优化、协同融合为导向，统筹存量和增量、传统和新型基础设施发展，打造集约高效、经济适用、智能绿色、安全可靠的现代化基础设施体系
2020 年 2 月	中共中央政治局会议	加大试剂、药品、医疗研发支持力度，推动生物医药、医疗设备、5G 网络、工业互联网等发展
2020 年 3 月	中共中央政治局常务委员会	要加大公共卫生服务，应急物资保障领域投入，加快 5G 网络、数据中心等新型基础设施建设力度

（二）“新基建”提出的背景及目的

“新基建”是服务于国家长远发展和“两个强国”建设战略需求，以技术、产业驱动，具备集约高效、经济适用、智能绿色、安全可靠特征的一系列现代化基础设施体系的总称①。

一方面，从长期来看，随着我国经济进入数字经济时代，单靠传统基础设施已经无法满足我国经济持续发展的需要。经过多年的努力，我国在 5G 通信和互联网技术领域已经走在了世界的前列，这些技术的共同特征是具有较强的网络效应和规模效应。下游应用规模越大，上游技术研发的成本越低、风险越小。而“新基建”中涉及的 5G 基建、大数据中心、人工智能、工业互联网等正是连接数字经济中上游技术研发和下游场景应用的中间环节。

另一方面，5G 和互联网技术也是全球技术和商业竞争的前沿领域。应用场景的开发、商业模式的创新以及相关领域技术的突破实际上是一个统一的过程。率先推出 5G 时代下成熟稳定的数字经济模式的国家可以在标准的制定中掌握更多的话语权。各国竞相发展的无人驾驶、远程医疗等，虽然已经进行了成功的小规模实验，但是没有广泛覆盖的 5G 通信网络的支撑，很难进行进一步的商用化探索。仅就 5G 通信网络建设来说，不仅可以直接或间接带动经济总产出，还能为抢占全球新一代信息技术制高点奠定坚实的基础②。

---

① “新基建”发展白皮书［EB/OL］.（2020－03－26）［2020－12－14］. https：//wenku. baidu. com/view/e7d1bafe0e22590102020740be1e650e53eacf5f. html.

② 光明网—理论频道. 如何看待新基建在我国经济发展中起到的作用［EB/OL］.（2020－07－27）［2020－12－14］. https：//theory. gmw. cn/2020－07/27/content_34033437. html.

（三）“新基建”提出的意义

自2020年起，中央及有关部门纷纷出台相应举措作出部署，加快信息基础设施建设。以“新基建”为主题，夯实经济社会高质量发展的“底座”基石，对于引燃“十四五”产业动力新引擎、助力数字经济发展、构建智慧和谐社会具有重要意义。

近年我国经济下行压力持续加大，在新冠肺炎疫情冲击下，习近平总书记多次强调新型基础设施这一投资方向，不仅对长期战略新型产业建设和中国高质量发展有利，也在短期内有助于稳投资、稳增长、促消费。“新基建”是化解疫情不利影响、实现经济平稳有序发展的重要方法，也是应对挑战、转型升级的重要机遇。

作为重要的基础产业和新兴产业，“新基建”不仅对应着巨大的投资需求，也对应着巨大的消费需求，是实现中国经济高质量发展的重要引擎之一。“新基建”的意义不仅在于通过建设基础设施推动相应经济部门快速发展，更重要的是使经济社会不同领域、更多的国民享受到普遍化的经济红利。因此，“新基建”对“引爆”以数字经济、纳米技术和新能源为代表的新一代技术革命浪潮具有不可或缺的作用①。

二、“新基建”发展概况

（一）“新基建”的范围

2020年4月20日，国家发展改革委明确“新基建”的范围，主要包括以下三个方面内容。一是信息基础设施。主要是指基于新一代信息技术演化生成的基础设施，如以5G、物联网、工业互联网、卫星互联网为代表的通信网络基础设施，以人工智能、云计算、区块链等为代表的新技术基础设施，以数据中心、智能计算中心为代表的算力基础设施等。二是融合基础设施。主要是指深度应用互联网、大数据、人工智能等技术，支撑传统基础设施转型升级，进而形成的融合基础设施，如智能交通基础设施、智慧能源基础设施等。三是创新基础设施。主要是指支撑科学研究、技术开发、产品研制等具有公益属性的基础设施，如重大科技基础设施、科教基础设施、产业技术创新基础设施等。

伴随着技术革命和产业变革，新型基础设施的内涵与外延并非一成不变，我国新型基础设施建设取得了明显成效，正在加快释放对高质量发展的支撑作用。信息基础设施方面取得了跨越式发展，高速光纤已覆盖全国大部分地区，4G网络用户超过12

---

① 光明网—理论频道．新基建的新意义［EB/OL］.（2017－08－04）［2020－09－17］. https：//theory. gmw. cn/2020－05/23/content_33852634. htm.

亿。融合基础设施中先进技术助推传统基础设施转型升级的作用日益凸显，智慧城市建设路径更加清晰，信息技术积极赋能城市精细化管理。创新基础设施有力支撑了科学技术研究，国家发展改革委已布局建设55个国家重大科技基础设施，在科技创新和经济发展中发挥了引领作用。

（二）“新基建”七大细分领域

“新基建”的七大细分领域包含5G基建、特高压、城际高速铁路和城市轨道交通、新能源汽车充电桩、大数据中心、人工智能、工业互联网。

1. 5G基建

5G作为移动通信领域的重大变革点，是当前“新基建”的重点领域，5G也被定调为“经济发展的新动能”。我国重点发展的各大新兴产业，如工业互联网、车联网、企业上云、人工智能、远程医疗，均需要以5G作为产业支撑，而5G本身的上下游产业链也非常广泛，甚至直接延伸到了消费领域。前期投入主要包括无线设备、传输设备、基站设备、小基站、光通信设备、网络规划实施等。

2. 特高压

特高压，指的是±800千伏及以上的直流电和1000千伏及以上交流电的电压等级，能大大提升我国电网的输送能力。我国是世界上唯一一个将特高压输电项目投入商业运营的国家，自1986年就开始特高压建设，其建设潜力依然很大。特高压相关产业链可以分为上游的电源控制端、中游的特高压传输线路与设备、下游的配电设备。其中，特高压传输线路与设备是特高压建设的主体，可进一步分为交/直流特高压设备、电缆和铁塔、绝缘器件、智能电网等。特高压产业链结构如图2－11所示。

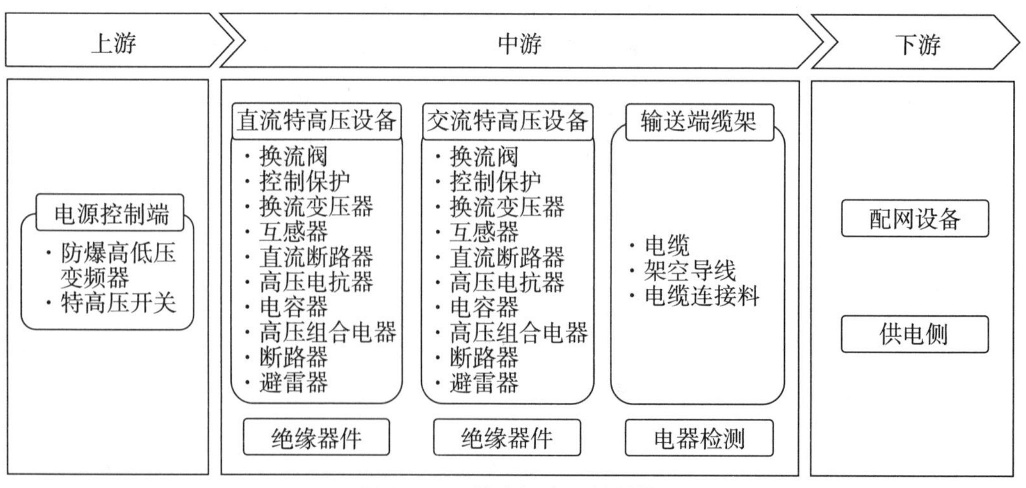

图2－11　特高压产业链结构

资料来源：https：//www. sohu. com/a/411116526_825950？_trans_ =000014_bdss_dkjbh。

3. 城际高速铁路和城市轨道交通

高铁是中国技术面向世界的名片，也是中国交通的大动脉。与此同时，许多城市正式大力推进城市轨道交通建设，就产业方向而言，城际高速铁路和城市轨道交通的产业链条也非常长，从原材料、机械到电气设备再到公用事业和运输服务，它将在推动整个社会发展和交通数字化、智能化转型方面起到基础性作用。

经过数十年发展，轨道交通自身产业结构完整，主要包括设计咨询、建筑施工、装备制造、运营和维护、增值服务五个环节。城际高速铁路和城市轨道交通产业链结构如图 2－12 所示。

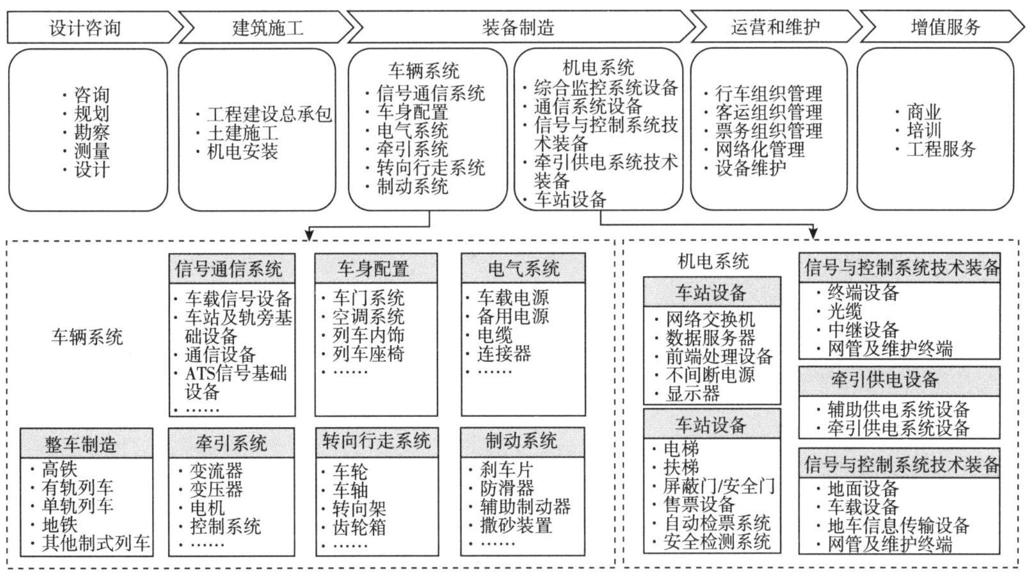

图 2－12 城际高速铁路和城市轨道交通产业链结构

资料来源：https：//www. sohu. com/a/411116526_825950？_trans_ =000014_bdss_dkjbh。

4. 新能源汽车充电桩

充电桩是新能源汽车的“加油站”，并且缺口很大。充电桩全产业链包括以下三点：上游的充电桩和充电站建设及运营所需设备的零件生产商，如充电桩和充电站的壳体、底座、电缆等主要材料供应企业和充电设备生产商；中游的充电桩运营商，负责新时期充电桩的运营；下游的整体解决方案商，能够统筹上下游及客户需求，合理布局，提供整体的运营方案。新能源汽车充电桩产业链结构如图 2－13 所示。

5. 大数据中心

大数据中心是海量信息时代的挪亚方舟，具有 4 个“V”的特征，即海量（Volume）、多样（Variety）、价值（Value）、高速（Velocity），对应着数据体量巨大、数据类型繁多、价值密度低、处理速度快的四个特点。大数据中心是“新基建”的能量，

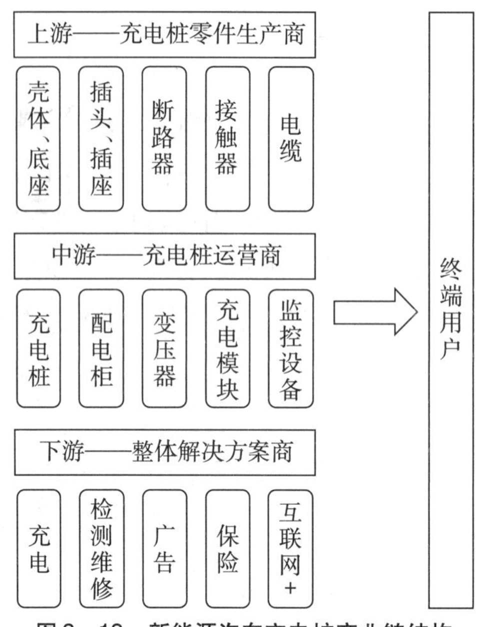

图 2－13　新能源汽车充电桩产业链结构

资料来源：https：//www. sohu. com/a/411116526_825950？_trans_ =000014_bdss_dkjbh。

汇聚了所有行业的数据进行存储和分析，其重要性可见一斑，而大数据中心背景下，互联网数据中心和服务器是枢纽，也是行业最先受益的重要领域。大数据中心产业链结构如图 2－14 所示。

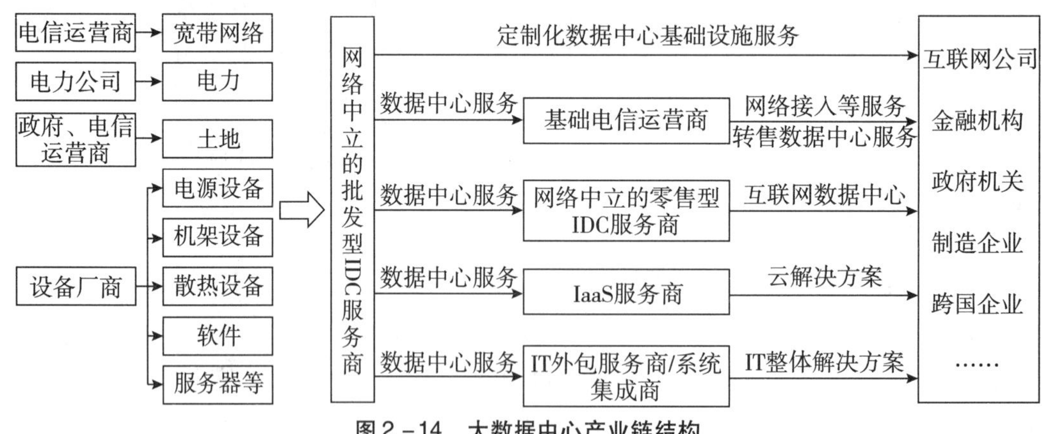

图 2－14　大数据中心产业链结构

资料来源：https：//www. sohu. com/a/411116526_825950？_trans_ =000014_bdss_dkjbh。

6. 人工智能

人工智能是一门交叉学科，通常视为计算机科学的分支，研究结果表现为与人类智能（如推理和学习）相关的各种功能的模型和系统。该领域的研究包括机器人、语言识别、图像识别、自然语言处理和专家系统等。人工智能具有算力、算法、数据三要素，在强大算力以及海量数据的支持下，精确、稳健的算法可以解决各类场景问题。

人工智能产业链可分为基础层、技术层和应用层（见图2－15）。其中，基础层是人工智能产业的基础，为人工智能提供数据及算力支撑；技术层是人工智能产业的核心；应用层是人工智能产业的延伸，面向特定应用场景需求而形成软硬件产品或解决方案。

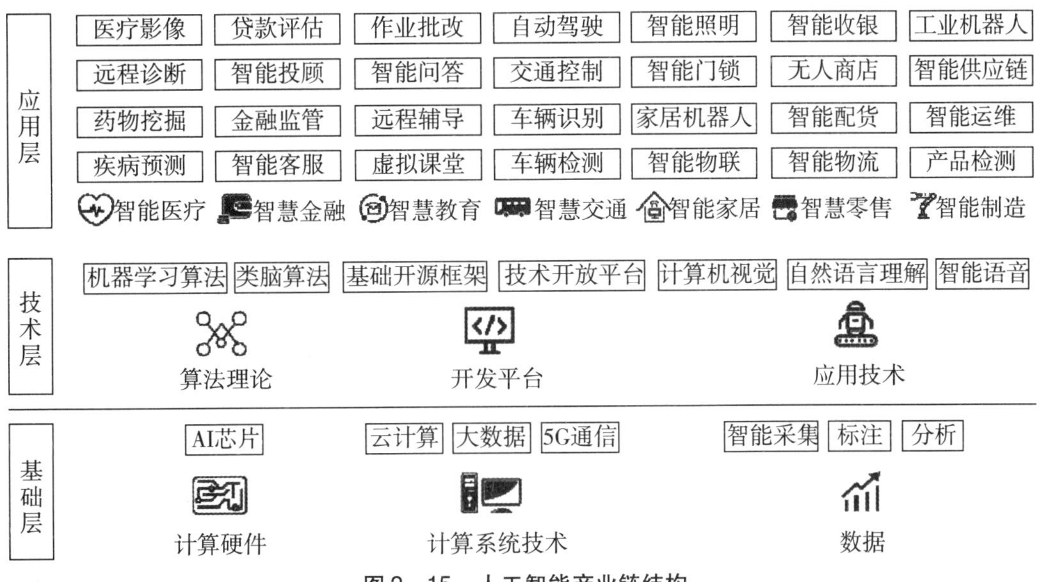

图2－15　人工智能产业链结构

资料来源：https：//www.sohu.com/a/411116526_825950？_trans_=000014_bdss_dkjbh。

7. 工业互联网

工业互联网是智能制造发展的基础，是连接智能制造产业“云”与“端”的纽带，可以提供共性的基础设施和能力。我国已经将工业互联网作为重要基础设施，为工业智能化提供支撑。工业互联网具有很长的产业链，且产业链协同性很强，上游通过智能设备实现工业大数据的收集，再通过中游工业互联网平台进行数据处理，才能在下游企业中进行应用。任何一个环节缺失都会导致产业链的效用丧失。工业互联网产业链上游主要是硬件设备，提供平台所需要的智能硬件设备和软件；产业链中游为互联网平台，主要解决的是数据存储和云计算。工业互联网产业链结构如图2－16所示。

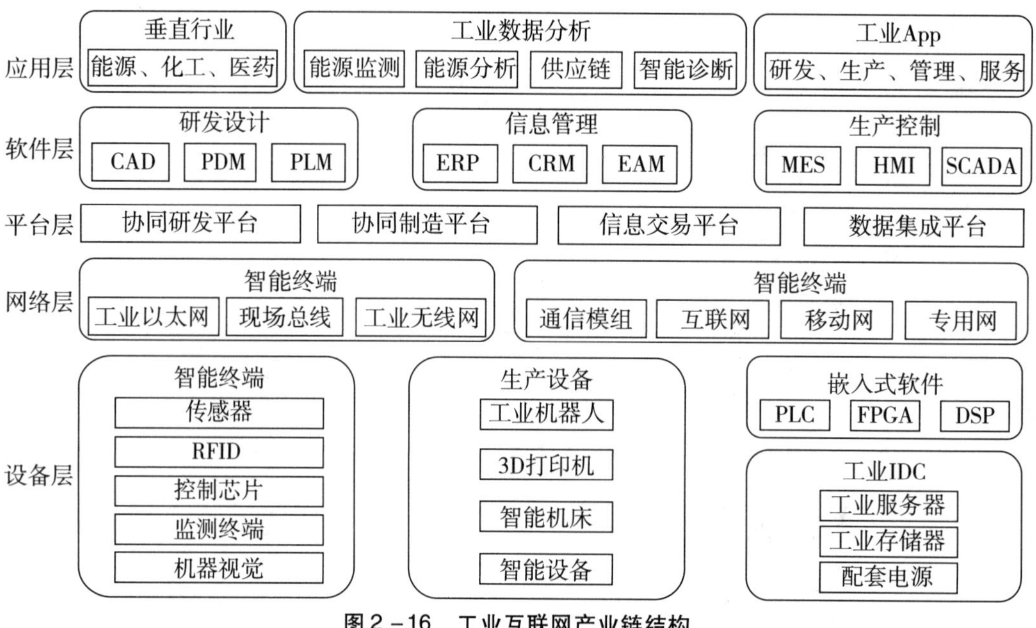

图2－16　工业互联网产业链结构

资料来源：https：//www. sohu. com/a/411116526_825950？_trans_ =000014_bdss_ dkjbh。

综上所述，“新基建”七大领域应用较为广泛，核心领域、关键产业链环节、底层技术支撑及应用如表2－2所示。

表2－2　　“新基建”七大领域相关信息

层次划分	核心领域	关键产业链环节	底层技术支撑	应用
信息网	5G基建	基站、光模块、光纤	PCB、半导体、传感器、基础软件、算法	工业互联网、车联网、物联网、企业上云、人工智能、远程医疗等
	工业互联网	机器人、云计算、人工智能		企业内的智能化生产、企业和企业之间的网络化协同、企业和用户的个性化定制、企业与产品的服务化延伸
	大数据中心	IDC、服务器、数据库		金融领域、安防领域、能源领域、业务领域
	人工智能	感知技术 识别技术 AI算法		服务机器人、移动设备/UAV、自动驾驶。其他行业应用：家居、金融、安防、医疗、企业服务、教育、客服、视频/娱乐、零售/电商、建筑、法律、新闻资讯、招聘

续 表

层次划分	核心领域	关键产业链环节	底层技术支撑	应用
能源网	特高压	输电设备、变压设备	制造设备、电网系统	电力等能源行业
	新能源汽车充电桩	充电桩		新能源汽车
交通网	城际高速铁路和城市轨道交通	轨交设备铁路	钢铁、机械设备	交通行业

（三）“新基建”与传统基建的区别与联系

新型基础设施建设（“新基建”）是以创新驱动为引领，以信息网络为基础，优化资源要素组织配置，承载经济社会新供给、新需求，支撑数字转型、智能升级、融合创新等服务的基础设施体系，包括信息基础设施建设、融合基础设施建设、创新基础设施建设等。传统基础设施建设（传统基建）主要指铁路、公路、机场、港口、管道、通信、电网、水利、市政等基础设施建设。两者之间存在一定的区别和联系。

1. “新基建”与传统基建的区别

从服务的对象看，传统基础设施属于有形的基础设施，如机场、铁路、公路等主要服务于有形的人流、物流，重在提供有形的生产资源和要素，为人员流动和货物贸易提供极大便利；“新基建”包括5G网络、大数据、云计算、人工智能、区块链等，建立在数字信息技术和互联网技术快速发展的基础上，主要承载信息流和数据流，重在提供无形的数据和信息资源。

从技术经济特征来看，传统基础设施绝大部分属于重资产或资本密集型行业，技术进步空间较小；“新基建”技术迭代快，上游技术进步对“新基建”的服务质量和水平具有重大影响。

从应用场景来看，传统基础设施主要提供公共产品和公共服务，支撑城镇化和工业化发展，支撑农业、商贸、物流、制造业等传统产业发展；“新基建”为数字经济和“互联网+”经济的发展提供基础和技术保障，为人与人、人与物，以及物与物提供万物互联互通的基础和条件①。

① 吴亚平．新基建重在提供持续动能［J］．瞭望，2020（14）：18－19.

2. “新基建”与传统基建需共同发力

我国强调加快推进“新基建”，并不意味着要弱化传统基建，而是要立足当下，统筹经济社会发展的需要，着眼于推动经济高质量发展，将“新基建”和传统基建统筹起来、一体推进，使“新基建”与传统基建共同发力。

基础设施是国民经济和社会发展的基石。加大基础设施投资是刺激经济的一个重要手段，2020 年以来，新冠肺炎疫情对我国经济社会发展形成较大冲击，加大基础设施投资是稳定经济运行秩序、畅通国内经济循环的重要抓手。

在加速“新基建”的同时提升传统基建，实现基础设施高质量发展，统筹建立高效协同、保障有力的政策支撑体系，推动“新基建”与传统基建融合发展，加快构建形成能够及时响应和精准匹配不同结构或场景需求、具有强大适应能力与快速调整能力的基础设施供给体系。

三、“新基建”在物流应用领域

国家力推“新基建”，除了要强力化解眼前经济下滑的风险，从长远看也是我国经济转型升级发展的必要之举。“新基建”最大的特点就是发展空间巨大，为各行各业培育新动能。我国物流行业正处于技术升级发展的关键节点，并且行业的变革与“新基建”关联密切。随着“新基建”提速，我国物流服务和物流装备制造企业积极参与“新基建”实践，利用“新基建”带来的技术红利，推动行业进入新一轮快速升级发展阶段。

（一）“新基建”助力智慧冷链物流发展

由于“新基建”具有很强的上下游联动效应，将会推动各个产业链及物流体系间的优化与重组。物流基础设施的完善，供应链模式的创新，正在为人们生活、城市发展、产业经济带来深刻影响。

1. 大数据——冷链物流的未来

从国家层面来看，冷链物流“新基建”，绝非仅仅指冷库、冷藏车等硬件设施，还包括无处不在的冷链大数据。大数据是需要新处理模式才能体现出强大的决策力、洞察力和流程优化能力的信息资产。大数据不仅适用于所有正在转型升级中的传统物流企业，更适用于对科技含量和信息化要求高的冷链物流企业。

温控是冷链物流的核心技术。目前冷链物流大多简单分为冷冻、冷藏、冷鲜多个温控区的粗放型的温控，与客户要求有一定差距。但通过大数据，冷链企业就可以根据商品细分的温控要求，实现从 -30℃至常温的温层全覆盖。如荔枝的适宜环境条件是温度在 1 ~ 3℃、湿度在 90% ~ 95%，在运输荔枝之前，将若干个无线电温湿度记录仪安装在冷藏车厢内需要监测温湿度的地方，将 GPRS（General Packet Radio Service，移动数据业务）型无线车载主机安装在驾驶室内，通过无线通信记录仪获取并发送数据。然后车载主机再通过 GPRS 将数据上传至监控中心云平台，在平台界面显示实时数据，通过登录云平台，发货方、收货方、司机三方都可查看运输全程的实时数据和历史数据。

2. “新基建”——冷链“起飞”的必备跑道

目前，各大冷链物流企业作为以供应链为基础的技术与服务企业，全方位发力“新基建”，依托其强大的物流服务和供应链能力，为零售药房、社区便利店等线下实体经济提供了更加完备的多场景服务能力，打造出一系列创新的“服务供应链”。例如，京东健康旗下医药 B2B 电商平台“药京采”，协调上游医药工业企业资源独家供货，并利用京东冷链物流的优势，保障药品的冷链运输，保证配送的时效性，如期送到目的地。

3. “新基建”——让冷链不怕“断链”

目前我国冷链物流业的发展处于起步阶段。据统计，我国现阶段综合冷链流通率仅为19%，远低于发达国家85%的水平。中国大部分冷链企业存在小、散、乱的情况，虽然建有大量冷库，但由于缺乏高标准冷库，大部分冷库尚局限于传统的保鲜仓储功能，难以满足高标准冷库的要求，造成冷链需求和供给严重失衡。

由于产地到消费者的分销体系链条较长，冷链体系比较庞大，单个企业难以独自覆盖整条冷链，容易出现田间采摘预冷、初加工预冷以及冷藏、冷运衔接处“断链”的问题。“新基建”推动冷链聚焦升级数字基础设施和构建数据资源体系两个重点，加快 5G 的应用和推广，促进实体经济和数字经济的深度融合，加快大数据、云计算、移动互联网、物联网等深入产业内部，通过大数据、云计算和物联网实现低成本、高效率的精准营销、场景变现和万物互联，实现冷链供给对消费的精准拉动，实现预冷、冷藏、冷运和冷配的无缝衔接，避免冷链“断链”损失。

（二）“新基建”助力农村电商物流发展

电子商务与物流协同发展的逐步深入，不仅促进了农村电子商务快速发展，也推动了物流的转型升级。随着农村网民数量的增多和网络购物、移动电商的普及，农村电商物流迎来了发展良机。“新基建”将重构农业生产、分配、交换、消费等经济活动各环节，催生新技术、新产品、新产业，并加速农村电商发展，推动农村电商物流服务走向供应链重构。“新基建”促使由传统龙头企业控制供应链向电子商务企业控制供应链进行上、中、下游协同一体化转变，从而创造农业产业新增值。在技术创新驱动下，农村电商物流将会实现平台化与集成化运营，实现规模化与柔性化结合的运作方式，形成新的供应链组织形态。

此外，“互联网＋”、5G、大数据等受到各行各业的追捧。数字时代的到来，大大改进了农村电商物流业的运作模式，行业发展迅猛，前景广阔。在新冠肺炎疫情时期，很多电商平台推出无接触配送的模式，逐渐将直播代购、网络销售推向高潮。农村电商物流业已经成为乡村经济不可或缺的一部分。当前新型基础设施建设的推进，更是为农村电商物流业的腾飞带来了新的机遇①。

四、年度优秀案例：“新基建”下的智慧物流——苏宁物流

基于苏宁新零售发展需求，苏宁物流加速建设数字化、智能化物流“新基建”。近年，零售从1.0时代逐渐发展到4.0时代（见图2－17）。零售1.0时代是以线下实体交易为主体的阶段，基于基础通信技术和电子交易平台组建内部网络，形成管理架构体系；零售2.0时代是电商时代，而苏宁刚开始介入电商；零售3.0时代到了移动互联网的时代，移动互联网大范围普及，社交App和移动支付的普及促使线上流量见顶，消费迎来升级，供应链管理成为零售关键要素；零售4.0时代线上线下高度融合，物联网和人工智能技术的普及推动零售进入新零售时代，也就是以消费者体验为核心的服务型零售。

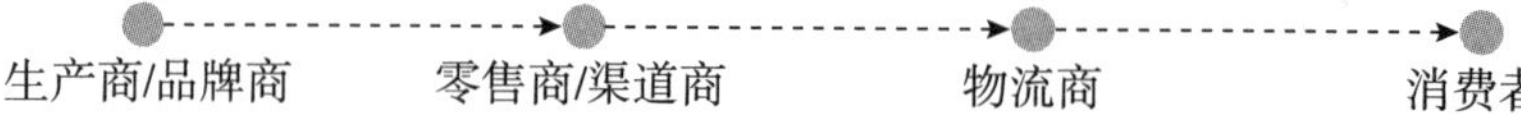

零售1.0时代 初入市场经济， 线下发展高速进行	 供需关系	零售1.0时代是以线下实体交易为主的阶段，基于基础通信技术和电子交易平台组建内部网络，形成管理架构体系
零售2.0时代 eBay进入中国市场， 淘宝开启电商时代	 电商时代	零售2.0时代是以电子商务为主的C2C和B2C服务模式，零售行业完成了对线上交易用户的教育，以苏宁为代表的传统零售商开始转型线上
零售3.0时代 移动互联网时代去库存，消费升级	 移动互联	零售3.0时代是移动互联网大范围普及的阶段，社交App和移动支付的普及促使线上流量见顶，消费迎来升级，供应链管理成为零售关键要素
零售4.0时代 线上线下边界模糊， 三要素升级概念凸显	 新零售	零售4.0时代逐渐模糊线上线下边界，物联网和人工智能技术的普及推动进入新零售时代

图2－17　零售发展的四个阶段

资料来源：2020全球物流技术大会演讲《“新基建”下的智慧物流》。

① 王运，宋山梅．新基建推进背景下农村电商物流业发展分析［J］．物流工程与管理，2020，42（8）：18－20.

从1990年到2020年，苏宁完成从零售商向零售服务商转变，强调“服务”两个字，这两个字的变化带来未来场景的、内容的、服务的变化。苏宁的服务能力包括五个方面：供应链服务能力、物流服务能力、场景服务能力、金融服务能力和技术服务能力。苏宁物流在全国核心经济带的仓储基础设施布局将扩增到2000万平方米，并且升级智慧物流系统，以物流“新基建”推进区域产业协同和深度合作。

物流“新基建”的三个要素分别为人、货、仓，基于苏宁新零售发展需求，苏宁物流加速数字化、智能化物流“新基建”。自动化设备的建设，每个企业要量力而行，要依据场景需要和顾客需要。苏宁物流“新基建”如图2－18所示。

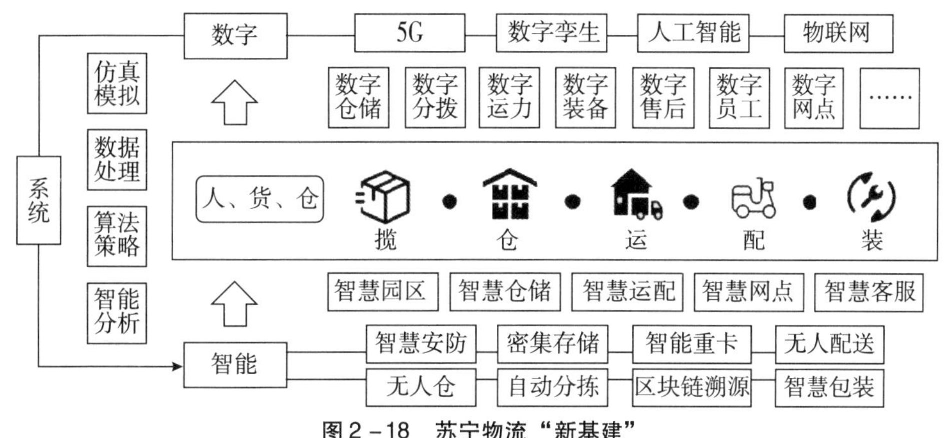

图2－18　苏宁物流“新基建”

资料来源：2020全球物流技术大会演讲《“新基建”下的智慧物流》。

在智慧园区方面，苏宁物流依托5G、人工智能等技术建设5G数字化智慧园区，实现园区人员、车辆与货物的智能化管控。苏宁物流拥有自营的电商物流园区，全国物业总建筑面积超过1200万平方米，覆盖56个城市。苏宁物流建设的是一个供应链平台、一个设备共享的平台。

在数字孪生领域，苏宁物流依托大数据、人工智能等实现物流要素的数字孪生，打造全链路数字物流体系。

在自动化技术应用方面，苏宁物流建设仓储自动化硬件设施及开发仓储管理系统，实现仓储软硬件智能化协同，助力仓储降本增效。

在区块链技术应用方面，苏宁区块链系统通过整合零售产业链各环节，以节点形式选择商品流通环节的上链（即区块链中的数据上链，是指将商品流通环节作为一个数据并写入区块链形成数据索引），为商品打上独一无二的“身份证”，实现一物一码，并通过串码关联，跟踪每个物品从厂家采购入库到销售的全流程。顾客收到货以后，通过商品包装信息上的溯源码即可查询到所有溯源信息。此外，苏宁区块链系统通过生鲜产品溯源体系，可以对生鲜品类商品从采摘、储存、加工、运输、配送到签收的全环节进行溯源，实现对温度的智能化可视化管控，既保障了商品的原产地，也保障了特殊冷链品的全程温控管理。苏宁区块链商品溯源体系如图 2－19 所示。

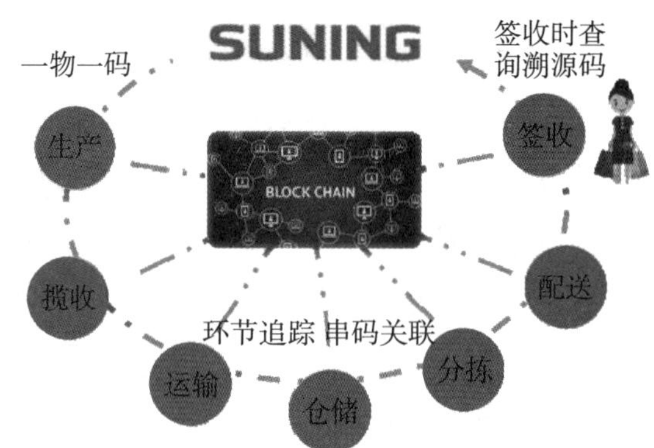

图 2－19　苏宁区块链商品溯源体系

资料来源：2020 全球物流技术大会演讲《“新基建”下的智慧物流》。

第五节　应急物流技术

2020 年，新冠肺炎疫情给人民生活和经济发展带来了严重的影响，在党中央坚强领导以及全国人民共同努力下，新冠肺炎疫情防控阻击战取得了阶段性成果。在这场没有硝烟的战争中，我国物流企业勇于担当，第一时间奔赴前线，在保障民生、疫情防控等方面作出了应有的贡献，也意味着我国应急物流的发展水平迈上了新的台阶。

一、应急物流概述

（一）应急物流的概念

应急物流是指以针对自然灾害、公共卫生事件等突发事件做好预案并提供事件所需应急物资为目的，通过快速识别和动态确定危机级别，对应急物资调配、人员救助等活动进行有效计划、组织、领导、控制，以追求时间效益最大化和灾害损失最小化为目标的特种物流活动。

应急物流的内涵可从“应”“急”“物”“流”四个字来理解。“应”为快速响应，响应滞后则会造成无序混乱，及时响应突发事件可有效促进应急物流各项工作的开展；“急”为救急当先，清晰掌握应急需求特征、完善既有限制应急物流开展的行政规定，是高效开展应急物流的本质；“物”为物资储备，构建体系完备、结构合理、规模适度的应急物资储备体系是开展应急物流活动的基础，缺少合理的应急物资储备体系则会陷入被动局面；“流”为物畅其流，是高效开展应急物流的保障。

（二）应急物流的特点

普通物流强调效率，更强调效益，而应急物流在事件发生的前中期主要强调效率。一般而言，应急物流具有突发性、不确定性、时间紧迫性、非常规性、弱经济性等特点。

1. 突发性

突发性是自然灾害、公共卫生事件等的基本属性，事件的爆发通常是一个比较短的过程，人们难以对其发生时间、强度、可能造成的损失等作出准确预测和判断。事件的突发性，决定了应急物流的突发性，使得应急物流的组织工作不能等同于普通物流，需要从储备点布局、物资储存、运力准备等多方面提前做好准备工作，从而保证能够在事件发生后第一时间启动响应，为灾害救援和灾民安置等抗灾救灾工作提供所需的应急物资，以利于最大限度地降低损失，控制影响范围。

2. 不确定性

突发事件具有突发性强、破坏性大、波及面广等特性，对事件强弱程度、影响范围、持续时间等都难以确定，使得应急物流在物资需求总量、物资需求点位置、物流资源需求等方面也具有不确定性。许多变数可能会导致额外的物流需求，甚至会使应急物流的主要任务和目标发生重大变化，如在抗洪应急物流行动中，可能会大范围出现伤员，使应急物流的内容发生根本性变化，由最初的对麻袋、救生器材、衣物、食物等物资的需求，变成对医疗药品等物资的需求。

3. 时间紧迫性

对于时间的把握是应急物流最显著的特征，突发事件往往难以预测，这使得人们在事件发生后需要全方位的物资供应保障，以满足衣、食、住、行、医等各方面需求，否则易引发恐慌等复杂局面，这在自然灾害发生后的黄金救援时间中表现得更为明显。"应急"二字应该体现在特殊问题特殊解决的原则上，应急部门应该在第一时间采取紧急行动，作出合理判断和决策，果断地调动相关部门，迅速开展应急运输活动，尽快将物资送至需求点，从而控制局面。因此，尽可能节省物流处理过程中消耗的时间，才能够使得应急物流部门的管理更加有效。

4. 非常规性

本着特事特办的原则，应急物流省去许多中间环节，整个物流系统十分紧凑，具有很明显的非常规性。如2020年的新冠肺炎疫情时期的应急物流，为加快物资抵达医院的速度，提前了解车载物资品种、数量，立即决策其接收单位及接收数量，物资不入库，无须走实际的验收、收货流程。

5. 弱经济性

应急物流的最大的特点就是“急”，如果运用许多平时的物流理念，按部就班地进行就无法满足需求。在一些重大事件中，物流的经济效益将不再作为一个物流活动的核心目标。这是由于局部突发性的需求矛盾，带来部分商品价格的上升，必然会增加应急物资的采购成本及运输成本。从供应手段上讲，为了确保快速反应，往往采用成本较高但速度较快的运输工具，或者牺牲运送其他物品的能力来保障特殊物品的需求，从而增加了运输费用和机会成本。

（三）应急物流的分类

应急物流作为一种特殊的物流活动，其内容较为广泛，当前可按以下方式分类。

根据突发事件所发生的领域，可将应急物流分为：自然灾害应急物流、事故灾难应急物流、社会安全事件应急物流和公共卫生事件应急物流。其中，自然灾害包括地震灾害、海啸灾害、洪涝灾害、台风灾害、干旱灾害等；事故灾难包括工业事故、火灾事故、交通事故等；社会安全事件包括恐怖袭击事件、涉外突发事件、群体性事件、民族宗教突发群体事件等；公共卫生事件包括传染病疫情、群体性疫病、食物中毒等。

按照社会危害程度、影响范围等因素，自然灾害、事故灾难、公共卫生事件分为特别重大、重大、较大和一般四级。因此，根据突发事件的等级，对应可将应急物流分为特别重大事件应急物流、重大事件应急物流、较大事件应急物流和一般事件应急物流。

根据突发事件发生的可能性，可将应急物流分为相对可预测的应急物流和较难预测的应急物流。随着现代科学技术的发展，已经可以在一定程度上对突发的自然灾害进行预测。相比之下，人们交通事故、生产事故、传染病疫情、食物中毒等的预测能力比较弱。自然灾害导致的应急物流相对可预测，而事故灾难、公共卫生事件和社会安全事件导致的应急物流则很难预测。

二、突发事件中的应急物流技术应用与企业贡献

（一）应急物流的区块链技术

应急物资保障是应对突发事件的重要支撑。在新冠肺炎疫情防控工作中，医用口罩、防护服、护目镜、医用酒精和消毒剂等重点物资的生产、采购、调配和供应至关重要，维持生产生活的日常物资供应也刻不容缓，应急物流发挥了疫情防控阻击战“生命线”和保持生产生活平稳有序运行“先行官”的重要作用。自 2006 年“十一五”规划确立物流产业地位、2009 年物流业列入十大产业调整振兴规划以来，我国物

流业快速发展，应急物流建设也取得了一些阶段性成果，在历次突发事件应对中发挥了重要作用。但在此次新冠肺炎疫情防控中，尤其是在前期，应急物流暴露出诸多问题，如信息不对称、管理不规范、过程透明度低、可追责性差、捐赠物资去向真实性难以保证等。要加快应急物流建设、优化应急物流保障，必须紧跟时代发展，以问题为导向，充分运用先进理念和技术。其中，区块链在未来应急物流建设和保障中大有可为。

狭义的区块链是一种按照时间顺序将数据区块以链条的方式组合成特定数据结构，并以密码学方式保证的不可篡改和不可伪造的去中心化共享总账。中义的区块链则是利用加密链式区块结构来验证与存储数据，利用分布式节点共识算法来生成和更新数据，利用智能合约来编程和操作数据的一种去中心化基础架构与分布式计算范式。广义的区块链不仅是一种技术，还是一种新架构理念、新组织形式和新应用模式。区块链技术的集成应用在技术革新和产业变革中起着重要作用，物流与供应链领域是区块链技术重点应用领域，正迎来新的发展机遇。在推进应急物流建设过程中，应加快推动区块链技术发展及其在应急物流领域的创新应用，提升应急物流建设的智能化水平，推动实现科学、可信、有效保障，使有限的资源得到高效分配和利用。

区块链具有分布式数据存储、点对点传输、共识机制、加密算法等技术优势，提供了一个可以多方参与维护、可共享但不可篡改的分布式数据库，增加了透明度、安全性和效率。下文将着重分析区块链相关技术在应急物流领域的应用，以推动应急物流的高效保障、信任治理和智能管理。

1. 区块链推动应急物流高效保障

相比于人工智能、云计算、大数据等其他核心技术，区块链作为若干先进信息技术和数学算法的集合，是一种改变万物互联互通方式的技术，侧重于重塑生产关系。区块链技术中的分布式账本、智能合约等，将深刻改变应急物流机制，基于区块链可以高效传递供需信息，快速了解应急物资的需求信息，有助于匹配资源和调控流程，高效率地筹集、调配、输送、分发物资，构建新型应急物流信息系统，实现应急物流高效保障。

（1）高效进行上下游需求传递。

区块链分布式的结构能够有效帮助应急物流各方实现点对点的通信，而不必通过一个特定的中心化结构实现信息交流，免去烦琐的层级信息传递结构，准确及时对接目的地物资需求，改善信息流动和共享的效率及准确性，促进社会化协同，避免牛鞭效应和数据孤岛，为应急物资需求方提供高效直接、更有针对性的物资援助，实现有限物资的调度平衡、按需发放。武汉大学团队基于区块链技术推出了全国抗击新冠肺炎防护物资信息交流平台“珞樱善联”，开展疫情防控物资和应急保障物资的需求匹配与业务对接服务。支付宝已利用蚂蚁区块链技术推出防疫物资信息服务平台，对物资需求信息进行审核和上链存证，并对公众进行信息披露。

（2）高效调配各环节物流作业。

利用分布式账本技术，可以集中统筹人、车、物、场、路等资源力量，高效调配各环节物流作业，实现物资保障全链条一体化组织运行。可通过上链实现物资科学分类及装载，生成精细化装车及配送方案，大大提高作业效率，破解中转效率不高、路线不合理、缺乏在途监管的难题，减少错送、漏送等情况，避免应急物流的供应链迟滞、休眠、失衡甚至断裂。结合人工智能自动进行路径优化，确保应急物资运输的安全性和高效性，提升物流信息的可追溯性和可靠性。国际上已在应急物资调配、发放等环节运用区块链技术，实现效果、效率和效益的同时改善。

（3）高效构建应急物流信息系统。

传统的应急物流指挥机构过度依赖于指挥中心，一旦通信出现故障，整个应急物流指挥系统将会陷入瘫痪状态，应急物流信息系统可依托半公开的联盟链，综合运用数据库、业务流程构建、GIS（Geographic Information System，地理信息系统）、大数据等技术集群，与指挥通信系统、视频会议和监控系统、响应通证等功能集成，通过整合区块链技术建立智能化的物流信息系统，支持实现多层级、多区域、多中心的标准化应急指挥工作，推动应急物资产能、库存、调拨、分配的有效集中管控，提高应急物流信息的完善度，确保第一时间公开透明地分发到位，通过建立跨链数据共享机制实现社会协同，基于智能合约实现权限约定，部署访问节点，避免系统崩溃，全面提升应急物流信息系统的高效性和抗破坏能力。

2. 区块链推动应急物流信任治理

应急物流信任治理的困难源于企业之间存在信息不对称和决策者理性有限导致的不完全契约，这可能引发参与者的机会主义行为。随着互联网信息传输的加速和共享理念的普及，应急物流信任治理问题因信息不对称情况消减而有所缓解。区块链具有不可更改属性，区块链物流技术可以追踪物资流向，有效调配跟踪资源，区块链金融技术可以解决灾害救援资金的结算、事后补偿及利益分配问题，区块链技术和思想的引入将更好地推动应急物流信任治理。

（1）实现应急物资追溯，避免伪劣物资流入。

依托区块链技术，可将应急物资相关的生产和流转信息实时记录在区块链上，实现从源头、生产、运输直至交付的全程追溯，对物资溯源起到强有力的支撑作用，防止应急物资造假。早在 2017 年京东就已发布了区块链在溯源方面的应用，建立“京东区块链防伪追溯平台”，将原材料过程、生产过程、流通过程的信息进行整合并写入区块链，实现精细到一物一码的全流程追溯，特别是为民生领域的“食品安全”“药品安全”“应急物流”等场景搭建“可信供应链”。

（2）形成完整责任链条，有效降低信任成本。

以往应急物流系统内的数据信息是各主体自行维护，当账本上的信息不利于其自身时，责任方可能会选择篡改甚至删除记录。应急物流对物资质量及物流时效性有严格要求，须追踪记录物资及信息的流转链条，实现来源追溯、防伪鉴证。基于区块链可对应急物资流转信息进行实时动态追踪，增强应急物流的透明度、可追责性和公信力，避免信息传递扭曲失真导致的信任危机，最大限度地降低信任成本和交易成本。

区块链通过提供实名认证、电子签名、时间戳、数据存证及全流程可信服务，建立完整信任体系，提供监督和责任追究的可靠依据，形成完整、防篡改的责任链条。区块链的可溯源和透明性特征将帮助应急物流各参与者实现自证，有效提升相关机构责任意识和服务意识，极大增强政府公信力。

（3）引入去信任化范式，破解捐赠信任危机。

由于捐赠物资去向等信息发布不及时、不透明，运行管理效率低下，一些慈善组织遭遇信任危机，区块链能够带来极高的透明度和严明的问责机制，引入去信任化的交易范式能够解决慈善公益事业痛点，其高度安全性可以保障链上的每一批物资流转都真实可信，流向信息不可篡改，杜绝暗箱操作，提高信用水平。目前，趣链科技和雄安集团推出慈善捐赠溯源平台“善踪”，33 复杂美推出“33 区块链慈善平台”等，用于慈善捐赠的公示和溯源。

3. 区块链推动应急物流智能管理

区块链的去中心化和去信任的技术特点，为互联网环境中应急物流建设塑造了全新环境，特别是智能合约为应急物流建设开辟了一个无须人工干涉的智能运作新层次，映射出应急物流智能管理研究的新课题。

智能合约是尼克·萨博在 1994 年提出的，但当时由于在技术上无法提供一套可信的执行环境而没有得到实际应用。区块链技术高度契合了智能合约有效执行必须满足的两个要求：一是规则和数据一旦生成，则单方无法篡改，链上主体均可平等获取；二是交易行为公开可见，不允许任何虚假或者隐藏的交易存在。因此，区块链自然就成为智能合约的可信执行环境，拓展了应急物流智能管理的应用场景。

（1）实现快速自主响应。

在突发事件面前，必须及时有效调动各方力量，调集各类资源参与抢险救援，快速自主响应已成为应急物流信息系统的核心能力。突发事件应急响应程序中，区块链技术凭借机器信任机制和可自动执行的智能合约等特性，可实现应急事件快速自主响应，根据其类型、程度、范围等情况及时启动相应预案，紧急组织应急物资筹措、生产、调度，高效进行应急物资和设备的调集，有序保障应急物资，提高响应效率。

（2）提高应急物流管理效率。

在应急物流多方流转大量应急物资的过程中，面对大量、多点、分散的复杂关联信息，智能合约自动化的特性凸显其优势。当应急物资交付方和接收方对合同约定事项的执行达成共识时，智能合约平台可自动进行签收、打款等行为，降低合约风险，提高执行效率，同时将相关流转信息上链公示，提高应急物资流转效率和应急物流管理效能，减少不必要的成本开销，突破流程壁垒，减少人力、物力和时间耗费，破解人员短缺等现实问题。

（3）建立智能管理技术矩阵。

区块链并不是一个独立的技术，而是结合了多种现有技术进行的组合式创新。区块链与物联网、大数据、人工智能等技术的深度融合将成为趋势，通过集成创新和融合应用，必将从仓储、运输、配送及逆向物流等各个维度为应急物流智能管理带来新的巨变。

区块链以物联网中的智能设备为节点，管理应急物流各方在交互作用中的角色和行为，其分布式特性为应急物流物联网的自我管理提供了途径，使各节点具有去中心化、自信任、自治化和匿名化的特点，共同搭建万物互联时代的应急物流信息和价值交换网络。运用大数据技术对链上信息整合和数据价值的深度挖掘，可以形成应急物流活动的全景视图，提高需求预测精度，实现全流程、全部门数据整合，破解信息“碎片化”难题，对各方指标进行量化分析，并可以有效进行评价、监测和监督，为应急物资供应者、应急物流管理者和其他利益相关者建立共同的运营标准和优化的合作方式。运用人工智能技术可以对应急物流区块链上海量的数据进行实时处理，并对沉淀的信息价值进行充分挖掘，为后续决策提供辅助支持，使应急物流活动更加智能化。

区块链在应急物流中具有广泛应用前景，但也存在自身的局限性，面临着标准化、性能、容量、安全性、可拓展性等一系列技术方面的挑战，并不能解决所有问题，应避免过度炒作和过分夸大，必须以科学理性的态度审慎对待，引导这项新兴技术在适合的场景落地应用，也不应以单纯技术手段更新取代深层结构性应急管理体制机制改革。另外应注意的是，区域链技术应用时应本着务实高效的原则，避免曲高和寡、脱离实际。区块链技术可与既有系统进行有效对接，以缩短研发周期，降低人力和物力成本，推动应急物资的高效保障、信任治理和智能管理，推动应急物资供应保障网络更加高效、安全、可控，实现更大的社会价值①。

---

① 中国物流与采购网．基于区块链的应急物流建设研究——从“新冠肺炎”疫情防控物资保障视角［EB/OL］.（2020－02－20）［2020－11－27］. http：//www. chinawuliu. com. cn/xsyj/202002/20/493659. shtml.

（二）物流企业在新冠肺炎疫情中的贡献

1. 上汽安吉物流

一方面，面对防疫物资的缺乏，安吉员工用前行回应逆境。2020 年 1 月 29 日，海通证券表示公司采购到一批重达70 吨、共计2000 箱的医用手套想要援助湖北，但在物流上却遇到了困难。经过多方联络后，上汽安吉物流旗下天地华宇最终接下了这项运输任务。70 吨的货物运输时首选肯定是铁路。无奈铁路货运受多重因素影响，缺少救援物资的绿色通道，故在途运输时间长，无法尽快送达目的地。

在铁路时效差、没有外部雇用车和司机的情况下，天地华宇当机立断，紧急调配公司内可用车辆和愿意援鄂的员工，将防疫物资送往武汉。历经 1800 多公里、历时 21 小时，天地华宇的应援队伍在 2 月 1 日 14 点 18 分抵达武汉疫情防控指挥部，顺利将首批物资送达。

另一方面，面对防疫设备的缺乏，安吉员工用拼搏构筑堡垒。2020 年 2 月 5 日，首批在上汽大通无锡工厂紧急制造的 60 辆救护车由上汽安吉物流负责零件调配、运输和整车发运，并于当天正式“入列”雷神山前线，为抗击新冠肺炎疫情贡献了力量①。

2. 长久物流

长久物流在这场举全国之力抗击新冠肺炎疫情的战役中，在党和政府领导下积极驰援，用实际行动抗击疫情、捍卫生命。2020 年 1 月 30 日 21 时，长久物流华中大区获悉有一批救援物资需从四川岳池九龙镇城南工业园运至武汉市，包括 84 消毒液 1200 桶、75% 医用酒精 800 桶、含氯消毒片 500 袋等防疫物资。因 75% 医用酒精属于三类危险品，需要使用危化品专用运输车。经过 2 天的长途跋涉，2020 年 2 月 2 日 23 点救援物资安全运送至目的地。

为支援疫情防控，长久物流全国 22 个五星车队、韵车物流 18 个专线车队、全国的 57 个仓储基地以及国外分支机构，无偿为政府、公益组织提供国内运输和仓储服务，并提供国外物资代采、国际运输服务②。

3. 重庆长安民生物流

面对突如其来的新冠肺炎疫情，重庆长安民生物流在防控疫情的紧急关头践行初心使命，发扬“赛美”精神，坚决贯彻落实党中央和上级决策部署，全员参与，筑好

---

① 安吉物流报．向险而行驰援抗疫一线 上汽物流人彰显责任与担当［EB/OL］．（2020-03-03）［2020-11-29］．http：//anji. ysneo. com/content/2020-02/25/000137. html.

② 搜狐网．共抗疫情丨长久物流：疫情无情人有情，长久物流在行动［EB/OL］．（2020-02-07）［2020-11-29］．https：//www. sohu. com/a/371296367_751010.

三道“墙”，打好疫情防控阻击战。

用速度抗疫，快速制定“一机构两方案”，筑起保障“墙”；用温度抗疫，主动出击，全面参与，筑起爱心“墙”；用长度抗疫，坚守“隔离”制度不退步，筑起防疫“墙”。重庆长安民生物流积极组织开展爱心互助捐赠活动，在以公司名义捐款 10 万元的同时发出倡议，号召全体员工和供应商伙伴做防控疫情的“模范人士”、防控保供的“捍卫斗士”、践行社会责任的“先锋战士”，为客户尽心、为社会尽力，共筹得款项 199309. 2 元。

作为重庆汽车物流协会会长单位，重庆长安民生物流携协会会员单位及旗下承运商合作伙伴全力协助地方政府、公益组织对有需要的地区投放防疫物资，提供国内、国际运输服务和仓储服务。截至目前，已组织 17 辆车队协助地方政府进行保供物资运输①。

除了上述企业，中国物流与采购联合会汽车物流分会的众多会员企业对防疫工作的驰援也一直在进行，与社会各界一起携手抗疫。

三、年度优秀案例：全国抗击新冠肺炎疫情防护物资信息交流平台“珞樱善联”

（一）优势及关键技术

1. “珞樱善联”优势

“珞樱善联”公益平台基于区块链技术的分布式、难篡改、可溯源三大特点，对于物资捐赠全过程，将物流、仓储、分发等数据以全链路的方式进行存证，存证之后会存到联盟链上，再与公链进行对接，其数据真实可信，解决了慈善活动中的信用问题，破解信息碎片化的难题。

“珞樱善联”公益平台使得慈善活动信息公开透明。数据存证之后，全社会可以公开查询，解决了捐款挪用、滥用问题。在区块链技术的加持下，平台为社会各界提供了公开、可追溯、可反馈的慈善监管途径，为抗击疫情提供技术支撑。

2. “珞樱善联”关键技术

平台有效利用了区块链技术追踪溯源且不可更改的优势，让捐赠方和受赠方信息公开透明，且能实现双方意愿线上精准对接，最大限度地解决了捐赠者对于捐赠过程信息透明可追踪的需求。

平台构建了物资与物流众包信息平台，快速汇集各地防护物资需求、物流运输以及物资供应信息，并实现多方信息共享，在快速协调各方资源、消除物资供应信息拥塞等方面发挥了很大作用，构建了保持疫区基层信息畅通的重要渠道。

---

① 光明网．全员抗“疫”：长安民生物流筑好抗“疫”三道“墙”［EB/OL］.（2020－04－08）［2020－11－29］. https：//news. gmw. cn/xinxi/2020－04/08/content_33724418. htm.

平台开发采用了服务计算的设计理念，用户界面简洁明了，方便医院、捐赠者快速上线。平台采用软件工程的开发模式，使软件快速迭代，并可以按照实际反馈每日更新版本。

（二）效果

1. 需求方和捐赠方精准对接

“珞樱善联”公益平台不仅是一个物资捐赠信息平台，医院或其他物资需求单位可以在平台发布物资需求信息，捐赠者可通过平台查询有需求的单位直接精准对接、精准捐赠。医院等受捐单位接到捐赠后通过回函给平台，确认获赠程序完成。捐赠者也可以通过平台直接发布捐赠意愿。

2. 信息真实可追溯，精准监控捐赠物资和资金流向

“珞樱善联”公益平台利用区块链技术的可追溯特性，平台上的物资和善款使用情况均可进行追溯，进一步增强信息监管机制和公众信任①。

第六节　无接触配送技术

由新冠肺炎疫情引发的全国性公共卫生事件牵动着每个人的心。在这种背景下，“无接触配送”立刻成为热门话题。如果说人们对常态化物流服务的诉求是便捷，那么在疫情防控的非常时期，大家的生活保障高度依赖快递业，安全则上升为最核心的需求。为降低因密切接触可能造成的交叉感染，无接触配送在不同需求场景下悄然兴起。

一、无接触配送概述

（一）无接触配送的产生背景

新冠肺炎疫情暴发，对世界各国的社会经济和百姓生活造成重大的影响。物流运输作为现代经济社会运转的血脉，在疫情之中，将会发生深远的变革。2020 年 3 月 6 日，我国国家发展改革委副秘书长高果在国务院联防联控机制召开的新闻发布会上提出了要推动建设安全高效的物流运行体系、增强物流业应对外部冲击和服务国民经济的能力。自新冠肺炎疫情暴发以来，餐饮外卖、同城快送、药品急送等即时物流活动

---

① 搜狐网．产业区块链案例库 ｜ 全国抗击新冠肺炎防护物资信息交流平台——珞樱善联［EB/OL］．（2020－04－23）［2020－11－29］．https：//www. sohu. com/a/390450841_100116632.

维系着人们的日常生活，可谓贡献巨大。即时物流随着近年来网络零售、新零售、O2O（online to offline，线上到线下）等商业业态的崛起而兴起，主要服务于由于消费者工作与生活场景变化带来的“懒人经济”。疫情暴发以来，即时物流需求的产生不仅是基于“懒人经济”，更重要的是基于消费者居家防疫的“刚需”。所以，从这个角度来说，疫情防控强化了即时物流的需求，是即时物流行业发展的加速器。同时，由于疫情带来的消费者购物习惯与偏好的改变，也给即时物流的业务结构、消费者诉求和市场竞争格局带来诸多变数。

（二）无接触配送的概念

无接触配送是快件物流末端配送服务方式的一种表现形式。在2020年之前，出于对快递“最后一公里”高效投递、收件人隐私保护以及用户安全等因素的考虑，无接触配送已有广泛实践，在快件物流末端借助智能快递柜、快递驿站、代收点等完成物品寄递。

因此，无接触配送定义为：经与消费者沟通将商品放置到指定位置，由消费者自行领取，减少人员直接接触的配送方式。

无接触配送的内涵可以从三个方面来理解。

一是新老结合，无接触配送体现出新场景——“无接触”和老服务——末端配送共享实践的结合；二是供需协同，特定背景下精确化的用户收件需求为快件物流供给服务提供新的表现方式，并且促成供需双赢的协同局面；三是创新变革，无接触配送体现了消费方式变革的驱动力，将促进快件寄递的内涵、服务标准、运营模式乃至监管要求面临系统变革。

（三）无接触配送的特点

1. 标准化要求更高

与传统服务方式相比，由于无接触服务旨在最大限度地降低人与人之间的交叉感染风险，其对服务流程规范等标准化要求更高。

第一，打通外卖平台、快递企业服务“最后一公里”。此前因无接触配送服务无标准、不规范，很多社区不允许快递、外卖人员进入，导致企业服务效率低、服务成本高。在有了标准后，末端配送人员服务规范，社区的态度也会缓和。

第二，无接触配送标准化有望打消用户顾虑。疫情防控期间，很多用户担心接触快递、外卖人员存在风险。当有关企业和人员都按照统一标准来服务，商品送到指定位置，双方无须接触，用户的担忧就消除了。

第三，无接触配送标准化可以打消社区管理者的顾虑。虽然有关部门之前在努力打破乡村、社区“最后一公里”投递障碍，但部分社区管理者出于防疫考虑，仍禁止快递、外卖人员进入。有了无接触配送标准，就不用再担心社区防疫安全，因为用户与快递、外卖人员不会发生交叉感染。

无接触配送标准化是解决特殊时期外卖、快递难题的有效办法，尽管该标准属于团体标准，没有法律强制性，但仍有相当的积极意义。快递、外卖企业及人员只有按照标准来操作，才能消除各方忧虑，得到理解与支持。当然，执行这样的标准也需要企业投入精力并进行监督①。

2. 智能化程度较高

疫情期间无接触配送的履约离不开现代数字技术的有力支撑，因此，无接触配送模式主要由以互联网平台为代表的科技企业创造。依托数据、科技等优势，互联网平台针对用户日益增长的健康安全需求，对无接触配送的发展模式持续迭代，不断提升无接触配送的智能化水平。

事实上，诸如智能快递柜、快递驿站等均属于无接触设施设备。在疫情防控阶段，这些设备可以降低病毒传播风险；在日常生活中，这类末端配送模式也可以起到保护隐私、提高效率等作用。

没有争议的是，送货无人机、智能送餐机器人、智能快递柜、自动化仓储系统等智能装备的应用，正在为企业复工复产阶段消费者订餐取餐、收发快递带来许多实惠与便利。与此同时，物联网、大数据、自动化等各类前沿技术的力量也十分强大。

疫情期间对快递"最后一公里"服务的安全性、便捷性等提出了更高要求。在无接触配送服务的背后，离不开供应链、物流仓储的全方位配合，也需要硬件、软件的系统保障和技术支撑。而无人拣选车、自动化仓储等应用，未来将会更加常见②。

3. 应用场景多元化

在多重因素催生下，无接触配送模式率先在餐饮行业应用，并很快向酒店住宿、生鲜零售等其他生活服务行业延伸，同时在物流、金融等生产性服务业中也开始应用，使无接触配送成为疫情期间我国生活服务行业广泛应用的新模式之一。

相较于通常的快递服务要求实现门到门、用户签收来完成寄递服务，无接触配送的价值在于促进"无人化"或者"去快递员化"场景的大范围使用，体现了投递末端资源共享、共配的理念。

当前，随着全国疫情防控形势逐步好转，很多社区防控已转为常态化，越来越多

---

① 中国法院网．"无接触配送"标准化可消除多重忧虑［EB/OL］．（2020－03－18）［2020－12－11］．https：//www.chinacourt.org/article/detail/2020/03/id/4853214.shtml.

② 搜狐网．运用智能化手段"无接触送达"的快递，你收到没？［EB/OL］．（2020－03－24）［2020－12－11］．https：//www.sohu.com/a/382739108_249199.

的社区对快递员进小区“解禁”。相信无接触配送所体现出消费方式变革的驱动力，将倒逼着快递业探索出更多的方式来解决不同场景下的“最后一公里”配送难题①。

二、无接触配送的流程与发展

（一）无接触配送的流程

1. 消费者下单

消费者可直接在订单备注中选择使用无接触配送并指定商品放置位置，或在配送员接单后通过联系配送员要求采用无接触配送。

2. 配送员接单

配送员接单后，若消费者选择无接触配送，配送员应联系消费者确认商品放置位置。

3. 配送员取商品

配送员应根据订单到指定商家的无接触区域取商品，确认无误后按无接触配送服务要求进行配送。

4. 配送员送达

配送员应根据消费者的要求将商品放置在指定位置，通过电话告知消费者已完成配送，提示其尽快收取。最好拍摄包含商品且能明确商品位置的图片并发给消费者，便于消费者到指定位置取商品。

5. 消费者收取商品

收到配送员的送达消息后，消费者前往指定位置取商品，配送服务完成。消费者可对服务进行评价。无接触配送流程示意如图 2－20 所示。

（二）无接触配送的标准

有关部门对无接触配送在服务要求、异常情况处理、服务质量控制等方面制定了标准。

1. 服务要求

提供无接触配送服务的平台应具备与开展无接触配送服务相配套的信息服务功能，允许消费者填写信息，包括配送方式选择、使用无接触配送提示、备注信息栏设置、即

① 中国邮政集团有限公司．新需求催生新供给——疫情下的快递业城市投递服务观察［EB/OL］．（2020－05－26）［2020－12－11］．http：//www.chinapost.com.cn/xhtml1/report/20056/6162－1.htm.

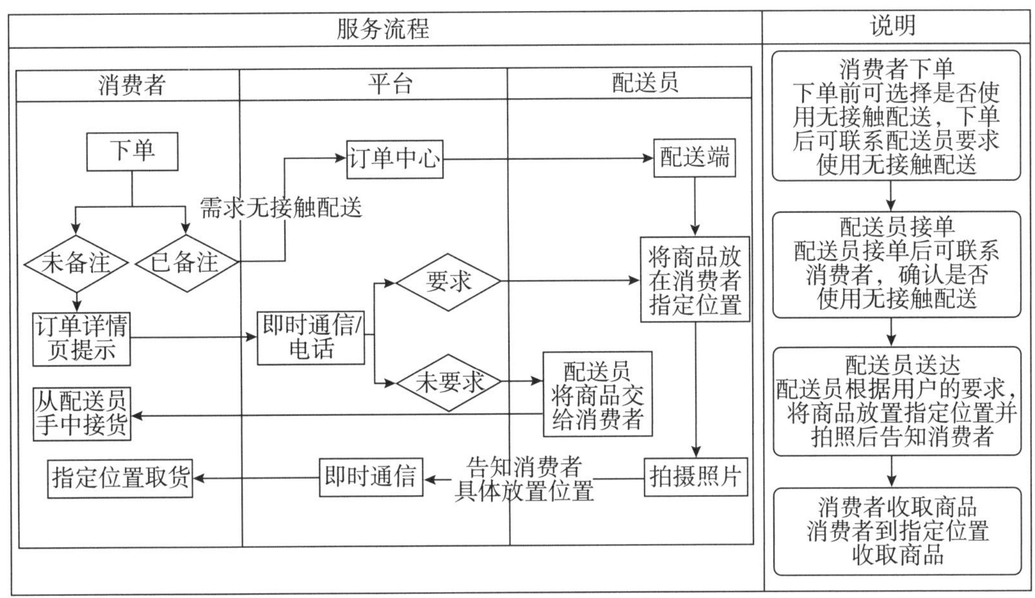

图 2－20 无接触配送流程示意

资料来源：T/CCPITCSC 042—2020《无接触配送服务规范》。

时通信、配送信息确认。

提供无接触配送服务的商家应设置相应的服务安排，包括但不限于人员、设备、无接触区域和服务流程，以保证即时配送，并满足无接触的要求，方便配送员提取商品。

配送员应接受无接触即时配送服务的专项培训并通过相应考核。

配送的设施设备应满足无接触配送服务需求，消费者可根据实际要求选择智能快递柜、无人车和无人机等智能化设备，并按要求使用。

必要时，配送过程中宜通过设置必要的措施实现卫生安全全过程的可视化和可追溯，可以了解到商品接触者（包括食品制作人员、商品理货人员、打包人员、配送员等）的实时健康情况信息。

2. 异常情况处理

商品配送中的异常处理。在无接触配送中，对服务流程中的异常情况，包括但不限于商品破损、丢失、送错，应具备相应的处理流程、机制和保障措施，由客服部门协助联系配送员确认，一旦出现问题，平台宜主动协调解决赔偿问题。

紧急事件应对。在配送过程中，如遇到小区封闭、道路阻断等情况，配送员应立即暂停配送，做好自身防护措施后联系站长及客服人员，根据实际情况确认终止或继续配送任务。

投诉处理。平台应安排客服部门在保证维护双方利益的前提下处理消费者和配送员投诉，处理完成后应根据双方反馈改进。

3. 服务质量控制

平台应建立完善的质量控制体系，包括但不限于配送员情况监控、每日订单完成情况监控、突发异常数据监控、项目执行情况监控、风险控制数据监控、核心指标完成情况监控。平台应对无接触配送服务流程中商品完好性、配送准时和准确性、人员服务规范性等进行管控。平台应确保配送员与消费者就服务方式达成一致。平台应对配送员订单配送服务情况进行评价，并根据评价持续改进。

第三章　运输技术

第一节　载运工具技术

载运工具是交通运输中重要的组成部分，是使运输对象空间场所移动成为可能的主要技术手段，是实现物品运输的工具和载体，包括车辆、船舶、集装箱等。随着我国国民经济的快速发展、人民生活水平的日益提高，交通运输对载运工具提出了一系列更高、更新的要求，推动载运工具不断向着智能化、自动化、快速化发展，产生了许多新型的载运工具技术。

一、载运工具新技术

（一）智能挂车

近几年，国内挂车与牵引车技术发展不同步的问题被广泛提及。国内重型卡车的技术提升速度有目共睹，而挂车特别是非专用挂车虽然在主动安全、结构设计及轻量化材料应用方面有很大改观，但整体水平滞后于牵引车的发展。尤其在智能化方面，当牵引车的智能化水平已接近于欧洲时，挂车在智能化方面仍处于空白①。

有空白就意味着有空间，威伯科和 G7 合作推出“智能挂车车队管理系统”就是要填补这一空白，寻求新的发展空间。智能挂车车队管理系统基于威伯科远程信息处理和 TEBS（Total E－DCH Buffer Status，总 E－DCH 缓冲区状态）技术以及 G7 物联网技术和人工智能技术创新研发而成。

智能挂车车队管理系统在硬件方面，由挂车电子制动系统和类似于 ECU（Electronic Control Unit，电子控制单元）盒子的挂车专用 GPS——T－router（用于收集 GPS 和 TEBS 数据）组成。威伯科自有的 ITP（Intelligent Trailer Plan，智能挂车解决方案）可实现并控制 40 多个车载功能技术，如 OptiTire 胎压监测系统、OptiLock 高安保技术和

① 搜狐网．挂车也智能——威伯科与 G7 联合推出中国首个智能挂车车队管理系统［EB/OL］．（2017－09－12）［2020－11－25］．https：//www. sohu. com/a/191453030_526280.

OptiFlow 空气动力学技术。此外，威伯科的挂车电子制动系统具有 ABS（Antilock Brake System，制动防抱死系统）、RSS（Roll Stability System，侧倾稳定系统）等功能，可以产生大量关于挂车运行的数据。智能挂车车队管理系统通过实时收集来自 ABS、RSS 和车轴载荷监测系统的数据，经过处理分析后，将卡车、挂车、货物、驾驶员、业务合作伙伴和车队运营商相关数据传输至智能管理终端，形成可行的管理策略，同时为车队运营商在提高车队的安全性、运行效率和资产利用率方面提供信息帮助。

在人工智能技术方面，G7 专注于物联网技术、人工智能、大数据算法等在物流应用场景的落地，其推出的车辆智能终端设备和人工智能技术产品可实时采集包括车辆位置、行驶速度、行驶路线、行驶状况、进出区域、停留时间、油耗、司机驾驶行为、货物状况等在内的众多实时数据。例如，在货物装卸方面，G7 发布了智能挂车“数字货舱”V9 版，搭载业界首创“量方”功能，拥有 AI 量方、高精度定位、头挂匹配、载重感知、远程锁车、胎温胎压监测、挂车电子制动系统七大功能。基于大数据积累和 AI 深度学习算法，G7 数字货舱可从一个全新的维度感知货物，如图 3-1、图 3-2 所示。G7 数字货舱通过 AI 摄像头和高精度传感器对厢内货物进行图像三维建模，保证货物运输状态全程可视化，并智能管控装车过程和装车进度。

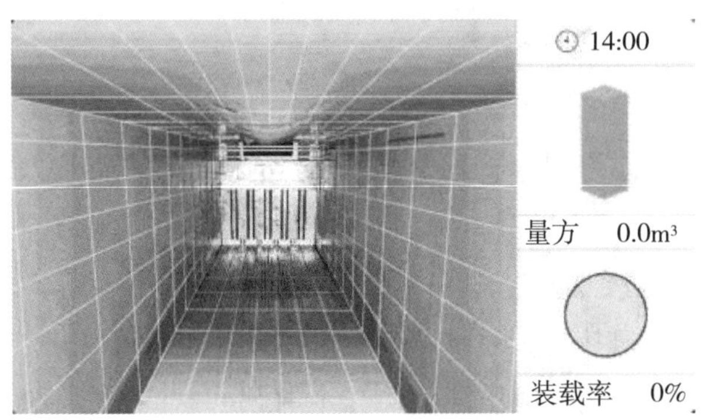

图 3-1　数字货舱“量方”功能概念图

资料来源：https：//baijiahao. baidu. com/s? id = 1628500379575408065&wfr = spider&for = pc。

凭借领先的产品与优质的服务，G7 持续推进设备智能化、运营自动化，构建全新的智慧物联网平台，帮助车队客户把车辆连接到智能物联网平台，实现了业务量的高速增长。

威伯科和 G7 在智能挂车车队管理系统中承担着不同的任务：威伯科安装在车上的电子控制系统可以产生大量的车辆数据，如传感器搜集的路面信息、车轮信息、驾驶员制动次数等信息，通过 TEBS 感知路面及车辆信息并将这些信息传输出去；G7 负责分析数据并整合到车辆管理平台，利用“物联网 +”将数据的价值发挥出来，更好地

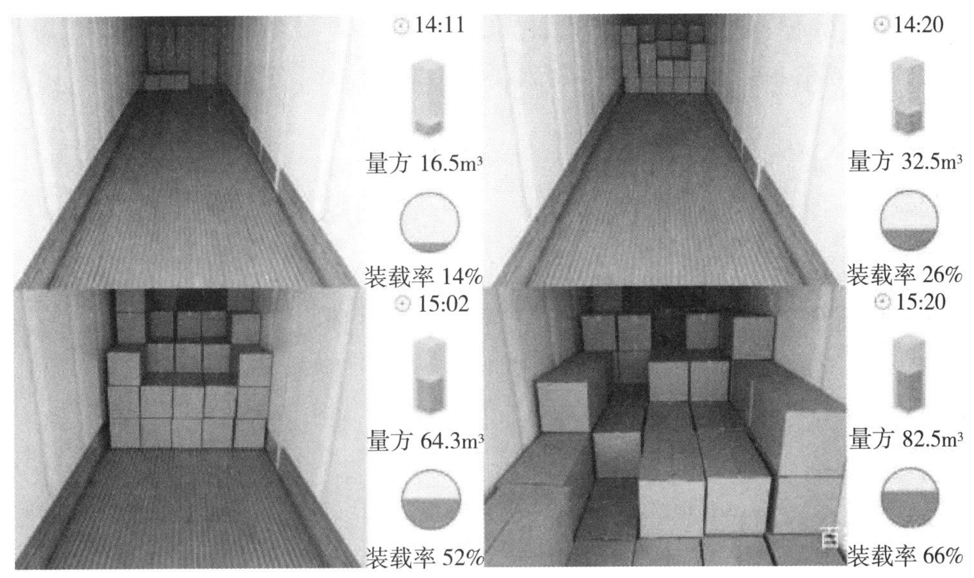

图3-2 数字货舱"量方"装载统计

资料来源：https：//baijiahao. baidu. com/s？ id＝1628500379575408065&wfr＝spider&for＝pc。

服务车队，从而实现价值增值。

技术方面，威伯科和G7合作后，双方的算法团队建立了直接的联系。威伯科有设备数据，G7有场景数据，整合在一起算法就会非常准确。实际功能方面，两家企业联手推出的智能挂车管理解决方案首次整合了商用车核心零部件厂家和软件服务上的优势资源，通过实时的数据感知、分析和管理，实现对承载货物的挂车的全面信息化管理。安全管理方面，智能挂车车队管理系统可以实现本地安全管理和平台安全管理两个功能，其中本地的基础安全管理功能包括防侧翻功能和防抱死刹车功能；远程安全管理更加丰富并可扩展，包括智能定位、远程锁挂、载重精确管理等。数据连接、资产管理、运营效率方面，对比基于GPS的传统车队管理系统，新产品可以帮助车队获取更多实时信息，实现数字化档案管理，并通过数据分析、挖掘和全面的可视化呈现方式，帮助车队从安全和效率两方面进行有针对性改进。此外，智能挂车车队管理系统还具有远程锁挂功能，用户可以通过手机对系统中的某辆挂车远程解锁，这项功能对甩挂运输及共享挂车的推广很有帮助。

威伯科和G7发布的基于ITP（TEBS）的智能挂车FMS（Fleet Management Systems，车队管理系统），包含了侧翻地图、实时载重、挂车效率管理和资产监控功能，未来还将会加入更多功能。除了TEBS之外，威伯科还有许多其他技术具有类似的数据价值，可以考虑加入威伯科和G7的合作框架当中：如AMT（Automated Mechanical Transmission，机械式自动变速器）自动换挡控制系统，它可以时刻感知挡位的信息，由此了解到驾驶员驾驶行为和车辆的油耗状态，从而给车队、主机厂提供有用的信息；ECAS

（Electronic - Controlled Air Suspension，电子控制空气悬架），拥有非常多的数据，可以计算载荷、判断装载是否平衡，输出的数据可以给车队带来价值增值。

（二）自动挡货车

随着国内重型卡车行业的不断发展，我国的商用车也呈现出自动化、智能化、网联化、舒适化等趋势，自动挡、智能网联、自动驾驶等概念和新技术也不断涌现。随着目前自动挡技术和重型卡车的发展，自动挡重卡技术也不断发展，人们对其技术与应用的接受程度不断提高，未来 5 ~8 年将是国内自动挡重卡的快速导入期①。

自动挡技术原理是通过 TCU（Transmission Control Unit，变速器控制单元）智能控制模块实现自动换挡，换挡逻辑相当于一个经验丰富的优秀驾驶员。自动挡重卡就是在采用传统机械变速箱传动机构的基础上，加装电控模块技术，共同结合构成自动挡变速箱，具有自动启停、PCC（Predictive Cruise Control，预见性巡航控制）、路况传感器、空挡滑行等功能，可以根据路况提前进行自动换挡，能根据车速、油门、驾驶员命令等参数精准确定挡位，使车辆始终维持在优秀驾驶员的节油驾驶水准。自动挡重卡技术有效解决了如今物流行业的发展痛点，具有多重优势，较手动挡货车更环保，经济性、安全性和运输时效性也大大提升。

近年来，福田戴姆勒汽车围绕冷链、快递快运、城建等行业，细分出各种实际运输场景，不断打造定制化的产品，自动挡重卡也是其特色产品之一。

在能源利用方面，欧曼自动挡重卡采用 AMT 机械式自动变速箱，传动效率可以达到 99.7%，能够实现在各种不同环境下的精准最优挡位切换，高频率换挡有效地降低了油耗。同时，车辆本身也实现了结构优化，货车采用了新材料和新技术，使整个车体更加轻量化。车体采用空气动力学原理优化设计，有效降低驾驶室风阻系数至 0.564。通过采用以上技术，欧曼自动挡重卡能够实现百公里油耗节省 3% ~5%，通过车联网的数据比较，在相同情况下自动挡重卡比手动挡重卡节油 13.5%、效率提高 16%，实现了更经济的目标，降低了运营成本。

在运输时效性及经济性方面。数据表明，在平缓的道路上，司机平均每小时要踩 10 次左右的离合、进行 10 次左右的换挡，稍微复杂一点的路况需要 35 次左右的换挡。自动挡重卡解放了驾驶员的左脚和右手，其优秀智能的换挡逻辑具有相当高的可靠性，降低了驾驶员的疲劳强度，可延长驾驶员的驾驶时间，有效提高了出勤率和生产作业率，也降低了操作的难度，提高运营的效率。此外，欧曼自动挡重卡较普通载货车轻

① 福田戴姆勒官网．省心、省油又赚钱 欧曼自动挡载货车了解一下［EB/OL］.（2020 - 05 - 23）［2020 - 12 - 02］. https：//www. aumantruck. com/details/813. html.

800kg，在合理载重范围内，欧曼自动挡重卡在每次运输过程中可增加0.8吨的货物载重，提高了运输过程的经济性。离合器、发动机制动和缓速器的高抗磨损性也大大提高了自动挡重卡的经济性。

在安全可靠性方面。公安部交通管理局统计数据显示，相对于货车11%的保有量，事故率高达32%，货车的事故率远远高于轿车。欧曼自动挡重卡采用FCW（Forward Collision Warning，前方碰撞预警）系统、LDWS（Lane Departure Warning System，车道偏离预警系统）、驾驶疲劳监测系统、ABS、ASR（Acceleration Slip Regulation，驱动防滑控制）系统和ESP（Electronic Stability Program，电子稳定程序）系统等多项辅助制动、智能主动安全、后移技术，使车辆可靠性提升20%。此外，自动挡重卡提前感知前方路况，结合车速、风向、坡度等数据通过换挡控制系统实现精准的机械换挡，无须油离配合，使驾驶员更加关注路况信息，保证驾驶的安全性。

欧曼自动挡重卡除了具有自动挡产品的优势，还将后悬挂的钢板弹簧改为空气悬挂，实现了底盘与车轮的软连接。当货车在驾驶过程中路面状况不佳时，气囊内的空气将受压变形，能够有效隔绝底盘的震动对货物的冲击，使驾驶更平稳，减少运输途中货物的损失。

（三）公铁联运车

我国是对外贸易大国，集装箱码头年吞吐量已达到世界第一①。但由于起重、转运设备的限制，公路、铁路的集装箱运输不能有机衔接，转换仍耗费较长时间，限制了运输效率。公铁联运车具有公路和铁路两种运输方式快速切换的优势，可做到公铁联运的无缝衔接，实现集装箱的"门到门"运输，同时还可以满足货物运输、轨道牵引和调车作业等不同任务需求。

公铁联运车的模式之一是一体式公铁联运车。一体式公铁联运车以现有铁路集装箱专用车的车体作为设计基础，结合自动导引技术，用自动起升系统代替现有公铁两用车的转向架，集成公路、铁路两套运输系统，自动完成两种运输模式快速转换，能够真正实现"一车到底、编组灵活"的高效化集装箱直达运输，一体式公铁联运车如图3-3所示。

一体式公铁联运车由集装箱半挂车、公路轮胎悬挂系统、转向架、车钩及缓冲装置、铁路风制动装置、汽车制动与电气系统、悬挂气控系统等组成，其结构图如图3-4、图3-5所示。其中，核心系统主要有四部分，分别为车体、自动起升系统、自

---

① 刘国徽，叶鑫，冯麟，等．公铁两用自动转运车［P］．重庆市：CN107053979B，2019-07-30.

动导引系统、自动对接系统和中央控制系统。

图3－3　一体式公铁联运车

资料来源：https：//www. sohu. com/a/398663473_233479。

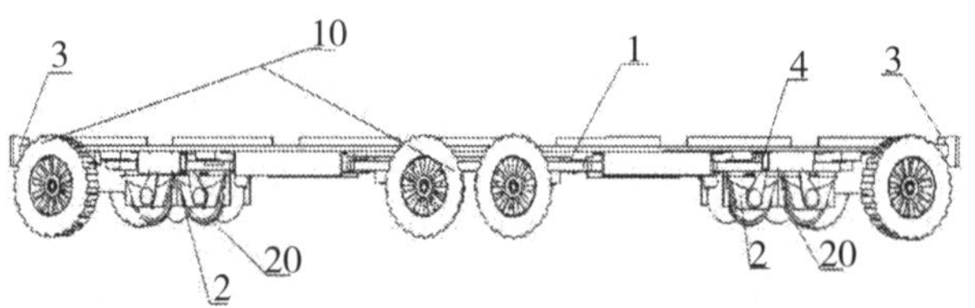

图3－4　一体式公铁联运车结构

资料来源：刘国徽，叶鑫，冯麟，等．公铁两用自动转运车［P］．重庆市：CN107053979B，2019－07－30。

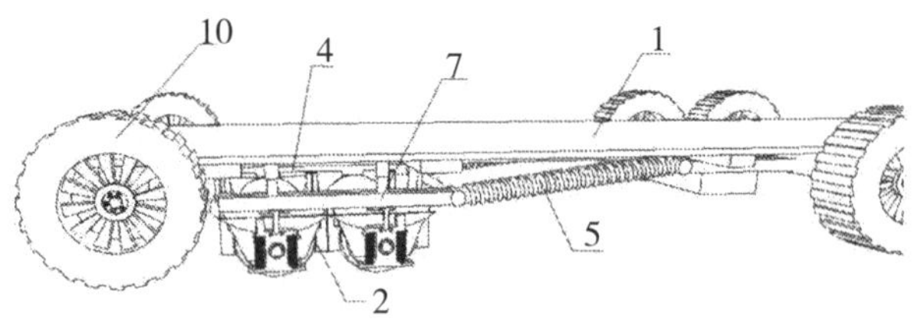

图3－5　一体式公铁联运车结构

资料来源：刘国徽，叶鑫，冯麟，等．公铁两用自动转运车［P］．重庆市：CN107053979B，2019－07－30。

自动起升系统分别设置于前、中部和中、后部公路轮组之间，包括液压起升装置、减震装置和转向架，由设置于车体内部的中央控制系统控制。其中，液压起升装置设置于车体之内，包括驱动装置、液压油缸、液压泵和液压举升机，其下部设置有转向架。图3－4和图3－5中1为车体，10为公路轮组；2为转向架，20为铁路轮组；3为自动对接系统；4为液压起升装置；5为套筒；7为扣环。

上方锁扣相匹配的扣环，通过锁扣和扣环的相互扣合将设有铁路轮组的转向架连接在液压起升装置下方。

自动导引系统设置于车体内部，采用光学导引，包括光源、光学检测器和动力系统。光源设置在车体下部，用于照射色带；光学检测器用于接收色带反射的光线，并对接收的光线进行检测，运算后将结果传送至中央控制系统，中央控制系统根据接收的运算结果来控制动力系统的工作，动力系统用于为联运车在公路模式时提供行驶动力。

自动对接系统设置于车体前、后两侧，包括感应单元、控制单元和对接部件，用于联运车由公路运输模式转换为铁路运输模式时将各个联运车进行自动连接。感应单元由激光定位装置和磁感应装置构成，用于对各个联运车进行连接前的定位校准和对接；控制单元包括自主处理决策系统和控制器，用于接收和处理感应单元传来的电信号，并根据电信号控制对接部件的断开或连接。

此外，一体式公铁联运车还设置了套筒结构的减震装置、安全防护系统以及设置于车体前后两侧的缓冲板，用于吸收碰撞能量，保证了货物在运输过程中的安全。

另一种公铁联运车是半挂车式的公铁联运两用货车，包括两台货车转向架和一台公铁两用半挂车，其结构如图 3 -6 所示。半挂车的车架相对于转向架具有摇头、点头和侧滚的自由度，可以适应铁路运行的线路不平顺和缓和曲线超高等状况。

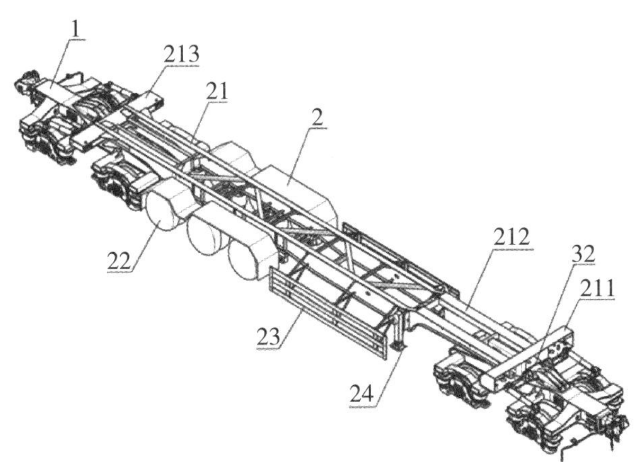

图 3 -6　半挂车式公铁联运两用货车结构

资料来源：陆强，周炯，张超德，等. 一种半挂车公铁联运两用货车［P］. 四川省：CN209225159V，2019 -08 -09。

货车转向架为两轴焊接构架式转向架，如图 3 -7 所示的牵引板安装在货车转向架的焊接构架上，焊接构架上设置有斜坡、凸台、牵引梁以及半挂车承载台。斜坡为两级坡度，下部坡度大于上部，通过斜坡，货车转向架推入端梁下平面时，车架将会自动抬升。图3－6与图3－7中1为货车转向架，2为公铁两用半挂车，3为牵引连挂装置，4为抗蛇行运动装置，11为焊接构架，12为斜坡，13为凸台，14为牵引梁，15为半挂车承载台，16为车钩缓冲装置，17为轴向悬挂装置，18为轴箱，19为轮对，21为车架，22为汽车，23为防护装置，24为支撑装置，32为连接箱，211为前端梁，212为中梁，213为后端梁。

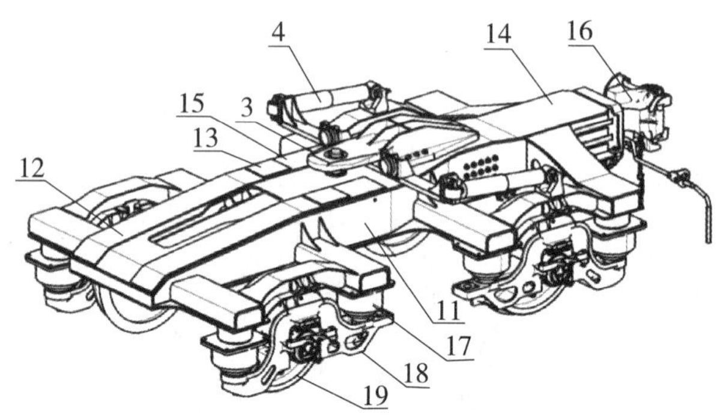

图3－7　焊接构架式转向架结构

资料来源：陆强，周炯，张超德，等. 一种半挂车公铁联运两用货车［P］. 四川省：CN209225159V，2019－08－09。

凸台设置在半挂车承载台靠近斜坡的一侧，牵引时靠半挂车承载台承载，压缩时靠凸台承载。

货车转向架上设置有抗蛇行运动装置，焊接构架上设置有定位销。抗蛇行运动装置包括横向控制杆和抗蛇形减震器，横向控制杆与货车转向架转动连接，其上设置有纵向止挡组件，当公铁两用半挂车与货车转向架连挂在一起时，公铁两用半挂车的端部与横向控制杆上的纵向止挡组件接触，抗蛇形减震器一端与横向控制杆连接，另一端与货车转向架连接。

与定位销相对应的定位销转动孔设置于横向控制杆的中部，货车转向架的焊接构架通过定位销与横向控制杆转动连接，横向控制杆能相对于货车转向架在水平方向上转动。纵向止挡组件固定连接在横向控制杆上，每处包括至少两个纵向止挡，与公铁两用半挂车的端梁接触，纵向止挡的端面在同一竖直平面上。

公铁两用半挂车包括车架、汽车轮轴、防护装置、支撑装置以及带提升功能的轮轴空气悬架装置，半挂车的两端分别通过牵引连挂装置与对应货车转向架连挂在一起。车架由前端梁、中梁和后端梁组成，为前高后低的鹅颈结构；牵引连挂装置包括牵引板和连接箱，连接箱相对于牵引板具有侧滚自由度和点头自由度。牵引板与货车转向架连接，连接箱分别设置在公铁两用半挂车的前端梁和后端梁内，牵引板的连挂端插入连接箱内并通过连接件连接在一起，完成公铁两用半挂车两端与对应货车转向架的连挂。

半挂车式的公铁联运两用货车结合了公路和铁路运输的标准，进一步取消了牵枕装置，简化了车辆结构和装卸方式，优化了连挂方式，实现了公铁两用半挂车与货车转向架的连挂，完成了公铁两用半挂车在公路和铁路间的快速转换，满足公铁联运高效运输的需求。

（四）低真空管道磁悬浮系统

马斯克倡导的“超环高铁”已经在美国得到认可。2020 年 11 月 8 日，维珍超级高铁公司完成了“超环高铁”的首次载人测试，理论时速达到 1080 公里。“超环高铁”利用了低真空管道和磁悬浮技术，这种新型载运工具不仅可以修筑在地表，也可以在地下隧道运行，其概念图如图 3－8 所示。在中国，有关“超环高铁”的实验也正在进行中。

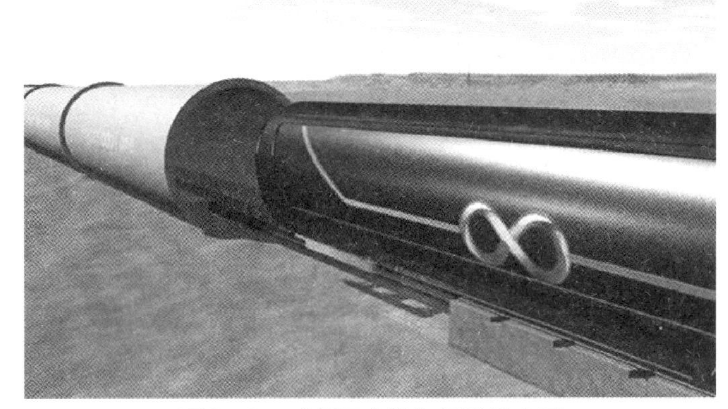

图 3－8　“超环高铁”线路概念图

资料来源：https：//www. sohu. com/a/223624339_99895539。

国内第一个载人高温超导磁悬浮环形实验线已在西南交通大学搭建成，这也是全球首个真空管道超高速磁悬浮列车环形实验线平台，是人类目前能触摸到的未来超级高铁的雏形。该实验线很多指标都处于国际领先水平：实验线线路总长 45 米，设计载重 300 千克，实际最大载重可达 1 吨，悬浮净高大于 20 毫米，轨道宽度只有 120 毫米、厚度只有 25 毫米，是目前国际上同等载重能力中截面最小、永磁材料用量最少的超导悬浮系统，可进行 0～50km/h 的实际动态运行实验。在真空管道理想状态下，这项技术上的创新可将列车的理论时速提高到 1000km 以上，实验线试乘如图 3－9 所示。

磁悬浮技术在 20 世纪 20 年代由德国人最早提出，距今已有近百年历史。此后几十年中，德国在常导磁悬浮、日本在低温超导磁悬浮方面一直保持着技术领先；我国虽从 20 世纪 80 年代中期开始研究磁悬浮技术，但与其他国家磁悬浮技术的发展情况相比

图3-9 真空管道超高速磁悬浮列车环形实验线试乘

资料来源：http：//www. ranken. com. cn/djnews-350。

仍有较大差距。因此，我国科学家推出的这项高温超导磁悬浮技术，一经公布就引起了世界的广泛关注。这项技术的诞生是我国的革命性的技术进步，对未来人们的出行、航天应用等方面都产生具有革命性意义的影响。

高温超导磁悬浮技术中，经常被提及的“超导”指的是一种超导材料。这种超导材料具有零电阻效应，即电流流经导体时不会发生热损耗，可以毫无阻力地在导线中形成强大电流，从而产生超强磁场。与低温超导体和常温超导体相比，高温超导体最大的特点是自稳定性，把高温超导体放在永磁轨道上后，既能悬浮，又能悬挂。在永磁轨道上，高温超导体还提供稳定的导向力和悬浮力，不会摇晃。目前，中国、德国、日本、美国、巴西等国家正加大力度推进超导磁悬浮车的实用化进程。美国 Hyperloop one 公司在内华达沙漠搭建了500m 的真空管道试验线，并于2017 年实现了310km 的最高时速。在国内，中国航天科工集团于2017 年8 月宣布，人类第五种交通工具“高速飞行列车”项目已开展研究论证，最高时速可达4000km。

（五）地下物流运输胶囊

地下物流系统是一种具有革新意义的物流模式。地下物流系统是指运用各种载运工具，通过大直径地下管道、隧道等运输通路，对固体货物实行输送的一种全新概念的运输和供应系统①。20 世纪90 年代以来，利用地下物流系统进行货物运输的研究受到了包括美国、德国、荷兰、日本在内的国家的高度重视，针对该系统的可行性、网

① 中青网．时速1000 公里！中国研发超级高铁 利用了低真空管道和磁悬浮技术［EB/OL］.（2018-03-04）［2020-11-22］. https：//news. e23. cn/quwen/2018-03-04/2018030400011. html.

络规划、工程技术等方面展开了大量的研究和实践工作。

2018 年 6 月，京东集团与美国磁飞机技术公司（Magplane Technology）签订了战略合作协议，双方将共同加强磁动力直线驱动技术的展示推广，围绕企业实际需求，开拓丰富的磁动力直线驱动技术应用场景，助推其在智慧物流层面的应用落地①。京东物流在仓储和物流领域筹划的地下物流系统无疑是智慧物流发展的新思路。

京东利用地下物流运输胶囊完成货物运输，核心技术是磁悬浮和直驱磁动力技术，磁悬浮技术是指利用磁力克服重力使物体悬浮的一种技术。相比光悬浮、声悬浮、气流悬浮、电悬浮、粒子束悬浮等，磁悬浮技术更加成熟，可以让胶囊在地下管道以较高的速度稳定运行，京东地下智能枢纽中心运输胶囊如图 3 - 10 所示。

图 3 - 10　京东地下智能枢纽中心运输胶囊

资料来源：https：//www. sohu. com/a/352752808_650187。

地下胶囊物流的运作方式是：运输胶囊通过 5G 网络收取和发送信息，发货方将需要配送的货物放在运输胶囊里，运输胶囊沿着地下管道进行运输，到达中转站，再到达各个快递收货点，运输胶囊在地下管道里运行概念图如图 3 - 11 所示。

京东地下智能枢纽中心并非一个独立智能的运输枢纽，它连接着京东地上大型转运中心（无人仓）和城市末端配送网点（无人站等）。货物配送流程为：由京东无人仓运输至京东地下智能枢纽中心，而后通过运输胶囊经过市内枢纽配送至地面接收实体（超市、便利店等），运输胶囊交到终端卸货如图 3 - 12 所示，货物配送流程如图 3 - 13 所示。

① 搜狐网. 京东智慧物流地下智能枢纽中心视频曝光！［EB/OL］.（2018 - 09 - 15）［2020 - 12 - 03］. https：//www. sohu. com/a/254103179_168370.

图3－11 运输胶囊在地下管道里运行概念图

资料来源：https：//www. sohu. com/a/352752808_650187。

图3－12 运输胶囊交到终端卸货

资料来源：https：//www. sohu. com/a/352752808_650187。

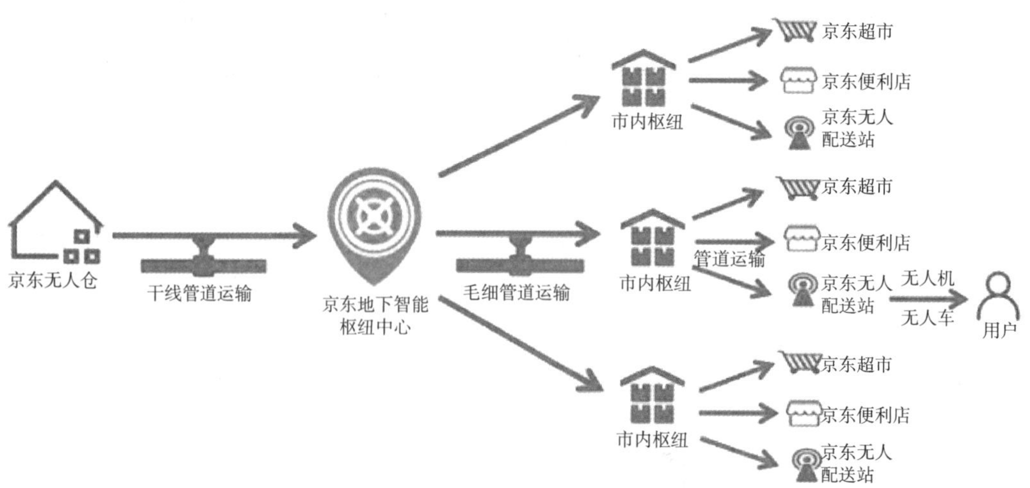

图3－13 货物配送流程

资料来源：https：//www. sohu. com/a/254103179_168370。

京东地下智能枢纽中心在地下建设了一个庞大的智能轨道运输网，可以直接连接商店、超市、学校、医院、居民住宅。有些地下物流系统能够在内部设置专门的接货箱，顾客下单之后只需要等候，京东物流中心发出的包裹就可以通过管道直接送达专属接货箱，整个过程所需要的时间将达到分钟级，京东地下智能枢纽中心智能轨道运输网概念图如图 3－14 所示。

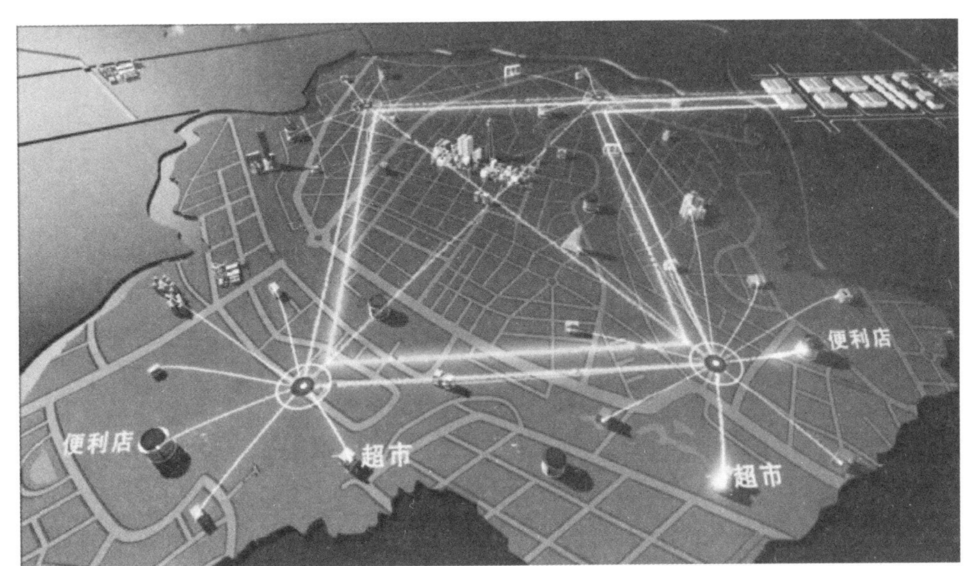

图 3－14　京东地下智能枢纽中心智能轨道运输网概念图

资料来源：https：//www. sohu. com/a/254103179_168370。

利用地下物流运输胶囊进行配送，可以节省快递在城市内中转、装卸等环节的时间，节省企业的相关配送成本，同时提升物流配送效率，实现物流全流程的超高速和自动化运作。由地下物流运输胶囊及管道构成的物流系统也是未来解决城市交通拥堵、缓解城市交通压力、降低城市交通事故率、减少环境污染、改善城市生态环境、优化城市经济结构的重要途径之一。

二、载运工具发展趋势

交通对于经济社会的发展有着积极的推动作用，伴随着交通的进步和发展，载运工具也呈现着多样化的发展趋势。未来载运工具也将综合利用要素资源，使运输组织更加经济有序，运输服务更加便捷高效，实现运输全过程的高度智能化、自动化、快速化。

（一）智能化

智能化是未来交通发展的主要目标之一，载运工具也不断向着智能化的方向发展。

智能载运工具集环境感知、规划决策、多等级辅助驾驶等功能于一体，综合运用ABS、RSS、BAWS（Driver Fatigue Monitor System，疲劳驾驶预警系统）等功能，保证载运工具在行驶过程中的安全性与稳定性，保障人身和财产的安全。近年来，智能载运工具的研究已经成为世界车辆工程领域研究的热点和汽车工业增长的新动力，很多国家都将其纳入重点发展的智能交通系统当中。

（二）自动化

随着如今5G、车联网、车载信息系统等技术的不断发展，载运工具所运用的计算机、现代传感、信息融合、通信及人工智能等技术不断突破，自动化技术也不断提高。无人机、无人驾驶汽车、无人配送车等自动载运工具出现并不断发展，自动载运工具凭借其能够大幅减少交通安全事故、提高载运工具利用率、减轻环境污染等优势，是未来载运工具的发展趋势之一。

（三）快速化

随着区域经济的发展，人们生产生活节奏的不断加快，各种运输方式基础设施的不断完善和载运工具的不断升级，人们对中长距离运输的需求不断增加，载运工具也向快速化方向发展。载运工具运行速度的提升将会缩短运输时间，提高货物运输时效，加快货物周转，带动经济社会发展。

第二节　车联网技术

我国的车联网技术自2009年起步。2013年，我国的汽车网络技术已经能够实现简单的实时通信，如实时导航和实时监控；2014—2015年，车载通信系统逐步开始应用3G和LTE（Long Term Evolution，长期演进）技术，可以实现远程控制；2017年以后，应用人工智能、大数据分析等技术使得车载互联网更加实用。V2X（Vehicle－to－Everything，车对外界的信息交换）已经成为汽车工业产业升级的创新驱动力，借助国家战略政策支持以及人工智能、语音识别和大数据等技术的发展，车联网技术将实现进一步突破，为用户提供更具个性化的定制服务。

一、发展环境

近年来，国家颁布了多项政策，将发展车联网提升到国家创新战略层面的高度。互联网及移动互联网等综合性技术也为车联网技术的更新迭代创造了更好的环境。

（一）政策环境

当前，我国车联网产业进入快车道，技术创新日益活跃，新型应用蓬勃发展，产业规模不断扩大。我国政府高度重视车联网产业发展，近年来持续发布车联网相关法规政策支持产业发展。

2018 年 12 月，工业和信息化部制定了《车联网（智能网联汽车）产业发展行动计划》，提出加快车联网产业发展，大力培育新增长点、形成新动能，形成汽车、电子、信息通信、道路交通运输等行业深度融合的新型产业形态。

ETC（Electronic Toll Collection，电子不停车收费）设备是车联网重要的入口，我国对于 ETC 前装、预装也出台了相关政策。2019 年 5 月，国务院常务会议审议通过《深化收费公路制度改革取消高速公路省界收费站实施方案》，同年 6 月，国家发展改革委、交通运输部印发《加快推进高速公路电子不停车快捷收费应用服务实施方案》，全面普及 ETC 成为推进改革的核心措施。

2020 年 2 月，国家发展改革委等 11 个部门联合印发《智能汽车创新发展战略》，提出要构建新型基础设施和先进设备，包括车用无线通信技术、云控技术和相关路侧基础设施等。预计到 2025 年，中国标准智能汽车的技术创新、产业生态、基础设施、法规标准、产品监管和网络安全体系基本形成。

2020 年 4 月下旬，工业和信息化部发布《工业和信息化部关于推动 5G 加快发展的通知》，以丰富 5G 技术应用场景为题，点明了 5G 未来的丰富应用场景以及需要重点着力的方向。其中提及了促进“5G + 车联网”协同发展，推动将车联网纳入国家新型信息基础设施建设工程，促进 LTE - V2X 规模部署；建设国家级车联网先导区，丰富应用场景，探索完善商业模式；结合 5G 的商用部署，引导重点地区提前规划，加强跨部门协同，推动 5G、LTE - V2X 纳入智慧城市、智能交通建设的重要通信标准和协议；开展 5G - V2X 标准研制及研发验证等。

此外，我国还发布了其他车联网相关政策，2017—2020 年我国车联网行业相关政策如表 3 - 1 所示。

表 3 - 1　2017—2020 年我国车联网行业相关政策

时间	发布单位	文件名称	重要内容
2017 年 4 月 6 日	工业和信息化部、国家发展改革委、科学技术部	《工业和信息化部 国家发展改革委 科技部关于印发〈汽车产业中长期发展规划〉的通知》（工信部联装〔2017〕53 号）	到 2020 年，完成智能网联汽车等汽车领域制造业创新中心建设，实现良好运作，智能网联汽车与国际同步发展，到 2025 年，智能网联汽车进入世界先进行列

续　表

时间	发布单位	文件名称	重要内容
2017 年 12 月 13 日	工业和信息化部	《工业和信息化部关于印发〈促进新一代人工智能产业发展三年行动计划（2018—2020 年）〉的通知》（工信部科〔2017〕315 号）	2020 年，10 家以上重点企业实现覆盖生产全流程的工业互联网示范建设，重点区域车联网网络设施初步建成
2018 年 2 月 27 日	交通运输部办公厅	《交通运输部办公厅关于加快推进新一代国家交通控制网和智慧公路试点的通知》（交办规划函〔2018〕265 号）	要求在北京、河北、吉林、江苏、浙江、福建、江西、河南、广东九省市开展车路协同、高精度定位、交通控制网建设等试点
2018 年 3 月 27 日	工业和信息化部	《2018 年智能网联汽车标准化工作要点》	充分发挥标准对智能网联汽车产业供给侧结构性改革的促进作用
2018 年 12 月 27 日	工业和信息化部	《工业和信息化部关于印发〈车联网（智能网联汽车）产业发展行动计划〉的通知》（工信部科〔2018〕283 号）	包括关键技术、标准、基础设施、应用服务、安全保障等，2020 年后高级别自动驾驶智能网联汽车和 5G－V2X 逐步规模商用
2019 年 9 月 19 日	中共中央、国务院	《交通强国建设纲要》	明确提出加强智能网联汽车研发，提升城市交通基础设施智能化水平
2019 年 12 月 9 日	交通运输部	《交通运输部关于印发〈推进综合交通运输大数据发展行动纲要（2020—2025 年）〉的通知》（交科技发〔2019〕161 号）	到 2025 年，综合交通运输大数据标准体系更加完善，基础设施、运载工具等成规模、成体系的大数据集基本建成
2020 年 2 月 10 日	国家发展改革委等十一个部门	《关于印发〈智能汽车创新发展战略〉的通知》（发改产业〔2020〕202 号）	提出发展智能汽车的六大具体任务
2020 年 3 月 24 日	工业和信息化部	《工业和信息化部关于推动 5G 加快发展的通知》（工信部通信〔2020〕49 号）	开展 5C－V2X 标准研制及研发验证。同时，强化网络数据安全保护，围绕 5 类典型技术和车联网、工业互联网等典型应用场景，健全完善数据安全管理

发展车联网产业，有利于提升汽车网联化、智能化水平，实现自动驾驶，发展智能交通，促进信息消费，对我国推进供给侧结构性改革、推动制造强国和网络强国建

设、实现高质量发展具有重要意义。

（二）技术环境

随着各种科学技术的进步和发展，车联网迎来了新的历史机遇。车联网结合互联网及移动互联网等综合性技术进行创新，整合成为一个庞大的生态系统。车联网关键技术包括 RFID 技术、传感器网络技术、卫星定位技术等。

RFID 技术是通过无线射频信号实现物体识别的一种技术，具有非接触、双向通信、自动识别等特征。RFID 不但可以感知物体位置，还能感知物体的移动状态并进行跟踪，是车联网体系的基础性技术。

传感器网络技术可以动态采集一切车联网服务所需要的原始数据，如车辆位置、状态参数、交通信息等，根据不同的业务进行个性化定制，为服务器提供数据源，经过分析处理后作为业务数据为车辆提供优质服务。

卫星定位技术是车联网技术的重要技术基础，可以用于车辆的定位和导航，随着我国北斗卫星导航系统的日益完善并投入使用，卫星定位技术将成为我国车联网体系的核心技术。

随着 5G、多传感器信息融合、自然语音识别、云计算等技术的发展，车联网也将实现服务方式的多样化发展。

2019 年 6 月 6 日，工业和信息化部向中国电信、中国移动、中国联通、中国广电发放 5G 商用牌照，意味着中国 5G 正式进入商用时代。5G 具有 4G 十倍的峰值速率、毫秒级的传输时延和千亿级的连接能力，开启万物广泛互联、人机深度交互新时代，是支撑车联网技术革命的关键性、基础性技术。

多传感器信息融合技术可以整合车内、车外、道路传感器网络的环境感知数据，并在一定准则下对这些传感器及观测信息进行自动分析、综合支配以及合理使用，将各种单个传感器获取的信息依据某种准则组合起来，形成基于知识推理的多传感器信息融合。

自然语音识别技术是车联网人机交互的最佳方式。成熟的自然语音识别技术依赖于强大的语料库及运算能力，将大量的语音识别数据进行收集和计算，依托网络计算技术，构建基于移动互联网环境下独特的车联网语音平台引擎，实现多种语言甚至方言的识别。

云计算可以用于分析路况、大规模车辆路径规划建议、智能交通调度计算。云计算凭借其强大的运算能力、最新的数据、广泛的服务支持对服务起到强大的支撑作用，能够按照用户的需求，考虑到实际路况和突发事件等因素实时调整规划，保障用户掌握最优路线，采用服务整合来实现服务增值与创新。

二、车联网技术新发展

车联网是基于车内网络、车载网络和移动互联网，使用无线通信和卫星导航技术，按照商定的通信协议和数据交互标准，在车与人、车与车、车与路、车与网络之间用无线通信和信息交换的大型系统网络，可以提供在线导航、远程诊断、信息传输和其他服务。车联网是一个复杂的系统工程，需要设备高度集成、技术高度融合、平台开放化、数据货币化和运营互联网化。随着科学技术的发展，车联网技术也迎来了新发展。

（一）ETC 前装技术

我国高速公路建设发展迅猛，通车里程数持续增加，传统的人工收费方式不能适应经济和社会发展的需要。ETC 以其安全、准确、便捷等优点逐渐受到人们的青睐。

ETC 系统是一种广泛应用于公路、桥梁和隧道的全自动车辆收费系统，是目前国际上公认的在道路通行缴费领域最先进的技术①。主要由 AVI（Automatic Vehicle Identification，自动车辆识别）、AVC（Automatic Vehicle Classification，自动车型分类）、DSRC（Dedicated Short Communication，短程通信）、VES（Video Enforcement System，逃费抓拍系统）四大关键技术和 RSU（Road Side Unit，路侧单元）、OBU（On Board Unit，车载单元）两大设备构成。

2020 年 6 月，国家发展改革委和交通运输部联合印发《加快推进高速公路电子不停车快捷收费应用服务实施方案》，通知明确指出支持开展 ETC 车载装置汽车前装，鼓励汽车生产企业与 ETC 设备制造商、发行方开展合作，加强车载装置汽车前装技术研究、试点和推广应用。并对下一步工作目标进行了安排，要求 2019 年 12 月底前完成 ETC 车载装置技术标准制定工作。自 2020 年 7 月 1 日起，新申请批准的车型应在选装配置中增加 ETC 车载装置，供用户选装。

ETC 车载装置汽车前装是指，在车辆的设计、生产环节，将 OBU 模块作为汽车标准电子元件进行标准化安装、预装，使 OBU 设备能够与车辆其他电子元器件进行通信。其中，OBU 模块属于 ETC 的硬件设备，主要包含 ETC 射频芯片、MCU（Micro - Controller Unit，微控制单元）主控芯片以及 ESAM（Embedded Secure Access Module，嵌入式安全控制模块）安全芯片。ETC 设备不仅是一个通行辅助工具，也可用于与车辆、道路进行实时通信交互，能够为司机提供更多、更便利的功能服务，极大地提升

---

① 搜狐网．引领货车 ETC 前装，福田助力高速公路改革国家战略［EB/OL］．（2019 - 06 - 10）［2020 - 12 - 04］．https：//www. sohu. com/a/319632539_372679.

司机对于 ETC 的接受度，促进 ETC 快速普及推广。

福田汽车自 2018 年开始布局货车 ETC 前装技术研究，目前已经形成了完善的技术方案，并已实现 ETC 设备前装技术的落地。2019 年 3 月 29 日，福田汽车货车 ETC 前装正式完成技术验证，在欧曼 EST 车型样车上完成 ETC 前装。2019 年 4 月 15 日，国内首台装配前装 ETC 设备的福田戴姆勒欧曼重型卡车正式亮相。该前装技术实现了货车 ETC 电子标签、ETC 记账卡与车联网智能 T－BOX 数据的融合和实时交互。

目前，货车 ETC 前装技术已经成熟，主机厂在车辆生产环节就可以进行货车 ETC 标准化前装并进行车辆数据写入。这不仅有利于 ETC 的推广发行，更有利于提升 ETC 的标准化、智能化、规范性、安全性，为 ETC 应用服务延伸及未来高速公路实现智能化车路协同奠定基础。随着技术的成熟和未来的规模化采购、装配，使用 ETC 前装技术的设备成本将比后装更低。因为这不仅是装配了一个硬件设备，更重要的是以此为介质，可以提供丰富的服务。

ETC 前装、预装技术的研发应用，对于 ETC 行业发展乃至我国交通运输行业都具有重要的现实意义。ETC 系统是一个庞大的传感器网络，ETC 设备是车联网重要的入口。除高速自动缴费外，ETC 还有很多应用场景，相关智慧应用场景例如利用 ETC 进行停车缴费，加油站 ETC 专用通道等方式不断涌现。ETC 技术在缓解交通拥堵、节能减排及节约收费单位管理运营成本等诸多方面有着巨大的经济和社会效益。未来，强大的 ETC 技术将实现智能交通系统中的交通信息采集，有助于撬动智慧停车、智慧加油、车联网等市场。

（二）基于多接入边缘计算的感知决策技术

MEC（Multi－access Edge Computing，多接入边缘计算）技术的概念最早于 2009 年提出。2016 年，ETSI（European Telecommunications Standards Institute，欧洲电信标准化协会）将此概念进一步扩展，并将移动蜂窝网络中的边缘计算应用推广至其他无线接入网络。在 ETSI 的推动下，包括 3GPP（3rd Generation Partnership Project，第三代合作伙伴计划）及 CCSA（China Communications Standards Association，中国通信标准化协会）在内的其他标准化组织也相继启动了相关工作。目前，MEC 已经发展为 5G 移动通信系统的重要技术之一，5GAA（5G Automotive Association，5G 汽车通信技术联盟）也将 MEC 视为六大发展趋势之一。

总体来说，MEC 基本架构可以划分为基础设施层、虚拟化层、网络及业务能力层、MEC 管理层、应用层五个层级。

基础设施层包括各种类型的服务器，如以计算能力为主的计算型服务器、以存储为主的存储型服务器等，满足 AI 推理、图形图像渲染、网络高速转发等需求。

虚拟化层为上层各种能力服务以及 App 应用提供虚拟化平台资源及管理，包括虚拟主机和容器两种类型，满足不同应用共享统一的基础设施。

网络及业务能力层包括本地分流、NAT（Network Address Translation，网络地址转换）、虚拟防火墙、DNS（Domain Name System，域名系统）、业务负载均衡等组网基本服务能力，同时提供无线网络信息服务、带宽管理、业务路由规则、无线室内定位等服务。

MEC 管理层主要提供 MEC 服务门户、业务编排管理、业务策略管理、FCAPS（Fault，Configuration，Accounting，Performance and Security，错误、配置、计账、性能和安全）管理、生命周期管理、虚拟资源管理等。

应用层包括视频监控、AR/VR 视频等各种第三方应用。

2019 年 1 月 23 日，《MEC 与 C－V2X 融合应用场景》白皮书正式发布，其中提出的车与车协同、单车协同、车与路协同等20 个应用场景需要 MEC 技术作为支持。下面以高精度地图分发和车路协同为例对 MEC 的车联网应用场景进行说明。

高精度地图分发利用了单车智能和 MEC 技术（见图 3－15）。在实际应用场景当中，车辆向 MEC 服务器上报自身的位置信息，MEC 服务器根据车辆的位置向其发送该区域的高精度地图，辅助其实现自动驾驶。高精度地图具有数据量大、区域性强的特点，适合利用 MEC 实现在线分发和流量卸载，MEC 可以实现类似 CDN（Content Delivery Network，内容分发网络）的作用。MEC 可根据高精度地图的数据量大小和需求用户的数量灵活选择部署位置，通常会部署在 eNB（演进型基站）的汇聚节点后，为相对较大的范围提供服务。

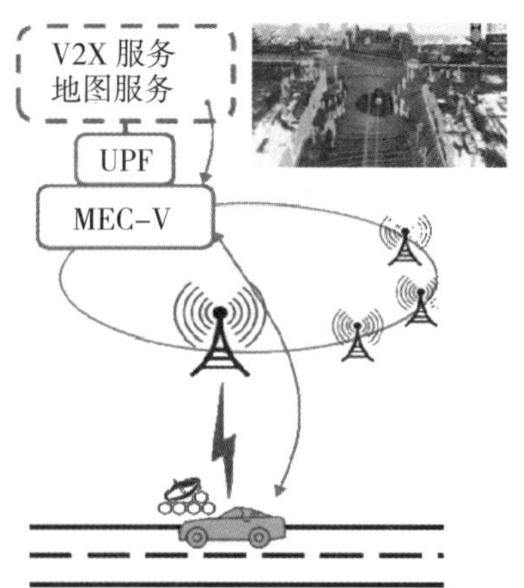

图 3－15　高精度地图分发应用场景

资料来源：2020 全球物流技术大会演讲《网联与计算助力自动驾驶实现》。

车路协同利用多车智能、路侧智能和 MEC 多项技术，是能够应用多数场景的配置

(见图3－16)。在实际应用场景当中，MEC不仅能够接收智能网联汽车上传的位置信息和感知信息，还能利用路侧智能设备（雷达、摄像头等）进行客观定位，感知路况全局（包括非智能网联汽车和行人)，进一步实现行人预警、闯红灯预警、十字路口协同调度等高级功能。MEC作为车路协同系统的中心节点，集感知、计算、通信功能于一体，成为自动驾驶边缘智能的核心节点，通常会部署在路口或匝道的eNB，为较小的范围提供服务。

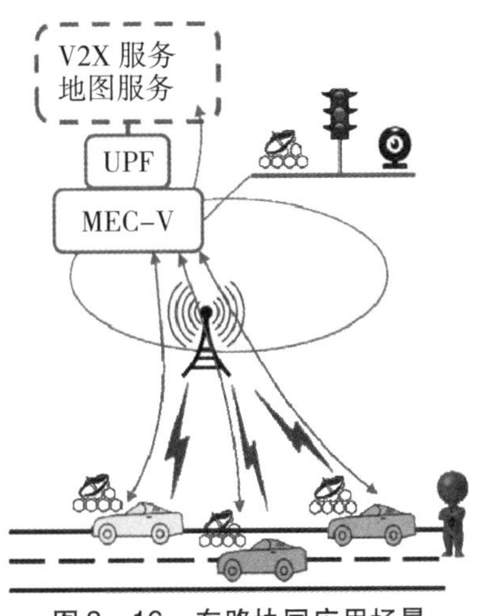

图3－16 车路协同应用场景

资料来源：2020全球物流技术大会演讲《网联与计算助力自动驾驶实现》。

MEC与LTE－V2X深度融合可以丰富车联网应用场景，具有降低网络及中心云负载压力、提供低延时和高可靠网络环境、打造高性能计算和存储资源等优势。在5G时代，多接入边缘计算是发展运输技术不可缺少的一个重要环节。未来，MEC的应用还将伸展至交通运输系统、智能驾驶、实时触觉控制、增强现实等领域。

（三）基于5G的C－V2X技术

V2X是车联网的灵魂，是将车与一切事物相连接的新一代信息通信技术，具体的交互信息的模式包括：V2V（Vehicle to Vehicle，车与车）、V2I（Vehicle to Infrastructure，车与路）、V2P（Vehicle to Pedestrian，车与人）、V2N（Vehicle to Network，车与网络）之间的交互。

随着5G的发展，人与人、人与物、物与物都可以通过无线网络进行连接，C－V2X（Cellular Vehicle－to－Everything，基于蜂窝网络的车用无线通信技术）也逐渐成为主流。C－V2X是基于3GPP全球统一标准的通信技术，包含LTE－V2X、5G－V2X及后续演进。

2018 年 12 月，工业和信息化部印发了《工业和信息化部关于印发〈车联网（智能网联汽车）产业发展行动计划〉的通知》，明确要实现 LTE－V2X 在部分高速公路和城市主要道路的覆盖，支持开展 5G－V2X 示范应用。按照技术特性和应用成熟度，C－V2X 支持实现的车联网应用可以大致划分为四个象限，如图 3－17 所示。

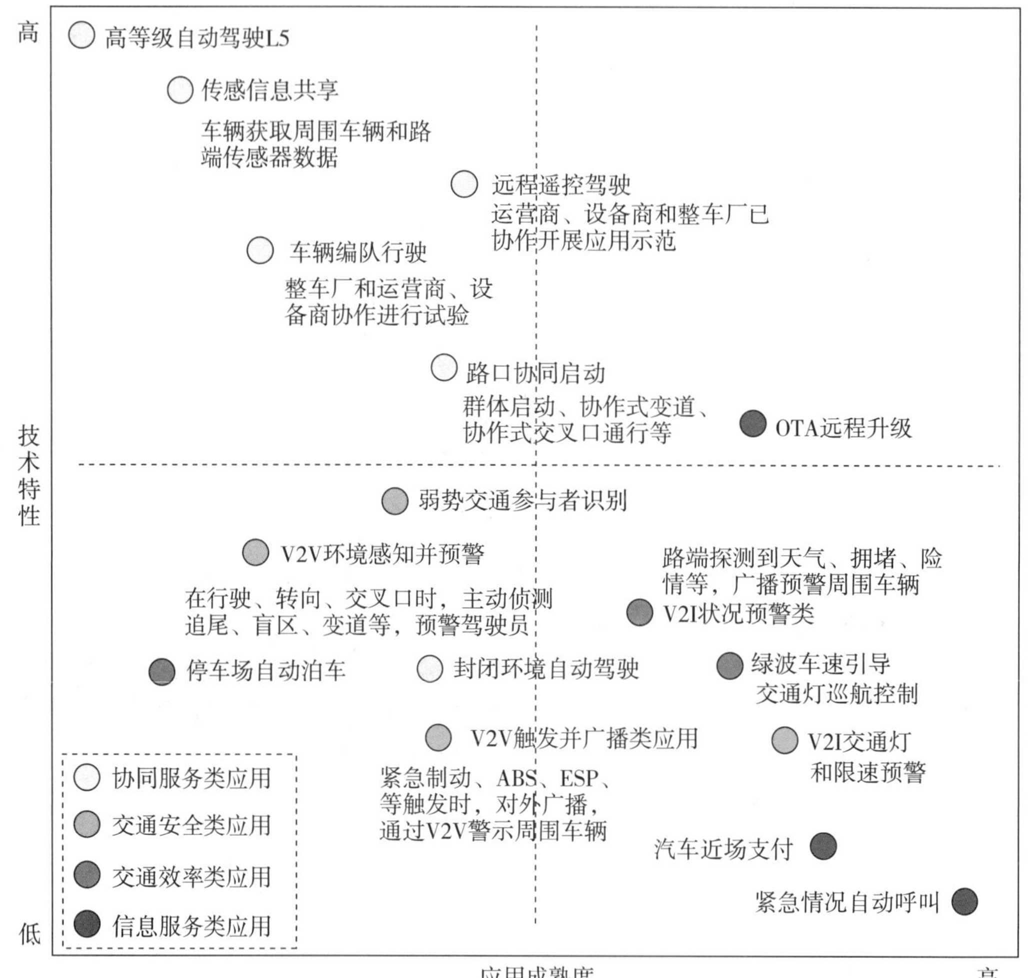

图 3－17　C－V2X 车联网应用四个象限

资料来源：2020 全球物流技术大会演讲《网联与计算助力自动驾驶实现》。

目前，行驶安全预警类应用（如碰撞预警、紧急制动预警）和出行效率提升类应用（如红绿灯提醒、车速引导）已具备成熟的技术解决方案，在示范区、先导区等已经应用，并可在城市范围内进行推广。汽车行驶控制、交通管理控制等应用，已经可以在典型区域和工况下（如矿山、园区）实现应用部署，但是在城市工况下，仍处于测试验证和应用示范阶段。

C－V2X 典型应用之一是智慧路口协作通行，如图 3－18 所示。在众多城市路况中，以交叉路口最为复杂，不同方向上的车辆、非机动车、行人都要在有限的时间内通过交叉路口，因此交叉路口通常是交通事故频发地、通行效率的瓶颈，我国30%的交通事故都发生在交叉路口。2019年9月，世界物联网博览会期间，奥迪联合中国移动、华为、地平线等公司在无锡智慧交通示范区完成多项智慧路口的应用示范，包括闯红灯预警及主动制动、信号灯信息显示、路口协同启动、信号灯配时动态优化、绿波车速引导和显示等。

图3－18　C－V2X智慧路口协作通行

资料来源：2020全球物流技术大会演讲《网联与计算助力自动驾驶实现》。

另一个C－V2X典型应用是高速公路编队行驶，如图3－19所示。高速公路场景下的车辆编队行驶可以降低空气阻力、节省油耗。根据北美货运效率委员会统计数据，利用C－V2X进行高速公路编队行驶，能至少节省10%的油耗。此外，车辆编队行驶还能有效降低劳动强度，长途货运时通常需要2名司机轮流驾驶，通过车辆编队行驶，只有头车需要司机专心驾驶，跟随车辆几乎不需要人工驾驶，可以给司机提供更多休息时间，适当减少车队人数。

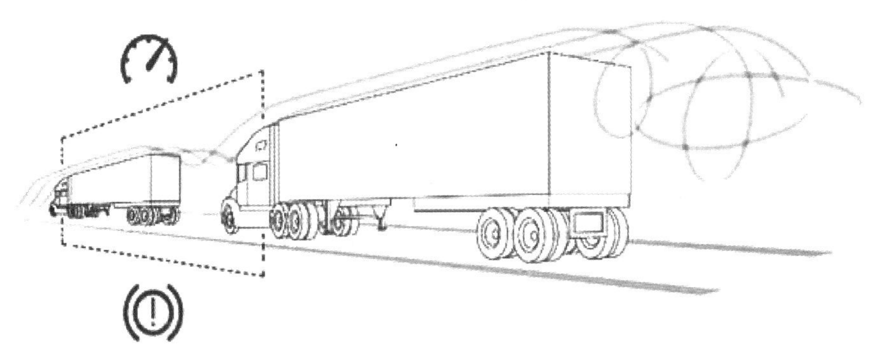

图3－19　C－V2X高速公路编队行驶

资料来源：2020全球物流技术大会演讲《网联与计算助力自动驾驶实现》。

根据《车路一体化智能网联体系 C－V2X 白皮书》，车联网的发展可以分为三个阶段：第一阶段为车载信息服务阶段，即指 2G/3G/4G 时代具备基本的联网能力的车辆；第二阶段是智能网联阶段，也是目前所处的阶段，这个阶段通过 C－V2X 技术实现汽车行业新四化（电动化、互联化、共享化、智能化）变革驱动；第三阶段为智慧出行阶段，这时车路协同在智能交通和高级自动驾驶中广泛应用，实现智慧出行。

三、车联网发展趋势

车联网产业是汽车、电子、信息通信、道路交通运输等行业深度融合的新型产业，是全球创新热点和未来发展制高点①。随着前沿技术和产业发展不断融合，未来车联网产业的发展步伐会越来越快。

（一）商业部署加快

近年来，智能网联汽车产业日益受到各级政府的重视，并且逐步开启商业化进程。2019 年 5 月，江苏省人民政府办公厅《省政府办公厅关于加快推进第五代移动通信网络建设发展若干政策措施的通知》，指出要加快 5G 商用部署步伐，在车联网、工业互联网、物联网、智能电网等领域取得突破，5G 网络技术发展迅速，测试、试运营有序推进，车联网技术的商业部署也将不断加快。

在 2018 年 8 月举办的中国国际智能产业博览会上，高通公司总裁克里斯蒂安诺·阿蒙透露，高通公司正与中国广泛合作，在全球范围内进行 5G 技术的应用，与大唐电信共同开发了基于蜂窝车联网的芯片组，并在 2019 年支持商业部署。从行业整体形势来看，推进车联网商业部署将进一步提速。

（二）人车交互不断突破

4G 网络的应用与普及已经基本上解决了网络通信问题，不过对于车联网领域来说，人车交互问题依然是一个巨大的瓶颈，特别是语音交互并未取得较大进展。一是因为市场对于这一功能的刚性需求不足，二是因为相关技术还不够完善，难以获得用户信赖。

如今，随着人工智能热潮持续发酵、5G 等科学技术不断发展，各企业在语音技术等领域的投入将继续加大，语音交互技术将不断发展和突破，为破解人车交互困局带来机遇。

---

① 智慧物流空间. 5G 将至丨车联网发展步入快车道［EB/OL］.（2019－01－21）［2020－12－05］. https://mp.weixin.qq.com/s/tAkxVVVumIWhb6ZYyc5bwA.

（三）应用场景更加丰富

《车路一体化智能网联体系 C－V2X 白皮书》中提到，目前车联网有车与车协同、单车协同、车与路协同等 20 个应用场景。相关研究表明，借助车联网技术，能够大幅提升交通效率，缓解交通拥堵。车联网技术应用于自动驾驶汽车领域，能够加强行驶安全性，力求实现零伤亡、零事故。业内人士分析称，目前车联网应用层产值最高，占整个车联网市场规模的 70%。着眼于车联网技术应用优势，其应用场景将越发丰富。如融合车联网技术的车载终端平台，能够为车主提供语音、手势等控制服务，创造更为便捷、安全的驾驶环境。车联网还能与保险业实现互联，凭借“车联网保险”，可以有效降低车主出险事故率，为保险公司节省了相应理赔成本。

四、年度优秀案例：中寰四维图新商用车智能网联

中寰卫星导航通信有限公司（以下简称“中寰”）是四维图新旗下商用车智能网联技术服务高科技企业，成立于2004 年，总部位于北京，下设16 个分支机构，业务覆盖全国三分之二的省份。作为国内较早从事商用车联网运营服务的企业之一，中寰用科技助力 10 家主流商用车厂推出了各具特色的商业化智能网联服务方案。截至 2019 年，由中寰智能网联技术产品提供服务运营支持的商用车已超过 140 万台，并以每月新增 5 万台的速度快速增长，卡车增量市场覆盖率为 70%。按照规划，未来三年，采用中寰智能网联技术产品的商用车将达到 300 万台。中寰已成为商用车车联网领域领先的科技企业①。

经过多年深耕行业和技术积累，中寰建立了一支以人车路协同大数据采集分析处理、网联智能传感器开发设计、AI 算法、自动驾驶解决方案等为核心技术，覆盖全国、具有响应快速的属地化服务运营及 B 端大客户拓展能力的团队，以科技赋能主机厂、司机、物流公司、后市场服务提供商、金融保险等物流产业链上下游企业，推动物流产业集约化、智能化、数字化升级。

从产品上看，中寰的智能网联技术产品包括了商用车车联网平台、PCC（Predictive Cruise Control，商用车预见性巡航控制）、智能副驾、托托新物流等在内的一系列产品。

商用车车联网平台以用户为中心，目的是消除各端信息孤岛，连通车辆生产、销售、使用、经营、服务的全生命周期，如图 3－20 所示。

---

① 物流指闻．【直击：接入商用车超 100 万辆，发力打造“智能运力大脑”，“黑马”中寰浮出水面】［EB/OL］．（2019－09－24）［2020－12－05］．https：//mp. weixin. qq. com/s/X48R1YY79YMnogo7BwlEjA.

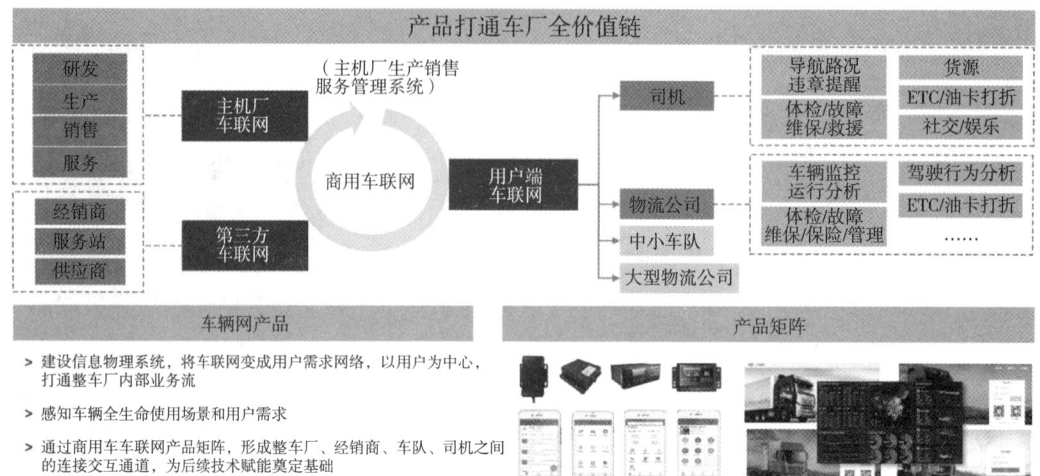

图3－20　商用车车联网平台

资料来源：https：//www. aerozhonghuan. com/intro/30. html。

除了建立商用车车联网平台，中寰还考虑了司机群体的需求。在运输成本中，燃油占了较高的比重，为此中寰打造了 PCC。该系统是中寰针对卡车运输的特点，自主研发的软硬件一体化的解决方案，是一款具有节油特性的量产级商用车智能驾驶控制系统。

PCC 从 ADAS（Advanced Driving Assistance System，高级驾驶辅助系统）的地图数据中提取出坡度、曲率、航向等数据，结合持续优化的节油算法，进行车辆的驾驶决策。在不改变司机驾驶行为及车辆动力总成匹配的情况下，通过对车辆的最优控制实现节油，并有效缓解司机的驾驶疲劳。数据显示，通过使用中寰 PCC 功能，车辆可以实现6%～10%的节油，而且可以提高平均车速。目前，PCC 通过融合实时交通、卡车导航、全局道路优化以及雷达预警信息，车辆运行更智能、更经济、更安全。

作为中寰面向商用车司机、车主、物流企业、道路运输行业推出的整合道路运输安全产品解决方案，智能副驾依托车载智能硬件 T－Box、ADAS 和 DMS（Driver Monitoring System，驾驶员监控系统）设备，通过传感器数据融合和智能算法，从“人、车、路”三方面建立协同的安全管理机制，及时感知道路运输过程中的不安全因素，并通过监控管理平台实时呈现、预警，为商用车安全管理提供工具、手段和依据，降低风险、减少隐患。

在前装建立竞争优势后，中寰将目光转向了后装。托托新物流是中寰为物流行业中以挂靠业务为核心的二网公司提供的集货源、自动化办公、安全管理、车队管理、后市场服务于一体的车联网综合服务解决方案，如图3－21所示。托托新物流可以帮助二网公司提升资产和业务管理能力，解决运输业务转型难题；帮助车主提升运输能力，车联网的引入不仅提高了管理效率，也有利于车辆运输的数字化，从而促进效率的提升。

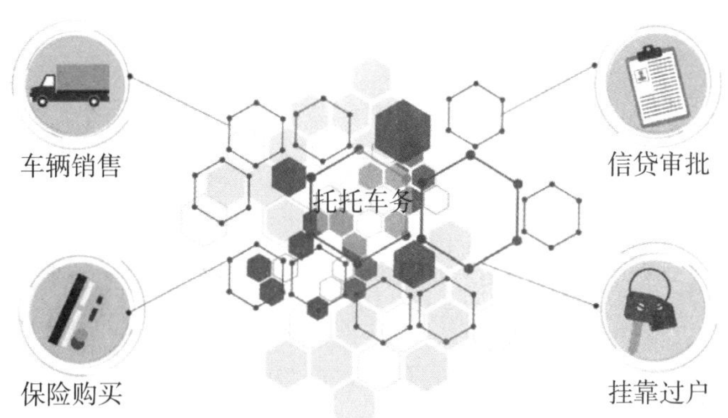

图 3－21 托托新物流

中寰未来将针对司机运营过程中面临的节能、安全、降损三大需求，从运力端入手，用科技赋能交通物流行业，打造智能运力大脑。以规模化商用车车联网及大数据平台为基础，逐步建成行业级智能化基础设施，以车联网平台、智能硬件、AI 算法、运力大数据为抓手，打造商用车车联网及大数据平台，并且在创造价值阶段成为商用车智能化能力平台，在基础设施阶段实现智能运力大脑。

如今智能运力大脑发展已经步入 2.0 阶段，中寰已在商用车车联网和大数据平台基础上打造了多项产品和服务，根据场景赋能平台，输出数据价值。在未来的 3.0 阶段，中寰的目标是成为行业级的智能运力决策中枢，围绕价值链的核心主体，全面提升行业集约化、智能化和数字化水平。

第三节 无人驾驶技术

无人驾驶（也称“自动驾驶”）技术是构建智慧出行新型产业生态的核心要素，是推进数字中国、交通强国、智慧社会建设的重要载体，已成为新时代汽车产业转型升级的重要突破口。无人驾驶技术是物流业降本增效的突破口，目前已实现在物流场景的初步应用。抗击新冠肺炎疫情加快了无人驾驶技术在物流场景的应用，鲜明感受到无人物流车在物资配送、减少人员接触方面发挥的实际作用。

一、无人驾驶技术发展概况

我国对无人驾驶技术的政策支持力度在不断加大，在这种背景下，无人驾驶技术的研发和试验均在快速进行中。无人驾驶技术无疑是汽车工业的大热领域，众多企业十分看好，在无人驾驶技术研发、载人或物流场景应用方面都纷纷加大投入。

（一）国内外无人驾驶发展政策环境

1. 国外无人驾驶政策发展

美国发展无人驾驶的时间较早，相关的配套法律也比较完善。早在2010年，美国交通部发布了《美国智能交通战略计划（2010—2014）》，首次从国家战略层面提出大力发展网联技术和汽车应用。从2016年开始，美国交通部每年都会发布一项自动驾驶发展计划，2020年已更新迭代至4.0版本——《确保美国自动驾驶汽车技术的领先地位：自动驾驶汽车4.0》。4.0版本聚焦于如何解决在自动驾驶汽车领域的问题。

欧洲也是无人驾驶技术较为成熟的地区，欧盟层面积极协调推进无人驾驶产业发展，2015年提出GEAR2030战略，重点推进高度自动化和网联化驾驶领域合作。2018年《自动驾驶路线图：欧盟未来的驾驶战略》发布，提出计划在2030年步入以完全自动驾驶为标准的社会。

日本分别于2017年和2019年对《道路交通法》进行了两次修订，为商业化部署无人驾驶提供了新的安全标准。日本政府计划在2020年实现无人自动驾驶服务，实现卡车的无人驾驶列队跟驰技术；在2022年左右，能够在有限区域内实现只需远程监控的无人驾驶服务。

2. 国内无人驾驶政策发展

我国也在加快自动驾驶汽车相关政策的出台，在当今互联网、大数据等技术突飞猛进的浪潮下，国家将无人驾驶划入了重点规划层面。

2015年国务院首次提出智能网联汽车概念，明确智能网联汽车是未来十年国家智能制造发展的重点领域。2016年6月，工业和信息化部批准建设的国内首个封闭测试区“国家智能网联汽车（上海）试点示范区”在嘉定上海国际汽车城正式运营，开展智能网联汽车测试验证和智慧交通示范。2017年4月，工业和信息化部等三部门联合发布的《汽车产业中长期发展规划》中，将自动驾驶汽车列为重点任务之一，并提出要加快推进自动驾驶汽车法规体系建设。同年7月，国务院印发《新一代人工智能发展规划》，将自动驾驶汽车列为重点培育的八大智能产品的首位。

2018年4月，工业和信息化部发布《智能网联汽车道路测试管理规范（试行）》，明确测试主体、测试驾驶人以及测试车辆应具备的条件。全国众多城市陆续出台本地自动驾驶汽车道路测试管理方案。同年12月，工业和信息化部发布《车联网（智能网联汽车）产业发展行动计划》，表示将加快构建智能网联汽车测试评价体系，建立健全智能网联汽车生产准入管理制度，为大规模测试示范和商业化应用提供政策和制度保障。

2020 年 4 月，工业和信息化部发布了《2020 年智能网联汽车标准化工作要点》，指出 2020 年要形成支持驾驶辅助和低级别自动驾驶的智能网联汽车标准体系，建立智能网联汽车标准制定和实施评估机制。

（二）国内无人驾驶发展现状

1. 国内无人驾驶发展阶段

汽车驾驶的自动化可分为 6 个等级。2020 年 3 月 9 日，工业和信息化部官网公示了推荐性国家标准《汽车驾驶自动化分级》报批稿。基于驾驶自动化系统能够执行动态驾驶任务的程度，根据在执行动态驾驶任务中的角色分配以及有无设计运行条件限制，《汽车驾驶自动化分级》将驾驶自动化分为 0 ~ 5 级共 6 个等级，具体定义如表 3 - 2 所示。

现阶段我国无人驾驶发展处于 3 级导入期，2020 年正式进入 3 级时代，该等级为有条件自动驾驶，可解放双手，驾驶员不必一直监控系统，但必须时刻保持警惕并在必要时进行干预。

2. 国内无人驾驶落地场景

无人驾驶的主要应用场景可以分为载人和载物。载人场景包括出租车、无人公交和自主代客泊车，载物场景包括干线物流、无人配送、封闭园区物流和无人环卫等。载人场景中，在我国自动驾驶出租车成功在开放道路上实现了应用。载物场景目前已实现在港口、机场、厂区等特定封闭场景的成功应用，道路应用的干线物流仍在测试阶段。

表 3 - 2　驾驶自动化等级与划分要素的关系

分级	名称	车辆横向和纵向运动控制	目标和时间探测与响应	动态驾驶任务接管	设计运行条件
0 级	应急辅助	驾驶员	驾驶员和系统	驾驶员	有限制
1 级	部分驾驶辅助	驾驶员和系统	驾驶员和系统	驾驶员	有限制
2 级	组合及时辅助	系统	驾驶员和系统	驾驶员	有限制
3 级	有条件自动驾驶	系统	系统	动态驾驶任务接管用户（接管后成为驾驶员）	有限制
4 级	高度自动驾驶	系统	系统	系统	有限制
5 级	完全自动驾驶	系统	系统	系统	无限制

资料来源：《汽车驾驶自动化分级》。

（1）无人驾驶出租车。

2020 年 8 月，深圳裹动智驾科技有限公司（AutoX）在上海面向所有公众开放无人驾驶出租车（RoboTaxi）服务，每辆车配备一名安全员，副驾驶位无工作人员。在上海市智能网联汽车道路测试推进工作小组许可的自动驾驶示范区域内，人们可通过高德呼叫 AutoX 自动驾驶车辆，如图 3－22 所示，无须付费，呼叫次数不限。呼叫完成后，相应车辆能够自动驾驶至距离乘客指定上车点最近的安全位置进行停靠。为保证行程的安全透明，体验者可在行车过程中通过车内屏幕看到无人驾驶车辆的行进路线，以及无人驾驶系统对周围物体识别和决策等信息。到达目的地后，系统将提示体验者下车，行程结束。

图 3－22 手机和平板电脑上 RoboTaxi 界面

资料来源：https：//tech. ifeng. com/c/7z0EIlS9q60。

此外，百度等企业也推出了无人驾驶出租车服务①。但目前我国无人驾驶出租车服务均为免费的测试项目，仍未正式商用，全世界仅有美国推出了收费无人驾驶出租车项目。

（2）载物场景。

载物比载人更容易，是无人驾驶领域的一大共识②。因此，无人驾驶领域的注意力开始向无人物流领域转移。在无人物流中，按无人驾驶技术落地的难度排序，从易到难依次是港口物流、矿山物流、末端物流、干线物流。目前无人驾驶车辆在港口、机场、厂区等封闭场景均已经有成功应用。

---

① 亿欧．开创无人驾驶新时代，百度 Apollo Go 争做科技“头雁”［EB/OL］.（2020－10－15）［2020－11－27］. https：//mp. weixin. qq. com/s/fE5WRuO7s2ntNVUdGSoIOA.

② 王一鸣．现阶段自动驾驶应用场景分析［J］．世界汽车，2020（6）：76－83.

在载物方面，目前技术较为成熟的是无人配送，很多研发相关技术的企业已经进入了无人配送产品的小批量生产阶段，规模较大的已经超过上百辆①。例如新石器，早在2019年5月就与西安市及西安航天基地签订了自动驾驶车订单，累计交付100多辆产品，并投入正式运行。

而由于实际道路的无人驾驶车辆技术仍面临法规和技术上的瓶颈②，实现干线物流的无人驾驶还需要一些时间。

3. 国内自动驾驶牌照发放

自动驾驶牌照主要有三大类别，目前的大部分牌照都适用于这个分类，分为测试牌照、有安全员示范运营牌照、全无人牌照。

2019年9月，上海市颁发国内首批智能网联汽车载人示范应用牌照，标志着国内先行企业探索无人驾驶汽车商业化运营的开端。同月，国家智能网联汽车（武汉）测试示范区也正式揭牌，百度、海梁科技、深兰科技拿到自动驾驶商用牌照③。这就意味着，这些企业不仅可以在公开道路上进行载人测试，部分也可以进行商业化运营。

北京、上海、深圳、江苏、长沙、重庆等各地均已经开放自动驾驶车辆路测。截至2020年7月，我国已有18座城市发放了自动驾驶路测牌照，测试车辆总数已超过500台，包括百度的200台RoboTaxi，以及小马智行、AutoX、文远知行等企业的RoboTaxi④。

二、无人驾驶硬件技术

汽车自动驾驶系统包括环境感知与定位、智能规划与决策、控制执行三大核心模块，先进的自身位置评估和周边环境感知是自动驾驶汽车上路行驶的基础，包括高精地图、各类传感器、通信设备在内的感知系统，在感知各种道路和交通环境时发挥不可或缺的作用。

---

① 盖世汽车．无人驾驶进入大规模量产前夜 七大场景先落地［EB/OL］．（2020－05－20）［2020－11－27］．https：//zhuanlan. zhihu. com/p/142199629.

② 建约车评．无人驾驶干线物流：落地难度并不比Robotaxi低［EB/OL］．（2020－04－24）［2020－11－27］．https：//mp. weixin. qq. com/s/5F7dihfMnJ3rvEMxyJfZMA.

③ 新华社客户端．全球首张自动驾驶商用牌照发布！政策加持，自动驾驶概念频迎利好，多家上市公司已布局［EB/OL］．（2019－09－22）［2020－11－27］．https：//baijiahao. baidu. com/s?id=1645382302552275228&wfr=spider&for=pc.

④ 硅星闻．全球各地已经有上百块自动驾驶牌照了，如何理解它们的含金量？［EB/OL］．（2019－09－22）［2020－11－27］．https：//www. sohu. com/a/411711369_313323？_trans_=000.

（一）雷达感知技术

随着全球无人驾驶进入产业化与商业化的准备期，车载激光雷达凭借其优异性能，成为不可或缺的环境感知传感器并在硬件技术和应用算法上得到迅猛发展。车载激光雷达可准确获取目标的三维信息，具有分辨率高、抗干扰能力强、探测范围广、近全天候工作等优点，在智能驾驶环境感知系统中占据重要地位。

根据扫描单元的结构不同，车载激光雷达可分为机械式、混合式①及全固态②三类，目前智能驾驶应用主流车载激光雷达为机械式的。但机械式车载激光雷达体积大、功耗大，不利于智能驾驶商业化。因此以扫描技术为核心的车载激光雷达技术研究正向小型化、固态化方向发展。混合式车载激光雷达已开始应用于智能驾驶解决方案中，而全固态车载激光雷达仍处于研发初期阶段。

1. 机械式车载激光雷达

机械式车载激光雷达是通过机械旋转实现激光扫描的车载激光雷达。机械式车载激光雷达是最早应用于智能驾驶的激光雷达产品，其原理简单、易驱动、易实现水平360°扫描，目前仍被广泛应用于智能驾驶实验测试车上。机械式车载激光雷达产品及应用如图3－23和图3－24所示。

图3－23　机械式车载激光雷达产品

资料来源：https：//www. leiphone. com/news/201711/qr7O8Q56xIAxfn nX. html。

2. 混合式车载激光雷达

混合式车载激光雷达将微机电系统（Micro Electro Mechanical System，MEMS）与振镜结合形成MEMS振镜，通过振镜旋转完成激光扫描，一般称为MEMS车载激光雷

---

① 董光焰，刘中杰．光学MEMS微镜技术及其在激光雷达中的应用［J］．中国电子科学研究院学报，2011，6（1）：36－38.

② 吴超，刘春波，韩香娥．光波导相控阵激光雷达接收系统设计［J］．红外与激光工程，2016，45（10）：95－100.

图 3-24 机械式车载激光雷达运行于智能驾驶车上生成的周围环境点云图

资料来源：Jeff Hecht. Lidar for Self-Driving Cars [J]. Optics & Photonics News, 2018, 29 (1): 26-33。

达（见图 3-25）。MEMS 车载激光雷达将机械结构进行微型化、电子化设计，避免了机械式车载激光雷达的整体大幅度的旋转，有效降低了功耗和整个系统在行车过程中出现问题的概率。由于混合式车载激光雷达的主要部件应用芯片工艺生产，因此量产能力较强、成本也更低。

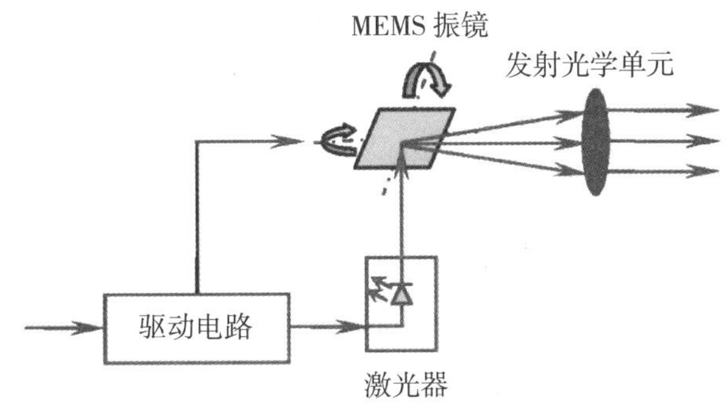

图 3-25 MEMS 车载激光雷达发射系统结构

资料来源：陈晓冬，张佳琛，庞伟凇，等．智能驾驶车载激光雷达关键技术与应用算法 [J]．光电工程，2019，46（7）：34-46。

3. 全固态车载激光雷达

全固态车载激光雷达完全取消了机械扫描结构，水平和垂直方向的激光扫描均通过电子方式实现，可靠性高、使用耐久，系统整体体积缩小。全固态车载激光雷达主要包括光学相控阵（Optical Phased Array，OPA）车载激光雷达和闪光型车载激光雷达两种。目前全固态车载激光雷达仍在研究阶段，由于成本较高，距离实际应用还有一定距离。

（二）视觉感知技术

ISP（Image Signal Processor，图像信号处理器）是车载摄像头的重要构成组件，主要作用是对前端图像传感器 CMOS（Complementary Metal Oxide Semiconductor，互补金属氧化物半导体）输出的信号进行运算处理，对画面进行适度改善。ISP 的作用是帮助车载摄像头“看”清楚周围环境，从而指导车辆作出下一步决策。

在自动驾驶系统构架设计中，人工智能系统需要判断拍照系统传回的当前场景信息，如当前场景存在的车辆、行人、障碍物、估计速度、估计距离等。使人工智能系统实现高度准确判断的前提，是拍照系统传回的当前场景信息尽可能准确无误。在自动驾驶研究过程中，如何实现这点一直是技术攻坚的难点，高精度的 ISP 将会提升捕捉场景特征的准确性。

2020 年 4 月 8 日，阿里达摩院宣布将推出搭载独家 3D 降噪和图像增强算法的 ISP。阿里达摩院自动驾驶实验室的路测结果显示，使用阿里达摩院 ISP，车载摄像头在夜间场景下，图像物体检测识别能力比业内主流处理器有 10% 以上的提升，原本模糊不清的标注物能够被清晰识别，如图 3－26 所示。

阿里达摩院ISP

业界通用车规级相机ISP

图 3－26　阿里达摩院所推出 ISP 拍摄效果

资料来源：http：//ai. techweb. com. cn/2020－04－08/2784713. shtml。

车载摄像头图像质量的大幅提升，提高了自动驾驶车辆的检测识别能力，进一步保障了自动驾驶的安全性。阿里达摩院研发的3D降噪和图像增强算法可使阿里达摩院ISP扮演自动驾驶车辆“眼睛”角色的摄像头有了更好的视力，夜间环境下更清晰。目前该处理器已经用于自动驾驶物流车。

（三）定位技术

高精度地图作为汽车自动驾驶系统的重要组成部分，相较于传统的导航电子地图更专注于自动驾驶场景，让自动驾驶车辆更智能地理解不断变化的道路现实环境，通过云端实时更新数据，在自动驾驶车辆感知、定位、决策、规划等环节起到重要作用，是自动驾驶解决方案不可或缺的一环。

1. 发展现状

通过引进国外技术和自主研发，国产厂商已经具备自主创新、产品升级换代的能力。经过十多年的发展，我国高精度定位行业已经主导了国内市场，并积极参与国际市场的竞争。我国北斗卫星导航系统已初步建成由超过2200个增强站组成的北斗地基增强“全国一张网”，可在全国范围内提供实时米级、亚米级精准定位服务，在中、东部17个省市提供实时厘米级和后处理毫米级高精度服务。目前在国内使用较多的是GPS、北斗卫星导航系统、GLONASS（Global Navigation Satellite System，格洛纳斯卫星导航系统）三套卫星导航系统。通过接收多个导航体系的卫星以及多个卫星导航体系下的不同频段联合结算，以减少误差，使得定位精度更高、性能更稳定。

2. 无人驾驶的高精度定位技术。

行驶安全是车辆驾驶的底线，高可用的定位能力是高级别自动驾驶车辆安全行驶的前提。高精度地图相当于人类大脑记忆中的路线，也就是对大脑中物理空间的记忆，GNSS（Global Navigation Satellite System，全球导航卫星系统）定位相当于人类对空间位置和时空判断的感知，通过二者结合可以知道去哪里、怎么去。无人驾驶系统广泛采用了基于GNSS的定位技术。

无人驾驶中高精度定位技术大体上可以分为三类：基于信号的定位技术、基于航迹推算的定位技术、基于环境特征匹配的定位技术。

（1）基于信号的定位技术。

为了达到更高的定位精度，目前自动驾驶中普遍采用实时动态的卫星定位技术。其优点是全球可达、全天可用、定位精度高、使用简便等，在空旷无遮挡的区域能够实现对车辆的厘米级定位。

（2）基于航迹推算的定位技术。

航迹推算是通过测量运动主体移动的距离和方位，与原位置叠加，从而推算出当前位置的方法。在其定位精度降低或不可用的情况下，如车辆在无法接收 GPS/GNSS 信号的区域（隧道或地下通道）或发生非常强烈的多径传播（被高层玻璃覆盖的建筑物环绕的区域）中移动时，可以通过使用来自各种传感器（陀螺仪传感器、加速度计、速度脉冲等）的信息计算当前位置。

IMU（Inertial Measurement Unit，惯性测量单元）是常用的航迹推算系统，优势在于没有外部依赖，可以提供短时、高精度的定位结果；缺点在于在连续的位置和方向的测量中误差会不断累积，导致测量结果偏离实际位置，因而无法做长时间的高精度定位。航迹推算解决方案广泛应用于汽车导航系统。

（3）基于环境特征匹配的定位技术。

环境特征匹配技术通过实时测量提取环境特征，并与预先采集的基准数据进行匹配，从而获取自动驾驶车辆的当前位置。在实际的应用中，环境特征的定位系统都需要其他定位系统辅助给出初始位置，从而实现在限定区域中匹配环境特征，达到降低计算量、减少特征测量值与预采集基准数据之间可能发生的多重匹配，实现更优的定位结果匹配。在自动驾驶系统中，常用的环境匹配的定位方案是基于激光点云匹配的定位方案和基于图像匹配的定位方案。

3. 四维图新 ADAS 2.0 地图

ADAS 是自动驾驶的前奏，日益增长的车辆安全需求，更加严格的排放标准和节能效率标准，都在推动着行业发展更高级的 ADAS 及产品。ADAS 2.0 地图作为四维图新新一代辅助驾驶地图产品，在标准导航地图基础上，以高精度的 ADAS 数据更为详尽地表达现实世界复杂场景，如图 3－27 所示。目前四维图新 ADAS 地图精度已经达到 20cm，已达到高精度标准。

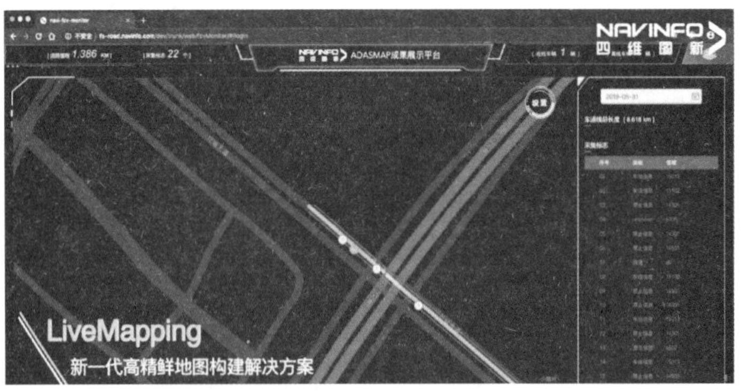

图 3－27　四维图新 ADAS 2.0 地图成果展示平台

四维图新 ADAS 2.0 地图具有全面的地图属性要素和亚米级高精度数据，主要面向 1～3 级自动驾驶。可服务于自动驾驶的规划、定位、感知与决策、显示路口功能面及连通关系引导线四个环节。

ADAS 2.0 地图的规划环节可为自动驾驶的全局路径规划和局部路径规划提供支撑。定位环节，ADAS 2.0 地图配合车辆的其他传感器对车辆相对位置进行推算，实现车道级定位，与其他定位结果相互冗余，精准定义位置。在感知与决策环节，ADAS 2.0 地图可提供细分的道路属性、种别、等级信息和车道、区域、信号灯等数据，让自动驾驶车辆全方位了解周围驾驶环境，并在路权原则、失效模式等特殊场景下的决策起到关键作用。

在显示路口功能面及连通关系引导线环节，ADAS 2.0 地图将路口可安全通行区域及车辆行驶引导线详尽绘制到地图中，当自动驾驶车辆通行至复杂路口时，可配合其他车辆传感器按引导线通行，为 3 级自动驾驶在城市道路路口通行提供了现实可行的解决方案。

三、年度优秀案例：打造多个无人驾驶在物流领域案例的“第一”，驭势科技破圈而出

（一）企业简介

驭势科技布局交通和物流两大领域，与上汽通用五菱、一汽、奇瑞新能源、浙江合众新能源等多家国内领先的汽车品牌，以及海航物流集团美兰机场、广州白云机场等行业头部客户达成合作，探索无人驾驶技术在物流领域的广泛运用。

（二）航空物流场景应用

机场作为航空运输网络的关键节点以及航空器运行活动的起点、终点和经停点，其地面拥堵状况严重影响着空中交通的运行效率。在机场场景中，可以自动完成避让、变道、停泊等驾驶操作的机场无人驾驶模式能够有效解决地面拥堵问题，非常适合被广泛运用。

驭势科技机场无人驾驶模式的核心安全保障是自主研发的 U - Drive 智能驾驶系统。U - Drive 智能驾驶系统包括 AI 算法、智能驾驶控制器、云端智能驾驶大脑等核心模块。它可适配大量主流车型，并具备自我升级能力，未来将开放并强化更多自动驾驶功能、软件和应用，最终实现开放道路上的无人驾驶。同时，为了安全保障无人电动物流拖车投入运营，驭势科技还搭建了一套完整的安全框架体系以及测试、发布流程，包含基于丰富测试案例样本库的回归测试、无人电动物流拖车场景优化测试，以及国家级智能网联汽车测试场的模拟真实运营环境压力测试、自研智能驾驶仿真测试系统和长期的现场环境测试。

如图 3－28 所示，驭势科技提供的无人电动物流拖车（Autonomous Electric Tractor，AET)，配备多种传感器，可以 360°探测和感知周围的环境情况，并按照指定的区域和路线，在场景内自主驾驶并完成行李货物的运送。

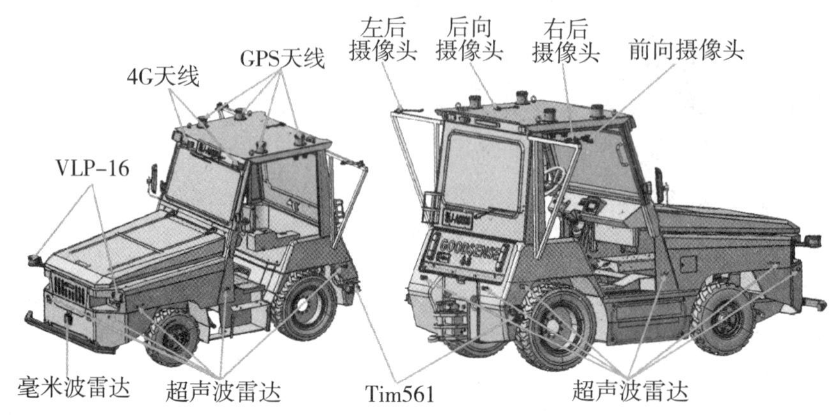

图 3－28　驭势科技无人电动物流拖车传感器配置

资料来源：2020 全球物流技术大会演讲《迈向无人驾驶物流变革的下一个十年》。

驭势科技 AET 方案可以实现机场内各类复杂场景下的自动驾驶，在行驶中实现自动避障、自主泊车等功能，无须人工干预，可运用在厂区、机场、港口等物流场景。

驭势科技 AET 方案同时具备多重安全机制，以保证无人驾驶时的行驶安全。未来，当机场大量采用驭势科技 AET 方案后，将在减少运营成本的同时，大大提高管理和操作效率，同时，基于 AI 和大数据的智慧管理将提高机场运营安全性，真正实现“智能机场”。

1. 香港国际机场

2019 年 12 月，驭势科技在香港国际机场旅客行李运输中使用无须安全员的无人电动物流拖车（见图 3－29)，这是全球首个在机场实际操作环境下运行的无人驾驶常态化运营项目，也是无人货运商业化的标志。由于实现了完全无人驾驶，新冠肺炎疫情期间，香港国际机场行李运输在无人电动物流拖车的帮助下顺利进行。该项目的安全性通过了多个部门的评估及核准，并在香港民航处、香港运输及房屋局、香港运输署及香港通讯事务管理局等有关政府部门的知悉下，正式展开常态化运作。完全无人驾驶实现常态化、规模化运营的背后，需要有一套系统化的成熟安全体系来确保其作为一个“整体”安全运行，即使无人驾驶系统中的某部分发生了故障，依然能够保证车辆行驶及其他交通参与者的安全，保障货物运输工作的高效完成。

图3－29 驭势科技无人电动物流拖车在香港国际机场作业场景

2. 长沙黄花国际机场

如图3－30所示，2020年9月，长沙黄花国际机场货站区域推广试用无人电动物流拖车运输航空货物，这是无人驾驶技术在我国境内航空物流领域的首次应用。试用期间，一台无人电动物流拖车在机场二期货站国内仓库以指定路线进行航空货物托运。无人电动物流拖车可以通过控制时速保障车辆稳定运行，排除人工驾驶突发的不确定风险，给货物提供安全保障，实际提高货物运输质量；而创新的“无驾驶员”操作模式，将进一步节省企业人力成本；无人电动物流拖车还可通过云端自动接收货物运输任务，并在指定区域内进行全天候无人运输，实现作业时间资源利用最大化；此外，通过系统设定后，无人电动物流拖车可以准确将货物托运至指定区域，减少人力搬运时间，实现库区场地分区合理利用，提升航空物流运营效率。

图3－30 驭势科技无人电动物流拖车在长沙黄花国际机场试点

资料来源：https：//www. sohu. com/a/420731377_120004713。

（三）汽车生产基地应用

驭势科技厂区无人物流解决方案，旨在解决传统厂区物流存在的运输效率低、人工成本高、生产安全风险控制等难题，以4级无人电动物流拖车实现厂区生产资料、产品货物的全天候运输，并通过云端运营管理系统实现高效管理，帮助企业实现降本增效。

无人电动物流拖车采用行业领先的4级无人驾驶技术，通过融合部署在车身周围的摄像头、超声波雷达等多类传感器，云端运营管理系统基于一个安全可靠的车联网架构，构建各种云端应用与服务，可实现无人电动物流拖车全场景、全天候、全方位的实时环境感知、厘米级高精度定位、高可靠的行为决策、高稳定的车辆控制等功能，最终实现在不同复杂场景下的自动驾驶，具体见图3－31。

图3－31　驭势科技厂区无人物流解决方案

该方案适合多种行业与各种应用场景，可覆盖多个厂区、多条生产线，支持上千台车辆设备同时运营，且无须基建改造，仅投入无人电动物流拖车即可快速实现运输路线的扩展与调整。

2019年，该方案实现了“去安全员”的重大技术进展，在实际的厂区无人物流中，基本不用安全员和司机即可实现全流程无人运输作业，对企业降本增效、疫情防控、保障复工复产均起到了积极和切实有效的作用。

1. 上汽通用五菱

上汽通用五菱拥有多个大型生产制造基地，承载着巨大体量的生产需求，而基地内以人工驾驶为主的传统运输方式面临着人工效率瓶颈、成本快速增长、安全生产风险控制、人员管理难度大、用工紧张等诸多限制。

2019年11月，驭势科技携手上汽通用五菱在宝骏基地部署运营的厂区无人物流项目正式开启常态化运营，并以无人电动物流拖车作为运输载体，全面提升基地内部物流运力。一年后，上汽通用五菱河西基地和宝骏基地实现无人驾驶运输路线批量覆盖，共计 20 条路线、100 台无人电动物流拖车投入使用，运输路线涵盖总装物流、发动机物流、冲压物流、车身物流等场景。

通过导入驭势科技厂区无人物流解决方案，实现了运输的完全无人化，切实解决客户痛点，创造以下多重效益。

一是物流效率最大化，全天候运作有效提升运力，且响应更快、更精准，流通更顺畅，让运输更贴合生产经营节奏，实现效率最大化。二是物流安全多维化，无人电动物流拖车可实现无人化、程序化作业，输出稳定可靠的运力，大幅降低物流过程的安全风险。三是物流成本优化，有效优化人力资源、土地空间资源的投入，实现人力成本、管理培训成本的大幅下降，单条运输路线的人工成本可节省 50% 以上。四是降低新冠肺炎疫情期间传播风险，无人电动物流拖车真正实现了物流“零接触”，有效降低因接触产生的交叉感染风险。五是快速复制推广，可应用于室内外多种复杂工况与恶劣天气，实现快速、灵活、柔性部署，无须投入额外的资金与时间进行厂区基建改造。

2. 一汽物流大连基地

如图 3－32 所示，驭势科技的无人电动物流拖车主要承担一汽物流大连基地内仓库之间的零部件转运工作。在汽车物流厂区内规模化应用无人电动物流拖车，相比于传统的飞翼式卡车单车单班运输量可提升 188%，大大提升了工作效率，并有利于厂区实现封闭管理。由于无人电动物流拖车的应用无须改造环境，可以适应各类路况和环境，如仓库—车间的物料运输、车间—车间远距离物料转运、产品下线转运环节等，可

图 3－32　驭势无人电动物流拖车在一汽物流大连基地作业场景

在短期内迅速部署并投入应用①。

第四节　多式联运技术

多式联运是通过两种及以上运输方式连续运输，并进行相关辅助作业的运输活动，主要包括公铁联运、铁海联运等，是一种高效集约的运输方式。多式联运在国家战略中的重要性不断凸显，多式联运产业实践不断升温，经营水平不断提升，多式联运技术也在装备、组织、信息方面有所创新。

一、我国多式联运发展概况

（一）多式联运发展政策环境

1. 国外多式联运政策发展

（1）美国。

从20世纪90年代起，由于进出口贸易量的增长，集装箱多式联运量逐渐超过半挂车的运量，成为多式联运的主要方式。为了推动多式联运的发展，美国于1991年通过了《陆地多式联运运输效率法案》，正式确立多式联运的核心地位。该法案将“构建一个统一、无缝、有效、经济、安全与环保的国家多式联运系统”树立为运输政策的核心。此后，几乎每隔4个财年，美国国会均有新法案出台，不断修正与完善多式联运政策。1998年美国签署了《21世纪运输公平法案》，该法案从机制、规章制度和基础设施等方面对多式联运的发展起到了推动作用。而美国运输部历年的五年规划中，货运规划的重点均针对多式联运体系中的三大瓶颈（基础设施、制度、融资）施策。进入21世纪以来，国际能源危机爆发，在油价普遍上涨的情况下，多式联运得到飞跃发展。2003年年底，美国多式联运收入超过煤炭运输，成为美国铁路货运主要收入来源。

（2）欧盟。

与美国相比，欧洲多式联运起步相对较晚。自20世纪90年代开始，欧盟各成员国正式赋予交通运输政策法律效力，并颁布一系列政策法规，致力于为欧洲经济一体化打造基础高效、运能充足可靠的运输系统。1992年，欧盟发布白皮书《共同运输政策未来发展》，强调各运输方式规划的统一性。2001年12月，欧盟发布新版白皮书《面向2010年的欧盟交通运输政策：时不我待》（*European Transport Policy for* 2010：*Time to*

① TechWeb. 驭势科技完全无人驾驶物流车在一汽物流大连公司成功试运行［EB/OL］.（2020－11－19）［2020－11－27］. http：//www. techweb. com. cn/it/2020－11－19/2812456. shtml.

Decide)，提出要合理地管理不同运输方式之间的竞争，开放铁路货运市场以促进铁路运输复兴，并进一步加快港口和铁路、内河航道、沿海航线连接的通道建设；推动马可·波罗计划、多式联运信息化、货运一体化等多式联运服务项目。2006 年，欧盟又一次对 2001 年版白皮书进行修订；2007 年，发布旨在促进多式联运发展、提高运输效率的《物流运输行动计划》。2011 年 3 月，欧盟发布《欧洲交通一体化路线图——建立竞争力更强、能效更高的交通系统》，为欧盟多式联运的发展提供了新的指导方针，提出让铁路承担更多的运输量，在中长距离货运方面提高铁路运输市场份额等，要求进一步提高多式联运的服务水平，明确提出要在 2020 年前，建立统一的欧盟多式联运管理和支付信息化体系。

2. 我国多式联运政策发展

自 2016 年开始，国内多式联运相关政策密集出台，大力发展铁水联运、公铁联运、江海直达等运输方式。政策红利持续释放，多式联运示范工程已完成第三批，多式联运在国内取得了不小的进展。我国关于促进多式联运发展的相关政策如表 3－3 所示。

表 3－3　　我国关于促进多式联运发展的相关政策

时间	政策文件	多式联运相关内容
2016 年 6 月 21 日	《国务院办公厅关于转发国家发展改革委营造良好市场环境推动交通物流融合发展实施方案的通知》（国办发〔2016〕43 号）	以网络化组织为目标，以集装化货物多式联运为重点，逐步在全国推行便捷运输
2016 年 8 月 11 日	《交通运输部关于推进供给侧结构性改革 促进物流业“降本增效”的若干意见》（交规划发〔2016〕147 号）	大力发展多式联运。推动快递“上车、上船、上飞机”
2016 年 12 月 28 日	《交通运输部等十八个部门关于进一步鼓励开展多式联运工作的通知》（交运发〔2016〕232 号）	推动中长距离货物运输由公路有序转移至铁路、水路等运输方式
2017 年 2 月 3 日	《国务院关于印发“十三五”现代综合交通运输体系发展规划的通知》（国发〔2017〕11 号）	推进货物多式联运发展。以提高货物运输集装化和运载单元标准化为重点
2018 年 8 月 13 日	《交通运输部办公厅关于印发深入推进长江经济带多式联运发展三年行动计划的通知》（交办水〔2018〕104 号）	推动集装箱集疏港由公路向铁路转移

续 表

时间	政策文件	多式联运相关内容
2018 年 9 月 17 日	《国务院办公厅关于印发推进运输结构调整三年行动计划（2018—2020 年）的通知》（国办发〔2018〕91 号）	加快发展集装箱铁水联运
2018 年 12 月 24 日	《国家发展改革委 交通运输部关于印发〈国家物流枢纽布局和建设规划〉的通知》（发改经贸〔2018〕1886 号）	依托国家物流枢纽加快多式联运发展
2019 年 2 月 26 日	《关于推动物流高质量发展促进形成强大国内市场的意见》（发改经贸〔2019〕352 号）	引导各类社会资本加大对公铁、铁水、空陆等不同运输方式的转运场站和“不落地”装卸设施等的投入力度
2020 年 5 月 17 日	《中共中央 国务院关于新时代推进西部大开发形成新格局的指导意见》	积极发展多式联运，加快铁路、公路与港口、园区连接线建设。强化沿江铁路通道运输能力和港口集疏运体系建设
2020 年 5 月 20 日	《国务院办公厅转发国家发展改革委交通运输部关于进一步降低物流成本实施意见的通知》（国办发〔2020〕10 号）	加大对铁路专用线、多式联运场站等物流设施建设的资金支持力度。加快推动大宗货物中长距离运输“公转铁”“公转水”

2015 年，《交通运输部 国家发展改革委关于开展多式联运示范工程的通知》（交运发〔2015〕107 号）发布，自此开始共评选了三批多式联运示范工程项目，在推动多式联运政策、关键技术和服务创新，优化运输组织，破解多式联运发展的制约瓶颈方面做出了大量先行尝试。

2018 年，《国家发展改革委 交通运输部关于印发〈国家物流枢纽布局和建设规划〉的通知》，提出依托国家物流枢纽加快多式联运发展，加强干支衔接和组织协同、创新标准形成和应用衔接机制、推广多式联运“一单制”等具体措施。《国家物流枢纽布局和建设规划》对国家物流枢纽发展多式联运提出了具体要求，将更有效地支撑多式联运快速发展。

2020 年，《国务院办公厅转发国家发展改革委交通运输部关于进一步降低物流成本实施意见的通知》（国办发〔2020〕10 号），提出推进物流业结构性降本要以多式联运为突破口，以基础设施联网优化为基础，加快推进运输结构调整，构建“宜铁则铁、宜公则公、宜水则水”的局面，降低综合运输成本。

（二）多式联运发展现状

交通运输部发布的《多式联运发展技术指引》数据显示，从 1997 年到 2011 年美国多式联运货运量增长了 6.5 倍，占全社会货运总量的 9.2%，计划到 2040 年占全社会货运总量的 12.5%。欧洲多式联运周转量 2007—2015 年增幅达 70%。

2019 年，我国铁路集装箱运量为 33491 万吨①，仅占铁路货运量的 9.7%，虽已获得较大提升，但仍远低于发达国家占铁路货运量 30%～40% 水平。2019 年，全国规模以上港口完成集装箱铁水联运量 515.5 万标准箱，同比增长 14.2%②。铁路集装箱运输占沿海港口集疏运比例较低，比较优势尚未得到有效发挥，我国多式联运事业具有较大提升空间。

我国评选了三批多式联运示范工程，共有 70 个项目入选。2019 年前三季度，多式联运示范项目共完成集装箱多式联运量 382 万标准箱，累计开通线路 390 余条，与公路运输相比，降低物流成本约 112 亿元，减少能耗 153 万吨标准煤，减少碳排放 397 万吨③。示范工程项目主要聚集在重点沿海区域和长江干线地区。

二、多式联运技术创新

（一）多式联运装备技术

1. 集装化货物智能装卸系统

铁路棚车、集装箱和厢式货车等运输工具的装卸方式以人工为主，同时用叉车作为辅助工具。这种方式效率低、成本高、人身安全隐患大。车厢内的货箱由于尺寸不统一，对装卸方式的要求更高。现有的装卸方式针对同一尺寸的货箱能够实现较好的装卸效果，因此也限制了这类装备只能够适应一些特定的企业仓库。

集装化货物智能装卸系统旨在提供一种能够对集装化货物进行智能识别、快速装卸、检测码垛的智能型货物装卸机械，特别适合于集装箱、仓库等货物的快速物流。该系统不仅能够实现货物的快速高效装卸，大大降低了运输成本，还可以使得码头、

---

① 中华人民共和国统计局．中国统计年鉴［M］．北京：中国统计出版社，2019.

② 中华人民共和国交通运输部．先行所见 绿水青山映蓝天——“十三五”以来交通运输行业绿色发展综述［EB/OL］．（2020－07－01）［2020－11－27］．http：//www.mot.gov.cn/jiaotongyaowen/202007/t20200701_3323244.html.

③ 中华人民共和国交通运输部．今年 ETC 客户净增 1.2 亿，严禁强制安装 ETC［EB/OL］．（2019－12－29）［2020－11－27］．http：//www.mot.gov.cn/zhuanti/shoufeiglzdgg/gedijz/202001/t20200107_3406200.html.

仓库等物流系统的自动化水平进一步提高。

（1）系统装置构成。

如图 3－33 所示，集装化货物智能装卸系统包括三个部分，图中 1 为装卸装置，2 为辊道输送装置，3 为码垛拆垛装置，其中辊道输送装置是连接装卸装置和码垛拆垛装置的桥梁。装卸装置和码垛拆垛装置分别备有独立的可移动小车。装卸装置主要包括前端移动小车、装卸机械手、辊道输送线，辊道输送装置主要有可拆卸式的伸缩输送线，码垛拆垛装置主要包括后端固定输送线、后端横置固定输送线、拆码垛机械手、各控制柜、后端移动小车。该系统采用装置化设计，能够快速实现对接，可灵活利用照明、报警、扫码、贴标签等辅助功能①。

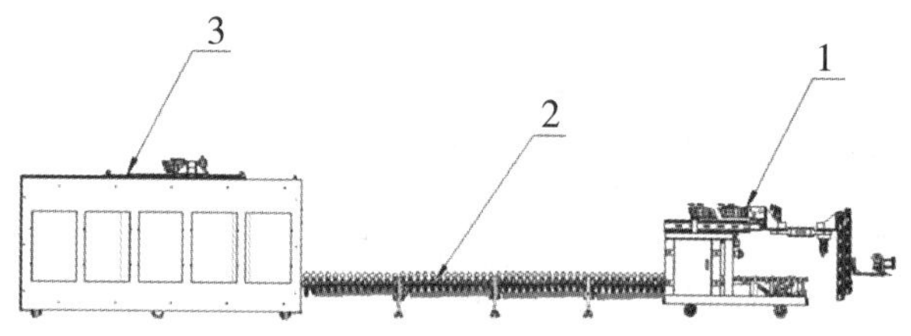

图 3－33　集装化货物智能装卸系统主视图

（2）作业过程。

卸箱作业：该移动小车在作业过程中，首先通过车身安装的传感器测定位置，进而可控制小车移动至指定的位置。到达指定位置后，通过视觉识别货箱的形状和位置，并将信息传递至控制系统，控制系统使装卸装置的装卸机械手移动至货箱的合适位置；装卸机械手紧贴货箱侧面并固定，拉动货箱至辊道输送线，通过控制系统使货箱运动至输送线侧面，推动货箱至辊道输送线上。货箱运动至辊道输送装置上，通过整箱装置使得货箱位置整齐，便于拆码垛机械手吸盘抓取货箱，码垛完成后通过叉车移出码垛位置。

装箱作业：货箱在拆码垛机械手的作用下，利用拆码垛机械手将货箱吸取放置在拆码垛小车输送线，并在此过程中完成货箱的扫码、翻转等作业，然后货箱移动到伸缩式输送装置上，伸缩式输送装置利用整箱装置对多个货箱进行调整，然后装卸机械手移动至辊道输送线的侧面合适位置，紧贴货箱侧面并牢牢吸取货箱，拉动货箱至抓货箱拖板上面，装箱过程为卸箱过程的逆过程。该系统能够实现各装置的柔性连接，作为一个整体进行装卸作业。同时各装置还能够单独移动，根据需求进行更换。

① 中车长江铜陵车辆有限公司．一种集装化货物智能装卸系统［P］．中国：CN201921508715.2，2020－07－07.

集装化货物智能装卸系统实物如图 3 - 34 所示。

图 3 - 34　集装化货物智能装卸系统实物

资料来源：https：//www. sohu. com/a/398663473_233479。

2. 集装箱公铁联运侧面装卸系统

目前，集装箱公铁联运装卸设备主要有轨道式龙门起重机、轮胎式龙门起重机和正面吊运机等装备。电气化铁路必然存在的电网线路会影响集装箱的吊装，采用龙门吊装卸线则需要断网，铁路货车需要甩车接驳调度来实现集装箱的装卸。集装箱公铁联运侧面装卸系统可避免干涉铁路电网，直接进行公铁联运侧面装卸，实现铁路和公路集装箱运输无缝衔接。

图 3 - 35　集装箱公铁联运侧面装卸系统模拟

资料来源：https：//www. sohu. com/a/398663473_233479。

如图 3 - 35 所示，装卸系统设置于铁路平车装卸区、集装箱转接区和集装箱公路装卸区中，装卸系统包括整体伸缩吊具、横向伸缩机构、提升机构、转接车和龙门吊；整体伸缩吊具通过横向伸缩机构驱动，将集装箱在铁路平车装卸区与集装箱转接区之间装卸、转运；横向伸缩机构安装于提升机构上；提升机构安装于转接车上；转接车设置于集装箱转接区中；龙门吊横跨在集装箱转接区和集装箱公路装卸区，用于在集装箱转接区与集装箱公路装卸区之间进行装卸、转运，其最高行程大于整体伸缩吊具的最高行程。

（1）集装箱卸载流程。

铁路平车载集装箱进入铁路平车装卸区；横向伸缩机构驱动整体伸缩吊具外伸至铁路平车装卸区，提升机构驱动整体伸缩吊具吊起集装箱；横向伸缩机构驱动整体伸缩吊具缩回至集装箱转接区，提升机构驱动整体伸缩吊具将集装箱吊落至转接车；横向伸缩机构驱动整体伸缩吊具外伸至铁路平车装卸区，且龙门吊的吊具行走至集装箱转接区；龙门吊的吊具吊起集装箱至集装箱公路装卸区。

（2）集装箱装载流程。

集装箱卡车载集装箱进入集装箱公路装卸区；龙门吊的吊具行走至集装箱公路装卸区，龙门吊的吊具吊起集装箱至集装箱转接区，并将集装箱吊落至转接车；横向伸缩机构驱动整体伸缩吊具缩回至集装箱转接区；提升机构驱动整体伸缩吊具吊起集装箱，横向伸缩机构驱动整体伸缩吊具外伸至铁路平车装卸区；提升机构驱动整体伸缩吊具将集装箱吊落至铁路平车。

（二）多式联运信息平台

长江新丝路多式联运平台充分利用互联网平台模式，建设以武汉阳逻港码头、阳逻多式联运场站联动为核心，水运承东启西、铁运沟通南北、陆运九省通衢的联运信息平台。平台融入港口生产组织链条，构建水水联运、铁水联运等多种联运方式，创新业务模式，提供全程服务，促进物流全程一体化，实现快捷、高效、透明一站式服务。

1. 建设方案

长江新丝路多式联运平台主要包含铁水联运平台和水水联运平台两个业务子平台，通过数据对接和信息协同，实现武汉地区铁水联运和水水联运的信息化管理。长江新丝路多式联运平台信息服务如图 3－36 所示。

（1）铁水联运平台。

铁水联运平台总体目标是提升全程信息服务质量和联运作业效率，利用先进的信息技术手段，解决跨业务单位的信息互通和联动，通过水运信息、铁运信息协同和车辆转运调度，实现铁水联运协同作业。

（2）水水联运平台。

水水联运平台通过连通武汉港航运发展集团的电子数据交换平台获取港区船舶动

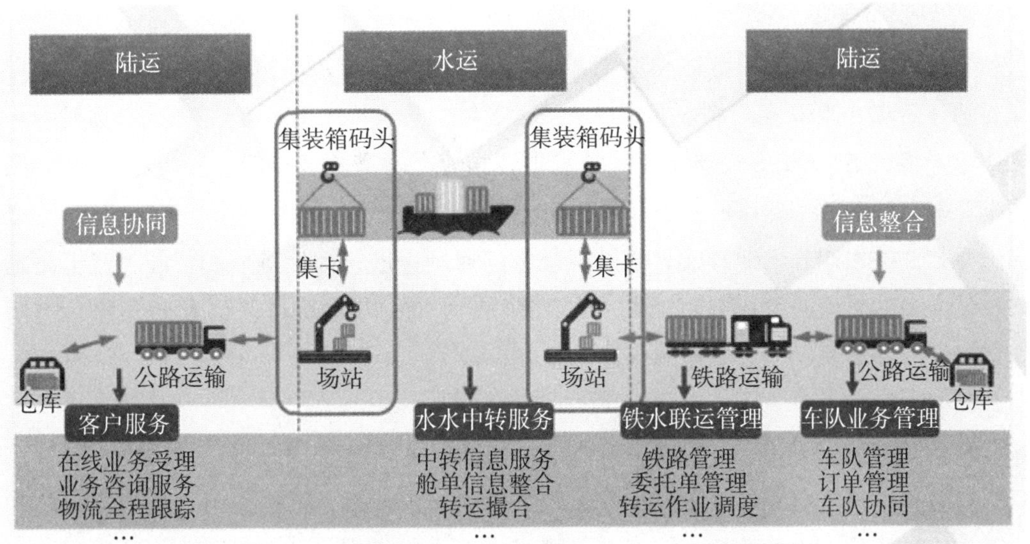

图3－36 长江新丝路多式联运平台信息服务

资料来源：http：//headline. infosws. cn/20200311/32690. html。

态、船舶计划、舱单信息、中转计划等信息，生成相应的码头转运计划，根据计划安排码头进行装卸船及转运作业，实现货物的水水联运。

2. 平台成效

依托武汉港“顶水点”禀赋优势，建立以武汉港枢纽为中转点，对接上、下游的两段式运输模式，助推武汉集装箱中转量的跨越式提升。平台的应用促进了湖北地区外贸进出口量大幅增加，使武汉成为进出口货物的集结、加工、落地的物流及贸易中心。同时也促进了长江中游航运物流中心的形成，实现对水路运输、铁路运输和公路运输的高效利用，提高运输业务处理、货物通关和多式联运协同的效率。

3. 平台特色

一是开拓了多式联运管理新模式。通过建设长江新丝路多式联运平台，实现了长江新丝路多式联运业务管理的全程信息化。二是打通了多式联运航运服务产业链。整合水运、海运、铁运、公路运输等各环节信息，通过数据互通和信息协同，实现货物一站式运输和全程跟踪，保障货物运输效率。

（三）多式联运组织技术

中集凯通创新设计进口粮食入川全程物流解决方案，通过选择黄石新港作为中转枢纽、申请敞顶集装箱装备资源、组织“点对点”铁水联运班列，开辟了长江中游进口粮食“散改集”铁水联运入川新通道，成为长江“散改集”运输的标杆项目。

1. 行业痛点

我国西南内陆进口粮食需求量增加，经长江上游中转入川物流方式效率低，难以满足物流需求。2020 年川渝等西南内陆地区进口粮食入长江量为700 万～800 万吨，未来需求量将突破1000 万吨。而原有水水中转物流模式需减载换船，并受长江枯水期、汛期影响，运输效率低、价格波动大、稳定性弱。

受长江枯水期、汛期影响，以及三峡大坝修闸停航、拥堵等限制，经长江上游港口中转入川的物流通道稳定性较弱，枯水期与丰水期的驳运价格差距为40～50 元/吨；全程物流时间较长，无法快速响应客户需求。

2. 实施重点

（1）选定黄石新港。

黄石新港是三峡大坝以下、位于长江中游的深水良港，不受三峡大坝约束和长江枯水期影响。作为现代化港口，具备“散改集”作业条件，一期已建成散杂货泊位 7 个、集装箱泊位 2 个，具有高效率现代化散货作业线。在选定黄石新港的同时，跟进了铁路专用线的建设。通过投建山南地方铁路新港货运支线，实现铁路进港口，达到公铁水无缝衔接。

（2）装卸设备改造。

黄石新港原通用装卸设备的装卸漏斗底部至地面距离较短，无法实施 35 吨敞顶集装箱的装卸作业。如图 3－37 所示，黄石新港利用钢结构将码头用散货装卸漏斗设备整体抬高，满足了35 吨敞顶集装箱卸船、装箱作业需求。

图 3－37　黄石新港装卸设备改造

资料来源：https：//mp. weixin. qq. com/s/aHwnYuT1nf4LlVAwQ8xW4Q。

（3）开行“点对点”铁水联运班列。

采用“点对点”铁水联运班列运输模式从国铁罗家桥站发运至成都站或广元站。采用全列敞顶集装箱运输，固定车底（X70 车型）、固定到发站，发站满足开行条件即可开行。

（4）专项申请敞顶集装箱，满足班列固定循环使用需求。

中国铁路武汉局集团有限公司专项申请了1000只20英尺35吨敞顶集装箱，满足班列固定循环使用需求。中铁国际多式联运有限公司武汉分公司负责敞顶集装箱的调度使用，重箱在客户工厂拆箱后送回目的站，再经目的站至山南地方铁路棋盘洲货场。从用箱之日起，敞顶集装箱基本可以实现10天循环一次。

（5）业务资源整合。

在黄石新港，进口粮食抵运长江下游指定码头，协调5000～7000吨散货船资源，按照计划时间到达长江下游指定码头装货，组织散货船水运至黄石新港。

在黄石新港卸船、装箱后，进口粮食在黄石新港完成“散改集”，通过拖车进行集装箱短驳至山南地方铁路棋盘洲货场。

通过地方铁路运输至目的站，对接国铁罗家桥站，采用“点对点”班列运输模式发运至成都站或广元站。到达目的站后，由拖车运输送至客户工厂，集装箱卸空后返回目的站。

3. 项目成效

（1）价格稳定，保障客户供应链成本稳定可控。

因不受长江枯水期影响、无翻坝约束，黄石新港“散改集”铁水联运入川新通道保持全年价格稳定，支撑了粮油企业客户的供应链成本的可控性、稳定性，坚定了客户将新通道作为进口粮食保供必选通道的信心。

（2）缩短全程物流时间，提升客户供应链效率。

相较经长江上游中转入川的运输模式缩短10天左右，降低了进口粮食的在途时间，有利于客户降低整体库存水平，提高库存周转率，提升供应链效率，减少资金占用。

三、多式联运发展趋势

（一）技术装备创新

多式联运的发展和进步本身就源于技术装备的驱动。因此，我国多式联运的升级发展必须依靠技术装备的创新。以大型规模化企业为代表的装备制造企业，开始把技术和服务的重点转向多式联运装备领域的技术突破，以新装备为核心，定制化地提供多式联运系统解决方案，组织开展重大技术装备和物联网在多式联运领域集成应用等专项科技攻关①。这些新技术、新装备有利于提升铁路的运能运力水平，提高多式联运

① 物流技术与应用．新时期发展多式联运的意义与举措｜多式联运专题（一）［EB/OL］．(2018－11－16)［2020－11－27］．https：//m. sohu. com/a/277962555_649545.

转运效率，提升物流的智能化水平，提高集装箱化率，缓解公路拥堵和污染排放，提升多式联运信息交互效率。

（二）服务多元化

按照国外发展经验，依靠增值服务盈利已成为趋势，包括延伸服务链条，强化仓储、装卸、配送、包装等增值业务，满足空箱堆存、掏装箱、上门装卸等服务需要，并进一步发展区域供应链信息服务、数据服务、物资调配、供应链金融服务等。国家发展改革委在2016年6月发布的《营造良好市场环境推动交通物流融合发展实施方案》中明确要求支持有实力的运输企业向多式联运经营人、综合物流服务商转变。

（三）运输方式合理分工

中共中央、国务院高度重视交通运输供给侧结构性改革工作，提出着力构建“宜铁则铁、宜水则水、宜公则公”的综合运输服务格局。公路大宗物资中长距离不合理运输等向铁路运输、水路运输方式转移，充分发挥各种运输方式的组合优势和整体效率。

（四）信息化和智能化

《国务院关于印发“十三五”现代综合交通运输体系发展规划的通知》中要求，到2020年，交通基础设施、运载装备、经营业户和从业人员等基本要素信息全面实现数字化，各种交通方式信息交换取得突破。要将信息化智能化发展贯穿于交通建设、运行、服务、监管等全链条各环节，推动云计算、大数据、物联网、移动互联网、智能控制等技术与交通运输深度融合，实现基础设施和载运工具数字化、网络化，运营智能化。随着产业环境信息化的不断完善，多式联运的信息系统建设不仅要发挥整合能力，打通物流信息链，实现物流信息全程可追踪，还要利用大数据实现价值挖掘，以数据驱动供应链。

第五节　新能源物流车

近年来，电商、快递业的爆发式增长，拉动了物流相关产业的显著发展。物流和快递业迅速发展的同时，也带来了一系列诸如资源浪费、空气污染、效率低下等问题。而新能源物流车作为一股变革性力量，已成为各大物流和快递企业践行绿色物流理念的最佳选择。2020年11月国务院办公厅印发《国务院办公厅关于印发新能源汽车产业发展规划（2021—2035年）的通知》，强调加大公共领域对使用新能源汽车的政策支持。2021 年起，国家生态文明试验区、大气污染防治重点领域新增或更新的公交车、出租车、物流配送车等公共领域车辆中，新能源汽车不低于 80%。

2020 年以来，随着疫情的影响逐步消退，政府机构开始频发政策来驱动新能源物流车的销量。3 月发布了《国家发展改革委 司法部印发〈关于加快建立绿色生产和消费法规政策体系的意见〉的通知》，提出鼓励公交、换位、城市邮政快递作业、城市物流等领域新增和更新车辆采用新能源和清洁能源汽车。4 月，国家邮政局与工业和信息化部发布的《关于促进快递业与制造业深度融合发展的意见》，也积极鼓励快递企业淘汰更新老旧车辆，提高新能源车辆使用比例。2018—2020 年我国对新能源物流车的规划政策见表 3－4。

表 3－4　2018—2020 年我国对新能源物流车的规划政策

时间	部门	政策	主要内容
2018 年 6 月	国务院	《国务院关于印发打赢蓝天保卫战三年行动计划的通知》	2020 年新能源汽车产销量达到 200 万辆左右。加快推进城市建成区新增和更新的公交、环卫、邮政、出租、通勤、轻型物流配送车辆使用新能源或清洁能源汽车，重点区域使用比例达到 80%；在物流园、产业园、工业园、大型商业购物中心、农贸批发市场等物流集散地建设集中式充电桩和快速充电桩。为承担物流配送的新能源车辆在城市通行提供便利
2020 年 3 月	国家发展改革委、司法部	《国家发展改革委 司法部印发〈关于加快建立绿色生产和消费法规政策体系的意见〉的通知》	扩大绿色产品消费，鼓励公交、环卫、出租、通勤、城市邮政快递作业、城市物流等领域新增和更新车辆采用新能源和清洁能源汽车
2020 年 4 月	国家邮政局、工业和信息化部	《关于促进快递业与制造业深度融合发展的意见》	鼓励快递企业淘汰更新老旧车辆，提高新能源车辆使用比例
2020 年 6 月	国务院办公厅	《国务院办公厅转发国家发展改革委交通运输部关于进一步降低物流成本实施意见的通知》	持续推进城市绿色货运配送示范工程
2020 年 11 月	国务院办公厅	《国务院办公厅关于印发新能源汽车产业发展规划（2021—2035 年）的通知》	2021 年起，国家生态文明试验区、大气污染防治重点领域新增或更新的公交车、出租车、物流配送车等公共领域车辆中，新能源汽车不低于 80%

一、新能源物流车年度政策

（一）补贴政策

无论是新能源乘用车还是物流车，在发展初期由于续航里程、充电配套等条件的限制，大众接受度有限。该阶段中，政府主要扮演引导的角色，为驱动市场发展发挥了重要作用。从近几年新能源物流车补贴政策来看（见表3－5），补贴退坡力度加大，原定于2020年补贴退坡到位，受新冠肺炎疫情影响，2020年4月财政部等四部门联合发布《关于完善新能源汽车推广应用财政补贴政策的通知》将新能源汽车补贴时间延长至2022年年底，环卫、城市物流配送、邮政快递、民航机场以及党政机关公务领域符合要求的车辆，2020年补贴标准不退坡。就中央补贴政策整体趋势来看，新能源物流车补贴退出已成定局，补贴政策开始逐步向充电基础设施和新能源物流车运营方面倾斜。

表3－5　2019—2020年新能源物流车国家补贴政策

时间	部门	政策	主要内容
2019年3月	财政部、工业和信息化部、科技部、国家发展改革委	《财政部 工业和信息化部 科技部 发展改革委关于进一步完善新能源汽车推广应用财政补贴政策的通知》	2019年3月26日至2019年6月25日为过渡期。地方应完善政策，过渡期后不再对新能源汽车（新能源公交车和燃料电池汽车除外）给予购置补贴，转为用于支持充电（加氢）基础设施“短板”建设和配套运营服务等方面。如地方继续给予购置补贴的，中央将对相关财政补贴进行相应扣减。纯电动货车装载动力电池系统能量密度下限提高（从115Wh/kg提高到125Wh/kg）
2019年6月	财政部、税务总局	《关于继续执行的车辆购置税优惠政策的公告》	自2018年1月1日至2020年12月31日，对购置新能源汽车免征车辆购置税，自2019年7月1日起施行
2020年4月	财政部、工业和信息化部、科技部、国家发展改革委	《关于完善新能源汽车推广应用财政补贴政策的通知》	2020—2022年补贴标准分别在上一年基础上退坡10%、20%、30%。延长新能源汽车补偿时间至2022年年底，环卫、城市物流配送、邮政快递、民航机场以及党政机关公务领域符合要求的车辆，2020年补贴标准不退坡，原则上每年补贴规模上限约200万辆。从2020年起，商用车企业单次申报清算车辆数量应达到1000辆。 建立氢能和氢能源汽车产业链，完善配套政策措施，营造良好发展环境，加大柴油货车治理力度，提高新能源汽车使用优势

续　表

时间	部门	政策	主要内容
2020 年12 月	财政部、工业和信息化部、科技部、国家发展改革委	《关于进一步完善新能源汽车推广应用财政补贴政策的通知》	2021 年，新能源汽车补贴标准在 2020 年基础上退坡 20%；为推动公共交通等领域车辆电动化，城市公交、道路客运、出租（含网约车）、环卫、城市物流配送、邮政快递、民航机场以及党政机关公务领域符合要求的车辆，补贴标准在 2020 年基础上退坡 10%。为加快推动公共交通行业转型升级，地方可继续对新能源公交车给予购置补贴

（二）路权政策

路权是城市核心区的通行权，是撬动新能源物流车市场的核心要素之一。中央政府也在积极制定新能源汽车城市通行路权政策等诸多措施，以进一步加快新能源物流车的推广应用。

2018 年 10 月，公安部发布《关于进一步规范和优化城市配送车辆通行管理的通知》，要求落实新能源货车差别化通行管理政策，提供通行便利，扩大通行范围，对纯电动轻型货车少限行甚至不限行。2019 年 5 月发布的《国务院办公厅转发交通运输部等部门关于加快道路货运行业转型升级促进高质量发展意见的通知》，要求对符合标准的新能源城配车辆除特殊区域外，对纯电动轻型货车原则上不得限行。同年 6 月，国家发展改革委等部门要求各地不得对新能源汽车限行、限购。当前，在新能源物流车补贴退坡的背景下，对新能源物流车开放路权，将进一步扩大新能源物流车优势，助力新能源物流车推广。2019—2020 年中国新能源物流车路权政策变化趋势见表 3－6。

表 3－6　　2019—2020 年中国新能源物流车路权政策变化趋势

时间	部门	政策	主要内容
2019 年 5 月	国务院办公厅	《国务院办公厅转发交通运输部等部门关于加快道路货运行业转型升级促进高质量发展意见的通知》	对符合标准的新能源城市配送车辆给予通行便利，除特殊区域外，对纯电动轻型货车原则上不得限行

续 表

时间	部门	政策	主要内容
2019 年 6 月	国家发展改革委、生态环境部、商务部	《关于印发〈推动重点消费品更新升级畅通资源循环利用实施方案（2019—2020 年）〉的通知》	大力推动新能源汽车消费使用，各地不得对新能源汽车实行限行、限购，已实行的应当取消
2020 年 4 月	财政部、工业和信息化部、科技部、国家发展改革委	《关于完善新能源汽车推广应用财政补贴政策的通知》	推动落实新能源汽车免限购、免限购、路权等支持政策，加大柴油货车治理力度，提高新能源汽车使用优势

不仅是中央，各地方、相关部门也在积极制定路权开放措施，深圳、成都、苏州、天津、郑州、厦门等多个城市已经完成纯电动物流车路权电子备案登记。目前各省市对新能源物流车的路权也正在逐渐放开，在未来，各省市的路权开放将会是新能源物流车推广的主要手段。部分省市关于新能源物流车路权的政策见表 3 –7。

表 3 –7　部分省市关于新能源物流车路权的政策

时间	地方部门	政策	主要内容
2020 年 6 月	深圳市公安局交通警察局	《深圳市公安局交通警察局关于对新能源纯电动物流车继续实施通行优惠政策的通告》	已完成电子备案登记，接受监管的纯电动轻、微型货车（包含轻型厢式货车和轻型封闭式货车），除每天 7 时至 20 时禁止通行深南大道（深南/沿河立交至香梅路段）外，允许在深圳市其余道路行驶
2019 年 6 月	苏州市工业和信息化局	《新能源汽车推广应用财政补贴实施细则》	为鼓励在城市物流配送特别是社区物流配送领域推广应用新能源汽车，市区内限制物流车辆进入的区域，允许纯电动物流车进入
2020 年 5 月	天津市工业和信息化局	《关于印发天津市 2020 年新能源汽车推广应用工作要点的通知》	探索新能源汽车交通扶持政策。继续实施新能源汽车免限购、不受机动车尾号限行等政策，探索研究新能源汽车通行费用优惠、专用停车位等提高新能源汽车使用便利性的政策

续 表

时间	地方部门	政策	主要内容
2020 年 4 月	西安市公安局交通管理局、西安市生态环境局、西安市交通运输局	关于有序恢复三环内工作日高峰时段机动车尾号限行交通管理措施的通告	西安市将于 5 月 6 日（周三）开始恢复工作日高峰期（工作日早 7：30—9：00，晚 18：00—20：00）尾号限行规定，限行区域包括三环路及三环路以内区域。其中悬挂新能源专用号牌的新能源汽车不受限行限制
2020 年 4 月	成都市公安局交通管理局	关于空气重污染期间实施临时交通管理措施的通告	新能源汽车、公共汽车、长途客车、出租车（网约车除外）、校车、旅游客车、邮政专用车、运钞车不受交通管理措施的限制

（三）推广政策

新能源物流车依托自身环保优势，在城市配送绿色化发展中发挥着重要作用。为了持续推广新能源物流车，2019 年 1 月，交通运输部办公厅等部门发布《交通运输部办公厅 公安部办公厅 商务部办公厅关于加强城市绿色货运配送示范工程动态管理工作的通知》（见表 3－8），要求城市建成区新能源城市配送营运车辆数量占示范建设期内全部新增和更新城市配送运营车辆数量的比例应不小于 50%；2020 年 4 月，财政部发布的新能源汽车财政补贴政策中要求从 2020 年起，商用车企业单次申报清算车辆数量应达到 1000 辆。

表 3－8　2019—2020 年中国新能源物流车城市货运配送领域的应用推广政策

时间	部门	政策	主要内容
2018 年 6 月	交通运输部办公厅、商务部办公厅、公安部办公厅	《交通运输部办公厅 公安部办公厅 商务部办公厅关于公布城市绿色货运配送示范工程创建城市的通知》	城市绿色货运配送示范工程绩效考核评价指标体系
2019 年 1 月	交通运输部办公厅、商务部办公厅、公安部办公厅	《交通运输部办公厅 公安部办公厅 商务部办公厅关于加强城市绿色货运配送示范工程动态管理工作的通知》	城市绿色货运配送示范工程绩效考核评分细则： 城市新增新能源城市配送营运车辆数量应不少于示范建设初期（2018 年 6 月）城市新能源配送车辆保有量的 20%；城市新建成区新增新能源城市配送营运车辆数量占示范建设期内全部新增和更新城市配送营运车辆数量的比例不小于 50%

续 表

时间	部门	政策	主要内容
2020 年 4 月	财政部、工业和信息化部、国家发展改革委、科技部	《财政部 工业和信息化部 科技部 发展改革委关于完善新能源汽车推广应用财政补贴政策的通知》	从 2020 年起，商用车企业单次申报清算车辆数量应达到 1000 辆；完善配套政策措施，营造良好发展环境，加大柴油货车治理力度，提高新能源汽车使用优势

二、2019—2020 年中国氢能及燃料电池相关政策

中国对于燃料电池发展支持处于循序渐进状态。近期，随着燃料电池产业发展逐渐成熟，中国在燃料电池领域的规划纲要和战略定调已经出现苗头，支持力度逐渐加大，政府出台政策从产业规划、发展路线和奖补政策全方位支持燃料电池产业发展。

2019 年以来，政府开始频发政策支持燃料电池产业的发展，2019 年的政府工作报告首次提出推动充电、加氢等设施建设。随后工业和信息化部装备工业司组织全国汽标委编制了《2019 年新能源汽车标准化工作要点》，要求加快燃料电池电动汽车及加氢系统领域标准体系的建设。10 月国家能源委员会召开了第四次全体会议，要求加快探索氢能商业化路径。2020 年 4 月，国家能源局发布了关于《中华人民共和国能源法（征求意见稿）》（见表 3 -9），氢能首次纳入能源定义。中央政策的密集发布为我国氢燃料电池汽车的发展指明了方向，同时给地方政府大力发展氢燃料电池汽车注入了信心。

表 3 -9　我国对氢燃料电池的支持政策

时间	部门	政策	主要内容
2019 年 11 月	国家发展改革委	《产业结构调整指导目录（2019 年本）》	高效制氢、运氢及高密度储氢技术开发应用及设备制造、加氢站等内容被列入第一类（鼓励类）的第五项（新能源）中
2020 年 3 月	国家发展改革委、司法部	《国家发展改革委 司法部印发〈关于加快建立绿色生产和消费法规政策体系的意见〉的通知》	研究制定氢能、海洋能等新能源发展的标准规范和支持政策（2021 年完成）

续　表

时间	部门	政策	主要内容
2020年4月	国家能源局	《中华人民共和国能源法（征求意见稿）》	明确能源主要包括煤炭、石油、天然气（含页岩气、煤层气、生物天然气等）、核能、氢能、风能、太阳能、水能、生物质能、地热能、海洋能、电力和热力以及其他直接或者通过加工、转换而取得有用能的各种资源。这是首部将氢能确定为能源的国家级法律
2020年6月	住房和城乡建设部办公厅	《住房和城乡建设部办公厅关于国家标准〈加氢站技术规范（局部修订条文征求意见稿）〉公开征求意见的通知》	①增加了液氢相关技术内容；②更新了加氢站及合建站等级划分；③细化了加氢站及合建站内设施防火间距要求；④补充完善了氢储存系统及设备技术要求；⑤补充细化了氢气加氢机技术要求；⑥补充完善了氢管道及附件技术要求；⑦增加了“6.6临氢材料”一节；⑧补充完善了防雷、接地和防静电技术要求；⑨补充细化了氢气管道焊接要求；⑩补充完善了氢气系统运行管理要求
2020年9月	财政部、工业和信息化部、科技部、国家发展改革委、国家能源局	《财政部 工业和信息化部 科技部 发展改革委 国家能源局关于开展燃料电池汽车示范应用的通知》	示范期间，五部门将采取“以奖代补”方式，对入围示范的城市群按照其目标完成情况给予奖励。奖励资金由地方和企业统筹用于燃料电池汽车关键核心技术产业化，人才引进及团队建设，以及新车型、新技术的示范应用等，不得用于支持燃料电池汽车整车生产投资项目和加氢基础设施建设

就目前氢燃料电池汽车推广应用车型来看，工业和信息化部发布的《新能源汽车推广应用推荐车型目录》，氢燃料电池汽车共计入选90款车型，其中燃料电池客车入选63款，占比70%；厢式运输车入选22款，占比24.4%；冷藏车入选车型只有5款，占比5.6%，公交车大部分为政府采购。

公交车行驶路线稳定，燃料加注方便，同时由于有着固定的路线，因此其运行工况稳定，便于收集运行数据进行分析，并进行售后维修保养。目前，已有郑州、张家口等地部署了氢燃料电池公交车。就氢燃料电池物流车来看，目前已有顺丰、京东等大型物流公司将部分物流车型更换为氢燃料电池车辆投入运营。

三、中国新能源物流车市场及技术发展现状

（一）中国城配市场巨大，新能源物流车应用比例提升

中国城市配送行业体量巨大，2019 年中国城市配送市场规模 1.9 万亿元，预计未来每年以 6% 的速度增加。随着居民消费升级的下沉，三、四线城市居民城配需求会进一步增长。根据《2019 基于京东大数据的中国人口迁移和城镇化发展研究报告》，从总量层面看，各级别城市的消费总额在过去 3 年均呈现上升态势，而分线级城市来看，低线级城市的增速快于高线级城市的增速，四、五线城市的消费总额增速领跑其他城市，显示出下沉市场具有较大的消费潜力。

一、二线城市在环保压力下，其需求将会逐步放开。2020 年 3 月，《北京市污染防治攻坚战 2020 年行动计划》正式发布，包括蓝天、碧水、净土三大保卫战。其中，针对交通运输方面，北京市将大力推进车辆电动化、加快淘汰老旧车、降低机动车使用强度等措施。到 2020 年，邮政、城市快递、轻型环卫车辆（4.5 吨以下）基本为电动车，办理货车通行证的轻型物流配送车辆（4.5 吨以下）基本为电动车，在中心城区和城市副中心使用的公交车辆为电动车。

（二）氢燃料电池汽车发展潜力大

氢燃料电池因其体积小、高续航、加气快等优势，也逐渐被市场重视。相比于目前正在大力发展的电能，氢燃料更适合用于车辆供能，其加一次氢的耗费时间不过几分钟，但是续航里程则可达 500 多公里，并且零排放、无污染，是汽车电动化的方向。氢气是常见燃料中热值最高的（142kJ/kg），约是石油的 3 倍、煤炭的 4.5 倍，在新能源产业中进一步发展氢能源产业，将更加有利于促进汽车产业发展、实现节能减排以及保障我国能源安全。

燃料电池是一种把燃料所具有的化学能直接转换成电能的化学装置，又称电化学发电器。它是继水力发电、热能发电和原子能发电之后的第四种发电技术。燃料电池是通过电化学反应把燃料的化学能中的吉布斯自由能部分转换成电能，不受卡诺循环效应的限制，因此效率高；另外，燃料电池用燃料和氧气作为原料，同时没有机械传动部件，故没有噪声污染，排放出的有害气体少。由此可见，从节约能源和保护生态环境的角度来看，燃料电池是最有发展前景的发电技术。

目前国内企业更多的还是从事系统和应用层面的研发，在燃料电池关键材料、功率密度、冷启动温度、寿命、电流密度等指标上与国外先进水平还有一定差距。未来随着政策对燃料电池的倾斜和关键技术的突破，氢燃料电池汽车将会是新能源汽车的

下一个增长点。

（三）电池技术最新进展

当前，新能源汽车主要集中在两大流派：磷酸铁锂电池和三元锂电池。前者多应用于商用车，后者则应用于乘用车。三元锂电池的优势在于能量密度高，但安全稳定性差，众多企业由于过度追求高能量密度，从而导致诸多安全事故发生。

提到动力电池安全，就要说到检测方法。针对动力电池的测试，行业及企业林林总总制定了300多种测试方法。在众多的测试中，最严苛的便是针刺测试。它通过一根金属针刺穿电池，模拟电池内部发生短路时的电池表现。目前，很少有三元锂电池能够通过测试。所以国家标准暂时将针刺测试作为一种非强制性标准，不强制要求。

而作为新能源汽车的领导者，比亚迪经过多年的技术积累和创新，终于携刀片电池向针刺测试发起了挑战。

作为超级磷酸铁锂电池，刀片电池延续了磷酸铁锂电池可逆性好、电位低（稳定性好）、充放电过程中膨胀小的特点，同时又做了大幅度优化和提升。

在电芯的设计上也采用了“刀片”形状，好处是长度可以根据电池包的尺寸进行定制，最长可以做到2米。这让刀片电池在成组时可以跳过“模组”直接组成电池包，体积利用率提升50%以上，从而具有较高体积能量密度。

（四）新能源物流车市场渗透率有待提升

2020年，我国新能源汽车销量超过135万辆，总体平稳发展，但是在新能源汽车中，新能源商用车的发展却落后于总体水平，2020年新能源商用车销量仅为11万辆，占新能源汽车的8%，而新能源货车仅占新能源汽车的3%左右，市场发展缓慢（见图3－38）。

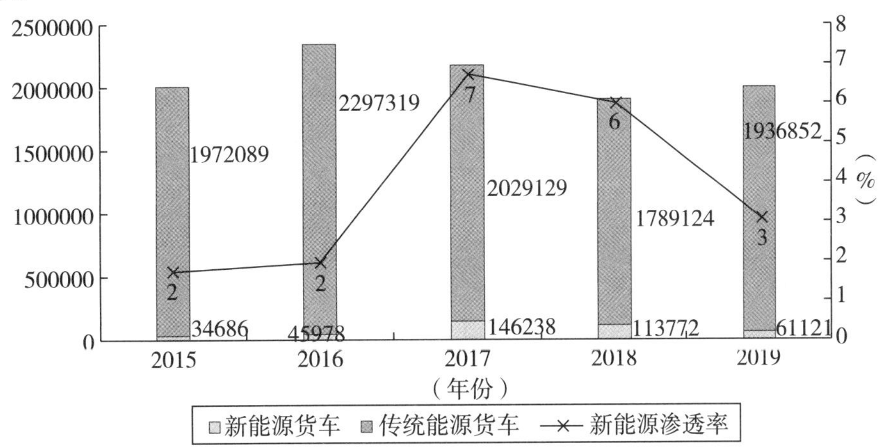

图3－38 新能源货车渗透率

（五）新能源物流车市场区域不平衡

目前新能源物流车推广应用主要在一线及新一线城市，二、三线城市销量较少（见表3－10）；华南、华东区域推广较好，其次为华北、华中、西南区域，东北区域最差（表3－11）。

表3－10　新能源物流车历年多个城市销量

级别	城市	2016年	2017年	2018年	2019年
一线城市	北京	5346	4085	5147	2913
	广州	56	4118	3790	2293
	上海	1055	3431	1961	488
	深圳	2807	35843	22918	14335
新一线城市	成都	1348	6092	7231	6204
	重庆	38	3186	4349	359
	苏州	102	502	187	478
	天津	2239	6594	3374	876
	郑州	132	4327	4769	3471
	长沙	175	250	2000	1867
	海口	292	1217	342	563
其他市		32388	76593	57704	27274
总计		45978	146238	113772	61121

数据来源：车管所。

表3－11　新能源物流车历年各区域销量

区域	2015年	2016年	2017年	2018年	2019年	总计	总计比重
东北	371	406	460	1231	292	2760	0.7%
华北	7263	18786	15711	13324	5219	60303	15%
华东	8982	7691	33905	30012	15133	95723	23.8%
华南	10852	13191	48747	34780	19482	127052	31.6%
华中	3517	2855	20895	14301	9193	50761	12.6%
西北	1103	507	13051	5981	3724	24366	6.1%
西南	2598	2542	13469	14143	8078	40830	10.2%
总计	34686	45978	146238	113772	61121	401795	100%

数据来源：车管所。

四、新能源物流车应用推广情况

（一）保有量同比增速进入低迷阶段

就全国新能源物流车保有量来看，我国新能源物流车保有量数据逐年增加（见图3－39），2019年新能源物流车保有量为130779辆，同比增长17%。就新能源物流车增长情况来看，2017年受中央和地方对新能源物流车补贴、路权等利好政策的影响，新能源物流车保有量同比增长241%，增长率达到近几年最高峰，2017年之后受补贴退坡力度加大的影响，新能源物流车保有量增长率逐年下降。

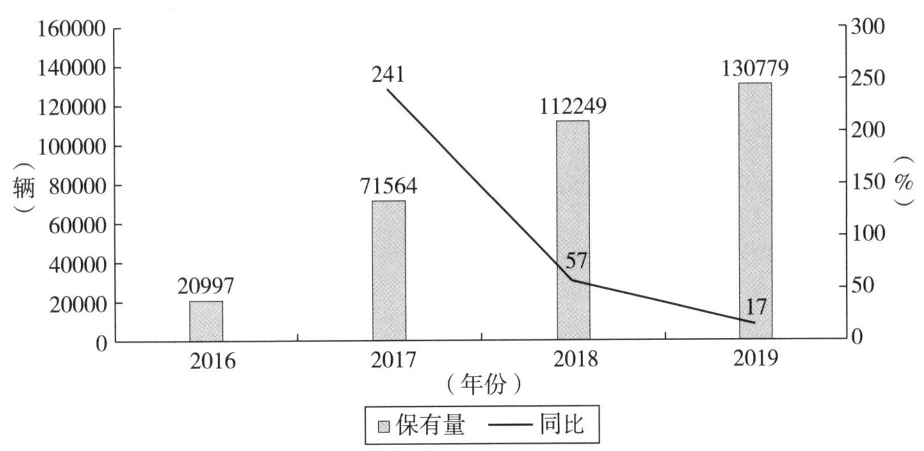

图3－39 2016—2019年中国新能源物流车保有量及同比

（二）纯电动占据绝对市场，燃料电池仍需努力

就车辆使用成本上，纯电动物流车使用成本较低，在后补贴时代，随着纯电动物流车的技术不断成熟，客户接受度逐渐提高，而且各个地区路权逐渐放开，对纯电动物流车不限行以及城市充电配套的逐渐完善，促使纯电动物流车得到巨大推广，就2016—2019年新能源物流车动力类型销量来看，纯电动物流车的销量占据新能源物流车的主要份额，纯电动物流车的年度销量均在万辆以上。

燃料电池物流车与纯电动物流车都是零排放，在续航里程数和能量加注时间方面，燃料电池物流车较纯电动物流车有优势。2019年，燃料电池首次被写入政府工作报告，随后，国家发展改革委等部门出台了一系列政策，支持鼓励燃料电池发展，政策内容涉及制氢、储氢、加氢站等领域，在政策的支持下，燃料电池物流车产销量持续增长，2019年燃料电池物流车销量为2014辆，同比增长398%（见图3－40）。

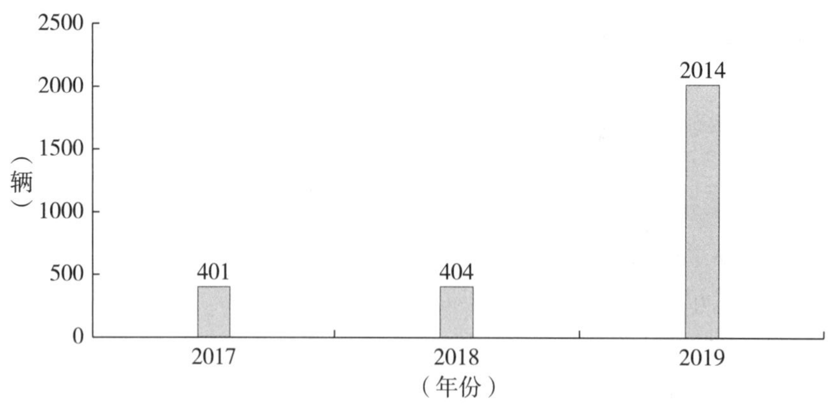

图3－40　2017—2019年燃料电池物流车销量

（三）新能源物流车运营模式

当前，全球汽车产业正处于深度转型期，绿色化、电动化、智能化、网联化和共享化发展进程加快，中国电动汽车发展也进入结构调整期，汽车市场出现巨大变化。与此同时，“能源革命”、新一代移动通信、智能交通和智慧城市的发展，与“汽车革命”逐渐融合。

在以财税补贴为主的政策拉动下，以物流车为主的新能源商用车产业高速发展，新能源物流车走过了一条从无到有、从粗到精、从强制推广到逐步替代燃油车的发展之路，地上铁作为一家专注于新能源物流车集约化运营的服务配套商，已完成C1轮融资，总估值已达30亿元；主要股东是国电投、时代资本、伊藤忠、启明创投和远东宏信等企业。2020年，凭借其在经济、运营创新、社会效益等方面的显著成绩，获得“全球清洁技术百强企业”“中国隐形独角兽500强”“2020深圳最具投资价值企业50强”等荣誉。

1. 地上铁产品及服务

地上铁成立于2015年，是中国最大的新能源物流车运营平台，致力于成为全球领先的智能资产服务商（iAMP），主要为各大快递物流及城配企业提供一站式的新能源物流车队租售以及运营配套服务。业务涵盖新能源物流车应用解决方案、充维服务配套、运营支持及各种增值服务。随着智慧城市建设加速推进，地上铁通过全面构建“线下＋线上”数字化运营服务网络，用服务连接新能源物流车上下游，以用户需求驱动供应链变短、变透明，实现新能源物流车在全生命周期管理，配套服务及梯次利用等资产服务的标准化，赋能行业集约化、规模化的良性发展，助力城市智慧交通实现深度场景驱动和价值驱动。

地上铁拥有不同类型的小面包车、大面包车、大VAN、轻卡、冷藏车等新能源物流车，投放并实际运营数量超过40000台，服务企业客户超过2500个，服务司机超过100000人，在全国范围内已开设5个大区，业务范围覆盖深圳、北京、上海、广州、成都等170个城市，自建场站和合作场站拥有3500多个充电配套网点，运维和保障服务设施完善。

2. 科技赋能智慧型新能源物流车运营服务

（1）整车科技与应用场景高度融合。

从传统能源到新能源，地上铁的核心理念是数字化管理的加强，对接整车厂、核心零部件和物流客户三方，重新定义了场景化。核心零部件管理方面，通过“大三电”“小三电”高度集成，提高热管理效率。基础互联互通方面，实现了DST系统平台3.0、ADAS（Advanced Driving Assistant System，高级驾驶辅助系统）、TMS（Transportation Management System，运输管理系统）、货物识别互联互通。智慧物流车技术赋能生态链如图3－41所示。

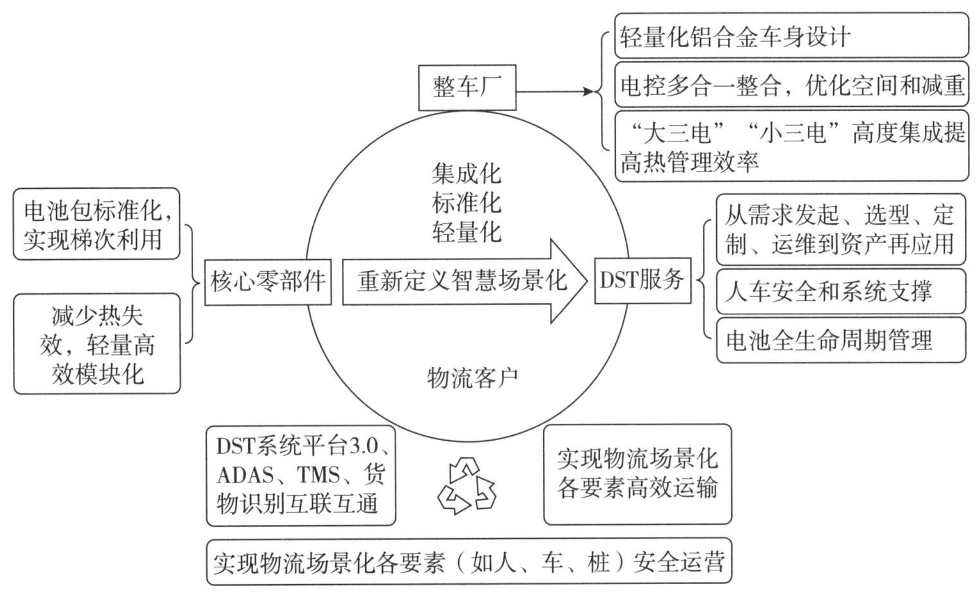

图3－41 智慧物流车技术赋能生态链

（2）数字化管理科技提升物流效率。

地上铁智慧车联网通过TBOX和ADAS分别实现了对车辆监控、故障诊断及司机驾驶行为的线上化管理，通过TMS实现了订单业务的线上流程化管理。地上铁智慧App也让用户的租车用车、线上物流订单及停车充电搭建更加便捷。订单调度平台保证车辆利用率提升。智慧用车保障管理平台如图3－42所示。

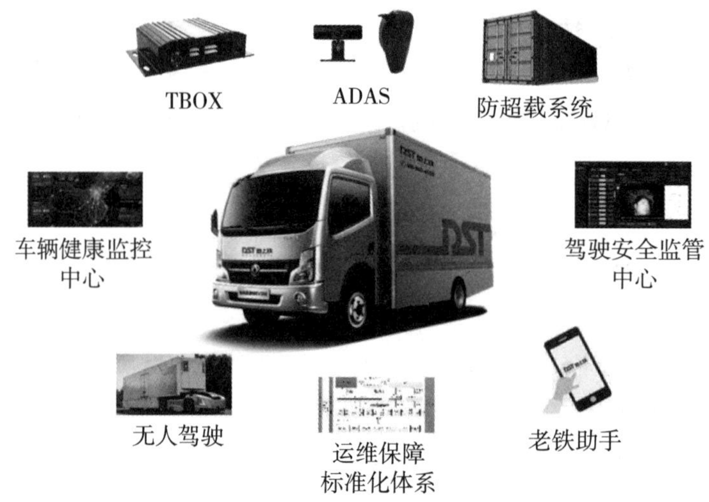

图3－42　智慧用车保障管理平台

（3）柔性能源科技辅助场景降本增效。

地上铁通过互联网云服务实现了数字化智能充电站的管理，具体包括功率实施分配、实施热管理以及多能量源物联网协调管理等，帮助新能源车辆合理快速高效充电，提高车辆周转效率。数字化智能充电站如图3－43所示。

（四）换电模式下的电动重卡

换电重卡领域一直被新能源行业高度关注。目前，随着换电重卡的优势逐渐凸显，相关车辆生产企业、动力电池企业开始争相布局这一领域。换电重卡的市场化正逐步提速。

2020年在换电重卡领域，迎来了包括徐工重工、华菱星马、福田智蓝新能源、北奔重汽、陕汽集团等多位重量级选手，它们或申报新车型，或已交付运营，纷纷在重卡领域开启换电“尝鲜”。

值得一提的是，从电池生产企业来看，作为动力电池业的领头羊，宁德时代在换电重卡领域也是动作频频，不断加大在换电重卡领域的布局及市场渗透率。2020年7月，应用宁德时代高效换电解决方案的首批福田智蓝新能源换电重卡（见图3－44）交付北京公铁绿链新能源股份有限公司。8月，应用宁德时代电池系统的华菱星马换电重卡也交付临港新城。

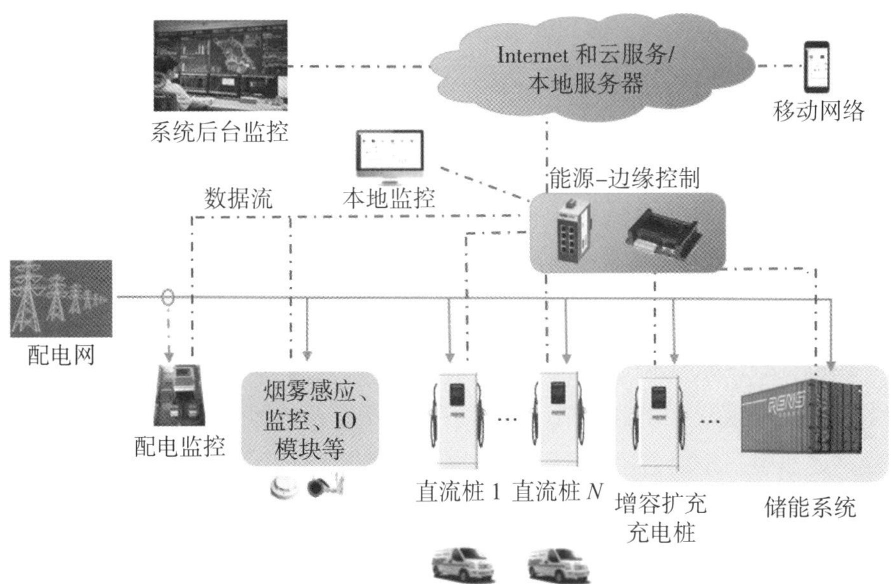

图 3-43 数字化智能充电站

图 3-44 福田智蓝新能源换电重卡

随着技术迭代、模式创新，电动重卡已呈现良好发展态势，除了在矿山开采以及公铁联运，纯电动重卡也开始应用到环卫车辆、工程建设车辆、港口运输车辆和物流干线车辆等多种应用场景。例如，安阳钢铁厂已投放 100 辆电动重卡，用于厂内废钢运输，累计运营时间一年半；天津港已投入 21 辆电动无人集装箱重卡，用于集装箱港内运输，累计运营时间一年，在平稳、安全、绿色运营的同时，企业也实现了明显的降本增效。

在模式创新方面，国家电投集团通过股权纽带和产业合作，联合宁德时代、换电重卡主机厂、核心零部件供应商、换电解决方案研发集成商和智能网联平台开发服务商，共同组建了换电重卡研发运营生态圈，推出“新模式 + 新生态”的电动重卡创新模式。“车电分离 + 换电”降低了购买方的首购成本，“平台 + 租赁服务”可有效改善用户对车辆可靠性的担忧。截至 2020 年，国家电投已签约换电重卡、工程机械 5079 台，已投放超过 1000 台，运营里程累计超过 600 万公里；已签约换电站 84 座，分布于北京、上海等 13 个省市。其中，建成 8 座，在建 17 座，选址勘测中 51 座，实现了重点区域以及拓展领域（港口、矿山、电厂、钢厂、铝厂等）的全覆盖，在业务集中地区形成了换电基础设施组网的雏形。

换电站由配电系统、充电系统、换电系统、安防系统组成，站内设有 1 个车道并预留二期扩建车道，车辆通过二维码识别，然后激光定位，最后人工确定完成启动换电，系统得到指令后自动对电池解锁，行吊自动抓取电池并放在车身指定位置，整个过程最快仅需 3 分钟，电池充电仅需 40 分钟，每天最多可服务 168 辆重卡，实现无人值班不间断运营。模块化重卡吊装换电系统如图 3 - 45 所示。

图 3 - 45 模块化重卡吊装换电系统

当然，目前换电重卡仍处于发展初期，体量尚小，短期内更适合的应用场景主要集中于港口、矿山等固定作业场景，参与的企业多为动力电池业及重卡领域的头部企业。但随着换电商业模式、电池技术和标准的不断完善成熟，换电重卡的适应性将极大提高，应用场景也将进一步扩展，也会吸引更多企业参与，这必将会促使重卡电动化加速，带动换电产业发展。

第四章　仓储技术

第一节　智能仓储技术

近年来，我国经济持续健康发展，物流业降本增效积极推进，产业的转型升级和新业态、新模式的产生为仓储行业的发展提供了巨大的市场需求，制造业、商贸流通业外包需求逐渐释放，仓储业战略地位不断加强。受新冠肺炎疫情影响，社会物流成本出现阶段性上升，难以适应建设现代化经济体系、推动高质量发展的要求。仓储作为物流环节中的重要活动，占用了大量时间、人力等资源，随着物流行业高质量发展的进程不断推进，通过优化仓储环节促进物流业降本增效的作用正在凸显，智能仓储的市场需求持续扩大。

一、智能仓储技术发展概况

（一）行业发展环境

1. 政策环境

物流行业广泛参与了我国农业、工业、服务业等一系列生产活动，在国民经济发展中正在发挥越来越重要的作用，国家也不断加快完善政策措施为物流业发展提供支撑。物流行业的发展逐渐向智能化、自动化转型，近几年我国出台了多项政策优化智能仓储发展环境，促进行业技术不断创新进步①。

2019 年，国家发展改革委、市场监管总局发布《国家发展改革委 市场监管总局关于新时代服务业高质量发展的指导意见》（发改产业〔2019〕1602 号），提出要加强技术创新和应用，推动人工智能、云计算、大数据等新一代信息技术在服务领域深度应用。这一指导意见有助于提升物流业的智能化发展水平，引导传统物流企业改造升级，

① 前瞻产业研究院．预见 2020：《2020 年中国智能仓储产业全景图谱》（附市场规模、竞争格局、发展前景）［EB/OL］.（2020－10－12）［2020－11－28］. https：//www. qianzhan. com/analyst/detail/220/201012－95e14be4. html.

推动智慧物流的新业态加快发展。

2020 年 6 月，《国务院办公厅转发国家发展改革委交通运输部关于进一步降低物流成本的实施意见的通知》（国办发〔2020〕10 号），提出促进现代供应链与农业、工业、商贸流通业等融合创新，加快发展智慧物流，加快货物管理、运输服务、场站设施等数字化升级。实施意见有利于推进新兴技术和智能化设备应用，提高仓储环节的自动化、智能化水平。

2020 年 8 月，国家发展改革委、工业和信息化部等十三个部门联合印发《关于印发〈推动物流业制造业深度融合创新发展实施方案〉的通知》（发改经贸〔2020〕1315 号），提出促进工业互联网在物流领域融合应用，推广应用基于物联网、云计算等的智慧物流技术装备，实现采购、生产、流通等上下游环节信息实时采集、互联共享，推动提高生产制造和物流一体化运作水平；探索和推进区块链、5G 等新兴技术在物流信息共享中的应用；开展物流智能化改造，推广应用物流机器人、智能仓储、自动分拣等新型物流技术装备，提高生产物流自动化、数字化、智能化水平。

2. 智能仓储市场发展及供需情况

（1）智能仓储总体发展情况。

在工业 4.0 时代，客户要求高度个性化，产品创新周期缩短，生产节拍不断加速。随着信息技术向制造业的全面深入，生产要素高度灵活配置，大规模定制生产得以实现，传统的生产流程、生产模式及管理方式不断被打破。自动化和智能化技术发展促进了现有硬件设备的扩容与升级，提高了仓储技术装备的柔性化应用水平，降低了物流成本。

随着移动互联网及相关技术的快速发展，仓储装备的技术集成程度进一步提高，智能仓储物流呈现快速增长态势，大量仓储设施通过传感器接入互联网，以信息互联、设施互联带动仓储互联，使仓储信息互联互通成为可能，大大促进智能仓储的发展①。

中国经济的持续健康发展和中国物流业的崛起为仓储业的发展提供了巨大的市场需求，加上制造业、商贸流通业外包需求的释放和仓储业战略地位的加强，智能仓储的市场需求不断扩大（见图 4－1）。2019 年中国自动化物流装备市场规模约为 1440 亿元，年增长率约为 24.1%，智能仓储市场规模达到 856.5 亿元②。

① 前瞻产业研究院 . 2020 年全球智能仓储行业市场现状与竞争格局分析 寡头竞争明显【组图】［EB/OL］.（2020－11－19）［2020－11－28］. https://www.sohu.com/a/432940102_473133.

② 前瞻产业研究院 . 2020 年中国智能仓储行业市场现状与发展趋势分析 行业发展潜力较大【组图】［EB/OL］.（2020－09－17）［2020－11－28］. https://www.qianzhan.com/analyst/detail/220/200917－59d9c4aa.html.

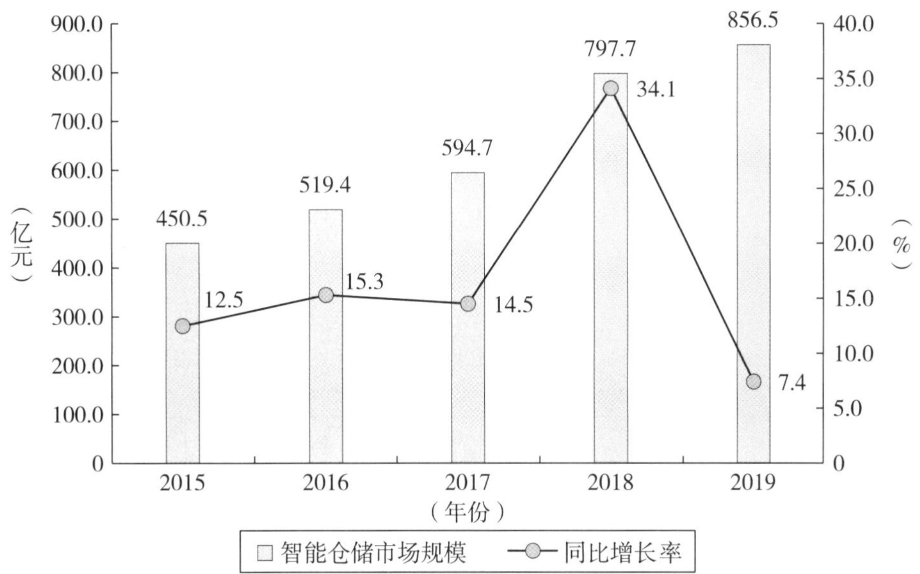

图 4－1　2015—2019 年中国智能仓储市场规模及增长情况

资料来源：https：//www. qianzhan. com/analyst/detail/220/201012－95e14be4. html。

（2）智能仓储市场供需情况。

智能仓储产业链主要分为上、中、下游三个部分。上游是设备提供商和软件提供商，分别提供硬件设备（如输送机、分拣机、AGV、堆垛机、穿梭车、叉车）和相应的软件系统［如 WMS（Warehouse Management System，仓库管理系统）和 WCS（Warehouse Control System，仓库控制系统）］；中游是智能仓储系统集成商，根据行业的应用特点设计建造智能仓储装备系统；下游是应用智能仓储系统的各个行业，包括烟草、医药、汽车、零售、电商等诸多行业。

从企业数量来看，截至 2019 年年末，仓储物流行业的企业数量从 2010 年的 1.67 万家增长至 6.02 万家，但自 2017 年以来企业数量增速放缓，行业发展进入新阶段。另外，由于智能仓储装备系统提供商的下游行业差别较大，应用相对分散，非标程度高，企业跨行业、跨区域扩张需要较长时间积累，导致了行业集中度较低。

近年来，智能仓储行业相关产品的市场需求呈现增长趋势。物流产业的生产、流通、消费端均有较多应用场景设计仓储环节，高端物流仓储的应用可大幅提升物流运行效率、降低物流成本。尤其是以电商、医药、新零售等为代表的多个下游应用领域新业态、新模式不断涌现，对智能仓储行业提出了更高的要求。大量的 SKU（Stock Keeping Unit，库存量单位）对仓内作业的节拍、效率和准确率都有了更高的要求，仓储各个作业环节的自动化和智能化也成为必然趋势。

（二）技术应用现状与发展趋势

智能仓储系统是运用软件技术、互联网技术、自动分拣技术、光导技术、RFID、声控技术等先进的科技手段和设备对物品的进出库、存储、分拣、包装、配送及其信息进行有效的计划、执行和控制的物流活动。如图4-2所示，智能仓储系统主要由存储系统、拣选系统、分拣系统、装卸搬运系统以及智能管理信息系统构成。

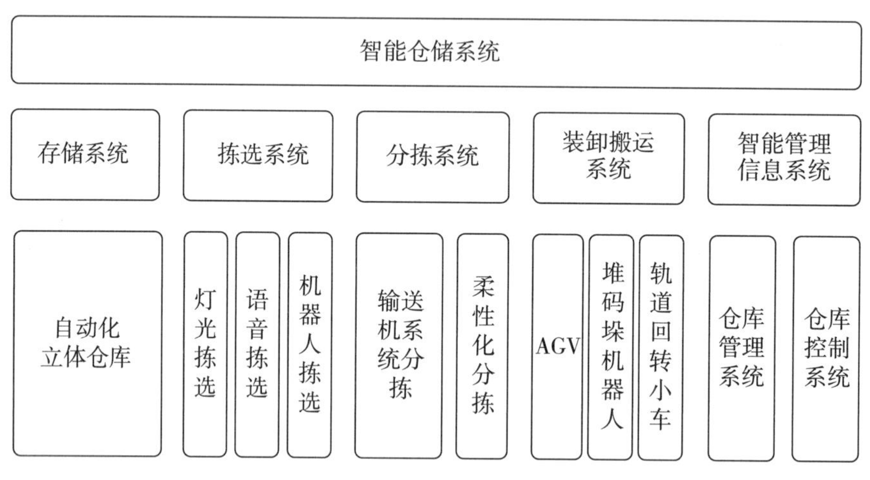

图4-2　智能仓储系统构成

未来，智能仓储技术将呈现出不断更新迭代、高柔性自动化、绿色化以及适应常态化疫情防控的发展趋势，将在多品类、作业程序复杂的电商物流领域得到更广泛应用，在工业生产、电商、医药等各个领域充分发挥其高效率的优势。

（1）与新技术深层次融合。

智能仓储是新一代物流行业中人工智能技术的主要应用场景，5G为其提供了有力的通信环境，其海量接入的特性能够使仓储环节中很多智能终端设备发挥着更大作用，例如机器人、穿梭车、穿戴设备以及分拣设备等。物流技术与信息技术发展的密切结合有利于优化物流作业，智能仓储技术的信息化发展也将进入新阶段，助推物流业降本增效。

（2）高柔性化服务于客户。

随着近年来仓储市场需求逐步细分以及市场竞争逐渐加剧，仓储物流行业的差异化特征愈发明显。从需求侧角度来看，不同领域仓储服务需求的差异化推动着物流商业模式的迭代；从供给侧角度来看，从事智能制造和智能仓储物流的企业在高度竞争的市场环境下，将进一步差异化自身定位，强化核心竞争力。仓储智能化的需求不仅是对设备的需求，还需要厂商通过收集并分析数据作出决策，指导优化生产过程。未来智能仓储需要适应多样化的市场需求，提供柔性化的全供应链服务，打造基础服务与增值服务相结合的仓储业务体系。

（3）绿色化推动节能环保。

物流绿色化发展是可持续发展理念的体现。在当今环境问题越来越严重的情况下，绿色化技术的应用可以有效改善物流业的污染和能耗问题。实现物流绿色化发展，需要仓储行业广泛应用节能技术和清洁能源驱动的设施设备。

（4）适应常态化疫情防控。

新冠肺炎疫情中暴露出来的医疗、应急、冷链、食品等行业领域的物资仓储物流系统中的问题，刺激了更多的物流企业加强无人化、信息化、智能化物流技术的研究及应用，以提升供应链水平和应急物流保障能力。在疫情防控常态化的背景下，更应当从仓储的各个环节提升智能化水平，适应电商、新零售、食品、药品等民生行业物流需求的增长以及工业生产中更高效、更精准和无人化的需求。

二、智能仓储核心技术发展情况

仓储行业的发展包括人工仓储、机械化仓储、自动化仓储、集成自动化仓储、智能仓储五个阶段。目前，我国仓储行业发展整体处于自动化仓储阶段，主要应用 AGV、自动货架、自动存取机器人、自动识别和自动分拣系统等先进物流设备，通过信息技术实现实时控制和管理。但在部分细分领域如电商、医药等的仓储管理中，已经进入智能仓储的应用实施阶段。智能仓储的核心主要包括仓储系统、搬运系统、拣选系统、分拣系统以及管理系统等。

（一）自动化立体仓库

自动化立体仓库具有高速运转、操作简单、充分利用空间的特点，最适合大型生产型企业用作采购件、成品件仓库以及大型流通、配送中心储存货物。

从自动化立体仓库建设数量看来，2019 年自动化立体仓库保有量在 6000 座左右①。其中，电商、零售、冷链行业等服务领域需求增速高于工业制造领域，服装、新能源等行业的需求也开始呈现上升趋势。从行业供应方面来看，2019 年仓储行业（含交通运输、仓储和邮政业）新增固定资产规模同比增长 3.4%。近几年固定投资放缓，很大程度上受到宏观经济下行的影响，此外由于仓储业投资连续十年（2006—2015 年）增长，业内投资转向库内功能完善、末端节点建设、信息化、智慧化等方向，在一定

① 高工产研 .2020 年中国智能仓储行业调研报告［EB/OL］.（2020 - 02 - 25）［2020 - 11 - 28］. http：//www. gg - ii. com/art - 2491. html.

程度上导致了仓储行业投资的放缓。

1. AS/RS 立体仓库技术

自动仓储系统即 AS/RS（Automated Storage and Retrieval System），是指采用高层货架储存货物，利用起重、装卸、运输等自动化机械设备同计算机管理系统进行协作，通过无人操纵、按计划入库和出库的网络管理和全自动化控制，实现立体仓库的高层合理化、存取自动化以及操作简便化。自动仓储系统由高层立体货架、堆垛机、输送系统、信息识别系统、计算机控制系统、通信系统、监控系统、管理系统等组成①。堆垛机穿行于货架之间的巷道中，可由入库站台取货并根据管理调度任务将货物储存到指定货位，或到指定货位取出货物并送至出库站台。

自动仓储系统通常采用集成化的系统架构管理控制网络，并应用激光定位、红外通信、RFID 等先进技术，为库内各项设备的运行提供可靠的技术支撑。AS/RS 的计算机管理系统也可以与工厂信息管理系统，如 ERP（Enterprise Resource Planning，企业资源计划）系统以及生产线进行实时通信和数据交换。结合各类仓库管理软件、监控及调度软件、搬运机器人、货物分拣系统、堆垛机识别和控制系统、货位探测器等，可实现立体仓库内的单机自动、联机控制、联网控制等多种立体仓库运行模式，实现了仓库货物的自动存取、标准化管理，大大降低储运费用，提高仓位利用率②。

2. 高密度仓储技术

高密度存储货架是指货架的排布方式较常规型货架更为密集，采取多排和多单元深度有机密布的货架，空间利用率是常规型货架的 1.5 ~2 倍。近年来该类货架的发展趋势是数字化、自动化控制移动和存取，并与企业的 ERP 系统结合③。按照结构特性，高密度存储货架一般可分为穿梭板货架系统、重力式货架系统、压入式托盘货架系统、移动式货架系统、回转库货架系统等。

穿梭板货架系统由贯通式货架系统演变而来，克服了贯通式货架存取速度慢、货架系统稳定性差等缺点，实现了存取的遥控自动化，如图 4 –3 所示。叉车无须驶入货架内部，外围托盘货物由叉车倒运，内部托盘货物存取由穿梭板小车进行。穿梭板货架各区域之间的衔接联动也可以由子车和母车配合进行，外围还可以用升降机或堆垛机进行，进而构建成自动化程度更高的高密度存储系统。

---

① 海格里斯．关于自动仓储系统（AS/RS）技术与装备非常详细的介绍［EB/OL］．（2018 –06 –19）［2020 –11 –28］． https：//www. hegerls. com/html/problems/621. html.

② 中国工控网．几种典型自动化立体仓库丨AS/RS 系统货架［EB/OL］．（2018 –09 –05）［2020 –11 –28］． http：//www. gongkong. com/article/201809/82596. html.

③ 六维物流．产品中心 –高密度存储货架系统［EB/OL］．［2020 –11 –28］． https：//www. nova –china. net/goods –65 –1. htm.

图4－3　穿梭板货架系统

资料来源：https：//www. toutiao. com/i6621503371226382851/。

重力式货架由托盘式货架演变而来，采用辊子式轨道或底轮式托盘，轨道呈一定坡度（3°左右），如图4－4所示。重力式货架系统利用货物的自重实现货物的先进先出，适用于大批量、同类货物的先进先出储存作业，空间利用率很高，尤其适用于有一定保质期、不宜长期积压的货物。此类货架系统一般存放少品种、大批量货物，对货物托盘的刚性、承载能力、材质等均有着一定的要求，对地面的平整度和耐力也有较高的要求，尤其是地面不均匀下沉对其影响较大。

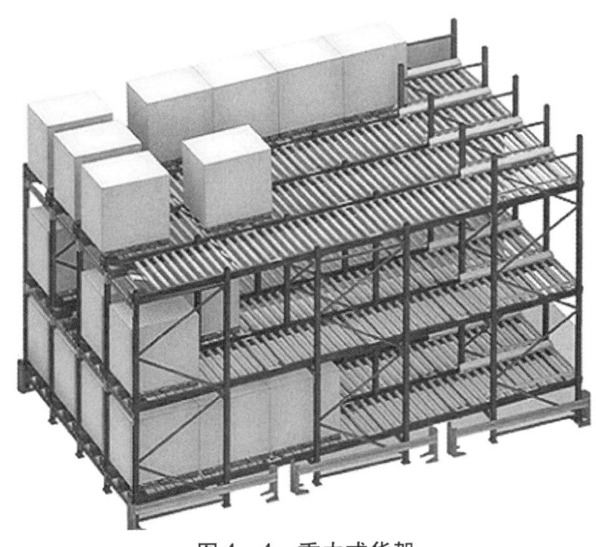

图4－4　重力式货架

资料来源：http：//www. sh－jinwei. com. cn/articles/zlshjh. html。

压入式托盘货架也由托盘式货架演变而来，在重力式货架的基础上，采用轨道和托盘小车相互嵌合的原理进行货物自动化存取，适用于大批量、少品种的货物储存，空间利用率很高。压入式托盘货架系统对货架的制造精度要求较高，托盘小车与导轨间的配合尤为重要，制造、安装精度不高极易导致货架系统的运行不畅。

移动式货架系统按照承载重量又可分为轻中型移动式货架系统和重型移动式货架系统。轻中型移动式货架也称密集架，如图4－5所示，是由轻中型搁板式货架演变而成，导轨嵌入地面或安装于地面之上，货架底座沿导轨运行。重型移动式货架由重型托盘式货架演变而来，采用开架式结构，仅需设1～2个通道，一般分有轨和无轨（磁导引）两种，既可单联控制，又可由计算机集中控制。

图4－5　轻中型移动式货架

资料来源：http：//www. lllve. com/h－pd－144. html。

回转库货架系统分为垂直旋转库和垂直提升库两种，对仓库自动化程度、密封性要求高，适于存放轻小昂贵、安全性要求较高的货物，如电子元器件、医疗药品等。垂直旋转库以料斗为储存单元，通过链条传动带动料斗循环回转。垂直提升库以托盘为储存单元，通过提取车的升降和水平运动，将存放货物的托盘取出或送到柜内合适的货位。与垂直旋转库相比，垂直提升库更适于存放尺寸差异较大和形状不规则的物品。

3. 库架合一技术

库架合一仓库作为一种先进的仓储解决方案，最大优势在于仓库建设与货架安装的工期整合，能大大缩短整个项目的工期，并且成本较低。与库架分离式的建设方式相比，库架合一仓库具有整体设计、统一施工的特点，空间利用率高。（见图4－6）

库架合一仓库的货架钢结构一般由高层货架、物料搬运设备、控制和管理设备及依附于货架钢结构上的房屋建筑等部分组成，货架钢结构除承受储存货物荷载外，还作为库房的骨架支撑屋面和墙面等结构，是库房建筑物的主体承重体。

图4-6　库架合一仓库示意

资料来源：https：//mp. weixin. qq. com/s/dqsB7BDAiBnXQQYHn9vDow。

库架合一仓库的外墙和屋顶直接固定在货架钢结构上，可以最大限度地利用仓库，且每立方米的空间能够容纳更多的货物，适用于高库容量的配送中心，如第三方物流、快消品公司这些需要优化仓储密度的公司，安装堆垛机和进出货物输送系统后，搭配智能化的管理系统，能够快速准确地处理大量订单。这种类型的仓库的缺陷是适用性不高，一旦建成就无法重新布局，仅能用于当初设计的目的①。

（二）拣选设备

1. 穿梭机器人技术

穿梭机器人，通常被称为AGV。在20世纪70年代时就有了能够固定导引路径的AGV产品，我们称为1.0时代；2012年起亚马逊大规模使用的Kiva机器人可以中央调度，在预设的平面地图内集群协作，这是2.0时代的物流机器人，目前国内多家企业处于这个阶段。

截至2019年年底，国内近三年的AGV累计销售总量已达4000台，实现了在电商、医药、服装、制造、电子、汽车、新能源、军工、航天航空等众多行业的应用。除了应用行业领域有爆发式增长，箱式多层穿梭车系统的应用场景也越来越多，仓储、备货、拣选、集货缓存等内部物流中大部分业务场景都有正式应用的案例。

2019年中国穿梭机器人市场规模达到61.75亿元，同比增长45.2%，其中营收超亿元的企业达到18家。如图4-7所示，2019年AGV所有品类产品新增量为33400台，同比增长12.8%，增速有所下降。

---

① 德国胜斐迩．库架一体式的高密度存储［EB/OL］．（2020-04-28）［2020-11-28］．https：//mp. weixin. qq. com/s/CE_7sd8WRuJq9gzKlb1Zcg.

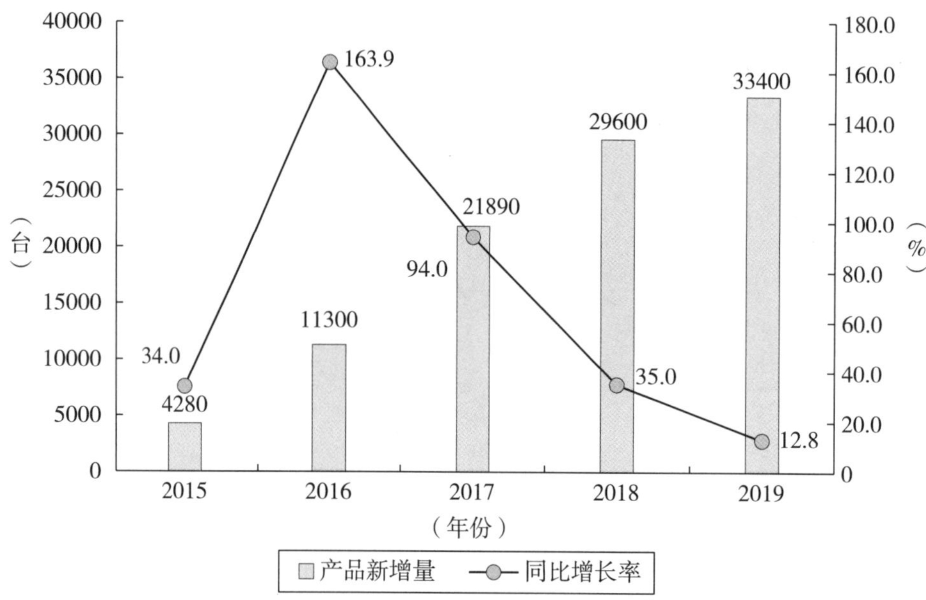

图 4－7　2015—2019 年 AGV 所有品类产品新增量及同比增长率

资料来源：https：//www. sohu. com/a/377530007_218783。

AGV 带来的柔性自动化是近年来物流自动化研发的焦点，也是创新最多的领域，体现在运动轨迹、设备数量和设备用途的柔性。未来需求量更大的将是 3.0 物流机器人 AMR。AMR 能够在大型后置仓、前置仓（无人微仓）、生产线、线边仓等各种空间里智能驾驶，无须预设参照物，通过与周边环境进行数据交互，可以自行决策并做出极其精准的动作，比如在制造场景中，AMR 能准确协同生产线上的其他设备进行货物搬运。

2. 智能拣选支撑技术

（1）灯光拣选系统。

灯光拣选系统，也称电子标签辅助拣选，简称灯光拣选，是一种基于商品品种管理的拣选方式。采用灯光拣选系统的仓库通常在每个货位安装一个灯作为该货位的提示单元，并配合条码实现订单信息在系统中的交互。系统会使需要拣选商品的所在货位的指示灯亮起，指示操作员进行拣选，并通过操作员按下确认按钮将拣选信息实时传送回系统，从而完成拣选工作①。

（2）语音拣选系统。

语音拣选系统，也称为声控拣选系统，利用语音播报调动操作人员完成库内工作。

① 佚名．语音系统、RF 拣选和灯光拣选方式对比［EB/OL］．［2020－11－28］．https：//www. docin. com/p－2015056539. html.

成熟的语音拣选系统不是单纯应用语音识别技术，需要在不同的环境中匹配各种操作流程，如支持一位一品、一位多品、多人在同一通道内工作、多单同时拣选等。语音拣选系统具有灵活性强、效率高、准确率高的特点，流程变更能力强，并且有不同的软硬件配置可供选择。

（3）增强视觉拣选系统。

增强视觉拣选系统是使用终端设备，如智能手机、眼镜等设备，利用移动摄像头实现物流的可视化拣选。系统向物品使用者显示要移动到的区域并显示相关信息，以便可以快速拣选正确数量的产品，最大限度地降低出错的可能性。应用增强现实技术，能有效提升仓储拣货作业效率①。

国际物流公司 Knapp（科纳普）联合软件开发公司 SAP 和增强现实穿戴设备公司 Ubimax 共同研发了一款视觉拣货系统。该视觉拣货系统可以实现实时室内导航、读取货物条码、对货物进行出入库的管理以及实时物体的识别。操作员可以在头戴显示器中看见拣货清单以及室内导航的最佳路线，通过规划路径节省时间以提高拣货的效率；系统通过识别条码来确认工作人员是否到达指定拣货货位，并通过增强现实显示指引其快速找到货品；取货人员扫描条码将取货信息登记至数据库中，实现货品数据的实时更新。

（三）分拣设备

分拣系统是一种集成多学科、综合技术的系统装备，不同行业、不同工况对分拣系统功能的需求不同。各分拣系统在不同场景下拥有不同的优势，以满足细分市场的差异化需求，自动分拣设备市场在发展中也逐步表现出对系统整体解决方案、细分行业解决方案和专业产品解决方案更加重视的趋势②。

自动化输送分拣技术主要分为两大类，一是以输送线、分拣机构成的自动化分拣系统，按布局可分为直线型和环型，按出口形式可分为水平推出式、重力跌落式、在线导出式，按分拣形式可分为交叉带式、翻板式、落袋式、滑块式等；二是以模块化为代表的柔性分拣系统，如模组带分拣、摆臂或摆轮式分拣、窄带式分拣、高速分流器、AGV 分拣等。不同的分拣形式其参数特性与应用场景也不同，但都结合了信息技术、物联网技术，在产品细节设计、性能等方面向智能化不断发展。

交叉带式分拣机有多种类型，比较普遍的为一车双带式，即一个小车上面有两段

---

① 赵晶晶. 增强现实技术在仓储拣货中的应用研究［D］. 沈阳：沈阳大学，2020.

② 路辉物流设备. 分析自动分拣技术的发展趋势及优势 - 深圳自动分拣设备［EB/OL］.（2019 - 04 - 11）［2020 - 12 - 08］. https：//www. sohu. com/a/307281437_100199245.

垂直的皮带，可以每段皮带上搬送一个包裹，也可以两段皮带合起来搬送一个包裹，如图4－8所示。在两段皮带合起来搬送一个包裹的情况下，分拣机可以通过在两段皮带方向预动作，使包裹的方向与分拣方向一致以减少格口的间距要求。交叉带式分拣机的优点是噪声低、可分拣货物的范围广，通过双边供包及格口优化可以实现单台最大分拣能力的提高；其缺点是造价比较昂贵、维护费用高①。

图4－8　交叉带式分拣机

资料来源：http：//www. shanghaibaokai. com/index. php？ s =/Product/detail/id/5. html。

滑块式分拣机是一种特殊形式的条板输送机，表面由金属条板或管道构成，每个条板或管道上有硬质材料制成的导向滑块，能沿条板横向滑动。滑块停止在输送机的侧边并与导向杆联结，当被分拣的货物到达指定道口时，计算机控制滑块有序地向输送机的对面一侧滑动，把货物推入分拣道口，商品就这样与主输送机分离，如图4－9所示。这种方式对分拣商品的形状和大小适用范围较广，是在快递行业应用较多的一种分拣机。

图4－9　滑块式分拣机

资料来源：http：//www. toztech. cn/fenjian/39. html。

① 物联云仓．常见自动分拣技术有哪些？7大自动分拣技术盘点［EB/OL］.（2018－10－12）［2020－12－08］. https：//www. 50yc. com/information/jishu－zidonghua/13521.

随着电商的高速发展，包裹分拣作业量不断增加，对作业效率、准确率和客户体验的要求也在不断提高，兼具柔性、效率和成本优势的 AGV 分拣系统也得到越来越广泛的应用。如图 4-10 所示，AGV 分拣系统柔性化程度高、对场地要求小、分拣路线比较多、工作强度和频率可控。对于发货目的地较多、日发货量不稳定、场地空间不利于安装传统分拣设备的企业来说，能够有效提升分拣效率①。同时，AGV 能连续大批量地分拣货物，当中间某一环节出现故障时，其他部分可继续实现作业。但 AGV 分拣系统对货物的重量、体积以及形状有很大的要求，且受机器数量影响，运作效率有限，搬运速度恒定，当订单量较大时，采用 AGV 分拣系统的经济性不强、能力不足②。

图 4-10 圆通杭州转运中心超级机器人分拨中心

资料来源：https：//www.sohu.com/a/292934852_649545。

（四）装卸搬运和堆垛设备

1. 装卸搬运设备

近年来，基于智能物流的发展，AMR 逐渐成为车间物流智能化改造的重要部分。将智能物流设备自主运行能力应用在生产线之间的原料、半成品及成品的运输上，不仅可以省去人力成本，也实现了物料运输入库—生产—缓存—出库的全流程的自动化。智能叉车是将无线车载终端装备到叉车上，由信息引导作业，结合条码技术、无线局

---

① 物流技术与应用．AGV 分拣应用前景广阔丨输送分拣专题（六）［EB/OL］.（2019-02-02）［2020-12-08］．https：//www.sohu.com/a/292934852_649545.

② 运联智库．【运联研究】AGV 能否替代传统分拣线？［EB/OL］.（2018-09-16）［2020-12-08］．https：//www.sohu.com/a/254205530_170557.

域网技术和数据采集技术，将企业管理系统延伸到库内，形成现场作业系统。

在2019年11月的CeMAT ASIA展览会（亚洲国际物流技术与运输系统展览会）上，上海韬谱与荷兰ANCRA合作，共同展示了各种自动装卸系统及其在各个行业的应用案例，其中一项主要技术为卡车自动装卸系统。此系统应用场景主要有三种：自动卸货的进货场景、自动装货的出货场景和自动装卸的班车场景。根据卡车是否需要改装，卡车自动装卸系统可以分为需要卡车改装和无须卡车改装两大类型。无须卡车改装的自动装卸系统中，滑动式自动装货系统适用于仅需装货的发货场景，加强版滑叉系统适用于进货和发货的场景。需要卡车改装的自动装卸解决方案适用于大批量频繁装卸的班车场景①。

2. 堆垛设备

堆垛机是自动化立体仓库的存取货设备，采用伺服控制系统和绝对认址系统进行全闭环控制，配合条码或激光测距等高精度认址方式，实现堆垛机高精度运行。根据轨道的走向可分为直轨型、弯轨型、转轨型和岔道型。

堆垛机的手动控制是由操作员通过操作面板上的按钮开关，直接操作堆垛机进行水平运行、载货台升降、货叉存取货物②。码垛机器人是一种用来自动执行拆、码垛工作的机器人装置，可以手动操作，也可运行预先编排的码垛或拆垛程序，其任务是协助或取代人类的高强度体力劳动以及重复度高、技术含量低的烦琐劳动。

（五）智能管理系统

物流仓储行业在提升硬件智能化的同时，还应重视智慧大脑的打造，因此要不断精进人工智能算法，实现人、机、物、场的数字化，不仅能够跨场景动态智能调度机器人和其他设备，还能够支持用户制定更好的仓库工厂管理策略、生产营销策略。

1. 传感器技术

打造智能化的物流系统需要扫描技术、无线设备等综合性传感器技术，传感器技术是实现智能化仓储管理的关键，大量的数据及信息采集与传输都依赖于传感器这一核心设备。自动化仓储系统在输送、分拣等环节对传感器应用较多，如采用光电传感技术或者光幕传感技术扫描输送线上的物品，进行信息读取、检测及复核等。3D智能传感器能够准确测量包裹的长、宽、高，方便进一步对包裹进行分拣，与工业机器人

---

① 物流技术与应用．上海韬谱展示三大先进解决方案，实现无人仓、智能拣选与自动装卸［EB/OL］．（2019－11－04）［2020－11－28］．https：//www. sohu. com/a/351587554_649545.

② 六维物流．产品中心－自动化立体仓库系统－堆垛机［EB/OL］．［2020－11－28］．https：//www. nova－china. com/goods－show－80. htm.

无缝整合。

随着智能传感器、视频监控系统的应用，仓储企业可以提前预知可能缺货的品类，提醒上游商家及时补充库存、降低商品缺货率。商家也可以通过数据分析、业务流程优化快速提升运营效率，通过销量订单预测优化材料消耗①。

2. 数字孪生

数字孪生是充分利用物理模型，整合传感器更新、运行历史等数据，集成多学科、多物理量、多尺度、多概率的仿真过程，在虚拟空间中完成映射，从而反映相对应的实体装备的全生命周期过程。数字孪生通过不断与现实物理对象建立联系来更新自身以反映现实世界的变化，通过 AI 技术完成数据分析，实现对现实世界的指导。物流行业中的数字孪生为企业查验仓储配送中心是否存在潜在运营问题创造了新的途径。当企业为自己的仓库布局建立相应的数字模型时，可以试验并模拟新的设计方案，并了解其如何在加强自身作业的同时又不影响当前实际运营状态。例如，DHL 与利乐合作，共同制作了一个仓库的所有作业及机械的数字孪生，这使得它们可以分析包装的过程以及机械的性能，以此来改善生产力②。

2019 年 5 月 28 日的全球智慧物流峰会上，菜鸟 CTO 谷雪梅演示了接入物流 IoT 开放平台后，基于数字载体做调度的仓内作业流程。菜鸟自研了一款极简 PDA，佩戴在仓库分拣员手上可以实时记录其所处位置，当分拣员通过 PDA 扫描货物时，人货交互的数据也会被实时记录，从而实现实体仓和数字仓的实时同步，数字仓通过后台数据分析，基于声光电技术以及 PDA 震动、灯光闪烁等形式引导分拣员完成拣选、补货等任务。

2019 年 6 月 27 日，DHL 在德国创新中心举行的首届物联网日上，发布了一份关于“物流中的数字孪生技术”的新趋势报告，提到数字孪生可以作用于物流领域的各种应用场景。例如，部署在单个集装箱上的传感器可以显示它们的位置、监测货物是否损坏或被污染，数据将流入数字孪生系统，该网络使用机器学习来确保尽可能高效地部署集装箱③。

---

① 安防展览网．智能传感器：高效仓储货物信息采集、传递必备品［EB/OL］．（2020－11－25）［2020－11－28］．https：//www.afzhan.com/news/detail/82936.html.

② ACE 供应链创新｜上海犀象会展服务有限公司．“数字孪生”在物流中的应用［EB/OL］．（2020－03－25）［2020－11－28］．https：//www.shangyexinzhi.com/article/597958.html.

③ 物流沙龙．视频｜DHL 推出智能仓库，数字孪生＋AI＋IoT 连接的现实与虚拟［EB/OL］．（2019－07－27）［2020－11－28］．https：//www.sohu.com/a/329756835_168370.

三、年度优秀案例

（一）新松机器人——智能物流解决方案

新松隶属中国科学院，专注于为客户提供自动化、数字化与智能化的物流整体解决方案和一站式集成服务。新松拥有行业内资深的专家级技术团队和领先的规模化生产能力，核心产品自主研发、设计、加工，可为生产制造及商贸流通领域的客户提供深度定制的物流解决方案，包括智能仓储、搬运装卸、输送分拣、智能拣选以及智能物流信息系统，应用场景贯穿仓储、生产与配送各个环节，覆盖众多细分领域，系统成套出口业绩行业领先。新松一站式智能物流解决方案如图4－11所示。

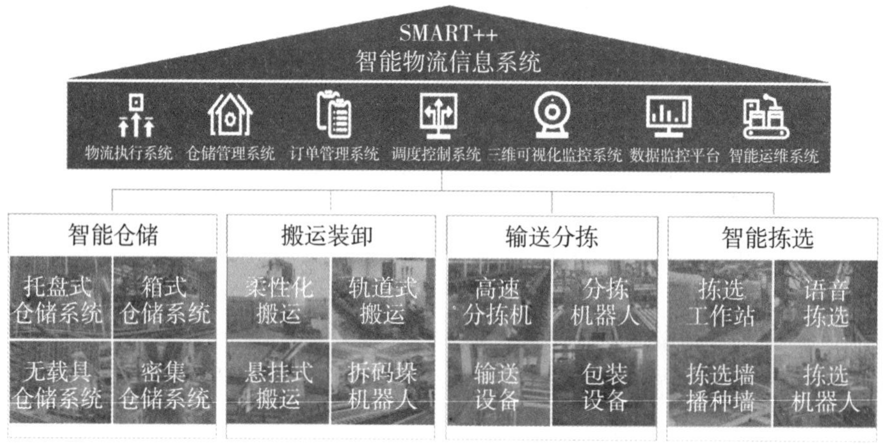

图4－11　新松一站式智能物流解决方案

新松聚焦于行业龙头企业合作交流，深挖行业痛点，在咨询规划、方案设计、生产制造、工程实施、售后服务环节与客户需求无缝对接。在项目服务过程中，采用创新的数字化技术构建虚拟模型，进行方案的仿真、测试与验证。在3D环境中创建物理实体镜像，完成关键参数调试，有效缩短设计周期，提高方案交付质量。

近几年，服装行业在线上线下融合发展的新消费模式下，其物流普遍具有产品生命周期短、SKU多、订单碎片化、拆零量大等特点，灵活的解决方案能够根据实际需求调整运营模式，以最佳的成本效益完成订单。新松以深入剖析行业物流现状为出发点，以引领智能物流产业发展趋势为方向，凭借自主研发的智能物流装备、全面的自动化产品线、定制化的物流系统解决方案和完善的售后服务体系，实现智能物流业务持续增长。

新松打造的智能物流中心是兼具整箱拣选、单件拣选和货品分拣功能的高度自动化仓储解决方案，实现全渠道、全流程的一站式运营服务。立体仓库总面积1.8万平方米，配备30台巷道堆垛机，平衡了高密度空间和高效率出入库。

物流信息系统灵活运用多种策略优化路径，均衡任务。智能3D视觉技术及高柔性算法系统，配合6轴机器人，实现无规则、多姿态、多SKU的箱式拆垛分拣，无须人工干预，机器人可以自主进行拆垛。如图4-12、图4-13所示，系统针对货品的多种规格、多点投放、多任务去向等分拣处理需求，优化了全链路流程，减少了货品流转环节。

图4-12 新松打造的智能物流中心在项目现场有序运行

以货品分拣为例，连廊区采用箱式多维度、多层次分拣布局后，效率提升150%，总流量达到6000箱/小时。人工复核拣选工位的在线拣选能力可达到3000箱/小时。通过稳定可靠的滑靴式分拣，实现4000箱/小时的高强度分拣。应用箱式合流技术后，通过精确的电气控制及合理的数据分析，可实现双线各分拣2000箱/小时，合流后达4000箱/小时的高速合流。项目具备终端客户线上下单，系统自动集中出库、分拣发货的功能，自动化作业大幅减少人工成本、提升作业效率。客户通过新松智能物流系统，成功解决了自动单件分拣和整箱分拣的难题。

图4-13 新松打造的智能物流中心在项目现场实现订单有序调度

基于围绕产地的中心仓，是集自动储存、托盘输送、箱式输送、在线拣选、自动分拣、阁楼储存等全方位一体的自动化物流中心，可实现工厂到消费者的全渠道覆盖，库存共享，全场景供应链模式柔性升级，保证未来多年的产能扩展及电商物流的储存周转能力。

除了服装行业，近些年新松接触了大量客户，在工业4.0、智能制造升级的大背景下，客户在规划新工厂时会考虑未来的柔性化、智能化物流系统建设。新松针对柔性化物流系统主要体现为上层信息系统的高度可配置化、智能化等方面，关键特征是物流信息系统能够按订单拉动生产的核心，支持灵活的工艺配置、作业执行的可预测性、大数据分析、一体化管控以及智能化运营等功能。

新松站在客户的角度为企业降本节能，通过系统规划、硬件设备和信息系统高度融合，将先进物流装备技术与行业特点结合、融入信息技术与现代物流管理理念，提供一站式智能物流系统解决方案和完善的售后服务体系。作为智能化变革的引领者，新松是面向全球的智能物流专家、超越期望的合作共赢伙伴。

（二）兰剑智能——一汽物流天津有限公司自动化立体仓库项目

1. 企业简介

兰剑智能科技股份有限公司（以下简称“兰剑智能”）始建于1993年，是国内全流程智慧物流系统解决方案提供商。兰剑智能总结27年物流系统集成服务经验，建立了基于智能制造、人工智能、大数据的物联网智慧物流新模式。拥有多名专业人士带领的研发团队，取得了100余项有效授权专利，其创新研发的智能物流设备成功应用于电商、烟草、医药、电力、日化、机械、电子、教育、快递等各个行业。2018年，兰剑智能实现了整套物流设备出口海外。

2. 技术原理

如图4-14所示，一汽物流天津有限公司自动化立体仓库项目主要由多层穿梭车、堆垛机和输送线构成，在汽车物流领域创新性地应用多层穿梭车技术，并自主设计研发了行业内专用高积载效率的母料箱模型，实现在提高空间利用率基础上的“货到人”拆零拣选模式。

项目中采用AS/RS系统作为自动储存区，该区域主要包括5264个托盘货位、3台堆垛机（其中2台为直线型双伸位堆垛机、1台为U型转轨双伸位堆垛机），实现托盘货物的自动出入库储存作业。货架区域按照货物高度的不同进行了柔性化设计，共有2层高货位、6层低货位。其出入库区主要包括整板货物的补入站台、整板货物自动流出站台以及母托盘的自动流转，起到连接叉车与AS/RS系统的作用，叉车补入的整板货物自动输送给AS/RS系统进行储存，AS/RS系统中整板托盘可以自动送到出库站台，

图 4－14　一汽物流天津有限公司自动化立体仓库项目

由叉车实现货物出库作业。

储分一体区采用蜂巢式多层穿梭车系统，如图 4－15 所示。蜂巢式多层穿梭车系统主要包括 20416 个料箱货位、2 台入库提升机、2 台出库提升机、2 台穿梭车换层提升机、8 台穿梭车、22 层动力交接站台。该系统将传统料箱隔板货架式平面储存改为立体储存模式，将储存密度大大提高，同时采用随机均衡迭代优化算法、快速物体识别算法、基于竞争机制的大规模冲突处理算法等创新性物流优化调度算法，以提高系统出入库效率。可变尺寸智能穿梭车采用三级伸缩式滑轨货叉传动技术，实现三级货叉联动取、放货；采用超长悬臂货叉技术，让多种料箱和多级深位可高度兼容。

图 4－15　蜂巢式多层穿梭车系统

3. 应用场景

可以在汽车制造领域，完成汽车零部件的储存管理任务。区别于传统仓储，自动化立体仓库可实现汽车零部件入库、输送、出库、拣选、搬运的全场景自动化作业和库存信息共享网络化。

4. 应用成效

一汽物流天津有限公司自动化立体仓库项目实现了真正意义上的汽车零部件出入库自动化、仓储立体化、搬运无人化、仓储控制管理智能化、库存信息共享网络化，是汽车物流在探寻自动化道路的重要跨越。该系统兼具出入库效率高、运维成本低、节能减排等多项优势，实现经济效益和社会效益的双重统一。

（1）节约土地资源和建设成本。

蜂巢式多层穿梭车系统与自动化高架立体仓库共用仓储高度，更好地发挥了多层穿梭车系统的优势，储存密度较传统模式极大提高，最大限度地利用厂房空间，提高了空间利用率和单位空间的储存量。与平面仓库相比占地面积大大减少，节约仓储用地和土建费用。

（2）提高出入库效率与精度，节省人力成本。

如图 4－16 所示，采用自动化立体仓库后，零部件出入库及库内搬运均实现了机械化、自动化作业，采用基于竞争机制的多线程分布式消息交互机制，可实现实时扫描和交互，提升工作效率。动力交接站台信息交互时间比传统无站台交互时间更短，单次出入库效率较没有出库站台的多层穿梭车系统显著提升。自动化作业还可减少所需劳动力数量，缩减人力支出。

图 4－16　一汽物流天津有限公司自动化立体仓库实景

（3）节能减排效果显著。

U 型转轨双伸位堆垛机通过转轨方式，实现一台堆垛机作业于两个巷道，设备投入少，利用率高。巷道式堆垛机行走电机功率小，较之前大大优化，节能减排优势明显。

5. 未来展望

随着中国智能制造的发展，物流系统自动化和智能化水平越来越高。在制造业物流领域，自动化立体仓库保持快速发展态势，大部分自动化立体仓库均向智慧仓储系统方向发展。

兰剑智能根植于智慧物流系统集成领域已有 27 年。未来，兰剑智能将立足传统优势，秉承“唯有创新”的核心价值理念，专注于技术创新与商业模式创新两方面，寻求更大突破。技术创新方面，兰剑智能将继续深耕智慧物流系统，让智慧物流系统能更好地为全球高端市场头部客户提供更优的物流系统使用体验；商业模式创新方面，兰剑智能将从满足客户实际需求出发，探索更多新的合作模式，实现客户利益最大化。

第二节　拣选与分拣技术

近几年我国居民消费不断升级，工业产品种类不断增多，需要物流过程有更多的柔性化作业，对仓储环节中的拣选和分拣作业效率提出了更高的要求。传统的人工作业和智能化水平不够高的物流设备都难以满足这样“量质同增”的情况，拣选员、分拣工等重复劳动的岗位也逐渐面临劳动力紧缺的问题。物流仓储环节的智能化拣选和分拣技术是近年来行业持续关注的热点。

一、拣选技术应用

（一）立体仓库拣选技术

1. 立体多楼层料箱机器人

料箱是物流环节中常见的一种容器，但是传统处理料箱的自动化装备普遍存在价格高昂、缺乏柔性等问题。随着“货箱到人”理念的兴起，仓储机器人在拣选领域的应用越来越广泛，带动了拣选模式的革新升级。近年来厂商们纷纷推出料箱机器人，希望利用机器人改善传统料箱装备柔性不足的问题。

如图 4－17 所示，极智嘉在 2019 年 4 月的 LogiMAT China 展会上，展示了新一代货箱到人仓储机器人系统 RoboShuttle 并推出立体多楼层料箱机器人存拣方案，在库存利用率和出入库效率保持传统自动化设备高水平的前提下，引入机器人增强原设备柔性，提高了性价比，同时满足了仓储自动化企业对高储存能力、高效率、高性价比和高柔性的四维度需求，首次在机器人方案中实现了仓库多层立体空间利用，让物流机器人能够直接部署于客户现有仓库。

2019 年 10 月，极智嘉 RoboShuttle 系统在天津丰树仓内建成并投入使用，这是业内首个多层货箱到人机器人解决方案的落地应用，相较同等面积的人工仓，极智嘉 RoboShuttle 系统效率可提升 2.5 倍。2020 年 4 月极智嘉再次扩充 RoboShuttle 产品线，发布双伸位、窄巷道、广立体覆盖的货箱到人机器人 C200M。

2. 多层穿梭车货到人系统

多层穿梭车货到人系统与传统的自动化仓储系统、自动化立体仓库相比，大幅提

图 4－17　极智嘉货箱到人仓储机器人系统

资料来源：https：//mp. weixin. qq. com/s/eTBt0sprEZcngNGmwBbj3Q。

高了货物单元的存取效率。以医药冷链物流为例，传统的冷链药品储存区域主要由装配式冷库及货架构成，在储存能力、作业效率、冷库内温度控制等各方面存在一定弊端。为了在保障冷链药品仓配安全的同时，提高冷链药品作业效率、降低物流成本，国药山西集团采用了多层穿梭车货到人系统，如图 4－18 所示。

图 4－18　国药山西集团多层穿梭车货到人系统

资料来源：https：//mp. weixin. qq. com/s/IxBO8OaGP8－0－B1bMp0crA。

在国药山西集团冷库项目中，药品的入库流程为先验收入库，再利用 WMS 自动分配存储货位，通过输送系统、自动扫码系统、箱式提升机、智能穿梭车，自动储存到指定货位。出库流程为 WCS 平台接收出库订单后，控制智能穿梭车、箱式提升机、输送系统等设备将物料自动输送，零拣订单输送至人工拣选台，操作人员完成拆零拣选作业，订单箱自动返回箱式立库暂存，再自动输送至复核台进行复核包装，输送至集货发货区；整件发货的药品通过智能穿梭车从箱式立库直接出库，经过输送系统自动输送至集货发货区。借助先进的多层穿梭车货到人系统，国药山西集团冷库的整个作业流程无须工作人员进入冷库。在保证冷链药品作业安全性的前提下，冷库的储存能力和作业效率都得到了明显提升。

（二）AMR 技术

AGV 沿着预设轨道、依照预设指令执行任务，而随着物流场景对搬运柔性化要求越来越高，AGV 逐渐难以满足应用端的需求。随着传感器技术和智能算法的发展，AMR 被提出。与传统 AGV 的自动导引相比，AMR 更强调机器人环境感知和灵活运动的能力，可以基于现场动态规划路径、灵活避障。AMR 利用激光雷达、摄像头、超声雷达等传感器感知现场环境，通过智能算法解析感知数据，分析所在地点和环境变化后，再选择合适路径和执行方式。在高度动态的操作环境中，AMR 能够使工作流程更加高效，安装和运行也更方便。

2019 年，上海快仓智能科技有限公司推出了“AMR +”复合型产品线，可以在潜伏式智能机器人上搭载储存、交互、抓取等不同的功能模块，从而针对不同的场景提供贴合用户需求的多样化“AMR +”复合型产品。目前已经有 AMR + 皮带、AMR + 托盘、AMR + 辊筒（见图 4 - 19）等多款产品。

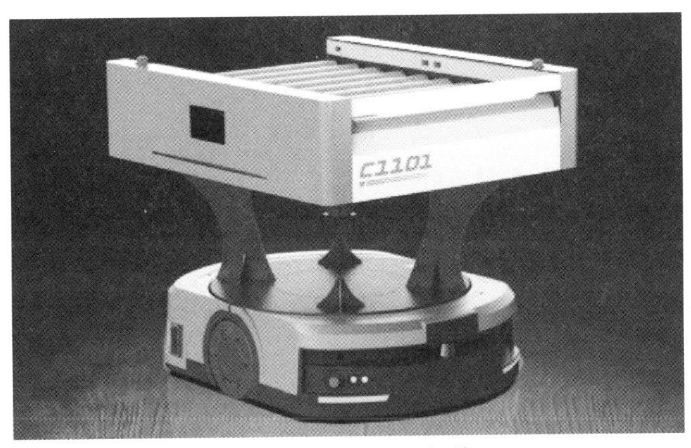

图 4 - 19　AMR + 辊筒

资料来源：https：//mh. vogel. com. cn/c/2020 - 10 - 22/1062199. shtml。

（三）机器人技术

1. 协作机器人

机器人因为工作时间长、生产率高、准确率高等优点成为物流业生产领域的“新秀”，但机器人并不能完全替代人工。有些机器人是和人类进行协同工作，相互配合并提高物流运营效率，即协作机器人。西班牙公司 Canonical Robots 发明了各种协作机器人来提高供应链作业效率，这些协作机器人具有 6 个轴关节，可以模仿人类手臂的多个动作，帮助工人进行拣选、码垛和包装操作。

2. 拆零拣选自学习型机器人

如图 4－20 所示，ItemPiQ 是瑞仕格的一款拆零拣选自学习型机器人，利用其 3D 智能视觉系统和多功能机器人手臂，结合软件算法，可以自动确定目标物品的抓取点并选择合适的抓取方式，具备高度灵活性，能以 1000 件/小时的速度全天候运行，替代单个物件的人工拣货，可以应用在零售、电商、制造等行业领域。

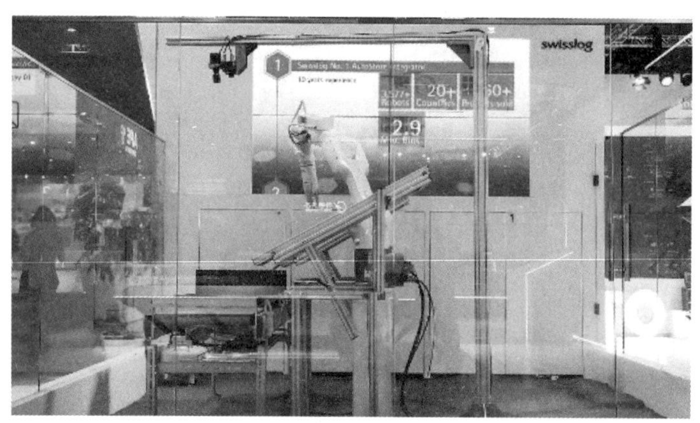

图 4－20　ItemPiQ 自动拣选系统

资料来源：https：//mp. weixin. qq. com/s/UV3J9LZ－－fX_ZJiddPbEsQ。

如图 4－21 所示，可灵活扩展的密集存储系统 AutoStore 系统与 ItemPiQ 自动拣选系统相互配合，可实现高速度、高精准的“货到人”订单拣选。AutoStore 系统打破了空间建筑结构限制，采用模块化设计，可以随着企业的业务发展而扩展。

二、分拣技术应用

（一）分拣技术概述

分拣是物流节点依据客户的订单要求或配送计划，将货物按一定方式进行分类、集中的相关作业过程。在实际运营过程中，电商、快递、商超的物流节点内部流程各

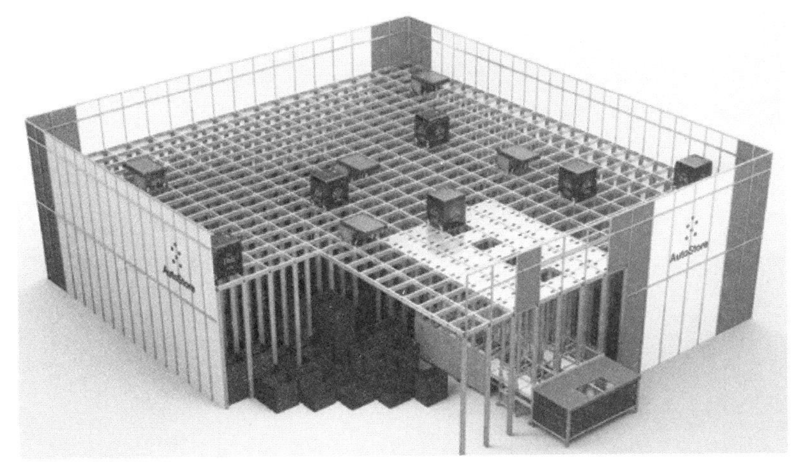

图4－21 AutoStore 系统

资料来源：https：//mp. weixin. qq. com/s/kR_ UzEEOKFoLfE_ ileGmeg。

有特点，但分拣的基本流程相似。例如配送中心接到订单发货指示时，智能分拣系统要在最短的时间内精准地找到所需商品，然后按配送信息的指示，将商品运送到不同的区域或站台集中打包，以便装车发运。而快递中转场的分拣流程包含单件分离、信息识别、分合流、供件、打包、装车等环节。

近年来，人工成本快速上升，仓储物流企业对智能分拣系统等全自动化产品需求不断扩大。智能分拣系统以满足客户多元的配送需求、成本最低为目的，实现高速度、高质量、自动化的分拣①，通常具有效率高、误差率低和无人化的特点。智能分拣系统不受气候、时间、人力等因素限制，可以连续运行。随着近年来大数据算法的发展、商品存储信息逐步标准化、智能控制系统集成化，智能分拣系统的分拣效率、自动化程度以及分拣准确率大幅度提高，分拣过程中的人工需求不断减少，逐渐成为与物流业由劳动密集型产业向批量智能化转型高度契合的产物②。

大部分快递企业没有仓储业务，其物流中心的主要职能是分拣，因此对分拣技术的要求也更高。近年来我国快递业务量呈现快速增长的态势，电商带来对物流的巨大需求，而物流对电商发展的制约瓶颈也日益突出。在新冠肺炎疫情暴发期间，电商的业务量出现爆发增长，各类物流节点的仓储包裹分拣及配送任务非常艰巨。智能分拣系统能够充分发挥可区分多个目的地、速度快、效率高、差错率低的优势，有助于物流节点提高分拣效率和周转率，降低库存成本。

---

① 路辉物流设备．分析自动分拣技术的发展趋势及优势——深圳自动分拣设备［EB/OL］．（2019－04－11）［2020－12－08］．https：//www. sohu. com/a/307281437_100199245.

② 路辉物流设备．物流分拣和拣选还傻傻分不清？看了这个就明白了［EB/OL］．（2019－03－15）［2020－12－08］．https：//www. sohu. com/a/301516016_100199245.

如图 4 －22 所示，2019 年，我国自动化分拣设备市场规模约为 165.5 亿元，同比增长率约为 22.8%。受到快递、电商等行业的需求拉动，分拣设备和技术的发展很快。随着快递、电商行业的进一步发展，分拣环节的运作需求已不是简单的“机器替代人”的需求，而是产生很多细微差异化的需求，如快递和物流业务相互渗透融合、一些物流中心产生大小件混合分拣的需求，某些物流中心业务量波动加大，产生物流系统改造和柔性化的需求等。

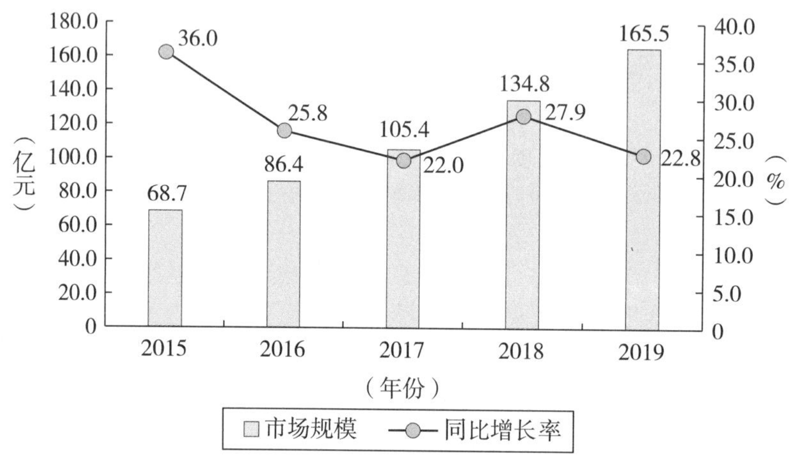

图 4 －22　2012—2019 年我国自动化分拣设备市场规模与增长率

（二）分拣技术新设备与应用

1. 金峰分拣机系统

2019 年 10 月在上海举办的亚洲国际物流技术与运输系统展览会上，金峰集团展示了新机型——直线双层交叉带分拣机系统和环形多层交叉带分拣机系统。环形多层交叉带分拣机系统的原理是通过在一套环形交叉带的空间内叠加安装多层环形交叉带，达到分拣量倍增的效果。直线双层交叉带分拣机系统是传统的水平环形循环输送机构升级版，其交叉带轨道运行由通常的平面环形运行改为上下环形运行，由垂直循环输送机构和载有小型带式输送机的分拣小车组成，双层设备有上、下两个循环输送机构，当分拣小车移动到所指定的上件、落件位置时，分拣小车的皮带转动，实现货物的上件与分拣任务。该设计适用于受空间限制的输送分拣需求。

2. 旷视圆形播种机

旷视机器人于 2020 年 2 月自主研发了一款圆形自动分拣系统——圆形播种机（Roulette sorter），如图 4 －23 所示。这款圆形自动分拣系统具备多分拣口、分拣准确率高、自动换箱速度快等特点，适用于海量订单分拣，配合前端大批量拣选，能提升物流中心整体作业效率，可实现准确、快捷、高效作业，可帮助 2B/2C 电商仓库解决 SKU 繁多、订单量大带来的分拣作业难度高问题。

图 4-23　旷视圆形播种机示意

资料来源：http：//news. soo56. com/news/20200227/90062m1_0. html。

旷视研发的 Roulette sorter 将单个播种口用于对多个容器进行货物分拣，提高了单个播种口的利用率，满足了前端大批次拣选的分拣需求。在双人操作模式下，播种效率可达每小时 2400 件。另外，还可以将多个播种机串联作业，在多机串联模式下能够实现完全的拣播分离，满足前端无波次拣选的分拣需求。旷视 Roulette sorter 播种准确度极高，能够实现免人工质检出库，将传统模式下的打包效率由 300～400 件/小时提升至 700～800 件/小时，自动打包的示意图见图 4-24。

图 4-24　旷视分拣流程后自动打包示意

资料来源：http：//news. soo56. com/news/20200227/90062m1_0. html。

通过各物流要素的数据化，配合旷视 Roulette sorter，仓库可以实现从订单拣选到流程拣选、从人工播种到超大缓存位自动播种、从人工质检复核打包到免质检自动打包出库的全流程再造，提升仓库物流作业效率，降低人力成本①。

3. 极智嘉 AMR

极智嘉（Geek +）于 3 月 9 日在 2020 年美国亚特兰大世界物流展上重磅展出 S20 系列分拣机器人。如图 4 – 25 所示，S20 分拣机器人搭载了丰富的传感系统，可敏锐感知四周环境，从而能够实现智能导航、自动充电和自动对接输送带等功能，完成全自动化智能分拣②。

图 4 – 25　极智嘉 S20 分拣机器人

资料来源：https：//baijiahao. baidu. com/s? id = 1644340636228221973。

极智嘉的柔性分拣方案可根据客户需求灵活实施，场地和作业规模可以根据客户业务类型柔性扩展，适用于零售、快递、服装、医药、图书等多个行业，适合商品分拣、整箱分拣以及包裹和快件分拣场景。S20 分拣机器人不必搭建平台，能够灵活运用现有仓库场地运行，具有灵活避障、弧线转弯、终点识别、准确投递等优势，效率是人工分拣的 10 倍，能有效帮助客户实现柔性化、自动化和高回报的智能分拣③。极智嘉的智能算法可以实现格口和分拣路线的动态匹配、机器人任务均衡和交通管理，提

① Soo56.【重磅】旷视机器人推出圆形自动分拣机，分拣时效 2400 件以上［EB/OL］.（2020 – 02 – 27）［2020 – 12 – 08］. http：//news. soo56. com/news/20200227/90062m1_0. html.

② 钛媒体 App 官方账号 . 钛媒体专访极智嘉郑勇：继续拓展海外市场，合作将是今年我们在国内的关键词［EB/OL］.（2019 – 09 – 11）［2020 – 12 – 08］. https：//baijiahao. baidu. com/s? id = 1644340636228221973.

③ 高工机器人网 – 极智嘉 . 极智嘉获奖方案亮相 MODEX 2020［EB/OL］.（2020 – 03 – 13）［2020 – 12 – 08］. https：//gg – robot. com/art – 68538. html.

供整体高效率的任务调度和分派，全面提高仓库作业效能①。

在极智嘉的服务案例中，某电商仓库对其快递分拨中心进行智能化改造，上线了200台S20分拣机器人并搭配系统进行作业。系统上线后，分拣效率达到每小时1万件，效率提升了三倍以上。

三、年度优秀案例——京东物流北斗新仓

2020年6月17日，京东物流北斗新仓建成投用，如图4-26所示，该仓库是亚洲首个全流程智能柔性生产物流园，位于天津市武清区，在软件、硬件及模式创新等方面拥有100%的自主知识产权。继京东亚洲一号智能仓库、地狼仓、天狼仓、全流程无人仓之后，北斗新仓的应用再次创新了电商行业新一代大规模自动化仓储生产与管理体系②。

图4-26　京东物流北斗新仓场景

资料来源：http：//www. pandora-7. com/newsinfo/589806. html？templateId=1133604。

京东物流北斗新仓在软件、硬件及模式创新等方面都比以往的各类物流仓库有了大幅提升。依托人工智能与物联网，深度融合大数据、深度学习、运筹学和机器视觉识别，京东物流北斗新仓在库内各个环节充分实践AI和IoT等前沿技术，创新应用流拣选作业模式，提高订单预测准确度和资源调度能力，不断提升运营水平。同时，运用大量的智能算法，达到不断自我学习、自我优化、提升运营管理水平的目标。

在京东物流北斗新仓中，通过AI、大数据等前沿技术的深入应用，订单预测的准

---

① Geek+. 产品-分拣系统［EB/OL］.［2020-12-08］. https：//www. geekplus. com. cn/product-2/sorting/.

② 京东. 刚刚！京东物流北斗新仓投用［EB/OL］.（2020-06-18）［2020-12-08］. http：//www. pandora-7. com/newsinfo/589806. html？templateId=1133604.

确度大幅提升，可以实现小时级别的预测量。结合大数据历史分析，京东物流北斗新仓可以根据不同仓库操作区的作业量大小实时进行人力资源的调整，既能保障京东物流北斗新仓内所有仓库的人力供应，又避免了人力资源的重复浪费等现象。针对仓库运营中可能出现的波动以及订单生产任务难以完成的风险，京东物流北斗新仓中配置的“智能大脑”利用机器学习、智能分析等创新技术，通过大量实时计算和数据分析提供多种应对方案①。

拣选作业是仓储物流中劳动最密集、耗时最多的环节，目前智能技术在拣选流程中的应用并不广泛，各类物流仓库缺少整体化的协同效应和同时处理多品类、海量SKU场景的能力。京东物流北斗新仓在物联网和人工智能的基础上，融合深度学习、大数据、运筹学、机器视觉识别、数字孪生五大技术，可以适应百万级SKU、数百种品类的并发式混合处理和高度柔性化的供应链，进行极端复杂场景下高效率、高精度、高度自动化、密集波次、多种件型的拣选作业。

与传统仓库以订单拣选为作业模式不同，京东物流北斗新仓采用的流拣选以商品为核心进行拣选任务优化，把静态的拣货任务分配变为全自动动态任务分配，拣选动作从烦琐的14个节点精简为6个节点，大幅提高了拣货密度，缩短了拣货员走动距离，实现了人机最佳结合。北斗新仓通过智能感应、高精定位、动态分配、商品扫描、订单聚合、商品复核六个步骤有机结合来完成拣选作业，每一步都通过软件、硬件、员工的动态组合实现高效而智能化的拣选。

京东物流北斗新仓内部的设施设备由芯片、传感器、工业相机、指环扫描枪、智能分拣车等组成，实现了物联网的100%覆盖。每一件商品、每一个料箱、每一个分拣车都具有可以感知的特性，从而可以和智能大脑实现交互，接受智能大脑的指令和任务分配。在智能大脑的支配下，大型分拣机上面的800个智能分拣车可以动态规划流转路径，定位速度达到毫秒级，检测精度可精确到毫米级别，分拣流畅度大大提升。京东物流北斗新仓拣选系统如图4-27所示。

应用在京东物流北斗新仓中的智能大脑具有更强的开放性和可复用性，不仅可以支撑京东平台复杂的作业场景，也适用于京东生态体系的品牌商及大型企业集团。京东物流北斗新仓实现了覆盖3C、服装、母婴、美妆、食品、图书等数百种品类的并发式混合处理和实时的柔性化、智能化全环节自主管理。通过多种前沿技术和尖端设备的创新和集成，京东物流北斗新仓进一步提升其辐射的京津冀核心区的消费者体验，收货等待时间可缩短2~3个小时。京东物流北斗新仓传感设备如图4-28所示。

---

① 物流指闻. 京东物流北斗新仓正式建成投用，为亚洲电商首个全流程智能柔性生产物流园[EB/OL]. (2020-06-19) [2020-12-08]. https://www.50yc.com/information/redian/17558.

图 4－27　京东物流北斗新仓拣选系统

资料来源：http：//www. pandora－7. com/newsinfo/589806. html? templateld＝1133604。

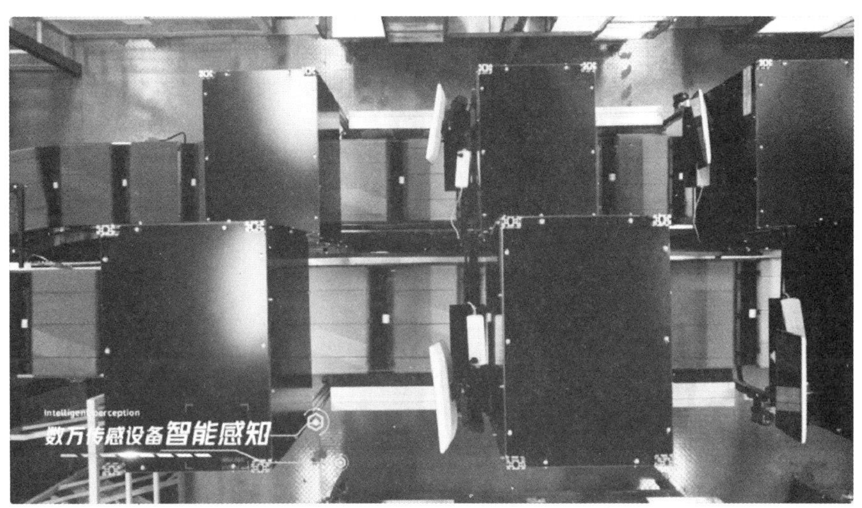

图 4－28　京东物流北斗新仓传感设备

资料来源：http：//www. pandora－7. com/newsinfo/589806. html? templateld＝1133604。

第三节　装卸搬运技术

装卸搬运是物流的重要组成部分，是对货物运输、仓储、包装、流通加工和配送等活动进行衔接的中间环节，贯穿仓储流程的始末。随着智能物流的发展，企业对设施设备的自动化、无人化水平要求越来越高，将智能装卸搬运设备应用于装卸搬运环节，既实现了减少人力成本，也实现了原料、半成品及成品在生产线之间的高效运输，有助于节约劳动力、缩短作业时间、加速货物周转，进而降低仓储环节整体成本。

一、装卸搬运技术应用

（一）叉式机器人技术

无人叉车是解决人工作业存在的劳动力短缺、安全隐患、效率偏低等实际问题的优秀方案。2020 年，上海宾通智能科技有限公司针对移动机器人市场推出了 BITO SLAM SYSTEM（宾通同步定位与建图系统，简称 BSLAM 系统），从搭载 BSLAM 激光自然导航系统和单机控制系统的底层设备（无人叉车）到调度多台设备协同的中层多机调度系统，再到获取订单、库存、设备等信息进行任务分配、与上层 MES（Manufacturing Execution System，制造企业生产过程执行系统）和 ERP 系统对接的智能排程系统，提供完整的智慧物流解决方案，快速实现工业物流的自动化和智能化。对接生产线的 BSLAM 叉车如图 4－29 所示。

基于 BSLAM 系统，上海宾通智能科技有限公司为一家生产企业客户设计了一整套的自动叉车解决方案，系统可以对天气变化和环境变化进行动态环境感知（雨天/无光线/人机混杂/狭长通道），解决了客户运输成品到储存区的自动化难题，不用人工参与，定位导航稳定且精准，并与生产节拍匹配，对接生产线实现了生产线最后一环的自动化，让客户工厂真正成为自动化智慧工厂。

图 4－29 对接生产线的 BSLAM 叉车

资料来源：https：//mp. weixin. qq. com/s/5r0EEdN9gZrk5QsIm1HygA。

（二）大宗货物装卸技术

1. 卸车机

（1）翻车机。

翻车机是一种将满载散货的铁路车厢倾翻卸出货物的专用卸车机械，有转子式和侧倾式两种结构类型，常用于进行车船直接换装的大型散货港口，具有较高的生产效率。

（2）螺旋卸车机。

螺旋卸车机是一种利用螺旋的转动将散货逐步推至车厢两侧外的卸车机械，由螺旋的旋转机构、摆动机构、起升机构、行走机构、金属结构机架等组成。当螺旋在煤堆中旋转时，与螺旋接触处的货物就被螺旋推出车厢。螺旋臂架的摆动还可以使螺旋升高或降低，直至调整到合适位置。

（3）链斗卸车机。

链斗卸车机是由可沿地面轨道行走的门形机架、可升降的链斗提升机、横向胶带输送机、卷扬机、行走机构等组成的卸车机械。卸车时，链斗提升机下降至敞车内挖取物料，然后提升到适当高度放置在横向胶带输送机上，由横向胶带输送机送往铁路一侧或两侧卸下。

2. 装卸船机

（1）装船机。

装船机是根据装船作业特点而设计的码头专用装卸机械，可以分为固定转盘式装船机、移动式装船机、摆动式装船机等。一般装船机由能伸缩的臂架、装于臂架的带式输送机、过渡皮带机以及输送机卸料端的伸缩料筒、尾车、带行走机构的门架、塔架、俯仰装置、回转装置等组成。

（2）卸船机。

卸船机是根据船型和各种货物卸船作业特点而设计的码头专用装卸机械，可以分为门座抓斗卸船机、链斗式卸船机、斗轮卸船机、垂直螺旋卸船机和气力卸船机等。

3. 起重装备

起重装备是一种重复循环工作的间歇动作的货物装卸搬运机械，在搬运物料时，通常经历着上料、运送、卸料以及回到原处的过程，各工作机构在工作时做往复周期性的运动。起重装备通常按功能和结构特点进行分类，常见的有以下几种。

（1）梁式起重机。

梁式起重机分为单梁桥式起重机和双梁桥式起重机。单梁桥式起重机如图 4 – 30 所示，按桥架支撑形式不同，又分为支撑式和悬挂式两种。

双梁桥式起重机如图 4 – 31 所示，由直轨、起重机主梁、电动环链葫芦、小车和电器控制系统组成，适于悬挂跨度大和起重量大的平面范围物料输送。

图 4－30　单梁桥式起重机

图 4－31　双梁桥式起重机

（2）通用桥式起重机。

通用桥式起重机通常称为“天车”，是在一般环境中工作的普通用途的桥式起重机。通常可以分为通用吊钩桥式起重机、抓斗桥式起重机、电磁桥式起重机、两用桥式起重机、三用桥式起重机等。

（3）门式起重机。

门式起重机是桥架通过两侧支腿支撑在地面轨道或地基上的桥架型起重机，又称龙门起重机。按门架结构可分为全门式起重机、半门式起重机、单悬臂门式起重机、双悬臂门式起重机等类型。按主梁结构形式可分为单主梁门式起重机和双主梁门式起重机。单主梁门式起重机门腿有 L 型和 C 型两种。

（4）装卸桥。

通常把跨度大于35m、起重量不超过40t的门式起重机称为装卸桥。装卸桥的结构方式有桁架式和箱型门架式两种，采用桁架结构可减少整机自身质量，而采用箱型门架结构便于制造。

（5）其他起重机。

缆索起重机是利用张紧在主副塔架之间的承载索作为载重小车行驶轨道的起重机。汽车起重机是安装在标准的或专用的载货汽车底盘上的全旋转悬臂起重机，其车轮采用弹性悬挂，行驶性能接近于汽车。轮胎起重机是将起重工作装置和装备装设在专门设计的自行轮胎底盘上的起重机。履带起重机如图4－32所示，将起重工作装置和设备设在履带式底盘上，靠行走支撑轮在履带上滚动运行。浮式起重机以专用浮船作为支撑和运行装置浮在水上作业，是可沿水道自航或拖航的水上臂架起重机。

图4－32 履带起重机

（三）堆拆垛技术

1. 视觉引导关节机器人

关节机器人，又称关节式机械手，是一种适用于靠近机体操作的传动形式。它可实现多个自由度的转动，动作比较灵活，具备柔性高、定位准确、运行稳定等特点，可用于拆码垛、分拣、上下料等环节的作业。

随着物流业的发展以及物流业作业环境的复杂度逐渐提升，部分作业场景下货物单元的外形、外貌等均存在较大差异，依靠视觉系统引导抓取的关节机器人逐渐得到应用。视觉引导关节机器人搭载视觉系统通过视觉精确定位，实现机械手准确抓取。

目前有一种视觉引导的拆垛关节机器人，其自动拆垛的作业流程如图4－33所示。

上位系统向视觉系统发送指令，视觉系统被触发后开始图像采集，依靠图片和算法识别出垛形并计算出目标物体的空间位置信息，再发给拆垛关节机器人。拆垛关节机器人根据位置信息对目标物体进行抓取，随后视觉系统再次进行图像采集和数据计算。拆垛关节机器人运动到输送线上方，将目标物体放置到输送线上再返回货垛上方拾取下一个目标物体。拆垛关节机器人不断循环上述步骤，直到完成任务。

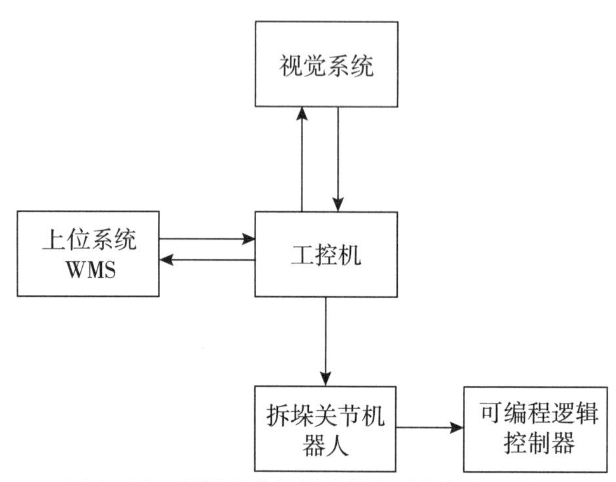

图 4-33　拆垛关节机器人的自动拆垛作业流程

资料来源：https://mp.weixin.qq.com/s/rTIAQTZedTOX6ZLIyLvalg。

2. AI+堆垛机

物流行业需要融合各种新的技术来推动发展，将 AI 应用在物流行业是物流技术发展的重要方向。“AI+”就是从智能化物流装备开始，通过技术手段感知到需要处理的商品的状态，然后利用算法判断下一步的工作，从而实现柔性化、高效率等要求，使装备拥有“思考”的能力。

2020 年，旷视提出“AI+物流”概念，提供端到端智慧物流解决方案，并且全球首发了 AI+堆垛机产品。旷视 AI+堆垛机可以实现盘点、垛形坍塌检测、智能测温等功能，其进行盘点时如图 4-34 所示。AI+堆垛机在作业时，可以“看”到托盘上堆垛货物的五个面，从而计算出堆垛箱子的数量，直接完成盘点工作。同时还可以检测垛形是否有坍塌风险，货垛是否存在损坏、丢失等情况。该堆垛机还可以进行智能测温，监控整个仓库的温度，比现在应用的烟感检测装置更及时，能够在火灾等突发情况发生前发出预警。

图 4－34　旷视 AI＋堆垛机实现盘点功能

资料来源：2020 全球物流技术大会演讲《旷视 AI 助推智慧物流》。

二、年度优秀案例

（一）青岛港全自动化码头二期

在青岛港全自动化码头，高速轨道吊在岸线上一字排开，巨大的集装箱被精准抓起、平稳运输，再缓缓放在指定的位置，自动导引车来回穿梭，而这一切都不需要人工的干预，全部由机械设备自主完成，这就是全自动化码头的全自动化作业。与传统人工码头不同的是，全自动化码头依托于工业互联网，省去了“系统—人—系统”环节中的信息传递，而是通过搭建工业互联网“毛细血管”，实现了全自动化码头信息指令在系统间的“体内循环”。

青岛港全自动化码头（二期）现场如图 4－35 所示。码头于 2019 年 11 月 28 日投产运营，岸线长 660 米，拥有 2 个泊位，设计吞吐能力 170 万标准箱/年，配备 9 台双小车岸桥、38 台高速轨道吊和 45 台自动导引车（L－AGV）。该项目推出了山东港口自主研发、集成创新的氢动力自动化轨道吊，运用 5G＋自动化技术、陆侧全动化技术、智慧监管系统、三维可视化运维平台、基于商业智能的自诊断系统等 6 项原创顶尖科技，以中国“智”造、中国创造向全球港航业贡献了“中国方案”。

青岛港全自动化码头（二期）采用氢动力自动化轨道吊，取消传统的由高压卷盘电缆、卷盘装置、变压器、高压柜、整流器等组成的市电供电模式，以自主研发氢燃料电池组为自动化轨道吊提供动力，不仅减轻了设备约 10 吨的自重，降低了设备机构复杂度，减少了设备维保量和维修费用，而且发电效率高，可以实现零排放，对环境

图4－35　青岛港全自动化码头（二期）现场

保护具有深远的意义。如图4－36所示，氢动力自动化轨道吊以氢燃料电池加锂电池组的动力模式替代了传统燃料，实现了能量回馈的最优利用，使轨道吊每箱耗电约下降3.6%，单机节省动力设备购置成本约20%，以年吞吐量300万TEU测算，每年可以减少二氧化碳排放2万吨、二氧化硫排放697吨①。

图4－36　氢动力自动化轨道吊

① 江东旭．山东港口青岛港全自动化码头（二期）投产运营．[EB/OL]．(2019－11－28)[2020－12－11]．http://news.qingdaonews.com/qingdao/2019－11/28/content_20928940.htm.

青岛港全自动化码头（二期）在全球率先完成了5G + 自动化技术全覆盖。传统码头使用光纤、无线局域网等进行通信的方式，存在通信干扰、高时延、建设运维成本高、灵活性与可扩展性差等问题，难以满足码头繁重的业务需求。青岛港与华为、中国联通等公司联手创新攻关，结合基于5G虚拟园区网的港口专网方案、端到端应用组件，解决了港口自动化设备通信问题。5G + 自动化技术成功实现了在5G网络下岸桥、轨道吊自动控制操作、抓取和运输集装箱及高清视频大数据回传等场景的应用，大幅提高岸桥、轨道吊和AGV的连续作业能力与可靠性，整体提升码头运营效率。

除了氢动力和5G技术外，青岛港全自动化码头（二期）还推出了一系列处于世界领先水平的港口“黑科技”组合。机器视觉 + 自动化技术能够通过AI自动识别场景实现陆侧外来集装箱卡车智能、安全、高效作业，平均每作业循环时间减少25秒，提升堆场作业效率13%。智慧监管系统可以实现自动化码头无人、高效监管，形成了覆盖全作业流程的智能监管解决方案，每箱监管时间节约65%、提升码头效率3.2%①。三维可视化运维平台以三维可视化全视角实时展示港口全貌和生产作业，实时展示岸桥、轨道吊、AGV的作业状态、堆场动态堆存情况和海陆侧交互区作业状态，实现任意时段生产作业历史回放、回溯，具有实时生产信息综合汇总、事件报警、趋势预警等十大功能，让码头公司能真正运用数据进行运营决策。

2020年11月13日，青岛港与中车长江集团长江公司在青岛港全自动化码头举行青岛港集装箱智能空轨集疏运系统合作研发项目签约仪式，标志着全球首创智能空轨集疏运系统将落地青岛港。如图4－37所示，该项目采用智能空轨集疏远系统与AGV、IGV、无人集卡和有人集卡多种交互方式，计划于2021年6月投入运营。项目全线长约9.5公里，年运输能力可以达到150万标准箱②。

船舶大型化是全球航运业发展的重要趋势，各国的航运巨头都在研发制造超大型集装箱船，通过提高单次运载量来降低单位运输成本。码头为了顺应船舶运载量提高的趋势，必须大幅提升码头作业效率，青岛港建设自动化码头是抓住机遇、面向未来的重要举措。青岛港的科技革新也给青岛的发展带来了新机遇、新变化。集装箱物流是高效便捷、高附加值的现代物流形式，建设全自动化码头、提升集装箱装卸的信息化与服务水平，进而吸引众多国际港航巨头、物流企业和外贸企业落地。未来，青岛港将在全自动化码头和“智慧绿色港口”领域贡献更多的“中国方案”“中国智慧”

---

① 刘艳杰．创新中国港口“黑科技”山东港口青岛港全自动化码头（二期）投产运营［EB/OL］．（2019－11－28）［2020－12－11］．https：//difang.gmw.cn/qd/2019－11/28/content_33358325.htm.

② 王丽媛．全球首创智能空轨集疏运系统落地山东港口青岛港［EB/OL］．（2020－11－13）［2020－12－11］．https：//difang.gmw.cn/qd/2020－11/13/content_34367243.htm.

图 4－37 智能空轨集疏运系统概念图

与“中国力量”。

（二）旷视 AI+，携手徐福记打造食品行业智能化升级标杆

2020 年 9 月 11 日，徐福记智造战略发布暨与旷视合作签约仪式在广东东莞举办。徐福记和旷视签署战略合作协议，进一步深化智能制造、智慧物流领域的探索与实践。徐福记要借助旷视在 AI 和物流领域的技术积累和行业经验，建设全方位智慧园区。

徐福记营运总经理虞湛表示，随着“中国制造 2025”战略的不断推进，徐福记持续深化自动化、数字化和智能化的转型升级之路，积极采用创新技术提升企业运营效率，进一步强化企业竞争实力，满足日益增长的消费者需求。旷视智慧物流解决方案提升了徐福记在物流方面的运作效率，提供了坚实的技术支持。旷视联合创始人兼 CTO 唐文斌表示，旷视提供业界首个基于 AI 的智慧物流系统，并以这一操作系统为牵引，加上 AI 视觉技术和差异化的机器人及智能物流装备，为徐福记定制化提供整体解决方案。

1. 企业介绍

徐福记由来自台湾地区的徐氏四兄弟于 1992 年在中国大陆注册创立，公司主要的生产基地坐落于广东东莞，总占地面积超过 50 万平方米，拥有 48 个大型现代化车间、123 条高品质自动化生产线和 450 台高速包装设备。1994 年，“徐福记”品牌创建，主要生产糖果、糕点、巧克力及果冻等休闲糖点食品，散、包装类糖点食品超过 1000 个款式，日产能超过 1600 吨。

北京旷视科技有限公司成立于 2011 年，是全球领先的人工智能产品和解决方案公司。深度学习是旷视的核心竞争力，依托于自研的新一代 AI 生产力平台 Brain + +，旷世专注于个人物联网、城市物联网和供应链物联网三大垂直领域，向客户提供包括算法、软件和硬件产品在内的全流程、一体化解决方案。

2. 徐福记的智造升级之路

自 2017 年起，徐福记就开启了自动化、数字化和智能化的转型升级之路，结合新技术开始不断地进行智能制造的尝试。在这个过程中，借助旷视 AI 技术和智慧物流解决方案，徐福记根据业务场景变化明确不同阶段需求，分期快速迭代的智慧化改造方式，为工业场景智能化升级改造提供了优秀的标杆与示范。

2017 年，徐福记从原材料收货环节开始，实现车辆的在途追踪，并不断用自动化操作代替人工作业，提升了企业运营效率。2018 年，徐福记开始探索车间生产过程无纸化记录。2019 年进一步深入实现了车间数字化改造，实现数据的直接采集与应用。在此基础上，徐福记也开始将 AI 等创新技术应用于生产环节，不断打破技术应用与实际作业业务流程的壁垒。

目前徐福记已经完成了包括无人车间（见图 4 – 38）、智能餐厅、智慧月台等一系列智造项目，从上游供应链到成品出厂，融入了自动化设备运作、数字化管理，正在逐步实现企业管理的智能化。未来，徐福记智能制造将主要从三个方面发力：建立业务流程信息化平台，消除数据孤岛，实现互联互通；加大新技术应用，实现无人无灯运作，达成降本增效；开展数字化运营，用数字驱动运营管理，加快赋能转型。

图 4 – 38　徐福记无人车间

3. 旷视的 AI 助攻

徐福记的智能化升级之路一直有旷视相伴。此前，车间的原材料、半成品、成品等都是通过人工或叉车搬运，劳动强度高且工作效率和准确率无法得到有效保证。作业区域内人流、车流、物流密集，存在较高的安全风险。对此，旷视为徐福记定制打造了点到点 + 货到人 + 智能搬运系统。

据徐福记橡皮糖车间生产部经理阮荣勇介绍，旷视物料搬运 AGV（见图 4 – 39）投入运作后，几乎不用搬运作业人员，整体的运营效率也得到了改善和提升，物料搬运及时率和准确率达到 100%，其自动躲避障碍物的功能也大大降低了车间的安全风险。在减少了人员与产品的接触后，也降低异物掉入产品中的风险，解决了在运输过程中出现的产品异物问题。

图 4 –39　徐福记厂区中旷视物料搬运 AGV 正在托举货物

整个系统以业内首个基于 AI 的智慧物流系统——旷视河图为调度核心，以旷视物料搬运 AGV 为硬件设备自动化实现方式，通过人机协作实现车间内部无尘、“车间—公共月台—发货月台”的自动化搬运，其运输误差可以控制在 10mm 以内。

未来，徐福记还将借助旷视领先的 AI 技术，开展产品外观检测、物体状态分析等多方面的管理应用，将东莞生产基地进一步建设为智慧园区，加快智能制造的步伐。

第五章　包装及单元化技术

包装是指为在流通过程中保护产品、方便储运、促进销售，按一定技术方法而采用的容器、材料及辅助物等的总体名称，同时也包括为达到上述目的而采用容器、材料和辅助物的过程中施加一定技术方法等的操作活动。包装是物流的基本功能之一，也是物流作业的重要环节。从供应链的角度看，包装是生产的终点、物流的起点，在生产环节、物流环节、销售环节分别起到工位器具、物流单元、展示单元的作用。单元化包装指通过一定的技术手段，将单件或散装物品组合成尺寸规格相同、重量相近的标准单元，从而便于装卸、运输、堆码和储存。近年来，伴随着智能技术在物流领域的不断应用、绿色环保发展理念的深入贯彻、国家物流标准化工作的深化推进，包装的绿色化、减量化、循环化、标准化、单元化成为行业研究的重点。因此，本章将从绿色包装技术、循环包装技术、智能包装技术、集装单元化技术四个方面对物流包装技术的最新发展与应用进行介绍。

第一节　绿色包装技术

2020 年 10 月，中共第十九届中央委员会第五次全体会议通过《中共中央关于制定国民经济和社会发展第十四个五年规划和二〇三五年远景目标的建议》，其中明确提出，加快推动绿色低碳发展。强化绿色发展的法律和政策保障，发展绿色金融，支持绿色技术创新，推进清洁生产，发展环保产业，推进重点行业和重要领域绿色化改造。推动能源清洁低碳安全高效利用。发展绿色建筑。开展绿色生活创建活动。降低碳排放强度，支持有条件的地方率先达到碳排放峰值，制定二〇三〇年前碳排放达峰行动方案。“绿色低碳发展”“绿色技术创新”“绿色生活创建”，足以见得我国政府对绿色低碳发展的重视程度。而作为绿色低碳化发展的重要一环，绿色包装也得到了国家、企业、消费者的重视。2020 年已出台多项专门针对绿色化、减量化等内容的政策，对包装产业提出了新的要求，同时也为包装产业提供了良好的发展机遇和巨大的发展空间，部分倡导绿色包装的文件如表 5 – 1 所示。

表 5－1　2020 年部分倡导绿色包装的文件

日期	政策名称	部门	相关内容
2020 年 1 月 16 日	《国家发展改革委 生态环境部关于进一步加强塑料污染治理的意见》（发改环资〔2020〕80 号）	国家发展改革委、生态环境部	到 2020 年年底，我国将率先在部分地区、部分领域禁止、限制部分塑料制品的生产、销售和使用，到 2022 年年底，一次性塑料制品的消费量明显减少，替代产品得到推广
2020 年 3 月 11 日	《国家发展改革委 司法部印发〈关于加快建立绿色生产和消费法规政策体系的意见〉的通知》（发改环资〔2020〕379 号）	国家发展改革委、司法部	加快建立健全快递、电子商务、外卖等领域绿色包装的法律、标准、政策体系，减少过度包装和一次性用品使用，鼓励使用可降解、可循环利用的包装材料、物流器具
2020 年 7 月 10 日	《关于扎实推进塑料污染治理工作的通知》（发改环资〔2020〕1146 号）	国家发展改革委等九个部门	加强对禁止生产销售塑料制品的监督检查；加强对零售餐饮等领域禁限塑的监督管理；推进农膜治理；规范塑料废弃物收集和处置；开展塑料垃圾专项清理
2020 年 7 月 28 日	《市场监管总局 发展改革委 科技部 工业和信息化部 生态环境部 住房城乡建设部 商务部 邮政局关于加强快递绿色包装标准化工作的指导意见》（国市监标技〔2020〕126 号）	市场监管总局等八个部门	力争到 2022 年，全面建立严格有约束力的快递绿色包装标准体系，逐步完善标准与法律政策协调配套的快递绿色包装治理体系，推动标准成为快递绿色包装的“硬约束”，支撑快递包装减量化、绿色化、可循环取得显著成效
2020 年 12 月 14 日	《国务院办公厅转发国家发展改革委等部门关于加快推进快递包装绿色转型意见的通知》（国办函〔2020〕115 号）	国务院办公厅	加强快递领域塑料污染治理，推动重点地区逐步停止使用不可降解的塑料包装袋、一次性塑料编织袋，减少使用不可降解塑料胶带。推动全国快递业务实现电子运单全覆盖，大幅提升循环中转袋（箱）、标准化托盘、集装单元器具的应用比例。推广使用低克重高强度快递包装纸箱、免胶纸箱。鼓励通过包装结构优化减少填充物使用

一、典型技术

随着我国经济社会的发展，快递服务业近年来已经逐渐成为我国现代服务业新的增长点，快递业的高速发展一方面为广大消费者的生活增加了便利，另一方面为消费市场增添了活力。近年来我国快递业务量快速增长，形势较好，但需要注意的是，在快递业务量不断攀升的同时，快递包装废弃物的问题也越发严峻。据统计，我国各类快递包装材料消耗量从2000年的2.06万吨增长至2018年的941.23万吨，预计2025年我国快递包装材料消耗量将达到4127.05万吨，若不加以控制将造成极大的环境污染。当下快递包装行业中，使用一次性快递封装用品仍是主流，其中一次性不可降解塑料包装、一次性纸质快递包装分别存在着难处理、用量过盛等问题。

近年来，随着“无废城市”加快推进建设、国家邮政局扎实推进快递包装绿色治理和“9792”工程，加之最严限塑令落地，包装行业正经历着史上最严格的考验。相关政策的陆续出台要求包装产业向着可持续、绿色化发展。

（一）纸质包装材料替换塑料制品

塑料包装具有价廉、轻便、适用范围广等优势。但是一次性塑料包装的不可降解也会对环境造成极大破坏，“白色污染”问题日益严峻。在寻求塑料包装替代品的过程中，纸质包装成为首选。与其他类型的包装材料相比，纸质包装具有易回收、可再生的特点。作为包装领域中循环经济和可持续发展的代名词，纸质包装在现代包装工业体系中占有非常重要的地位。某些发达国家纸质包装材料占包装材料总量的40%～50%，我国占40%左右①。在“绿水青山就是金山银山”的理念倡导下，必将有越来越多的纸质包装材料替换塑料制品。

牛皮纸作为一种传统的包装用纸，富有弹性、抗水性、防潮性，是理想的销售包装和运输包装②。随着牛皮纸的逐渐普及和广泛应用，加之对包装材料性能要求的逐渐提高，牛皮纸的原料构成发生了很大的变化，从最初的硫酸盐针叶木浆扩展到漂白针叶木浆、废纸打浆等原料的混合使用。近年来随着人们对环保的重视，原料也开始向再生浆和通过FSC（Forest Stewardship Council，森林管理委员会）认证的木浆转变。牛皮纸原料采用再生浆可以有效节约木材资源，而采用通过FSC认证的木浆则可以有效

① 中国包装网. 浅析纸类包装材料的包装性能［EB/OL］.（2013-05-02）［2020-12-12］. https://news.pack.cn/show.174671.html.

② Altra奥创缓冲包装. 缓冲纸——环保防震缓冲包装解决方案［EB/OL］.（2020-06-03）［2020-12-12］. https://www.sohu.com/a/398026720_100172456.

保证牛皮纸材料的环境友好程度，达到对资源的更合理利用和对环境的进一步保护。近年来，牛皮纸在缓冲包装方面的应用更加广泛，经过改造的牛皮纸有了新的应用场景。

一是缓冲牛皮纸垫。缓冲牛皮纸垫的灵感来源于日常生活中普通用纸经过折叠弄皱后会有一定的缓冲效果，但随意的折叠方式不能保证运输过程中物品的安全。通过特定成型器具将纸张有规律地进行折叠积压，就可以形成具有一定保护效果的缓冲牛皮纸垫。

缓冲牛皮纸垫可以做到现用现制，适用范围广，适合各种不同形状、大小、重量的产品包装。使用缓冲牛皮纸垫可以减少同类包装材料 10% ~15% 的使用量，缩减纸箱尺寸约 25%，同时由于缓冲牛皮纸垫占用的库存空间约为其他箱内包装产品的 3%，可以大量节省库存成本。使用缓冲牛皮纸垫进行包装如图 5 -1 所示。

图 5 -1　使用缓冲牛皮纸垫进行包装

二是蜂巢纸。蜂巢纸是以牛皮纸为原材料，经过专业设备成型，使用时通过拉伸形成蜂巢结构的一种缓冲包装纸。蜂巢纸在未经过出纸器成型之前，与一般圆筒牛皮纸体积相当；经过出纸器后，可以延伸 1.68 倍的长度①，可以为企业节约储存空间、减少塑料包装材料的堆积。蜂巢纸作为一种绿色环保的包装方式，为包装缓冲物可持续发展提供了绿色解决方案。

蜂巢纸拉伸后包裹商品可以形成立体蜂窝缓冲垫，其独特的蜂窝结构有着良好的缓冲防震效果，保障被包裹物不易受到剐蹭。同时由于结构特殊，使用蜂巢纸进行包

① Altra 奥创缓冲包装．蜂巢纸一种既环保又绿色的包装产品［EB/OL］.（2020 -10 -10）［2020 -12 -12］. https：//www.sohu.com/a/423671249_100172456.

裹时不需要额外的胶带和裁剪工具，提高了包装效率，减少了其他辅助包装材料的消耗。蜂巢纸以牛皮纸为原料，相比塑料气泡袋，其可降解、易回收、可循环利用的优势是无可比拟的。

（二）减少包装材料消耗

减量化一直是包装材料绿色发展的重点。减量化一方面是直接减少包装材料消耗，另一方面可以选择将易耗材料更换为可多次使用材料。国家邮政局从2019年的“9571”工程（即实现电子运单使用率95%、50%以上电商快件不再二次包装、循环中转袋使用率达70%、1万个邮政快递网点设置包装废弃物回收装置）到2020年的“9792”工程（即“瘦身胶带”封装比例达90%、70%以上电商快件不再二次包装、循环中转袋使用率达90%、新增2万个设置标准包装废弃物回收装置的邮政快递网点），将电商快件不再二次包装的比率又提高了20%，这一变动体现了减少包装材料消耗的迫切性要求。从生产环节到流通环节，生产厂家和快递企业都纷纷针对减少包装材料消耗的问题从自身角度提出了解决方法，创新性地开发了一纸盒（One Paper Box）、“零胶带”环保纸箱、一联单等方案。

一纸盒是小米自主设计研发的一种环保包装方法。顾名思义，一个包装盒只需要用到一张卡纸或瓦楞纸板，无须其他辅助支撑材料，通过一张纸板的折叠即可形成一个包装盒，甚至不需要使用胶水。通过一纸盒的巧妙设计，不但组装过程更加简便，节省了劳动力，而且比传统包装成本降低40%①，为企业降本增效的同时减少了包装浪费，避免了过度包装。

北京良柏环保科技有限公司研发的环保纸箱在减少胶带消耗方面也进行了探索。胶带与塑料是物流包装中污染较为严重的两类，大多数消费者已经熟知塑料包装对环境造成的污染，但是胶带却很容易被忽视。胶带中含有大量聚乙烯，会对长期接触者的皮肤和呼吸系统造成一定的危害；同时聚乙烯需要上百年的时间才能降解，在大气和水源中长时间留存会带来环境污染问题，对其进行焚烧也会产生有害的气态污染物。当前对普通纸箱回收后必须进行胶带剔除工作，但受当前机器操作技术水平所限，剔除胶带时无法将其剔除干净，携带残留胶带的纸箱被打成纸浆进行再生产，将造成恶性循环的污染。

该公司研发的“零胶带”纸箱利用物理学原理，无须胶带即可完成封箱，可直接打成纸浆进行循环再利用，杜绝了胶带带来的直接、间接污染，有着优越的环保性能，

---

① 朝晖．小米的“一纸盒”是怎么做到的？官方科普：大有学问［EB/OL］．（2020-02-26）［2020-12-12］．https：//news. mydrivers. com/1/674/674553. htm.

也能够为企业节约大量的胶带成本。此外，“零胶带”纸箱利用榫卯结构形成特殊的折叠方式，可以实现便捷化的拆装箱操作，克服了当前循环利用纸箱无法复原成纸片的问题。在保证了箱体完整性的同时，提高了纸箱重复使用率，延长了纸箱的使用时间，方便快递员的回收，提高工作效率。

除了纸箱、胶带，面单也是减量化的重点之一。众所周知，面单是包裹的“身份证”，有了面单的包裹才能进入后续阶段，随着快递末端数字化、智能化加速发展，使用智能终端进行签收已经越来越常见，快递员使用 App 就能完成包裹的管理，面单的重要性日益凸显。

苏宁物流于2020 年全新上线一联单，对现有电子面单进行“大瘦身”，面单面积缩小 45%，进一步减少了包装浪费。一联单不仅是模板样式的调整，更优化了仓储、配送、末端等环节的作业流程，代表了快递行业向着智能化、便捷化、环保化的方向发展。这是继隐私面单、电子面单全面推广使用之后，苏宁物流在面单上的又一次重大革新。一联单与原版电子面单对比如图 5 - 2 所示。

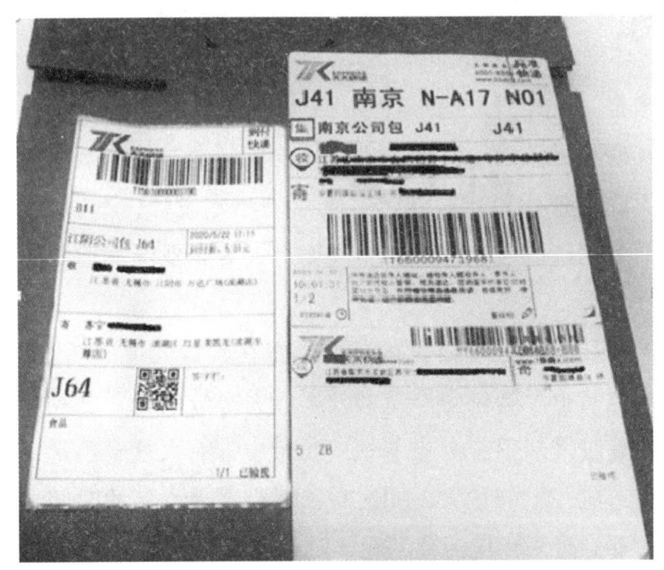

图 5 - 2　一联单与原版电子面单对比

资料来源：http：//www. chinawuliu. com. cn/zixun/202005/26/505378. shtml。

跳出传统快递箱，各大电商、物流企业也纷纷在包装运管行业独辟蹊径，寻求新商机。苏宁物流推出“共享快递盒”，京东物流和菜鸟物流也都推出了可循环包装。这种新型包装箱并不是纸箱，而是各种不同材质的塑料箱。塑料箱比起纸箱最大的优势就是可以多次循环使用，但为了避免塑料箱加剧对环境的污染，使用性能稳定的可降解塑料成为不二选择。可降解塑料已经在汽车、医疗、农业等领域广泛应用，其中聚酯类（PBS）和聚乳酸类（PLA）是制作塑料包装箱、替代传统塑料的良好选择①。

这两类可降解塑料常温下性能稳定，防潮性、耐油脂性和密闭性良好，符合塑料包装箱的要求。以可多次使用的塑料包装箱取代纸箱能够减少包装的浪费，以可降解塑料取代传统塑料能够有效解决塑料白色污染问题。随着国内对环保的重视程度越来越高，聚酯类、聚乳酸类塑料箱的发展前景值得期待。

二、发展趋势

随着经济的不断发展和环保意识的不断提升，包装引起的环境问题也引起越来越多的关注。一方面，包装生产过程中要消耗大量能源与资源并且产生工业废料；另一方面，包装使用后废弃也会造成环境污染问题。因此，包装减量化、易回收、可降解成为行业发展的新诉求。以纸代塑、减量化、提高阻隔性能、材质单一化逐渐成为包装行业的重要课题。

（一）以纸代塑

2020 年 1 月，国家发展改革委、生态环境部联合发布的《国家发展改革委 生态环境部关于进一步加强塑料污染治理的意见》（发改环资〔2020〕80 号）中提出，2021 年起直辖市、省会等地区商超、药店及餐饮打包外卖服务等领域将率先禁塑。在社会公共场所，推广使用环保布袋、纸袋等非塑制品和可降解购物袋；到 2022 年年底，一次性塑料制品的消费量明显减少，替代产品得到推广；2025 年前，国内将逐渐限制、禁止使用不可降解塑料袋、一次性塑料餐具、宾馆和酒店一次性塑料制品和快递塑料袋等。

废弃塑料袋完全降解需要上百年的时间，纸的降解则只需几个月，越来越多的纸质包装被应用到包装领域。随着消费者的环保意识逐渐增强，消费者更加偏向于选择纸质环保材料，相关企业为了满足消费者的健康需求，纷纷开始推出纸制产品以代替塑料产品，“以纸代塑”的呼声越来越高。

以快递袋为例，传统气泡袋以塑料为主要材料，多为一次性使用，使用后难以进行回收，产生了大量的白色垃圾。汉高可回收缓冲快递纸袋是代替传统塑料气泡袋的良好选择。汉高可回收缓冲快递纸袋有着类似纸箱的纤维回收率，可达到 90% 以上，同时在纸袋表面印有可回收标志，可以让消费者快速、准确识别出快递袋的回收价值，便于后续回收和分类，符合绿色环保的发展理念。作为一种包装袋，汉高可回收缓冲快递纸袋对货物的保护功能强大，具有防撞、抗震功能，且相对纸盒降低 20% 以上的

---

① 游伴奏．环保包装材料在电子商务物流包装上的创新应用［J］．今日印刷，2020（2）：45－48.

重量，具有轻质化的特点；这种可回收缓冲快递纸袋提高了包装效率，可以使包装速度提升30%，并且降低了物流运输成本、提高了空间利用率。2020年以来，该纸袋已经成功包装了数亿件电商快件。

（二）减量化

随着我国电子商务的发展与居民消费水平的升级，商品包装的需求量持续走高，包装样式也越来越讲究。不少产品从过去的无包装或散装变成了如今的精致包装，但一定程度上也出现了过度包装的情况。过度包装一方面抬高了商品价格，导致购买同样质量的商品价格更高，也在一定程度上掩盖了商品本身的质量；另一方面，过度包装造成的资源浪费、废弃包装污染环境等问题也得到了社会的广泛关注，成为包装行业亟待解决的现实问题。相关数据显示，中国快递业务量已连续6年位居世界第一，快递业每年消耗纸质废弃物900余万吨，塑料废弃物约180万吨①，并呈快速增长趋势。在国家邮政局实施的“9792”工程中，“瘦身胶带”封装比例和电商快件不再二次包装的比率都成了硬指标，减量化成了政策提倡、企业愿意、消费者期待的大趋势，包装减量化势在必行！

（三）提高阻隔性能

目前市场上使用的快递封装用品主要是纸类和塑料类制品，塑料类包装材料主要包括塑料袋薄膜（不包括珠光袋和填充薄膜塑料）、编织袋、泡沫箱、珠光袋、胶带和填充塑料等，其中普通塑料袋薄膜占比最高。我国塑料薄膜的需求量按照每年9%的速度增长，随着行业的不断发展，塑料薄膜行业的竞争逐渐加剧，已经处于结构性供需矛盾的状态，传统薄膜表现出供过于求，而功能性薄膜、特种薄膜以及高性能薄膜则供不应求。

21世纪以环保为宗旨，为了适应新时代的要求，塑料薄膜的保护性能需要不断提高，包装材料的高阻隔性、无菌性、抗菌性和耐辐射性成为关注重点。在防控新冠肺炎疫情的背景下，医疗物品包装的无菌、不渗漏、抗穿刺等保护性特点的重要性凸显，食品包装的阻隔、抗菌性能更是与每个人息息相关。随着消费品行业产品创新步伐加快，包装创新越来越受品牌商重视，包装材料的功能性需求更加迫切。品牌商希望包装能够带来更高的阻隔性能，以便能更好地保证产品品质，减少浪费，兼顾可持续发展。

---

① 万静．快递“绿包装”从今有了“硬标准”［EB/OL］．（2020-08-13）［2020-12-12］．http：//www.xinhuanet.com/local/2020-08/13/c_1126361361.htm.

（四）材质单一化

环保不仅仅是做减法，回收再利用同样很重要。全国各地陆续推行的垃圾分类政策，将人们的目光再次聚焦到环保型产品和包装上。目前包装产品由多种材料混合而成，在使用后难以分离，导致回收困难，包装产品使用后被丢弃的情况屡见不鲜，如采用不同材料 PET（Polyethylene Terephthalate，聚对苯二甲酸类塑料）、PA（Polyamide，聚酰胺）、EVOH（Ethylene Vinyl Alcohol Copolymer，乙烯－乙烯醇共聚物）或 OPP（O－Phenylphenol，邻苯基苯酚）等混合层压而成的包装，难以逐一分离，在回收利用上具有一定难度。能够回收的混合包装需要花费更多的成本和工艺，且回收率不佳。因此包装尽量采用单一材料制造（即材质单一化），避免混入其他材料，在循环利用时，能够更容易实现分类和回收。

汉高研制的可再打浆 EPIX 阻隔涂层，能够很好地代替传统淋膜纸，解决传统淋膜纸不可降解、不可回收的难题。这种 EPIX 阻隔涂层，不仅可以使纸张再次打浆，还匹配了现有的纸张回收体系，满足循环经济的要求，在节约资源的同时保护了生态环境，实现了可持续发展。

三、年度优秀案例：一撕得拉链纸箱及循环箱

一撕得作为国内领先的互联网包装平台，将数字化和智能化技术应用于创新环保的包装产品，连接包装产业链，提供涵盖整个包装价值链的综合性服务。

“用包装改变世界”是一撕得的信条。针对传统纸箱开箱难、体验差等痛点，一撕得推出一种新型包装箱，为纸箱顶部装上一条拉链，一撕即开，纸箱通体不用胶带缠绕，100% 可回收。一方面减少了胶带对箱体的破坏，增加了拉链纸箱的循环使用次数；另一方面提高了打包效率，打包速度比传统纸箱快 3 倍。一撕得拉链纸箱如图 5－3所示。

2020 年，新冠肺炎疫情给人们的生产生活带来极大影响。随着我国疫情防控进入常态化阶段，后疫情时代下抗菌、消毒产品俨然已经成为人们生活中不可缺少的物品，作为连接消费者和商品之间的纽带，包装的阻隔性能在后疫情时代的常态化防护下变得尤为重要。以拉链包装闻名的一撕得为了解决快递包装安全问题，推出了拉链纸箱的升级产品——拉链纸箱 6.0。

首先，拉链纸箱 6.0 在产品功效方面进行了升级，采用了一撕得研发的绿盾抗菌抗病毒涂层，与普通纸箱相比可以有效抵御细菌和病毒。后疫情时代，卫生也必须得到重视，经过多次流转的包装所带来的接触传播问题不容忽视。拉链纸箱 6.0 为纸箱穿上一层防护服，有效保障了快递包装的安全性。

图5－3 一撕得拉链纸箱

资料来源：https：//www. yiside. com/llbz。

其次，拉链纸箱6.0在双面胶上也进行了重大升级，升级前的双面胶必须通过一定的压力才能黏合充分，包装员工需要封箱后在胶面上刮压一下才算完成，这种情况下极有可能产生大量的不良包装，同时降低包装效率。一撕得推出了全新的厚胶带，这种胶带解决了原有双面胶的痛点，升级厚胶带保持波浪形态不变，胶带厚度加厚、胶颜色变为黄色①，与纸箱更为贴合，极大地提高了胶带的黏性。只需要轻轻地按压一下，无须再进行刮压就能达到强力的粘贴效果，大大提高了包装操作效率。拉链纸箱6.0如图5－4所示。

图5－4 拉链纸箱6.0

资料来源：https：//www. yiside. com/llzxww。

① ZER. 后疫情时代一撕得蓄力向上 拉链纸箱6.0实现99%抗菌性［EB/OL］.（2020－08－04）［2020－12－12］. http：//d. youth. cn/newtech/202008/t20200804_12437017. htm.

从拉链纸箱，到由 30% 淀粉替代部分 PE（Polyethylene，聚乙烯）塑料的环保塑料袋，一撕得除了在绿色化、减量化方面有着创新性的成果，如今一撕得也从智能化、可循环入手，推出了智能循环箱 Nbox。①

Nbox 通过构建物流包装循环系统，以实现运输过程中的数据实时化、可视化，解决传统包装“不能循环、无法统一、标准缺失”等问题，增加箱体可循环次数，为企业降本增效。在箱体材料上，Nbox 采用高纳米材料，防摔、防撞、防水、防高压，与一般材料相比更耐用，不但可以在运输过程中充分确保物品安全，还可以节省二次包装，商家和快递企业不需要再把商品“五花大绑”。在追踪与定位技术上，Nbox 应用 GPS + LBS（Location Based Services，基于位置服务）双重定位技术、RFID 技术，有扫码开箱和语音提醒等功能。产品到达配送地点之后，收件人只需通过手机扫码，系统将自动验证收货人信息，在系统信息匹配后，智能循环箱就能成功打开。当 Nbox 受到外力破坏时，箱体上方指示灯就会亮起，并发出警报声以提醒配送人员及运输司机及时发现。

对智能循环箱的监控与管理也是重中之重。一撕得自建了 Nbox 线上管理平台，可以实现对每个智能循环箱的可视化管理和智能精准调度。有了智能化管理方式，可以保证对每一个智能循环箱及时进行回收再使用，Nbox 可重复使用 50 次以上②。这种安全可控的可视化供应链有助于管控物流运输风险，降低货物损耗，为企业节约物流成本；智能化的精确调度为企业打造了低成本、高效率的可视化供应链，有助于实现智能循环箱的高效调度，减少库存周期，保证供应链的稳定性。Nbox 如图 5 –5 所示。

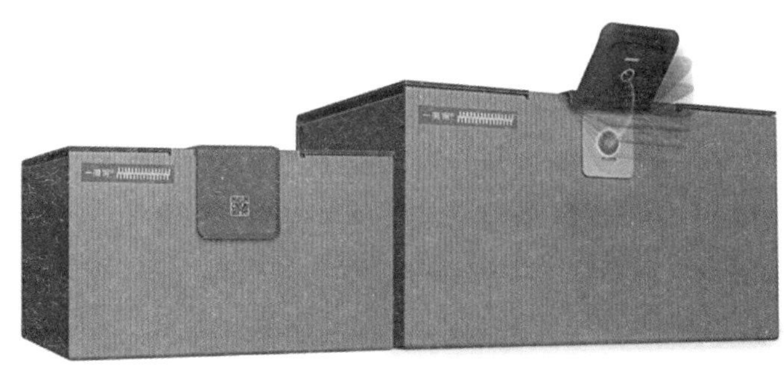

图 5 –5　Nbox

资料来源：https：//www. yiside. com/newsinfo/2108179. html。

---

① 中国邮政快递报．一撕得物联网 CEO 李文珂：智能化是绿色发展的未来出路［EB/OL］.（2019 –07 –18）［2020 –12 –12］．https：//www. yunshuren. com/article –19512. html.

② 一撕得．你以为 Nbox 只是循环箱？其实它是科技宝藏［EB/OL］.（2020 –02 –10）［2020 –12 –12］．https：//www. yiside. com/newsinfo/2108179. html.

第二节　循环包装技术

2020 年，《市场监管总局 发展改革委 科技部 工业和信息化部 生态环境部 住房城乡建设部 商务部 邮政局关于加强快递绿色包装标准化工作的指导意见》中提出，支持快递包装减量化、绿色化、循环化。同济大学循环经济研究所于 2020 年 11 月 19 日发布的《循环包装“屡战绿胜”：2020 年快递业绿色包装节约潜力研究报告（长三角）》显示，长三角“包邮区”应用循环快递包装的最大减塑量可达一次性快递包装塑料消耗量的39%①。据相关统计，我国快递业每年产生的纸类废弃物超过900 万吨、塑料废弃物约为 180 万吨，并呈快速增长趋势，包装废弃物对环境造成的影响不容忽视。目前，循环包装的发展有三个重要的方向需要引起重视。第一，由于物流业目前还没有建立并落实统一的循环包装标准，循环快递箱难以实现“真循环”，回收体系建立难度较大，并且尚未与供应链上游厂商形成联动，各物流厂商的循环快递箱难以互通共用，循环共享体系尚待完善。第二，推进循环包装智能化也是推广循环包装的重要手段。智能化使循环过程得到监管，建立良好的监管机制后循环包装才能在各上游厂商、同类物流厂商中得到使用。第三，要建立良好的协调共享机制，促进循环包装的使用。因此，标准化、智能化、协调化是 2020 年循环包装的重点发展方向，同时也是未来循环包装的发展趋势。

一、典型技术

（一）循环周转箱

宝洁推出的“大绿宝”是快消品行业首次尝试使用的循环周转箱。宝洁率先和京东物流达成合作，使用循环周转箱来取代运输环节中的一次性纸箱，探索 2B 端的循环共享包装。循环周转箱供应商将“大绿宝”供应给宝洁工厂后，宝洁工厂使用“大绿宝”向宝洁分拨中心发货，无须使用一次性纸箱，此后继续用“大绿宝”循环周转箱向客户主仓、前置仓发货。当需要回收时，循环周转箱将按照“前置仓—客户主仓—循环周转箱供应商”的路线返回。宝洁 2B 循环周转箱体系如图 5 – 6 所示。

---

① 佚名．报告显示：长三角快递包装减塑潜力可达 10 万吨［EB/OL］．(2020 – 11 – 19)［2020 – 12 – 12］．https：//www. sohu. com/a/432972592_267106.

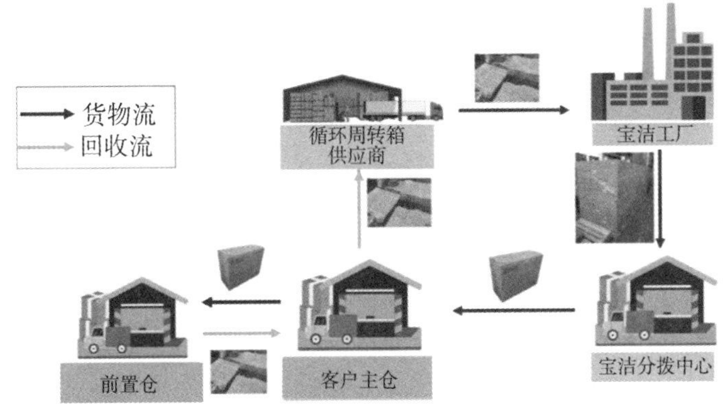

图 5－6　宝洁 2B 循环周转箱体系

资料来源：第三届物流包装技术发展大会演讲《绿色包装创新和循环包装网络建设》。

与此同时，宝洁还积极推动循环包装回收网络的建立，扩大循环周转箱的使用范围。2020 年 9 月，宝洁与供应商和各大电商平台合作，完成回收协议的签订，打通中国第一个电商全渠道 2B 循环周转箱网络。宝洁使用的循环周转箱，可以在这些平台进行回收和再次循环利用。

除了 2B 的循环周转箱外，宝洁也与电商平台进行合作，探索 2C 端的循环回收，于 2020 年 7 月 6 日与京东物流共同宣布“青流计划”，双方将共同开展“尽责尽美，重塑新生”项目，对于绿色物流、包装回收等方面在上海和广州进行多项试点工作，构建可持续发展的商业生态。当消费者在京东平台购买宝洁特定品类的产品时，可以在最终结算界面选择使用循环快递箱，参与“重塑新生”废旧塑料瓶回收活动。

京东物流“青流计划”作为国内首个上下游协同的绿色项目，在 2017 年诞生之后不断完善，并于 2018 年升级为京东集团战略项目，着眼于携手供应链上下游合作伙伴，推动供应链端到端（B2B2C）的绿色化、环保化发展，关注与人类相关的“环境”“人文社会”和“经济”等全方位内容。其中，在循环包装领域，“青流计划”致力于在京东全链路业务中推广使用循环包装，减少一次性包装使用。除了为物流客户提供 B2B 循环包装服务外，“青流计划”还在其他业务中有着各种绿色循环包装。例如，在自营生鲜业务中使用循环保温箱来代替一次性 EPS（Expanded Polystyrene，聚苯乙烯泡沫）白色泡沫箱；分拣中心使用循环中转袋替代一次性 PP（Polypropylene，聚丙烯）编织袋，使用比例在 90% 以上；在前台增加循环包装可选服务，将循环环保理念传达消费者。“青流计划”实施后，已经累计投放使用各类循环箱、循环袋 2 亿余次，打通了 B2B2C 循环包装模式，为循环包装在行业中的全面推广作出了重要贡献。

（二）汽车零部件循环包装共享模式

随着汽车主机厂竞争的不断加剧，成本压力逐渐增大，对零部件的包装和管理要求也日益苛刻。近年来，供应商包装的投入管理按照“自投一次性包装—自投循环包装—租赁循环包装”的趋势发展。

在自投一次性包装阶段，由于纸质包装的单价相对比较低廉、获取比较便捷，成为广大供应商初期的选择方向。但是随着纸质包装的推广，在其使用过程中也出现了一系列问题，比如翻包作业增加物流环节、包装废弃物处置困难等。

随着主机厂物流现场的要求，第二阶段的自投循环包装模式应运而生，其优点在于既能够满足包装的直接上线的要求、减少翻包环节，也提升了防护等级，保证了商品质量。但这种模式也为后期的返空、维护等管理环节带来了困扰。

第三阶段是租赁循环包装模式。供应商、用户可以通过租赁循环包装的模式来解决前两个阶段遇到的问题。通过租赁循环包装模式可以减少资金的占用，由专业团队负责关于包装的整理、回收、维护，省去了关于包装后期的管理，使企业可以专注于生产制造环节，有助于全行业水平的提升。这种模式逐步兴起，近年来逐渐成为主流选择。

循环包装共享模式主要指针对多家客户使用的循环包装箱，通过包装运作网络，实现统一调度、共享使用的模式。比如从始发点开始，A 公司承租循环包装箱，用它给 B 公司送货后使用完成，然后通过 B 公司所在区域的包装管理中心，进行包装的回收。在包装管理中心消毒处理后，将这个循环包装箱提供给 C 公司使用，以此类推。循环包装共享模式借助全国的运作网络以及统一的资源调拨，能够实现循环包装的合理配置。循环包装代替一次性包装，降低了企业的成本，减少了返空环节，提升了交付及时性，优化了企业的资产配置，减少了因产能波动、产品变更导致的资产闲置风险。循环包装运作网络如图 5 -7 所示。

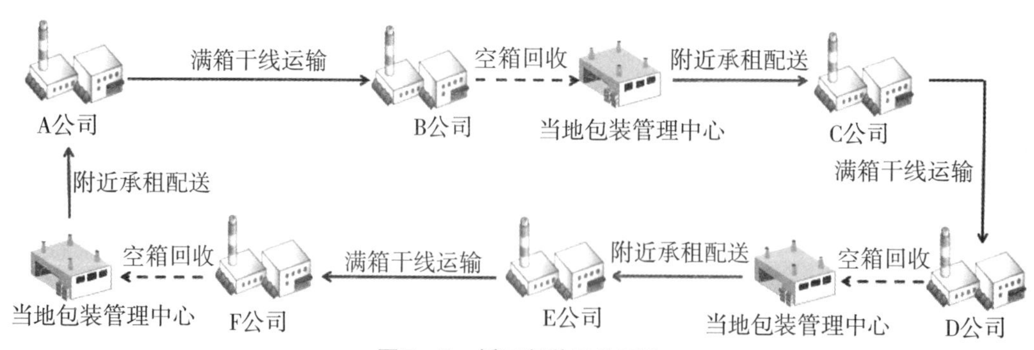

图 5 -7 循环包装运作网络

资料来源：2020 全球物流技术大会演讲《汽车零部件循环包装共享模式探讨》。

保定市长城蚂蚁物流有限公司（以下简称“蚂蚁物流”）是长城汽车集团所属专门从事汽车物流业务的全资子公司。目前公司聚焦整车制造板块，物流业务包括零部件供应物流、整车销售物流，涵盖供应物流规划及实施、整车物流规划及实施、海外KD（Knocked Down，散件组装）包装设计及发运。

蚂蚁物流结合自身实际情况将共享业务分为五大类，分别是设计共享、双轨共享、线路共享、区域共享和柔性共享，针对各品种的包装都分别策划了循环包装共享模式。

设计共享主要是初期阶段的包装设计共享计划。包装设计团队首先考虑如何利用循环包装、标准包装才能更好满足后期循环共享运作的要求。通过对同类零部件通用结构设计、包装器具全散结构设计，实现了后期运作过程包装的共享使用。针对通用包装，尽可能选择标准系列进行方案设计，直接可以实施共享。针对专用器具，蚂蚁物流首先考虑对现有结构进行通用化设计，从而实现外框架的共享。比如有多个型号的发动机框架一致，通过调整内部线位点就可以让操作机械处理多款发动机，在此情况下，只需投入一种带框架和内衬的线位结构即可实现包装通用。其次蚂蚁物流应用了全散式器具，即针对一些一体式器具，通过对关键零部件进行拆解，使用时对不同零部件进行组合，以此满足多种零部件的使用。这种全散式器具可实现各组件的共享使用，提升了包装器具的回收价值，减少了闲置处置成本。一体式器具与全散式器具对比如图 5－8 所示。

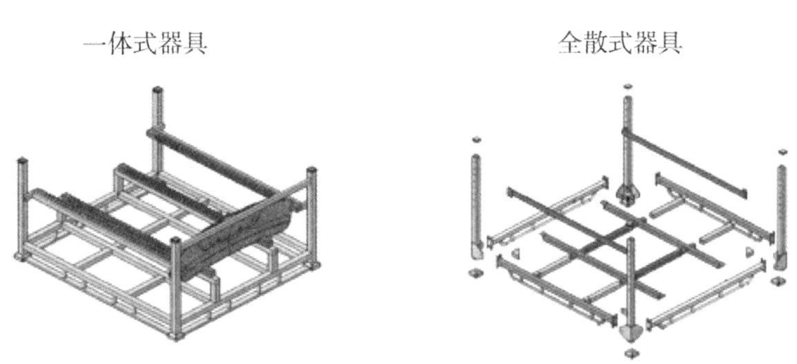

图 5－8　一体式器具与全散式器具对比

资料来源：2020 全球物流技术大会演讲《汽车零部件循环包装共享模式探讨》。

双轨共享即对于同一种产品的不同供应商，实行统一的包装方案及包装资产归属，结合主机厂产量及不同采购量需求进行统一调配，共享使用，避免因为重复投入而造成的数量增加。通过这种方式，实现了包装资产的减少，缓解了各自投入包装带来的资产过剩问题。

线路共享指对于对流厂家线路间通用的包装箱，实施对流共享。以苏州和保定客户举例，两地客户通过包装共享使用，降低返空运作成本。苏州客户由苏州区域的包装管理中心提供空箱，装货完毕以后送到保定的主机厂，然后空箱退出送至其他区域的主机厂。当保定客户需求量少时，保定主机厂退回的包装箱多，这种情况下多出来的包装箱将再次返回至苏州客户；当保定客户需求量大时，所有的包装箱送到保定主机厂都不能满足需求，在这种情况下针对空箱返空问题可以再启动保定区域的包装管理中心以调拨补充空箱剩余，随后满箱运输至其他区域主机厂，再由当地区域的包装管理中心进行空箱回收。这种做法一定程度上能减少返空的环节，实现包装共享，降低物流成本。

区域共享模式同属入厂物流环节，是线路共享的扩大版，其针对整个区域间通用包装箱，实施“异地还箱、区域调拨”，适用于一个主机厂或者一款新车型整体进行前期规划时统一策划，针对这款车型或是这个工厂的所有供应商用户，对所有的包装进行整体分类，实现大范围的区域共享。目前蚂蚁物流在重庆的主机厂开展了区域共享运作模式，业务流程大概分为三个环节，首先进行包装标准制定及包装箱投入管理，并将这些包装箱匹配至各供应商用户；其次针对主机厂退回的包装进行统一管理，包装管理中心将所有的包装按照规格及状态进行整理，同时建立相应的模数，以满足空箱回收整理要求；最后进行返空调拨及计划管理，将包装箱送回供应商处。

最后一个是柔性共享模式，通过推广通用化、模块化结构应用，满足生产线柔性化需求。目前各主机厂都在推广的第三代晶体管，可以通过拆分组装实现和主机厂的器具对接。主机厂调整的时候，生产线的器具也能拆解组装以满足主机厂柔性化改造，通过共享互用来满足生产线柔性调整的需求。蚂蚁物流生产线物流器具解决方案如图 5 -9 所示。

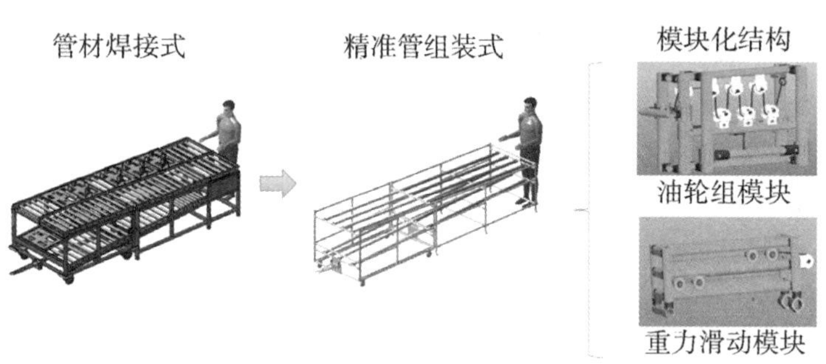

图 5 -9　蚂蚁物流生产线物流器具解决方案

资料来源：2020 全球物流技术大会演讲《汽车零部件循环包装共享模式探讨》。

（三）托盘循环共用系统

托盘的运用场景分为库内静态储存与供应链上下游运输中动态流转两种。服务于静态储存场景的静态租赁指的是企业根据实际需求向托盘租赁服务商租赁相应数量的托盘，但这些托盘只能用于企业内部的储存需求。企业在旺季加大托盘租赁数量，在淡季将富余的托盘退回托盘租赁服务商，托盘租赁服务商再将托盘租赁给其他企业。

托盘静态租赁模式是典型的共享经济模式；但托盘循环共用更重要的价值体现在动态租赁模式下，通过带板运输，实现托盘在供应链上下游企业间循环使用，延伸了托盘的使用范围，优化了供应链模式，提升了供应链效率，降低了综合物流成本。

2010 年以前，企业自购托盘的观念根深蒂固，托盘标准化体系缺失、各项费用高、劳动力成本低等客观因素更是严重阻碍了带板运输优势的有效发挥，此时我国托盘租赁模式以静态租赁为主。2010—2014 年，我国加大了托盘标准化的体系建设，越来越多的企业意识到了租赁托盘更为划算，开始转购为租。2015 年后托盘租赁规模进一步扩大，托盘共用也越来越受到关注，动态租赁的价值逐渐显现，快消品零售、生产相关环节的骨干企业，比如宝洁、沃尔玛、华润万家、京东物流等都开展了动态租赁。2018 年 12 月底，标准托盘租赁市场托盘池规模超过 2100 万片。随着我国治超政策强力实施，车辆装载率问题逐渐得到解决，并且受国内经济下行影响，快消品企业降低库存成本的动力不断增强，加之我国劳动力稀缺问题日益严重，导致车辆散箱装卸模式开始发生改变，我国托盘租赁模式从静态租赁向动态租赁的转变时机已经到来。

招商路凯作为我国主要的托盘租赁服务商之一，依托海外市场超过 75 年的运作经验，积极推进中国市场托盘循环共用系统的发展。最初，招商路凯通过静态租赁模式切入国内市场。招商路凯为客户设立了托盘租赁专用账户，并提供专业客服与 IT 技术支持。除此之外，招商路凯提供的社会化、规模化、高质量标准的托盘维修保养服务，让客户可以使用有服务质量保障的托盘，降低了客户的托盘维护成本，减少使用质量不过关托盘带来的货损问题。招商路凯的托盘租赁和管理服务为客户节约了过度采买、报废、丢失等大量相关成本。

此外，动态租赁模式是招商路凯发展的重点，推动以服务带板运输为核心的动态租赁模式是招商路凯的核心战略。之所以大力推广带板运输，是因为托盘等集装单元载具循环共用系统主要通过供应链上下游之间的动态流转节约成本。带板运输可以大幅度缩短装卸时间，将载具的使用环节延伸至运输环节，使物流配送中实现机械化作业。规模化带板运输是降低库存成本，实现快速补货、越库作业、共同配送等优化措施的前提。通过带板运输，一辆 12.5 米厢式货车的装卸时间可以缩短 80% 以上，从 3 ~ 4小时缩短到 20 ~ 30 分钟①，而且提高了装卸效率。由于装卸效率的提高，车辆周转率也随之提高，从而实现了对运输成本的优化。

招商路凯提供的动态租赁分为交换与转移两种方式。在交换模式下，招商路凯可

① 招商路凯．以专业与坚持打造中国标准托盘循环共用的基础服务体系［EB/OL］．(2019 - 04 - 03)［2020 - 12 - 12］．https：//www.prnasia.com/story/241782 - 1.shtml.

以配合单点客户实现客户内部托盘局部流转。托盘租赁客户与其第三方物流服务商可共享同一账户，两者间通过交换记账等方式实现托盘管理。在转移模式下，招商路凯为不同客户设立专用的托盘租赁专用账户，各客户均可向招商路凯租用或退租托盘，当托盘从一个客户转移到另一个客户时，相应责任同时转移，可依托招商路凯的专业计费与交接管理系统解决供应链上下游载具动态流转中可能出现的使用成本分摊与损失责任界定的问题。招商路凯托盘循环共用模式如图 5－10 所示。

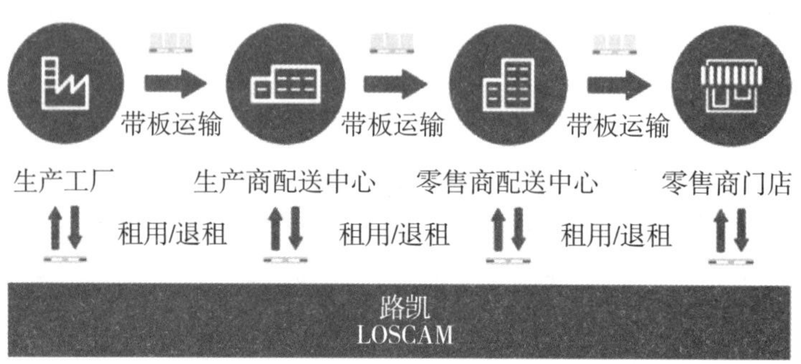

图 5－10　招商路凯托盘循环共用模式

资料来源：https：//www. loscam. com. cn/gxms/index_103. aspx？ lcid＝24。

二、发展趋势

（一）标准化

随着国民经济由高速增长向高质量发展转型，生产组织方式加速向供应链模式变革，作为供应链关键一环的物流包装，标准化成为其越来越迫切的要求。标准化是包装循环的基础，没有包装的标准化，供应链上下游企业难以共用包装器具，行业监管也有一定的难度。因此，近年来从政府部门到各企业都为包装标准化贡献了一份力量。以托盘为例，目前我国现行托盘标准已经达到了 38 项，主要包括《托盘共用系统木质平托盘维修规范》《托盘共用系统管理规范》《托盘共用系统电子标签（RFID）应用规范》《托盘共用系统塑料平托盘》等。标准体系的建立和相关利好政策的出台带动了一大批循环包装企业的热情，循环包装标准化必将成为未来发展的重点。

（二）智能化

在物流包装循环共用过程中，对包装的实时追踪与监测是关键。传统管理模式下极易存在数据盲区，如果不解决这一问题，将直接导致越来越多的客户失去信任。同时企业为了管理这些包装，还需要额外配备管理人员。在箱箱共用方面，数据盲区会导致包装物整体利用率低于 50%，年平均周转低于 4 次，并且将导致每年高达 15%～

20%的丢失率①，严重制约着物流包装循环共用发展。智能化是解决此问题的途径之一。通过融入物联网、大数据、云计算、人工智能等新兴技术，驱动循环包装与智慧供应链更好融合；通过智能化手段解决包装丢失问题，减少数据盲区。利用5G、传感器等新兴技术促进物流包装循环共用，是未来的发展方向和重点。

（三）协同化

2019年3月，国家发展改革委等24部委联合发布《关于推动物流高质量发展促进形成强大国内市场的意见》，其中重点强调了支持集装箱、托盘、笼车、周转箱等单元化装载器具循环共用服务运营体系的建设，鼓励采用公共“物流包装池”的循环共用模式。4月，国家发展改革委会同商务部等部门，针对电商、快递物流包装问题再提政策措施，推进电商物流标准化，发展单元化物流，推广标准托盘、共享快递等可循环物流设施。循环包装之所以能够循环，与供应链上下游企业、同类企业之间的合作协同是分不开的。供应链上的行业和环节进行综合统筹协调才有利于促进循环包装的发展。开放式循环共用系统的建立需要协同和集结各方力量，只有各企业之间协同发展，促进循环包装协同化发展，才能建立良好的包装循环生态圈，惠及生态圈内各企业。

三、年度优秀案例：山东省大力推广标准托盘应用

2018年，财政部办公厅、商务部办公厅发布《关于开展2018年流通领域现代供应链体系建设的通知》（财办建〔2018〕101号）。部分省份积极响应国家政策，在省级层面也出台了一系列政策文件，积极推广托盘标准化工作。

按照“物”“流”“链”三方面标准化的思路，首先推动“物”的标准化，即推动标准周转箱、标准托盘的大范围应用及循环共用，推动标准化理念深入人心；其次推动“流”的标准化，推动带板运输、按托订货、按托交货等单元化作业，提升物流各环节交接效率；最后推动“链”的标准化，采用GS1（Globe Standard 1，全球系统）编码技术，推动物流编码的统一与规范，使托盘、周转箱由装载单元变为信息单元。

确立了指导思想后，山东省一方面强化顶层设计，成立山东省商贸物流标准化技术委员会，组建了山东省标准托盘（周转箱）循环共用联盟，搭建起山东省商贸物流公共服务平台；另一方面在淄博、烟台、济南、潍坊等地推进标准化试点工作，并于2019年开展试点城市与非试点城市供应链“结对子”建设，推进生产企业、物流企业与商贸企业的合作。

同时积极参与标准制定，在农产品流通环节推广“一贯式”“一触式”作业，在

---

① 林振强．物流包装循环共用新发展［J］．物流技术与应用，2019，24（11）：80－82.

农产品流通企业、农产品市场、农民专业合作社等推广“托盘 + 周转箱”一贯化作业，作为农业大省，山东省仅蔬果年产量就有 1.3 亿吨，因此该举措的推广意义重大。2017 年，山东省商务厅印发了《关于促进蔬果标准化周转箱循环共用的指导意见》，明确到 2020 年年底，省内标准周转箱循环共用体系基本形成，蔬果标准周转箱应用比例大幅提升，循环共用体系逐步延伸到京津冀、长三角等地区。

此外，在宣传培训方面，先后组织了试点城市商务主管部门及企业负责人赴澳大利亚、新西兰重点考察招商路凯、集保两大托盘、周转箱租赁企业，学习借鉴其运营模式和经验；在上海、南京开展了物流标准化培训，通过组织全省商务主管部门及部分企业负责人进行学习考察，开阔了眼界、拓展了思路、看到了差距、明确了方向。

通过全省上下一致努力，托盘标准化取得新进展。物流标准化试点城市和企业从托盘、周转箱标准化切入，带动供应链上下游带板（箱）运输，带动物流设施设备标准化提升，试点工作取得了提效率、降成本、减损耗的明显成效。货损率降低至试点示范开展前的一半，带板运输率从试点示范开展前的 1.99% 提高到 21.23%，装卸搬运单位成本、企业物流成本占主营业务收入的比重大大降低。改造或新建仓库面积近 40 万平方米，购置配套叉车 103 台，购置运输车辆 190 辆，带动社会投资总额 13.52 亿元。试点成效如表 5－2 所示。

表 5－2　试点成效

时间截止	货损率（%）	装卸搬运单位成本（元/吨）	企业物流成本占主营业务收入的比重（%）	带板运输率（%）	托盘标准化率（%）	车辆周转率（次）
试点示范开展前	0.80	49.4	37.20	1.99	8.90	1.25
2016 年 12 月底	0.79	44.61	35.03	2.39	28.38	1.56
2017 年 6 月底	0.44	33.86	27.33	9.98	29.47	1.76
2018 年 6 月底	0.40	24.79	21.20	21.23	32.20	1.90

通过托盘引领物流标准化的发展，现在已经形成了链主带动模式、跨区联动模式、“数码托盘”开放共享模式和周转箱一贯化作业模式。

链主带动模式可以积极发挥商贸、物流企业在供应链中的核心作用，带动上游供应商带板运输，促进托盘标准化及循环共用。如家家悦集团通过“自购 + 租赁”相结合的方式，标准托盘总数达到 10.8 万块、周转箱 41 万只，实现了上游供应链—配送中心—门店的带板运输。家家悦集团生鲜配送日人均 60 吨，常温配送日人均 6508 件，两者分别提高 49.54% 和 43.4%。新星集团自购标准化托盘 8 万个，成立新源托盘租赁企业，将托盘免费提供给上游供应商，目前公司 300 多家供应商中已有 46 家实现带板运输，带板运输量月均 11360 块，带板运输率达 15.3%，带板运输后酒水破损率由 0.05%降到 0.02%，每年减少货损 100 多万元。

跨区联动模式下，试点企业从托盘的标准化切入，由自购到租赁、由静态到交换，逐步实现供应链上下游企业之间、区域之间、行业之间的托盘交换或循环共用。德州市鑫北方物流有限公司是一家专业第三方物流企业，自开展物流标准化试点以来，从德州到上海专线实施带板运输，由试点前的每月 5 圈提高到每月 7 圈，运输效率提高了 40%。

通过推动“物联网 + 托盘”物流信息平台建设，撮合托盘的使用、租赁企业，积极探索“数码托盘”开放共享模式。山东阿帕数字技术有限公司为每个托盘建立“身份证”，实行“一托一证”，已认证数码托盘 22 万片，建有托盘服务网点 96 个，整合承租商 126 家，在试点企业推广使用“数码托盘”，实现“数码托盘”在山东区域全覆盖，带动供应链上下游企业打造“数码托盘”开放共享模式。

山东省是农业大省，推广标准化周转箱，实现农产品从田间地头到销售终端的全程不倒箱，形成标准化的周转箱一贯化作业模式，意义重大、潜力巨大。淄博众得利农贸公司主要为物美、永辉等大型超市供应农产品，购买和租赁标准化周转箱 28 万个，实现了从农村合作社、种植大户到批发市场，再到大型连锁超市的循环共用，标准化周转箱使用率达 80% 以上，物流总成本降低 30% 左右，蔬果收发货效率提高 2 倍。蒙阴万华食品有限公司主要从事果品经营，租赁标准托盘 8000 个、周转箱 5 万个，与上海西郊国际农产品交易中心、上海市江杨农产品批发市场达成合作协议，从田间地头到批发市场实现带板运输，每天发送蜜桃等果品 6 万斤，通过“标准托盘 + 周转筐”运输模式，果品损坏率平均降低 15%，每车（按载重 10 吨计）节约装卸等费用 3060 元。

第三节　智能包装技术

包装工业属于服务型制造业①，与国计民生密切相关，在国民经济和社会发展中具有重要地位。材料科学、计算机技术、现代控制技术、人工智能等相关技术的进步带动了智能包装的飞速发展。从《中国包装工业发展规划（2016—2020 年）》《工业和信息化部 商务部关于加快我国包装产业转型发展的指导意见》可知，包装工业的发展重点是：面向建设包装强国的战略任务，坚持自主创新，突破关键技术，全面推进绿色

① 陈克复，陈广学．智能包装——发展现状、关键技术及应用前景［J］．包装学报，2019，11（1）：1－17，105.

包装、安全包装、智能包装一体化发展，有效提升包装制品、包装印刷、包装装备等关键领域的综合竞争力。为了推动智能包装的快速发展，《中国包装工业发展规划（2016—2020年）》提出以智能包装为两化深度融合的主攻方向，推进生产过程智能化，着力发展智能包装商品，大力提升包装产业信息化水平。因此，智能包装在我国获得了快速发展的新契机，被赋予了新的意义和使命，已成为我国现代包装行业新的发展方向。

一、典型技术

（一）智能包装设备

随着市场需求变化和技术发展，尤其是随着微电子技术、磁性技术、信息处理技术等高新技术的发展，物流包装设备创新速度明显加快，并呈现出自动化、智能化、标准化、系统化、多样化与实用化等趋势。尽管我国物流包装发展如今已取得明显进步，但随着市场需求变化和技术发展，还是对物流包装研发提出了新的要求。

1. LayerPicker Flex－R机械臂①

当前大部分的拣货机械臂都应用在拆零拣选或整箱拣选上，处理的对象大多为单件商品或单个纸箱，夹具多为吸盘吸取或夹取的形式。LayerPicker Flex－R机械臂作为一款处理托盘上单层或多层货物的机械臂，可完成多项作业，同时执行8项任务。

很多市面上常用的料箱侧面都是一个梯形结构，这些料箱堆码在托盘上时，料箱与料箱之间就会存在缝隙。如果单纯以夹取或吸取的方式移动托盘上的多个料箱，则会因为中间的缝隙而无法稳定移动。在快消品零售商的仓库中，商品的包装更加复杂，除了纸箱和料箱包装以外，还有塑封的矿泉水包装、泡沫箱包装等。LayerPicker Flex－R的特殊之处就在于可以处理单层甚至多层的不同类型、形状的货物。

LayerPicker Flex－R机械臂（见图5－11）移动到目标托盘后，会放下方形起重头，起重头框架内部是一层高强度塑料薄膜，当货物位于起重头框架内时，塑料薄膜会迅速膨胀，包裹住内部的货物。同时，247个阀门从上方吸入空气，形成真空环境，让货物得以在封闭的框架中轻松、安全移动。LayerPicker Flex－R机械臂作业如图5－12所示。

① 物流沙龙．任何包装均可处理，可同时执行8项任务，这样的机械臂你见过吗？［EB/OL］．（2019－11－09）［2020－12－13］．https：//www.sohu.com/a/352729612_168370.

图 5 - 11　LayerPicker Flex - R 机械臂外部

资料来源：https：//www. sohu. com/a/352729612_168370。

图 5 - 12　LayerPicker Flex - R 机械臂作业

资料来源：https：//www. sohu. com/a/352729612_168370。

LayerPicker Flex - R 机械臂既可以用于物流作业场景中的码垛、拆垛、托盘更换，还可以用于批量拣货、补货，可谓是一“手”多用。此外，一台设备周围可以放置 8 个托盘，这意味着机械臂可以同时执行 8 项任务。

2. 京东物流智能包装机①

京东物流依托其智能耗材推荐系统“精卫”，整合磁悬浮打包机、气泡膜打包机、枕式打包机、对折膜打包机等 18 种智能设备，实现了针对气泡膜、对折膜、纸箱等包装材料的统筹规划和合理使用，形成了软件硬件一体化的智能打包系统的解决方案。

① 腾讯科技．京东物流推电商行业首个全链路智能包装系统，效率提升 5—10 倍［EB/OL］．(2019 - 06 - 26)［2020 - 12 - 13］．https：//tech. qq. com/a/20190626/007254. htm.

智能包装系统是京东物流自主打造的，集软件、硬件于一体，几乎覆盖所有品类，360°全场景、全链路、闭环式的物流行业解决方案，是继“竖亥”（一种能够自动测量商品的外观尺寸和重量的智能设备，可以对商品的尺寸、体积、重量等属性进行自动化精准测量）、外骨骼机器人、单件分离系统、冷链货到人系统、秒收系统、IoT 分拣系统之后的又一次创新成果。

智能包装机是京东物流在智能设备的应用创新中颇具系统性、业务场景广泛的智能应用，包括磁悬浮打包机、枕式打包机、对折膜打包机、气泡膜打包机等各类高效能的机器设备 18 种，它们能够忠实地执行“精卫”发出的耗材使用指令。

在磁悬浮打包机的作业场景下，自动抓取纸箱、热熔胶技术、自动标签校验等技术的集成应用，使得打包效率大大提升。

在订单处理的整个流程中，打包是极其关键且必不可少的一个环节。纸箱包装环节包含折箱、封底、装箱、填充、封箱、贴标、校验等多个工序，流程烦琐、耗时耗力。京东物流应用智能包装机，可以通过视觉识别、机械手抓取、3D 视觉等先进技术实现自动包装操作，极大简化人工操作流程，降低员工劳动强度的同时提升了运营效率，其效率是传统打包方式的 5 ~ 10 倍。同时，自动打包设备在一定范围内可按照商品的规格尺寸量体裁衣，避免纸箱、包装袋、胶带等多种耗材的浪费。

京东物流的在库 SKU 已达千万级，涉及 3C、母婴、快消、服饰等品类，其包装耗材的种类、款式、用途也各不相同，目前，京东物流仓库内的包装材料多达 1500 种，单包装箱这一类目之下，就有着几百种不同材质、不同尺寸的选择。仅仅靠传统的人工操作方式，要让每一份包装材料都物尽其用是不可能的。京东物流给出的解决方案是，先由“精卫”选择相应的包装耗材，再由智能包装机进行实景作业，实现打包的标准化、智能化。这样既能满足商品包装防护要求，又能精准匹配订单规格。

“精卫”是京东物流在包装耗材推荐方面的一项创新，可以根据不同订单类型自动计算与商品最匹配的包装类型，确保包装材料的精确使用。数据显示，2019 年 3 月，北京某 3C 仓库中“精卫”的包装材料推荐准确率在 96.5% 以上，实现了包装材料的降本增效。京东物流智能包装机如图 5 - 13 所示。

智能和环保是京东物流进行现代化物流基础设施建设的重要理念，京东物流希望在全球智能供应链基础网络（GSSC）的搭建中，与生态链上下游合作伙伴一起联动，以共创美好生活空间、共倡包容人文环境、共促经济科学发展为三大目标，共同建立全球商业社会可持续发展共生生态。

图 5 - 13　京东物流智能包装机

资料来源：https：//tech. qq. com/a/20190626/007254. htm。

（二）智能包装工艺

长久以来，大部分仓库遵循着“总拣—分拣—包装”的传统发货流程，必须按既定顺序依次进行，同时各环节还要增设校验过程以确保环节之间的准确交接。这造成了仓库发货出现流程繁复、任务割裂、错误率高等现象，同时出现的还有因为分别设置环节而导致的浪费。例如，场地空间浪费、人力和设备使用浪费、包装耗材浪费等。环节之间的效率不平衡时，瓶颈就会显现。而在上海临港顺丰 DHL 某汽配售后仓库中，汽车零配件形状各异更是加剧了上述现象对供应链的不利影响，尤其是包装环节。

在这种背景下，一种新的操作方式——Pic2Go① 应运而生，其精简流程如图 5 - 14所示。结合了对仓库历史数据的分析以及多年的物流运作经验，Pic2Go 的重点在于剔除一切不必要和重叠的操作，只保留最精简的和最纯粹的流程。正如“Pic2Go”的字面翻译，仓库的发货操作实现了“即拣即走”的极简模式，操作人员从货架上拣货之后，可立即完成装箱。整个流程中直接取消分拣与包装环节，分拣校验的复核也将自然从流程中消失，这样既提高了仓库的发货效率，也降低了操作人员的操作复杂度。

① 顺丰 DAL 供应链 . Pic2Go“即拣即走”模式在汽车零配件仓库的实践［EB/OL］.（2020 - 06 - 12）［2020 - 12 - 13］. http：//www. logclub. com/articleInfo/MjI5MzQtYzc3OTg2ZjA.

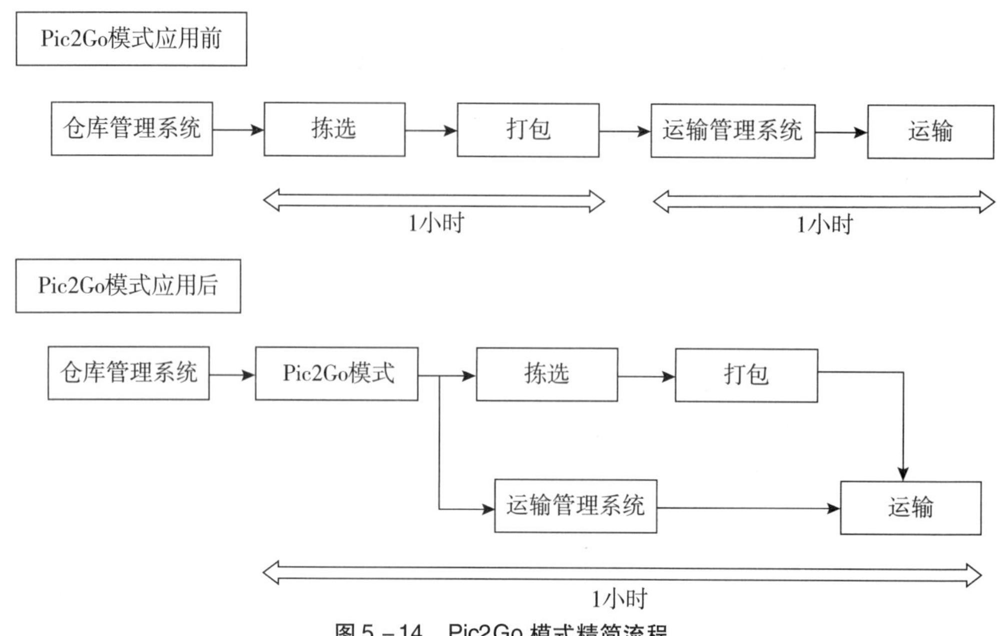

图5－14　Pic2Go 模式精简流程

资料来源：http：//www. logclub. com/articleInfo/MjI5MzQtYzc3OTg2ZjA。

运算前置是 Pic2Go 的核心，它可以在拣货开始前计算出应该使用的最佳箱型，在拣货开始前就合理分配任务到每个人。在没有 Pic2Go 的情况下，员工通常凭借经验得出箱型选择的结果，但是往往存在差异。因此，人工作为传统发货模式的核心，无法做到精确运算前置，尤其是对复杂问题的精确计算。在仓库发货环节中，装箱就是一个经典的复杂问题。

在装箱过程中，操作人员的装箱水平与订单中货物的种类及体积，包装箱种类的复杂度呈负相关，即操作人员面对的货物种类越多，货物的体积差异越大，可选的包装箱种类越多时，装箱水平越低，具体表现为装载率低、使用箱型不经济、包装不合理导致货物破损等。为了帮助操作人员精准计算出使用的最优箱型，Pic2Go 采用了一套用于对每个 SKU 三维尺寸、包装特性等数据的收集算法，能在取得订单信息的数秒内精确选择当前订单的出库包装。这样，每个出库箱既提供了合理的装载率，又兼顾了包装材料自身的最优成本。

操作人员取得订单后即获得了最适合的发货包装，拣选正确的商品放入出库箱内，至此其在拣货流程中的工作就完成了。在此过程中，智能指环和 AMR 等作为辅助技术，协同 Pic2Go 将精简后的流程切割为上箱、分拣和卸箱三个环节，每个操作人员只需按照智能手表和 AMR 屏幕指令进行简单操作。新员工只需简单培训便能上岗操作，供应链运营中的旺季员工培训问题也就迎刃而解，同时设备上的防错机制也让准确率维持在 99.99%，极大地提升了工作效率。操作人员用 Pic2Go 配合智能指环和 AMR 的拣货场景如图 5－15 所示。

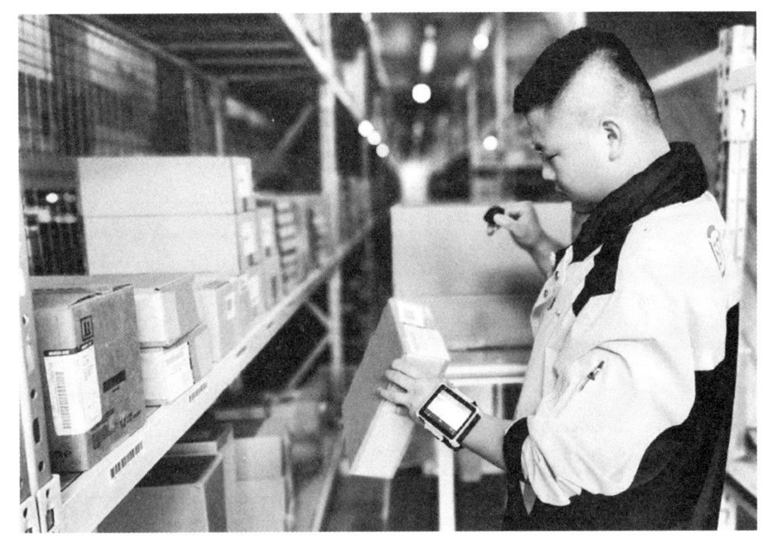

图 5－15　操作人员用 Pic2Go 配合智能指环和 AMR 的拣货场景

资料来源：http：//www. logclub. com/articleInfo/MjI5MzQtYzc3OTg2ZjA。

Pic2Go 模块化的开发也带来较短的实施周期——在算法与软件成形后，顺丰 DHL 汽车汽配售后仓库第一个 Pic2Go 项目经过 1 个月的测试、梳理和打磨，终于落地。通过运行后实际数据与历史数据的对比分析，使用 Pic2Go 后的发货总效率提高了 38%，发货包装材料成本降低了 20%，同时由于货物总体积减小，抛货运输成本降低了 15%。

（三）智能包装应用

ZETag 云标签①（见图 5－16）是基于 ZETA LPWAN（低功耗广域物联网）研发的一种标签识别技术，可嵌入托盘中实现智能化托盘的升级，让托盘从易耗品变成资产管理品。据悉，ZETA 是由纵行科技自主研发，具有全国知识产权认证和资质，是全球首个支持分布式组网和首个为嵌入式端智能提供算法升级的 LPWAN 通信标准，也是国内首家被日本、新加坡等发达国家运营商应用的广域物联网技术的非授权频段的 LPWAN 标准。

在 LPWAN 技术中，ZETA 具有技术领先优势，通信距离为同类技术的 2 倍，并通过芯片模组、自组网等成本管控，使得 ZETag 云标签具备超低成本的竞争力，为在成本敏感的物流行业广泛应用提供了可能。

---

① 纵行科技．中物联托盘委发布托盘数字化管理报告：物联技术或将成为应用主流［EB/OL］.（2020－09－24）［2020－12－13］. https：//www. zifisense. com/news/167. html.

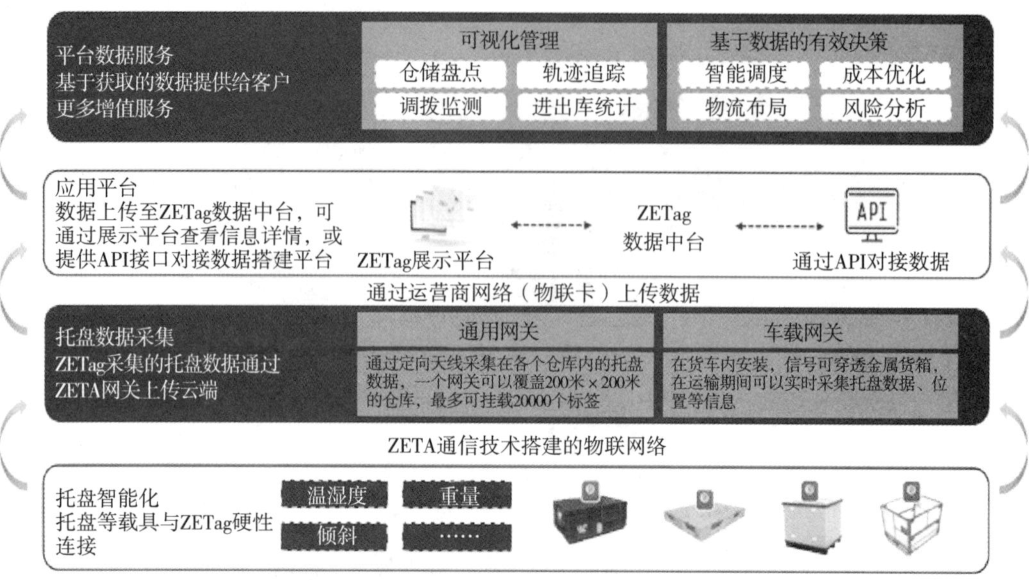

图 5－16　ZETag 云标签解决方案框架

资料来源：https：//www. zifisense. com/news/167. html。

ZETag 云标签是国内首家实现低成本广泛商用的传感标签，具有超广覆盖、低功耗等优势，成本是同类技术的三分之一，并能支持大容量并发，最长可使用 5 年，网络穿透性强，在仓库、车内金属环境下信号稳定，适合托盘流转等跟踪。ZETag 云标签的应用场景包括自动盘点、实时出库/入库统计、闲置率/使用率统计、调拨监测、轨迹追踪等。

作为新一代的标签技术，ZETag 云标签有别于 RFID 需人工扫码的传统形式，可以极高的频率发送上行数据，当托盘以 5.08 米/秒以下的速度进出仓库门时，能进行有效的数据统计，全程无须人工介入。同时，托盘租赁企业可根据 ZETag 低成本搭建完善的业务模型，实现管理效率和收益的提升。

目前，中国邮政、睿池、日邮物流等物流头部企业正在推进 ZETag 云标签商用化。作为 LPWAN 技术的新势力，随着 ZETag 产业链的逐步完善和行业应用案例效应逐步释放，其在物流行业的应用将逐步深入，通过多元化发展，精准解决物流行业不同场景不同应用的痛点，助力托盘管理乃至物流的数字化发展。

二、发展趋势

（一）智能包装技术水平持续提升

智能包装技术发展迅速，目前已升级至第二代技术。第一代智能包装技术基于光学视觉识别，主要是通过光学特性实现防伪、防盗、追踪等功能，其特点是采用的技术单一；第二代智能包装技术将印刷电子、RFID、柔性显示等新型技术融合，使商品和包装更有亲和力，使人机交互式沟通更加便捷，凸显了物联网特性。今后，随着印刷电子和5G技术的发展，作为物联网入口的智能包装必将迅速发展，使物联网产业向更加广阔的领域发展。

（二）智能包装与绿色循环包装的结合日益深入

随着我国快递业等新兴产业迅猛发展，快递包装物的使用量也呈几何式的增长，2019年达到635.2亿件，连续5年位居世界第一。一年产生的固态垃圾超过800万吨，而中国每年完成的快递件数还在高速增长。伴随着快递业的高速发展，封套、包装箱、包装袋、胶带等快递封装用品的使用量同步增长，所带来的资源消耗、环境压力等问题必须高度重视、有效应对。积极应用低污染、低消耗、低排放，高效能、高效率、高效益的绿色环保封装用品，已经成为推动快递业健康和可持续发展的必然要求。快递业的绿色发展一直是政府和社会关注的重点，推广绿色环保的包装物，是整个行业健康、可持续发展的必然趋势。智能共享快递盒是在快递和电商领域逐步推广的一种绿色环保包装物，它可以减少传统纸箱的使用和对森林的破坏，提高社会资源利用率，节省社会资源。快递企业和电商企业通过循环使用智能共享快递盒，既可以降低成本，又能做到低碳环保，实现包装智能化。

（三）智能包装应用场景不断拓展

在智能包装技术得到大力发展的同时①，其落地应用的场合也越来越多，尤其是在人们日常消费领域，主要应用在防窜货、防伪、加大与消费者之间的互动以及进一步提升品牌影响力。互联网的普及也推动了物联网技术的落地应用，尤其是在物流方面得以广泛使用。不少周转器具，如托盘、周转循环箱，通过条码、RFID技术以及移动通信技术的结合，运用识别装置可以更多、更快地获取产品信息；也可以通过器具实现与货物的绑定，这样就能进一步实现实时查看货物流转状态以及货品是否丢失的情况。

三、年度优秀案例：中包物联“智能循环包装打造可视化供应链”

中国包装科研测试中心成立于1988年，隶属于中国包装总公司，是中国唯一专业从事包装科研、测试、设计服务的国家级机构，2018年成立混合所有制中包物联网科技有限公司（以下简称“中包物联”），重点研究循环包装的智能化改造。中包物联通过研发货安达智能包装模组管理循环包装，全过程监测包装的运输状态、使用情况，

① 黄昌海，卢超．浅谈智能包装及未来发展趋势［J］．上海包装，2018（10）：25－27.

向客户提供调度和管理信息，在感知和识别包装在运输过程中的各种风险、包装的使用状态方面积累了一定的经验和成果。

传统意义上的智能循环是指包括加装二维码、RFID 标签等，实现定位追踪、采集温湿度信息等功能，为货物运输过程提供支撑。中包物联研发的货安达智能包装模组可以实时感知循环包装的使用状态、识别循环包装在所有运输环节中的风险，为货物运输安全提供全程的数据化保证。为满足模组在采集和传输信息过程中的供电需求，同时满足低碳节能、绿色方便的要求，中包物联为模组设计了低功耗解决方案，通过使用低功耗、长寿命的自带锂电池实现自供电，保证 5～10 年不换电池，供电时长与包装生命周期一致。中包物联研发了名为“IoP 通信模组”的通信解决方案，0～10 公里直接满足通信任务要求，10 公里以上使用运营商的通信模组。通过将 IoP 通信模组与移动通信技术融合，实现全过程数据不断点，避免基于局域网的传统通信解决方案产生的断点问题。

通过导入此类智能模组，中包物联建立了货安达智能包装运营管理系统（见图 5－17），使用统一的通信标准和数据标准为全社会化的包装共享提供数据接口。该系统通过登录账户管理，实现项目专属平台的信息可视化，共享物料状态信息，支持远程协同管理，具体包括物料品类管理、包材调度管理、仓储系统管理、维护作业管理、资源报警管理等功能。货安达智能包装产品如图 5－18 所示。

目前智能模组除为金属、塑料、木质等各种材质的托盘提供解决方案外，在智能循环料架、智能循环卡板箱、智能循环围板箱方面也进行了应用和验证。中包物联利用智能模组实现降低货损、节约成本、高效调度、减少库存周期、保证供应链供线安全的目标，为客户了打造安全可控、低成本高效的可视化供应链。

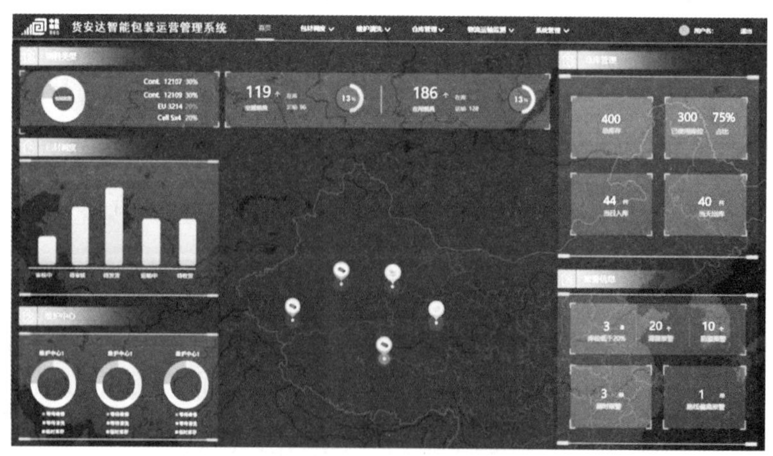

图 5－17　货安达智能包装运营管理系统

资料来源：2020 全球物流技术大会演讲《智能循环包装打造可视化物流供应链》。

图 5－18　货安达智能包装产品

资料来源：2020 全球物流技术大会演讲《智能循环包装打造可视化物流供应链》。

第四节　集装单元化技术

集装单元化是以集装单元为基础而进行的运输、装卸搬运与存储等的物流活动。它是物流现代化的重要标志，本质是要形成由货物单元、集装器具、物料输送和搬运设备等组成的快速、高效地进行物流每个功能运作的集装单元化系统①。集装单元化物流器具主要包含周转箱、托盘、集装箱等几类。根据中华人民共和国国家标准《物流术语》（GB/T 18354—2006），周转箱是用于存放物品，可重复、循环使用的小型集装器具；托盘是在运输、搬运和存储过程中，将物品规整为货物单元时，作为承载面并包括承载面上辅助结构件的装置；集装箱是具有足够的强度，可长期反复使用的适于多种运输工具而且容积在 $1m^3$ 以上（含 $1m^3$）的集装单元器具。

在供应链中，周转箱、托盘、集装箱构成了由小到大的集装单元化包装系统。周转箱可视为模数单元的载体工具，具有方便标准化组合、适应人工搬运的特点；托盘可视为托盘单元，适合批量装载和短途运输，便于机械搬运；集装箱可视为运输集装单元，适合大规模远距离运输，便于大型设备搬运。

一、周转箱技术

（一）PP（聚丙烯）环保周转箱

2019 年，蒙牛在低温酸奶领域率先试点了一套以 PP 环保周转箱为核心的绿色物流解决方案，这种采取 PP 材质的周转箱（见图 5－19）无毒、无味、防水、耐腐蚀，而且可以反复使用 15 次以上，即便破损后也可以粉碎后二次利用，真正实现了循环利

① 吴清一. 中国托盘手册［M］. 北京：中国财富出版社，2014.

用。同时，PP 环保周转箱也将单次使用成本降低了 50%，为企业节约了大量运输成本。自 PP 环保周转箱于 2019 年 1 月在蒙牛清远工厂试运行、8 月正式运行后，截至 2020 年 4 月 20 日，PP 环保周转箱共使用 12.49 万次，覆盖广东省 8 个城市，累计节约原纸 58.8 吨，相当于减少砍伐 235 棵 20 年树龄的树林，共计减少 88.2 吨碳排放。

图 5－19　PP 环保周转箱

资料来源：https://baijiahao.baidu.com/s?id=1667192435377673947&wfr=spider&for=pc。

蒙牛正在使用的这款 PP 环保周转箱不但环保，而且智能。通过在箱体中嵌入智能芯片及 IoT 多功能码，实现了全路径在线数字化信息功能和国家商品二维码应用，帮助蒙牛掌握更加精准的销售数据、获取溯源信息，以便为消费者提供更高品质的产品与服务。而芯片采集到的区块链数据，还可以成为下游经销商金融借贷的重要依据。PP 环保周转箱的应用，再次为中国乳制品行业可持续发展提供了新思路。蒙牛表示将加速这一物流方案在全国的推广，预计 3 年内实现 65% 的替换率。

（二）ESD 防静电周转箱

防静电周转箱也称为防静电胶箱、导电周转箱，广泛用于机械、汽车、家电、轻工、电子等行业，能耐腐蚀、耐油污，无毒无味，可用于盛放电子元器件，清洁方便，零件周转便捷、堆放整齐，便于管理。其合理的设计，优良的品质，适用于工厂物流中的运输、配送、储存、流通加工等环节。防静电周转箱可与多种物流容器和工位器配合，用于各类仓库、生产现场等多种场合，在物流管理越来越被广大企业重视的今天，防静电周转箱帮助完成物流容器的通用化、一体化管理，是生产及流通企业进行现代化物流管理的必备品。

防静电周转箱可分为两大类：注塑周转箱、中空板周转箱。防静电注塑周转箱以聚丙烯（PP）为基材，加入了碳粉，因此可传导电流并具有较强的机械性能，最后经传统的注塑成型工艺制成。当表面与体积电阻率在 10^9 欧姆/平方厘米以下，就可实现防静电的效果。防静电中空板周转箱采用中空板材制作，分为骨架箱、折叠箱、压盖箱等。防静电周转箱可以有效地释放物体表面所积累的电荷，使其不会产生电荷积累和高电位差；具有坚韧耐磨、防潮防腐、隔热等作用，大量用于电子元器件及产品生产过程的周转装载、包装、储存以及运输。

防静电周转箱（如图 5 – 20 所示），具备抗折、抗老化、承载强度大的特点，做成包装箱式周转箱既可用于周转又可用于成品出货包装，轻巧、耐用、可堆叠。一般防静电周转箱根据客户提供的尺寸设计制作，做到装载最合理，并可多箱重叠，有效利用厂房空间，增大电子元器件、PCB 板、无尘车间部件储存量，节约生产成本。在静电越来越被广大企业重视的今天，防静电周转箱帮助完成电子元器件周转、存放的通用化、一体化管理，是生产及流通企业进行现代化生产管理的必备品。

图 5 – 20　防静电周转箱

资料来源：https：//baijiahao. baidu. com/s？ id = 1667083621058448493&wfr = spider&for = pc。

二、托盘技术

（一）新型托盘

1. Cleanpal 托盘[①]

Kroger 公司通过采用 Polymer Logistics 的 Cleanpal 托盘将新鲜鸡蛋从先进的供应商分销到 Kroger 门店，实现节约成本和消除环境影响。Cleanpal 托盘采用创新设计，可以

① 刘世宏 .（新科技）运鸡蛋的托盘，美国的循环包装大奖获得者［EB/OL］.（2019 – 09 – 06）［2020 – 12 – 13］. http：//www. logclub. com/articleInfo/MTA5NjYtYzc3OTg2ZjA = ？ dc = 10.

装载诸如鸡蛋盒包装的可重复使用塑料容器，构建了一个安全的运输平台，将 Kroger 公司的配送成本降低了 66%，并减少了鸡蛋供应链中的 6500 吨二氧化碳排放。

Cleanpal 托盘重量比传统托盘低，因此在运输中可以多运输货物，Cleanpal 托盘操作更加高效，运输成本更低，并提供安全可靠的单位负载。此外，Cleanpal 托盘引入了革命性的联锁设计，用于可嵌套堆叠，托盘联锁与可重复使用塑料容器一起实现较强的堆叠稳定性，并能够省去收缩包装和角板等堆放材料。

2. 九脚吹塑托盘

伴随着生鲜电商销售市场的进一步发展，市场需求进一步扩大。作为生活起居必不可少的必需品，生鲜一直在零售市场中占有重要地位，但生鲜产品储存时间较短且非标准化，耗损率持续上升，造成生鲜电商难以盈利。物流仓储管理是改进耗损难题的重要途径，通过新的仓储物流方式将损耗控制在一定范围，进而完成盈利。托盘作为基础的载货模块，在物流仓储管理中具有至关重要的作用，挑选一种适合的仓储物流托盘，是减少耗损和成本费用，完成盈利的关键环节之一。现阶段普遍使用的木托盘、注塑加工托盘、九脚吹塑托盘具有各自的优缺点。

木托盘的购置或租用费用比注塑加工托盘低，与九脚吹塑托盘相当，而且检修成本较低。若托盘的应用环境湿冷，木托盘非常容易发霉，此外木托盘表面不平整，有毛边，不利于盛放生鲜商品或外包装盒子。

注塑加工托盘凭借表面无毛边、无毒、无气味、容易清洗等特性在生鲜领域有一定的运用，但其购置或租用成本较高。

九脚吹塑托盘设计合理，壁厚均匀，尤其适合密度大和体积大的货物。其表面平整，无毛边，能够有效防止包装的损坏，具有无毒、无气味、抗老化、抗腐蚀、耐湿冷和抗油渍等特性，便于清理和消毒杀菌，价格与木托盘相当。九脚结构无论对地牛还是电动叉车都较为适合，方便进叉。

因此，九脚吹塑托盘集木托盘和注塑加工托盘的绝大多数优势于一身，成为现阶段生鲜领域的新宠儿。

3. 纸质运输托盘“CargoPropal”

舒马赫（Schumacher）包装公司开发了一种纸质的运输托盘“CargoPropal”，这种托盘可以在一次性和多次性回收系统中使用，其技术创新在于生产托盘的材料是中空纸材，这使它像传统的木托盘一样可以承重，并且中空纸材不需要预处理，可以回收再利用，是一种节约资源、保护环境的托盘材料。同时，纸质托盘的光滑表面和减震性棱边减少了其在装载过程中受损的可能性。CargoPropal 纸质托盘采用的标准尺寸（1200mm×800mm）使它也适用于食品运输。Schumacher 包装公司希望未来也可以为其他应用领域和产品提供这种 CargoPropal 纸质托盘。该托盘如图 5-21 所示。

图 5-21 CargoPropal 纸质托盘

资料来源：https：//www. vogel. com. cn/magazine_ journal. html？ id = 13674。

（二）新型托盘共享租赁模式——京东云箱

京东云箱（其模式如图 5-22 所示）是一个面向广大商家提供物流载具的线上交易平台，也是京东物流基于开放、共生的理念搭建的物联网交易信息服务平台，旨在搭建共享托盘池，向商家提供智能、经济、便捷的供应链解决方案，即京东云箱是一个面向全社会提供智能共享托盘租赁服务的平台①。

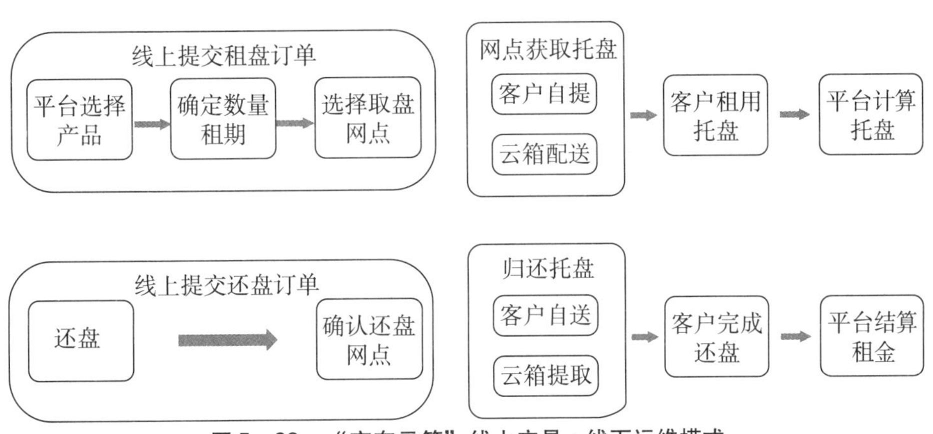

图 5-22 “京东云箱”线上交易 + 线下运维模式

资料来源：https：//baijiahao. baidu. com/s？ id = 1649415909931780552&wfr = spider&for = pc。

“京东云箱”平台使用的标准化托盘搭载了集 GS1、RFID、NFC（Near field communication，近距离无线通信）于一体的智能芯片，通过物联网“芯片扫描、系统记

① 弗戈工业传媒. 基于纸质材料的轻量化托盘［EB/OL］.（2019-01-14）［2020-12-13］. https：//www. vogel. com. cn/magazine_journal. html？ id = 13674.

录”的技术模式，使托盘从功能单一的物流载具变成了可追溯、易管理的“智能共享托盘”，让每一片智能托盘的每一个流转环节在系统中都一目了然，可视化让托盘管理变得简单高效，降低托盘丢失风险。

三、集装箱技术

（一）半高箱

一种新型集装箱“可用双20英尺吊具的40英尺半高硬开顶重载集装箱”（以下简称“半高箱”）已经投入运营。“半高箱”于2016年完成开发研制，并已申请国家专利。相较于传统集装箱，其有以下几个优点。

（1）半高箱不仅保留了原有的两端对开门，还创新设计了可灵活开启和关闭的上开门，这种灵活的开顶方式方便散杂货物自上方装卸，装卸简便。

（2）它的八角柱设计和新的高度尺寸，不仅实现了承重大、强度高、箱体不变形，而且适用各种散杂货装箱运输。

（3）半高箱箱内长12.02～12.06米，最大载重37吨，特别适合型材、螺纹钢、高线等货物装箱。1.717米高度的设计还实现了双箱堆叠铁路运输，使海铁、海陆、江海等联运门到门全程运输，实现了真正意义上的多式联运。

（4）用半高箱装螺纹钢，作业工序简单，用时短（最短只需28分钟装一个箱子）、成本低（装、拆单箱节省成本400元以上），成功解决了螺纹钢等长材类货物的进箱难题。

该产品依托营口港融大数据股份有限公司“港港网”旗下的“共享集装箱平台”，打破了以船定箱的局面，实现以箱定船，使半高箱的流动更加便捷。客户在确定运输船舶前就可以用箱装货，从而实现货物快捷、高效、低成本运输。半高箱还扩大了集装箱运输的货物种类，拓展到螺纹钢、方钢、高线、卷钢、镀锌管、圆钢、切板、液袋等，钢材产品几乎全覆盖。传统模式中，钢材采用散货运输，装卸慢、货损率高，采用半高箱运输后，货损率近乎降为零。

（二）蓄冷式冷藏集装箱

随着经济社会的发展，人们的生活品质不断提升，市场对冷链物流的需求也大幅增加，除了公路冷链运输的量级爆发外，铁路冷链运输也面临着市场需求推动，面临着冷链装备迭代。目前国内现有铁路冷链装备的数量和性能，难以满足不断变化的市场需求。

2017年年底，中车齐车集团石家庄公司与英国某大学合作，开始了蓄冷式智能冷链装备技术共同研发和落地应用。2019 年 6 月 15 日，8 辆装载着蓄冷式智能冷链装备的汽车陆续发动，蓄冷式智能冷链装备正式进入示范运营阶段。

蓄冷式智能冷链装备应用世界领先的相变蓄冷技术，具有恒温控湿、无源释冷、节能环保、一箱到底、落地成库等显著特点。冷链装备系统运用北斗、GPS 双定位，涵盖多网协同，实现了蓄冷式冷藏集装箱在使用过程中冷链运输货物的全方位检测以及运输环境与充冷量的智能匹配计算功能。

现实应用的初芯 A25 系列 45 英尺宽体蓄冷式智能保温箱，以专用充冷装备对其充冷 2 小时，可以实现箱内保温 0 ~ 5℃状态 120 个小时。箱内的信息采集系统，可以及时把箱内的冷量、环境温度、箱外温度及位置等信息上传到 PC 端和客户端，客户根据运载货品的时长需要与冷量存量进行平衡，可以在必要的时候，按需充冷。除了无源释冷、恒温恒湿外，市场青睐于蓄冷式智能保温装备，还因为其“节能环保、降本增效”的优势。

2020 年，在驰援武汉抗疫期间，云南省政府援助湖北的优质鲜花、果蔬等民生物资，使用蓄冷式智能冷链装备通过公铁联运的方式顺利送达湖北，整个过程历时 116 小时左右，能源成本约降低了 80%，蓄冷式智能冷链装备经受了严峻考验，开创了长距离干线公铁联运鲜花的先河。

四、年度优秀案例：普拉托科技的智慧托盘循环共用系统

普拉托科技是一家集互联网软件及智能托盘硬件开发于一体，专注于提供带板运输及托盘循环共用解决方案的互联网科技公司。公司成立于 2017 年 3 月，利用“互联网 + 物流”的理念，将“托盘银行”模式进行创新，依托自主研发的托盘循环共享信息平台，已在国内 120 多个城市为知名石化、电子、日化、快消及物流冷链企业提供“随租随还”“通租通还”的托盘循环共用服务，解决工商贸易企业因托盘痛点而导致物流成本居高不下的实际问题。公司构建一套线上的标准托盘循环共用信息系统、遍布全国的线下托盘运营网点及“托盘银行”服务点，形成智慧托盘新型供应链体系。已实现日均清算运营托盘规模达 60 万个以上，储备单量达 240 多万片次。

普拉托科技从企业弹性需求及跨企业利益主体共用托盘管理难点出发，为原料制造、物流、核心制造、快消及商贸等企业提供上下游循环共享的托盘“随用随还”“通租通还”“通存通兑”及“无障碍流转”等服务。通过线上与线下的结合，提高托盘的管理效率；通过推动托盘的标准化，以及承担托盘损坏维护责任来扫清带板运输障碍，解决企业间的信任问题；通过智能托盘结合 RFID、GPS 芯片、二维码以及 GS1 电子标签，实现上下游之间信息的及时传递和货物追踪。

普拉托科技还将打造线上线下结合的托盘循环共用交易平台。企业业务高峰时，

可以向平台拆借托盘，淡季时可以将仓库闲置标准托盘共享给其他错高峰企业，用共享收益对冲支付高峰期租金费用。企业可以将自有标准托盘委托给普拉托科技平台管理，享受平台专业第三方服务。同时，企业也可以通过平台采购标准托盘或者通过平台转让二手托盘。

第六章　信息技术

第一节　人工智能 + 物联网技术

随着科技的不断发展，一些在功能上具有相互补充作用的技术正在相互结合，人工智能（AI）和物联网（IoT）就是其中的代表，“AIoT”应运而生。“AIoT”即“AI + IoT”，指的是人工智能与物联网技术在实际应用中的落地融合。现在已经有越来越多的行业应用将 AI 与 IoT 结合到一起，AIoT 已经成为各大传统行业智能化升级的最佳通道，也将成为物联网发展的必然趋势。

一、AIoT 技术发展概述

（一）AIoT 的原理

1. 物联网与人工智能结合的原因

近几年物联网快速发展，已经实现了物物联网的终极目标，企业可以使规模庞大的设备实现网络连接和数据共享，并能够通过数据分析获取收益。但是物联网技术不具有从海量物联网数据中“学习”，从而快速作出决策并揭示深刻见解的能力，AI 技术可以满足这一需求，AI 通过对历史和实时数据的深度学习，能够更准确地判断用户习惯，使设备做出符合用户预期的行为，变得更加智能，从而提升用户体验①。

人工智能与物联网两者是相互补充、相互完善、相互发展、相辅相成的关系，物联网产生的庞杂数据需要分析处理，而 AI 技术恰恰是信息有效处理的最佳选择，它可以使智能产品更能理解用户意图。IoT 与 AI 技术的融合，能够为物联网带来更广阔的市场前景，从而改变现有产业生态和经济格局，甚至让我们提前进入科幻电影般的生活场景。因此，要解决具体场景的实际应用，就要赋予物联网一个“大脑”，才能够实现真正的万物智联，发挥物联网和人工智能更大的价值。

---

① TechWeb. AIoT 技术的广泛应用与巨大优势［EB/OL］.（2020 - 08 - 03）［2020 - 11 - 22］. http：//www. techweb. com. cn/cloud/2020 - 08 - 03/2799339. shtml.

2. 物联网（IoT）：迅速崛起的万物互联时代

物联网是由“物”和“互联网”组成的词汇，是物与物相连的互联网，其核心是把任何物品连接进网络，物品与物品之间可以进行信息交换和通信。

早在1982年，卡内基梅隆大学将可乐机改装成为世界首个可连接的智能设备，该设备能够报告其库存情况以及新储存的饮料是否冰凉；2000年，LG互联网冰箱诞生，它装有一块15.1英寸的“WebPad”屏幕，可以实时显示冰箱内的情况。今天，我们生活在一个物联网多于人联网的时代，预计到2025年，企业市场将占据物联网终端设备连接数一半以上的份额，就增速和规模而言，智能楼宇和智能制造是关键的垂直领域；在消费者市场中，智能音箱和联网家用设备将引领增长①。

随着物联网技术的快速扩张，如今已经进入了万物互联的时代，家用电器、汽车、工业设备等通过软件、传感器等相连接，从而组成一张巨大的网络，并进行数据交换。物联网正在改变着我们的世界。预计全球物联网设备数量将在一年内（2020—2021年）从307亿台增长到358亿台。物联网应用的多样化改变了工业和消费者领域。从智能连接到收集数据，这仅仅是物联网行业的开始，物联网的真正价值在于使物联网设备能够进行学习并自主决策。未来物联网的发展趋势是，这些相互连接的“物”可以向环境发出信号，能够被远程操纵和控制，并且能越来越多地自主作出决策并执行。

3. 人工智能（AI）：无所不在的智能

人工智能（AI）是一个可以正确解释外部数据，从这些数据中学习，并通过灵活适应以提升实现特定目标和任务的能力的系统。不同于常规计算机技术依据既定程序执行计算或控制等任务，AI的本质是让计算机模拟人的意识、思维的信息过程。可以说，人工智能的实质是“赋予机器人类智能”②。人工智能领域包括机器人、语言识别、图像识别、自然语言处理和专家系统等。

比尔·盖茨曾在一篇给大学生的毕业寄语中写道：如果在今天寻找一个能对世界造成巨大影响的机会，他毫不犹豫地就会考虑——人工智能。马云在2018世界人工智能大会上讲到，未来30年智能技术将深入社会方方面面，彻底重塑传统制造业。企业如果不能从规模化、标准化向个性化、智慧化转型，将很难存活下去。AI技术再先进，如果不能和制造业结合推动转型升级，也将失去意义。智融集团CEO焦可在T-EDGE全球创新大会上演讲说：人工智能是“锤子”，更大价值在于“钉子”是什么，能不

---

① 多智时代．物联网的崛起［EB/OL］.（2019-06-09）［2020-11-30］. http://www.duozhishidai.com/article-80227-1.html.

② 电子说．人工智能的未来趋势和走向［EB/OL］.（2020-11-20）［2020-12-01］. http://www.elecfans.com/d/1387601.html.

能用“锤子”敲进去。从众多企业家的发言中可以发现人工智能要想得到进一步发展，就必须与其他行业相结合，这是人工智能行业的未来发展趋势，同样是各个行业的未来发展趋势。

4. AIoT 的诞生与发展

（1）诞生。

2017 年 11 月 28 日，在由光际资本、36 氪、特斯联联合主办的“万物智能·新纪元 AIoT 未来峰会”上，业界普遍达成共识：随着物联网应用场景的不断拓展，行业空间逐步扩大，AI 进入发展的下半场，其与 IoT 结合将打开人工智能真正落地的重要通道。自 2017 年开始，越来越多的企业将 AIoT 列为其主要发展方向，AIoT 一词成为物联网行业的热门词汇。

（2）发展阶段。

从 AIoT 发展路径来看，当前行业人士普遍认为，其将经历单机智能、互联智能、主动智能这三大阶段①。第一阶段是单机智能：顾名思义，在单机智能阶段，智能设备之间不能发生相互联系，需要等待用户主动发起交互需求。在这种情境下，单机系统需要精确感知、识别和理解用户的各类指令，比如语音及手势等，并进行正确决策、执行以及反馈。第二阶段是互联智能：互联智能场景是指一个互联互通的产品矩阵，采用“一个大脑（云或者中控）＋多个终端（感知器）”的模式。互联智能打破了单机智能的孤岛效应，对智能化体验场景进行了不断升级和优化。第三阶段是主动智能：是指智能系统根据用户行为偏好、用户画像、环境等各类信息随时待命，具有自学习、自适应、自提高的能力，可主动提供适用于用户的服务，而无须等待用户提出需求。相比互联智能，主动智能真正实现了 AIoT 的智能化和自动化，为生活带来极大改变②。AIoT 发展路径如图 6－1 所示。

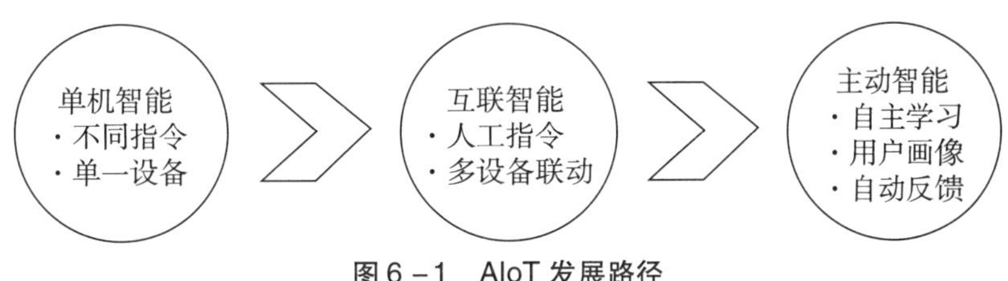

图 6－1　AIoT 发展路径

① 千家网．深度解析 AIoT 背后的发展逻辑［EB/OL］．（2018－08－09）［2020－12－01］．http：//www.qianjia.com/html/2018－08/09_301155.html.

② 天诺科技．AIoT 发展的三个阶段介绍［EB/OL］．（2019－10－28）［2020－12－01］．https：//www.sohu.com/a/350050784_120180574.

（二）AIoT 关键技术

AIoT 技术是一项融合技术，除了具有人工智能和物联网的关键技术之外，还有一些属于自己的技术，这就是 AIoT 中台技术，包括高并发数据接入技术、弹性 AI 算力技术、开放的多算法服务框架、全面的数据智能服务、立体化的安全防护①。

1. 高并发数据接入技术

作为感知层和应用层的连接中枢，高并发的数据接入是 AIoT 中台的基础能力，并发 1 万路的接入管理能力是一个中台的入门级指标，这其中就包括了视频图像数据。与结构化数据的接入有所不同，视频图像数据的数据量大、实时性强，对计算资源消耗非常巨大。近些年，视频编码技术在不断进步，从 MPEG（动态图像专家组）2、MPEG4 发展到 H. 264、HEVC，同时图像分辨率也在不断提高，从 720P 提升到 1080P、4K。根据目前的数据来看，1 路高质量的视频流带宽占用在 2M ~ 8Mbps，1 万路视频流的总带宽占用在 20G ~ 80Gbps，再加上前端智能化生成的半结构化和结构化数据，带宽消耗非常大。

大并发能力性能指标的背后隐含着对 AIoT 中台的系统架构和可靠性设计等全新要求。任何一个接入服务器都无法承载如此巨大的接入负载，同时还需要考虑系统的弹性扩容能力，因此 AIoT 中台的整个系统采用分布式架构。在 AIoT 中台中，高并发数据接入技术是 AIoT 的基础能力。

2. 弹性 AI 算力技术

作为人工智能的三要素之一，算力平台对 AIoT 技术的重要性不言而喻。作为 AIoT 中台中 AI 算力平台的核心，AI 芯片无疑是重中之重。广义上讲，AI 芯片泛指应用于人工智能场景的各类芯片，可用于数据中心和云端，也可用于边缘计算节点和嵌入式设备。AI 芯片包括图形处理器（Graphics Processing Unit，GPU）、专用集成电路（Application Specific Integrated Circuit，ASIC）、数字集成电路芯片（Field Programmable Gate Array，FPGA）、类脑芯片等专用芯片。在大量的资本和技术的加持下，AI 芯片的技术快速成熟，基于不同技术架构、不同性能规格的 AI 芯片/模组呈百花齐放的态势。目前 AIoT 中台采用的 AI 芯片主要有三种典型的架构，分别是 CPU（Central Processing Unit，中央处理器）+ GPU 卡、CPU + GPU/NPU（嵌入式神经网络处理器，Neural - network Processing Unit）模组以及全分布式 GPU/NPU 模组。三种 AI 算力平台架构示意如图 6 - 2 所示。

① 张晓琳 . AIoT 中台的关键技术概述［J］. 中国安防，2020（5）：78 - 81.

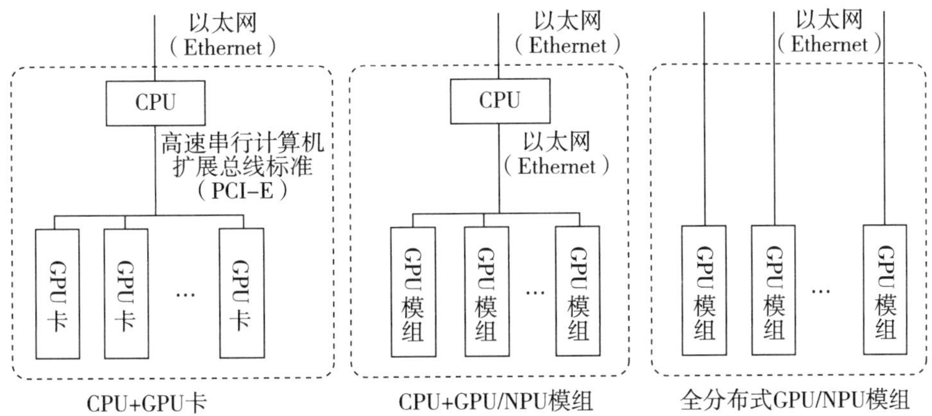

图6-2　三种AI算力平台架构示意

资料来源：张晓琳．AIoT中台的关键技术概述［J］．中国安防，2020（5）：78-81。

比较而言，CPU+GPU卡架构的算力平台性能强大且通用性强，同时功耗大、成本高；全分布式GPU/NPU模组架构的算力平台具有低功耗优势，但消耗较多IP地址，资源管理调度复杂；CPU+GPU/NPU模组架构的算力平台介于二者之间。三种架构的AI算力平台均具备弹性扩容能力，可以实现算力资源的统一调度管理。

3. 开放的多算法服务框架

一个完整的视频图像智能化应用系统由应用、算法、算力等几部分组成，传统的建设模式都是纵向垂直整合，一类或一个应用就是一个系统，导致了严重的应用数据孤岛。随着产品技术的进步和解决方案的演进，分层解耦的思想逐步成为行业共识，应用与算法分离，算法与算力分离，众多的智能化应用层统一入口（Protal）。

在此背景下，多种算法兼容共存的技术逐步萌芽并得以发展，从算法引擎、算法仓库逐步演进到多算法服务框架。算法引擎的思路是把算法和算力封装在一起，解决了算法和算力之间的兼容性问题。算法仓库的思路是统一管理不同厂商、不同类型、不同版本的算法。而多算法服务框架的思路是在应用、算法、算力、数据的基础上插入一个管理调度层，并进行统一管理，向上对智能化应用封装统一的接口，向下管理异构的算力平台和算法仓库，横向与视频图像数据接入服务、数据智能服务进行数据交换。多算法服务框架是一个管理和调度中枢，其核心功能主要包括算力调度、算法管理、业务调度和数据I/O。算力调度功能包括算力能力管理、算法加载卸载；算法管理功能包括算法注册注销、算法许可（license）控制、算法启动停止；业务调度功能包括任务调度、计划调度；数据I/O功能包括视频图像数据接入、数据回调输出等。多算法服务框架示意如图6-3所示。

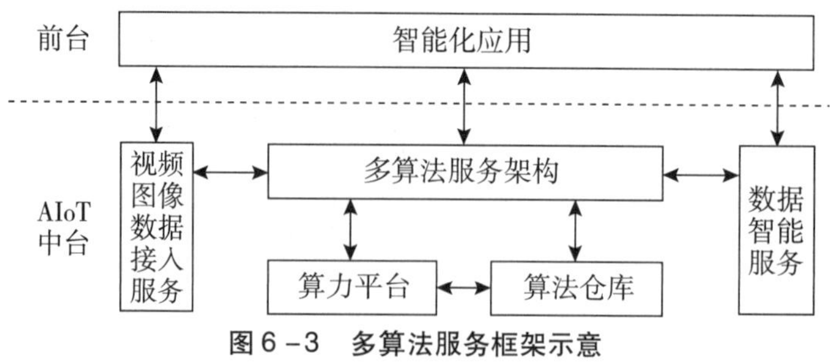

图6-3 多算法服务框架示意

资料来源：张晓琳．AIoT中台的关键技术概述［J］．中国安防，2020（5）：78-81。

4. 全面的数据智能服务

从生命周期管理的角度看AIoT中台，感知接入是生产环节，智能计算是加工环节，都是为了服务于应用分析这个消费环节。数据的应用分析可以进一步分解为前台的用户界面（UI）交互与中台的数据智能服务，中台的数据智能服务重在提供共性的数据管理、分析研判和可视化能力。其中，数据管理主要提供数据的抽取、转换和加载（ETL）处理、数据存储、搜索引擎等功能，重在性能与可靠；分析研判主要提供数据的比对分析、统计分析、相关性分析、聚类分析、趋势分析、模式识别、图计算等功能；可视化主要提供2D/2.5D/3D GIS地图、可视化组件、日志报表等功能。与其他数据中台有所不同，AIoT中台处理的数据种类更多，AI分析处理后的数据可以是车牌号这样的字符串数据，也可以是使用多维向量描述的人脸特征值，这些数据都在一定程度上提高了中台的复杂度。

5. 立体化的安全防护

AIoT中台必须把信息安全视为重中之重。AIoT中台面临的安全威胁主要有开源软件漏洞、不安全编程、终端仿冒接入、未授权访问、恶意入侵与攻击等，来源庞杂且入口多样。基于攻防对抗的理念，对应的防护体系必须是立体化的，相应的安全防护行为也必须贯穿到研究开发、方案设计、运行维护等全业务流程中。从方案技术维度看，AIoT中台削弱了用户口令、关键数据明文传输、开源软件已知漏洞等可能引发安全风险的因素产生的影响，具备VPN（Virtual Private Network，虚拟专用网络）传输、终端准入控制、密钥分发、数据白名单过滤、用户鉴权和访问控制等安全防护能力以及安全状态感知能力，以便在系统运行阶段及时感知风险。

二、AIoT技术在物流领域的应用优势

在人工智能+物联网时代背景下，智慧物流发展中面临着物流仓储服务快速化和物流配送服务高效化等新挑战，智慧物流向着智能化、自动化、服务高效化和成本低廉化方向发展。

（一）仓储

在人口红利消失的大环境下，越来越多的物流行业的企业开始利用人工智能、机器人等新技术进行转型升级。在物流的各个环节当中，仓储是物流行业的一大痛点，仓储物流业务的一些特性，导致传统的人工仓储并不能满足现在的业务发展需要。同时，由于仓库订单涉及商品数量庞大、品类众多，再加上传统人工仓储作业管理混乱，人工拣选效率低。而自动化的设施又孤立分散，一个仓库配置多套设备和软件，导致软硬件协同能力有限、效果不佳，即使有自动化管理规划方案也无法进行前置性验证，导致改造成本高①。

单独应用仓储机器人并不能很好地解决仓储物流行业面临的所有问题，目前的办法是先进行数据化或者数据的集成，人、机器设备以及系统的跨平台集成，然后去管理、连接，最终通过人工智能等技术进行智能调度。AIoT 技术则可以利用算法能力与设备解决上述问题，通过打造软硬件一体的平台生态，提供全面的设备接入，提高业务开放水平，解决了仓库管理软件与机器人设备之间无法实现便捷操作的问题，在路径规划、库维优化、负载均衡、作业调度层面提供了大量优化算法，以适配不同的业务场景，应对客户零散的、突发性的需求，实现了厂内物流业务的无人化、智能化管理。

（二）运输

AIoT 技术在运输领域有着巨大的优势，其中以危化品运输最为突出。危化品运输是一个高风险、高收益的行业，由于产销分离，95% 以上的危化品需要异地运输，从运输需求来看，我国每年运输的危化品中有 80% 通过公路运输，每年通过公路运输危险货物总量达 3 亿吨，危化品运输拥有巨大的市场潜力。但是对于危化品运输行业乃至延伸到整个公路运输行业来说，安全问题一直都是行业最大的痛点，存在着大量的不确定因素，比如行业监管难度大、从业人员专业度要求高、司机驾驶行为无法管控、信息传递延时或失误、货舱内情况反馈慢等问题。简单来说，就是对司机驾驶行为、车辆行驶状况以及货舱内货物情况无法实时监测并动态反馈。

5G + AIoT 技术可以解决这类问题。首先，5G 可以解决实时通信的问题。目前 5G 的发展在“新基建”政策下正在如火如荼进行，具备超高速率、超低时延和超大容量

---

① 搜狐网. 旷视出席机器人与智能制造发展高峰论坛谈 AIoT 赋能仓储物流［EB/OL］.（2019－07－16）［2020－12－04］. https：//www. sohu. com/a/327176698_160104.

的5G通信对车辆信息传递效率的提高有着很大的帮助。其次，物联网的传感系统可以完成对人和车辆的感知。采集的信息包括车辆的多维度信息（如车辆位置信息、车厢内货物情况）、道路状况和司机驾驶状态等信息，借助5G技术实现对司机、车辆和货物的实时监测，及时发现并预判异常情况，为后期的数据处理和反馈打好基础。最后，结合优质算法的AI技术可以实现动态反馈。例如G7机器人的智能人脸识别系统如果抓取到驾驶过程中司机的打哈欠、闭眼、使用手机等高危驾驶行为，便会及时向司机和后台发出警报。同时还可以根据收集到的数据，当出现异常情况后借助AI算法实时判断在途车辆的高、中、低风险等级，并实时与各平台动态响应不同的应对措施，将风险降至最低①。

三、优秀案例：G7——开启网络货运物联网时代

（一）G7企业介绍

G7是行业领先的物联网科技公司、公路物流产业的数字化基础设施和产业连接平台。通过独有的贯穿产业上下游的物联网技术平台、软件服务平台和支付结算账户体系，G7连接了中国公路物流产业的各种生产要素，向货主、物流公司、车队和司机提供覆盖结算金融、安全保险、智能装备和车队管理的全方位一体化服务。2020年G7物联网平台卡车连接数量突破160万，是国内网络货运平台的标杆。

一直以来，G7都在致力于推动中国公路物流行业的数字化转型。为了克服物联网技术链条长、迭代反射弧漫长的困难，G7综合运用了物联网、大数据和人工智能技术，将货主、运力、安全管理、装备运营、能源消费等公路货运全链条有机整合，极大提升了G7方案、数据及算法的迭代速度，也大幅度提升了G7的客户价值。目前G7已有数字货运、安全管家及智能装备三大核心业务，以及网络货运、卡车宝贝、数字货舱等相关的子业务，利用AIoT技术开启网络货运物联网时代，让公路货运更安全、更高效、更低成本。

（二）G7的业务板块

1. G7网络货运平台

G7的产品架构是物联网SaaS平台+三大核心数据服务（G7网络货运、G7安全管家业务和G7数字货舱），其中，G7网络货运信息系统由吉旗（成都）科技有限公司自

---

① 网易．AIoT说：浙江温岭槽罐车爆炸事故不能再发生了［EB/OL］．(2020-06-19)［2020-12-04］．https：//dy.163.com/article/FFGBPDPI0511QE18.html.

主研发，是一个以AIoT、大数据技术赋能的科技型网络货运服务平台。G7网络货运信息系统具有可独立部署的特点，由于G7网络货运的中台可以接入开放接口，所以G7网络货运的中台服务功能模块众多，可以为司机端、客户端以及平台运营系统的核心业务系统提供技术支撑。G7网络货运平台连接了后市场服务企业、银行、保险公司、资产管理机构、装备制造商、监管机构等各种物流生产要素提供方，实现了智能车货匹配、过程安全可控、全流程数字结算三大主要目标。在智能车货匹配方面，G7基于AIoT技术，连接百万车辆，实现全国覆盖，帮助广大货主与卡车运力完成智能匹配。在运输过程中，G7网络货运平台实现日均6.8T的车辆数据秒级上传，货运全程清晰可见，保证货物安全。在全流程数字结算方面，覆盖加油、ETC、轮胎等消费全场景，实现了在线支付、账目清晰、票据合规。G7网络货运平台通过物流全链条场景的可视化以及结算线上化可以帮助企业实现供应链能力优化和降本增效。G7网络货运平台流程示意如图6-4所示。

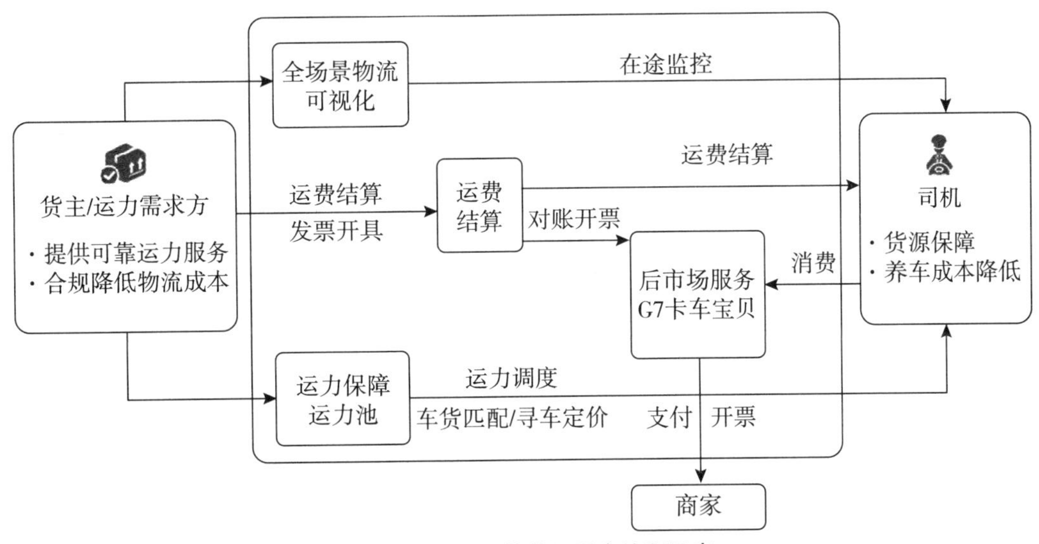

图6-4 G7网络货运平台流程示意

资料来源：2020全球物流技术大会演讲《网络货运行业解决方案》。

G7网络货运平台根据不同行业的个性化需求，将G7网络货运信息系统、G7 IoT设备、G7运力保障、G7税筹服务、G7卡车宝贝、G7网络货运园区六大服务模块部署为综合解决方案。第一个模块是G7网络货运信息系统，从运力发布、在途监管、后市场服务、成本管控等方面，全流程提升企业数字化管理水平。第二个模块是G7 IoT设备，从人、车、货三个维度实现物流环节可视化，全面保障司机驾驶安全。AI量方可以自动感知货物装载率，降低车辆空驶率，载重设备实时监控货物状态，防止超载、货物丢失。第三个模块是G7运力保障，构建私有运力池和公有运力池，精准引入运力，实现运力线上招采，共享运力资源，实现运力调度效率最大化以及精细化运营。第四个模块是G7税筹服务，在全国多省市建立合作基地，通过规模效应帮助客户合规降本，同时促进信息流、业务流、资金流、票据流四流合一。第五个模块是G7卡车宝贝，提供后市场一站式服务，包含油品、保险、金融、融资租赁、运费保理、车辆维修等，通过定制化线路服务帮助货主有效降低成本，实现车后市场的司机消费闭环；第六个模块是G7网络货运园区，通过入驻G7网络货运园区，绑定最高阶梯税源地优惠政策，降低企业税赋成本，辅助网络货运平台资质申请、运营①。G7网络货运平台六大服务模块如图6－5所示。G7网络货运平台具体业务与服务如图6－6所示。

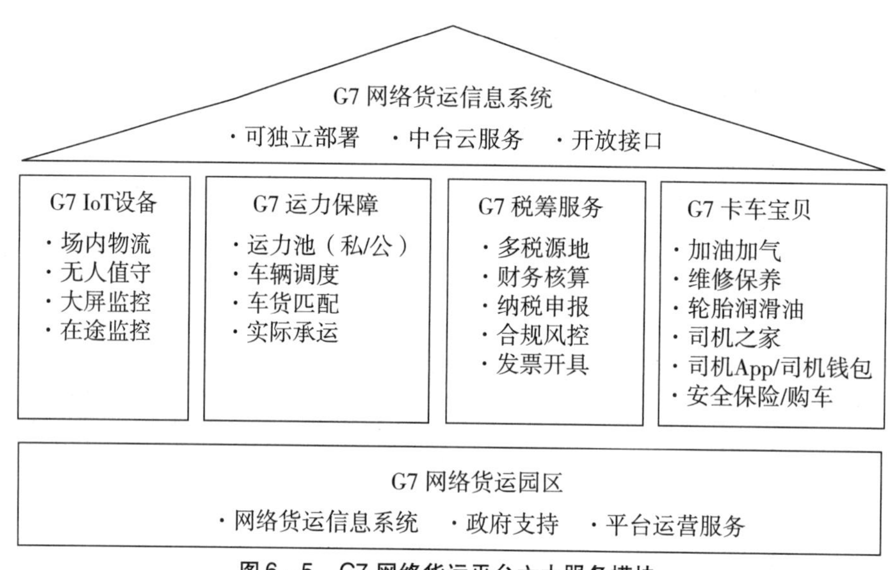

图6－5 G7网络货运平台六大服务模块

资料来源：2020全球物流技术大会演讲《网络货运行业解决方案》。

2. G7安全管家

G7除了网络货运平台，还有G7安全管家这一重要业务板块。在物流行业，道路运输安全一直都是行业的痛点，针对这一难题，国家也不断出台相关政策，尤其是在《网络平台道路货物运输经营管理暂行办法》中，更是多次强调安全的重要性。道路运输中发生的事故大多数是人的主观因素导致，例如司机的疲劳驾驶、超速行驶、车距过近等情况，这些因素都对道路运输安全产生消极影响。

① ITFanr科技财经. G7网络货运六大服务，全方位助力企业打造百亿级平台［EB/OL］.（2020－07－20）［2020－12－10］. https://www.sohu.com/a/408602121_100105436.

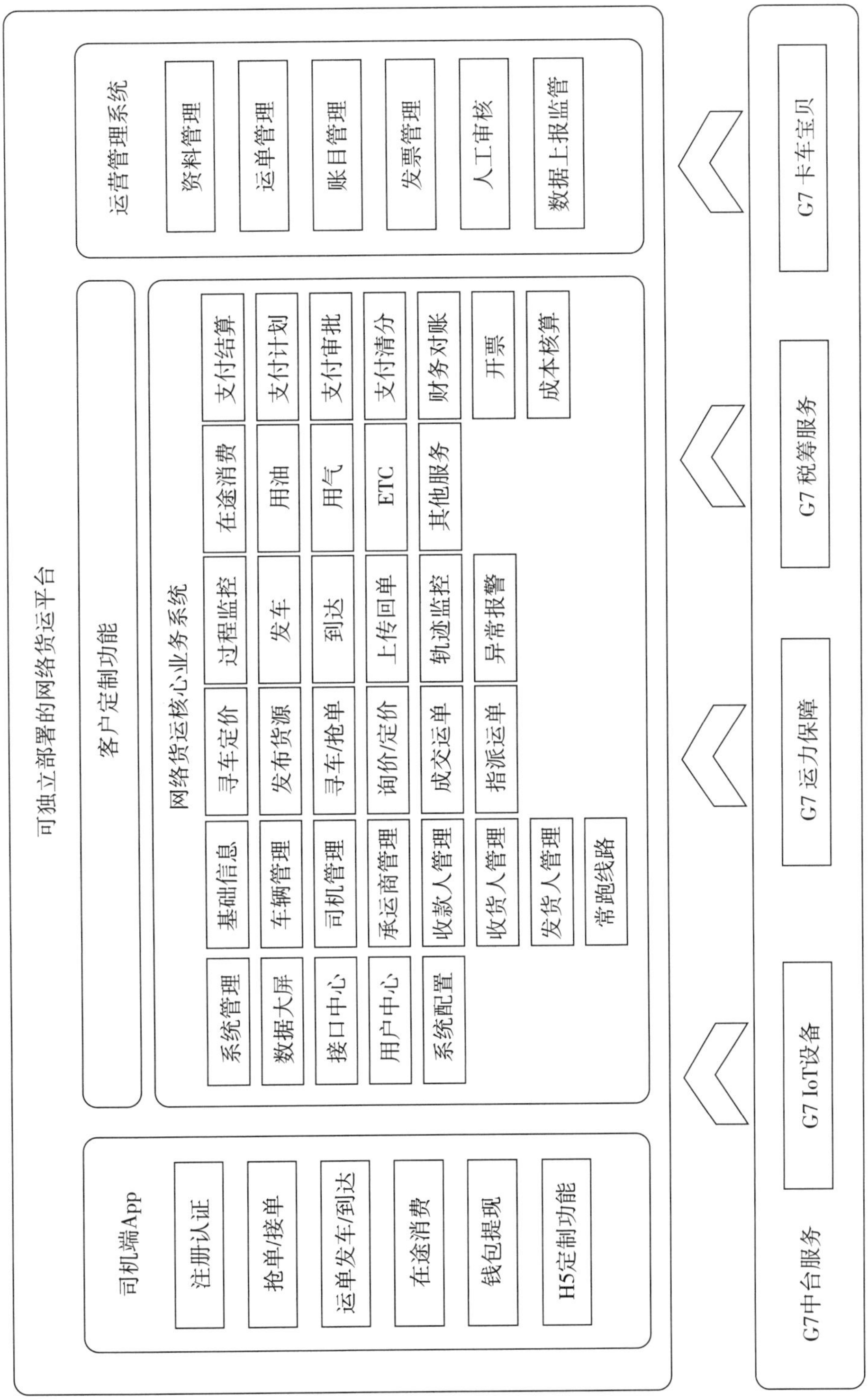

可独立部署的网络货运平台

司机端App
注册认证
抢单/接单
运单发车/到达
在途消费
钱包提现
H5定制功能

客户定制功能

网络货运核心业务系统
系统管理 基础信息 寻车定价 过程监控 在途消费 支付结算
数据大屏 车辆管理 发布货源 发车 用油 支付计划
接口中心 司机管理 寻车/抢单 到达 用气 支付审批
用户中心 承运商管理 询价/定价 上传回单 ETC 支付清分
系统配置 收款人管理 成交运单 轨迹监控 其他服务 财务对账
收货人管理 指派运单 异常报警 开票
发货人管理 成本核算
常跑线路

运营管理系统
资料管理
运单管理
账目管理
发票管理
人工审核
数据上报监管

G7中台服务
G7 IoT设备
G7 运力保障
G7 税筹服务
G7 卡车宝贝

图6-6 G7网络货运平台具体业务与服务

资料来源：2020全球物流技术大会演讲《网络货运行业解决方案》。

G7安全管家是基于AIoT、算法和大数据等针对司机危险驾驶行为进行实时干预，并与保险公司合作，通过技术手段降低事故发生率，实现保费的完整闭环。G7安全管家依托G7网络货运平台，借助人工智能和物联网技术，贯穿物流活动全流程，尤其是在在途环节中对人、货、车管控发挥着重要作用，实现货物运输过程中对司机、货物、车辆、轨迹等信息的实时监控，提高在途监管能力，保障运输安全。AIoT应用的场景是通过在车身上安装IoT设备，使得车辆变得智能、具有传感和控制的功能。在车辆行驶过程中，G7安全管家能够灵敏地识别并分析车辆运行状态，发现异常时及时主动发出提醒，保证了货主和平台可以实时监管汽车运行状态；在驾驶舱内，G7安全管家能够识别司机驾驶行为，能有效纠正疲劳、闭眼或注意力不集中等主观因素，防止意外发生；在驾驶舱外，G7安全管家能对出现车距过近或右侧、后侧盲区范围等风险因素向及时司机预警，防范客观风险①。G7安全管家实时管控示意如图6-7所示。

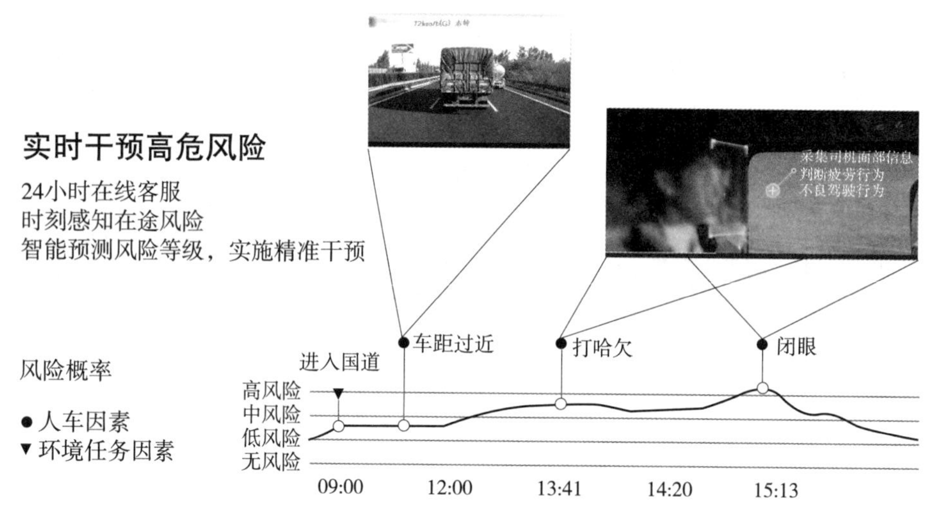

图6-7 G7安全管家实时管控示意

资料来源：2020全球物流技术大会演讲《网络货运行业解决方案》。

3. G7数字货舱

G7数字货舱也是G7打造的三大核心数据服务之一。G7数字货舱，作为全球首款智能挂车，可以说是重型物流装备数字化和智能化的代表作。

① 中华网科技．网货最前线丨G7网络货运，解决行业痛点，为货运人保驾护航［EB/OL］．(2020-09-17)［2020-12-12］．https://tech.china.com/article/20200917/092020_605970.html.

（1）货物量方，自我感知。

传统货物量方的计算中多使用激光尺进行测量、估算，还有拍照上传货物照片、运营人员统计数据等步骤，流程十分烦琐且不够精准。G7 数字货舱是基于大数据积累和 AI 深度学习算法，通过 AI 摄像头和高精度传感器，实时感知货物量方，并将数据自动呈现。货物在舱内的位置、摆放状态、货物体积都能被精准识别并计算相应数据。同时，货物的每一次装卸都将自动记录，形成量方变化曲线。

（2）装载效果，自动评估。

装载率优化一直都是物流行业中的难题，它直接影响着物流运输的效率和成本。导致装载率低下的因素有很多，比如货物摆放不整齐、空间利用不合理等。由于目前装载率大多是只能靠人工估算，无法保证车辆的满载率，很容易导致运输趟数增多、运输成本直线上升。G7 数字货舱通过传感器和多种 AI 算法，对舱内货物进行高精度扫描和三维图像建模，自动计算货舱容积占用百分比。并且，对于货舱装载过程中的变化情况和货物摆放状态，G7 数字货舱都将以 3D 方式呈现，通过对货舱空间的更合理利用，时刻保证车辆的满载率①。

（3）运输可视，高精定位。

G7 数字货舱支持实时查看货物在运输途中的状态，云平台每 10 分钟就自动上传货舱内的高清图像信息。用户还可以查看任意时间段舱内货物状况，实时获取货物的量方变化曲线。G7 数字货舱还搭载了全新的高精度 GPS，可实现误差 0.5 米内的高精度定位，大幅提升车辆动态管理和货物调配的能力。在接近装卸区域时，G7 数字货舱可以自动感知场站、月台位置，并按照指定线路准确停靠指定月台；在与车头分离之后，G7 数字货舱还可以独立、持续地精准定位，为甩挂运输提供了便利②。G7 数字货舱示意如图 6－8 所示。

（三）G7 未来发展展望

未来五年，G7 将通过供应链与物联网深度集成，使得产业伙伴间复杂的交易确认、货物交付、支付结算的全过程都可以被实时数字化，供应链的资金周转率将会从按月计变成按小时计，货物交付会从大量依赖人的重复简单劳动转变为以 AI 自驱动为主。同时，G7 物联网将不断渗透，车辆、箱体、托盘等都将逐渐转化为可联网、拥有

---

① 卡车之家．可见的数字货舱 G7 用 AI 重新定义可视化［EB/OL］．（2018－11－08）［2020－12－13］．http：//www.360che.com/news/181108/103490.html.

② 搜狐网．G7 黑科技之数字货舱，用 AI 重新定义“可视化”［EB/OL］．（2018－11－12）［2020－12－13］．https：//www.sohu.com/a/274761230_100239481.

计算、学习能力的智能装备，直接与企业的运营管理系统对接，为企业提供平台化的即插即用的智能资产服务，大大提高资产效率。通过 G7 物联网数据及算法的不断积累，运输安全的决定性因素将逐渐从司机转移到 AI。

一台会“说话”的
物联网挂车

AI量方
行业首发技术，高精度AI传感，实时记录舱内货物装载体积和时间，精度高达98%，车队平均装载率提升2%

它会告诉你它在哪里、
体重是多少、
肚子有没有塞满
体温是否正常

实时称重
货物重量数据实时上传，精度高达98%，防偷货、防换货、防窜货

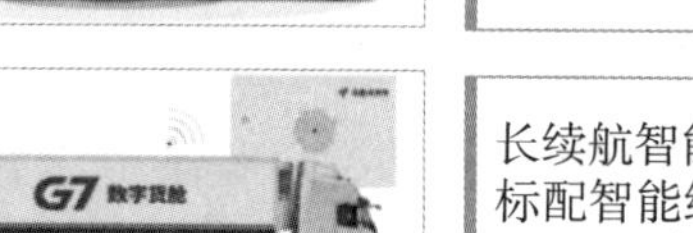

长续航智能终端
标配智能终端A-Router，内置电池可续航180天，支持车头、挂车智能匹配

图 6－8　G7 数字货舱示意

资料来源：2020 全球物流技术大会演讲《网络货运行业解决方案》。

第二节　机器人流程自动化技术

当今世界，信息化、数字化、智能化是鲜明的时代特征，世界经济数字化转型是大势所趋。近年来，物流行业面临信息系统越来越多、数字化应用越来越普及、智能化需求越来越旺盛的形势，但物流企业及其客户间跨系统、跨界面的复杂操作，使得物流基层人员的工作压力不减反增，一定程度上降低了其对数字化浪潮的体验感。在此需求下，一项旨在构建数字化生产力的新兴自动化技术——机器人流程自动化（Robotic Process Automation，RPA）技术在物流领域得到应用，RPA 是通过软件机器人模仿人类行为，自动处理大量重复的、基于规则的工作流程任务，相较于传统人工手段具有连续工作时间长、速度快、准确度高等特点。RPA 致力于物流企业订单管理、供应链管理、财务管理、ERP 系统等的整合，助力物流企业优化业务流程，打通企业部门、系统间的信息壁垒，实现流程的自动化，从而提高效率，降低成本，提升行业竞争力。

一、RPA 技术发展概述

（一）RPA 技术的概念

RPA 是指可以模拟人类在计算机等数字化设备中的操作，并利用和融合现有各项技术减少人为重复、烦琐、大批量的工作任务，实现业务流程自动化的机器人软件①。RPA 本质上是一种能按特定指令完成工作的软件，通过模拟人工手动操作，自动处理规则清晰、批量化、出现频率高的业务。不仅简化了操作流程，提高了数据处理效率和准确度，还可有效避免人为失误，规避业务流程中数据被人为篡改的风险②。

RPA 综合运用了大数据、人工智能、云计算等技术，通过操纵图形用户界面中的元素，模拟并增强人与计算机的交互过程，从而能够辅助执行以往只有人类才能完成的工作，或者作为高强度工作的劳动力补充。与人类相比，机器人有着无与伦比的记忆力和优秀的持续工作能力，因此面对大量单一、重复、烦琐的工作任务时，有着巨大的能力优势，能极为显著地提升这类工作的处理效率和准确度。随着近年来计算机硬件成本的迅速降低，企业数字化程度越来越高，互联网的渗透也越来越深入，以 RPA 为代表的自动化办公技术迅速得到市场的认可，成为进入各行各业为人类分担工作的重要补充力量。

事实上，并不是所有的业务流程都适合由 RPA 来实现，要选择 RPA 是有一定的条件的，它适合重复的、有规则的、稳定少变的流程。

（二）RPA 技术的原理

1. RPA 平台组成

我国大多数 RPA 平台是由设计平台、机器人、控制平台的标准三件套组成，设计平台主要完成在可视化界面的流程编辑工作，是 RPA 的规划者；机器人则是在设计平台完成流程设置后负责执行操作，根据应用场景可以分为无人值守和有人值守两种；控制平台则相当于管理者，负责智慧管理多个机器人的运行，保证整个软件的分工合理，并进行风险监控③。RPA 平台构成如图 6－9 所示。

设计平台：利用可视化界面设计出各种自动化的流程。一般通过内置丰富的预构建活动模板，集成多种编程语言来提升产品易用性、可扩展性和编辑效率。

机器人：机器人负责执行设计平台设置好的流程，运行方式有无人值守和有人值守

① 卓有识度．中国机器人流程自动化行业分析（1）[EB/OL]．（2020－10－12）[2020－11－21]．https：//www. sohu. com/a/424103786_760770.

② 来也科技．什么是机器人流程自动化（RPA）[EB/OL]．[2020－11－20] https：//www. uibot. com. cn/rpa.

③ 前瞻经济学人．2020 年中国 RPA 行业发展现状与投融资情况 早期发展阶段投融资热度较高 [EB/OL]．（2020－10－20）[2020－11－21]．https：//baijiahao. baidu. com/s? id = 1681041216253528435&wfr = spider&for = pc.

两种，无人值守可在包括虚拟环境的多种环境下运行；有人值守需要人工控制流程开关。

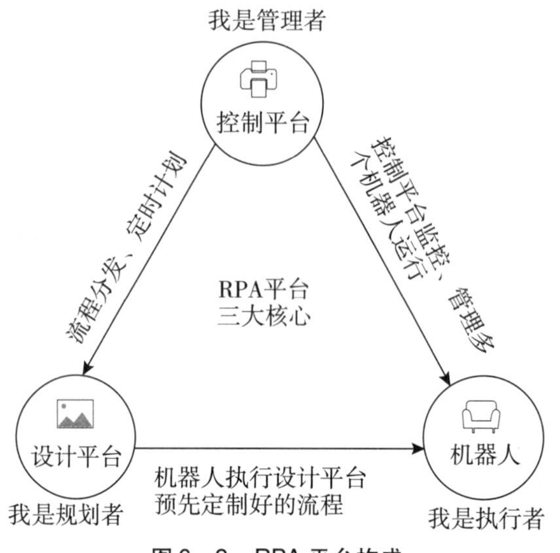

图6－9　RPA 平台构成

控制平台：用来集中调度、管理和监控所有机器人和流程。包括机器人集群管理、流程任务分发、定时计划，提高了机器人的利用率。

2. RPA 平台的工作流程①

（1）流程开发及配置：开发人员制定详细的指令并将其发布到机器上，具体包括应用配置、数据输入、验证客户端文件、创建测试数据、数据加载以及生成报告。

（2）业务用户能够通过控制平台给机器人分配任务并监视它们的活动，将流程操作实现为独立的自动化任务，交由机器人执行。

（3）机器人位于虚拟化或物理环境中，不需要对系统开放任何接口，仅需通过用户界面与各种各样的应用系统，如 ERP、SAP（企业管理解决方案）、CRM（客户关系管理）、OA（办公自动化）等交互，完全模拟人类操作，自动执行日常的劳动密集且重复的任务。

（4）业务用户审查并解决任何异常或进行升级。

（三）RPA 技术的特点及优势

1. RPA 技术的特点

RPA 相较于传统工业机器人，主要用于在信息系统中的自动化操作，具备自动

① UB Store. 一文看懂 RPA 的技术架构及原理［EB/OL］.（2019－04－30）［2020－11－20］. https：//blog. csdn. net/weixin_44294062/article/details/89707395.

执行预定流程和跨系统协同的能力。而与 ERP、OA 等特定应用场景软件相比，RPA 普适性更强，可以跨部门、跨行业进行部署。并且 RPA 灵活性强、交付周期短，同时可以避开传统企业遗留系统问题，实现业务流程自动化。RPA 技术特点如图 6－10 所示。

与工业机器人对比

跨系统协同，实现系统互联和数据集成。
在不同系统中，如ERP、Excel、数据库、网页、App等查询操作，自动进行信息收集和提取，生成报表。

自动执行预定流程。
针对高重复性、标准化、规则明确、大批量的日常事务，设定RPA操作，优化企业基础流程。

与其他企业自动化软件对比

普适性强、部署灵活敏捷。
具备较强的灵活配置性，根据企业业务可以跨行业、跨部门、跨平台、跨系统提供专业服务。

非侵入式，无须改变现有系统。
部署时不需要改变现有信息系统，避开传统企业遗留系统的交叉点。

图 6－10　RPA 技术特点

资料来源：https：//baijiahao. baidu. com/s？ id＝1681041216253528435。

2. RPA 技术的优势

相对于传统手工完成重复类工作，RPA 具有以下三方面价值①（见图 6－11）。

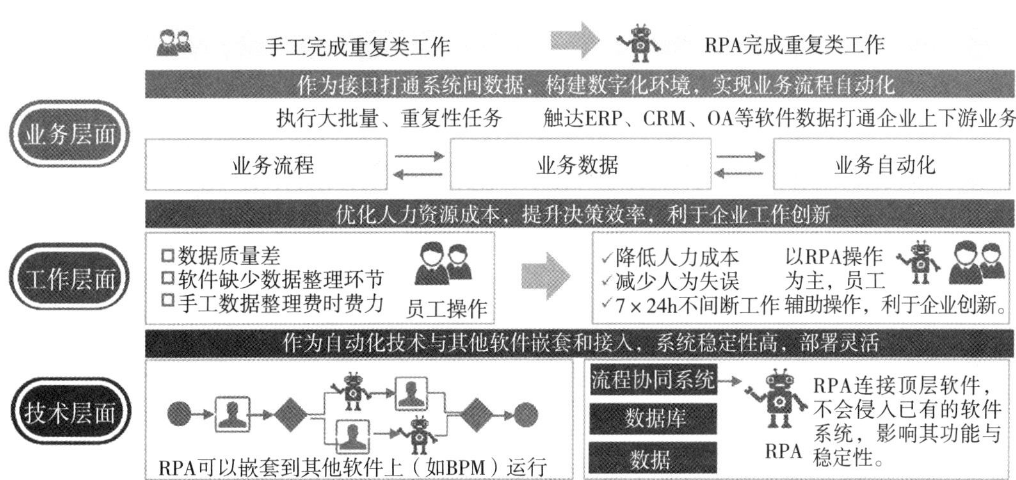

图 6－11　关键价值

资料来源：https：//dy. 163. com/article/FOG6OCTI05118VBB. html。

---

① 艾瑞咨询. 2020 年中国 RPA 行业研究报告［EB/OL］.（2020－10－09）［2020－11－20］. https：//dy. 163. com/article/FOG6OCTI05118VBB. html.

从业务层面来看，RPA 致力于将烦琐、重复的流程实现自动化操作，并通过触达不同软件数据打通企业上下游业务，实现业务流程自动化。

从工作层面来看，传统软件在数据管理环节有一定缺失，且存在数据质量差、手工数据整理费时费力的痛点，RPA 在满足自动化的基础上降低人力成本，减少人为失误，可以不间断工作，将员工从低效工作中解放出来，以便处理更高阶的工作，利于企业创新。

从技术层面来看，RPA 既可以嵌套在其他软件中完成部门重复类工作，也可以直接连接顶层软件而不侵入企业原有系统，增加软件系统稳定性。随着数字化时代的到来，利用高新技术来取代低效率的劳动力付出，是必然的发展趋势。

（四）RPA 技术的发展历程

1. RPA 技术发展阶段

总结 RPA 的技术发展路线，可以分为 RPA 1.0 ~ RPA 4.0 四个阶段①，如图 6 – 12 所示。

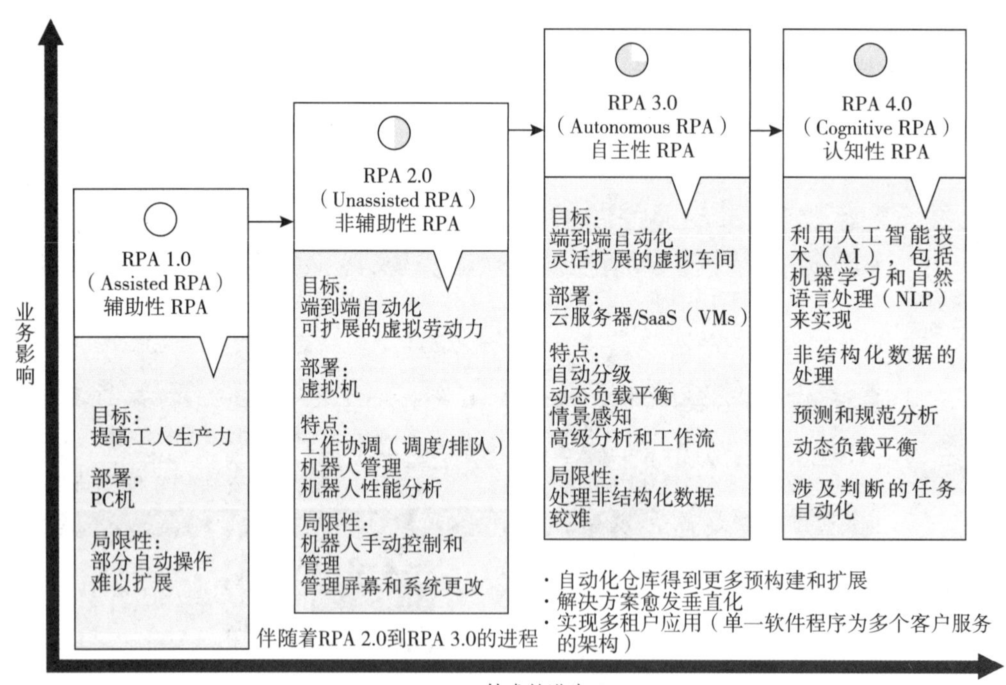

图 6 – 12　RPA 技术发展阶段

资料来源：https://www.cyzone.cn/article/559301.html。

---

① 简书．RPA 的发展［EB/OL］（2018 – 06 – 05）［2020 – 11 – 20］．https://www.jianshu.com/p/e4741789f964.

（1）RPA 1.0 阶段：辅助性 RPA（Assisted RPA）。

涵盖了现有的全部的桌面自动化软件操作，用以提高工作效率，其部署在员工 PC 机上，缺点是不支持端到端的自动化和难以扩展。

（2）RPA 2.0 阶段：非辅助性 RPA（Unassisted RPA）。

涵盖了目前机器人流程自动化的主要功能要求，实现端到端的自动化和可扩展的虚拟劳动力，具有工作协调、机器人管理、机器人性能分析等功能，其部署在虚拟机上，缺点是需要人工控制和管理 RPA 机器人的工作。

（3）RPA 3.0 阶段：自主性 RPA（Autonomous RPA）。

在 RPA 3.0 阶段，RPA 的主要目标是实现端到端的自动化和成规模多功能虚拟劳动力。其通常部署在云服务器和 SaaS 上，特点是实现自动分级、动态负载平衡、情景感知、高级分析和工作流。缺点是处理非结构化数据仍较为困难。但更多技术的融合，使得自主性 RPA 可从根本上提升业务价值并为用户带来更多优势。

（4）RPA 4.0 阶段：认知性 RPA（Cognitive RPA）。

RPA 4.0 将是未来 RPA 发展的方向。开始运用人工智能、机器学习以及自然语言处理等技术，以实现非结构化数据的处理、预测规范分析、自动任务接受处理等功能。借助认知性 RPA，决策过程全都由机器人执行，从而可以将所有漫长而复杂的任务自动化。

目前，大多数 RPA 软件产品都处于 2.0 到 3.0 阶段，发展已相当成熟，同时产品化程度也达到很高水平。此外，一些行业巨头已经开始向 RPA 4.0 发起了探索，并已初步应用 AI 增强 RPA 产品的认知能力。

2. 中国 RPA 行业发展历程

RPA 前驱在 2001 年便以“按键精灵”软件的形式出现，更多用于游戏、知识化办公等场景。2011 年前后，国内出现最早推出 RPA 产品的厂商，同年，阿里云 RPA 的前身“码栈”在淘宝诞生，主要帮助客服和管理人员做运营和服务售后等的自动化。2015 年随着四大会计师事务所在中国区应用 RPA，RPA 技术也逐渐被国内金融机构所接受，随后两年，大批 RPA 厂商开始成立，金融科技厂商、AI 厂商也是在这个阶段开始进军 RPA 市场。随着早期厂商对市场认知的逐步拓展，2018 年更多企业开始认识到 RPA 带来的价值，并在 2019 年掀起一股资本浪潮。未来，技术成熟度提升、不同行业应用场景的挖掘仍会在较长一段时间伴随 RPA 市场①。RPA 发展历程介绍如图 6－13 所示。

---

① 世界经理人.《2020 年中国 RPA 行业研究报告》：2019 年 RPA 市场规模为 10.2 亿元［EB/OL］.（2020－11－09）［2020－11－19］. http：//blog.ceconlinebbs.com/BLOG_ARTICLE_280826.HTM.

2001年
RPA前驱开始出现
· 2001年7月，基于抓屏技术与工作流程自动化技术开发而成的“按键精灵”软件出现，成为国内早期的RPA产品。

2011—2012年
RPA专业产品出现
· 中国首家提供RPA产品的专业厂商上海艺赛旗成立，并推出了其RPA产品IS-RPA。同年，阿里云RPA的前身“码栈”在淘宝诞生，主要帮助客服和管理人员做运营和服务售后等的自动化。

2015年
国内金融机构开始接纳RPA
· 奥林科技成立并推出了RPA平台UiBOT，同年随着四大会计师事务所在中国区应用RPA，RPA也逐渐被国内金融机构所接受。

2016—2017年
RPA厂商大规模出现
· 国内出现了一大批RPA厂商。弘玑Cyclone、云扩科技、金智维等都是在这期间成立的，包括一些目前在做RPA业务的AI公司、大数据公司也是在这段时间出现的。

2018年
企业对RPA认知开始变化
· 企业对RPA在自动化业务技术的认知发生变化，将RPA平台纳入战略布局，应用端出现转机。

2019年
引起资本关注
· 受国外资本市场热度、国内RPA行业实际订单增速影响，RPA概念、产品、公司也受到资本市场青睐。

RPA大事件

图 6-13　RPA 发展历程介绍

资料来源：https：//www. doc88. com/p-95729018881433. html。

二、RPA 技术在物流领域应用场景分析

伴随着信息化技术的浪潮，相当多的物流企业已经建立了 ERP、TMS（运输管理系统）、WMS 甚至更加专业的业务处理系统。但随着信息系统的增加，物流企业及其客户之间不同系统的数据打通和频繁变更的业务场景成为物流企业转型痛点，同时人力成本日益提升、流程日趋标准化，依赖人工操作的管理难度加大、数据质量也难以保证。而 RPA 技术在物流领域的应用，为物流一线操作人员提供了可靠的自动化工具，可以帮助企业实现自动抓取、录入数据，或者根据既定的业务规则对数据进行自动化处理，实现物流企业在发货、物流状态更新、订舱管理、仓库管理等方面的流程自动化，助力物流业降本增效。

（一）发货

在商品发货过程中，甲方供应链管理人员需要定期从 ERP 系统中抓取已经进入库存的待运货物清单，以及货物交付计划中的待运货物清单，然后据此生成运单，注明收件地址、收件人、运输方式等细节，最后发送到物流供应商的 OMS（订单管理系统）或者 TMS 中。物流操作员需要手动到 ERP 中根据既定条件进行查询，然后导出并制作物流订单，发邮件给物流供应商或者在物流供应商提供的订单系统中录入（见图 6-14）①。

① 云扩科技. 行业洞察 | 浅谈 RPA 在物流行业的应用［EB/OL］.（2020-01-07）［2020-11-22］. https：//zhuanlan. zhihu. com/p/101372884.

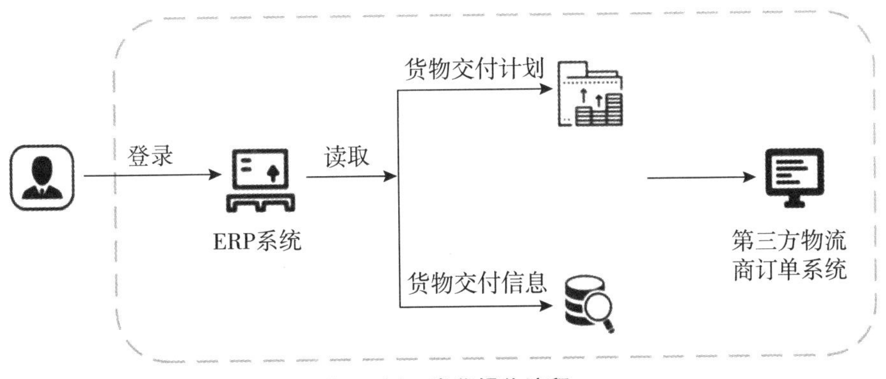

图 6－14 发货操作流程

资料来源：https：//zhuanlan. zhihu. com/p/101372884。

RPA 机器人可以根据设定的时间周期从 ERP 中查询待运货物并自动生成物流订单，之后在物流供应商的系统中生成相应的运单或订单。物流操作员仅需关注异常情况并调整物流订单，在极大降低工作量的同时，确保了数据准确性。

（二）物流状态更新

在货物发运后，甲方供应链管理人员需及时从物流供应商处抓取物流状态并在物流信息平台中更新，以便客户能够实时了解到当前物流信息。物流状态更新操作流程如图 6－15 所示。传统人工操作需要供应链管理人员在货物发运后，登录物流供应商的对外系统或网站，根据物流订单号查询物流状态信息，然后手动更新到自己的物流平台中，工作量大且操作非常烦琐。

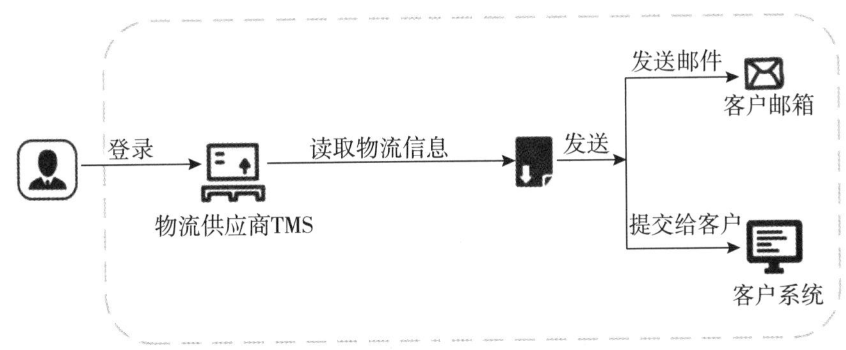

图 6－15 物流状态更新操作流程

资料来源：https：//zhuanlan. zhihu. com/p/101372884。

应用 RPA 机器人后，机器人会定期根据物流订单号自动到物流供应商对外系统或网站中查询物流状态信息，并在指定系统中更新最新信息。这大幅降低了工作量并且能够及时主动地进行数据更新，提升了客户体验。

（三）订舱管理

货代公司（或是船公司和航空公司）在收到客户的订舱委托书或者订舱相关文件时，客服操作人员需要把订舱数据录入订舱系统中。订舱操作流程如图 6－16 所示。在传统人工操作时，订舱单据的字段通常超过 50 个，客服录入一单用时 5 分钟以上。由于订舱单据的来源很多，无法统一格式，因此难以做到系统导入。另外，每一票单据都需要反复核对以免数据出错。由于工作量非常大，在旺季时经常需要加班来完成订舱数据的录入。

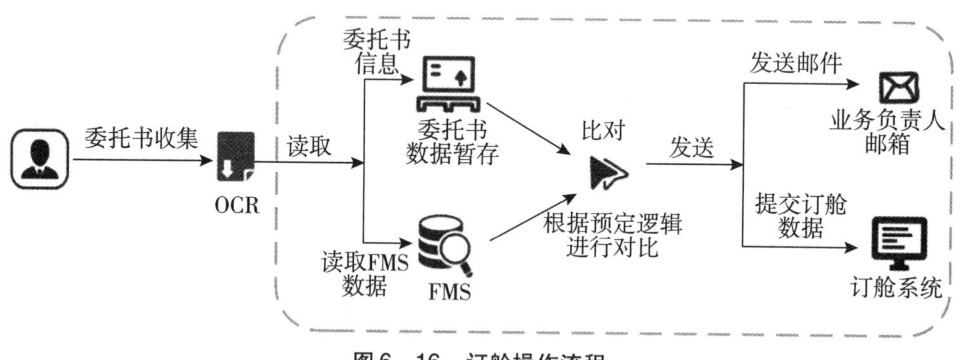

图 6－16　订舱操作流程

资料来源：https：//zhuanlan. zhihu. com/p/101372884。

RPA 机器人通过计算机视觉进行多种格式订舱相关文件的自动扫描和数据化，然后进行自动录入，当异常情况产生时，再引入人工检查和核对。客服的工作量大幅降低，在旺季时也能通过增加少量资源的方式予以应对。

（四）仓库管理

在现代化仓库中，仓库管理中的分拣、包装、拣货、搬运、检索等已大部分实现了机器人代替人工进行操作①，极大地提升了管理效率及质量。但这些流程涉及的后台操作，却仍是由人工手动完成，这在一定程度上限制了仓库管理的发展。货物运输过程跟踪、制作检品清单、印刷标签等工作虽然简单，但是不允许有失误，很多企业为此会花费大量时间和精力。通过在仓库系统中应用 RPA 技术，可实现仓储流程的自动化处理，确保从产品订单履行到交付客户的平稳过渡。RPA 应用于仓储行业，主要会在以下三个方面实现仓储业的转型：第一，降低人工成本，将 RPA 机器人用于交易任

① 腾讯云 . RPA 在仓库管理中的作用及应用［EB/OL］.（2019－10－23）［2020－11－23］. https：//cloud. tencent. com/developer/article/1525618.

务可以减少所需员工；第二，缩短周转时间，加快履行流程；第三，质量改进，RPA机器人确保过程没有错误和重复操作，节省了更多时间。

仓库管理中实施RPA的领域有以下六个：订单处理和付款的自动化、电子邮件或短信提醒自动化、客户之间的通信自动化、采购和库存管理流程的自动化、自动化生成仓库设备的服务提醒、RPA自动化货件安排和跟踪。

例如，上海趋研信息科技有限公司致力于为以货代与物流为主的企业和组织提供数字化与智能化服务，主推的小道智能单证机器人，可以替代人工等相关操作，实现从单证录入、单证预检查、订舱、申报、报关、日控报表、对账、开票、核销等全流程智能化。上海趋研信息科技有限公司的RPA平台为上海市一家顶级化工及危险品供应链公司提供仓库管理服务，每天帮助该公司处理约540个出入库订单、160个TMS运输单据、150个海运和空运货代订单，大致节约13个全职员工的人力成本，实现业务效率提升30%以上①。

三、年度优秀案例：和信融慧——数字员工

（一）和信融慧公司介绍

北京和信融慧信息科技有限公司（以下简称“和信融慧”）于2015年7月在北京创立，是国内最早从事企业级RPA产品研发的科技创新型企业，并于2015年12月发布具有自主知识产权的RPA产品。和信融慧自成立之初就专注于为企业级用户提供RPA平台与解决方案，目前RPA产品有物流机器人、报关机器人、财务机器人等九类机器人产品，提供物流解决方案、报关解决方案、智能财税解决方案等。

和信融慧洞察用户的痛点需求，将RPA与AI技术相结合，帮助提高效率、满意度、合规与安全能力，降低成本与差错率，激发活力与创造力。致力于与AI公司、行业伙伴深入合作，针对业务场景进行筛选、配置、应用，提供安全与可靠的智能服务。

（二）和信融慧物流解决方案

物流行业对于经济发展有着极其重要的作用，物流行业的发展要求企业充分打

① 王继祥.【物流】曾志宏：看不见的手——软件机器人（RPA）如何驱动物流运输流程自动化？［EB/OL］.（2019－12－30）［2020－11－20］. https：//www.sohu.com/a/363589244_757817.

磨每一个流程环节，降低成本、提升效率成为物流企业的迫切需求。和信融慧聚焦物流行业流程烦琐、信息化水平不足、指标体系不完善、工作内容枯燥重复、系统集成困难等痛点以及物流行业转型升级的迫切需求，基于领先的 RPA 平台技术和丰富的行业服务经验，在国内率先成功实践物流行业流程自动化软件机器人云服务平台解决方案。

和信物流机器人在物流行业的应用主要集中在运单管理、库存管理、车队管理、客服管理等需要进行大量重复性、跨系统操作的业务模块。RPA 应用场景如图 6－17 所示。通过应用和信物流机器人，客户无须组建运维和运营团队，可直接将开发、运维、运营管理以及工作任务调度执行的工作完全托管到和信物流机器人运营管理中心和作业中心，并可根据业务流程需要进行远程人机协同。通过使用和信物流机器人可以使物流企业相应业务流程工作执行效率提升 4 倍以上，运营成本仅为之前的 25%，综合运营效率是之前的 16 倍。

财务	人力资源	品类管理	采购管理
·收集运费账单并支付 ·生成和收集发票 ·银企对账 ·纳税申报	·绩效考核 ·人员学历查验	·产品目录和价格管理 ·供应商数据维护 ·供应商审核计划 ·供应商资质审核	·采购审核 ·询价流程 ·供应商谈判 ·文件接收/处理
订单到出货	**仓储物流**	**销售管理**	**应收管理**
·订单处理和付款的自动化 ·出货跟踪和确认 ·发票处理	·出入库单据处理 ·质量检测 ·消息通知 ·盘点统计	·订单自动化录入和变更 ·多单匹配、发票验证自动化 ·销售报表统计	·发票收据 ·发票处理 ·客户对账 ·收款核销
报关	**经营分析**	**数据转换与对接**	**扩展类**
·注册和申报 ·申报合规审核 ·报关单据识别 ·报关信息录入	·销售报表 ·经济分析报表 ·收益分析	·专有数据格式转换为EDI ·异构系统数据同步（已有的系统文件、客户信息、物流信息等）	·结构化与非结构化数据的采集和整理 ·结合前沿创新技术和产品（OCR、NLP、知识图谱、搜索、机器学习等）

图 6－17　RPA 应用场景

资料来源：http://www.homonia.com/NewsStd_511.html。

和信物流机器人利用零代码平台技术进行快捷流程配置，自动执行物流管理、财务、人事、运营等工作，可以将企业员工从繁重枯燥的工作中解放出来，让企业可以更灵活地调配人力资源。RPA 相对于人工流程的比较优势如表 6－1 所示。

表 6-1　　RPA 相对于人工流程的比较优势

	人工流程	RPA
成本	对人力资源的高要求导致经营总成本过高	最高能够节约目前成本的 10%
处理时间	一般以天和小时计	以分和秒计，缩短 90% 以上
质量一致性	错误率一般为 1% ~3%	错误率趋近零
合格经营	监控覆盖“点”或“线”	全面覆盖
准确率	易出错	100% 准确
员工关注点	员工处理低价值的重复处理任务	员工专注于高附加值、高创造性的任务
团队拓展	难以在短时间内快速将团队人员数量成倍扩展或缩减	以小时计，快速将可控机器人数量拓展 10 倍
建设成本	系统建设软硬件、系统运维团队均需自建，一次性建设成本高	提供基于 RPA 的云服务（RaaS），用户无须考虑系统建设与运维，仅对实际享受服务按需付费

资料来源：http：//www. homonia. com/NewsStd_511. html。

1. 物流自动化案例：物流运单管理

物流企业在进行物流运单管理过程中需要进行运单信息汇总、运单报表制作、报表汇总提交等操作，而在物流运单管理这一系列操作过程中，存在以下四个方面主要痛点。第一，跨网段，业务处理涉及集团内网和外部网络。第二，跨系统，涉及内部系统、供应商系统和物流系统，需要频繁切换。第三，流程烦琐，流程环节多，需要重复操作多次。第四，数据处理量大，大量信息需要汇总。

和信融慧针对久海纳（北京）物流有限公司（以下简称“久海纳”）整车物流业务运单管理自动化场景，为久海纳量身打造运单管理机器人——和信物流机器人，其设计的自动化流程包括登录多个品牌账户、手动下载各类数据、完成数据汇总加工、登录系统提交数据等。和信物流机器人每日登录中都物流系统及各汽车品牌系统，根据系统不同功能，下载获取不同品牌汽车的运单号、运单类型、出发地、目的地、车型、提车仓库等信息，之后将获取的数据整理成报表，并按不同品牌分别汇总至久海纳的办公系统，完成数据分类、提交录入。

久海纳通过和信物流机器人自动化处理企业运单，实现了物流运单管理流程优化、效率提升以及成本降低（见图 6-18），使久海纳在整车物流运单管理领域提效 4 倍。

2. 物流自动化案例：车队费用管理

在日常运营的车队费用管理过程中，需要进行高速通行费和油料费报销，燃料费、维修保养费、过路过桥费、保险费、年检费汇总等操作。而在这一系列流程中存在以下四个难点。第一，跨网段：业务处理涉及集团内网和外部网络。第二，跨系统：涉及内外网的多个系统操作。第三，信息量大：涉及的车辆数量、通行费信息量大，统计字段繁多。第四，易出错：因涉及的信息较多，且处理逻辑复杂，人工分析统计易出错。通过利用和信物流机器人可以有效解决以上问题，实现高速通行费信息汇总及费用报销自动化、油料费信息对账汇总及费用报销自动化、五项费用月汇总报表文件导入自动化。

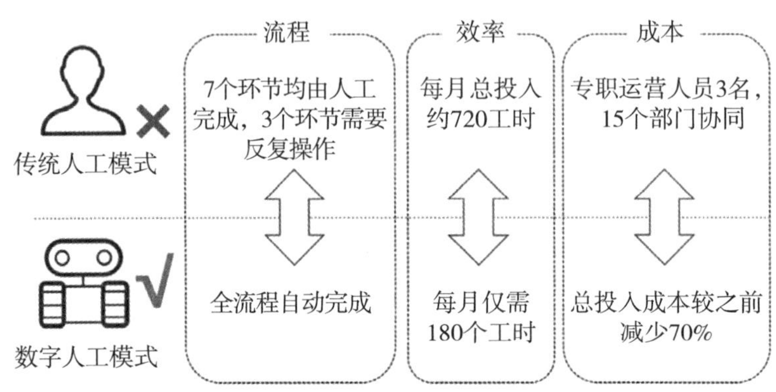

图6－18　和信物流机器人物流运单管理优势

资料来源：2020全球物流技术大会演讲《RPA助力智慧物流数字化转型》。

和信物流机器人在车队费用管理方面覆盖的流程包括发票下载、费用统计及比对、报表填报、SAP录入及审批等，实现了车队费用管理流程优化、效率提升以及成本降低，帮助物流企业在车队费用管理上节约75%的管理成本。和信物流机器人车队费用管理优势如图6－19所示。

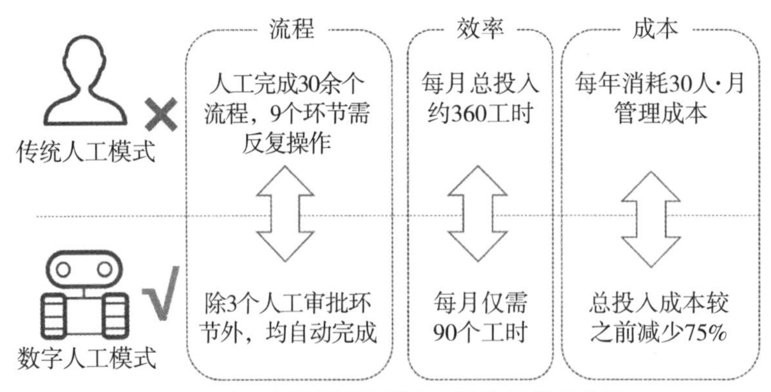

图6－19　和信物流机器人车队费用管理优势

资料来源：2020全球物流技术大会演讲《RPA助力智慧物流数字化转型》。

3. 物流自动化案例：自动报关

报关行业存在明显的业务痛点，包括业务量大、业务重复、有明确业务规则、成本持续提升、行业竞争压力大、有强烈的数字化转型需求等。和信融慧针对报关行业的业务内容和流程特点，以自动化替代手工操作，辅助员工处理交易量大、重复性高、易于标准化、系统异构的业务工作。优化报关流程，提高业务处理效率和质量，减少报关行业的合规风险，使资源分配在更多的增值业务上，促进报关行业数字化转型。

某国际贸易货代服务商同时开展物流、供应链业务，承接了大量的客户报关、物流的外包业务，在使用和信物流机器人之前属于人力密集型。和信融慧为其设计了解决方案，以机器人代替人工操作，实现部分流程操作自动化、报关效率提升40%～60%，大幅降低企业出错率以及成本。使用和信物流机器人前后的报关流程对比如图6－20所示。

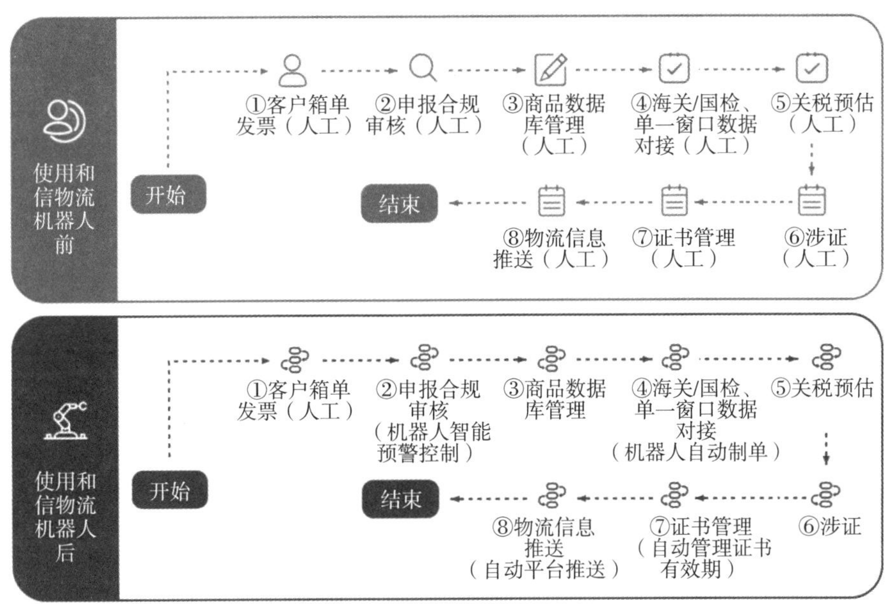

图6－20 使用和信物流机器人前后的报关流程对比

资料来源：http：//www.homonia.com/NewsStd_507.html。

四、总结与展望

目前RPA已成为一项重要的商用科技，已经在金融保险、教育医疗、零售物流等信息化程度高、流程标准化程度高、重复性工作多、耗费人力大的行业和场景中得到广泛应用①。但目前RPA技术受标准化特定场景、部署流程比较短、决策链单一的掣肘，在大范围企业业务的快速落地上仍旧存在困难。尤其是针对复杂场景的解决方案，常常会涉及非结构化数据、复杂元素识别等RPA无法处理的环节，企业个性化程度高，

① 来也．RPA未来发展趋势4大猜想，了解一下［EB/OL］．（2019－08－13）［2020－11－20］．https：//www.uibot.com.cn/news－7－1041.html.

解决方案定制化程度强，由此给 RPA 的发展造成羁绊①。

随着 RPA 技术向 RPA 4.0（认知性 RPA）发展，RPA 技术与人工智能的结合，将为 RPA 提供支持决策和进一步执行的能力。AI 相当于为 RPA 机器人装上了大脑，使 RPA 机器人能够思考和学习，突破性地实现“智能化地解决重复性劳动”的问题，打通更多业务场景数据。

关于 RPA 与 AI 的结合，我们可以大胆畅想。例如，RPA 结合计算机视觉技术实时监控仓库，当仓库出现特殊情况时，摄像机根据计算机视觉技术自动识别突发事情性质，并将此信息发送给 RPA，RPA 自动调用灭火装置进行灭火；RPA 结合 OCR（Optical Character Recognition，光学字符识别）文字识别，提取纸质单证、不规则单证的关键文字信息，再交给 RPA 执行后续操作；RPA 结合智能语音技术，打造快递派送智能语音助手、智能客服等。

第三节　区块链技术

一、区块链技术发展概述

区块链技术是继蒸汽机、电力、信息和互联网革命后，引发第五次人类社会颠覆性变革的技术。2019 年 10 月 24 日下午，中共中央政治局就区块链技术发展现状和趋势进行第十八次集体学习。中共中央总书记习近平在主持学习时强调了区块链技术的集成应用在新的技术革新和产业变革中起着重要作用。随着区块链技术的普遍应用，在金融、供应链、政务、医疗等领域都相继推出了基于区块链技术的产品并应用落地。

物流行业因其链条长、分散的行业特性导致长期以来存在征信难、融资难、协同难的痛点，而区块链技术作为创造信任的机器，其分布式、不可篡改、可追溯的特性恰好能解决物流行业这一痛点。区块链在物流行业的应用蓬勃发展，围绕供应链金融、溯源、存证、征信、电子化、联盟化等领域推出一系列成熟的区块链产品。2020 年新冠肺炎疫情期间，支付宝推出基于区块链技术的“防疫物资信息服务平台”解决了防疫物资供需信息不对称、信息不透明等问题，加速了区块链进一步发展。

（一）区块链的架构

区块链是一种由多方共同维护，使用密码学保证传输和访问安全，能够实现数据

① 艾瑞咨询．2020 年中国 RPA 行业研究报告［EB/OL］．（2020－10－09）［2020－11－20］．https：//dy.163.com/article/FOG6OCTI05118VBB.html.

一致存储、难以篡改、防止抵赖的记账技术，也称为分布式账本技术。从最早应用区块链技术的比特币到最先在区块链引入智能合约的以太坊，再到应用最广的联盟链①，尽管它们在具体实现上各有不同，但在体系架构上存在着诸多共性。一般来说，区块链基础架构由数据层、网络层、共识层、激励层、合约层、应用层六个层次组成，如图 6－21 所示。其中，数据层、网络层和共识层是构建区块链技术的基本要素，激励层、合约层和应用层并不是每个区块链应用的必要因素②。

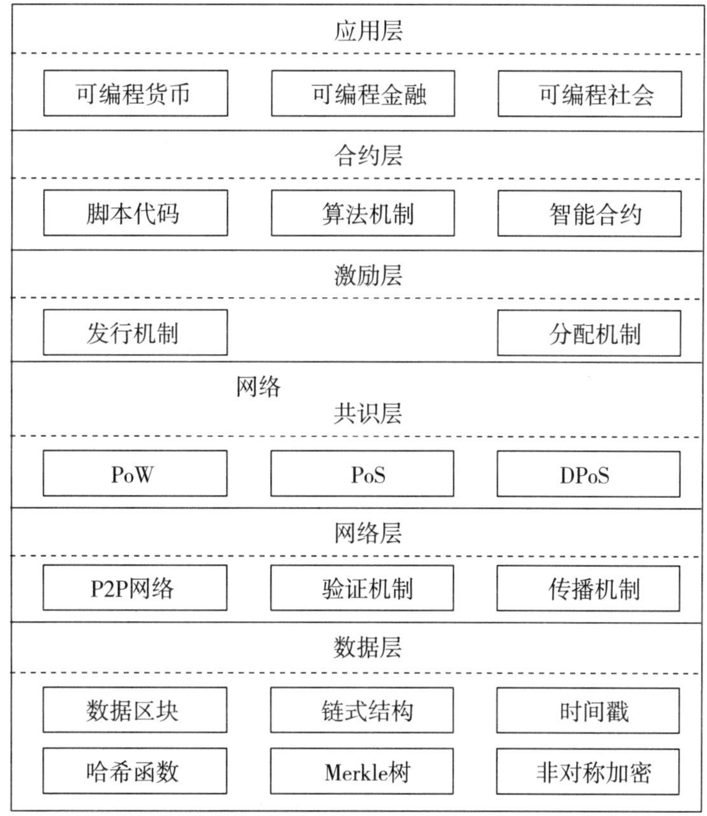

图 6－21　区块链的基础架构

资料来源：王元地，李粒，胡谍．区块链研究综述［J］．中国矿业大学学报（社会科学版），2018，20（3）：74－86。

区块链作为多种计算机技术组合而成的技术集合，具有层次化体系结构，各层职能不一，但相互支撑。

① 邵奇峰，金澈清，张召，等．区块链技术：架构及进展［J］．计算机学报，2018，41（5）：969－988.

② 白宇嘉，尼玛扎西，曹学琪．区块链技术综述及应用［J］．电脑知识与技术，2018，14（32）：20－24.

1. 数据层：区块链基本数据结构

数据层包含数据区块和相关的非对称加密和时间戳等技术，主要目的是达到数据的去中心分布式存储、校验数据区块的存在性和完整性、保证数据的可追溯以及不可篡改性。数据层包括区块链基本数据结构，是区块链体系架构的基础层。数据区块按时间戳排列，由哈希指针连接成链式结构，决定了区块链“可追溯”的特点。

2. 网络层：区块链信息交互的基础

网络层是区块链信息交互的基础，承载节点间的共识过程和数据传输，主要包括建立在基础网络之上的对等网络及其安全机制。区块链网络层是无第三方中心机构监督的分布式网络，基于 P2P 技术实现分布式结构，基于 TCP/IP 通信协议实现点对点通信。

3. 共识层：保证节点数据的一致性

区块链网络没有中心节点的监管，网络维护的责任由多方承担，这就需要有一个保证各节点能够达成共识的机制。一旦达成共识，在区块中的交易信息就正式上链生效，同时会给网络中每个节点提供备份。共识层包括网络节点的各类共识算法，主要有工作量证明机制（PoW 共识机制）、权益证明机制（PoS 共识机制）、授权股份证明机制（DPoS 共识机制）等，能够在决策权高度分散的去中心化系统中使得各节点高效地针对数据区块的有效性达成共识，这是区块链核心技术之一。

4. 激励层：保证区块链网络安全运行

激励层的功能主要是提供一些激励措施，鼓励节点参与记账，保证整个网络的安全运行，在共识机制中胜出取得记账权的节点能获得一定的奖励。激励层将经济因素集成到区块链技术体系，主要包括经济激励的发行机制和分配机制。

以比特币为例，它的奖励机制有两种。一种激励是系统奖励给那些创建新区块的矿工，刚开始每记录一个新区块，奖励矿工 50 个比特币，该奖励大约每四年减半；另外一种激励的来源则是交易费，新创建区块没有系统的奖励时，矿工的收益会由系统奖励变为收取交易费。

5. 合约层：区块链去信任的基础

合约层具有可编程的特性，将代码嵌入区块链或是令牌中，实现可以自定义的智能合约，在达到某个确定的约束条件的情况下，无须经由第三方就能自动执行，是区块链去信任的基础。智能合约的运用标志着区块链从以比特币为代表的数字货币向社会化应用的转移。

以比特币为例，比特币是一种可编程的货币，合约层封装的脚本中规定了比特币的交易方式和过程中涉及的种种细节。

6. 应用层：区块链与应用系统进行交互的接口

应用层是区块链与应用系统进行交互的标准接口层，它包含区块链的各类应用场景，用户无须掌握区块链的专业知识，只需调用应用层提供的标准接口即可使用应用层所定义的各种应用。应用层类似于计算机中的各种软件程序，是一般用户直接使用的产品，也可以理解为 B/S 架构的产品中的浏览器端（Browser）。

区块链应用场景主要包括可编程货币、可编程金融和可编程社会。可编程货币：区块链 1.0 应用，指的是数字货币，是一种价值的数据表现形式。可编程金融：区块链 2.0 应用，是指区块链在泛金融领域的众多应用，将智能合约添加到区块链系统中，形成可编程金融。可编程社会：区块链 3.0 应用，是指随着区块链技术的发展，其应用能够扩展到任何有需求的领域，包括审计公证、医疗、投票、物流等领域，进而延伸到整个社会。

（二）区块链的核心技术

从技术角度来讲，区块链并不是一个全新的技术，而是集成了多种现有技术的组合式创新。区块链的关键技术主要集中在区块链架构的数据层、网络层和共识层，包括区块链数据结构、非对称加密技术、P2P 网络技术、共识机制、智能合约五大支撑技术。

1. 区块链数据结构

一个个区块用链条的形式连接起来，就形成了区块链。每个区块分为两部分：区块头和区块体，其中区块头是区块的核心部分。区块头包含时间戳、前一个区块的散列值、Merkle 根、难度系数和当前目标哈希值等，它们是整个区块的“大脑”。区块链的一个区块结构如图6－22 所示。

（1）时间戳。

时间戳是一段完整的、可验证的数据，通常是一个字符序列，表示在某个特定时间点存在数据。通俗地讲，时间戳是一份完整的、可验证的时间数据证明，它能够证明一份数据的存在和发生于哪个时间点。

（2）哈希函数。

哈希函数可以将任意长度的消息编码，输出一个固定长度的字符串，该字符串就是哈希值。

哈希函数能够很好地满足区块链数据不可篡改和可验证的安全需求。首先，哈希算法逆向困难，即仅凭一个哈希值，很难计算出相应的输入值；其次，哈希函数对于输入值很敏感，即使输入值发生微小变化，产生的哈希值也完全不同；最后，哈希函数具有强抗碰撞性，即很难找到两个不同的输入，使得它们的哈希值相同。

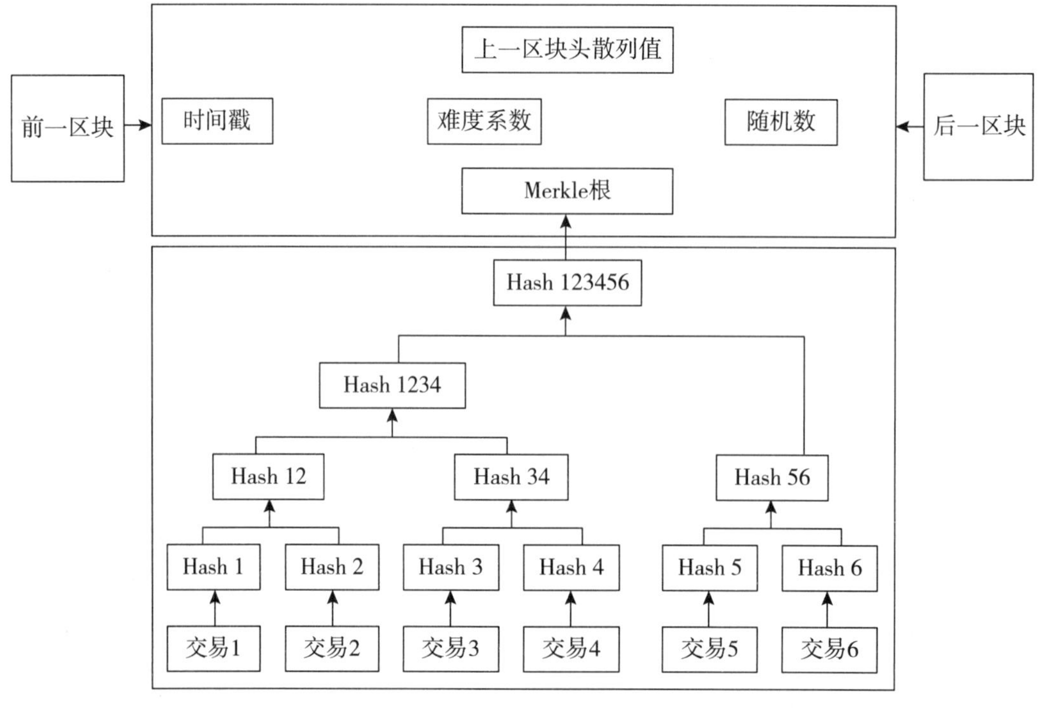

图 6-22　区块链的一个区块结构

（3）Merkle 树。

Merkle 树是区块链技术的基本组成部分。它是由不同数据区块的散列组成的数学数据结构，用作区块链中所有交易的摘要。它还允许对大量数据中的内容进行有效和安全验证。

2. 非对称加密技术

区块链技术的一个特性是数据的不可篡改，而该特性得益于非对称加密技术的使用。传统的对称加密算法易于理解，而非对称加密算法需要公钥和私钥，每个用户都有配对的公钥和私钥，其中公钥是公开的，私钥只由用户自己保存。非对称加密过程如图 6-23 所示。

第一步，发送方将发送带有密码散列函数（MD5，SHA，SM3）的文件以生成摘要，并且发送方用自己的私钥加密摘要以形成数字签名。

第二步，发送方用接收方的公钥对原文件再进行加密，同形成的数字签名一起发送给接收方。

第三步，接收方用发送方的公钥对数字签名的摘要进行解密，以获取发送方生成的摘要。

第四步，接收方用自己的私钥解密收到的原文件，并使用与发送方相同的密码散列函数（MD5，SHA，SM3）把解密后的原文件形成摘要。

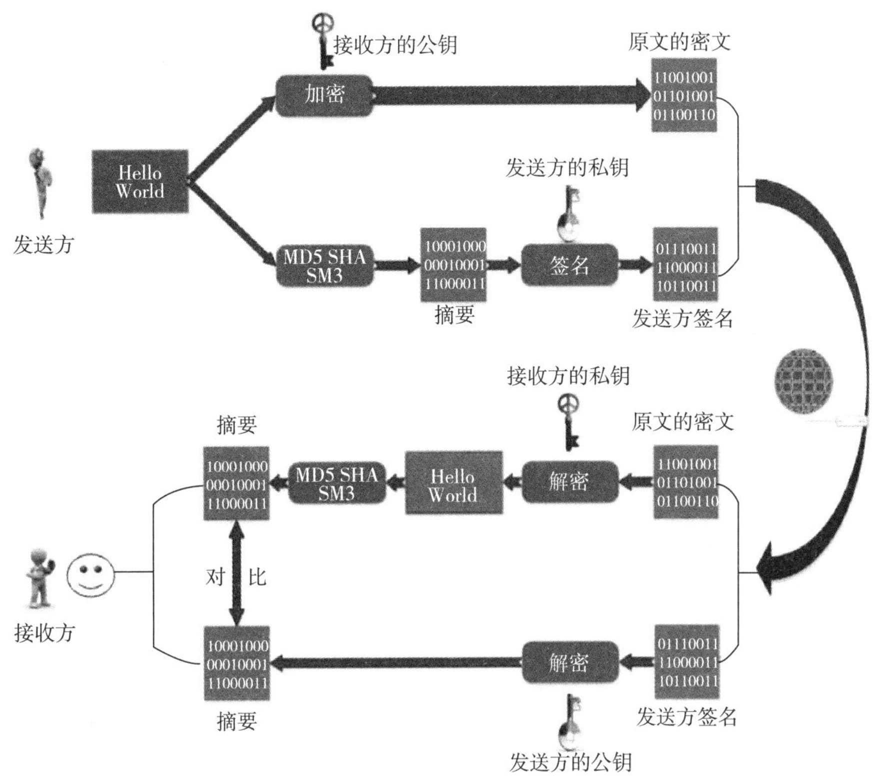

图 6－23 非对称加密过程

资料来源：白宇嘉，尼玛扎西，曹学琪．区块链技术综述及应用［J］．电脑知识与技术，2018，14（32）：20－24。

第五步，将解密的摘要与由接收方重新加密的原文件生成的摘要进行比较。如果两者一致，表明原文件在传输过程中信息不被破坏或伪造。

区块链加密过程可概括为：公钥加密、私钥解密，私钥加密、公钥解密。区块链技术采用非对称加密技术，大大提高了信息传输的安全性，防止了信息被篡改，因此不可篡改性是区块链技术的重要特性之一。

3. 点对点（Peer to Peer，P2P）网络技术

P2P 网络技术，也称为点对点技术，常称为对等网络。P2P 网络是一种没有中心服务器、依靠用户群交换信息的互联网体系（见图 6－24）。与有中心服务器的中心化网络系统不同，对等网络的每个用户端既是一个节点，也有服务器的功能①。

① 深浅区块．剖析区块链（八）：核心技术之 P2P 网络［EB/OL］．（2018－11－04）［2020－11－20］．https：//www. sohu. com/a/273200832_100252445.

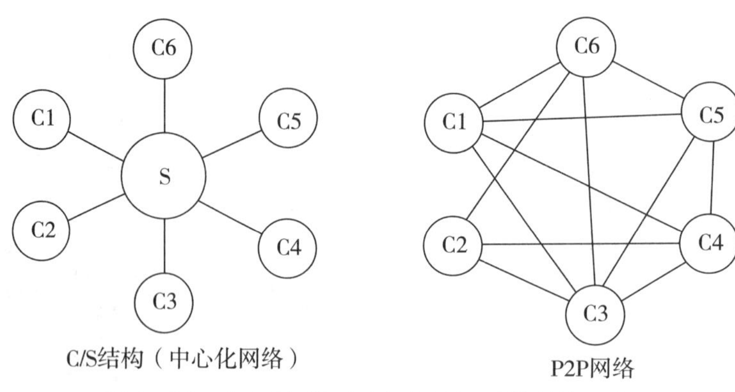

图6-24　中心化网络（左）与P2P网络结构（右）

资料来源：https：//www. sohu. com/a/273200832_100252445。

传统的中心化网络系统即client/server（客户端/服务端），是C/S结构，系统中存在一个中心化的服务器，用户通过客户端发出请求，服务器响应请求并返回数据。这种中心化的服务器就像是枢纽场站一样，掌控着所有用户的数据，管理很方便，但同时也面临安全性、不稳定等问题。

对等网络（P2P）与中心化网络完全不同。在对等网络里，每一个网络节点具有对等的功能，全网无特殊节点，每一个节点既是服务端也是客户端。在P2P网络中，每个网络节点具有相同的数据收发权限（即每一个节点都可以对外提供全网所需的全部服务），因此任何一个节点垮掉，都不会对整个网络的稳定性构成威胁。

4. 共识机制

网络层的安全主要由共识机制保障，通过点对点通信模式，构建一个去中心化的分布式网络环境，网络中所有节点的地位平等，每个节点都可以作为服务器，承担数据传输、验证、存储工作。共识机制主要是解决分布式节点如何达成共识的问题①。

以比特币为例，在矿工获取新的比特币时，就会生成新的区块，这个区块的生成必须得到所有参与者的同意才能生效。共识机制是由共识算法来实现的，该算法由相关的共识规则组成，这些规则可以分为两个大的核心：工作量证明与最长链机制。所有规则（共识）的最终体现就是比特币的最长链。共识算法的目的就是保证比特币不停地在最长链上运转，从而保证整个记账系统的一致性和可靠性。

5. 智能合约

智能合约是通过编程手段将节点上交易双方的承诺进行电子化设定，同时设置触

① 李燕，马海英，王占君. 区块链关键技术的研究进展［J］. 计算机工程与应用，2019，55（20）：13-23，100.

发条件，当预先设置的条件满足后，合约将自动触发完成一个交易。智能合约通过程序语言来强制执行合约，因此只要节点双方约定了一个智能合约，即使是系统的运营方也不能轻易改变。此外，智能合约在制定合约条件、执行合约内容以及验证合约合规性等方面的成本更加低廉，并且可以同时在多个节点之间执行，极大地提升了区块链系统的运行效率。

（三）区块链的交易流程

典型的区块链系统中，各参与方按照事先约定的规则共同存储信息并达成共识。为了防止共识信息被篡改，系统以区块（Block）为单位存储数据，区块之间按照时间顺序、结合密码学算法构成链式（Chain）数据结构，通过共识机制选出记录节点，由该节点决定最新区块的数据，其他节点共同参与最新区块的数据验证、存储和维护，数据一经确认，就难以删除和更改，只能进行授权查询操作。

区块链主要经历流程包括“新交易创建—通过 P2P 网络传播—交易验证—验证结果通过 P2P 网络传播—交易完成”，即从生成到在网络中传播，再到通过工作量证明、整个网络节点验证，最终记录到区块链①。区块链交易流程如图 6 – 25 所示。总结区块链的交易流程主要有五个步骤：第一步，创建新交易，制作交易单；第二步，发送节点将新的数据记录向全网进行广播；第三步，接受节点对收到的数据进行记录和检验；第四步，全网所有接受节点对区块执行共识算法；第五步，区块通过共识算法过程后被正式纳入区块链中存储。

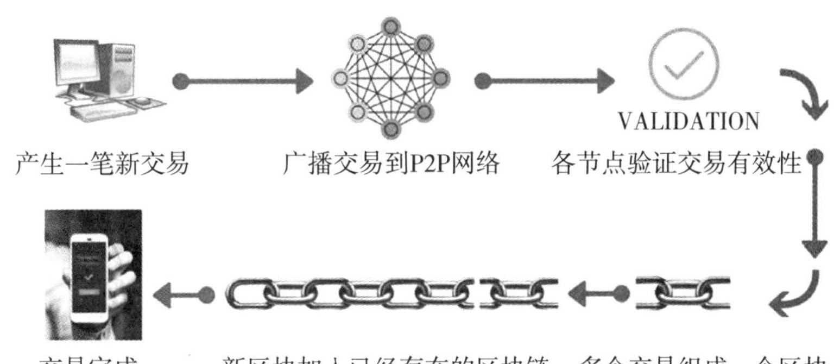

图 6 – 25 区块链交易流程

资料来源：https：//blog. csdn. net/yinanmo5569/article/details/80443654。

---

① 王元地，李粒，胡谍．区块链研究综述［J］．中国矿业大学学报（社会科学版），2018，20（3）：74 – 86.

二、区块链技术在物流领域的应用优势

（一）提高供应链的物流信息透明度

供应链由物流、资金流、信息流组成，将供应商、分销商、物流提供商等用户关联在一起，是一个极为复杂的系统。供应链中的各种信息分散保存在各节点企业系统中，难以实现对供应链上下游企业整合，导致供应链系统中存在信息不透明、效率低下等问题。供应链系统中存在频繁的交流互通协作，参与交易的对象受交易信任度的影响，一般不愿意对合同信息进行详细分享，使得资金、销售、供应等数据信息难以得到有效利用，物流企业在供应链中的可见性较小，对于交易双方而言都具有不利影响，在缺乏数据透明度与信任机制的情况下，物流行业的发展逐渐陷入了信任困境。同时，随着网络购物的兴起，消费者更希望获取公开透明化的信息数据，这对货物在途信息的实时查询具有更高的要求。

区块链的特性使得其在面对供应链管理时具有与生俱来的优势。第一，区块链技术使各供应链上下游企业信息透明化，保持供应链上各环节信息流畅，保证在物流运送过程中出现问题时可以迅速找到原因，并针对性解决该问题，提高供应链效率。第二，区块链特有的不可逆性可以很好地应对供应链体系之间各个主体发生的纠纷，并有效进行责查，能有效杜绝因物品流通产生假冒伪劣现象。比如，将区块链应用到农产品流通领域，能够破除农产品流通中各相关者之间的利益藩篱，化解冲突，最大限度地消除农产品生产、分销、物流、融资、监管中存在的信息不对称问题，提高整个供应链上信息的透明度，重建信任体系与利益格局。

（二）促进物流业降本增效

在物流行业存在单证种类繁多的现象，如发货单、配送单、出库单、验收回执单等。传统处理方式中，大量的物流业务以书面文件形式记录相关信息，后期通过对纸质文件进行扫描、拷贝归档，构建一个数据库存储数据信息。这种方式下存在业务效率低、运营成本高、信息共享难等问题，给物流业实现降本增效的发展目标带来了巨大阻力。区块链技术在物流领域的应用，为物流业降本增效赋能，打造物流行业发展优势；减少纸张消耗、促进绿色发展；减少人工操作，降低行政成本；实现信息溯源，保障货物安全；提供数据支撑，促进信息共享；打破行业壁垒，促进产业转型。

试想在整个货运物流交易过程中，区块链技术贯穿货运物流全流程，每个司机的行车记录都会被记录到统一账本上，根据真实可靠、不可篡改的详细运单记录信息，包括运单号、承运人、中间人、运输车号、在途状态、总里程、金额等，将费用直接

清分到承运人或司机的账户，从而减轻现有结算中心负担，提升业务运营效率，降低运营成本。区块链技术的应用为物流市场，特别是零担货运市场提供了以更低成本和更高效率对分散的经营主体进行集约整合的手段。

（三）解决中小企业融资难题

由于信息不对称、中小企业信用评级低等原因，导致银行和中小企业之间缺乏一个有效的信任机制，中小企业难以从银行或是其他大型金融机构获得融资，阻碍了企业发展。物流行业的中小企业规模庞大、融资难的问题尤为突出。将区块链技术应用在物流与供应链中，便于银行等金融机构查询企业的信用信息，可有效解决物流行业融资问题。供应链所有节点上链后，通过区块链的私钥签名技术，保证了数据可靠性；而合同、票据等上链，是对资产的数字化，便于流通，实现了价值传递①。“区块链＋供应链”的全链融资如图6－26所示。

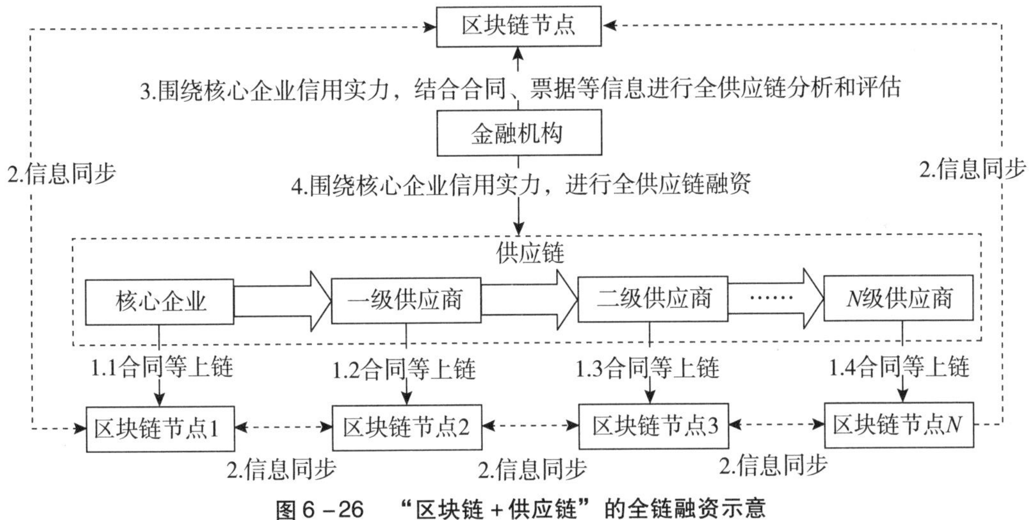

图6－26　“区块链＋供应链”的全链融资示意

资料来源：https：//zhuanlan. zhihu. com/p/40165766。

通过区块链技术解决了数据可靠性和价值流通后，银行等金融机构面对中小企业的融资时，不再只是对这个企业进行单独评估，而是对供应链整体能力进行评估。通过信任核心企业的付款意愿，对链条上的票据、合同等交易信息进行全方位分析和评估。即借助核心企业的信用实力以及可靠的交易链条，为中小企业融资背书，实现从单环节融资到全链融资的跨越。

---

① 知乎．浅谈区块链的七大应用场景［EB/OL］．（2018－07－20）［2020－11－20］．https：//zhuanlan. zhihu. com/p/40165766.

三、区块链技术在物流领域应用案例

（一）京源链——农产品深度立体追踪

1. 京源链产品定位

2019年12月，京东物流基于区块链、物联网、GIS等技术，结合京东农场对农业的业务沉淀，打造农业行业可信的农产品追溯体系——京源链，打造优质的农产品品牌，实现农民增收。京源链“立体追踪”包括溯源和追踪，能够全程跟踪农产品从生产到消费整个供应链信息，实现农产品深度立体追踪。从农产品种植开始，通过传感器、摄像头、GIS等技术将农事行为期间关键信息采集上链，农产品物流全过程关键信息上链，最后消费者扫描溯源码即可看到农产品从种植开始一直到消费者手中的过程，全过程实现信息不可篡改，保障农产品质量。京源链框架如图6－27所示。

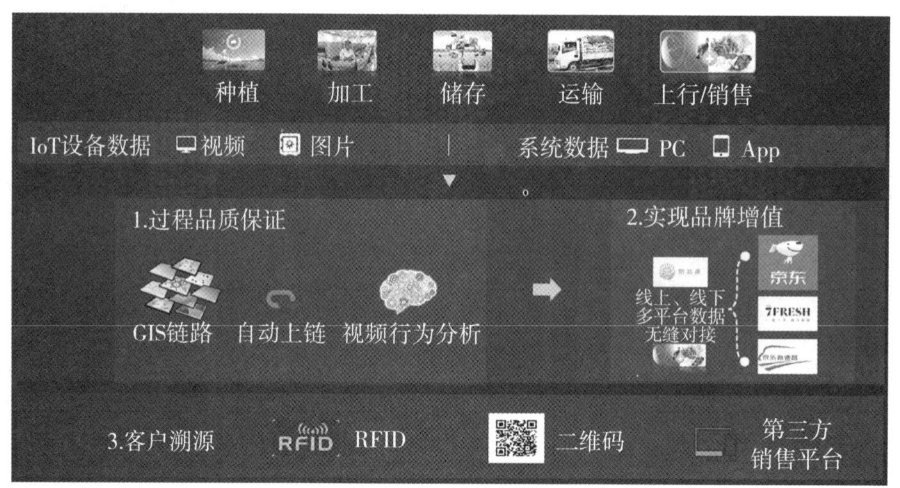

图6－27　京源链框架

资料来源：2020全球物流技术大会演讲《京东物流的区块链创新实践之路》。

2. 京源链解决方案

京源链农产品深度立体追踪解决方案包括管理端、作业端和溯源端三个方面。管理端包括主管部门、农业经营主体以及运营人员，主要进行土块划分、设备传感器管理、产量预估等操作。农产品产量预估是管理端的一个重要方面，主要依赖于第三方农业协会进行预估。农产品溯源码按照预估产量进行设计（如农场苹果产量为10吨，溯源码涵盖信息也是10吨），溯源码必须在原产地进行粘贴，并且将地址上链，确保原产地信息准确。作业端包括农场作业人员、加工人员和物流配送人员，作业端将农事作业、加工、物流等信息上链。溯源端主要为消费者服务，消费者通过京源链小程序扫描溯源码即可看到全链路关键信息。京源链农产品深度立体追踪解决方案如图6－28所示。

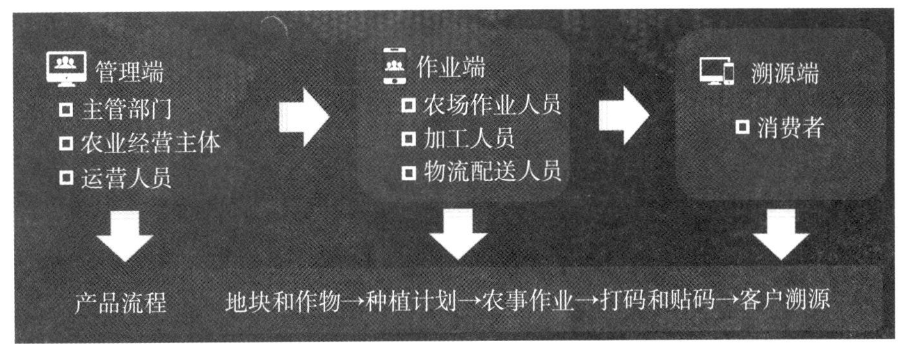

图 6－28　京源链农产品深度立体追踪解决方案

资料来源：2020 全球物流技术大会演讲《京东物流的区块链创新实践之路》。

3. 京源链平台架构

京源链平台分为四层，从下到上分别为存储层、BaaS、SaaS、客户端。存储层是区块链的核心层，主要存储收集的信息；第二层是 BaaS，围绕区块链做偏低层的平台；第三层是 SaaS，涵盖平台溯源管理、农事管理、上行推广、溯源查询功能；第四层针对客户角色的不同，平台通过端口将服务进行展现，满足各类角色使用的需求。京源链平台架构如图 6－29 所示。

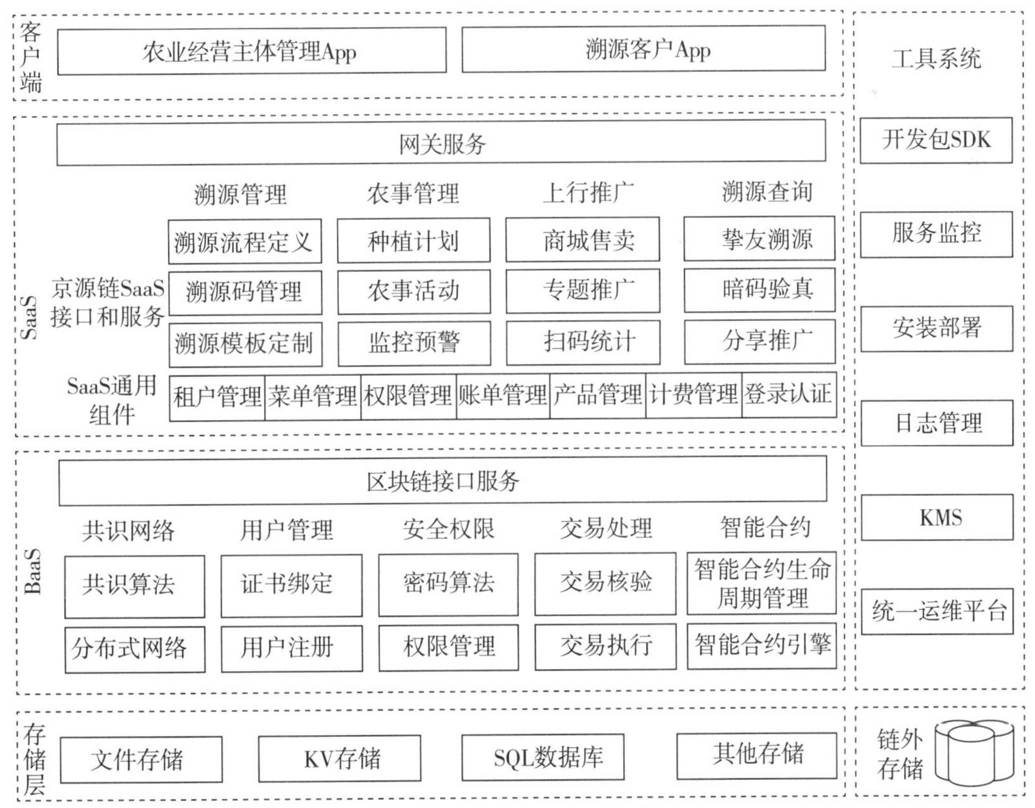

图 6－29　京源链平台架构

资料来源：2020 全球物流技术大会演讲《京东物流的区块链创新实践之路》。

4. 京源链产品展示

通过京源链产品管理端可以实现生产计划的制订、地块管理、作物管理、农事作业执行以及物联网设备管理。通过扫描溯源码可以得到产品从生产到销售的相关信息，这些信息可以根据农产品不同的属性有所取舍定制，并不是所有农产品都需要包含全部信息，可根据农产品属性不同实行对应信息上链（见图6－30）。

图6－30　京源链产品管理（左）追溯展示（右）

资料来源：2020全球物流技术大会演讲《京东物流的区块链创新实践之路》。

（二）链上签——电子签署

1. 链上签产品优势

物流领域的单据种类繁多，如发货方的服务协议、仓储中心的出/入库单、运输公司的承运协议、配送公司/个体司机的运输合同以及收货方的电子回单等，这些都是物流领域中不可或缺的单据。但是，目前大部分企业使用的是传统纸质模式，存在业务效率低、无法闭环、体验差、成本高，数据安全性低（造假、丢失、数据泄露）以及监管审计难等问题。

京东物流通过开发链上签产品，将交易环节的委托书、合同、回执单等信息上链，实现物流行业单据无纸化，大大简化了物流环节操作流程。同时还可以实现自动对账、清账，在减少对账成本、提升对账效率的同时，大大缩短了企业账期。链上签电子签署相较于传统纸质签署，在成本、效率、安全合规三个方面都有所突破，如表6－2所示。

表6－2　　电子签署VS传统纸质签署

项目	传统纸质签署	电子签署
成本	纸质耗材成本约为0.4元（硒鼓、打印、整理）；异地办公12～24元（邮寄）； 单据运营成本（核验、复查、对账、追责）5～20元，一张单据的管理成本为17～45元	无邮寄成本 无审核成本 无纸质耗材成本
效率	邮寄效率：同城24小时左右、跨城隔日达或加急。 单据核对周期：根据不同区域的管理情况，周期在30天到90天不等（如存在问题，会导致周期更长）	单据签收完成后，可直接通过查验平台查看、下载。 通过查验平台可批量查验当前账期的纸质单据是否正确验收
安全合规	受《中华人民共和国民法典》保护	
	线下流转，易丢失、篡改、损坏、泄密	合同内容碎片化存储到IPFS上，将文件Hash存储到区块链上，不可篡改

资料来源：2020全球物流技术大会演讲《京东物流的区块链创新实践之路》。

2. 链上签产品介绍

链上签（其核心框架见图6－31）通过连接多方机构为平台提供服务支持。首先是链上签基础服务组件，基础服务组件是链上签提供物流业务服务的核心，包括区块链、生物识别库、京东云以及KMS，为链上签提供底层技术以及数据支持，通过技术手段保证法律的效力，同时打造增值服务产品。其次是电子认证服务机构，链上签与多家电子认证服务机构合作，可以审核用户身份，在确保用户身份真实的情况下，向用户发放电子签名认证证书，提供网上身份认证、电子签名等证书认证安全服务。最后是第三方机构，链上签通过与公证处、保险机构、司法鉴定中心以及互联网法院合作，

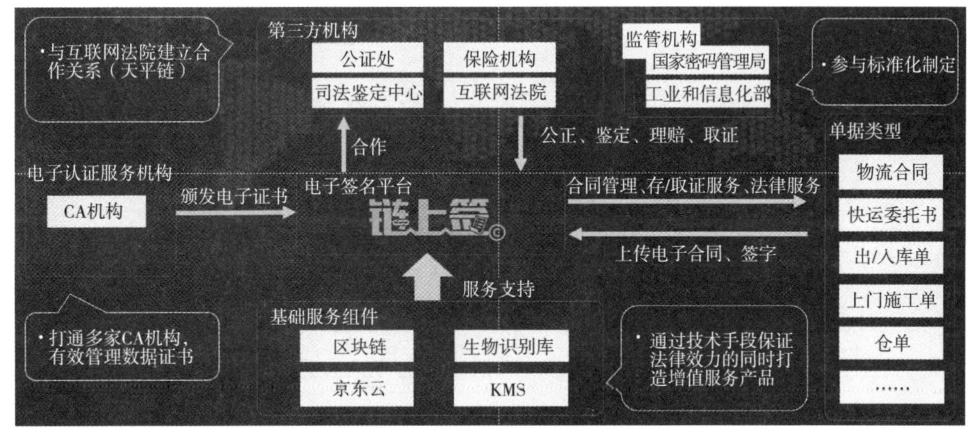

图6－31　链上签核心框架

资料来源：2020全球物流技术大会演讲《京东物流的区块链创新实践之路》。

为客户办理各类具有法律意义的公证业务，提供保险服务与鉴定服务，解决互联网上完成的合同纠纷。

通过连接不同服务平台，链上签基本可以实现物流合同、快运委托书、出/入库单、上门施工单、仓单等物流行业所有单据的合同管理、存/取证服务、法律服务以及签署、上传电子合同等。

可通过链上签签署的单据种类如图6－32所示。

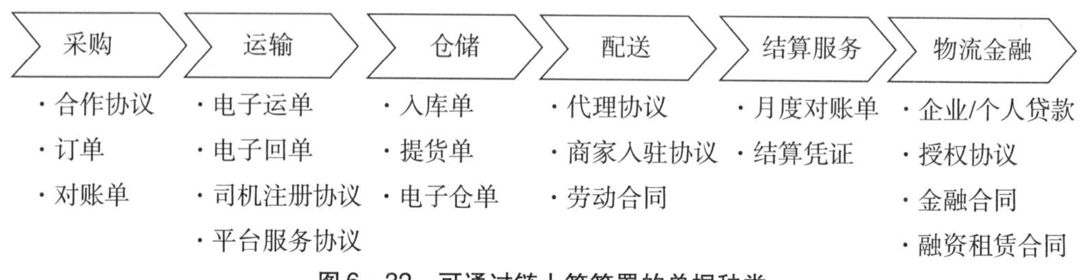

图6－32　可通过链上签签署的单据种类

资料来源：2020全球物流技术大会演讲《京东物流的区块链创新实践之路》。

链上签架构分为三层，包括技术层、平台层、前端应用层，如图6－33所示。技术层基于区块链技术，为平台提供合约管理、溯源管理等服务功能；平台层为链上签提供后端服务，包括权限管理、模板管理、签署服务、企业实名服务、计费服务、证书管理六大服务功能；前端应用层为客户服务层，通过连接平台层接口，提供可由客户直接操作的单据签署、单据查询、个人实名认证、余额管理等功能。

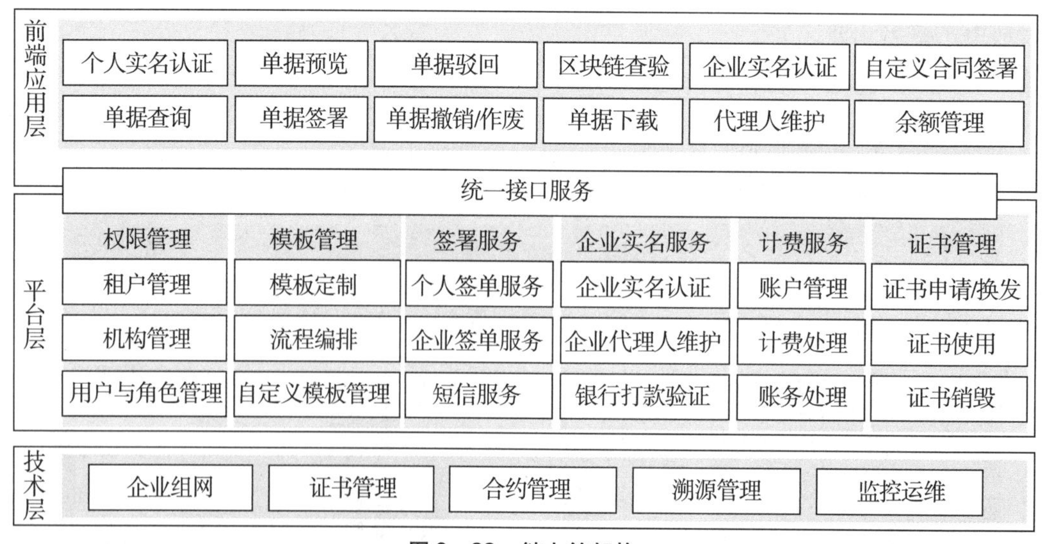

图6－33　链上签架构

资料来源：2020全球物流技术大会演讲《京东物流的区块链创新实践之路》。

3. 链上签物流解决方案

链上签基于区块链技术提供物流行业解决方案，为物流行业解决纸质单据、运营、数据监管、供应链金融四大问题。

从短期来看，链上签提供运单、运营方面的解决方案。运单方面，推动各阶段信息实时加密并签名登记上链，辅以第三方签名佐证，实现数据的无法篡改。运营方面提供三类解决方案，一是及时处理运营过程中的异常，实现三流合一；二是多方共同清算数据，实现无须运营对账；三是电子单据自动核验，实现降本增效。

从中期来看，链上签助力解决数据监管问题。一是主要参与方和税务、交通监管部门作为区块链节点独立持有完整的数据备份，通过交叉印证，确保数据的公信力；二是通过智能合约，准时按照税务、交通监管部门的要求，将数据自动报送至监管部门的数据系统。

从长期来看，链上签能够提供供应链金融方面的解决方案，包括保证交易、单证、票据、债券的真实性，实现应收账款确权、拆分、转让等。

第四节　大数据技术

近年来，信息技术与经济社会的交汇融合引发了数据的迅猛增长，数据已成为国家基础性战略资源，大数据对全球生产、流通、分配、消费活动以及经济运行机制、社会生活方式和国家治理能力产生日益重要的影响。

一、大数据技术概述

（一）大数据的概念

大数据作为一种概念和思潮发端于计算领域，之后逐渐延伸到科学和商业领域。早在 1998 年，美国高性能计算公司的首席科学家约翰・马西在一个国际会议报告中就指出，随着数据量的快速增长，必将出现数据难理解、难获取、难处理和难组织这四个难题，并用“大数据（Big Data）”来描述这一挑战，这在计算领域引发思考。

经过多年来的发展和沉淀，人们对大数据已经形成基本共识，大数据现象源于互联网及其延伸所带来的无处不在的信息技术应用以及信息技术的不断低成本化。一般意义上，大数据是指无法在可容忍的时间内用传统信息技术和软硬件工具对其进行感知、获取、管理和处理的数据集合①。

---

① 李国杰，程学旗．大数据研究：未来科技及经济社会发展的重大战略领域——大数据的研究现状与科学思考［J］．中国科学院院刊，2012，27（6）：647－657.

大数据的价值本质上体现为提供了一种人类认识复杂系统的新思维和新手段。就理论而言，在足够小的时间和空间尺度上，可以构造一个现实世界的数字虚拟映象对现实世界数字化，这个映象承载了现实世界的运行规律。在拥有充足的计算能力和高效的数据分析方法的前提下，对这个数字虚拟映象的深度分析，将有可能发现现实复杂系统的运行行为、状态和规律。也就是说，大数据为人类提供了全新的思维方式和探知客观规律、改造自然和社会的手段，这也是大数据引发经济社会变革的根本原因。

（二）大数据关键技术

1. 大数据采集技术

在大数据这一范畴下，数据采集是指通过传感器网络、无线射频数据、社交网络数据及移动互联网数据等方式获得结构化、半结构化（或称为弱结构化）及非结构化的海量数据，包括文件日志的采集、数据库日志的采集、关系型数据库的接入和应用程序的接入等手段。大数据采集体系如图 6 - 34 所示。

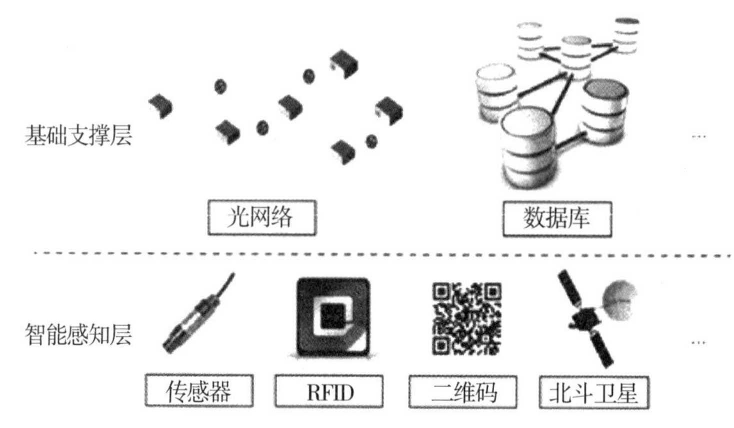

图 6 - 34 大数据采集体系

资料来源：廖建新. 大数据技术的应用现状与展望［J］. 电信科学，2015，31（7）：7 - 18。

一般可将大数据采集体系分为智能感知层和基础支撑层。智能感知层主要包括传感器、RFID、二维码、北斗卫星等，实现对非结构化、半结构化、结构化的海量数据的智能化识别、定位、接入、传输、监控、初步处理和管理等。而基础支撑层主要提供大数据服务平台所需的物理介质，如光网络、数据库等。

在各细分领域中，数据的感知采集手段是不同的。以网络安全领域为例，可能的数据感知采集手段包括网络探针、简单网络管理协议（Simple Network Management Protocol，SNMP）、控制报文协议（Internet Control Message Protocol，ICMP）消息、入侵检测系统/入侵防御系统（Intrusion Detection System/ Intrusion Prevention System，IDS/IPS）

日志、虚拟专用网络日志、全球广域网（Web World Wide）日志、防火墙日志、抓包数据、路由器日志等。

2. 大数据预处理技术

大数据预处理技术，指的是在进行数据分析之前，先对采集到的原始数据进行的诸如清洗、填补、平滑、合并、规格化、一致性检验等一系列操作，旨在提高数据质量，为后期分析工作奠定基础。

数据预处理主要包括四个部分：数据清理、数据集成、数据转换、数据规约。

数据清理是指利用数据抽取—转换—加载（Extract－Transform－Load，ETL）等技术，对有遗漏的数据（缺少感兴趣的属性）、噪声数据（存在着错误的数据或偏离期望值的数据）、不一致的数据进行处理。

数据集成是指将不同数据源中的数据合并存放到统一数据库的存储方法，着重解决三个问题：模式匹配、数据冗余、数据冲突检测与处理。

数据转换是指将数据的表现形式转换为另一种等价形式，主要目的是让数据更加规范，使之更适合进行数据挖掘，从而提高数据挖掘的效率①。

数据规约是指在保持数据原貌的基础上，最大限度精简数据量，以得到较小数据集的操作，包括维规约、数据压缩、数值规约、概念分层等。

3. 大数据存储技术

在大数据的环境下，为保证高可用性、高可靠性和经济性，往往采用分布式存储的方式来存储数据，采用冗余存储的方式来保证存储数据的可靠性，即为同一份数据存储多个副本。海量数据存储的关键技术包括并行存储体系架构、高性能对象存储技术、并行输入/输出（Input/Output，I/O）访问技术、海量存储系统高可用技术、嵌入式 64 比特（bit）存储操作系统、数据保护与安全体系、绿色存储等。

广泛适用的分布式文件存储系统的设计思想不同于传统的文件系统，这类系统往往是针对大规模数据处理设计的。虽然运行的普通硬件很普遍，但是可以提供容错的功能，从而给用户提供总体上性能较高的服务。一个分布式集群一般由一个主服务器和大量的块服务器构成，可以许多用户同时访问。主服务器包含了所有的元数据，包括名字空间、访问控制信息、从文件到块的映射以及块的当前位置。主服务器还控制系统活动范围，定期通过心跳消息（一种发送源发送到接收方的周期性消息，在大数据存储技术中，块服务器向主服务器发送心跳消息。通过这种方式，主服务器可以确认块服务器是否可用）与每一个块服务器通信，并收集它们的状态信息。

---

① 杨国林，王飞，贺慧．基于数据挖掘的图书馆数据预处理方法研究［J］．电子设计工程，2015（3）：26－29.

4. 大数据分析技术

数据分析是大数据技术领域最核心的部分，其结果可以揭示海量数据隐含的有价值的内在规律，辅助国家、企业和个人进行科学决策。

（1）统计分析。

大数据分析可以视为对一种特殊数据的分析，因此很多传统的数据分析方法也可用于大数据分析，这些方法源自统计学等学科。统计分析就是基于数学领域的统计学原理，对数据进行收集、组织和解释的科学。统计的方法主要用于对变量间可能出现的关系、变量间的定量关系进行分析处理，典型的方法有对照实验等。在该领域，经典的统计分析工具是 R 语言工具包。

（2）数据挖掘。

数据挖掘就是从大量的、不完全的、有噪声的、模糊的、随机的实际应用数据中，提取潜在的有用信息的过程，是统计学、数据库技术和人工智能技术的综合运用，是通过在数据库管理系统上综合运用统计和机器学习的方法从大数据集中提取出模式的一组技术。常见的数据挖掘方法包括关联规则学习、聚类分析、分类分析、序列分析、偏差检测、预测分析、模式相似性挖掘和回归分析等。典型的数据挖掘工具包括国际商业机器公司开发的统计产品与服务解决方案软件（Statistical Product and Service Solutions，SPSS）、硅图公司开发的 MineSet 系统、甲骨文公司的 Darwin 平台、怀卡托智能分析环境（Waikato Environment for Knowledge Analysis，WEKA）软件等。

（3）深度学习。

深度学习是对人工神经网络的发展，其本质就是通过构建具有很多隐层的机器学习模型和海量的训练数据发现并学习更有用（相对于采用传统机器学习算法的浅层机器学习而言）的特征，从而提升最终分类或者预测的准确性。

深度学习概念的出现，源自复杂数据结构处理以及复杂特征提取任务中遇到的与人工智能相关的问题，这些问题普遍需要对高阶抽象概念进行表述，具有非线性、语意性等特征。深度学习网络结构通常由多层非线性运算网络组成，每一层的输出作为下一层的输入，能够从海量数据中提取并学习到有效的复杂特征，进而用于解决数据检索、分类、回归等问题。

深度学习网络结构试图找到数据内部的结构特征，发觉数据间的真实关联规则。在处理实际任务的过程中，数据的表现形式、关系模式是多种多样的，与之对应的深度学习网络结构也发展出多种结构以应对不同场景下的数据处理需求。目前有卷积神经网络（Convolutional Neural Network，CNN）和深度置信网络（Deep Belief Network，DBN）两种主流的深度学习网络结构。

（4）自然语言处理。

自然语言处理（Natural Language Processing，NLP）是基于计算机科学和语言学，利用计算机算法对人类自然语言进行分析的技术，其关键技术涉及词法分析、句法分析、语义分析、语音识别、文本生成等。很多自然语言处理算法都是基于机器学习的方法。该技术领域典型的应用包括基于社交媒体对语言的情感进行分析、法律领域的电子侦查等，其他应用还包括欺诈检测、文本分类、信息检索和过滤、文字转换系统、机器翻译等。

该技术领域的国产应用工具有Open NLP、复旦大学的NLP（Fudan NLP）和哈尔滨工业大学的语言技术平台（Language Technology Platform，LTP），第一个用于处理自然语言文本，后两个主要针对中文语言提供词法、句法、语义、分类等相应的处理①。

（5）并行计算。

并行计算是指同时使用多个计算资源完成运算。其基本思想是将问题进行分解，由若干个独立的处理器完成各自的任务，以达到协同处理的目的。

在大数据时代，串行的处理方式难以满足人们的需求，因此实际应用中主要采用并行计算的方式。目前在大数据环境下所提出的并行计算往往是指任务级别的并行计算，而指令或进程级别的并行计算往往具有更强大的处理大规模数据的能力。

现有的图像处理器编程模型还不够完善。大量挖掘算法已经开始针对并行架构进行调整，使其能够利用并行的优势，对大规模的数据进行更好处理②。

5. 大数据可视化技术

数据可视化（Data Visualization）技术是指运用计算机图形学和图像处理技术，将数据转换为图形或图像在屏幕上显示出来，并进行交互处理的理论、方法和技术。图形化的方式比文字更容易被用户理解和接受，数据可视化就是借助人脑的视觉思维能力，将抽象的数据表现为可见的图形或图像，帮助人们发现数据中隐藏的内在规律。

大数据可视化技术经过逐步发展，已经覆盖科学数据、社交网络数据、电力数据等多个行业的数据。面对海量数据，如何将其恰当、清楚地展现给用户是大数据时代的一个重要问题。学术科研界以及工业界都在致力于大数据可视化的研究，已经有了很多经典的应用案例，例如互联网宇宙（The Internet Map）、标签云（Tag Cloud）、历史流图（History Flow）、空间信息流（Spatial Information Flow）等。

---

① 张锋军．大数据技术研究综述［J］．通信技术，2014，47（11）：1240－1248.

② 廖建新．大数据技术的应用现状与展望［J］．电信科学，2015，31（7）：7－18.

关于大数据可视化的研究依然在继续。如在大众点评网上，用户可以轻松地根据地理信息找到附近的餐厅、唱吧、商店等，根据自己的体验对这些店铺进行评价，这些反馈信息就在网络上留下了痕迹，为其他用户的使用提供了参考。这种常见的社交网络或生活消费类应用与数字网络地图的叠加，就是多维叠加式大数据可视化技术的应用。又如支付宝的电子账单通过用户一段时间（一般是一个月）的支付宝使用情况，自动生成专门针对此用户的消费产品数据图表，帮助用户分析其自身的消费情况。这是一种即时的关联规则下可视化技术的应用，可以给客户下个阶段的消费管理提供参考意见①。

（三）我国大数据的发展态势

作为人口大国和制造大国，我国数据产生能力巨大，大数据资源极为丰富。随着数字中国建设的推进，各行业的数据资源采集、应用能力不断提升，将会导致更快、更多的数据积累。2020 年我国数据总量有望达到 8000 艾字节（Exabytes，EB），占全球数据总量的 21%，可成为名列前茅的数据资源大国。如何利用好大数据资源，提升大数据发展水平，是我国在信息时代面临的机遇与挑战。

1. 大数据发展政策环境

我国政府高度重视大数据的发展。自 2014 年以来，中国国家大数据战略的谋篇布局经历了预热、起步、落地、深化的四个阶段。

预热阶段：2014 年 3 月，“大数据”一词首次写入政府工作报告，为中国大数据发展的政策环境搭建开始预热。从这一年起，“大数据”逐渐成为各级政府和社会各界的关注热点，中央政府开始提供积极的支持政策与适度宽松的发展环境，为大数据发展创造机遇。

起步阶段：2015 年 9 月 5 日，国务院正式印发了《国务院关于印发促进大数据发展行动纲要的通知》（国发〔2015〕50 号），成为中国发展大数据的首部战略性指导文件，对包括大数据产业在内的大数据整体发展作出了部署，体现出国家层面对大数据发展的顶层设计和统筹布局。

落地阶段：《中华人民共和国国民经济和社会发展第十三个五年规划纲要》的公布标志着国家大数据战略的正式提出，彰显了中共中央对于大数据战略的重视。2016 年 12 月，工业和信息化部发布《工业和信息化部关于印发大数据产业发展规划（2016—2020 年）的通知》，为大数据产业发展奠定了重要的基础。

---

① 刘智慧，张泉灵．大数据技术研究综述［J］．浙江大学学报（工学版），2014，48（6）：957 – 972.

深化阶段：随着国内大数据迎来全面良好的发展态势，国家大数据战略也开始走向深化阶段。2017 年 10 月，中共十九大报告中提出推动大数据与实体经济深度融合，为大数据产业的未来发展指明方向。12 月，中央政治局就实施国家大数据战略进行了集体学习。2019 年 3 月，政府工作报告连续第六年提到“大数据”，并且有多项任务与大数据密切相关。

2. 大数据技术水平

我国通过国家科技计划在大规模集群计算、服务器、处理器芯片、基础软件等方面系统性部署了研发任务，成绩斐然。“十三五”期间在国家重点研发计划中实施了“云计算和大数据”重点专项。当前科技创新 2030 重大项目中大数据相关内容正在紧锣密鼓地筹划、部署中。我国在大数据内存计算、协处理芯片、分析方法等方面突破了一些关键技术，特别是打破“信息孤岛”的数据互操作技术和互联网大数据应用技术已处于国际领先水平。同时，在大数据存储、处理等方面，研发了一些重要产品，有效地支撑了大数据应用①。

目前，中国大数据基础类技术产品市场已经相对成熟。一是供应商越来越多，从最早只有几家大型互联网公司发展到目前的近 60 家公司可以提供相应产品，覆盖了互联网、金融、电信、电力、铁路、石化、军工等不同行业。二是产品功能日益完善，根据中国信息通信研究院的测试，分布式批处理平台、分布式流处理平台类的参评产品功能项通过率均在 95% 以上。三是大规模部署能力有很大突破，例如阿里云 Max Compute 平台通过了 10000 节点批处理平台基础能力测试，华为 Guass DB 数据库通过了 512 台物理节点的分析型数据库基础能力测试。四是自主研发意识不断提高，目前有很多基础类产品源自对于开源产品进行的二次开发，特别是分布式批处理平台、分布式流处理平台等产品九成以上基于已有开源产品开发。

中国大数据分析类技术产品同样发展迅速，个性化与实用性趋势明显。一是满足跨行业需求的通用数据分析工具类产品逐渐应运而生，如百度的机器学习平台贾维斯（Jarvis）、阿里云的人工智能平台（Platform of Artificial Intelligence，PAI）等。二是随着深度学习技术的相应发展，数据挖掘平台从只支持传统机器学习算法转变为支持深度学习算法以及 GPU 计算加速能力。三是数据分析类产品易用性进一步提升，大部分产品都拥有直观的可视化界面以及简洁便利的交互操作方式。

3. 大数据行业应用

当前，我国互联网大数据领域发展态势良好，市场化程度较高，行业应用不断深化。

① 中国人大网．大数据：发展现状与未来趋势［EB/OL］.（2019 - 10 - 30）［2020 - 12 - 12］. http：//www. npc. gov. cn/npc/c30834/201910/653fc6300310412f841c90972528be67. shtml.

过去，我国大数据的应用主要集中在互联网、营销、广告领域。近几年，无论是从新增企业数量、融资规模还是应用热度来说，大数据逐步向工业、政务、电信、交通、金融、医疗、教育等领域渗透，应用逐渐向生产、物流、供应链等核心业务延伸，涌现了一批大数据典型应用，企业应用大数据的能力逐渐增强。

值得注意的是，我国电力、铁路、石化等实体经济领域龙头企业不断完善自身大数据平台建设，持续加强数据治理，构建起以数据为核心驱动力的创新能力，行业应用“脱虚向实”趋势明显，大数据与实体经济不断深度融合。这也意味着大数据技术在我国的应用更加广泛，正加速渗透到经济社会的方方面面①。

二、大数据技术在物流领域的应用优势

（一）实时分析市场变化

物流市场有很强的动态性和随机性。大数据技术可以实时分析物流市场的变化情况，从海量的数据中提取当前的物流需求信息，为物流企业提供智能化决策和建议。

在资源配置中，大数据技术可以对已配置和将要配置的资源进行优化，从而实现对物流资源的合理利用。物流资源主要涉及运输资源、仓储资源等。在竞争环境分析中，大数据技术可以对竞争对手进行全面分析，预测其行为和动向，也可以了解在某个区域或是某个特殊时期应该选择的合作伙伴，以此实现利益的最大化。在用户服务方面，物流企业可以对客户数据进行挖掘与分析，从而为客户提供更好的服务，进一步巩固和客户之间的关系，培养客户黏性，避免客户流失。在库存管理方面，大数据技术可以自动区分用来促销和用来引流的商品，并根据历史销售数据进行建模和分析，以此得到商品的安全库存，以便及时给出预警，从而达到优化库存结构、提高资金利用率的目的。

（二）优化物流供需匹配

大数据技术能够根据需要分析特定时期、特定区域的物流供给与需求情况，从而进行合理匹配。以公路货运的车货匹配为例，物流企业通过对运力池进行大数据分析完成良好的车货匹配。同时，企业的大数据平台也会全面整合与优化，通过对货主、司机和任务的精准画像，可实现智能化定价。客户方面，大数据平台会根据任务要求，如车型、配送公里数、配送预计时长、附加服务等自动计算运力价格并匹配最符合要求的司机，司机接到任务后会按照客户的要求进行高质量服务。司机方面，平台可以

① 闫树．大数据：发展现状与未来趋势［J］．中国经济报告，2020（1）：38－52.

根据司机的个人情况、服务质量、时间安排自动匹配合适的任务。基于大数据实现的车货高效匹配，不仅能减少空驶带来的运力浪费，还能减少环境污染。

（三）强化系统风险管控

大数据技术可以通过分析物流系统中行为与设施设备的隐患，强化风险管控。如美国联合包裹运送服务公司（United Parcel Service，UPS）通过对载运工具损坏时间进行预测，实现“状态修”。该公司从2000年起开始使用预测性分析技术来检测其60000辆车组成的车队，这样就能及时地进行预防性修理。车辆在路上发生抛锚时，需重新派遣车辆，这会造成延误和再装载的负担，消耗大量的人力、物力，产生较大的损失。过去，UPS的应对策略是每两到三年对车辆的零部件进行定时更换，但这种方法效果有限，因为部分零部件没有什么问题就被更换。通过监测车辆的各个部位，UPS如今只需更换需要更换的零部件。

（四）有效降低物流成本

物流企业可以利用大数据技术优化配送路线，合理选择物流中心地址，优化仓库储位等，从而大大降低物流成本，提高物流效率。以运输路线优化为例，UPS采用大数据系统，可实时分析20万种可能路线，3秒内找出最佳路径，而配送人员不需要自己思考配送路径是否最优。UPS根据大数据分析得到结论，规定卡车的行驶路线。通过同过去的数据对比发现，执行尽量避免左转的政策后，UPS卡车在行驶路程减少2.04亿公里的前提下，多送出了35万件包裹。UPS运用大数据技术，在降低物流成本的同时提高了运输效率①。

（五）健全应急物流体系

在特殊情况下，大数据技术能够为应急物流的运行提供指导。比如在新冠肺炎疫情暴发期间，全国物流运力需求突然增长，公路货运领域短时间内出现了一车难求的局面。中储智运通过对全国范围在途卡车及在线司机的实时精准大数据分析，依托自主研发的“智援”应急物流调度系统，全面对接救援物资的运输任务，凭借精准运力匹配调度技术为运输救援物资提供了运力保障服务，平均不到7秒即能完成运单匹配，实现全局合理运输。

---

① 程序员生活网．大数据在物流行业的应用［EB/OL］．（2019－06－13）［2020－12－12］．http：//www.ryxxff.com/9393.html.

三、年度优秀案例

（一）中储智运：物流运力交易共享平台

近年来，网络货运平台迅速发展，从各方面改变了以往的货运状况。网络货运平台的发展需要保障货主与货车司机双方的权益。在此前提下，平台企业只有通过为客户提供精准服务，才能赢得更多客户的支持，从而达到提高物流运输效率、切实降本增效、将平台发展壮大的目标。而面向海量客户的精准服务，离不开大数据技术的深层次应用。

中储智运以基于大数据挖掘的智能配对技术为核心，研发了中储智运运力交易共享平台并投入使用。该平台利用大数据技术对智慧物流运力系统内部生成的海量物流数据进行分析，实时全面呈现公路货运动态，充分掌握物流资源的分布情况、流向情况及需求走势，实现车源和货源的智能配对，通过多维度的精准推送，提高全局运输效能。

中储智运以智能配对为技术内核，以中储智运物流运力交易共享平台为桥梁，最大限度地使货和车运输时间、返程路线契合，实现自由议价交易，降低企业物流成本，提升企业物流管理效率，增加司机运输频次，降低司机平均找货时间。中储智运通过提高物流资源的利用率及信息处理的速度，将运力资源与货运资源信息充分整合，节省了企业的物流成本，同时也有效降低了公路货运的空驶率、提高公路运输的效率①。

具体来说，智能配对技术可综合分析每一位在线司机的常跑路线、常运货物种类、车型车况、实时位置及目的地等综合数据，为其匹配更合理的运输订单，从而使司机能够一边送货一边接单，降低空驶率，更合理、更高效地规划自己的运输计划。智能配对技术的采用使货车的空驶率降低至20%，司机收入增长了25%左右②。

除此之外，借助智能配对技术的优势，中储智运物流运力交易共享平台在货主端和司机端双管齐下，加大对流路线的开发力度，以更好地解决司机的回程问题，切实提高供需两端三方（货主、承运方、平台）的效益。

中储智运打造的对流路线，一方面，使返程车辆得到有效利用，最大化地实现了合理运输——货主可获得车型匹配度最高、运输安全有保障、运输价格最优的整车运

① 中储智运. 中储智运荣获“2020年度物流技术创新奖”［EB/OL］.（2020-08-17）［2020-12-12］. https://www.zczy56.com/system/toNewsDetail?id=149.

② 央广网. 中储智运：发挥网络货运平台技术优势，确保产业链供应链稳定［EB/OL］.（2020-05-29）［2020-12-12］. http://www.cnr.cn/rdzx/cxxhl/zxxx/20200529/t20200529_525109802.shtml.

输解决方案，实现降本增效。另一方面，平台也为司机提供了一个真实、可靠的网上货源，司机可以完全根据路线偏好提前规划发车计划与行程，减少中间环节配送场站的停留时间与迂回运输，大幅节省配货成本的同时，有效提高运输频次，最终实现总收入的增加和空驶率的降低。

相关数据显示，中储智运开发的对流路线，使平台司机的平均接单时间从 5.8 小时缩减至 1.8 小时以内，成交时间缩短了 69%①。中储智运对流路线的运营模式如图 6－35 所示。

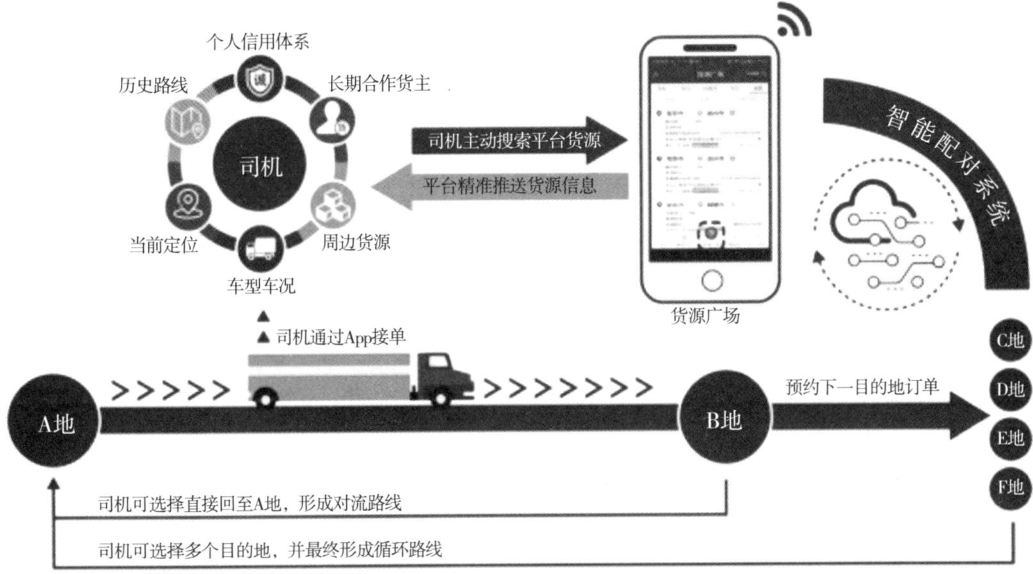

图 6－35　中储智运对流路线的运营模式

资料来源：http：//www.cnr.cn/rdzx/cxxhl/zxxx/20200529/t20200529_525109802.shtml。

（二）满帮集团：ETC 白条

公路货运中，司机运输过程中遇到资金周转困难的情况并不少见。数据显示，物流企业贷款需求得到满足的不足 10%，司机获得融资的比例更低。司机的运费账期长达 3 个月左右，大量的司机需要面对运费账期的严峻考验。

“一辆 12 吨以上的货运卡车，一年的成本花费能达到 100 万元，其中燃油费和过路费加起来超过 50%，而且消费的频次极高。”据某智能交通产品服务集团的高管透露，不管是跑货运的司机还是物流公司，在电子不停车收费系统（ETC）场景中都存

① 央广网. 多维度提升客户服务体验 中储智运推进平台精准服务全覆盖［EB/OL］.（2020－08－10）［2020－12－12］. http：//finance.cnr.cn/cjlmgd/20200810/t20200810_525200083.shtml.

在极大的刚性融资需求①。

目前，大部分高速公路收费采用 ETC。针对这样的情况，满帮平台在 ETC 充值发卡服务的基础上推出了 ETC 白条产品，为司机用户提供无担保、无抵押的 ETC 金融服务——1 分钟申请、1 分钟放款服务，疏解用户的燃眉之急。

整个 ETC 记账卡服务全流程采用线上操作。额度申请和用款等也在手机上操作，从额度申请的信息填写、审核通过、用款申请、放款资方、借款协议到用款成功、剩余额度都有简洁明确的步骤或者展示。

用户在发起用款时，选择使用 ETC 白条产品，以充值或者出示记账卡的方式完成 ETC 支付。用户在还款时，App 设有专门的还款入口，司机可以查询还款期数、还款金额、还款进度。由于其还款方式灵活，司机可根据资金安排，合理选择一次性还款或分期还款。在整个使用过程中如有疑问，页面中有客服接入，可一键呼入后进线处理。

便捷的 ETC 白条产品的背后，是大数据技术的支持。在满帮平台的业务模式和数据支持下，司机的车货匹配数据、行驶数据、平台使用行为，形成了平台活跃、业务活跃、交易活跃的业务全景画像，瞬间完成初级的用户准入门槛过滤。通过准入门槛之后，用户可以在线上完成相应的授信通过、ETC 白条申请、用款、还款等步骤，而支持这一整套申请和通过的机制由风控机制完成。ETC 白条风控机制如图 6－36 所示。这套高效的风控机制在反欺诈、贷前、审批、贷后等环节进行重点把控，筛选了特定场景下的大数据，具有专属特色。

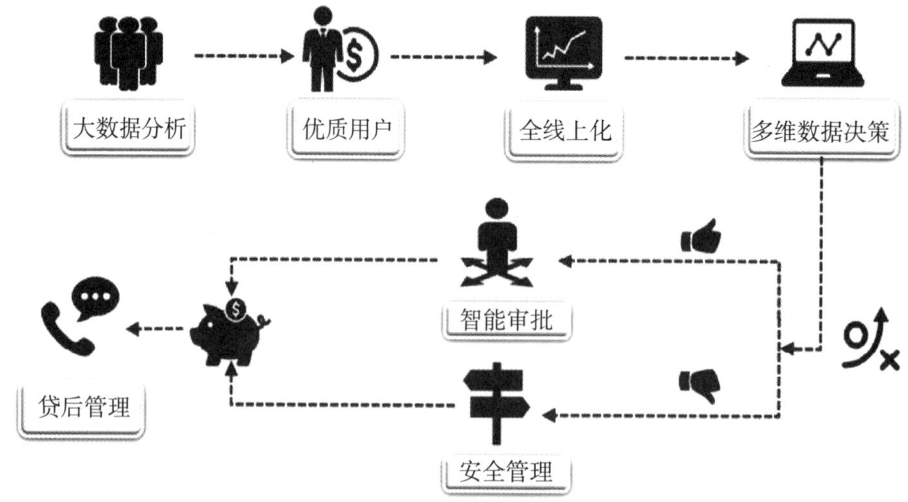

图 6－36　ETC 白条风控机制

资料来源：http：//www. datayuan. cn/article/16953. htm。

① 和讯网. 下一个场景风口来了！阿里腾讯猛抢，已诞生两大模式、两大流量集团［EB/OL］.（2019－07－22）［2020－12－12］. https：//tech. hexun. com/2019－07－22/197941469. html.

具体而言，满帮平台以评分卡工具为核心进行客户评价。评分卡模型是基于司机在平台积累的找货、导航、加油、换轮胎等数据建立的模型，采用履约能力、信用状况、资产状况等多维度数据作为评估标准。在评分卡工具的基础上，满帮平台建立了量化和动态的客户评价体系，快速高效地为客户办理 ETC 记账卡，将司机 ETC 记账卡业务办理效率提高到秒级。

满帮集团大数据应用的特色是基于数据视角的全新风险排查模式，能够结合系统定期自动获取的定量信息和人工录入的定性信息进行批量化预警，并对不同预警级别实行差异化的风险处置，实现到期提示、催收执行、额度冻结等功能，提高了针对大范围客户的管理水平，推动业务的良性健康发展①。

---

① 数据猿.【金猿产品展】满帮 ETC 白条：助力司机群体普惠金融落地［EB/OL］.（2019－12－21）［2020－12－12］. http：//www. datayuan. cn/article/16953. htm.

第七章　物流运筹技术

第一节　物流运筹技术概述

作为实现物流系统优化的技术与工具，运筹学是系统理论在物流中应用的具体方法。近些年，随着数据量大幅度攀升等科技环境的变化，运筹学得以快速发展，并广泛应用于物流行业，推动了物流运筹技术的快速发展与不断创新。

一、运筹学的发展

运筹学（Operation Research）是一门应用科学，主要研究人类对各种资源的运用及筹划活动，以期通过了解这种运用及筹划活动的基本规律，发挥有限资源的最大效益，达到总体最优的目的①。我国从“运筹帷幄之中，决胜千里之外”这句话摘取“运筹”二字，将这门科学正式译作运筹学。运筹学经常用于解决现实生活中的复杂问题，特别是改善或优化现有系统的效率。它的应用范围遍及工业生产、农业生产、经济管理、工程技术、国防安全、自然科学等各个方面和领域。

运筹学主要包括三个部分：模型、理论和算法。从问题的形成开始，到构造模型、提出解决方案、进行检验、建立控制，直至付诸实施为止的所有环节构成了运筹学的应用过程。运筹学从创建开始就表现出理论与实践结合的鲜明特点，经过60多年的发展，已经逐步形成了一套系统解决和研究实际问题的方法。其实施过程可以概括为以下几个步骤。

第一步，问题描述，将实际问题简化为一个运筹学问题。

第二步，建模，构建问题的数学模型，包含决策变量、目标函数和约束条件等。

第三步，算法设计，分析问题最优解的性质和求解的难易程度，寻求合适的求解方法，并设计相应内容。

---

① 胡晓东，袁亚湘，章祥荪．运筹学发展的回顾与展望［J］．中国科学院院刊，2012，27（2）：145－160.

第四步，求解，通过软件编程实现算法，并分析模拟数值结果。

第五步，检验与实施，判断模型和求解的有效性，提出解决原始问题的方案。

运筹技术应用过程如图7－1所示。

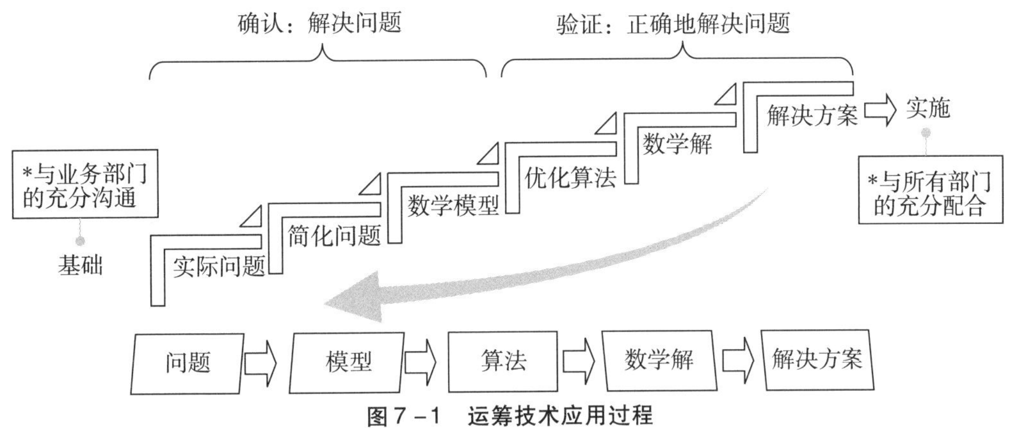

图7－1　运筹技术应用过程

资料来源：2020全球物流技术大会演讲《运筹学在物流管理中的应用》。

运筹技术中的分析方法包括描述分析、诊断分析、预测分析和决策分析，通过各类分析方法的集成应用，推动得到最优的解决方案。其中，诊断分析和描述分析是解决问题的前提（见图7－2），先要对问题进行准确描述，才能进入建模、求解和决策阶段。

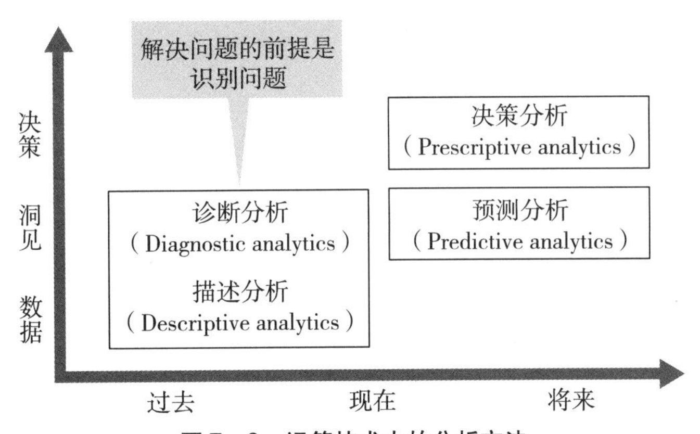

图7－2　运筹技术中的分析方法

资料来源：2020全球物流技术大会演讲《运筹学在物流管理中的应用》。

在企业实际场景中，首先，需要从企业应用的角度发现实际问题，并通过合理简化建立数学模型；然后，通过调研获取实际数据和原始参数，从而作为已知信息代入模型求解；在此之后，需要根据问题选择合适的优化算法，得到模型的数学解；最后，对数学解进行评估验证，判断方法的可行性和合理性，从而得到实际问题的解决方案。运筹学应用框架如图7－3所示。

而在问题求解过程中，算法的选择是数学模型能否高效、成功求解的关键。随着计算能力和计算效率的提高，算法类型不断丰富，适应不同场景的算法体系逐渐完善。

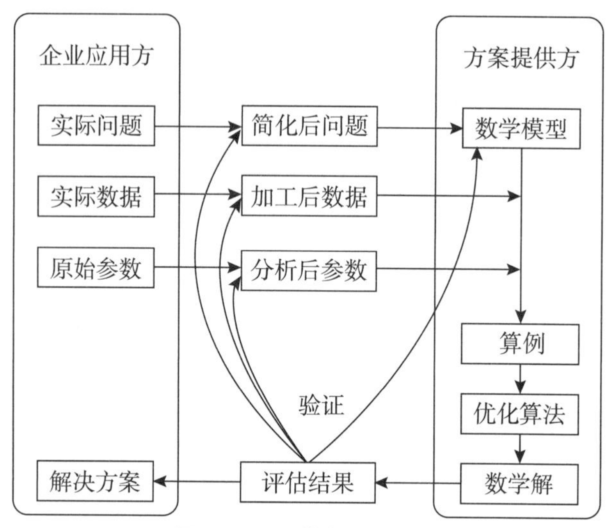

图7－3　运筹学应用框架

资料来源：2020全球物流技术大会演讲《运筹学在物流管理中的应用》。

二、运筹学与物流的关系

我国的物流行业正在向精细化、标准化、智能化、信息化、可视化发展，离不开对物流资源的高效配置和物流、供应链网络的优化重构。运筹学是现代物流企业进行精细化管理的必要手段。

（一）运筹学是物流降本增效的重要手段

当今全球范围的经济环境、技术环境发生着快速变化，在这样的背景下，不管是对国家、行业还是企业的物流体系的成本和效率都有了更高的要求。随着人力资源、土地资源等要素成本的不断提高，中国物流企业的成本增速始终高于收入增速。

物流业的核心痛点决定了行业最迫切的需求即“降本增效”，在满足这一需求的过程中，运筹学的思想与方法也不断地植入应用。如随着数字化工厂的落地，仓储物流也需要跟随其步伐，用更加精益、灵活、柔性化的方式适应新模式。在供应链的交付端，需要采用更好的库存控制方法，既能让消费者体验更加快速的物流服务，也让企业的物流体系能取得效率与成本的最优组合。在我们的城市配送体系中，站在政府的视角，需要构建一套平衡企业的运作需求和城市民生与绿色环保的城市物流体系；站在企业的视角，需要兼顾服务水平与运作成本的最优化。与其他体系一样，在物流系统场景中，运筹学与其密不可分，所以离开了运筹学谈现代物流体系建设，也就没有达到目标的手段和途径。

合理运用运筹学相关理论有助于改善运输结构，提升技术运用水平，提高标准化水平和服务质量。以优化资源配置、降低管理成本为目的，物流及上下游相关产业将在运筹学助力下，通过运用数学规划、随机优化、组合优化理论，实现运输路线、车辆排班、物资调运计划的合理安排以及工场、仓库、配送中心等物流设施的选址优化，进而实现物流规划、运营和管理层面的降本增效。

（二）运筹学是物流行业智慧升级的理论基础

随着新一轮产业和技术革命浪潮袭来，大数据、人工智能进入一个全新的发展阶段，拥有海量的数据已不再是企业制胜的关键，如何利用大数据实现智能决策才是赢的王道，而数据驱动下人工智能的应用离不开运筹学的支撑。

近年来，电子商务、快递、餐饮外卖、众包等的发展速度很快。一方面，消费者对配送时效的要求越来越高，对于次日达、当日达乃至即时达的诉求不断升级。另一方面，物流业规模越来越大，企业积累了大量的销售、物流和用户特征等各种数据。企业实际经营中面临着大量复杂的业务决策，例如网络规划、排班计划、异常情况处理、收益管理等。传统的管理人员一般依靠经验进行决策，但随着公司业务和规模的扩大，业务决策的难度会呈几何式增长，可执行的方案组合数量很多，单凭人工难以保证选出的是最优解，因此需要科学、严谨的数学方法帮助决策实际问题。而运筹学可以解决现实生活中包含大量决策变量的复杂问题，寻找问题的最优解决方案。在现代商业中，运筹学已经广泛应用在各个行业中，用于解决复杂场景下的业务问题，帮助企业进行决策。

一般来说，规模越大、场景越复杂，优化算法所需要的求解时间就会越长，但实际业务留给企业求解的时间越来越短，形成了很大挑战，传统的算法研究已无法解决如此大规模的优化问题。在这种矛盾的情况下，基于企业的实际运营模式，进行运筹智能优化算法的研究越来越重要。近年来，运筹学已经开始与人工智能的算法紧密结合在一起，以提高对复杂问题的求解能力（如图 7－4 所示），并逐步在航空、物流、生产制造、金融、资源管理、集成电路设计、环境保护、电力管理等拥有诸多变量和约束条件的领域中得到应用。

这样的运筹优化逻辑可以广泛运用到物流行业，包括干线运输的调度、仓库选址与配送路径规划。因此，运筹学是物流行业智慧升级的底层理论基础。

（三）运筹学是物流绿色安全的有力保障

2019 年，国家发展改革委等 24 部委联合发布《关于推动物流高质量发展促进形成强大国内市场的意见》中，第十四条明确提出“加快绿色物流发展”，以绿色物流为突破口，带动上下游企业发展绿色供应链。面对严峻的能源及环境形势，在运输过程中保护环境和减少碳排放成为日益重要的任务。

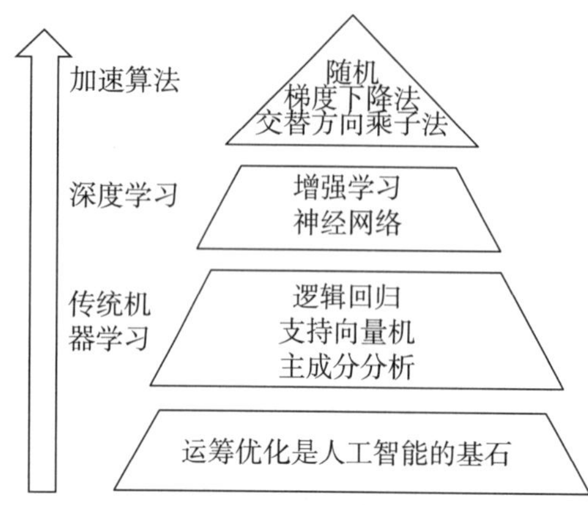

加速算法：
随机梯度下降法因其优良性能广泛出现于各种人工智能算法中；而ADMM则能够并行地解决问题，从而大幅度提升求解速度。

深度学习：
增强学习中的MDP是优化领域中传统的动态规划类型问题，而神经网络中的BP算法就是以网络误差平方为目标函数、采用梯度下降法来计算目标函数的最小值。

传统机器学习：
线性回归、逻辑回归、支持向量机，以及主成分分析等方法都可以抽象为运筹优化的问题，比如支持向量机就是二次规划。

图7-4　运筹优化赋能人工智能

资料来源：https：//www. leiphore. com/news/201706/PwILBnyYJPMfv7wX. html。

当前行业应用中关于物流绿色化的手段包括调整运输结构、加强清洁能源的利用、加大绿色技术的研发等。其中，运输结构的调整有赖于多式联运体系的建立，以推动由铁路等碳排放量更低的运输方式承担更多的货运量。而这种推动不能仅依靠政策端发力，也需要通过合理的技术经济分析、科学的联运路径选择来帮助企业提升获得感，从而塑造运输绿色化的内生动力。因此，也有赖于运筹优化技术的充分应用。

在新冠肺炎疫情防控过程中，暴露出了我国应急物流和物资保障体系的短板。为应对公共卫生事件、环境事件、自然灾害等突发事件，加强应急保障体系建设迫在眉睫，而加强应急物流体系的建设支撑是应有之义。从顶层设计来看，需要优化重要应急物资产能保障和区域布局，做到关键时刻调得出、用得上。从运作管理来看，需要建立集中生产调度机制，统一组织原材料供应、安排定点生产、规范质量标准，确保应急物资保障有序有力；需要科学调整储备的品类、规模、结构，提升储备效能；需要对应急救援物资实行集中管理、统一调拨、统一配送，让应急物资供应保障网络更加高效、安全、可控。而这些目标的实现，也离不开对物力、人力的合理配置和运筹优化。

面向构建新发展格局的要求，加快发展现代产业体系，需要构建更安全可靠的供应链。美国早在2012年就已经发布《全球供应链安全国家战略》，从促进商品的高效和安全运输、培养一个有弹性的供应链两个主要方面维护国家的安全与经济环境的稳定发展。而我国当前的重大发展战略，均与供应链、物流环境密切相关。构建安全可靠的物流与供应链体系，需要进行全球化的网络资源配置和运作管理，有赖于更大范围、更多约束、更复杂条件的运筹技术应用。

三、物流运筹技术的理论基础

多年以来，运筹学在研究与解决复杂的实际问题中不断发展和创新，各种各样的新模型、新理论和新算法不断涌现，有线性的和非线性的、连续的和离散的、确定性的和不确定性的。现在运筹学已成为一个庞大的、包含多个分支的学科。目前行业应用主要依托数学规划论、图（网络）论和排队论等。物流运筹技术的理论基础如图7－5所示。

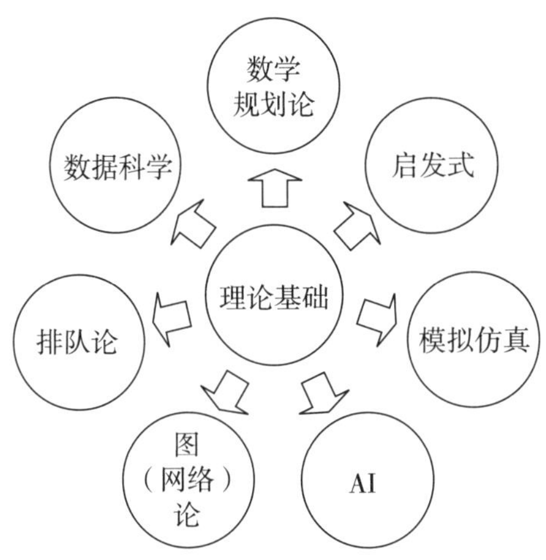

图7－5　物流运筹技术的理论基础

资料来源：2020全球物流技术大会演讲《企业中的运筹学实践》。

（一）数学规划论

数学规划是在决策变量满足一定约束条件下求一个或多个函数的极小值或者极大值。它以大量实践中抽象出来的典型最优化模型为研究对象，利用数学工具研究这些模型的数学性质，构造求解方法并将算法应用于实际问题。数学规划论主要包括线性规划、非线性规划和动态规划等，是运筹学的一个重要分支。

1. 线性规划

自1939年苏联数学家康托罗维奇提出线性规划问题和1947年美国数学家丹齐格求解线性规划问题的通用方法——单纯形法以来，线性规划可以说是研究得较为透彻的研究方向。

2. 非线性规划

等式约束规划问题的最优性条件可追溯到拉格朗日，一般非线性规划问题的最优性条件研究则归功于卡罗胥、库恩与塔克，是他们奠定了非线性规划的理论基础。目前还有不少人试图在没有强互补的条件下进行理论分析和算法研究。对偶理论是非线性规划理论研究的另一个重点。在计算方法方面，早期的方法以最速下降法和牛顿法为主。1959 年拟牛顿法的引入和 1964 年非线性共轭梯度法的出现，吸引了许多研究者研究非线性规划。目前，序列二次规划算法是一类被用于广泛求解一般非线性规划的有效算法，同时还有许多研究者在为改善这类算法努力，其中包括序列线性规划算法以及内点算法。

3. 动态规划

当系统模型具备马尔可夫性，同时目标函数可分且嵌套单调时，基于贝尔曼提出的最优性原理，运用动态规划可将求解多阶段全局最优决策问题分解为一系列在各时间段上的局部优化问题。相比其他解法，特别是在有扰动或在随机情况下，动态规划总能有效地提供一个在当前信息集下的最优反馈控制策略。

（二）存储论

存储论又称库存论，主要是研究物资库存策略的理论，即确定物资库存量、补货频率和一次补货量。合理的库存是生产和生活顺利进行的必要保障，可以减少资金的占用，减少费用支出和不必要的周转环节，缩短物资流通周期，加速再生产的过程等。在物流领域中的各节点，如工厂、港口、配送中心、物流中心、仓库、零售店等都或多或少地保有库存，为了实现物流活动总成本最小或利益最大化，大多数人们都运用了存储论的相关知识辅助决策，并且在各种情况下都能灵活套用相应的模型求解。

（三）图（网络）论

图（网络）论是一个古老的但又十分活跃的分支，它是网络技术的基础。自从 20 世纪 50 年代以后，图（网络）论广泛应用于解决工程系统和管理问题，将复杂的问题用图与网络进行描述简化后再求解。图（网络）论有很强的构模能力，描述问题直观，模型易于计算实现，将一些复杂的问题分解或转化为可能求解的子问题。图（网络）论在物流中的应用也很显著，其中比较明显的应用是运输问题、物流网点间的物资调运和车辆调度时运输路线的选择、配送中心的送货、逆向物流中产品的回收等，运用了图（网络）论中的最小生成树、最短路径、最大流、最小费用等知识，求得运输所需时间最少、路径最短或费用最省的路线。另外，工厂、仓库、配送中心等物流设施的选址问题，物流网点内部工种、任务、人员的指派问题，以及设备更新问题，也可运用图（网络）论的知识辅助决策者进行最优安排。

（四）排队论

排队论又叫随机服务系统理论，主要研究具有随机性的拥挤现象。这类问题可以形象地描述为顾客来到服务台前要求接待服务，如果服务台已被其他顾客占用，那么就要排队等待，而服务台也时而空闲、时而忙碌。排队论主要研究等待时间、排队长度等的概率分布。根据服务台是一台还是多台，排队问题又分为单通道或多通道的排队问题。

排队论在物流过程中具有广泛应用，例如机场跑道设计和机场设施数量问题，如何才能既满足飞机起降的要求，又不浪费机场资源；又如码头的泊位设计和装卸设备的购置问题，如何达到既能满足船舶到港的装卸要求，又不浪费港口资源；再如仓库保管员的聘用数量问题、物流机械维修人员的聘用数量问题，如何达到既能保证仓储保管业务和物流机械的正常运转，又不造成人力浪费等。这些问题都可以运用排队论方法加以解决。

第二节　路径规划技术

一、路径规划概述

市场经济的迅猛发展，推进了物流配送业的迅猛发展。而在物流配送过程中，涉及将相关货物进行分货、配货，并将配好的货物及时交给客户的活动。当配送面向的客户为多个时，制定合理的配送路径，迅速而经济地将货物送至客户手中，则需要综合运用运筹学等相关知识。

（一）车辆路径规划问题

车辆路径规划问题（Vehicle Routing Problem，VRP）一般定义为：从实际角度出发，对发货点或收货点集合，规划最优的行车路线，在满足一定约束条件下达到特定的目标。

车辆路径规划问题类似旅行商问题（Traveling Saleman Problem，TSP），要求到达所有客户所在位置，满足其取货或递送需求。不同的是，车辆路径规划问题是由多辆车同时进行作业，满足所有客户需求，车辆具体运行路径及服务客户不确定。随着人们生活水平的提高，当客户需求多样时，例如对配送到达确定时间的要求、货物体积及质量对车辆的要求等，车辆路径规划的难度会进一步加大。例如，在某一区域内，存在一间库房和若干个送货点，车辆从库房出发，经过所有客户送货点，最后回到库房，其车辆路径优化示意如图7－6所示。

车辆路径规划问题涉及的影响因素有很多，不同的现实情况下的约束条件各不相同。常见的约束条件有带时间窗的客户需求、多车场车辆约束、多车型车辆的约束等。同时，在车辆路径规划建模过程中，优化的侧重点不同使得构建的目标函数也是千差万别。目标函数一般有运输成本最小、行驶里程最短、配送时间最短、碳排放量最低、客户满意度最高等。

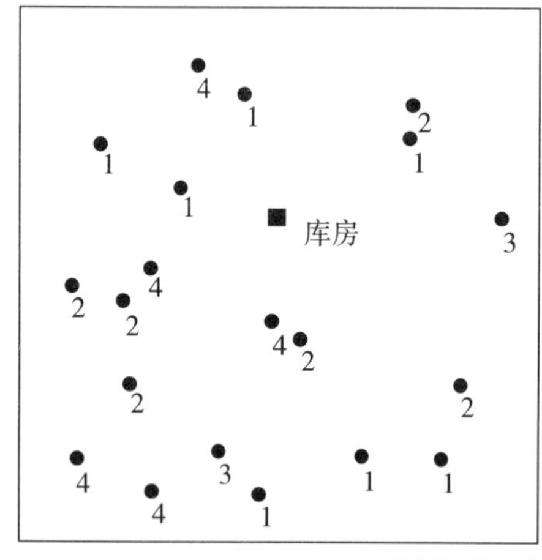

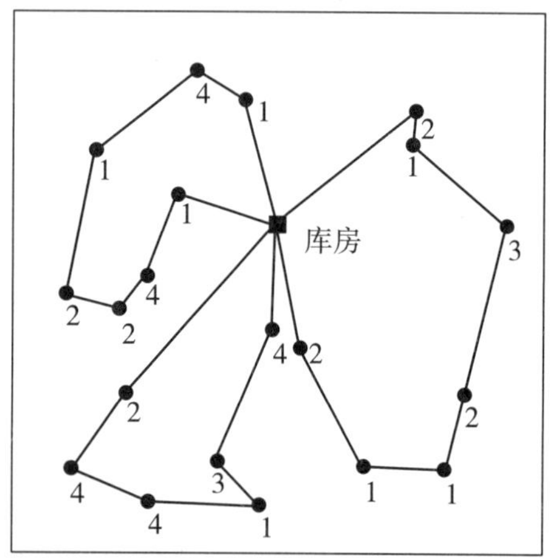

图7－6　车辆路径优化示意

资料来源：2020全球物流技术大会演讲《运筹学在物流管理中的应用——理论与实践的交汇》。

（二）干线路径规划问题

物流运输网络可划分为干线运输网络路径规划以及支线网络路径规划两类。从物流运输成本角度分析，其成本的主要影响因素包括运输距离、时效性要求以及车辆载重，其中受运输距离影响最大。故而干线运输多为点到点直达模式，充分减少非必要的路径，提早货物送达时间，从而提高客户满意度，成为大多数企业的选择。

但在大多情况下，点到点直达模式并非最符合企业经济成本方面的考虑，这是由于在点到点直达运输过程中，当两点之间货量减少，无法满足满载率要求时，由于干线车辆的持有成本和固定成本较高，此时货物的单位成本急剧上升，空驶成本增加。点到点直达模式要求货物的装载大于等于一个整车的载重量，但货物装载具有随机性，往往导致部分车辆无法满足满载要求，进而增加相关成本。

我国物流企业干线运输网络建设迅猛发展，但我国地区经济发展不平衡导致区域间货物流向不平衡，使企业在保证高质量服务水平的同时也承担了较高的物流运输成本。从企业效益角度考虑，如何对运输网络进行规划，在保证服务水平的前提下，降低成本是首要问题。通过对运输路径规划问题研究，针对现有的运输网络，通过引入运筹学等相关理论，对车辆运输的路径进行优化，尽可能找到在完成运输任务时运输成本最低的路径。①

（三）多式联运路径规划

随着经济全球化深入发展，供应商、生产商以及客户之间空间距离不断增大，单一运输方式难以满足企业生产经营和个性化需求，多式联运作为高效运输组织形式，通过多种运输方式衔接，实现门到门运输，满足客户需求。但在实际运行过程中，由于货主需求较为多样、协同衔接较为不顺、设施设备等资源利用不充分等问题，在路径选择上，难以有效利用多方运输资源，满足客户多样化需求。

考虑铁路、水路中转节点的集货时间窗约束和运到期限时间窗约束以及多式联运网络的运输能力约束，为规划期内起讫点、货运量、发货日期以及运到期限可能不同的多个订单规划运输方案。

在铁路、水路运输中，分别按照预先公布的时刻表、船期表实施运输。集装箱班列运输组织开行遵循“五定”原则，即固定装车地点、固定到发时间、固定运输路线、固定车次、固定运输价格，列车时刻表与车次一一对应。同时，由于集货时间窗的存在，集装箱到达中转节点的时刻将会直接影响运输成本和运输路径。因此集装箱在运输过程中不仅受到路径空间的约束，也会受到中转节点集货时间的约束。

综上所述，在进行多式联运路径规划时，多式联运经营人主要面临多模式运输服务、中转节点集货时间窗约束、运到期限时间窗约束、运输能力约束、货主多样化需求、多商品流路径规划等实际情况，同时也要符合自身盈利的需要。在构建多式联运路径优化模型时，需要充分考虑这些实际情况，并设定合理优化目标，才能获得预期的运输路径②。

二、路径规划的运筹理论基础

路径规划涉及运筹中数学规划论、图（网络）论等多个重点相关知识内容，接下来，就应用最为广泛的数学规划论进行深入分析。数学规划论主要包括线性规划、非线性规划、整数规划、目标规划和动态规划。研究内容与生产活动中有限资源的分配有关，在组织生产的经营管理活动中，具有极为重要的地位和作用。这些问题都有一

---

① 严蓉．区域干线物流的运输网络优化研究［D］．杭州：浙江理工大学，2018.

② 李达．时间窗约束下多商品流多式联运路径优化研究［D］．大连：大连理工大学，2019.

个共同特点，即在给定的条件下，按照某一指标来寻找最优方案，求解约束条件下目标函数的极值（极大值或极小值）。具体来讲，线性规划可解决物资调运、配送和人员分配等问题；整数规划可以求解完成工作所需的人数、机器设备台数以及厂、库的选址等；动态规划可以用来解决诸如最优路径、资源分配、生产调度、库存控制、设备更新等问题。

（一）对路径规划问题的描述

一般路径规划问题可描述如下。

有 L 个客户点，每个客户点的需求量及位置已知，至多有 K 辆汽车从配送中心到达这批客户点，并且在完成配送任务后，返回配送中心，每辆汽车的载重量是固定的。要求安排车辆行驶路线使得运输距离最短，且满足以下几个约束条件。

第一，每条配送路线上的客户点需求量之和不超过汽车载重量。

第二，每条配送路线的总长度不超过汽车一次配送的最大行驶距离。

第三，每个客户点的需求量必须且只能由一辆汽车满足。

一般路径规划示意如图 7－7 所示。该路径规划中，包含 1 个配送中心、5 个客户点，共计 3 条配送路线；配送路线 1 负责右边 3 个客户点的配送任务，配送路线 2 和配送路线 3 分别负责左边和下边的一个客户点；3 条配送路线可以由 3 辆车同时进行，也可由 1 辆车分 3 次完成；车辆从配送中心出发，按顺序遍历指定配送路线上的客户点，最后返回配送中心。

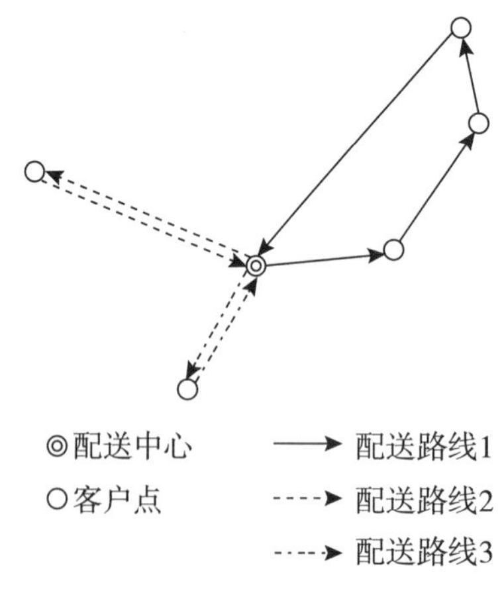

图 7－7　一般路径规划示意

有时间窗车辆路径问题（Vehicle Routing Problem with Time Window，VRPTW）是在上述一般路径规划问题中加上了客户被访问的时间窗约束。它要求每项任务 i 在时间范围 $[a_i, b_j]$ 内完成，并可根据时间窗约束的严格与否，分为“软时间窗约束”和

“硬时间窗约束”。

软时间窗约束要求车辆尽可能在规定时间范围内访问需求点（即客户点），否则将产生等待或延迟损失，据此求得成本最小的配送路线。

硬时间窗约束要求车辆必须在给定的时间范围内访问需求点，如果超出这个时间范围，所得到的配送路线为非可行解。

（二）车辆路径规划的相关目标

车辆路径规划合理与否对配送速度、成本、效益影响颇大，因此，采用科学合理的方法确定配送路线是配送活动中一项非常重要的工作。确定配送路线可以采取运筹学的相关方法，确定车辆路径规划的目标函数以及相关约束条件，通过运用相关算法，求得最优函数值。

目标的选择根据配送的具体要求、企业目标导向、配送中心的水平、实力及客观条件而定，可以有以下多种选择。

（1）效益最高。在选择以效益为最高目标时，通常以企业当前的效益为主要考虑因素，同时兼顾长远的效益。效益是企业整体经营活动的综合体现，可以用利润来表示。因此，在计算时以利润数值最大化为目标值。但在拟定数学模型时，很难与配送路线之间建立函数关系，所以一般很少选择效益最高为目标。

（2）成本最低。计算成本比较困难，但是和以效益为目标相比有所简化。在成本和配送路线之间有密切关系，且成本对最终效益起决定作用的情况下，采用以成本最低为目标实际上等于选择了以效益最高为目标，比较实用可行。

（3）路程最短。如果成本和路程相关性较强，而和其他因素是微相关时，则可以选择路程最短为目标，这样就避免了许多不易计算的影响因素，大大简化计算过程。但需要注意的是，有时候路程最短并不意味着成本最低，如果道路条件、道路收费影响了成本，单以路程最短为最优解就不合适了。

（4）准时性最高。准时性是配送中重要的服务指标，以准时性为目标确定配送路线就是要将各客户的时间要求和到达各客户点的先后顺序进行协调安排，这样有时难以顾及成本问题，甚至需要牺牲成本来满足准时性要求。但对准时性的要求必须建立在控制成本的基础上①。

三、应用场景

路径规划的应用领域非常广泛，如机器人机械臂的路径规划、飞行器航迹规

① 许星．物流配送路径优化问题的研究［D］．杭州：浙江大学，2006.

划、巡航导弹路径规划、旅行商问题及其衍生的各种问题（如车辆路径规划、虚拟装配路径规划、基于道路网的路径规划、电子地图 GPS 导航路径搜索与规划、路由问题）。

（一）离散域范围内的路径规划应用

离散域范围内的路径规划问题大致可以分为全局规划、局部规划和遍历式规划。由于离散域范围内的局部路径规划对物流环境信息变化的适应能力要求不高，可视为静态规划，因此并入全局规划讨论。相对于遍历式规划，我们称为离散域范围内的最短路径规划。

1. 离散域范围内最短路径规划的应用场景

离散域范围内最短路径规划的应用场景有基于道路网的路径规划、电子地图 GPS 导航路径搜索与规划、路由问题等。而在物流场景中，干线运输路径规划、末端配送具体路线选择均涉及最短路径规划内容。

2. 离散域范围内遍历式最优路径的应用场景

离散域范围内遍历式最优路径的应用场景有虚拟装配路径规划、旅行商问题及其衍生的各种车辆问题和物流问题等。由于虚拟装配路径规划的核心是装配序列规划问题，而序列规划问题属于典型的 TSP。

由 TSP 衍生出带时间窗的 TSP、带回程的 TSP 和车辆路径规划问题。VRP 又衍生出带车载容量约束的 VRP、带时间窗的 VRP、带回程的 VRP、带分割送货的 VRP、随机需求车辆的 VRP 等。其衍生关系如图 7－8 所示。

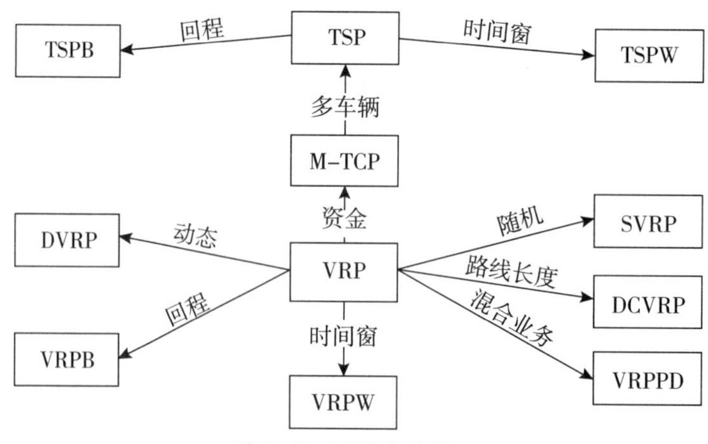

图 7－8　TSP 衍生关系

资料来源：张广林，胡小梅，柴剑飞，等．路径规划算法及其应用综述［J］．现代机械，2011（5）：85－90。

对车辆优化调度的研究已广泛应用于生产、生活的各个方面，如报纸投递、牛奶配送、连锁商店的送货等多种生活领域的车辆线路优化。目前，研究水平已有很大发展，其理论成果除在汽车运输领域外，在航空、水运、电力、通信、工业管理、计算机应用等领域也有一定的应用。

（二）连续域范围内的路径规划应用

1. 连续域的全局路径规划的应用场景

连续域范围内全局路径规划的应用场景有物流机器人机械臂自主移动路径规划、疫情期间的无接触配送，例如无人机飞行器航迹规划、巡航导弹航迹规划等。从路径规划角度来看，这类问题都是在已知环境信息且环境信息为静态信息的情况下，如何在满足客户需求的前提下，避开相关障碍物找到到达目的地的最短路径问题。解决此类问题通常依靠智能算法与环境建模的结合使用。

2. 连续域的局部路径规划的应用场景

局部规划面对的是动态、实时的物流环境信息，属于在线规划，需要对物流活动中出现的突发现象等及时处理。

3. 连续域的遍历式路径规划的应用场景

连续域的遍历式路径规划主要应用于物流机器人操作，其特点是机器人需要用最短的路径去覆盖工作区域的每个角落，例如 AGV 等机器人的运作过程要求最大的覆盖率和最小的重复率，以降低相关成本①。

四、应用案例：路径规划在货拉拉的应用

作为互联网物流商城，货拉拉通过共享模式整合社会运力资源，实现多种车型的即时智能调度，目前提供同城/跨城货运、企业物流服务、搬家、零担运输、汽车租售及车后市场服务。

为了满足多业务场景的需求，货拉拉专门打造了智慧大脑系统，为互联网物流提出了高效的数智化解决方案。依靠 AI、大数据和地图等基础能力，通过自研运筹优化算法框架解决核心的资源优化配置问题，并利用统一框架打造分单、供需、营销、定价等多个引擎，实现动态定价、智能分单、运力调度的效率提升。货拉拉运筹优化算法如图 7－9 所示。

① 张广林，胡小梅，柴剑飞，等．路径规划算法及其应用综述［J］．现代机械，2011（5）：85－90.

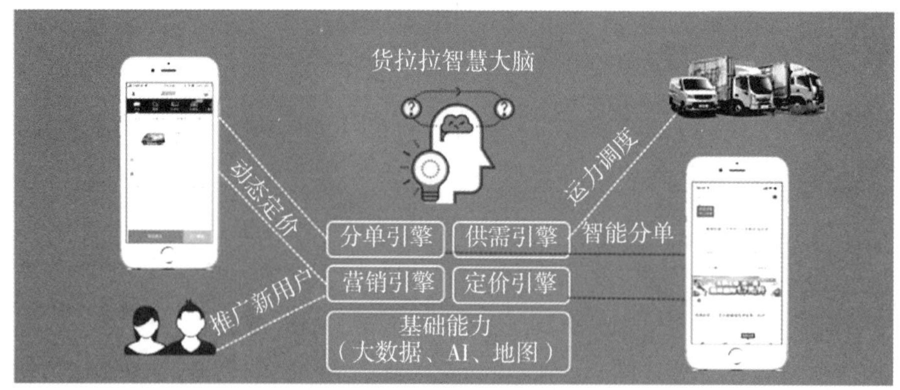

图7-9　货拉拉运筹优化算法

资料来源：2020全球物流技术大会演讲《运筹优化在货拉拉的应用》。

（一）智能分单

在智能分单中，面临的挑战主要包括两个方面的因素。一方面是客观因素，在订单取消原因中，车货不匹配超过取消订单总数1/3，因为货物的长度、高度、体积、重量丰富多样，比如桌子2米高、50厘米宽、3米长，钢桌子、木桌子较重。虽然货物的重量、体积可以通过大数据挖掘加以估计，或者根据以前的照片预测，但对新用户的新货品加以估计则比较困难。另一方面是主观因素，需要充分考虑司机的接单意愿，部分司机由于种种原因无法承接某些任务。

故而，通过综合运用运筹优化算法，考虑主客观因素进行车货匹配、设计最大化总匹配分的订单分配方案时，可将其抽象为最优二分图匹配算法的应用。考虑拼单与路径规划，将分单抽象为车辆路径规划问题（VRP），并结合特殊场景约束。例如，部分客户需求有时间窗（VRPTW）限制，货拉拉采取预约单，同时充分考虑搬运耗时；根据装卸顺序（VRPB）设置先上后下规则；考虑到单量限制，采用拆单（SDVRP）方式，同时解决出车、分单与路径规划问题。

货拉拉的拉货、搬家场景示意如图7-10所示。运输车辆在一次规划的既定路线中要涉及多个订单的装货与卸货作业，同时需要结合不同货主的时间窗要求。货拉拉的智能分单系统要日均处理几十万订单与超过44万名司机之间的即时匹配问题。通过智慧大脑系统，货拉拉能够分析用户和司机的精准画像，并对司机接单意愿和车货供需情况实时进行分析，从而实现更精准的即时智能调度。根据不同应用场景确定相关的算法。未来，货拉拉还将根据更细分的应用场景优化算法、提升物流效率。应用场景优化算法如表7-1所示。

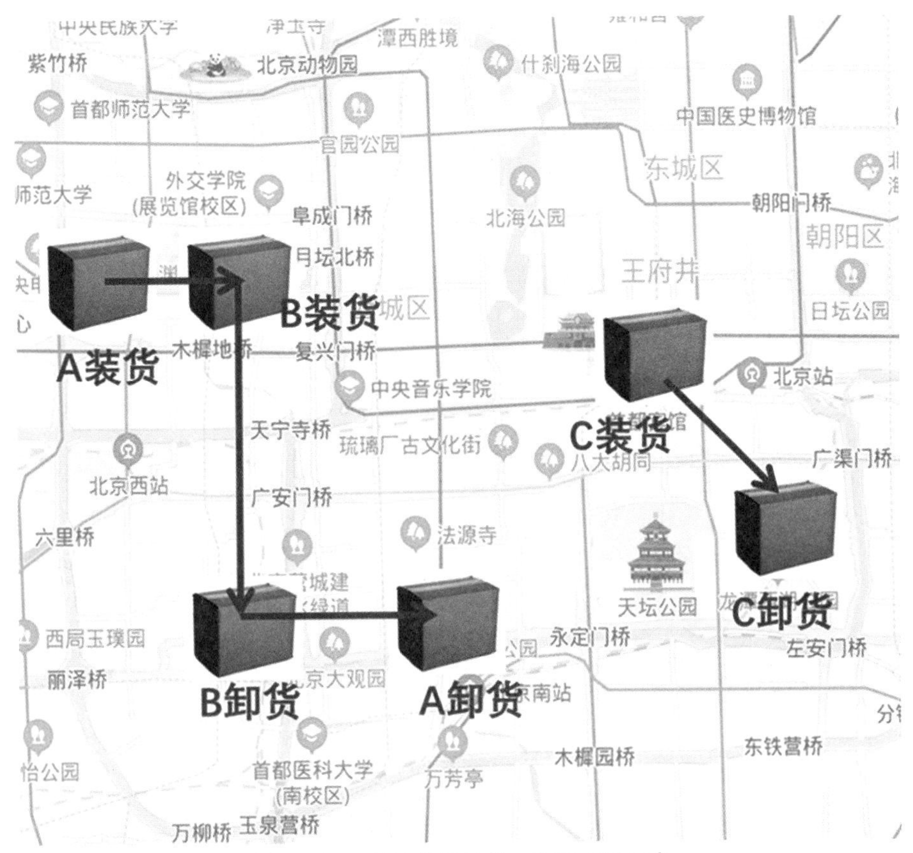

图 7－10 货拉拉的拉货、搬家场景示意

资料来源：2020 全球物流技术大会演讲《运筹优化在货拉拉的应用》。

表 7－1 应用场景优化算法

问题类型	复杂度	求解算法	人单关系	时效性	业务类型
分配问题	O（n^3）	匈牙利算法（KM 算法）	一人一单	即时性需求	同城货运
车辆路径问题	NP Hard	分支定界法、启发式算法	一人多单	计划性需求	跨城货运、零担

（二）布局人、车、货、路数智化，提升物流效率和安全性

互联网物流的即时智能调度还面临更多的挑战。相较客运，货运的难度和复杂度会更高，例如货物的体积、重量不一样，又涉及多种车型，要想实现更高效的车货匹配，必须提升人、车、货、路的数智化水平。

货拉拉已经运用车联网设备获取更多的车辆实时信息，结合获取数据和机器学习算法，提升驾驶和货物安全性，强化对司机的服务流程管理。

目前市面上还没有足够强大的用于货运管理的地图系统，货拉拉也正在着力提升自有的地图运用能力，即在现有地图的基础之上，融合传统的地图技术和深度学习技术，充分利用自有的海量货运导航数据，打造定位、信息点检索、路径规划、导航和前端封装等能力。

此外，货拉拉已经采用 AR 技术对三维物体进行识别与体积测量，并已取得初步成果，有望在不远的将来落地，此举也将有效提升车货匹配数智化水平。

第三节　网络规划技术

随着经济的发展，客户企业的提前期变短，对物流服务的质量和时效性要求更高，对精确管理库存、降低、相关库存成本等需求逐渐多样化，这就要求物流服务企业通过技术优化层面分析，科学合理布局物流网络相关节点，以及各个节点间如何连接、协同运作，成为物流企业持续不断优化的领域。

一、网络规划概述

企业进行网络规划的目的主要包括三个方面。

第一，优化网络设计。通过物流运筹技术，对现有网络进行优化，利用预测数据对不同网络形式的运行结果进行分析，助力决策，进行快速场景模拟分析，以达到网络协同的目的。

第二，提高客户满意度。从企业自身发展的角度来看，企业进行网络规划的直接目的在于提升自身的物流服务水平、提高客户满意度。

第三，提高经济效益。企业需要盈利，这决定了企业在建设并运营物流网络时，出于盈利的目的，必然会最大限度地提高收益，降低相关网络运行与维护成本，包括物流设施的建设和运行成本、产品运输和配送成本、库存成本等。在网络优化时，需要综合运用运筹学中路径规划、图（网络）论以及决策论等相关知识，通过规划策略以及路径优化，利用有限的资源，包括车辆、人员等，在保证服务水平的前提下，降低相关运输成本。在选择相关节点时，通过智能选择中转节点，确保物流服务的频率和时机，最大化运用全局网络的运载能力，并缩短中转时间。

物流网络规划的步骤包括市场需求分析、物流设施布局、物流设施能力安排、补给策略等。多数情况下，由于市场需求随机变化等因素，企业面对的是一个需求不确定的市场环境，某一时期的最优物流配送网络到了下一个时期可能不是最优的，只考虑物流配送网络短时间内最优可能会造成不必要的成本支出。另外，物流网络作为一个复杂的系统，随时可能受到某些因素的影响而发生局部失效。

完整的物流网络规划是全流程规划，包括从中长期到具体时刻的全流程。从长期来看，战略层面的规划通过相关运输需求数据，着眼于整体物流网络的设计，基于不同场景的模拟构建与比较。策略层面的规划主要侧重于网络中节点和运输路线的选择、类似中转库的选派、路线策略的优化。执行层面的规划多涉及作业的具体安排、作业操作的矛盾解决以及物流网络出现问题后的危机管理。

物流网络的层级包含了网络中的运输资源或者中转站点，站点之间的班次运输服务以及覆盖整个服务片区的“最后一公里”。物流网络示意如图 7 - 11 所示。

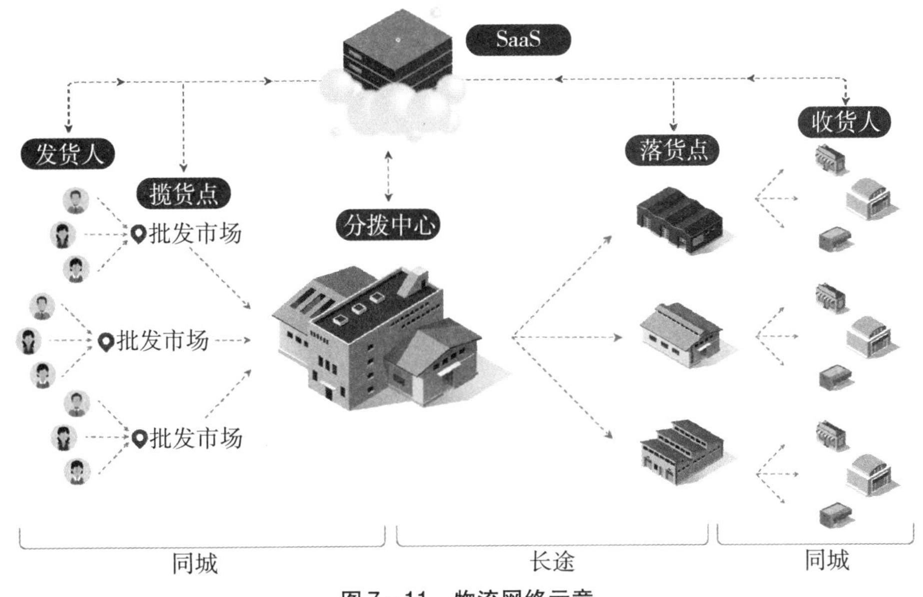

图 7 - 11　物流网络示意

资料来源：http：//www. kuaihuoyun. com/ntms。

二、物流网络规划中的运筹理论基础

通过图（网络）论的相关运筹知识，将物流网络规划问题从逻辑上抽象为一个基于有向图的复杂网络，将物流网络系统的重要组成内容（包括生产工厂、仓储设施以及客户）抽象为节点，而节点之间的运输路线抽象为边，并结合不同的物流网络优化目标，将距离、成本等表示为权重，将物流网络抽象为网络流，研究在复杂约束条件下整体物流网络的优化。

（一）复杂网络理论概述

网络是一个包含许多个体并反映个体与个体之间关系的系统，把这些个体全部看成网络的节点，个体与个体之间的关系看成节点与节点的连接，我们就可以用图的形式来刻画这个网络，任意一个网络都可以用图的形式进行表示。

图 G 可以看成是一个二元组，这个二元组包含两个集合 V 和 E，其中集合 V 是图中节点的集合，集合 E 是图中边的集合。

根据图中节点类型是否单一、是否有权重和图中边是否具有方向的特性，可以将图进行分类，如果图中节点类型单一，我们称为单节点类型图；在任意图 $G=(V, E)$ 中，如果 $(v_i, v_j) = (v_j, v_i)$，$i, j \in [1, N]$，$i \neq j$，则称该网络为无向网络（undirected network），否则为有向网络（directed network）；如果网络的边被赋予相应的实数权值，则称该网络为加权网络（weighted network），否则为无权网络（unweighted network）；连接同一节点的边称为自环，连接相同两个节点的边称为重边，无环且无重边的网络称为简单网络。

邻接矩阵是常见的用来表示网络图的形式，图 G 的邻接矩阵 $\boldsymbol{A} = (a_{ij})_{N \times N}$ 是 N 阶方阵，第 i 行第 j 列上的元素 a_{ij} 在不同类型图中的定义如下。

（1）有向加权图。

$$a_{ij} = \begin{cases} w_{ij}，\text{如果有从节点 } i \text{ 指向节点 } j \text{ 的权值为 } w_{ij} \text{ 的边} \\ 0，\text{如果没有从节点 } i \text{ 指向节点 } j \text{ 的边} \end{cases}$$

（2）无向加权图。

$$a_{ij} = \begin{cases} w_{ij}，\text{如果节点 } i \text{ 指向节点 } j \text{ 的权值为 } w_{ij} \\ 0，\text{如果没有从节点 } i \text{ 指向节点 } j \text{ 的边} \end{cases}$$

（3）有向无权图。

$$a_{ij} = \begin{cases} 1，\text{如果有节点 } i \text{ 指向节点 } j \text{ 的边} \\ 0，\text{如果没有从节点 } i \text{ 指向节点 } j \text{ 的边} \end{cases}$$

（4）无向无权图①。

$$a_{ij} = \begin{cases} 1，\text{如果有节点 } i \text{ 指向节点 } j \text{ 的边} \\ 0，\text{如果没有节点 } i \text{ 指向节点 } j \text{ 的边} \end{cases}$$

（二）复杂网络中心性特征指标

与经典图（网络）论的研究侧重点不同，复杂网络理论侧重于从各种现实网络研究中抽象出一般网络的几何量，并通过这些几何量发现更多的实际网络的特性，指导更多实际网络的研究。复杂网络的静态几何特征是研究复杂网络拓扑性质的有效手段。其中常用的特征指标有度、介数、平均路径长度、集聚系数等。

---

① 桑潇潇．基于复杂网络理论的慢行交通网络分析——以北京 CBD 为例［D］．北京：北京交通大学，2019.

1. 度

无向网络中节点 i 的度定义为与该节点直接连接的边数。在某种程度上，该节点连接的边数越多，该节点的度值越大、在该物流网络中越重要。

对于网络 G 的邻接矩阵 $\boldsymbol{A}=(a_{ij})_{N\times N}$，可以计算每一个节点的度值 k_i，其计算公式为：

$$k_i = \beta\sum_{j=1}^{n} a_{ij}$$

而在有向网络中，度根据与连接节点之间边的方向，分为出度和入度。

节点入度是指与节点相连的边中箭头指向自身的边的条数；节点出度是指与节点相连的边中箭头指向外部的边的条数，有向网络节点度等于出度与入度之和。度是网络中节点的属性，网络平均节点度是指网络中所有节点度的平均值。

2. 介数

介数是在最短路径的基础上提出的网络静态统计量，任意两个节点之间优先选择最短路径规划，其中最短路径由边和节点构成，网络中任意两个节点的联通基本上是通过最短路径。网络中所有节点间对应的最短路径经过多个节点与边，其中由于物流网络自身的特点，部分节点与边的经过概率更大，即这些节点与边在物流网络中发挥的作用更大。

节点介数定义为网络所有最短路径中经过该节点的路径的数目占最短路径总数的比例，而边介数定义为网络所有最短路径中经过该边的路径的数目占最短路径总数的比例。若 v 表示节点，σ_{ij}表示节点网络中节点 i 与节点 j 之间最短路径数，$\sigma_{ij}(v)$ 表示节点网络中节点 i 与节点 j 之间经过节点 v 的最短路径数；e 表示边，$\sigma_{ij}(e)$ 表示节点网络中节点 i 与节点 j 之间经过边 e 的最短路径数，节点介数和边介数的计算公式如下①。

$$C_B(v) = \sum_{i\neq j\in v}\frac{\sigma_{ij}(v)}{\sigma_{ij}}$$

$$C_B(e) = \sum_{i\neq j\in v}\frac{\sigma_{ij}(e)}{\sigma_{ij}}$$

多层级物流系统的组成对象（工厂、供应商、仓储设施及客户）及连接这些对象的路径构成复杂网络。将物流网络的组成对象抽象为节点，将连接这些对象的路径抽象为边，则多层级物流系统从逻辑上可以抽象为图 $G=(V,E)$，其中 $V=\{v_1, v_2, v_3, v_4, \cdots, v_n\}$ 表示物流网络中节点的集合；$E=\{e_1, e_2, e_3, \cdots, e_n\}$ 表示物流网

① 刘美玲. 基于复杂网络理论的我国高速铁路网络抗毁性研究［D］. 北京：北京交通大学，2019.

络中线的集合。

采用复杂网络研究物流网络规划是当前的发展趋势，现在主要以带权重的无向网络为主，考虑到真实的交通网络节点之间双向连接（通达）关系未必一样，如交通限制单向通行等，有向网络更符合物流系统（交通）实际情况，且能与数字地图 GIS 保持兼容；在两个节点之间允许同时存在多条边，即允许重边存在，且每一条边依据其实际对应的路径长度，结合运输成本等因素，赋予其相应的权重加以定量描述。

三、网络规划应用场景

网络规划由于包含内容较广，在多个方面均有应用，为此选择军事物流领域、物流配送领域以及航空运输领域三个方面进行详细说明。

（一）军事物流领域

在军事物流网络规划中，调运网络是较为重要的网络之一，对于保障物资的及时供应、影响战争走向有着极其重要的作用，其中调运网络补给选址以及物资分配优化是整个军事物流系统决策中的重要内容。军事物流网络要充分考虑长远利益以及战争走向，属于宏观规划；而军事资源的调运、分配问题，属于短期执行计划的微观决策。充分运用物流网络规划的相关理论，总结出适合我国军队实际情况、符合战时环境新特点的军事调运网络，对军队充分利用现有资源、保证物资供应、促进战争走向胜利有着重要意义。

军事调运网络既包括补给点，例如后勤基地、物资补给基地等补给储备节点，还包括相关军事物资，例如坦克等军事装备、后勤补给保证等。一般指的是军用物资从供应地到部队用户所在地的流动转移，包括筹措、运输、储存、配送等环节，对于战时军事物流，运输、储存、配送是战中后勤保障中的重要的环节，都实施于调运网络中，运输与配送是网络节点之间的“动态联系”；仓储是网络节点中的“静态联系”。

随着战争逐渐向信息化、现代化发展，物资需求补给点多、线长、面广，对军事调运网络提出了更高的要求，以实现“适地、适时、适量”的最终目标。应综合运用物流网络规划的相关内容，结合军事的相关需求，实现多层次决策与实施覆盖，优化军事物流资源配置，协同联动军事调运网络，打造适应和满足使命要求的、确保部队快速机动的、提升后勤保障能力的多层次军事物流网络①。

---

① 张巍，姜大立，苏秋月．战时军事物流调运网络选址配置与物资分配［J］．指挥与控制学报，2019，5（2）：99－106.

（二）物流配送领域

配送作为物流活动中重要的一环，在物流企业运营中发挥了重要的作用，同时，物流配送的合理化也关乎整个企业、整个行业的物流成本问题。物流成本居高不下的原因有很多，例如物流信息不对称、仓储管理不善、物流配送不合理等，其中物流配送问题最为严重。物流配送路线选择不合理使得配送时出现路径重复、迂回，配送道路拥堵会造成物流配送时间增加，降低物流效率，这些都分别从配送距离成本和配送时间成本上增加了物流费用的支出。物流配送路线规划不合理，容易在配送过程中遭遇交通道路堵塞而配送延误，增加了时间成本；而在未合理测算配送路径时躲避堵塞会造成配送路径迂回，增加了距离成本。作为物流企业或物流行业运输配送中的重要一环，物流配送网络系统及其路径规划一直是企业和学术界研究的重点。根据物流配送网络的具体结构，规划出更为贴近实际物流运作的网络路径模型，对配送成本的控制具有重要的意义。

（三）航空运输领域

基于运筹学理论，考虑市场需求预测、航空运行特征、人力资源配置、国家政策法规和竞争对手策略来规划航线网络，采用网络数据模型和算法优化，在机场运行规定、机队规模等限制性条件下，通过分析各市场的需求、飞机运力分布，帮助航空公司建立航空网络、提高飞机利用率，最终提高收益。通过运筹学算法优化后的航线网络规划方案，可为航空公司在新开航线、加密航线、航线结构优化、航线时刻优化、航线机型优化、航班取消选择等应用场景提供有效的决策辅助工具，增加销售收入，降低运营成本①。

四、经典案例

顺丰控股股份公司（以下简称“顺丰”）成立于 1993 年，经营范围包括时效快递、经济快递、同城配送等多种快递服务，以零担为核心的快运服务，为生鲜等领域提供冷链运输服务以及保价、保险服务等增值服务，目前顺丰拥有 73 架全货机、9 个枢纽级中转场、130 个片场中转场和 36 个航空、铁路站点（不含与中转场共用场地的站点），物流服务网络服务能力逐步提高。

目前顺丰综合运用机器学习及运筹优化理论，构建符合行业特性的业务预测、选

① 民航资源网．运筹学算法优化在航空公司的应用研究［EB/OL］．（2019－05－20）［2020－12－10］．http：//news. carnoc. com/list/494/494117. html.

址规划、网络规划算法等系统，不断发展及完善其独特的“天网 + 地网 + 信息网”的综合物流服务网络。

通过“全货机 + 散航 + 无人机”形成的互为补充的天网体系，拥有覆盖全国、辐射全球 60 多个城市的货运航线网络；地网通过 9 个枢纽级中转场、36 个航空和铁路站点覆盖全国 335 个地级市，包含 11 万条运输干/支线、干/支线车辆合计 4.5 万余台、末端配送车辆达 10 万台。

未来顺丰运营网络示意如图 7 – 12 所示，其物流网络由一级中转场、二级中转场、网点、接驳点及相关单位区域组成，一级中转场之间通过航空、公路、铁路与水路等渠道实现货物互通，一级中转场与二级中转场通过干线网络连接，从二级中转点可以通过支线网络至网点，再通过接驳网络运输至接驳点，也可选择接驳点直派。

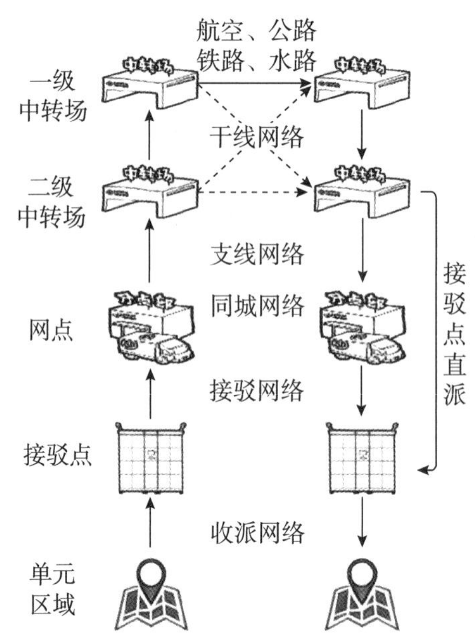

图 7 – 12　顺丰运营网络示意

资料来源：2020 全球物流技术大会演讲《运筹优化在顺丰网络的研究与应用》。

在以上运营网络中，运筹学需要解决的关键问题包括以下几个。① 网络层级数量如何设置，在全国乃至全球范围，不同地方可能根据需求多少等不同，设置不同的网络层次；②各层级场地数量，例如如何决策一级中转场或二级中转场应设置多少个；③不同场地功能定位及选址；④不同层级运输网络如何规划，上下级或同级物流节点如何连接；⑤动态或静态资源，例如车辆的规划；⑥多物流服务产品如何实现网络融合，从而提高资源利用率。在此基础上，运筹学成为解决以上问题的关键手段。

顺丰通过结合运筹学，构建仿真模型框架解决上述问题。第一，需求模型构建。依据历史数据和未来预测，考虑不同区域、客户类型进行产品设计，生成货物需求。第二，网络结构与运力计划。基于运筹学中网络规划等相关内容，生成骨干网络，包括不同物流网络层级点的数目、不同物流层级的连接及运作模式。第三，异常智能调度。物流运作过程中难免出现突发情况，需要通过异常智能调度算法对情况进行及时处理与解决。第四，仿真输出 KPI。对工作负荷、服务水平、产能稳定性、全环节成本等指标进行仿真模拟，从而辅助决策。

运筹学中网络规划部分在实际运作过程中应用广泛，将网络规划等实际问题抽象为有向网络，不仅能实现高质量的物流服务，并且通过加强物流全流程的管控，可以降低相关成本，进行有效管理与决策。运筹学逐步成为现代物流管理的有效工具。

第四节　供应链优化技术

随着信息化的迅速发展，如何科学、合理、综合高效的利用现有资源，帮助企业降低运行成本，提高企业核心竞争力成为管理者和学者思考的问题。而基于物流运筹学知识的供应链管理无疑是解决途径之一。通过将产品原料以及零件整合，综合管理产品由生产商、分销商到客户的供应全过程，以运筹学相关知识，对供应链系统进行优化，实现整个供应链中各个参与者、部门之间物流、信息流、资金流的协调，促进企业提高组织效率，降低相关运营成本。

一、供应链优化概述

供应链系统设计的目标是促进运营资源的流动，分析物流在整个供应链中的重要性，减少各环节中的损失，降低整个物流成本，使供应链中的物品库存得到优化，不断提高企业在市场中的竞争力。通过对供应链资源和活动进行梳理和整合，提高整个供应链中所有活动的运营效率，降低供应链的总成本，实现人力、物力的合理配置。因此，供应链结构的合理设计是讨论如何安排生产、如何设置库存、如何运输等问题①。

在企业的供应链管理方面，主要涉及产品、采购、库存等领域，库存管理作为其中的重要环节，是企业组织生产相关产品、分销以及配送的基础，不再只作为维持生产和销售的措施，更是平衡供应链的一种机制。

供应链中库存管理的目标是实现供应链上各环节的无缝衔接，最终实现消除库存。

---

① 蒙敏然．浅析供应链系统优化［J］．科技创新与应用，2014（13）：239.

它作为一种缓冲手段，需要确定最优的库存数，使得供应链上各节点能够分担不同的职能。当供应链中产品需求订货量的波动程度大于产品的实际市场销售量的变化程度时，相关影响则会沿着供应链向上游传递，导致供应链系统中的供应、制造、销售等各个环节产生波动，而库存则会在某种程度上缩小这一波动对整个供应链产生的影响，保证各生产销售环节正常进行。由于库存量的设置影响多个环节，同时库存资产在企业总资产中所占的比例相当可观，因此如何优化库存，使其保证供应链正常运行的同时降低成本成为企业的目标。

如何科学合理进行供应链的库存管理，通过运筹学等方法平衡需求和成本之间的关系，一些国际知名企业，如惠普、IBM、戴尔、丰田等在供应链的实践中取得了一定的成就。较为典型的库存管理方法有雀巢、家乐福广泛应用的供应商管理库存（Vendor Managed Inventory，VMI）、客户管理库存（Custom Managed Inventory，CMI）、联合库存（Jointly Managed Inventory，JMI）等。

供应商管理库存是一种合作策略，旨在让用户和供应商获得最低的成本，并在双方同意的条件下由供应商管理库存。其主要是供应商通过各种合作伙伴的共享信息，运用一定的策略来进行与实际消耗相关的补货等系列操作。

VMI运行模式为生产商通过产品销售计划制订相应生产计划，物流中心通过生产计划查看相关原材料库存情况，若其低于安全库存，则会通知对应供应商进行补货；若库存满足生产需求，则直接制订配送计划，再完成后续配送以及生产任务。

联合管理库存是在VMI的基础上发展而来的，由上游企业和下游企业建立权利责任平衡、风险共担的库存管理平台。JMI强调供应链各个环节同时参与制订库存计划，使供应链中的每一个环节都能考虑相关协调性，从而消除牛鞭效应，有效地控制供应链的库存风险。

二、运筹学在供应链领域的应用重点

1. 市场销售预测

通常用于广告预算和媒体的选择、竞争性定价、新产品开发、销售计划制订等方面。如美国杜邦公司在20世纪50年代就非常重视研究如何做好广告工作、产品定价和新产品的引入；汽车生产厂家需要对后续汽车销售情况进行预测，便于后续生产与零部件库存准备。

2. 生产计划

生产企业制订生产计划，需要从总体上确定供应链上下游企业库存数目、劳动力情况以及市场销售计划等，同时运筹学还可应用于生产计划的编排、物料管理等方面。

3. 库存管理

存货模型将库存理论与计算机库存管理系统相结合，通过供应链上下游企业协同合作，开发库存管理平台，主要应用于多种物料库存量的管理，确定某些设施设备的能力或容量，如工厂的库存、停车场的大小、新增发电设备容量大小、计算机的主存储器容量、合理的水库容量等。

三、供应链管理经典案例

丰田的产品范围涉及汽车、钢铁、机床、电子、纺织机械、纤维织品、家庭日用品、化工、建筑机械及建筑业等。丰田在世界汽车生产业中有着举足轻重的地位。

在丰田生产背后，存储论思想与管理论充分结合，在保证精益化管理，实现“零库存”方面起着至关重要的作用。

丰田的供应链管理以丰田生产方式和经营管理方法为标志，革新了21世纪全球制造业的生产、销售以及经营的制度。该生产方式的主要目的是通过改善生产经营活动，消除浪费，进而降低成本。而丰田生产方式是继泰勒生产方式（科学管理法）和福特生产方式（大量装配线方式）之后诞生的新型生产方式。

丰田生产方式的核心便是准时生产制度（JIT），就是在必要的时候、按照必要的量、生产必要的产品。这使得丰田供应链体系效率高于大部分企业，亦通过准确的数量控制实现“零库存”。

以丰田商品车生产过程为例，在整体的需求链中，可以分为车辆的需求链与零部件的需求链。车辆生产和后续车辆保养等服务均需要汽车零部件，占据大量库存。供应链既包括物流，也包括运营和计划流程。供应商生产零件，并通过物流节点将其运送至装配工厂。在装配工厂，车辆在车身区成形，然后运向喷漆区，再经过装配区，最后进行质量检查。生产出成品车后，成品车通过出厂运送到经销商处。这个过程看似简单，实则非常复杂，因为车辆体积大且质量重，并由数以千计的零部件组成，故而汽车零部件以及整车库存占据极为庞大的成本。车辆零部件的库存策略选择，涉及多种车型的生产过程，较为烦琐，加剧了管理的难度。

在丰田汽车零部件库存管理中，首先要解决的是如何建立并管理库存品种。库存品种的确定需要根据汽车销售情况实时动态调整变化，主要包括两部分：①建立库存，伴随着新车型上市，非库存零部件的品类开始进行库存管理；②报废，随着老旧车型逐渐从市场中淘汰，原库存零部件都不再进行库存管理。

关于如何确定建立库存以及报废的时间节点，需各经销店通过零部件需求的历史记录统计出月均需求和需求频率，发现零部件需求中的内在规律，通过运筹学等相关方法进行预测，从而确定库存的数量范围，丰田库存策略如表7－2所示。

表 7 – 2　　丰田库存策略

	增长期			平稳期	衰退期	
月均需求	少	较多	较多	多	少（短期）	少（长期）
需求频率	低	低	较高	高	低（短期）	低（长期）
库存状态	不建立库存	视情况建立库存	建立库存	库存管理	停止库存	报废

可以说，丰田生产模式如今已成为丰田不可或缺的重要部分。这种由订单和需求驱动的生产模式旨在通过消除供应链中的浪费来降低成本，包括订单处理浪费、运输浪费、谈判浪费、库存浪费、不合格零件造成的浪费，与传统生产方式完全不同，建立了以核心企业为首的精干的精益供应链。供应链企业之间进行了深度合作，优势互补，成为战略联盟，而供应链管理在供应链企业之间发挥着更加重要的作用，科学合理建库存，确定库存所在位置及数目，对于供应链网络来说至关重要，而补货点、库存水平、安全库存等相关指标对于单个物流仓储节点来说不可或缺。

对于现代企业供应链管理来讲，综合运用存储论相关知识，辅以大数据等信息化技术对需求进行预测，科学合理确定订货点、订货批量等参数，对于降低库存成本、提高服务水平、促进企业供应链精细化发展意义重大。

第八章　特色物流技术

第一节　供应链金融技术

供应链的各环节上存在着各式各样的问题，特别是对于我国经济发展的核心力量——中小企业来说，解决融资难的问题成为高质量发展的重中之重。在互联网信息技术快速发展的背景下，供应链金融成为中小企业的一种有效融资方式。

在供应链金融被提出后，其技术经历了从“供应链金融 1.0”（即“1 + N”阶段）至“供应链金融 3.0”（即平台化和“$N + N + N$”阶段）的转变，通过供应链金融服务平台将供应链的各环节有效整合了起来。“供应链金融 3.0”将为“供应链金融 4.0”积累金融生态数据基础。因此，从这个意义上讲，平台化的互联网供应链金融代表了现有供应链金融发展的趋势。

一、供应链金融概述

（一）供应链金融的定义

2020 年 9 月 22 日，中国人民银行联合 8 部委发布《中国人民银行 工业和信息化部 司法部 商务部 国资委 市场监管总局 银保监会 外汇局关于规范发展供应链金融 支持供应链产业链稳定循环和优化升级的意见》（下称《意见》），第一次明确了供应链金融的内涵和发展方向，向市场发出清晰的信号。

《意见》指出，供应链金融是指从供应链产业链整体出发，运用金融科技手段，整合物流、资金流、信息流等信息，在真实交易背景下，构建供应链中占主导地位的核心企业与上下游企业一体化的金融供给体系和风险评估体系，提供系统性的金融解决方案，以快速响应产业链上企业的结算、融资、财务管理等综合需求，降低企业成本，提升产业链各方价值。

供应链金融是基于供应链管理，在供应链中寻找一个核心企业（平台），由核心企业（平台）主导，以核心企业（平台）的上下游为服务对象，以核心企业（平台）的资质作为信用担保，对供应链上所有企业的信用进行捆绑，为供应链中制造、采购、运输、库存、销售等各个环节提供融资服务，实现物流、商流、资金流、信息流四流合一，以解决供应链中各个节点资金短缺、周转不灵等问题，激活整个供应链的高效运转，降低融资成本。与传统的融资业务相比，供应链金融很好地满足了部分中小企业的资金需求，有利于整条产业链的协调发展。

供应链金融本质是基于对供应链结构特点、交易细节的把握，借助核心企业的信用实力或单笔交易的自偿程度与货物流通价值，对供应链单个企业或上下游多个企业提供全面金融服务。供应链金融并非单一的业务或产品，其改变了过去银行等金融机构对单一企业主体的授信模式，而是围绕核心企业，将供应商、制造商、分销商、零售商直到最终用户连成一个整体，全方位地为链条上的“N”个企业提供融资服务，通过相关企业的职能分工与合作，实现整个供应链的不断增值。供应链金融不同于以往的传统银行借贷，能够较好地解决中小企业因为经营不稳定、信用不足、资产欠缺等因素导致的融资难问题。满足核心企业产业转型升级的诉求。对于银行等资金供给方而言，核心企业的隐性背书，降低了其向中小企业放款的风险，且能获得较高的回报。

随着互联网和信息技术的发展，互联网、产业链和金融服务加速融合，各类供应链金融服务平台出现，供应链金融步入3.0阶段，即“互联网+供应链金融”阶段，特点为平台化和“$N+N+N$”的业务模式。

供应链金融服务平台具备运营、管理、生产、融资等功能，将供应链各环节有效整合起来，可以积累许多动态客户信息，借助大数据分析和建模技术，为供应链金融提供数据支持，有效地解决信息不对称、产能和金融配置缺位、资金约束等问题，以推出客户需要的综合金融解决方案。供应链金融服务平台有利于构建并完善金融生态圈，对经济转型期的经济和金融发展具有重大的推动作用。

“$N+N+N$”的“互联网+供应链金融”模式如图8-1所示。供应链金融服务平台将汇聚N个核心企业和N个金融机构，实现金融服务与产业链深度融合和有效对接，通过平台的数据服务，将金融服务渗透到产业链的各个环节，促进整个供应链金融生态结构的协同发展。

在“供应链金融3.0”阶段，供应链金融产品和服务得到极大丰富，产品和服务模式不断创新，其中“互联网+供应链金融”创新模式有商业银行主导的、核心企业主导的、物流企业主导的和互联网企业主导的各种服务模式①。

---

① 付远红．互联网供应链金融创新模式研究——以中企云链为例［D］．杭州：浙江大学，2019.

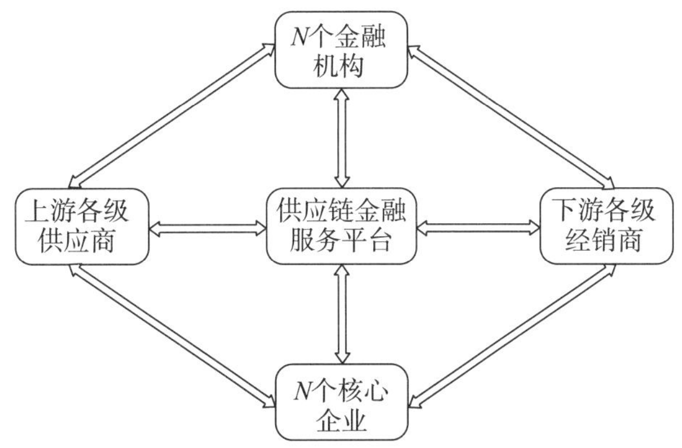

8－1　“N＋N＋N”的“互联网＋供应链金融”模式

资料来源：陈晓玲．基于区块链技术的供应链金融模式探究——以中企云链为例［J］．金融理论与教学，2020（5）：56－61。

（二）供应链金融的诞生背景

1．宏观环境

随着经济全球化时代的到来，人们对于商品的选购提出了更高的要求，中小企业如果想要独自完成商品的设计、研发、生产、推广、销售和配送整个流程，具有很大难度。因此，各个企业为了增加自身的核心竞争力，更加注重企业之间的合作交流，同时也包括国际企业之间的交流与合作。供应链需要相互合作的不同行业的企业共同参与，而全球化的思维模式是指同一个产业链中不同国家的不同行业的企业共同参与同一个产业的生产，供应链的发展趋势会是全球化。在这个过程中，融资问题也更加凸显。所以，发展供应链金融成为势在必行的任务。

2．微观背景

供应链金融有核心企业与金融机构两大重点要素。核心企业在生产经营过程中产业结构会发生改变，从而影响到金融机构对于资金的需求；另外，各个金融机构之间也存在着激烈竞争，各个金融机构要想增加市场的竞争力，就需要对经营模式及业务类型进行创新，而不能按照传统的金融模式开展业务。传统的存款、贷款业务已无法适应金融机构的未来发展，这迫使金融机构转型。在这种环境下，供应链金融能够迎合金融机构的转型需要。供应链中的核心企业利用企业信誉或商业背景作为资金担保，在降低企业风险的同时还能得到丰厚的投资回报。

二、“互联网＋供应链金融”技术

近年来，为了促进经济高质量发展，实现各生产要素的最优配置，供给侧结构性改革对于我国经济发展的重要性越发凸显。为强化金融对实体经济的服务功能，供应链金融应运而生，破解了传统金融体制低效的困境。而在“互联网＋”时代，借助飞速发展的电子信息技术以及不断完善的电子商务平台，供应链的上下游企业实现了信息化协同，供应链的整体运行效率得到了有效提升。作为新型创新业务，线上供应链金融凭借其便捷、信息化的优势，促进商业银行业务革新，助力普惠金融的发展，更加高效地缓解了中小企业的融资约束问题。

“互联网＋供应链金融”与传统供应链金融相比，具有以下几点优势。

第一，供应链信息协同迅速。通过“线上化”方式，将供应链各方支付结算、物流监管、贷款融资以及信息传递有机结合，并实现迅速协同。

第二，流程办理效率提升。借助电子公用信息平台将供应链各方信息流融合，实现融资企业在线操作，大大缩短融资申请、信息审核、还款审批等流程的时间；物流服务方也将实现在线办理质押入库、在线赎货等操作，整体提升供应链效率。

第三，业务操作更加规范。通过“线上化”方式可以最大限度减少融资过程中的人为因素或运营活动的不规范。此外，借助先进技术，如企业客户身份可以采用数字签名技术来认证和识别，这也大大提升了业务操作规范程度。

第四，降低融资风险。通过利用电子商务平台，将供应链参与方的授信额度、贸易往来、库存等信息进行共享，可以减少信息不对称。这在一定程度上降低了商业银行的融资风险。

第五，减少融资成本。各个参与方的信息实现了电子化、标准化，从而节约了信息的甄别成本；同时，无纸化操作也可以减少企业办公成本。

（一）“互联网＋供应链金融”的模式

“互联网＋供应链金融”的模式有两种。第一种是金融机构自己构建电子商务平台发布金融产品，通过利用互联网技术连接核心企业、上下游企业和物流配送企业的相关数据，以核心企业及项目优势制订风控方案，从而形成供应链金融圈。金融机构自建电子商务平台，能够通过线上技术手段提高信息的传递速度及效率，为中小企业提供更加优质的金融服务，并降低融资成本。另外，还能进一步优化金融机构的工作模式，在降低金融机构运营风险的同时，降低了运营成本，从而在一定程度上提高了金融机构的竞争力。

第二种是电子商务企业将互联网技术融入供应链金融行业中。传统电子商务平台通过积累和深挖交易数据，利用信息流、商流和物流的各种优势，以自有资金或金融机构资金为核心企业的上下游中小企业提供融资服务和各类金融产品。电子商务企业的电子商务平台具有先进的信息技术，能够保证交易的安全性，对相关数据的监控及风险管理具有较强的应对能力，通过与客户系统的对接凸显其灵活性。

（二）“互联网 + 供应链金融”存在的风险及其防控

1. “互联网 + 供应链金融”的风险

（1）缺乏完善的征信体系。

我国针对生产经营企业搭建的征信体系还不够完善，金融行业易受国家政策干预，这在一定程度上给企业特别是一些规模较小的企业带来了风险。由于我国征信体系的不完善，金融机构无法获取中小企业的任何数据及信息，这会造成投资方、金融机构面临无法预知的风险。

（2）信用风险。

中下游企业的生产规模较小，容易受到市场的影响产生波动，当中下游企业出现还款困难的问题时，就会对整个供应链的运作产生较大影响。虽然在供应链中有核心企业为中小企业提供担保，但核心企业也需要确保自身的正常运行。所以，核心企业在为中小企业提供担保时会产生一定的顾虑。因此，在“互联网 + 供应链金融”模式中，应对中小企业的信用等级及还款能力进行全方位评估，以降低信用风险。

2. “互联网 + 供应链金融”风险的应对措施

（1）通过增加第三方企业完善“互联网 + 供应链金融”管理制度。

“互联网 + 供应链金融”模式目前在我国处于起步阶段，相应的法律法规及监管制度还不够完善，尤其在广泛利用互联网、云计算和大数据等新型的融资手段开展业务时缺乏相应管理制度及标准。金融机构可以利用第三方公司为中小企业提供担保，第三方公司在对中小企业提供担保前，会对企业的相关信息及还款能力展开认真仔细的调查，对于还款能力不足的企业不予提供担保，这样就能够有效地避免核心企业因提供担保而引发的风险。

（2）建立金融信息共享平台。

中小企业的实际财务信息很少对外披露，使得供应链金融服务平台无法获取企业的真实信息和相关数据，这在无形之中增加了企业的信用风险。因此需要建立金融信息共享平台，通过金融信息共享平台能够实现各个业务环节的公开透明化，还能够对各类交易数据进行实时有效监督，从而避免违约的风险。

（3）建立完善的征信管理体系。

建立完善的征信管理体系是目前降低“互联网 + 供应链金融”模式风险的有效途径。我国征信数据集中在中国人民银行（简称“央行”），但如果单单依靠央行来收集中小企业的相关数据是不太现实的，可以通过建立民间征信机构作为央行的补充，完善我国的征信管理体系。凡是在“互联网 + 供应链金融”中提供担保的企业均由民间征信机构进行调查，这样，供应链金融业务范围将会越来越大，同时还能够有效降低企业的风险①。

三、基于区块链的供应链金融技术

（一）“区块链＋供应链金融”的创新模式

该模式充分利用区块链的不可篡改、不可被重复支付的特性，与供应链金融相结合，构建出可将信用进行多级流转的创新型供应链金融模式，成为“供应链金融3.0”模式的典范。

“区块链＋供应链金融”是以区块链为底层技术，由核心企业主动确权开出有银行保贴功能的云信，不可篡改地记录贸易双方交易的全流程，通过贸易背景的真实刻画，建立了无须第三方担保的信任机制，使客户通过线上操作即可获取融资款。相较于传统的供应链金融模式，“区块链＋供应链金融”具有融资快、费用低、信息真实可溯源、风险低等优势，具体对比如表8－1所示。

表8－1　传统供应链金融与“区块链＋供应链金融”的对比

项目	传统供应链金融	“区块链＋供应链金融”
审核时间	融资审核需7～10个工作日	随时融资，立即交易，“$T+1$”到账（T为交易日，$T+1$为交易日后一个工作日）
手续费	融资手续费高	高效审批降低了手续费
审核流程	需要各类单证，逐笔审核	线上操作，自动简便
数据处理	人工验证，表单烦琐	区块链自动保存各层交易记录
交易过程	交易信息不透明，易产生信用风险	信息无法篡改，真实可溯源
信用风险	难以确权，信用风险高	依靠核心企业资信，信用风险低

（二）区块链融资模式存在的不足与潜在风险

区块链技术的特点给交易流程带来了很多便利，使其应用场景广泛，然而也存在着风险和不足，主要有以下几点。

第一，无法剔除非合规资产。区块链作为一种分布式数据存储技术，只是机械化地执行点对点传输，无法识别底层资产上链后数据的真实性，更无法对非合规资产进行删减。

第二，会侵犯客户隐私。由于区块链是公开透明、永久保存的，这就使得资产数

① 张召哲，蒋九，赵静，等．互联网＋供应链金融模式研究［J］．现代营销（经营版），2020（11）：236－237.

据透明，有可能会侵犯到客户隐私。

第三，纠错成本高。区块链是一个中性载体，信息一旦在区块链上载入，就会被永久存储起来，若被不法分子利用，将非法信息或文件上链，则会大大增加纠错成本。

第四，技术不完善，管理空白，存在安全问题。区块链技术自身也存在一定的缺陷，且目前针对区块链技术部分构成要素的相关法律并不完善，导致其在发展过程中存在隐患，如私钥管理不善、遭遇电脑病毒、账户被窃取等，都会使区块链应用面临潜在安全风险。

第五，缺乏区块链平台的技术支持，资源消耗巨大。近年来，国内外的金融机构都致力于搭建区块链平台，但是资源消耗巨大。阿里巴巴的区块链平台经过多年努力在国内做到领先，但是这其中花费的资金和投入的资源是多数企业难以承担的。

第六，缺乏法律制度的支持。我国政府从 2013 年开始关注并出台密码货币与区块链相关政策，政策环境的发展演化与世界各国总体一致，即先表现谨慎、强力监管，然后逐渐放松，目前各国都没有形成体系完整的法律法规，仍有假借宣扬区块链技术扰乱金融市场的企业。

第七，难以大规模适应国内金融市场。区块链技术最显著的特点就是去中心化。这种没有中介的信任是非常理想化的，目前国内外都已经各自形成了成熟的监管机制来维护金融市场上的信用中介，要想从当前这种金融模式转换成区块链融资模式需要花费很长时间①。

四、大数据背景下的供应链金融技术

（一）大数据对供应链金融的影响

大数据对供应链金融的影响主要表现在以下几点。第一，大数据可以精准地找出企业日常生产过程中的供求关系变化，及时地在供求关系发生变化后迅速作出改变，避免企业受到重大损失。第二，对于企业来说，面对大量的未知用户群体，企业不能及时剔除那些经营状况差的合作商，而在大数据的帮助下，企业可以在第一时间了解目标用户的背景、持资能力、技术水平等。第三，大数据时代可以让企业提前做好风险预估、风险处理，使企业在出现危机情况之前就可以将隐患扼杀在摇篮中。第四，大数据有助于实现精准化服务，有利于资源的合理均衡分配，或是将收集的信息进行分析整合。

---

① 陈晓玲．基于区块链技术的供应链金融模式探究——以中企云链为例［J］．金融理论与教学，2020（5）：56－61.

（二）大数据与供应链金融的结合

在新时代科技力量的推动下，企业的生存模式也在随着时代变化作出改变，在信息化网络时代，企业掌握了大数据信息就掌握了先决条件。但是大数据本身是不存在价值的，只有将大数据转化为企业需要的战略信息，才能在生产过程中创造企业价值。现在很多企业将大数据与供应链金融相结合，创造出一种新的发展模式。

大数据在供应链金融中的具体应用体现在两个方面，一是按照不同的客户群体，提供有个性化的金融服务；二是可以完善金融用户的征信信息，提高寻找目标客户群体的准确性。

利用大数据技术，企业可以建立完备的数据交换库，实现数据的实时共享。对收集到的大数据进行加工、分类、整合、处理后，可以建立适合企业本身的资料库，实现数据的交互。大数据应用模式可以通过交易网关数据库模式建立与供应链金融相协调的云端数据库，从云端获取中小企业交叉数据，结合相关的行业信息实现数据交换和信息共享。

大数据和供应链金融的发展模式是相辅相成的，二者缺一不可。大数据和供应链金融的结合，可以将金融风险控制在可控的范围内，同时还可以提高效率。另外，将大数据与供应链金融相结合，可以帮助企业管理者、企业融资方和投资人更加直观地分析数据，实时掌握资金流动的方向，能在瞬息万变的企业竞争中拔得头筹①。

（三）大数据环境下的数据质押供应链融资

1. 数据质押的概念

随着各方面技术的成熟，以真实交易数据和行为数据为基础开展的金融服务崭露头角。此种新型的金融服务通过对用户的交易数据和行为数据进行挖掘，并以此为依据对其进行评级和授信，进而提供相关金融服务。具有此种数据特质的金融服务被称为数据质押，即运用大数据分析，对交易过程中能够交叉验证的真实交易数据和行为数据进行评级和授信，并以此为依据向企业提供融资服务的模式。

数据质押是在第三方服务平台的基础之上，提出的一种新型供应链融资模式，也是供应链金融发展的一个新趋势。数据质押的核心是以平台对接企业、物流、监管、银行等行为主体，实现物流、信息流、资金流三流合一的局面，以平台整合的供应链中企业的交易数据和行为数据为基础，运用云计算、数据挖掘等技术对企业相关数据

① 陈绵绵. 大数据背景下供应链金融发展前景［J］. 农村经济与科技，2020，31（18）：108－109.

进行处理分析，帮助银行等金融机构在融资前深入了解企业背景，改善信息不对称现象。在融资时，所有流程实现平台化、线上化，能够有效减少中间环节，降低交易成本；在融资后，可以帮助银行动态掌握企业的经营情况及资金使用状况，有效控制风险，促使银行等金融机构降低中小企业的融资门槛。数据质押作为新型供应链融资模式，在有效改善中小企业融资难的现状的同时，还可以提高银行等金融机构的效率，最终实现多方共赢。

2. 数据质押的理论基础

（1）信息不对称理论。

信息不对称是造成供应链上中小企业融资难问题的根本原因。信息不对称，是指参与市场交易的双方所掌握的信息量或者信息真实性不对等，信息掌握不足的一方难以作出正确判断，从而影响最终决策的现象。中小企业向银行申请融资服务的过程中，对自身的经营状况以及履约能力等信息更为了解，存在银企信息不对称情况。

假设银行是可贷资金的唯一供给方，而企业是唯一的需求方，在市场经济下，中小企业融资缺口模型如图 8－2 所示，S_0为资金供给曲线，D_0为需求曲线，R_0为均衡利率，Q_0为均衡可贷资金数量。根据可贷资金理论，当市场上可贷资金的供给量和需求量相等即位于（Q_0，R_0）时，则企业和银行等金融机构处于均衡点，不存在资金缺口。而我国贷款基准利率并不完全由市场决定，也受政策影响，导致资金市场的均衡利率I_0低于完全市场经济中的均衡利率 R_0，进而导致中小企业出现融资缺口 Q_2Q_3。同时，信用问题是制约我国中小企业融资能力的深层次原因。大部分中小企业管理制度不合理、财务制度不透明，为了获取更多的资金支持，部分企业利用信息优势选择提供不实信息，而银行则难以判断部分信息的真假。银行为了规避道德风险，选择少为中小企业提供融资服务，资金供给曲线左移至 S_1，中小企业的融资缺口进一步扩大为 Q_1Q_3，从而引发银行的逆向选择，再度加剧中小企业的经营风险，形成恶性循环，进而资金供给曲线左移至 S'_1，融资缺口更加巨大。

由图 8－2 可知，要解决中小企业融资问题，首先要缩小融资缺口。假设由于市场经济下均衡利率 I_0低于完全市场经济中的均衡利率 R_0，导致的融资缺口 Q_2Q_3保持不变，则只能通过缩小 Q_1Q_2来缩小中小企业的融资缺口，即首先要改善银企信息不对称的现状。作为中小企业外源性融资主要渠道，银行要解决中小企业融资问题，需要治标治本，通过融资模式的创新，来解决信息不对称的情况。随着信息技术的深度发展，互联网成为不断产生、传递大量数据的“数据池”，数据质押就是通过对这些数据的收集、挖掘和分析，直接了解中小企业的经营状况、还款意愿和能力，在技术上解决信息不对称的问题，使资金供给曲线向右移动，从而为中小企业缩小融资缺口。

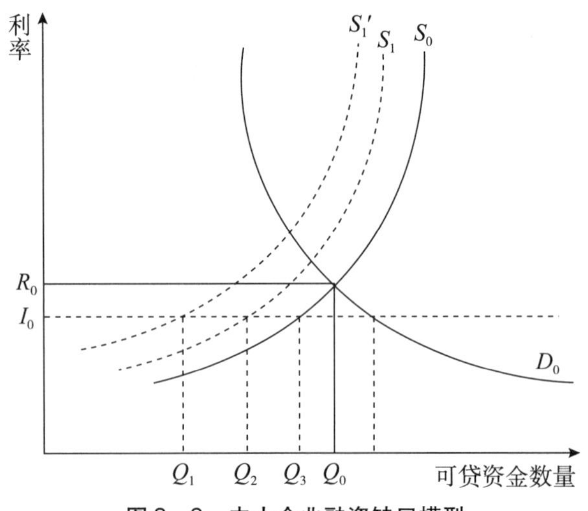

图 8－2　中小企业融资缺口模型

资料来源：邹宗峰，佐思琪，张鹏．大数据环境下的数据质押供应链融资模式研究［J］．科技管理研究，2016，36（20）：201－205，233。

（2）数据质押融资的协同运作模型。

数据质押依托第三方服务平台，实现了融资活动中各参与主体的无缝连接和数据的互联互通，能够有效简化贸易和融资环节，降低交易成本。数据质押能够在融资前整合中小企业信息，提高融资效率，实现对企业的动态监管，帮助银行管控风险，促使银行缩小资金缺口，进而降低中小企业的融资门槛。数据质押融资协同运作模型如图 8－3 所示。由图 8－3 可知，数据质押融资协同运作模型主要包括三大主体：第三方服务平台、供应链企业与银行等金融机构。这三个主体的协作运行，使企业商务活动和银行金融服务之间进行线上整合，实现了多方共赢，同时也为监管部门提供了更透明的监管渠道，在降低风险方面具有重大意义。

数据质押融资能够有效解决中小企业在生产经营过程中所需的小金额、高频率的资金周转需求，主要包括以下六个步骤。第一步，中小企业在第三方服务平台上注册并提交企业相关信息，平台审核通过后中小企业缴纳一定会员费，在电子商务平台进行日常商业活动；第二步，中小企业在平台积累足够的交易数据和行为数据之后，可以在平台提出融资申请，平台根据中小企业信息、交易数据和行为数据进行初步授信审核；第三步，初步审核通过后，平台将中小企业融资请求提交给银行，由银行根据企业历史信用数据，结合平台初步审核结果，对中小企业进行最终授信审核；第四步，最终授信审核通过后，银行和中小企业线上签订融资协议并提供资金；第五步，获得融资后，由平台对中小企业日常经营和资金使用状况进行实时监控，并定期向银行反馈，以帮助银行管控风险；第六步，融资期限内，中小企业按时还款，若未能按时还款，则平台会采取适当的惩罚措施，例如曝光违约企业的信息、取消企业经营权。这种惩罚对于电子商务企业来说无疑是被切断了销售渠道，留下了不良的信用记录，因此能够有效减少中小企业道德败坏的行为，降低违约风险①。

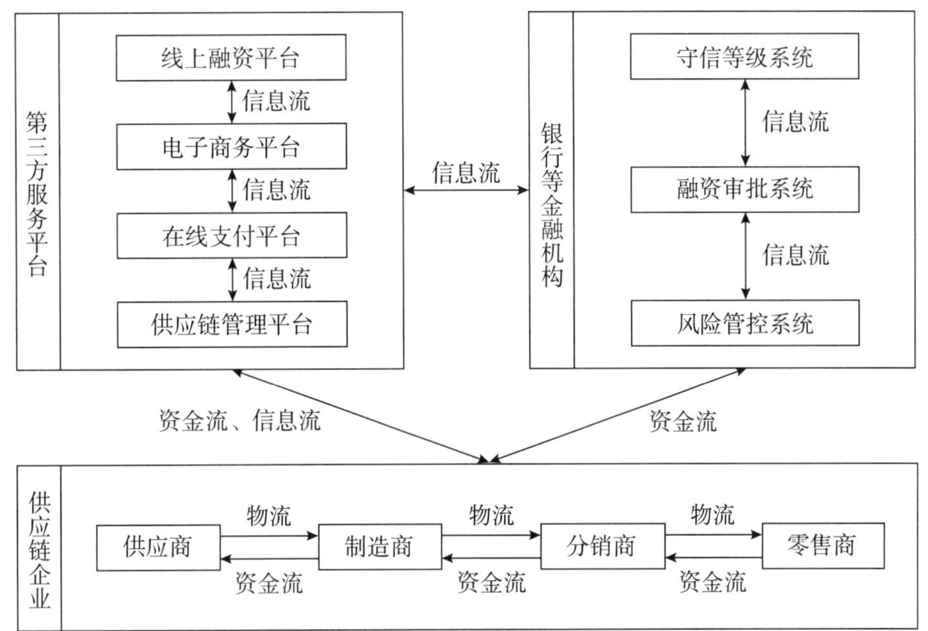

图 8－3　数据质押融资协同运作模型

资料来源：邹宗峰，佐思琪，张鹏．大数据环境下的数据质押供应链融资模式研究［J］．科技管理研究，2016，36（20）：201－205，233。

第二节　危化品物流技术

2019 年是中华人民共和国成立 70 周年，我国经济社会更是在 40 年的高速发展后，迎来关键调整周期。我国石油和化工行业经济运行稳中有进，全国油气和主要化学品生产稳定，由于行业经济运行下行压力仍然较大，市场疲软、分化持续，成本高位运行，石油和化工产品进口压力不断增大，外部环境不确定性、不稳定性因素仍较多。据统计，2019 年石油和化工行业营业收入 12.27 万亿元，同比增长 1.3%，占全国规模工业营业收入的 11.6%。与此同时，安全环保挑战仍很严峻，使得下游企业成本压力加大，盈利能力下降，倒逼整个石油和化工产业链转型提速。此外，石油和化工行业经济运行效益降幅收窄将直接影响对物流服务的刚性需求，也对未来石油和化工物流行业节省成本提出更高的要求。

① 邹宗峰，佐思琪，张鹏．大数据环境下的数据质押供应链融资模式研究［J］．科技管理研究，2016，36（20）：201－205，233.

一、危化品物流发展概况

（一）危化品物流发展背景分析

我国是石油和化工产品大国，品类多、产量大、行业情况复杂。2019 年，我国石油和化工行业增加值位居世界第一。化工行业是我国危险品物流的主要上游，90% 以上的危险品物流客户为化工企业，2019 年我国危化品物流市场规模已超过 1.8 万亿元。危化品物流需求旺盛，道路运输、海运、河运、空运、管道运输等运输方式齐全。我国每年仅危化品道路运输量就接近 16 亿吨，占年货运总量的 30% 以上。全国有超过 1.15 万家危化品道路运输企业，从业人员超过 120 万人，运输车辆 30 多万辆。

虽然危化品行业监管趋严，相关政策法规较为齐全，但供需不平衡是长期矛盾。从整体行业来看，目前利益相关方包括国企、外企和中小民营企业，其中占主流的是数量众多的中小民营企业，大部分中小民营企业都存在资质不全、上岗人员培训不到位、车辆运营规模较小、车辆使用不当等诸多问题。

据应急管理部统计，我国 2017 年发生重大事故 2 起、死亡 20 人；2018 年发生重大事故 2 起、死亡 43 人；2019 年 1—8 月发生重特大事故 3 起、死亡 103 人；其中，每年危化品道路运输发生的各类事故多达几千起。事故的发生给人民生命财产安全带来了巨大损失，也影响了危化品及上下游行业的健康安全发展，危化品生产与运输保障安全形势十分严峻。

（二）当前形势

危化品物流存在的问题较多，主要有准入门槛不高、物流效率低下以及事故应急救援体系不完善等问题。

很多中小民营企业对于危化品物流的理解仅仅停留在物流与运输环节，认为把货物从一方运输到另一方即可，缺乏对危化品物流概念的理解。很多车辆挂靠在有资质的公司名下，但日常运营还是家庭式、小作坊式的模式，几个司机、几辆槽罐车就能组成一个小型车队，时常出现不了解所运介质具体情况便匆忙上路的情况，长期在高风险下运输危化品。一旦出现紧急情况，操作员或驾驶员无法在第一时间使用正确的方法处置问题，极易造成严重的后果。

没有科学的危化品运输网络规划，物流效率低下。主要表现为运力选择不当、重复运输、运输半径过长等。我国幅员辽阔，危化品物流需求量非常大，跨地区、跨运输媒介的情况非常多，但由于各地管理体制不同、危化品种类繁多、利益责任划分不清、成本费用等问题，目前全国几乎没有专门的危化品运输网络，更没有科学的网络规划。

多头执法效率低。目前我国危化品物流所涉及的政府部门有 20 多个。众多政府部门的职能交叉，造成部门之间管理效能不足、政出多门、责任划分不清等情况，而政府对行业的引导、帮助扶持还不够，部分地区仍然存在以罚代管、有关部门不作为的现象。

事故应急救援体系不完善。应急处置专业队伍不够充实，应急救援保障运力配置欠缺，容易造成二次事故。当前，我国事故应急救援体系的很多相关法律法规还只是存在于纸面上，真正切实可行的成熟体系还未建立。事故应急救援体系的建立，应该包括统一标识、应急指南卡、初始隔离和防护距离、特殊物质特殊反应介质处置方法、消防及泄漏管理等内容。国外已经有一套非常成熟的体系，但如何运用好这些规范，真正把这套体系建立起来，对于危化品运输行业而言还任重道远①。

二、危化品储存的监测与风险管控

（一）危化品气体监测平台

在空气质量监测领域，使用危化品气体传感器检查环境污染问题非常普遍，危化品气体监测的核心是危化品气体传感器阵列，目前市场上多采用以 ZnO_2 为敏感材料的半导体气体传感器构成气体传感器阵列。

危化品气体传感器数据采集系统采用顺序结构设计，利用多传感器阵列进行气体信息采集，通过信号调理电路增大信号电流，以达到提高抗干扰能力的作用，然后传输给 MCU（微控制单元），再通过单片机的串口通信将采集到的数据上传到 PC 端的上位机，在上位机上进行信号图像的显示和数据保存。本系统由电源部分为传感器阵列等各个部分提供电能。危化品气体检测方案如图 8－4 所示。

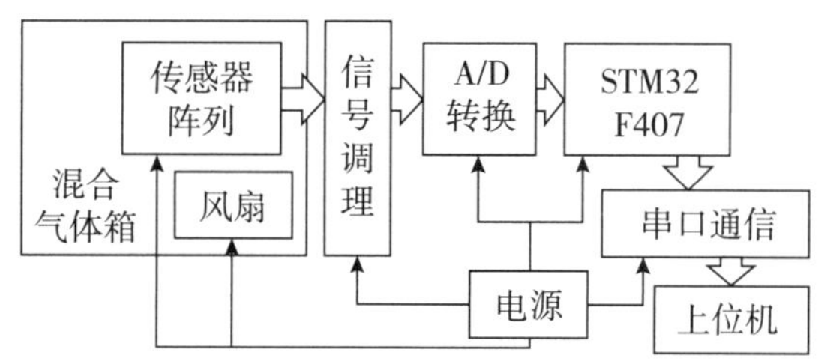

图 8－4　危化品气体检测方案

资料来源：高尚，演明，张洪泉．基于 GD－FNN 算法的危化品气体传感器阵列数据融合［J］．传感器与微系统，2020，39（9）：146－149，153。

① 庞广廉．加强危险化学品运输安全管理刻不容缓——浙江温岭槽罐车爆炸事故启示［J］．中国石油和化工，2020（7）：64－65.

利用 STM32F407 作为控制核心，以传感器阵列作为检测前端，以上位机作为信号存储与显示的媒介，构建检测后端的危化品气体监测平台，完成了对硬件部分包括传感器采集电路、信号调理电路、A/D 转换电路、主芯片电路、通信模块电路、电源电路等及上位机软件的完整设计，并实现了对危化品气体的有效检测①。

（二）危化品安全生产风险监测预警系统

1. 系统总体设计

危化品安全生产风险监测预警系统的框架，按照物联网的体系架构可分为物联感知层、网络传输层、平台应用层。

第一层：物联感知层，位于最底层，用于部署基础的硬件设备。

第二层：网络传输层，属于系统中间层，用于对底层信号的传输控制，对温度、压力、液位、视频图像等进行实时数据传输，所有相关数据通过专线、VPN（虚拟专用网络）等方式传送到云平台。

第三层：平台应用层，属于系统顶层，对数据进行实时监测和分析。

2. 硬件选型

（1）物联网网关接入设备。

物联网网关硬件架构如图 8－5 所示。物联网网关采用高性能嵌入式计算机芯片，底板上各有多个以太网接口用来连接要隔离的两个网络。每侧主机的总线上各安装一块专用隔离通信卡（隔离卡）实现双机之间的数据传输，数据流向为内网数据单向流向外网。物联网网关还设计了专门的硬件看门狗实时监视系统状态，保证装置的稳定、可靠运行。

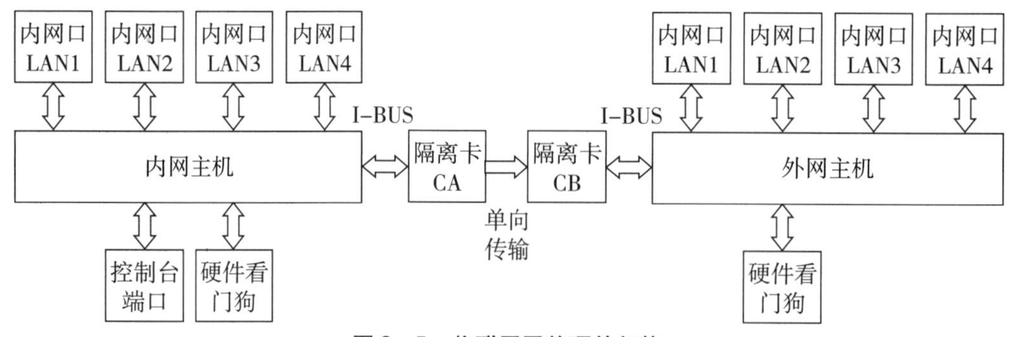

图 8－5 物联网网关硬件架构

资料来源：陈银良．一种基于物联网的危化品风险监测预警系统设计［J］．中国科技信息，2020（17）：74－75，78，14。

① 高尚，演明，张洪泉．基于 GD－FNN 算法的危化品气体传感器阵列数据融合［J］．传感器与微系统，2020，39（9）：146－149，153.

物联网网关的控制端与信息端主机分别运行嵌入式高性能工业通信软件，控制端提供基本的设备数据采集服务，如智能仪表、智能设备、各种标准协议，实现对各种设备数据的接入。

信息端主机提供数据服务，支持以标准协议将数据转发给第三方系统或各种数据库，并提供一系列具有高附加值的功能模块，如报警服务、存储系统、断线缓存、脚本引擎、触发器等。

（2）视频网关接入设备。

视频网关传输架构如图 8－6 所示。视频网关接入设备分为企业端设备和汇总端设备两部分。

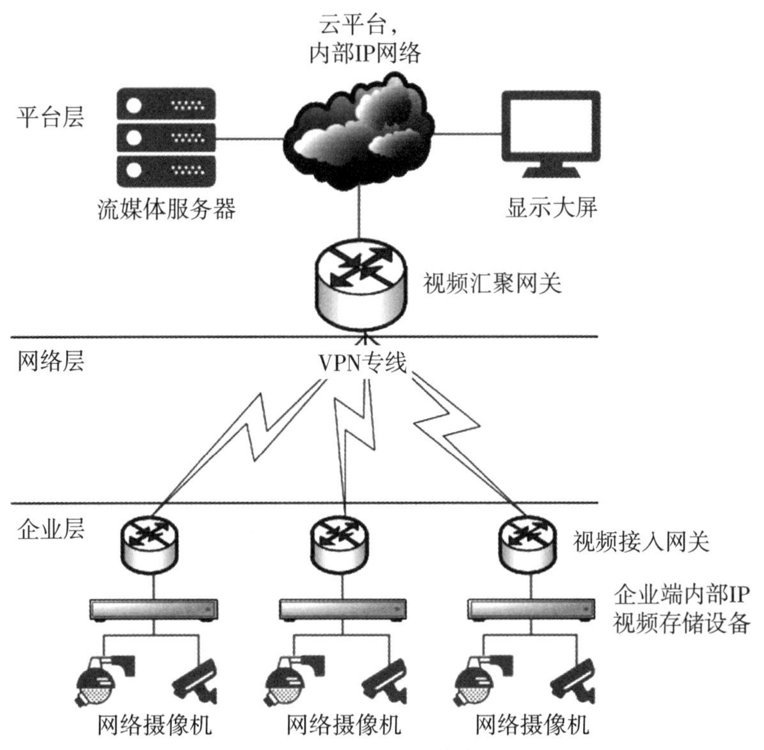

图 8－6　视频网关传输架构

资料来源：陈银良．一种基于物联网的危化品风险监测预警系统设计［J］．中国科技信息，2020（17）：74－75，78，14。

企业端设备负责接入企业本地视频设备。汇总端设备负责汇总所有企业端设备传输过来的视频。企业端设备和汇总端设备为每个企业建立单独的 VPN 通道，保证数据传输的保密性和稳定性。

（3）视频采集终端。

视频采集终端可使用业界主流品牌视频图像设备，布设安装至相关位置。企业前端摄像头将采集的视频图像传输至企业内部的存储设备，通过 GB/T 28181—2016 协议与视频接入网关相互连接。视频图像采集传输架构如图8－7所示，数据采集流程如图 8－8 所示。

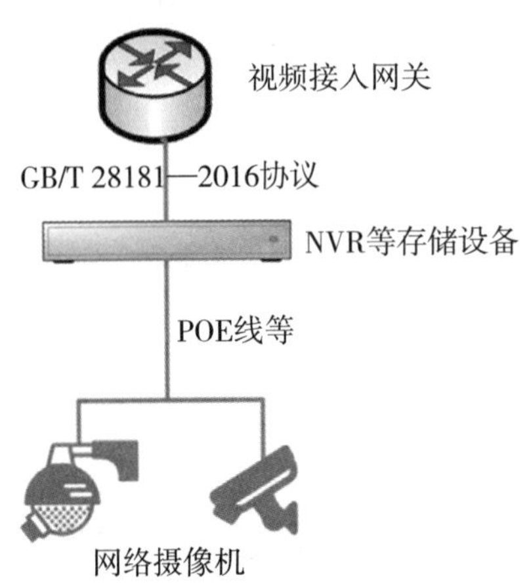

图 8－7　视频图像采集传输架构

资料来源：陈银良．一种基于物联网的危化品风险监测预警系统设计［J］．中国科技信息，2020（17）：74－75，78，14。

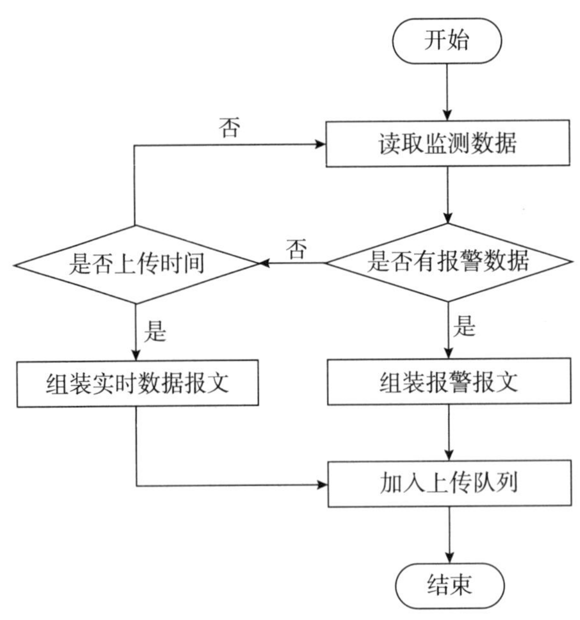

图 8－8　数据采集流程

资料来源：陈银良．一种基于物联网的危化品风险监测预警系统设计［J］．中国科技信息，2020（17）：74－75，78，14。

3. 系统软件设计

系统需要软硬件协同工作，实现对危化品设备关键位置的监测。系统共分为市级、区县（园区）、企业三级平台。危化品企业应部署采集设备，逐步完善监测监控系统，进行实时监测预警。同时，完成企业安全承诺公告及企业基础数据的录入。

（1）数据采集。

生产经营单位监控系统向危化品安全生产风险监测预警系统上报数据，危化品安全生产风险监测预警系统向生产经营单位监控系统提供 ClientKey（客户端密钥）、企业编码、网关编码、数据上报频率和指标编码表，以保证报文有效，上报指标数据有效。其中，ClientKey 作为数据报文密钥，使用 AES（Advanced Encryption Standard，高级加密标准）方式对上传报文进行加密，以 Socket TCP（Transmission Control Protocol，传输控制协议）方式进行上报。企业编码作为平台内企业的唯一编码，生产经营单位监控系统应保存企业编码，上报数据时按照企业编码，填充报文内容。网关编码作为平台内唯一编码，生产经营单位监控系统应保存网关编码，上报数据时按照网关编码，填充报文内容。

（2）实时监测和报警。

系统根据企业的固有风险和动态风险，通过研发的报警模型进行科学计算后，得出企业的综合风险值。固有风险包括企业的重大危险源 R 值、特种工艺等。动态风险包括企业工艺参数的重复报警次数、最大报警持续时间、平均消警时长、点位平均报警次数和平均扰动率等参数。

（3）云平台的连接。

物联网网关可以提供多种云平台接入方案，主要有以下几种。适合物联网接入的方式、私有入云协议、基于标准协议如 Modbus/IEC60870－104 改造的入云协议，以及支持几大公共云平台（如阿里巴巴、华为、腾讯、百度等）。物联网网关支持并可以发出多个云接入通道，各通道之间独立运行，内置逻辑锁，可配置权限，并且可以面向设备建模，通过不同的通道、不同的数据模型和变量库。在安全保障方面，物联网网关深度定制优化的嵌入式 Linux 操作系统，底层端口全封闭，部分型号内置防火墙①。

三、危化品运输技术

（一）危化品运输特点

危化品在道路运输中具有种类多、事故波及范围不确定、救援困难、专业性强的特点，造成了危化品运输的困难。

---

① 陈银良．一种基于物联网的危化品风险监测预警系统设计［J］．中国科技信息，2020（17）：74－75，78，14.

危化品种类多，理化性质差异大。每一种危化品都有自己的特性，即使是那些组成元素相同、结构相似的化学品，它们的理化性质也可能有天壤之别，因此需要考虑每一种危化品的生产方式和环境、运输条件、储存环境、使用方法、废物处理五个环节。而大多数危化品都具有易燃易爆的特点，一旦发生事故，就会造成人员伤亡。所以，依据每一种危化品的特性寻找合适的运输条件，是降低事故发生率的根本措施。

事故波及范围不确定。运输车辆在任何时间段和任何路段都有可能发生事故，一旦发生事故，受当地的地理位置、气候特点、人口密度、风速以及空气湿度等条件影响，往往很难及时对事故波及范围有较为准确的预判。

救援困难。不同于普通的交通事故，危化品事故救援难度大、专业性强，而且由于事故发生地段和覆盖区域不确定，很难定点安装救援设施。发生事故以后，往往难以及时到达现场。通过设施装备、反应时间、救援人员的技术等来评估应急处置能力，同时还需要警察和医护人员的配合。

专业性强。危化品的专业性表现在设备专用、人员专业及业务专营。每种危化品都要由专业的人员运输，事故发生以后，要依据特定危化品的性质采取相应的措施，这就需要危化品运输相关人员具备专业资质①。

（二）危化品运输全程监控

1. 基于北斗卫星导航系统的危化品大数据安全监管

在安全监管领域，通过交通、公安、市场监管、应急管理、环保、卫生、税务、海关等危化品安全监管领域涉及的危化品生产、储存、运输、使用、销毁等过程，在危化品安全运维体系和标准规范体系约束下，构建出了基于北斗卫星导航系统的危化品大数据安全监管创新应用体系，利用物联网、云计算和大数据等先进技术，对危化品生产、仓储、管理等各个环节的数据进行采集和监管，搭建危化品监管云平台，并开展面向各行业与部门的应用服务。该创新应用体系可实现“监测感知—预测预警—应急处置”闭环应用，支持危化品安全的无缝监管。

危化品监管云平台的建设思路和目标是利用物联网、云计算和大数据等先进技术，对危化品生产、仓储、管理、运输监督、使用、经营、进出口等各环节数据进行采集、监控及监管，囊括企业登记、许可审批、信用评估、管理监督、举报投诉、追踪溯源、应急响应、实时监控、处罚执法、分析统计、协同治理等多个功能，最终切实做到“来源可查、去向可追、责任可纠、规律可循”的目标。

---

① 冯文涛，陈雯静，崔燕，等. 危化品道路运输事故原因和对策［J］. 绿色科技，2020（12）：175 – 177.

危化品监管云平台包括两个方面的建设内容。第一，打造危化品监管云。通过监管云提供统一、标准的模型，采用云服务的方式为危化品各类信息提供高速有效的信息通路，实现数据、信息、资源的充分共享和有效互通。第二，创建两大体系，提供两类服务。打造全面的安全监管创新应用体系，打造“行政管理”“动态监管”“应急救援”和“公共服务”四类系统，从而堵塞现有监管流程中的漏洞，优化现有监管流程中的重叠点，构建界面清晰、覆盖完整的应用体系。同时为企业和公众提供信息查询、政策解读、培训教育等服务，提高舆情引导能力。

两大体系包括识别跟踪追溯体系和应用体系。识别跟踪追溯体系建立危化品电子标签管理体系和监管平台，在生产、储存、运输、使用等过程中使用含有危化品安全监管码的电子标签。在各个环节中，使用扫码方式对危化品操作数据进行记录和上报，系统记录其流转信息，并对过程中的违规、违法行为进行识别和报警。应用体系通过对已有业务应用的改造提升和补充建设，构建完整的监管应用网络，覆盖危化品从产生到消亡的全生命周期过程，为各级政府提供危化品监管业务服务，提高跨层级、跨区域、跨部门监管协同和应急处置能力。

两类服务包括企业服务和公众服务。企业服务为危化品企业提供符合国家法规标准的安全管理服务，强化企业安全管理主体责任，提升企业危化品安全管理和预防控制风险的能力。同时，按要求向政府部门上报监管数据。企业服务的内容主要包括安全制度和机构管理、安全业务管理、安全评估与改进、安全知识库等。公众服务利用门户网站、微信、微博等多种手段，向公众宣传危化品政策、普及危化品知识、提供信息查询、播报事故动态，减少和控制事故造成的社会影响。建立危化品知识库、案例库和培训课件库，为危化品企业、从业人员提供政策标准查询、职业安全教育和技术培训服务。

(1) 危化品监管云。

危化品监管云不但为安全监管各类应用提供基础支撑和业务服务，而且也是整个平台的“神经中枢”，承担着数据传输、加工转换、存储交换、分析服务等重要作用，是整个监管平台的核心。危化品监管云由国家级监管数据中心和综合监管服务系统组成。国家级监管数据中心作为监管平台的基础，主要存储危化品数据交换标准以及各维度主要数据，包括法规标准、物性数据（用于控制油品质量的一种简便、有效的数据）、事故案例、企业信息、人员信息、装置设施、应急资源等。

综合监管服务系统支撑应用体系的运行，保障监管平台运行的稳定性、可靠性和扩展性，包括监管数据采集与集成、安全监管基础服务等内容。综合监管服务系统对全国危化品各环节数据按统一模型进行转换集成、标准处理、有序组织，加强数据的深度整合，打通危化品全流程监管各部门之间的信息共享通道。

（2）危化品大数据创新应用。

①危化品全过程动态监管与溯源平台。

危化品全过程动态监管与溯源平台主要实现企业对安全生产动态数据、存储安全数据和运输动态信息进行实时监控，实现对每件危化品全生命周期的动态监管。危化品全过程动态监管与溯源平台包括两方面内容，即危化品动态数据采集和危化品监管大数据分析与监管溯源。

危化品动态数据采集主要应用物联网技术（二维码、传感器等）、智能终端、政务系统等，获取危化品生产、仓储时的环境、液位、温度、压力等传感器各项动态监测数据，利用物联网技术和交通视频监控对危化品运输车辆、航运船舶等进行动态监控，实时获取运输路径、车辆信息、危化品状态等各项信息。对危化品进行全生命周期数据采集后，构建危化品数据云平台。

危化品监管大数据分析与监管溯源建立全链条的监管数据，存储不同企业间进销存和流转的数据，通过全链条的数据打造监管的闭环，使得每一个数据都可以通过上下游企业的监管数据进行交互印证，避免企业数据造假。通过全链条的数据可以还原企业间关联关系、危化品的流量信息，还原真实动态仓储，并对危化品的种类数量的全过程流向进行溯源，从终端一步步追踪到源头，实现“来源可究、去向可查、存量有数”。危化品全过程动态监管框架如图8-9所示。

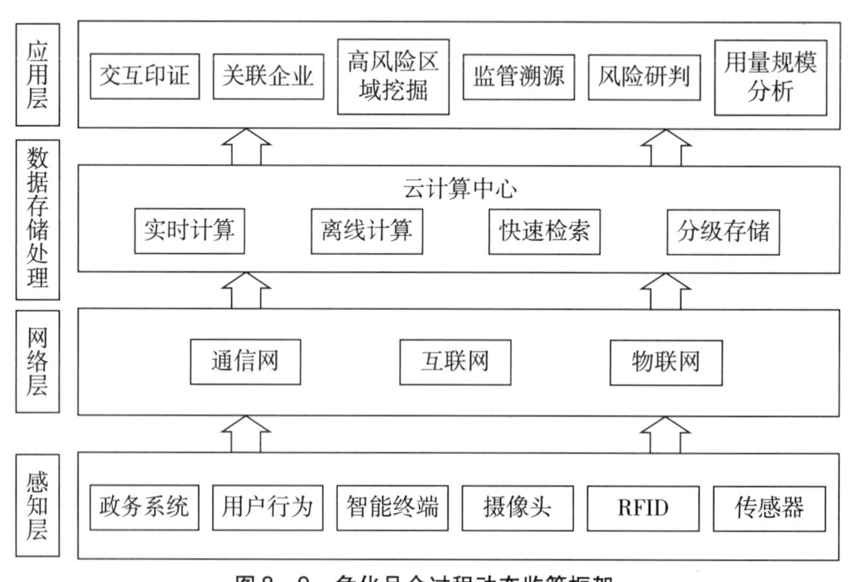

图8-9　危化品全过程动态监管框架

②危化品运输安全动态监管平台。

危化品运输安全动态监管平台，首先实现对危化品在装货阶段的资格审查、信息录入；其次对运输阶段进行定位、路径跟踪等监控，对违反规划路径的进行预警；最后对卸货阶段进行核实和备案。

危化品运输安全动态监管的数据是典型的多源异构数据，数据来源不同，有职能部门的车辆和道路监控视频数据，有公安部门的驾驶员和押运员数据，还有质检部门的危化品装运设备质检数据等。为此，多源数据集成、联动与融合是危化品安全运输与智能化管控的核心。

③社会公众大数据在危化品监管中的预测预警应用。

开发危化品监管和群防群治 App，实现对企业和公众两方面的支持。针对企业，实现危化品自查自报，企业预案管理和危化品相关知识和法律法规的查询和学习。向公众宣传危化品知识，引导其举报危化品隐患情况，可以开展危化品相关知识和法律法规的课程。

④基于社交媒体大数据的危化品事件应急信息挖掘与分析平台。

在突发事件中，社交媒体大数据蕴含着大量的主题、时空等应急信息。通过对实时、海量的应急信息进行分类，能够识别出事件实况、救援、事件影响等主题信息，有利于了解突发事件的状况。

2. 危化品运输车安全预警控制系统

危化品运输车安全预警控制系统是一种能够对危化品运输过程中的罐体物理状态和车辆驾驶安全情况进行监测，并且可以根据不同的危化品介质设置不同的安全参数，将温度、压力、液位、车距进行整合集中监测，同时可以对预警级别进行分级，根据危化品的特性进行一般预警或爆炸危险预警，还可以进行远程监控和管理，并对安全事故进行有效预警及监控的系统。

该系统主要由检测装置、提示及报警装置、控制器、无线传送终端及无线接收终端组成。该系统能够有效提高危化品罐式车安全性能，其中检测装置由温度传感器、压力传感器、液位传感器等多组传感器组成，通过在罐体入孔盖上布置检测温度、压力、液位等的传感器及车辆前后防撞梁上布置前后车距传感器，然后通过信号线将各传感器与控制器进行连接，实现对罐体内温度、压力、液位等参数及车辆运行过程的前后车距等参数进行采集。

控制器可实现对检测装置采集到的压力信号、温度信号等多种信号的处理、分析、判断，当采集值超出设定值时，进行相应的报警及提示信号输出，同时将控制器与无线传送终端进行连接，按照约定的通信协议将无线接收终端所需要的压力、温度、液位、前后车距等信息进行传送。

提示及报警装置由蜂鸣器、指示灯、LED（发光二极管）屏等组成，实现对控制器输出危险报警信号的报警和提示，当控制器判断采集值超出设定值时，提示及报警装置会向司机及车辆周围进行相应的灯光、文字或语音提示。

无线传送终端将控制器发送的数据传送到无线接收终端，实现数据的无线传送。无线接收终端可实现对无线传送终端传送的压力、温度、液位、前后车距、时间等数据的解析、显示、记录及查询，有利于车主和运营商对车队安全情况的监管，同时可对事故进行分析、防范及针对性救援①。

第三节　冷链物流技术

新冠肺炎疫情期间，消费者对于生鲜产品及无接触商品配送的需求激增，推动冷链物流市场规模稳步扩大，冷链物流企业数量持续增加。同时，伴随区块链、大数据、人工智能、“新基建”等技术赋能冷链物流全程流通环节，冷链物流逐渐科技化、平台化、自动化转型升级，进一步构建起冷链“全链”的智能化温控与溯源体系。

一、冷链物流技术创新发展

（一）冷链物流设施设备创新发展

1. 冷藏车技术应用

（1）冷藏车制冷机组。

制冷机组是冷藏车的主要制冷设备。制冷机组影响冷藏车寿命和油耗量，按照制冷功率划分为非独立制冷机组、独立制冷机组、大型制冷机组。

非独立制冷机组，指不能独立制冷工作的制冷机组，其本身没有动力源，需要冷藏车的发动机带动制冷压缩机工作，冷凝器被安放在车顶或者货箱前端。非独立制冷机组的制冷功率普遍较小，一般应用在 MPV（Multi－Purpose Vehicles，多用途汽车）、VAN（厢式货车）、轻型卡车等货箱容积在 4～31 立方米的小型冷藏车上，适合城市配送等短途运输。

独立制冷机组，指冷藏机组本身具有单独的动力源。一般来说独立制冷机组都是一体式结构，但也有改装的分体式结构（此结构一般都是吊装在汽车的大梁上）。

大型制冷机组主要用于半挂冷藏车上，在结构上往往被悬挂在挂车的最前部。在车用制冷机组行业，往往将挂车制冷机组单独划分一类。

---

① 付伟龙，王学友，蒋瑞锋，等．危化品运输车安全预警控制系统［J］．专用汽车，2020（8）：72－75.

（2）冷藏车厢五大制冷技术。

①机械制冷技术。机械制冷方式分为三种：蒸气压缩式、吸收式、蒸气喷射式。机械制冷使用范围较大，既能制冷又能加热，厢内温度可实现自控调节，调温精确、可靠、范围较宽，能适应各种不同冷藏货物的运输。但装置结构比较复杂、购置及运行费用较高，运转噪声较大。

②冷板制冷技术。冷板制冷就是将蓄冷剂冷冻后进行制冷。冷藏车运输前先将厢内冷板中的蓄冷剂进行“充冷”，使其冷却冻结，然后在运输途中利用冷板中的蓄冷剂融化吸热，使冷藏车厢内温度保持在运输货物的适温范围内。冷板制冷装置的结构分为整体式和分体式。整体式的动力装置、制冷机组和蓄冷板等均置于车上；分体式仅在车上装有制冷机组和蓄冷板。常用蓄冷剂均为低熔点共晶溶液，其熔点通常比厢内适温低10℃左右。冷板装置本身较重、体积较大，占据了冷藏车厢的一定容积，充冷一次仅可持续工作8～15h，适合中型冷藏车或是轻型冷藏车的中、短途运输。

③液氮制冷技术。液氮制冷就是利用液氮汽化吸热进行制冷。在大气压力下，液氮的沸点为－196℃，汽化潜热为200kJ/kg。氮气的比热容为1.05kJ/（kg·℃），因此每千克液氮汽化并升温至－20℃时，所吸收的热量约为385kJ。液氮沸点低，且是制氧的副产品，因而得到了较广泛的应用。液氮制冷装置结构简单、可靠，无噪声或其他污染；液氮制冷量大、制冷迅速，适于速冻。液氮汽化不会使冷藏车车厢内受潮，并且氮气对食品保鲜、防止干耗均有好处，控温精确，但成本较高，需要经常充注。

④水冰及盐冰制冷技术。每千克冰融化时吸收的热量为334.8kJ，在冰水混合物中添加盐类可降低其熔点。实验证明，当加入食盐的质量为冰水混合物质量的29%时，该混合物的熔点可达到最低值－21.2℃。根据冷藏货物的运输适温来选择不同成分的盐冰，例如采用含盐量为22%的盐冰，冷藏车车厢内温度可保持在－18～－13℃。水冰制冷装置投资少、运行费用低，但是冷藏车车厢内降温有限，盐冰融化后会污染环境，腐蚀车厢和导致货物受潮，主要用于鱼类等水产品的冷藏运输。

⑤干冰制冷技术。干冰的升华温度低（－78.9℃）、吸热量大（573.5kJ/kg），将它作为冷藏车车厢冷源，制冷装置较简单、投资和运行费用较低、使用方便、货物不会受潮。干冰升华产生的二氧化碳气体能抑制微生物繁殖、减缓油脂氧化以及抑制水果蔬菜的呼吸作用，但二氧化碳气体过多则将导致水果、蔬菜等冷藏物变质，故实际应用较少。

（3）其他技术。

从冷藏车厢的材料来看，环保节能高效的生产材料、设备、技术等应用较为普遍。多数企业已经采用保温夹心材料——无氟环保成型聚氨酯，内外蒙皮采用高分子复合纤维材料，建设移动式生物安全Ⅲ级实验室，使用强化树脂纤维制造技术和设备等，可以提升效率、降低污染。

从能源和燃料角度来看，由于新能源冷藏车技术发展尚未成熟、电池技术落后以及政策补贴降低等相关因素影响，新能源冷藏车发展较为缓慢。

2. 冷库技术应用

（1）气调冷库技术。

水果、蔬菜等农产品在采收后仍存在一定的呼吸作用。通过调节其储存环境中的温度和气体成分（如氧气、二氧化碳、乙烯等），降低其呼吸强度，可延长其储存期，这称为气调储存。

气调库如图 8-10 所示，保持气密性是其关键，观察窗、气密门、保温材料及其与地面的连接方式对库体的气密性影响巨大。空气压力平衡袋、安全阀等是气调库运行的必要保障技术，配套建设应用加湿、吸氧、制氮、除二氧化碳、除乙烯等自动分析控制技术。在一定温度条件下，气调库内氧气和二氧化碳的浓度调节到适量值，可抑制农产品的呼吸作用，从而延长储存期。但气调库内氧气和二氧化碳的浓度调节失衡，就会发生二氧化碳中毒或低氧发酵，造成果蔬等腐烂变质。

图 8-10　气调库

资料来源：中物联冷链委。

（2）保温板技术。

伴随着冷链物流的发展，保温板主要类型有挤塑保温板和聚氨酯保温板两种。

挤塑保温板如图 8-11 所示，具有致密的表层及闭孔结构内层，防潮性较强，在潮湿的环境中也能具有良好的保温隔热性能，其化学结构与蜂窝状物理结构相似，具有质量轻、强度高的特性，便于切割、运输，且不易破损、安装方便。其化学性能极其稳定，长时间使用中不老化、不分解、不产生有害物质，不会因吸水和腐蚀等导致降解，没有有毒物质的挥发。对于同样的建筑物外墙，其使用厚度可小于其他类型的保温材料，适用于冷库等对保温有特殊要求的建筑。但挤塑保温板较脆，不易弯折，容易损坏、开裂，透气性较差，板两侧的温差较大，在湿度高的情况下很容易结露。

图 8－11　挤塑保温板

资料来源：中物联冷链委。

聚氨酯保温板具有较好的抗腐蚀性、保温性、热绝缘性，且宽幅、轻质，如图 8－12 所示。聚氨酯保温板的导热系数比空气低，特有的闭孔性和高抗气体扩散性使其具有长期绝缘性能，隔热保温性能可持续 20～50 年或更久。聚氨酯硬泡的闭孔结构和使用的面材使其具有更优越的耐水气性能，在工厂成型时就可制成镶嵌连接结构，便于安装，施工快捷，同时不需要额外的绝缘层防潮，节省建筑空间。但该类保温板配方不稳定，板材物理稳定性差，保温效果不好，难以保证工程质量。

图 8－12　聚氨酯保温板

资料来源：中物联冷链委。

（3）其他技术情况。

5 种常用制冷剂的循环理论能效比如表 8－2 所示。由于压缩机电机组合方式和机型结构不同，氨系统的实际能效比高于氟系统的 10% 以上，在加强安全监管及具备条件的情况下，选用氨制冷剂可以在相同库容和运行条件下实现较高的能效比。

表 8－2　常用制冷剂循环理论能效比

制冷剂型号	工况（蒸发温度℃/冷凝温度℃）	能效比
R717	－25/35	3. 23
R22	－25/35	3. 17
R507	－25/35	2. 93
R404A	－25/35	2. 75
R744	－25/31	2. 10

资料来源：中物联冷链委。

冷库制冷管路会在低温环境下结霜，影响制冷剂的制冷效果，增加冷库能耗，严重时还会发生泄漏，因此冷库制冷管路要做好保温，减少机组负荷。同时，从可持续水产品冷链角度出发，随着 HCFCs（一系列制冷剂的代称）的淘汰进程加快，主要的环保替代品有 R502、R404A、高压 CO_2、氨＋CO_2、氟利昂＋CO_2等。

3. 冷库设备创新发展应用

（1）蓄冷式移动冷库。

伴随“公转铁”结构化改革，如何解决动力源问题成为铁路冷链运输的重中之重。在以机械制冷为主的冷链物流时代，中车石家庄车辆有限公司研制的蓄冷式移动冷库，采用先进的相变材料，将冷能储存起来，实现了一次充冷、均匀释冷的功能，具备“智慧芯冷、绿色共享、恒温恒湿、一箱到底”等优势。

如图 8－13 所示，该蓄冷式移动冷库载重 25. 85 吨，容积 62. 1 立方米，温控区间为 5～12℃①，配有智能信息系统，可以根据货物种类、发运量、运输路线等参数，及时高效地将电能转化为冷能，为每台冷库提供充足的冷量，在无源时达到冷藏保鲜的目的。蓄冷式移动冷库均匀释冷，能够保证物资从装货到卸货全程处在恒温恒湿的状态，智能信息系统全程对箱内温湿度、可用冷量、运动状态、实时位置进行监控，通过平台关联发货方和运送人员，使其可以通过手机终端完成对蓄冷式移动冷库运行状态、货品状态进行实时查询，实现冷源环保、恒湿恒温、智能温控、卫星定位。

（2）模块化组合式冷箱（库）。

不同于传统大型冷库建设用地较大、审批流程较长、资金投入大及建设周期较长，模块化组合式冷箱（库）具有综合成本低、投产周期短、使用灵活方便、可拆装搬运、可回收再利用等优势。

① 净化网. 中车移动智能冷库为抗“疫”物资保鲜［EB/OL］.（2020－03－09）［2020－12－01］. http：//vnnh. cn/a/chejian/13259. html.

模块化组合式冷箱（库）是太仓中集冷藏物流装备有限公司成功研发并上市的移动冷库设备（见图8－14），是全国首款大批量用于组建冷链物流仓储的模块化组合式冷箱（库），可在工厂内大批量生产，通过公路、铁路等运输到使用现场，并通过不同功能和数量的单元模块的拼装组合满足市场需求，成为分布式冷链模式的物质基础。

图8－13　蓄冷式移动冷库

资料来源：2020全球物流技术大会演讲《冷链，护航品质生活》。

图8－14　模块化组合式冷箱（库）

资料来源：http：//www. cimctcrc. com/news/10. html。

太仓中集冷藏物流装备有限公司采用海运集装箱技术，按照标准冷藏集装箱规范设计生产，钢板、保温材料均采用绿色环保材料，外部尺寸为40英尺标准集装箱，内部容积超过60立方米，包括货区模块单元和功能模块单元，其中货区模块单元用于货物堆码或货物加工操作；功能模块单元包括主控模块及多个子功能模块，主控模块协调各个子功能模块为冷箱提供制冷模式、气调模式、加/除湿模式及照明模式中的一种或多种功能。功能模块单元与货区模块单元拼接后形成一个封闭空间，能够控制调整箱内温度。模块化组合式冷箱（库）可以通过多个组合集成为冷库，不要求每台冷箱都配备制冷机组，组合后的冷库容积可根据客户需求涵盖60立方米到数千立方米。

（3）自动化冷库。

机械逐步替代人工成为主要发展方向，通过规范化各类场景对应的物流操作环节及操作要求，匹配各类适当的、适用的设备解决方案，打造属于各类冷链物流节点的自动化物流解决方案，构造冷链无人仓雏形。自动化料箱立体冷库如图8－15所示。

图8－15　自动化料箱立体冷库

资料来源：中物联冷链委。

自动化冷库是支持全程采用电子计算机操作的智能化、立体化冷库，是能实现自动控制和自动卸载货物的新型冷库，可实现冷链货物的高密度储存、自动化输送。冷库内装卸作业和制冷装置操作全部自动化，使用电子计算机代替人工管理，减少冷库内的人工作业，初期投资比普通冷库高50%～60%，对维修人员的技术要求水平也较高①。

自动化立体冷库以单层式立体构造为主，冷库内设有轻型钢制作的多层高位货架，货物存放在托盘中再存放进货架，托盘主要依靠自动巷道式起重机进行装卸，使得托盘可以在冷库内进行水平和垂直移动，根据电子计算机的指令从货架的指定货格中取出或放入货物托盘，使用平面输送带进行货物进出库的自动化操作。冷库内部装有空气冷却器，使库房上部空间形成低温空气层，产生对流进行冷却，以保持库内设定的温度。

自动化立体冷库包括以下部分：库房、冷库板、制冷系统、物流系统。其中，冷库板和制冷系统担负冷库的制冷和保温，同时适应低温操作的物流系统，保证了自动

① 中冷联盟．一文读懂：何为自动化立体化冷库？［EB/OL］．（2019－06－04）［2020－12－01］．http：//www.sohu.com/a/318425231_653523.

化立体冷库的正常工作，冷库内必备的相关设备如下。

①冷库型堆垛机。

冷库型堆垛机是自动化立体冷库里存取货物的主要设备，在低温状态下需防止钢结构的货架“冷脆”及产生变温应力。冷库型堆垛机本身采用带加温模块的耐低温电机、耐低温器件的电器元件，配套安装有温度探测感应器，使用条码带认址完成设备的线路规划，同时减少因可视效果较差、设备上结有霜层造成的机器视线受限。

②钢结构货架。

冷库货架材料一般使用耐低温钢材，防止钢结构“冷脆”及产生变温应力，同时由于制冷系统的风机需要定时检修，在货架设计及安装时需要为风机考虑充足的检修空间。

③平面输送线/带。

如图 8－16 所示，平面输送线/带是高层货架堆垛机与出入库区间输送物料的设备。冷库中平面输送线/带大多使用对射开关作为光电开关，避免放光板起雾结霜造成光电开关信号错误。

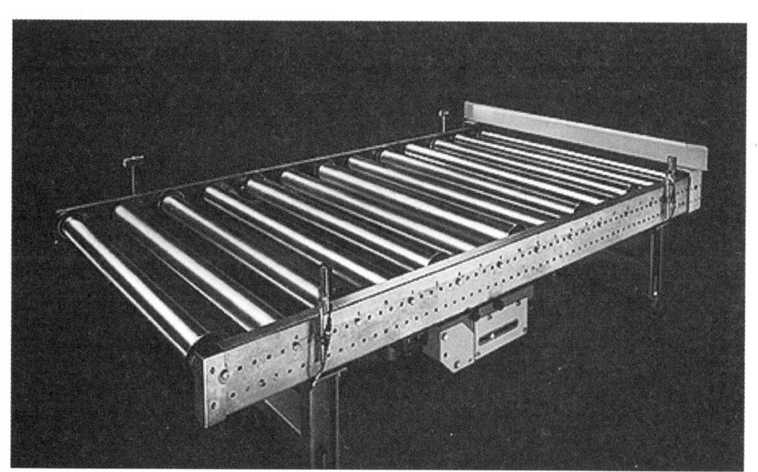

图 8－16　平面输送线/带

资料来源：中物联冷链委。

④冷库门。

在储存库区和理货区之间需要规划适当的过渡间，需要最大限度地保持储存库区内部的温度平衡，防止冷空气流失。过渡间一般设计两道冷库门，使用互锁设计（当一道门开启时，另一道门关闭），以此减少能量损失和开门次数。门的开启速度以及人员和货物通过过渡间的速度应尽量快。冷库门大多采用平移门或提升门，门扇四周设有自限温电缆防冻装置，门口的坎上加设地坪电加热，防止开门后产生冷凝水滴到地坪上冻结而损坏冷库门。冷库门安装变频装置、锁门防断电装置、库内卸锁逃生装置和风幕机联动装置，具有任意位置启闭、停电手动开门、关门遇阻回开防夹功能。冷库门与输送设备应保持联动，由自动控制系统控制，货物输送需要快速准确。

⑤冷库板。

冷库板主要使用聚乙烯、聚苯烯、聚氨酯为夹芯板原料，其中聚氨酯保温板的功能性较强、保温性最好，可满足冷库对于环境的较高要求。

⑥制冷系统。

制冷系统的压缩机包括活塞式、螺杆式、离心式等，自动化立体冷库中通常采用螺杆式压缩机并联机组，冷凝器采用蒸发式冷凝器以达到较好的换热效果。同时，由于主库区与出入库区温差较大，对主库区大多采用独立制冷系统以提高制冷效果。

4. 冷链物流便携技术设备

（1）便携温湿度仪。

便携温湿度仪是易流科技在2018年上市的冷链产品，如图8－17所示，具备超长待机、小巧玲珑、便携、免安装、防水防尘等优点，设备适用于易流科技下的易流云平台，尺寸为140mm×86mm×31mm。便携温湿度仪支持同步监测温度和湿度，温度测量的误差在±0.5℃，湿度测量的误差在5%左右，满足零下20℃以上超低温环境监测的高精度需求，当环境温度超出要求范围时，实时报警平台可远程控制禁止关机，保障监控数据的完整性。便携温湿度仪使用4800mA·h的大容量电池，在高密度率上传的情况下，待机时间可达7天，并做到数据回传和本地备份的双保险。在将数据上传至平台的同时，便携温湿度仪本地同步存储温湿度数据，同时支持数据导出，每台便携温湿度仪还可以多车循环使用。

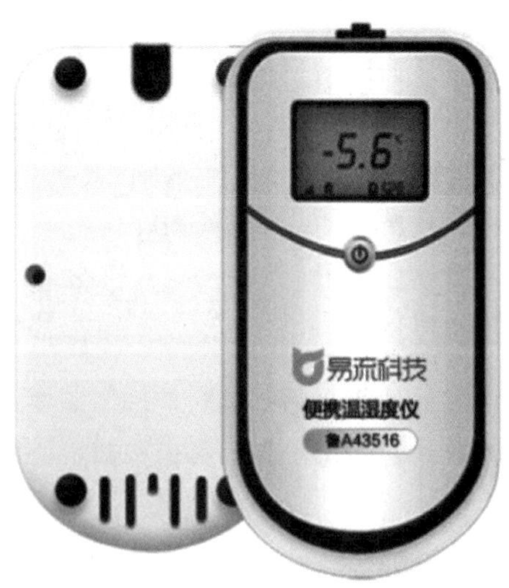

图8－17 便携温湿度仪

资料来源：http://store.e6yun.com/Hardware/Product/PortHumTemp。

（2）冷签与温签。

易流科技在2018年上市的E6冷签和E6魔方如图8－18所示，主要为解决产品的实时状态与温度更新，是用于信息反馈的冷链设备。

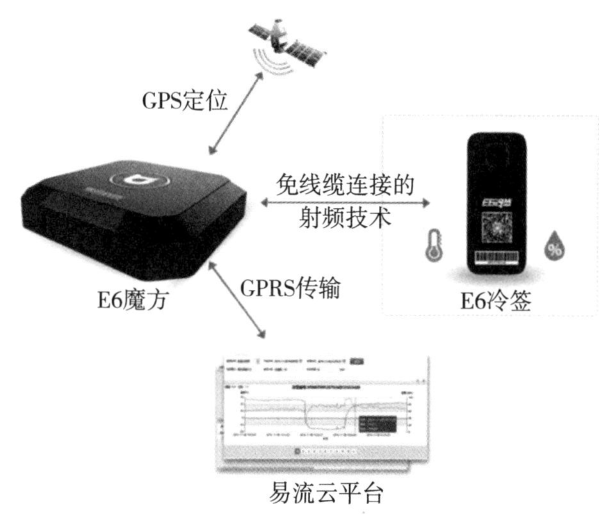

图8－18　E6冷签和E6魔方

资料来源：http：//store. e6yun. com/Hardware/Product/MFLQ。

E6冷签是配合E6魔方使用的，可以实现无线温湿度监控的智能监测标签。主要通过内部传感器采集环境温湿度参数，内嵌免线缆连接的射频技术，搭配连接E6魔方，支持冷链产品生产车间、商超门店、冷库、冷藏车车厢、保温箱及医疗冷柜等多种冷链场景使用，能够准确、实时地采集一线环境数据。

E6冷签并不能直接把数据回传至平台，需要配套使用E6魔方进行与平台之间的数据传输，截至2018年，每个E6魔方最多可以同时连接128个E6冷签，存储30万条冷签数据，在无障碍情况下的传输距离可达1800m。

E6魔方是针对物流行业开发的无线智能网关设备，它采用移动通信技术、GPS定位技术和无线射频技术，以无线方式连接各类终端传感器，对环境数据进行预处理，并打包回传至易流云平台，连接物流业务的上下游，实现业务的全程透明管理。

基于数字化赋能的发展目标，在易流2020战略暨产品发布会上易流科技针对门店场景发布了新的温控产品——温签，旨在提高消费者与门店员工的使用体验，助力冷链不断链的实现。

如图8－19所示，温签是在冷签的基础之上，从门店消费人员体验出发设计，使用较高的屏占比和温度趋势图标来显示，方便使用者实时查看数据，其外观使用无接缝制作，因此具备较高的防水防尘能力，外观材料可以经受除霜、冷凝、渗漏甚至是高温冲洗，在70℃以上的洗碗机冲洗过程中可以持续正常工作，表明温签在多种环境下的可靠性。通过更换不同型号的探头，温签可以完成多种商品类型以及多种环境数据的监测工作，具备门店对复杂环境的高适用性，同时，根据门店实景中的要求，可以改装成“新设备”，从而实现一机多用。

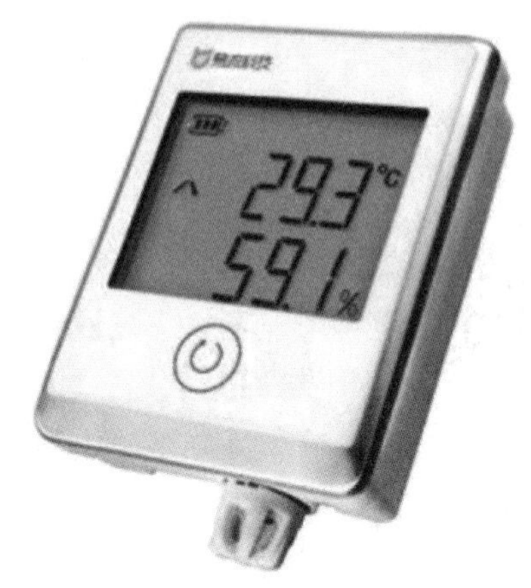

图8－19　温签

（二）冷链物流信息管理创新发展

1. 冷链进口食品溯源平台

2020年10月，为落实新冠肺炎疫情防控要求，北京市建立进口冷链食品追溯平台，规定进口冷链产品无追溯数据不得销售，要求北京市进口冷链食品生产经营单位在“北京冷链”中完成主体户注册，使用“北京冷链”如实上传进口冷藏冷冻肉类、水产品来源、流向等追溯数据，已有自建追溯系统的进口冷链食品生产经营单位，可采取批量导入或系统接口等方式上传数据。除此之外，“北京冷链”采用“首站赋码”管理，规定京外购入的进口冷链食品生产经营单位为首站，在“北京冷链”中上传相关产品品种、规格、批次、产地、检验检疫等追溯数据，并使用“北京冷链”按批次为相关产品进行电子追溯码赋码。如果产品包装上已有符合GS1（国际物品编码协会）编码和追溯标准的追溯码，则无须另行赋码。在面向消费者进行销售时，进口冷链食品生产经营单位应在进口冷藏冷冻肉类、水产品等产品包装或销售货柜明显处加贴“北京冷链”电子追溯码。消费者在购买进口冷链食品时，可通过“北京冷链”小程序或手机客户端扫描产品包装或销售货柜上的电子追溯码，查询进口冷链食品从生产到销售的追溯信息，实现真正的“一码到底”①。

---

① 北京本地宝．2020年11月1日起北京进口冷链食品追溯平台启用［EB/OL］．（2020－10－26）［2020－11－31］．http：//bj. bendibao. com/news/20201026/283004. shtm.

冷链溯源，是指在整个供应链体系下，针对冷链商品，从安全的角度，建立具备商品来源、温控信息回溯能力的系统，对在产地、加工、仓储、物流、销售等流通环节中，商品所发生的操作性和流通性事务、结果进行全数据流的记录，并在事后可以查询追溯商品来源和过程信息，包括顺向追踪食品质量安全及其相关信息（生产源头—消费终端）或者逆向回溯（消费终端—生产源头），从而使食品的整个生产经营活动始终处于有效监控之中①。

冷链溯源主要依托区块链和物联网技术。区块链技术数据防伪、可追溯的特点与物联网结合催生的智慧冷链物流，可以满足数据价值的充分挖掘，能够为各类冷链食品赋码，建立人、物关联，实现对人、货、场、车等全环节精准管理及产、存、购、销、运等全流程动态感知，实现供应链全程可监管追溯。同时，利用边缘节点资源（即部署在使用侧的物联网传感设备），将区块链监测系统部署在边缘计算服务器上，当涉及多区域的监测数据上链时，可以很方便地与冷链追溯平台形成多节点架构，并可以根据需要将网元数据、网管数据上传到区块链上进行保存，实现可信存证管理。针对物流操作日志，可将操作人员姓名、工号、IP 地址、操作时间，甚至是定位的地址信息等数据上链，也可以将这些数据的哈希值传输到区块链上，根据区块链上的数据不得修改的特点，保证了产品信息的真实性，实现高度可靠的操作存证，以供后续查询和追溯②。最后，通过数据共享，实现了数亿个产品订单的实时计算及数据分析，解决了大规模路由串联、超百亿个数据实时存储与查询问题。

冷链溯源的应用方式，主要是通过在商品上粘贴二维码标签或 RFID 标签标识商品身份，在每个流通环节，对商品进行扫码记录重要信息，并将信息上传云平台系统，所关联参数主要为环境参数，如温度、湿度、振动、倾斜、光照、压力等指标，全程冷链是冷链溯源的品质保障基础，温度监控则是溯源数据的必要实现手段。

以食品为例构建的冷链溯源体系（见图 8－20），对包括种植养殖、生产、流通及销售等流通环节在内的信息进行记录③。

2. 冷链物流智能温控系统

冷链物流智能温控系统依托物联网技术和区块链技术，从商品的最初操作环节开始就对其进行电子标记编码并建立数据库；运输过程中将商品放置在冷藏箱或冷柜，

① 制冷世界．什么是冷链溯源？［EB/OL］．（2020－10－13）［2020－12－01］．https：//www. sohu. com/a/424342706_120335330.

② 万开科技．区块链技术［EB/OL］．（2020－12－04）［2020－12－05］．https：//www. sohu. com/na/436174049_120434900.

③ 人人都是产品经理．什么是冷链溯源？［EB/OL］．（2020－10－09）［2020－12－01］．http：//www. woshipm. com/it/4207832. html.

使其处于休眠保质状态，并利用可回收的温度传感器实时记录商品信息，将温度信息与位置信息相匹配，实现综合信息上链；通过全程监控保证商品在运输过程中维持低温状态，直到抵达目的地开柜；与智能合约相结合，在出现温度长时间异常时，自动向货主与承运人进行预警。同时，终端查询体系将客户端与冷库温度监控预警子系统、GPS 温度监控跟踪子系统整合在一起，使客户能够通过网站、手机客户端随时查询商品状态，从而建立起完善的温度记录及追踪体系。

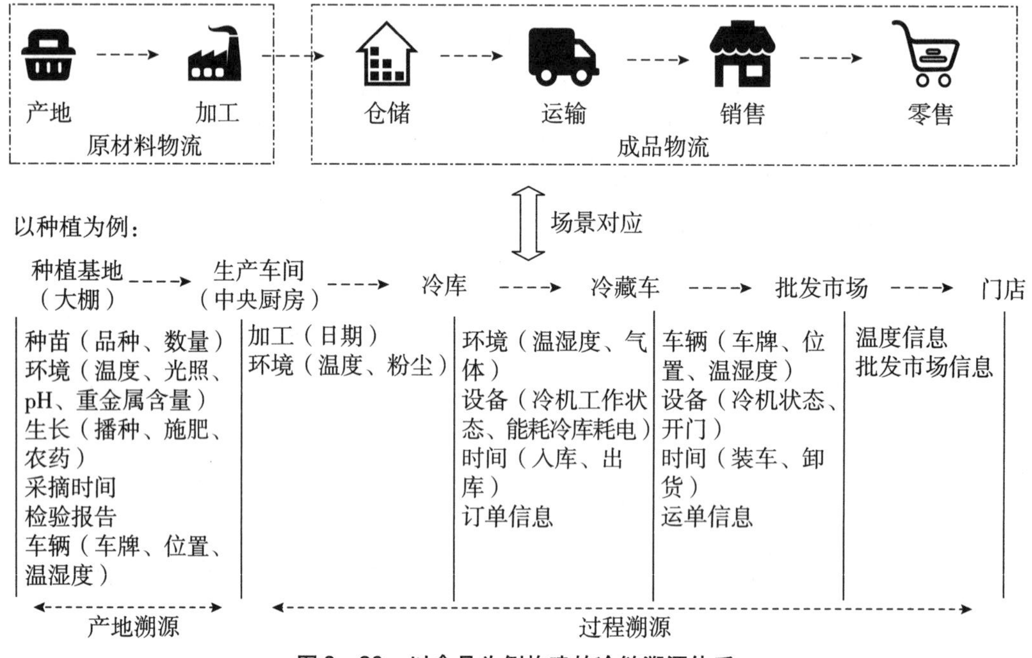

图 8－20　以食品为例构建的冷链溯源体系

资料来源：http：//www. woshipm. com/it/4207832. html。

冷链物流全程温控系统整体方案如图 8－21 所示，其中 GPRS 为通用无线分组业务。根据整体方案设计的冷链物流全程温控系统流程如图 8－22 所示。对仓储环节而言，在各种仓库、堆场中安置环境采集器，通过将货物的环境信息统一上传到冷链管理平台，为大数据信息管理提供信息参数，将各个仓库、堆场的环境参数实时上传到管理平台，也能够为物流全程信息管理提供可靠依据。对运输环节而言，在各种车辆上安装 GPS 定位装置可将运输轨迹上传至物流管理平台，根据 GPS 定位装置具有唯一 ID 的特征，进入物流管理平台时车辆将被各自赋予唯一编码，为物流管理平台提供针对性强的完整运输信息。同时，对列入冷链管理的特种车辆统一安装环境监测器，将运输过程中的环境变化参数上传到物流管理平台，以达到冷链管理对环境监测的参数需要。在终端交付管理（末端用户管理）方面，该过程的冷链全程温控可以通过用无线温湿度记录标签，到目的地后由送货人用手持标签采集器采集标签参数并上传至物流管理平台，提供冷链参数。

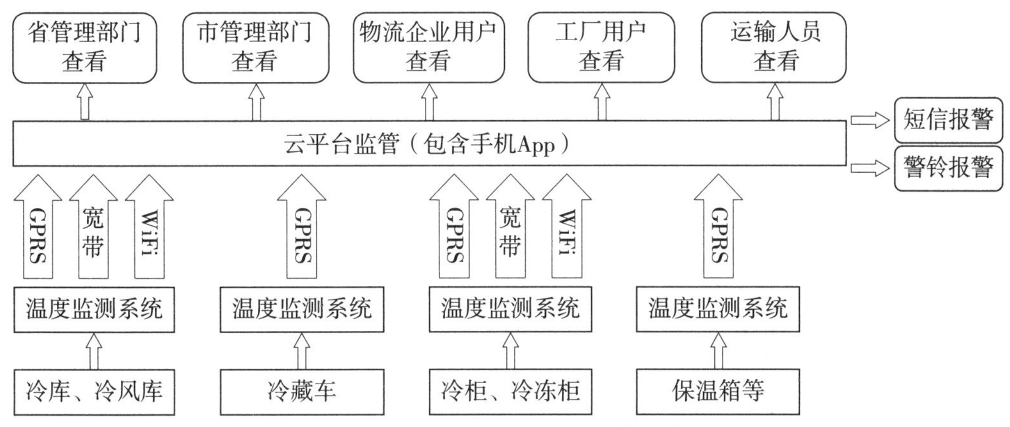

图8-21　冷链物流全程温控系统整体方案

资料来源：http://www.auc11.com/goodsid/wenzhangview/6100834.html。

图8-22　冷链物流全程温控系统流程

二、冷链物流技术发展趋势

（一）冷链流通过程的智能化、自动化、平台化发展趋势

1. 数字化推动智能化发展

数据指标对冷链物流的规划及运营管理环节提供支持，运营层面将逐步推动线上

化操作，通过系统环节替代人工操作环节，减少各类线下资料的存档和记录工作，并依托信息化系统建立数据挖掘机制，完成数据清洗、整理、加工、分析、决策等操作，提高全链条数据采集的准确性和及时性。在企业管理的过程中，通过管理系统对日常数据的加工处理和各类指标进行自动测算，提供数据、理论等方面的参考，给出决策性支持，促进管控、决策的智能化发展。

2. 智能化操作推动全场景的自动化发展

对于收货、上架、储存、下架、分拣、发货等操作环节，冷链物流技术如何兼容各类物品规定及操作要求，实现多样化、多场景的智能化操作是冷链物流自动化场景推广的热点问题之一。同时，新冠肺炎疫情的暴发，让人们对于冷链物流消毒杀菌的需求越来越高，因此自动化消毒、灭菌设备在冷链物流方面的应用尝试也将成为未来技术发展的核心关注点。

3. 平台化发展趋势加速

自建冷链物流的企业在冷链配送方面的优势逐渐凸显，借助其多年积累的冷链物流优势，通过平台为第三方企业提供服务，并通过互联网、物联网、区块链、大数据等现代技术进行集成，构建智慧冷链物流平台，推动冷链信息流、商流、资金流、人文流和物流的平台化发展。同时针对特殊情况，平台能够根据自有的数据库帮助政府了解冷链物流参与主体的真实需求，达到因政施策。

（二）科技赋能冷链物流体系发展

1. 冷链物流集约化、自动化技术应用体系建设

从整体行业规划建设的角度，建立起冷链物流集约化及自动化技术应用体系，可以通过机械化操作方式，提高全链的可控性和运作效率，同时通过政府发布相关支持政策来缓解部分冷链物流企业的投资建设压力，解决冷链物流所面临的行业集中度低、运营主体分散等现象。

2. 冷链物流全程管控体系建设

冷链商品全生命周期涉及供应链较多环节（如生产、加工、包装、装卸、运输、仓储、陈列等）。公开、透明的信息交互制度是确保冷链商品全生命周期安全的重要保障，借助信息化手段赋能冷链运作全过程，构建全程系统的监控平台，有助于不同环节对冷链商品的管理与监控，实现数据化管理，推进全国统一的全过程可追溯的冷链网络搭建。目前部分地区已经开始打造区域性进口冷链食品线上平台，但对于跨区域性货品，还需建立全国性统一监控平台。

三、年度案例——京东冷链体系

京东物流依托科技驱动、模式创新、多网协同，从运输、城配、平台三个角度出

发，形成以冷链卡班、冷链城配、冷链整车平台为基础展开的冷链仓配网、冷链卡班网、生鲜宅配网“三位一体”B2B 核心骨干网络的冷链布局，致力于构建社会化冷链协同网络，打造全流程、全场景的 F2B2C（从工厂、产地到销地再到消费者）生鲜供应链一站式服务网络，推动中国冷链行业的高质量发展。

（一）冷链卡班

图 8－23 是 2018 年京东上线运营的冷链卡班，旨在为商家提供冷链运输服务。一方面，通过集散分拨、按重量和体积报价的模式，进行点到点固定班次运输服务，满足商家多批次、小批量、不足整车的运输需求；另一方面，根据商家的需求提供保价、签单返还、上门揽派、专属客服等增值服务。同时依托京东的智能温度监控平台，对各物流环节进行产品数据追踪，实现全程“0 断链、0 腐损”，确保全程温度可控、品质可控①。京东冷链卡班通过整合上下游资源，满足商家从“最后一公里”向上游延伸的运输服务需求，提供电商入仓、进口商贸、工业分销、餐饮零售、产地直发等全场景、一站式的生鲜商品运输方案，助力供应链一体化优势的发挥，助力商家降本增效。

图 8－23 京东冷链卡班

资料来源：https：//www. sohu. com/a/283646667_649545。

① 搜狐网．重磅！京东冷链卡班正式上线，B2B 核心骨干网络对外开放［EB/OL］．（2018－12－21）［2020－12－01］．https：//www. sohu. com/a/283646667_649545.

（二）冷链城配

2019 年针对 B2B 的京东冷链城配上线，旨在为商家提供一体化、多场景的同城仓配或单纯配送的冷链运输服务，以共同配送和整车专送两种运营模式，满足客户多样化的冷链运输需求。

京东冷链城配依托京东冷链仓储网络及冷链卡班构成的 B2B 核心骨干网络，一方面，支持多城入仓，解决商家全国业务需求，并通过智能补货、仓间调拨等方式，实现多城库存共享；另一方面，京东冷链城配通过整合供应链上下游资源，打造基于共同配送的标准服务产品，对批发零售实现小批量的送货服务。同时依托京东冷链的订单管理系统与智能温度监控平台，实现订单全流程的在线可视，确保冷链产品全程温度可控、品质可控。此外，通过整合供应链资源，京东冷链城配还提供保价、签单返还、专属包装、分选加工、上门提货等多种增值服务，满足客户个性化冷链运输需求①。

（三）冷链整车平台

2019 年 4 月，京东为货主、物流方和车主搭建用于发布信息的冷链整车平台产品上线，旨在以平台化的模式，通过整合供应链的上游货源、中游物流企业与下游车主等多方资源，以满足客户需求为根本要求，根据客户指定的时间和地点，提供冷链整车直送服务，有望在一定程度上解决冷链物流行业中资源大而散、信息不对称的问题。

面对冷链整车市场中车货之间信息不匹配的现象，货主承担着高额的运输成本，个体车主也面临着空返率居高不下的问题，同时，个体车主由于不具备开票资质，容易造成运费结算周期长、物流信息不透明等问题。因此，冷链整车平台以平台化模式，引入众多有冷链运输资质的物流企业，通过搭建运力平台让货主与个体车主有了一个可以沟通的渠道，同时，货主在提交信息时可自行选择采用京东自营车辆还是第三方车辆。通过平台化运营的方式，一方面，可以整合社会零散运力，有效利用返程车辆资源，实现短链交易，减少中间环节，提高流转效率；另一方面，运力平台提供运费保理等增值服务，打造灵活多变的结算周期，方便个体车主快速结算运费，解决个体车主的开票资质问题，提供合理的进项抵扣，降低运营成本，有助于货主维持稳定的运力资源。依托京东冷链先进的订单管理系统与智能温度监控平台，可以实现订单全流程在线可视，方便货主实时监控货物温度与车辆轨迹，确保全程温度可控、品质可控。

面对生鲜零售、食品加工业的市场下沉带来的商业价值，有效解决冷链流通基础

① 快科技网．京东“冷链城配”上线 已覆盖北上广等 10 城［EB/OL］．（2019 - 03 - 02）［2020 - 12 - 01］．https：//news. mydrivers. com/1/617/617706. htm.

网络建设缺乏、成本较高、标准不统一、集中程度低等问题，才能做到冷链提质①。未来，应当以开放共生的理念和思维，整合国内现有冷链资源，以平台化、网络化、个性化与可视化的发展思路，助力冷链流通基础网络的建设发展，适应短链化、一体化的供应链发展趋势，构建全流程、全场景的冷链物流，推动冷链从产地到消费者的全程“不断链”发展。

第四节 航空物流技术

航空运输作为五种基本运输方式之一，因其速度快、时间短、节约供应链运输总成本等特点，成为推动全球经济持续健康发展的核心力量。2020 年，中国民航迎来“智慧民航”发展新趋势，大数据、人工智能、无人机等前沿技术支撑航空物流业的高质量发展，这不仅符合创新型国家的需求，还将是实现我国民航技术从“跟跑者”向“领跑者”转变的助推器。

一、航空物流技术发展情况

（一）航空物流发展概述

随着经济的发展和社会分工的深化，物流业已经成为支撑国民经济的战略性基础性产业。《民航局关于促进航空物流业发展的指导意见》中指出发展航空物流业，对深度参与国际分工与合作、服务国家重大战略实施、实现经济结构转型升级、加快推进民航强国建设和实现国家经济高质量发展具有重要意义。

我国贸易政策和物流政策的变化，推动了航空物流产业的快速发展。航空货运能力显著提升，航线网络规模不断扩大，为我国本土航空物流企业带来了新的市场发展机遇。同时，也带来了来自市场行业环境变化、客户需求水平提高、竞争对手增加的挑战，对我国航空物流业提出了更高、更新的要求。

1. 我国航空物流行业市场规模和企业概况

2015—2019 年我国国内（不含港澳台）运营全货机数量如图 8 – 24 所示。2019 年我国共计拥有客货机 3818 架，其中客运飞机 3645 架，占整体机队规模的 95.5%；货运飞机 173 架，仅占 4.5%。从运力结构看，我国航空货运大部分依赖于客机腹舱。客机腹舱运输约占航空货运总量的 70%，其中，在国内航线中客机腹舱运量占比高达

---

① 中冷联盟．京东上线冷链整车产品，搭建冷链运力平台［EB/OL］.（2019 – 05 – 05）［2020 – 12 – 01］. https：//www.sohu.com/a/311804375_653523.

82%，在国际航线中客机腹舱运量占比为49%。

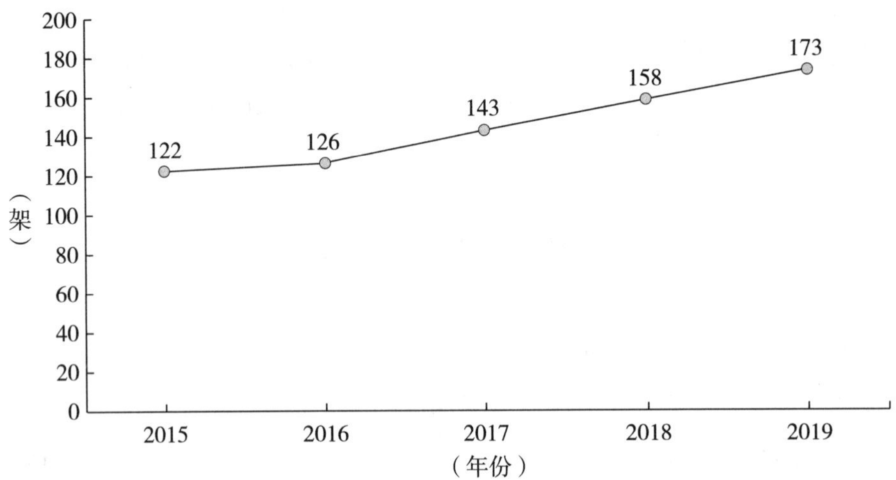

图8－24　2015—2019年我国国内（不含港澳台）运营全货机数量

资料来源：http：//www. logclub. com/articleInfo/MjgzMDItYzc3OTg2ZjA%3D。

截至2019年年底，我国国内（不含港澳台）各航空公司运营货机数量如图8－25所示。我国共有运输航空公司62家，比2018年年底净增2家。全货运航空公司9家。全货机173架，其中大型远程货机41架①。

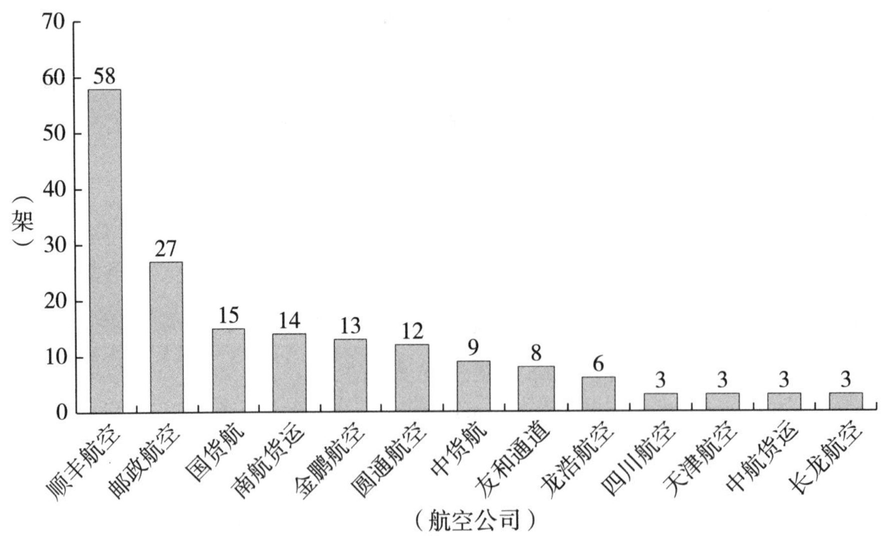

图8－25　我国国内（不含港澳台）各航空公司运营货机数量

资料来源：http：//www. logclub. com/articleInfo/MjgzMDItYzc3OTg2ZjA%3D。

① 中国民用航空局.2019年民航行业发展统计公报［EB/OL］.（2020－06－05）［2020－10－09］. http：//www. caac. gov. cn/XXGK/XXGK/TJSJ/202006/t20200605_202977. html.

2. 新冠肺炎疫情影响下航空货运完成情况

（1）全球航空货运量受新冠肺炎疫情影响同比下跌。

受新冠肺炎疫情影响，客运航线大量停止运营，客机腹舱资源的缺失使得航空货运量锐减。国际航空运输协会（International Air Transport Association，IATA）发布的全球航空货运市场数据显示，2020 年上半年，全球航空货运量同比降幅超过 18%。其中，中东和南亚地区、欧洲航空货运出口量同比降幅最高，分别达 32% 和 22%；亚太地区和欧洲航空货运进口量同比降幅均为 16%，好于其他区域。全球航空货运运价的平均增幅达到 48%，其中，亚太地区运价增幅最高达 76%；而增幅最小的拉美地区运价仅上升了 10%。

（2）我国货运航班爆发式增长。

IATA 发布的数据显示，2020 年上半年中国航空货运出口量同比基本保持平稳。新冠肺炎疫情期间，多家航空公司利用大量闲置客机开通了“客改货”加班包机，在全货运航班基础上，3—6 月额外新增“客改货”航班分别为 988 班、3619 班、4625 班和 2539 班，“客改货”航班量占新增货运航班总量的比例超过 50%。这在很大程度上弥补了货机运力不足的问题，同时在保通、保运、保供以及稳外资、稳外贸方面发挥了重大作用。据民航局 7 月新闻发布会发布的信息，虽然 2020 年上半年民航客运量骤减，但除 2 月中旬我国货运航班每周运营货班数量较低外，我国全货机运输依旧保持了逆势增长的趋势。3—6 月民航局每月分别批复全货机加班包机 1794 班、2225 班、2083 班和 1521 班，同比分别增长 401.1%、476.4%、578.5% 和 541.8%，实现了爆发式增长。

3. 我国航空物流短板

（1）我国航空物流存在的主要问题。

航空物流供给能力有待增强。首先，全货机数量较少，航空货运严重依赖客机腹舱。新冠肺炎疫情防控期间，客机腹舱载货量锐减，同时由于我国全货机数量不足，货运运力难以迅速补充。其次，目前国内机场以客运为主，缺乏以货运为主的机场。由于一些机场在白天要优先满足客运需求，而夜间机场关闭，也无法用于货运。如果没有以货运为主的机场，货运航线、货运资源的发展空间将较为有限。

航空物流供给质量有待提高。首先，我国缺乏国际货运枢纽，且目前我国参与的国际航空货运中，大多“一头”在外，缺乏“国外—国内—国外”这样在国内机场中转的货运航班。其次，空运与陆运的衔接还不够顺畅。很多高端制造企业对航空货运的要求是“门到门”，甚至要求能够直接将货物从停机坪拉到生产线上。但目前空地联运不够高效，“最后一公里”效率低，空运优势难以充分发挥①。

---

① 人民网．航空货运“飞”得更高（构建新发展格局·关注现代综合运输体系）［EB/OL］．(2020－10－27)［2020－12－09］．http：//industry.people.com.cn/n1/2020/1027/c413883－31907603.html.

①“客强货弱”。

2015—2019 年我国民航旅客运输量如图 8－26 所示。2015—2019 年我国民航货邮运输量如图 8－27 所示。我国民航旅客运输量复合增速为 11.0%，而货邮运输量复合增速仅为 4.88%，明显低于旅客运输量增速。

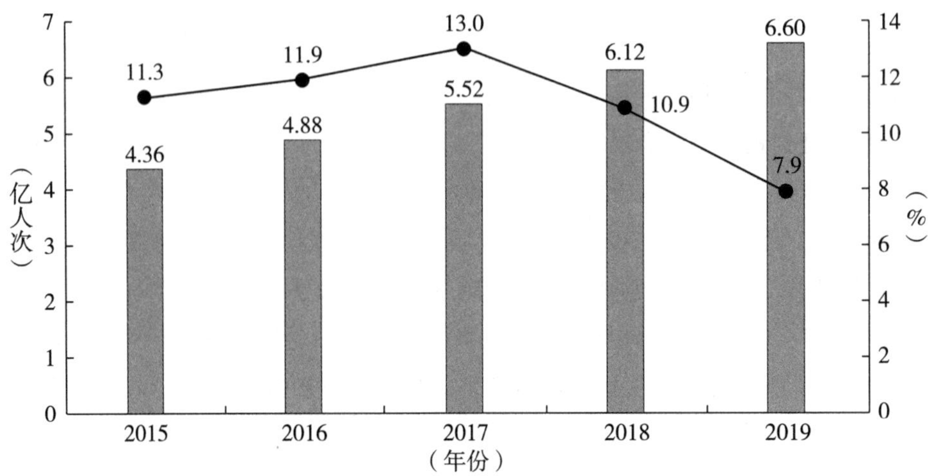

图 8－26　2015—2019 年我国民航旅客运输量

资料来源：http：//www.caac.gov.cn/XXGK/XXGK/TJSJ/202006/P020200605630677965649.pdf。

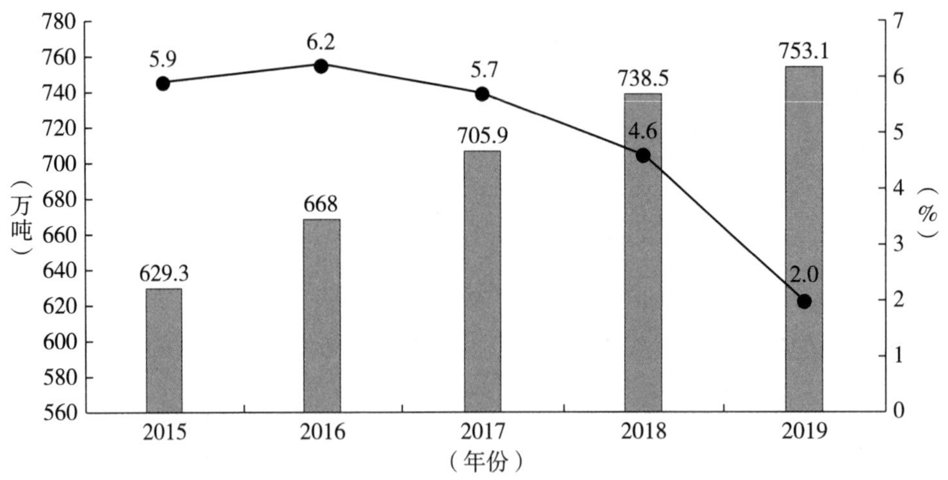

图 8－27　2015—2019 年我国民航货邮运输量

资料来源：http：//www.caac.gov.cn/XXGK/XXGK/TJSJ/202006/P020200605630677965649.pdf。

②“外强中弱”。

2019 年，国际航线中，中国民航完成货运量 241.9 万吨，外航完成货运量 494.8 万吨，外航占国际航线货量达三分之二。

从货机排班时刻分布来看，根据 2019 年冬春时刻表，外国航司拥有的国际/地区航班量占比为59%，国内航司拥有的国际/地区航班量占比为41%，如表8－3所示。

表8－3 2019年国内外航司航班数量对比 单位：班

2019年	总航班量	国内航班量	国际/地区航班量
合计	3726	1514	2212
国内航司	2430	1514	916
外国航司	1296	0	1296

资料来源：2020全球物流技术大会演讲《我国航空货运市场的现状与问题》。

（2）我国航空物流技术智能化面临的问题。

①航空物流系统智能化存在的问题分析。

目前，我国航空物流信息化、智能化总体水平比较落后，无法充分发挥航空物流的优势，主要表现在航空物流系统功能不全面，无法满足用户的要求。虽然我国航空物流企业和部分机场，特别是大型机场都建立了自己的货运信息系统，但由于整体信息研发投入不足，导致信息系统建设滞后，在信息技术开发应用上无法满足航空物流发展需要。例如，系统设计上有缺陷，稳定性较差；界面操作复杂；数据共享困难，信息无法与其他系统交流；功能不完善，无法很好地支持日常业务操作与管理。

②货运飞机智能化存在的问题

无人货运飞机（也称货运无人机）的开发涉及无人机结构设计、无人机空气动力设计、无人机动力系统选配、无人机飞行控制系统等，其研发投入大、周期长，难以在短期内取得明显进展。运营成本实际减少多少，减少的运营成本是否多于研发成本等一系列问题尚未可知，投资风险较大。在需求方面，有关数据显示，2019年全国快递服务企业业务量累计完成635.2亿件，其中，电商业务量占75%以上，可见电商快件仍是快递行业增长的主力。虽然农村地区电商市场巨大，但传统物流模式尚能满足需求，货运无人机的应用只是降低了一部分成本。从数据上看，我国社会物流总费用与GDP的比率为14.7%，远高于发达国家，这说明我国的物流成本还相对较高，货运无人机在成本控制和效率提升方面仍有利用空间。

（二）航空物流技术发展趋势

1. 货运无人机商用迎来新时代

货运无人机是航空物流业向智能化、自动化发展的典型代表之一。近年来，飞行人工成本、支线运输及“最后一公里”配送等方面的问题凸显，航空物流开始寻求无人化解决方案，“末端小型无人机＋支线大型无人货机＋干线大型有人机”的三段式航空物流网络发展模式将成为行业未来的发展手段。

2. “航空+”模式推动货运新发展

2019年9月，中共中央、国务院印发的《交通强国建设纲要》指出，要加快构筑综合交通枢纽体系，形成“全球123快货物流圈”，货物多式联运高效经济。

高铁运输、公路运输等运输方式与航空运输的合作拓展了机场的辐射范围，实现货物的“无缝换乘”。未来，航空应加强与铁路、公路等的合作，打通不同交通运输方式空间、时间界限，形成多层级、一体化的综合交通枢纽体系。充分发挥航空在长距离、高时效方面的优势，在中短途货运中加强与高铁之间的协同，在通用航空、支线航空货运领域弥补高铁通达性的不足。在末端配送环节，加强与公路运输之间的协同，为供应链上下游提供高效的门到门服务，提升航空货运一体化运输效率。

3. 全货运机场规划建设引领新趋势

《国家发展改革委 民航局关于促进航空货运设施发展的意见》中指出的目标是于2025年，建成湖北鄂州专业性货运枢纽机场，优化完善北京、上海、广州、深圳等综合性枢纽机场货运设施，充分挖掘既有综合性机场的货运设施能力；于2035年，在全国范围内建成1~2个专业性货运枢纽机场，并结合《全国民用运输机场布局规划》修订，进一步完善国际航空货运枢纽布局，综合性枢纽机场和专业性货运枢纽机场布局相辅相成、更加成熟。

二、航空物流主要技术装备与设施

（一）货运飞机

作为航空货运的主要载用工具，货机的发展情况与拥有量是衡量一个国家或地区航空货运发展程度的主要指标。图8-28和表8-4展示了B747-400F全货机的结构和综合装载数据。

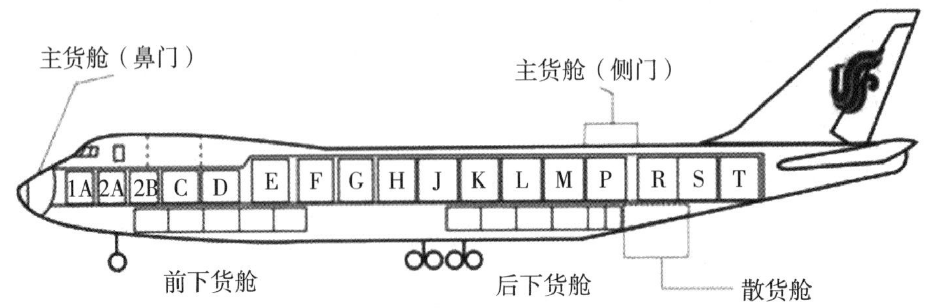

图8-28 B747-400F全货机的结构

资料来源：http://www.airchinacargo.com/index.php?section=0-0001-0007-0028。

表 8－4　　B747－400F 全货机的综合装载数据

货舱	货舱门尺寸		最大装载量	动物舱位	危险品	地板承受力（kg/m^2）
	宽（cm）	高（cm）				
主货舱（鼻门）	264	249	30 PAP/PMC 型集装器（$738m^3$）	18～28℃	1～9 类	1952
主货舱（侧门）	340	305				
前下货舱	280	168	5 PAP/PMC 型集装器（$100m^3$）	不可使用	1～9 类	976
后下货舱	280	168	4 PMC＋2 LD3 或 4PAG＋4 LD3 型集装器（$93.4m^3$）	5～28℃	1～9 类	976
散货舱	112	119	6749kg（$15m^3$）	5～28℃	1～9 类	732

资料来源：http：//www. airchinacargo. com/index. php? section＝0－0001－0007－0028。

（二）航空港

1. 航空港的构成

航空港是航空运输用飞机场及其服务设施的总称，飞机场是供飞机起飞、着陆、维护、补充给养及组织飞行保障活动所用的场所。航空港主要由飞行区、航站区及进出航空港的地面交通系统构成。

2. 航空港物流装备技术

（1）独立行李载盘系统。

独立行李载盘系统（Individual Carrier System，ICS），适合快速且大批量的行李输送，可与行李安检、行李存储和最终分拣等流程无缝协作。ICS 以托盘作为行李载盘小车处理行李，业内也将 ICS 称为行李托盘处理系统（Baggage Tray System，BTS），最高输送速度达 10 米/秒。ICS 是一种综合型高速行李处理系统，采用双窄带驱动方式的输送机为输送载体，将各种不同规格的旅客行李装载在托盘上，以托盘作为行李的载盘被闭环输送系统输送，应用 RFID 技术进行托盘输送跟踪、分流（拣）。

ICS 的机械设备可划分为托盘单元、高速输送、存储单元等六大模块，其构成如图 8－29 所示。

ICS 主要涉及行李托盘装载（卸载）、分（合）流、存储和托盘码（拆）垛等关键技术设备，如图 8－30 所示。

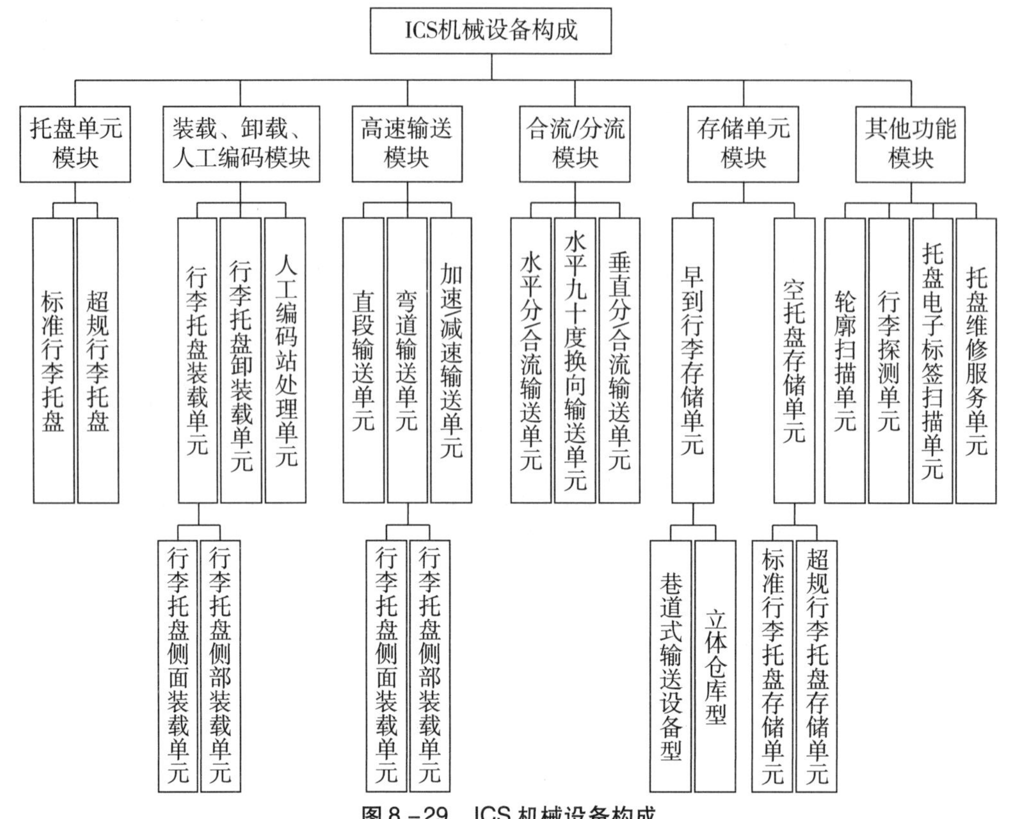

图8－29 ICS机械设备构成

（2）无人驾驶物流车。

2020年9月，长沙黄花国际机场货站区域试用无人驾驶物流车运输航空货物，如图8－31所示。这是无人驾驶技术在我国境内航空物流领域的首次应用。

此次无人驾驶物流车的应用，是基于驭势科技U－Drive智能驾驶平台，车内搭载集成了人工智能算法的智能驾驶控制器，同时车身配备了激光雷达、摄像头、超声波雷达等多类传感器，无须配备驾驶员和安全员，所有驾驶操作及周边环境监控工作均由无人驾驶系统完成，车辆可以实现在行驶过程中的自主规划路线、自主避障等功能①。

（3）少人机坪技术和无人货仓技术。

少人机坪技术包括自动引导飞机、机坪车辆无人驾驶运行、外来物自动监测和清除、鸟情自动监测和预警。

① 长沙晚报网．国内首个空港货运无人驾驶技术亮相黄花机场［EB/OL］．（2020－09－25）［2020－09－25］．https：//www.icswb.com/h/152/20200925/677689.html.

图 8－30　ICS 关键技术设备

图 8－31　无人驾驶物流车以指定路线进行货物托运

资料来源：https：//www. icswb. com/h/152/20200925/677689. html。

无人货仓技术包括建设自动化分拣设备、包裹自动单件分离、机械手供件，实现快递自动分拣；研发整箱 ULD（Unit Load Device，集装单元）自动运输车，实现 ULD 室内自动分拣；利用智能视频分析、智能 CT（Computed Tomography，电子计算机断层扫描）判图、远程判图等技术实现货物安检自动判读①。

（三）航空集装器

1. 集装箱

集装箱用于运载一般货物、行李和邮件。目前主要有七种类型的航空集装箱，分别是 AKE 集装箱、DPE 集装箱、ALF 集装箱、AMP 集装箱、DQF 集装箱、AMA 集装箱和 HMJ 集装箱。AKE 集装箱示意如图 8－32 所示。

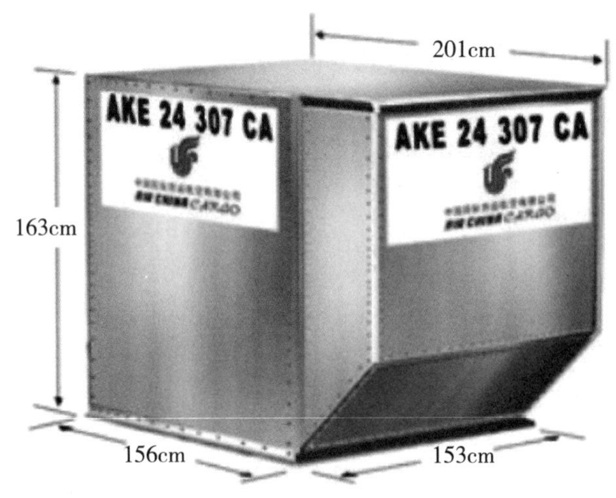

图 8－32　AKE 集装箱示意

资料来源：http：//www.airchinacargo.com/index.php？section=0－0001－0007－0029－0044－0059。

2. 集装板

集装板是一块平面的铝板。货件放置在板上，由绳网固定。目前主要有六种类型，分别是 PAG 集装板、PRA 集装板、PMC 集装板、PGA 集装板、FQA 集装板和 FLA 集装板。PAG 集装板示意如图 8－33 所示。

3. 辅助器材——车架

车架示意如图 8－34 所示，放置在集装板上，使两辆车可以相叠放置。尺寸适用于 PGA 集装板，下层车辆的最大宽度为 205cm，下层车辆的最大中心高度为 150cm；

① 个人图书馆．“四型机场”示范项目展示丨鄂州“四型机场”建设规划［EB/OL］．（2019－02－15）［2020－10－09］．http：//www.360doc.com/content/19/0215/05/26939665_815029430.shtml.

最大轮距为312cm；载具重量为319kg；最高可容重量（包括载具重量）：2500kg（上层车辆）；9300kg（最高总重量）；适用机型为B747F主货舱①。

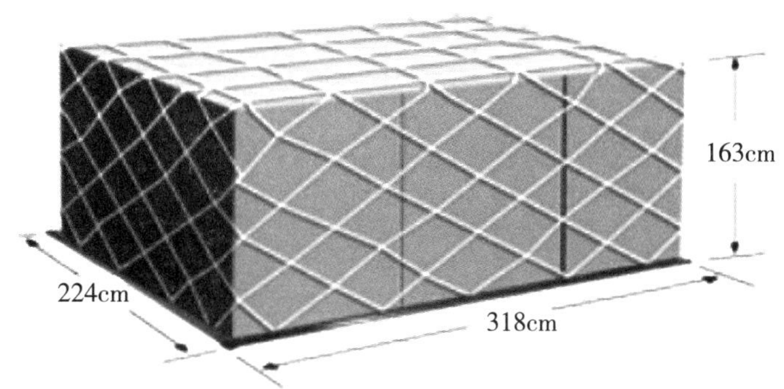

图8－33　PAG集装板示意

资料来源：http：//www. airchinacargo. com/index. php？ section＝0－0001－0007－0029－0046－0071。

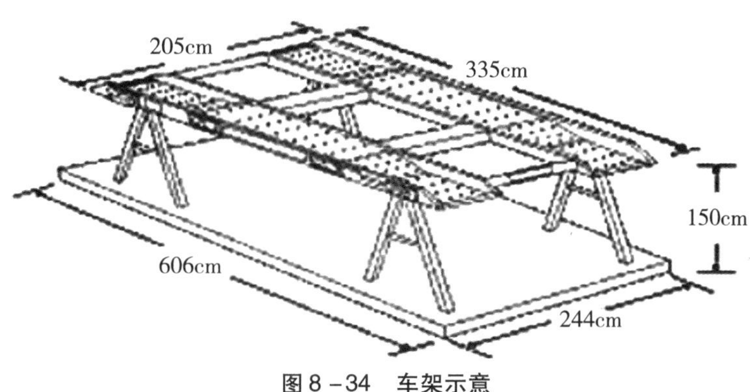

图8－34　车架示意

资料来源：http：//www. 360doc. com/content/10/1107/16/3480527_67387135. shtml。

三、航空物流组织管理技术

（一）航空货运生产组织与管理技术

1. 货物运输生产计划

根据航空货运市场调查和预测，估算航空货物在各航空港之间的流量和流向，确定航空公司的市场目标和市场份额。在此基础上，制订货物运输生产计划，主要包括运力计划、运输量计划、周转量计划、收入计划及运输综合计划。

① 个人图书馆．航空运输集装器类型［EB/OL］.（2010－11－07）［2020－10－09］. http：//www. 360doc. com/content/10/1107/16/3480527_67387135. shtml.

2. 货物进出港生产组织与管理

航空货物运输市场销售部门接收的货物，一般在航空港组织进港和出港生产。相当一部分航空公司委托航空港进行进出港的组织和管理，大型航空公司一般在基地航空港自行组织货物进出港生产。

货物进港和出港是一个组织严密的生产过程，有严格的工序控制和定时要求，有严格的操作规范和重量指标，包括载重标准、舱位标准、安全标准等，涉及的部门多，需要统一组织与协调工作。航班的货运生产工序与客运同步进行，以保证航班正点。

3. 吨位控制与配载

航空货物运输需要通过控制吨位提高载运率。换言之，货运既要考虑货物的体积，还要考虑货物的重量。因此，控制吨位是通过舱位预订与分配来提高货舱的载运率，避免吨位浪费、超售或装运过载。由于航空货运可以采用全货机或客货混装运输，因此吨位控制和配载管理的原则不完全相同。

采用全货机方式运输时，吨位控制和配载过程比较单一，主要控制货物体积（不能超长、超高）、形状（易于固定）、重量（不能超重）。采用客货混装方式运输时，由于必须首先考虑运送旅客，因此货运吨位控制和配载要在保证客运的前提下进行。根据乘客的座位分布情况和飞机的配载要求，进行货物的重量和位置控制，在保证飞机飞行平稳安全的前提下充分提高飞机载运率。

（二）航空物流信息系统及典型信息平台

1. 航空物流信息系统及智能化技术发展情况

物流信息系统建设的必要性与迫切性已经被广泛认同，但是目前国内物流业中信息系统实施成功的企业并不多，虽然有许多企业使用了物流软件，但大多是局部的应用，离信息的完全集成并满足企业管理和长远发展的要求还相去甚远。以航空物流企业为例，国外一些著名的航空快递公司依靠它们的优势，特别是信息服务方面的优势，将仓储、陆运、海运业有机结合起来，除了储存、包装、装卸、运输等环节，还有预测、采购、订单处理、配送、物流方案设计、库存控制、维修等增值服务，为客户提供全面的系统服务。因此，与现代物流相适应、满足未来航空货运发展的物流信息系统包含以下五个部分。

（1）供应链管理信息系统。

未来的供应链管理信息系统是经过总体规划的多层次、多功能的计算机网络系统。它将覆盖航空公司主枢纽、集散基地和国际区域的货运营业点，覆盖货运代理人企业、直接用户企业等，能够与主枢纽内外的业务相关部门进行信息交换，与境外航空业务代理公司、国内其他运输主枢纽和铁路运输、公路运输、海运等运输方式的港站和企业进行信息交换，提供完整的供应链管理服务。

（2）企业资源计划系统。

企业资源计划系统辅助航空货运供应链上各个企业内部生产管理的信息系统，如航空公司企业生产管理，航空货运站内的业务管理信息系统，货运代理人企业的生产管理等。

（3）货运站设备自动监控和快件自动分拣系统。

在年吞吐量15万吨以上的航空货运站或代理仓库，通常需要建立立体仓库。各供应链应根据其立体仓库规模，考虑建立设备自动化监控系统，通过自动监控系统对立体仓库进行储存作业。在年处理量100万件以上的航空快件处理中心，为了保证货物处理的时效性，通常建立自动化分拣生产线，并将自动分拣系统与物流信息系统联机后进行快速处理。

（4）条码标识系统和设备。

目前，我国在航空货运方面代理制占主导地位，按照专业化分工的原则，货物经过了货主—代理—承运人—转运站—代理—最终用户的多层次处理，因此需要进行多次交接、清点、验收、文件记录等手续。货运站对货物进行处理的主要目标是规模经营，特点是流动速度快、转运模式多，通过使用现代信息设备来充分挖掘各种设施的潜力，从而实现快速、高效以及高效益的集约经营。

（5）接口系统。

信息系统的建设必须考虑与外部的连接。作为货运企业的系统工程，必须设计好信息接口，以便预先获得各地的定期货运信息、订单变更信息和货物信息乃至客户信息。这些信息可以让货运企业提前安排航班和运力，实现航空货运的飞跃，预先制订各种资源计划。接口系统的另一个主要部分是电子数据交换接口和与外部信息系统（货代或其他合作伙伴的信息系统）的通用接口。由于航空货运业务涉及SITA（Societe Internatinoal Telecommunication Aeronautics，国际航空电讯集团）、海关、联检、机场、客户、代理、航空公司等，各方采用的系统和通信协议不同。为保证企业资源计划系统能与供应链整合成完整的系统，必须通过接口将各功能有机联系起来，将不同的信息通过接口转换为自身系统可以处理的信息。因此，接口系统的工作是必不可少的环节。

2. 中国航空物流信息服务平台

（1）平台概述。

CCSP（China Cargo Sky Portal，中国航空物流信息服务平台）是国务院《物流业调整和振兴规划》和民航局建设民航强国的政策指引下，由中国民航信息网络股份有限公司（简称“中航信”）建设并运营的公共、中性、标准、开放的一站式货运信息服务平台。CCSP 是国家科技部“十二五”科技支撑项目和民航局“十二五”重点工程。目前，已有国货航、东航的全国代理人以及部分外航的代理人使用了该平台。每天通过 CCSP 交换的信息数据超过 10 万条。

（2）平台主要业务应用。

① e－Booking——电子订舱服务。

航空公司销售代理通过 CCSP 可以随时提交电子订舱申请给航空公司，航空公司直接通过自身生产系统查看申请、管理订舱需求和控制舱位。通过 CCSP，航空公司能即时高效地发布舱位销售和市场营销信息，为销售代理增加了一个灵动窗口，使其与航空公司实现订舱信息交互。例如，实现舱位营销推广、代理人申请、舱位确认一站式登记和共享。航空公司能在生产系统中看到全部销售代理的订舱信息，而销售代理在 CCSP 上只能看到其舱位预订和确认情况。

② 中性运单服务。

CCSP 的中性运单服务包含以下两部分。

单证管理控制。无论何时何地，航空公司用户只要登录 CCSP 就可以为销售代理分配中性运单库存。CCSP 还提供直连接口，能对接航空公司生产系统，将单证库存的分配情况与 CCSP 数据同步，销售代理只需通过 CCSP 就可以查看单证库存记录。同时，CCSP 还支持销售代理向其他代理在线借单业务。

中性运单打印和电子主单信息传输服务。销售代理获得单证库存后，通过 CCSP 的中性运单制单功能录入运单号码，系统会自动校验中性运单号码有效性，验证通过后，销售代理可以通过 CCSP 录入主单信息，当执行打印任务时，一份电子主单数据将同步发送给航空公司生产系统。销售代理可以自行批量购买标准印刷好的空白中性运单，该中性运单适用于所有航空公司。

③ 分单信息传输服务。

航空公司的销售代理可以通过 CCSP 给航空公司生产系统或其他指定的系统传输电子分单数据（Flight House Waybill，FHL）。目前，世界各地海关相继执行分单级的舱单信息电子申报要求，销售代理可以通过 CCSP 直接发送 AMS（Automated Manifest System，自动舱单系统）信息给航空公司，保证数据的及时性、准确性，帮助双方实现各司其职、风险自控的局面。CCSP 依照各地海关的舱单要求设计分单界面，设定控制逻辑，并且保持数据格式与各海关要求时时同步。

④ iCustoms——海关舱单电子数据申报服务。

航空公司可以通过 CCSP 的海关舱单电子数据申报服务实现进出港货物新舱单数据申报。申报服务满足中国海关总署提出的电子化、时效、格式方面的要求，航空公司只需实现与 CCSP 的一点连接，将航空货运标准行业数据 FFM（Flight Freight Manifest,

航空货运舱单）/FWB（Freight Waybill，货物路程单）/FHL 发送至 CCSP 的海关平台 iCustoms，iCustoms 自动将信息转换成海关需要的数据格式并发送至各地海关。同时，iCustoms 实时将海关的信息发回航空公司。航空公司用户只需登录 CCSP，就能方便地对货物申报状态进行监控，并能监控到货物申报全流程的放行状态。天信达（中航信的全资子公司，同时是中航信航空物流业务部）不仅为航空公司提供新舱单电子数据申报服务，也提供给各地货站和货运代理，最终实现航空公司对货物申报状态的全流程监控。对于各地海关要求的不同舱单传输通道和信息形式的业态，天信达可以替航空公司直接与当地海关接洽传输通道和信息形式，满足当地海关要求。

⑤ 货运电子商务服务。

货运电子商务服务的第一步，是帮助航空公司实现电子运单。航空公司通过 CCSP 的电子运单服务可以完成运单库存管控、运单数据传输及校验、货物运输全流程追踪和海关放行在线查询等流程化的电子数据过程。另外，CCSP 还提供运输服务即时定价、对公电子预支付、对账、结算等货运电子商务服务，帮助企业实现航空运单零库存和低风险的目标，降低代理人准入标准，彻底改变航空货运乃至社会物流业务生态，展现电子商务（移动商务）的魅力。

⑥ 代理人直连服务。

代理人直连服务可以满足货运代理与航空公司、机场货站的电子数据交换需求，对于具备一定开发能力的货运代理可以连接 CCSP，实现与航空公司、机场货站系统间的一站式电子数据交换。货运代理只需要实现其系统与 CCSP 的数据接口对接，CCSP 负责与各家航空公司、机场货站的数据接口进行对接，以实现数据的发送和接收。CCSP 根据各家货运代理、航空公司、机场货站对数据格式的不同需求，在后台实现数据格式的转换。

⑦ iTracing——航空货物运输状态实时追踪服务。

航空货物运输状态实时追踪服务通过采集货物运输、仓储、监管等各个环节的海量运行状态数据，然后进行分析与计算，为用户提供直观、精准的实时状态数据。航空货物运输状态实时追踪服务旨在为整个航空物流业乃至整个社会物流行业提供立体式、多样化的信息服务。

3. 中国（北京）国际贸易“单一窗口”空港电子货运平台

中国（北京）国际贸易“单一窗口”空港电子货运平台采用 IATA 提出的国际航空货运电子化标准，通过收发货人（或代理人）、航空公司、国际货运站、查验中心、园区经营者、海关等单位之间物流通关数据智能交换与共享，在提供空港物流通关全流程智能编排服务基础上，实现车辆备案、提货/交货预约、车货捆绑、查验预约、履约确认、货物申报与反馈、税费缴纳等空港物流通关环节一网通办。平台打破了传统的物流管理多主体、多系统的现状，为外贸企业提供了更快捷、更高效的服务。

中国（北京）国际贸易“单一窗口”空港电子货运平台成功打造了一站式可视化空运物流协作服务体系，通过国际贸易“单一窗口”系统将海关物流监控系统与各运营主体自建运营系统协作联通，通过统一的平台实现一站式通关服务，为实现空运物流“一站式”线上服务提供了强有力的保障，在方便企业办理空运业务的同时，为用户提供了高效便捷的信息化服务。

4. 吉祥航空“喜鹊到”空运物流平台

“喜鹊到”空运物流平台于2018年创立，是均瑶集团和吉祥航空以“万物互联，合作赢天下”为理念成立的航空货运品牌。“喜鹊到”空运物流平台以航空货物运输为核心，结合地面物流延伸服务，利用互联网技术打造立体航空网络平台，提供门到门一站式供应链服务。

“喜鹊到”空运物流平台于2020年7月15日正式上线，开始对外提供服务。作为国内首家以航空公司为背景成立的空运物流平台，应用先进的可视化、信息化供应链管理服务理念，通过“喜鹊到”空运物流平台PC端及“喜鹊到”小程序实现一键下单，提供高品质门到门、门到港、港到港、港到门的多方式当日达、次日达空运物流，解决以往空运物流运输方式单一、多资源服务商并存的问题，为航空货运市场提供一站式服务，助力航空货运市场进一步发展。

借助“互联网+”概念与信息化手段，“喜鹊到”空运物流平台克服过往国内航空货运方式单一、运输进度不透明的问题，以吉祥航空的航空货运业务为基础，集合多家供应商的空运资源，结合城市配送延伸服务完善空运物流网络的触达范围，并利用互联网技术和信息系统直连对接货主与供应商，为用户整合可用航线、货物揽收、线下配送等全流程服务资源，形成“发货—收货”的门到门全链路服务体系。此外，平台将引入全程可视化位置信息，实现货物运输轨迹全程跟踪，方便用户查看货物运输进度等，解决物流信息传递较慢、无法直观了解运输进程等问题。

截至2020年7月，“喜鹊到”空运物流平台已有近30家货运相关供应商入驻；先期提供的门到门货运业务已借助吉祥航空的近80条国内航线覆盖上海、南京、无锡、温州、深圳、广州、成都、西安、厦门等众多一、二线城市。得益于平台整体的高效运行，“喜鹊到”空运物流平台在2个月的试运行期间累计完成近200吨货物运输①。

① 中国民航网. 吉祥航空“喜鹊到”空运物流平台上线［EB/OL］.（2020－07－18）［2020－10－09］. http：//www.caacnews.com.cn/1/6/202007/t20200718_1306790.html.

第五节　汽车物流技术

我国汽车产业作为国民经济的支柱产业，2019 年以来总体需求不振，出现持续负增长局面，下行压力突出。汽车产业已经从快速成长期进入平稳发展阶段，短期增量逐步让位于长期存量调整，迎来转型升级的关键期。汽车物流行业作为汽车产业的重要支撑，2019 年受汽车市场下行和经济环境不景气的多重影响，下滑的市场对汽车物流行业造成了一定的影响，物流市场的服务也在不断调整和变化，技术在汽车物流运作中愈加重要。

一、汽车物流技术发展概况

（一）整车物流不断发展

2019 年，汽车整车物流行业在治超结束后，车辆运输车等运输装备继续优化，铁路运输和水路运输发展保持良好态势，综合运输体系越来越健全。

1. 治理后时代效果显著

自 2018 年车辆运输车治理工作取得了显著成效后，新的问题也凸显出来，2019 年上半年，“6 + 2”“7 + 2”等不合规装载现象普遍发生，严重扰乱了整车物流的市场秩序。随之，国家相关部委下发了《交通运输部办公厅 公安部办公厅 工业和信息化部办公厅关于进一步加强车辆运输车超长违法运输行为治理的通知》，重点查处“6 + 2”“7 + 2”等违法违规行为，并按季度统计处理违法信息，有效遏制了不合规装载的违法行为。中置轴车辆运输车在汽车整车公路运输中的优势得以凸显，运输装备不断升级，有效改善了全国汽车整车运输的市场环境。

2. 铁路运输发展迅速

在近三年的治理工作背景下，汽车整车铁路运输量连年递增，2019 年完成汽车整车铁路运输量 657 万辆，较 2018 年增加 12%。中铁特货物流股份有限公司作为国内铁路运输的主体承担者，拥有 1500 多辆 JSQ5 型和 18450 辆 JSQ6 型铁路专业运输车辆，其中由 JSQ5 型改型的车辆可以完成面包车、中型巴士和商务车等车辆的运输，服务范围进一步扩大。

3. 水路运输保持稳定

汽车整车水路运输仍以滚装运输模式为主，少量采用集装箱运输，2019 年完成汽车整车滚装运输量 340 万辆，其中沿海滚装 219 万辆、沿江滚装 121 万辆，基本与 2018 年持平。从运力结构来看，全国江海滚装船舶共计 98 艘，其中江船 55 艘、沿海船40艘、远洋船3艘（执行远洋运输），江船以800车位的船型为主，沿海船以2000车位以上的船型为主。从滚装码头来看，传统滚装行业主要进口口岸仍以上海、天津、广州、大连为主，武汉、重庆为主的沿江内贸水运口岸迅速崛起，烟台、东莞等沿海口岸内贸业务实现较大幅度增长，市场格局日趋合理化。

（二）汽车物流技术不断创新

技术创新仍是2019年汽车物流行业关注的热点，从行业技术创新方向来看，主要有三个特点。一是自动化、智能化、数据化、信息化的应用成为企业主要创新方向，无人车、无人机、无人仓等项目在行业内逐步应用。二是装备工具、包装等物流器具的优化和改善能够有力降本增效，持续优化物流服务。三是基于新技术的供应链管理、物流金融服务在不断升级，区块链、云技术、大数据等技术在供应链管理中不断应用。这些技术与装备的创新与应用给汽车物流行业发展注入了新的活力。

（三）汽车物流服务不断升级

当前，我国汽车物流企业围绕主机厂的物流服务链条已经相对成熟，是先进制造业与现代物流业深度融合的典范。下一阶段，汽车物流行业将会不断创新物流服务模式，延伸扩张以主机厂为核心的服务链条，逐步从零部件供应服务延伸到汽车销售服务，再到汽车后市场服务，形成汽车物流全产业链生态圈，从单一环节、单一模式的服务上升到全流程解决方案，打造全方位、多功能、高质量的现代供应链服务体系。

1. 汽车供应链上下游延伸

汽车供应链是典型的供应链组织结构模式，供应链服务以主机厂为供应链的核心，从零部件生产企业到主机厂、再到汽车经销商4S店，均由主机厂进行协调管控，订单制生产销售模式能够大大降低供应链前后端的库存。汽车零部件供应端对于物流服务来说，需要更加专业化、系统化，利用自动化、智能化、信息化等先进技术，完成主机厂的要求，做到准时制供应与库存管理。

2. 汽车后市场的不断扩展

我国机动车保有量高达3.48亿辆，对于汽车后市场的服务需求越来越旺盛。汽车后市场涉及备件、维修、保养、金融、零部件电商等多个细分领域，为了促进市场化，市场需求和公平竞争迫使汽车后市场各方转型，主机厂、备件厂商、经销商、维修连锁店及互联网企业纷纷开展不同形式的售后服务市场拓展。主机厂建立自己的独立备件品牌，如东风日产设立了品牌维修店，上汽集团“车享家”等快修连锁品牌已陆续运营；备件厂商和经销商试点转型，如博世下属的博世车联等；维修连锁的铺设多元化，如华胜连锁、康众汽配等；互联网企业也在汽车后市场中脱颖而出，如途虎等。

（四）汽车物流标准不断完善

2019年，汽车物流标准工作持续推进，完成了国家标准《汽车整车物流多式联运设施设备配置要求》和《汽车售后服务备件仓储作业规范》《汽车成套零部件出口包装和集装箱装箱作业规范》两项行业标准的起草工作。其中《汽车售后服务备件仓储作业规范》与《汽车成套零部件出口包装和集装箱装箱作业规范》于2020年5月11日发布，2020年6月1日实施；《汽车整车物流多式联运设施设备配置要求》于2020年11月19日发布，2021年6月1日实施；《汽车制造零部件物流运输标签规范》《汽车成套零部件出口包装质量检测规范》《汽车零部件托盘包装的打包要求》三项行业标准也将进入审查阶段。国家及行业标准的持续完善，有力地推动了行业标准化的发展。

二、汽车整车物流技术发展情况

我国汽车整车运输在汽车消费市场大幅下滑的严峻市场形势下，持续进行着结构调整和转型升级。在经营环境欠佳、市场遭遇变革的大趋势下，如何利用新技术、新模式，降低运营成本、提高服务质量、增强市场竞争力，已然成为汽车整车物流运作面临的主要问题。

（一）汽车整车物流技术发展概况

1. 物流智慧化水平不断提升

当前，国家大力推行“新基建”，5G、大数据、物联网、人工智能等现代信息技术，将推动汽车整车物流行业向着数字化、平台化、智能化方向转型升级，新的物流装备、物流技术、物流服务理念也将逐渐涌现，为行业发展带来新动能。

随着技术的优化推动，基于大数据分析和算法优化的工具，推动汽车整车物流业务不断优化运营，实现更精准的销售预测、更科学的物流网络布局、更合理的库存管理、更快速的配送路线规划。假以时日，汽车整车物流的配送甚至将精确到分钟，这就是极致的数字化物流体系给用户带来的体验。融合人工智能、大数据等新一代技术的数字化物流是汽车整车物流行业转型升级的必然趋势，在汽车整车物流的物理要素中，人、货、车、线、仓，每个环节的数字化改造最终带来的都是物流的智慧化升级，汽车整车物流行业将重新被激活，运输时效大大提高。

2. 物流模式创新不断加快

传统的整车跨境运输以海运为主，主要集中在天津、上海、广州等沿海城市。采用铁路运输尤其是跨境铁路运输方式的企业较少，铁路运输的时效、运力及综合成本优势没有得到充分发挥。目前，内陆城市具备整车国际铁路运输内陆口岸的有重庆、郑州、武汉、西安等，依托中欧班列，提升往返对开比例，最大限度提升铁路运输必需的集装箱、车架、铁路车板的使用效率，极大避免了单程运输造成的成本叠加和资源浪费，从而降低运输成本。同时，西安港创新地采用“铁路集装箱＋铁路笼车”的混合运输方式，充分发挥中国、哈萨克斯坦、俄罗斯铁路集装箱运输优势，以及欧洲段铁路笼车运输优势，提高中欧班列运输效率。

（二）全程智能化管理不断加强

汽车整车物流作为汽车产业链条的关键环节，是集运输、仓储、车辆保管、车辆流通及物流信息流通的综合化管理。但是，长期以来市场上多数整车物流企业受制于现代化管理手段的缺乏及配套系统的不完善，管理效率较低、上下游响应速度偏慢。随着《道路车辆外廓尺寸、轴荷及质量限值》（GB 1589—2016）的全面推行，汽车整车物流综合成本上升，行业竞争日趋激烈。面对新一轮的汽车产业变革，越来越多的整车物流企业借助广泛应用的移动互联网技术，结合现代化的管理系统平台，进行全程智能化管理，进而实现企业运作的降本增效。

一汽物流的RFID溯源系统覆盖一汽集团红旗、大众、奔腾、马自达四大品牌，在全国的38个基地库、29个分拨中心，部署了74套RFID地感扫描一体机，208套移动设备，并结合GPS信息、铁路在途信息、水路船讯网信息，实现从商品车下线到经销商交付运输全流程可视化。一汽物流RFID全程溯源示意如图8－35所示。此外，一汽物流与百度云合作，运用无人机航拍获取图像数据，基于OCR图像识别技术、AI机器学习，系统快速识别库区内整车数量及库位号，并与光华整车仓储管理系统进行实时比对，实现整车仓储的动态智能盘点，视觉识别准确率达到100%，盘点效率与手工作业相比提升7倍，解决了整车仓储动态盘点的难题。一汽物流无人机盘点系统界面示意如图8－36所示。

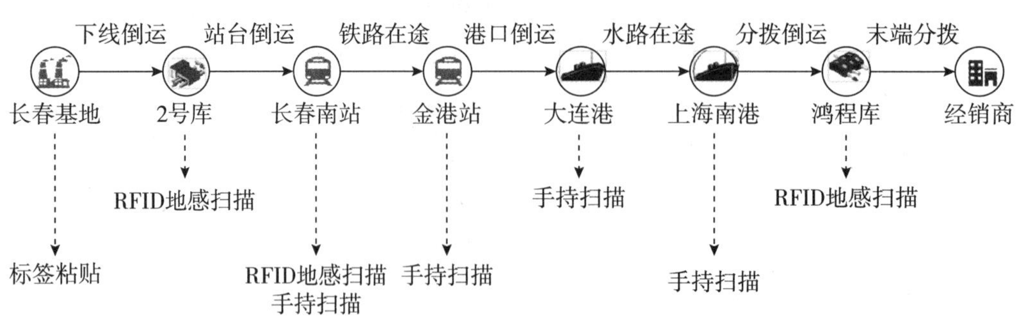

图8－35　一汽物流RFID全程溯源示意

资料来源：2020全国汽车整车物流发展大会演讲《一汽物流“智慧物流解决方案”案例分享》。

图 8－36　一汽物流无人机盘点系统界面示意

资料来源：2020 全国汽车整车物流发展大会演讲《一汽物流“智慧物流解决方案”案例分享》。

爱驰物流借助物联网、大数据开发了 PMS（Power Production Management System，设备管理系统）/TMS，实现全程智能高效的整车仓储及运输全程可视化，提升了用户体验。PMS 具体包含以下几个方面：RFID 全程管理车辆出入库、充电、洗车等过程；PDI（Pre Delivery Inspection，出厂前检查）、动态盘库通过手持 PDA 设备；无人机盘库，提高管理效率；自动打印入库标签、运单，具体如图 8－37 所示。可以实现整车物流过程透明化及位置信息的实时上报；通过设置区域中心库，能够缩短整车交付周期，实现全国主要城市 1～4 天送达；并能够通过数据挖掘和算法驱动，提升整车运输效率。

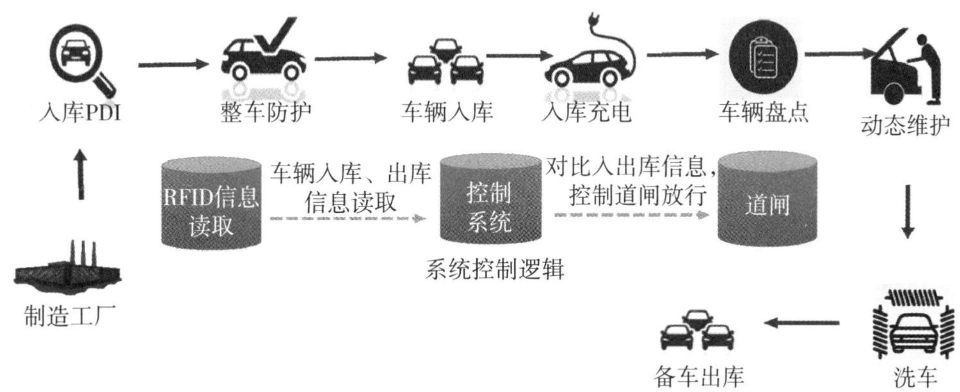

图 8－37　爱驰物流智能高效仓储管理流程

资料来源：2020 全国汽车整车物流发展大会演讲《爱驰汽车智慧物流实践》。

（三）物流信息平台加快发展

近几年，物联网技术在零部件物流领域的应用不断拓展，“新基建”也将进一步促进物联网产业与应用的发展。物联网、云计算、大数据、AI、区块链等新一代信息技术的应用，优化了物流管理能力，提升了各环节管理水平，促使管理手段多样、管理过程透明、管理流程通畅、管理能力增强，信息平台建设不断加快。

广汽商贸在广汽集团旗下有广汽本田、广汽丰田、广汽乘用车等多个品牌，在每个品牌均由广汽商贸下设的物流企业单独对接物流需求的情况下，搭建了整车智能化物流系统。广汽商贸总部层面以建设智能可视化平台为中心，通过运力管理、在途监控、在途预警、整车交付等模块数据的动态呈现，满足管理需求；各物流企业通过应用展示设备、业务所需软硬件系统及物联网传感设备，有效采集业务数据并通过系统接口实现业务数据对接，以实现对数据的对标管理。整个系统由广汽商贸总部管理屏幕、可视化平台、大数据平台、物联网平台、TMS、WMS、投资企业接口、主机厂系统接口八个模块组成，拟打通各个环节的信息流，并通过大数据可视化平台进行梳理和展现。

长久物流的位置服务平台是大数据与物联网技术结合，打造的基于物联网技术的高效服务系统，在实际建设中解决了空间数据分布式存储策略、高效并行操作、对外服务引擎等关键问题。在系统搭建方面，整个系统构建在稳定、高效的软件架构平台之上，提供对多种硬件平台、操作系统和中间件软件的支持。系统具备可移植性，在目前多种主流硬件平台上均可运行。在数据处理方面，平台每天接收大量的数据，要求系统拥有海量处理能力，包含车辆/船舶位置数据、业务运输监控数据、平台间交换数据、安全事件数据、实时报警数据、车辆地图高频数据请求等，系统采取数据分类管理、清晰的冷热数据区分定义、规范化存储等措施，从而提升系统的稳定性，支持系统高性能和高可用度。

三、汽车零部件物流技术发展情况

我国汽车零部件物流体系是一个以汽车生产企业为主导，原材料厂商、零部件生产企业为供应商的供应链系统。在汽车销售寒冬下，汽车生产企业的产销量下滑进一步挤压汽车零部件物流的市场空间。汽车生产企业在严峻的市场环境下，不断优化物流模式，加快技术应用，增强企业间合作，进而提高服务能力，实现降本增效。

（一）汽车零部件物流技术发展概况

1. 产业融合不断加快

随着近两年我国汽车产销量的下滑和整个汽车行业的市场变化，汽车零部件物流行业市场行情错综复杂，行业结构调整势在必行。为顺应市场需求，汽车零部件物流行业需加快从物流环节向供应链上下游延伸合作，打造跨行业、跨领域、跨国界的汽车零部件供应链体系，同时增强产业间的跨界合作与融合，向“物流+”等多元化方向发展，建立产业融合新生态，打开汽车零部件物流新局面。

2. 物流技术发展趋势

作为生产力要素，物流技术装备涉及物流活动的每一环节，对于发展现代物流、改善物流状况、降低物流成本、提高利润、提高客户服务水平、促进物流企业转型升级具有十分重要的作用。当前我国汽车物流技术装备市场广阔、发展快速，传统物流装备市场竞争激烈，物流技术装备企业多角度、多方位寻求创新和升级。近几年，行业内“无人仓”“黑灯工厂”不断涌现，通过无人驾驶技术、自动化立体仓库、自动装卸技术、关节式机器人等机械化与自动化设备大量替代人工。汽车零部件物流技术装备需求快速增长，呈现出标准化、智能化、自动化、无人化和绿色化的趋势①。

（二）全程自动化不断增强

近年来，汽车行业不断推进智能制造发展，在智能工厂建设中越来越多地引入自动化物流系统，以优化作业流程，实现厂内物流的提质增效与成本下降。目前，汽车零部件制造行业需要在重复性工作中提高自动化技术的投入，汽车零部件物流中的仓储环节和上线物流环节大幅提升自动化水平，能够提高物流效率、降低物流成本。

上汽变速器烟台基地通过实施入厂物流自动化项目，基本实现物料装卸自动化、输送自动化、仓储自动化、拣选上线自动化、总成下线装卸自动化、空箱返回自动化，同时在安全性、作业效率等方面得到有效提升，达到了系统设计效果。

自动化技术覆盖了厂内物流所有作业环节，主要包括外购件收货环节、外购件存储环节、零部件拣选及上线环节、总成自动下线及自动发运环节。整套自动化物流系统设备包含外购件自动入库系统、成品自动装卸系统、外购件自动仓储系统、外购件AGV配送系统以及成品AGV配送系统，详见表8－5。

表8－5　上汽变速器烟台基地自动化系统

序号	名称	数量	单位	备注
1	外购件自动入库系统	1	套	①滑链集货线；②过渡设备：提升机、常规输送设备、拆垛机器人
2	成品自动装卸系统	1	套	①滑链集货线；②过渡设备：料架输送线、堆叠/拆叠盘机系统

① 中国物流与采购联合会汽车物流分会．中国汽车物流发展报告（2020）［M］．北京：中国财富出版社有限公司，2020.

续 表

序号	名称	数量	单位	备注
3	外购件自动仓储系统	1	套	①托盘立体库存储系统（大件库）；②周转箱机器人立体存储系统（小件库）；③配套输送设备（托盘和周转箱）；④机械手拆垛系统（含3D视觉识别技术）
4	外购件 AGV 配送系统	5	台	含辅助设备、备用电池、精准定位设备
5	成品 AGV 配送系统	3	台	含辅助设备、备用电池、精准定位设备

（三）数字化水平不断提升

在全球工业智能化趋势下，工业的数字化、网络化和智能化转型逐渐提速，随着工业物联网、云计算、大数据和人工智能等技术的成熟并在各行各业应用，推动汽车零部件物流从传统劳动密集型产业转型升级为智慧化产业，零部件物流数字化水平不断提升。

北京新能源汽车股份有限公司（以下简称“北汽新能源”）成立 11 年来已经积累了 50 万辆以上的车辆保有量，行驶里程接近 160 亿公里，拥有超过 480T 的车辆行驶、控制、电池状态等数据。基于应用大数据管控理念，打通全链数据实现共享的“控制塔”型组织，实现零部件到整车供应链一体化、基地资源共享一体化、未来发展规划一体化的“三位一体化”物流体系。通过标准化、模块化、资源共享化，减少同质投入，实现规模经济效应。

北汽新能源搭建了智慧物流体系，如图 8－38 所示。基于信息系统大数据应用，进行业务模拟、反馈、管控优化，形成智能决策和管理驾驶舱，同时实现透明可控的物流体系。通过人机协作、人工智能感知，实现全价值链智能规划和运行，以及全生命周期高效管理。

北汽新能源借助数据平台，搭建数据分析模型，构建三级指标架构，采用多样的数据应用方式，进行数据决策。北汽新能源三级指标架构如图 8－39 所示。首先，进行数据采集，执行一线的数据采集向上反馈，反馈执行层异常，确保数据上传稳定性；其次，进行供应链运营节点的实施控制分析，及时找出运营问题点后优化并下发执行层；最后，进行智能决策，掌握供应链核心指标，找准供应链发展方向、痛点，支撑经营类决策。

柳州五菱在原本供应链标准化程度较弱、信息系统技术薄弱、物流人才短缺的基础上，不断提升供应商物流管理水平，建立数字化供应链。柳州五菱建立了供应链信

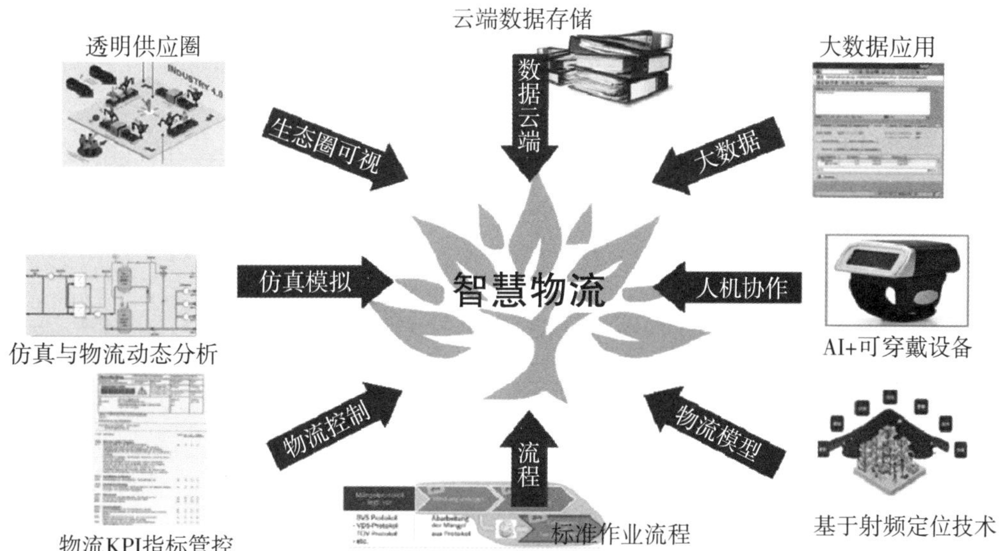

图 8－38　北汽新能源智慧物流体系示意

资料来源：2020 全国汽车整车物流发展大会演讲《后疫时代下的物流如何乘风破浪》。

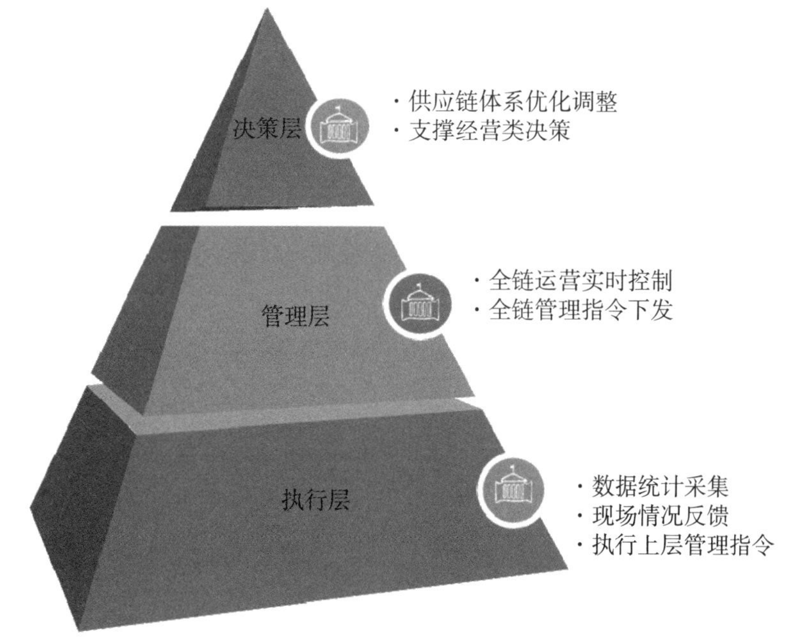

图 8－39　北汽新能源三级指标架构示意

资料来源：2020 全国汽车整车物流发展大会演讲《后疫时代下的物流如何乘风破浪》。

息平台（SCM），平台流程如图 8－40 所示，并且实现了 SCM 全区域覆盖，支持供应商进行标识打印、精益管理、计划协同、对账管理等；解决了送货单不统一、信息共享程度低、对账困难等问题。SCM 软件架构系统采用 JAVA 开发语言设计，框架融入性强且具有完善的数据库访问、事务处理、接口集成、错误处理、过程管理、任务计划等能力。该系统能够利用数字化手段管控供应链库存，敏捷响应市场的波动，开展供应链的大数据分析，挖掘数据价值。

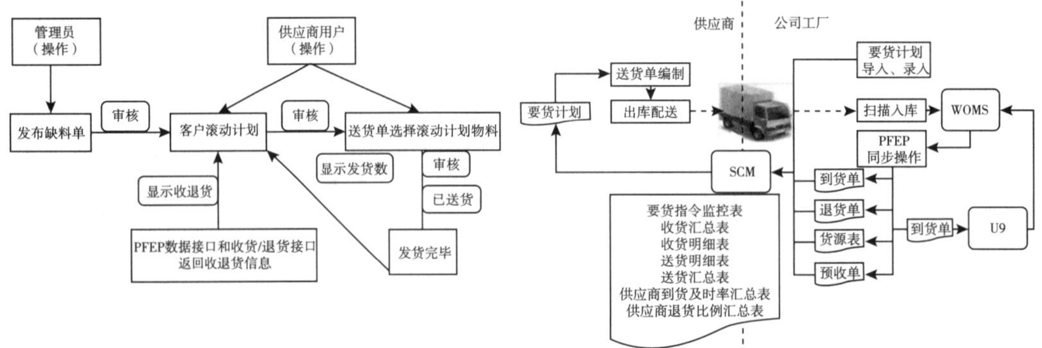

图8－40　柳州五菱供应链信息平台流程示意

资料来源：2020全国汽车整车物流发展大会演讲《数字化供应链建设探索》。

此外，柳州五菱建立了库存信息管理平台（WOMS），软件支持IE浏览器、谷歌浏览器、QQ浏览器、360浏览器，支持移动端应用，如iOS、安卓等操作系统，支持配置式灵活快速部署，WOMS业务逻辑关系如图8－41所示。WOMS的实施，能够提高

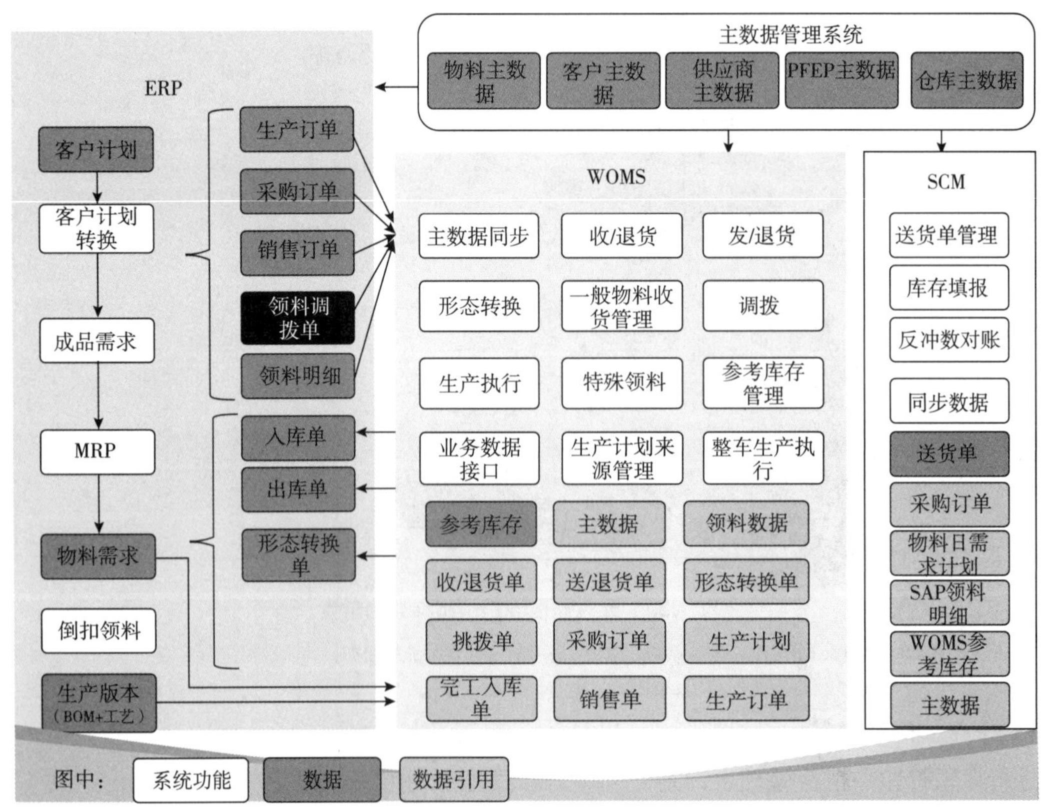

图8－41　WOMS业务逻辑关系

资料来源：2020全国汽车整车物流发展大会演讲《数字化供应链建设探索》。

公司工厂自动化率，优化现场物流人员配置；简化现场物流人员操作，提高系统录入效率；提供数据支持，为企业流程优化奠定基础；促进公司转型升级，打造数字化供应链。

四、年度案例

（一）长久物流：“天网＋地网”整车物流生态圈

目前汽车物流行业中，大多汽车物流供应商都会面临供需匹配难的问题。从2019年的汽车行业销售量来看，整个汽车行业需要的车辆运输车在3万辆左右，但目前有8万辆，体现出资源和运力极其不协调的情况。长久物流通过“天网＋地网”整车物流生态圈的建立，实现B端/C端客户与运力的无缝对接，降低资源与运力匹配的不协调性。

1. 天网

长久物流在整车物流业务基础上，借助互联网的思维搭建了天网和地网。天网就是扩大资源获取方式，在不断拓展原有B端客户的基础上，2020年着重开发小B端及散车业务，扩大资源获取范围。长久物流在不断提升运营能力和服务质量的同时，通过招标扩大在B端市场的份额；重点开发散车业务市场，用散车业务反哺B端业务，抢占C端业务市场；在小B端业务中，随着汽车销售模式的变更，市场也逐渐在增大，电商平台、经销店二网业务、出行公司、旅游公司等业务量在逐步增加，主要客户有优信二手车、人人车库、58汽车、天猫汽车等。同时致力于打通零散客户与社会运力的壁垒，投入很大的人力、物力开发韵车App系统（见图8－42），作为一站式汽车运输平台，韵车App是一个纯互联网思维的系统，背后的支撑还是庞大的地网。

2. 地网

通过天网获得的客户资源要用地网消化。基于不断变化的运输结构和网络资源，长久物流持续优化运输路线，形成了高效的物流运输网络。其中，对流路线有8条核心大区对流路线、60条核心省省对流路线以及42条核心跨省对流路线；区域循环有5条核心小循环路线；跨区域多点循环有20多条核心三点循环路线、14条其他核心循环路线；末端分拨和城配有9个核心铁水分拨节点，北京是核心城市配送试点。长久物流的物流运输网络示意如图8－43所示。长久物流拥有中置轴车队，可控运力9400余辆，其中自营运力上线2400余辆，体系运力上线7000余辆。

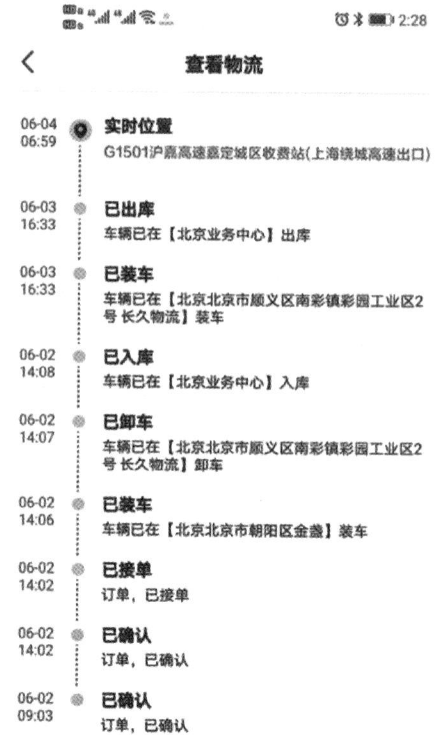

图 8-42 长久物流韵车 App 实时查询在途位置示意

资料来源：2020 全国汽车整车物流发展大会演讲《新形势下整车物流发展战略思路》。

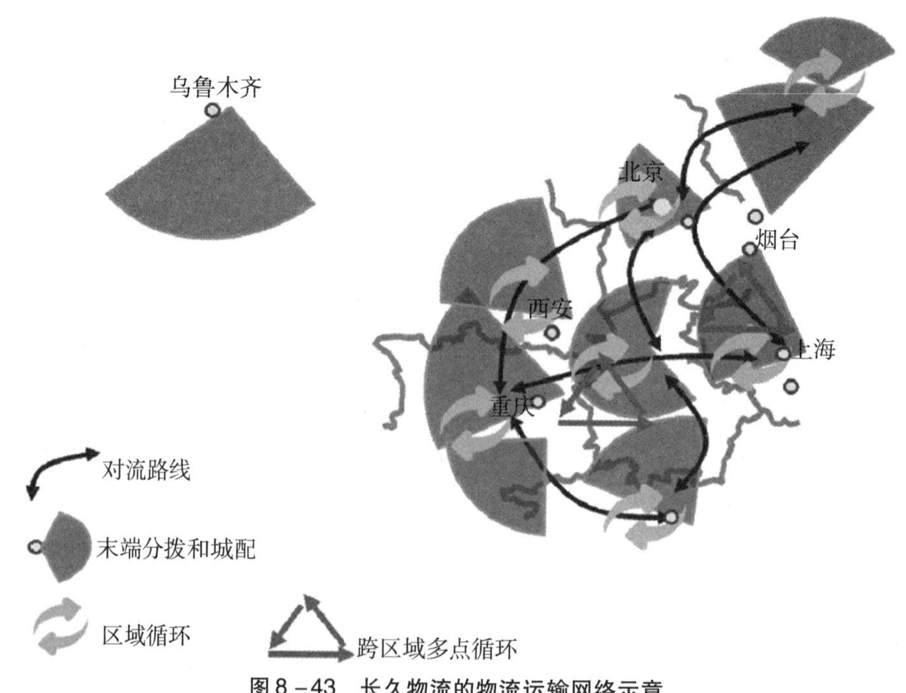

图 8-43 长久物流的物流运输网络示意

资料来源：2020 全国汽车整车物流发展大会演讲《新形势下整车物流发展战略思路》。

长久物流建立仓干配一体化网络体系，精细化运作末端短线业务，具体如图8－44所示，通过布局全国仓储节点，形成基地仓、分拨仓、城市仓等全方位的立体仓储网络布局。其中基地仓驻扎主机厂生产基地，提供长期配套的仓储服务；分拨仓有效衔接公、铁、水转换节点，实现无缝对接；城市仓贴近消费市场，布局“最后一公里”配送网络。

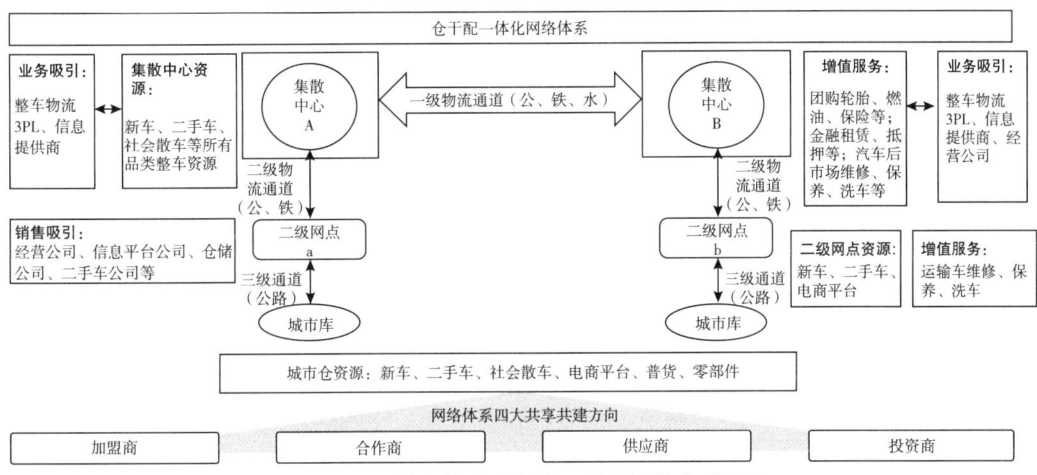

图8－44　长久物流仓干配一体化网络体系示意

资料来源：2020全国汽车整车物流发展大会演讲《新形势下整车物流发展战略思路》。

长久物流基于对流循环等路线类型，充分利用网络优势，创新发展多式联运，其运输网络示意见图8－45。长久物流多式联运具备优秀的公铁水联运能力，目前自有可

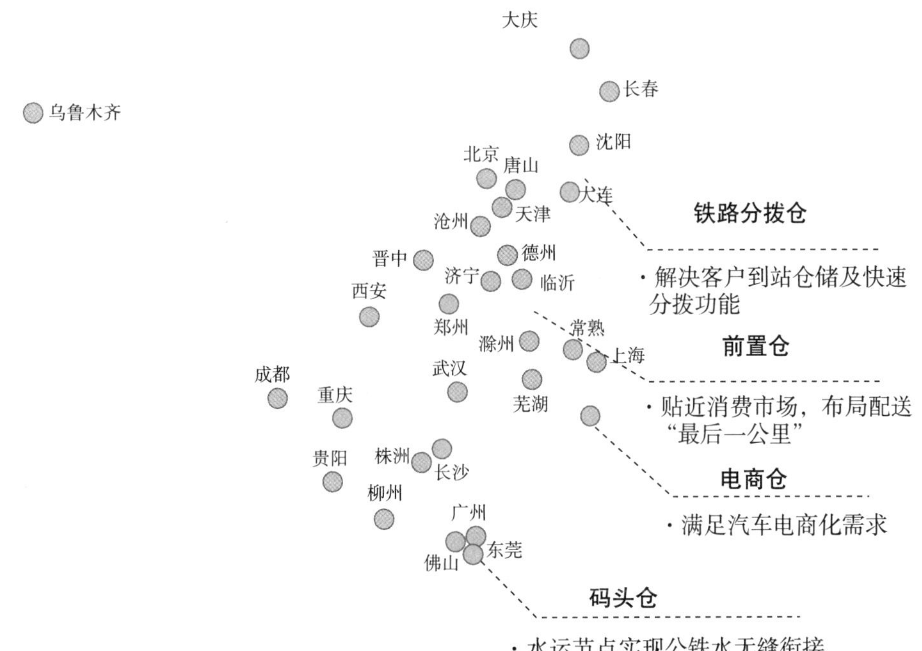

图8－45　长久物流的运输网络示意

资料来源：2020全国汽车整车物流发展大会演讲《新形势下整车物流发展战略思路》。

控船舶运力充足、联运枢纽节点完善。大连—华东、华南区域为精品航线，船期密度达到3～4班船/周，另有天津—宁波等特色航线。在汽车行业销售模式持续变革背景下，通过配置多种类型运输车辆、建设多种类型功能仓储、智能算法优化配送路径解决“最后一公里”配送难题。

智运平台利用互联网、大数据与物联网，充分发挥运力整合优势，利用自有车辆的返程运力，开发普货业务，打造车货匹配平台，降低空驶成本，提高车辆运行效率。投资成立全资子公司天津长久智运科技有限公司，通过打造智慧物流平台，开展网络道路运输、智慧物流研发等综合业务，获批天津市首批网络货运经营资质。

3. “天网＋地网”融合发展

长久物流“天网＋地网”物流生态圈的建立，实现了B端/C端客户与运力的无缝对接，促进了资源协同（见图8－46）。

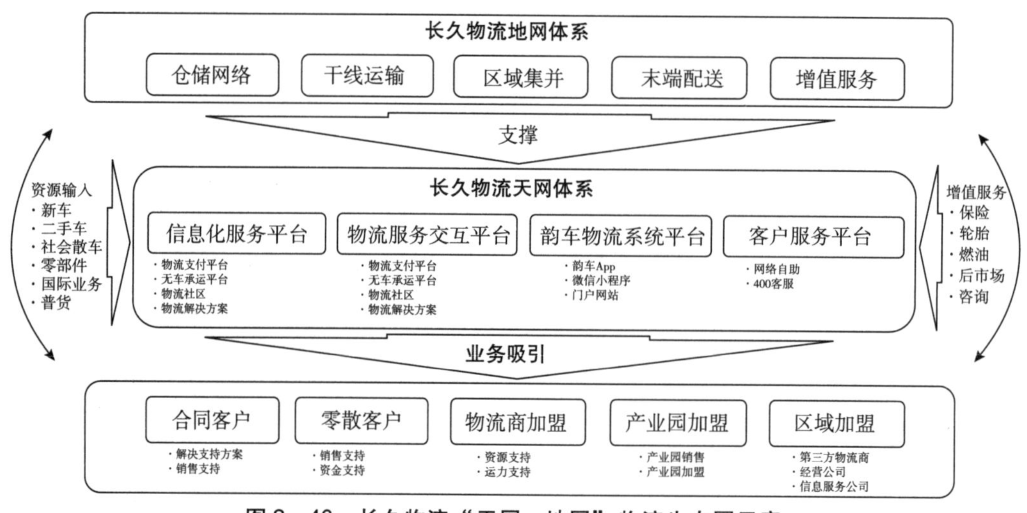

图8－46 长久物流“天网＋地网”物流生态圈示意

资料来源：2020全国汽车整车物流发展大会演讲《新形势下整车物流发展战略思路》。

（二）东风日产：供应链产能协同数字化的探索与应用

近年来，汽车市场竞争日趋激烈，并呈现出产销规模扩大化和车型多样化等趋势，企业间的竞争逐步转化为供应链之间的竞争，如何更好地与供应商进行产能协同，受到越来越多汽车制造企业的关注。东风日产充分重视汽车供应链产能协同管理中面临的问题，并采取了一系列做法开展产能协同数字化转型。

转变管理理念，提升核心竞争力。以生产计划短期、中期、长期需求为主线，围绕产品生命周期管理，建设覆盖零部件、原材料产能管理的全流程数字化管理。由于数字化建设不是一蹴而就的，需要遵循数字化建设规律，以供应商产能全流程管理数据为积累，做好业务流程数据分析，对数据进行分类提炼，逐步迈向知识增值阶段。然后沿着数据增值流程，进行数据分析模型建模和辅助决策支持，完善整体供应商产能数字化 PDCA（Plan，Do，Check，Action，即计划、执行、检查、处理），形成闭环管理。最终实现数字化转型的目标，提升企业核心竞争力。图 8－47 为东风日产提升核心竞争力的步骤和内容。

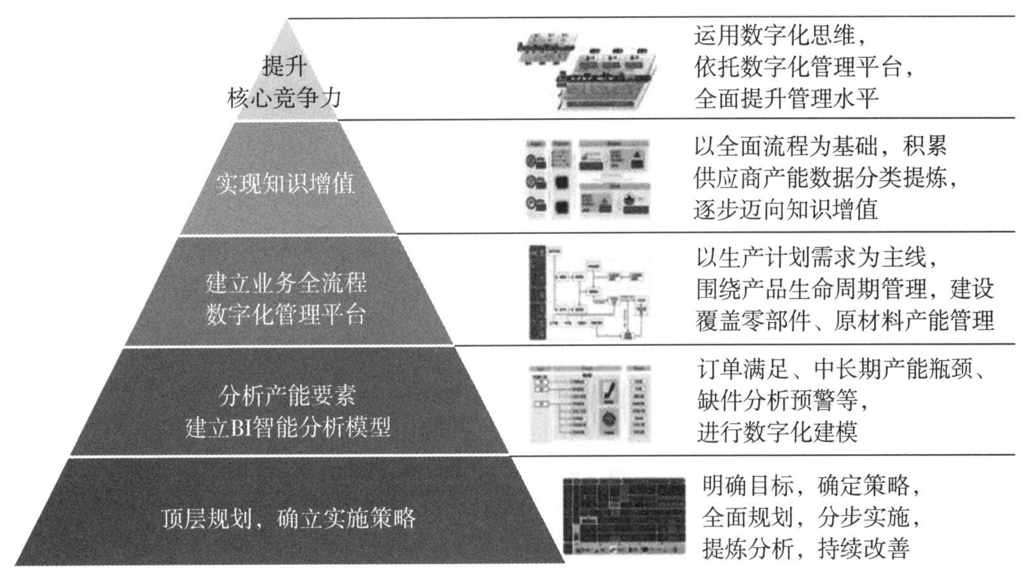

图 8－47 东风日产提升核心竞争力的步骤和内容示意

资料来源：李少新，乐德林．东风日产供应商产能协同数字化的探索与应用［J］．物流技术与应用，2020，25（9）：76－80。

1. 产销协同的可视化管理

东风日产的产销平衡，是基于一种重要的管理方式 CARFLOW（车流）的管理机制。CARFLOW 管理中使用最核心的工具是 CARFLOW 数字系统平台，它包含了历史的销售和生产数据，未来的销售和生产预测及库存推移数据，能直观了解各车型最新销售计划，查看生产计划波动幅度和库存合理性，指导短期、中期、长期的供应商产能协同准备。

2. 新车试作零部件的供应协同管理

新车试作零部件的供应协同管理，包括全新车、中期改款、小改款等各种变更引起的变更点管理。其中，需要与供应商能力协同的工作，包括试作部品准备状况管理、试作部品订单管理、试作部品纳入管理、试作部品变更管理等业务。在新车零部件变更发生前，首先会确认部品状况，此时需要向供应商进行模具的调查、发点的调查和变更采用的调查，基于供应商反馈的调查结果，制订跟踪计划。

通过数字化的供应商新车试作协同管理，系统自动生成初版清单后由后台发送，依据回收的调查结果进行处理，提升了新车试做协同的业务处理效率，有效保证系统间新车变更和生产准备信息的数据一致性。

3. 国产零部件的产能协同管理

东风日产国产零部件的产能协调管理，首要目标是建立先进的供应商产能管理体系以确保整体销售与运营计划的高效运行，快速响应市场变化。销售需求为管理的启动程序，车型需求出现波动时，利用系统数据和条件参数，快速精准定位波动影响的对象供应商及零部件需求变化，针对性展开计划满足情况调查。供应商收到系统发出的邮件提醒后，按周次更新具体零部件的供应量，以及部分需要东风日产承担额外费用可以追加供应的数量。

4. 海外零部件的产能协同管理

东风日产量产海外零部件的产能协同管理，是通过多个系统共享信息、协同作业，包括量产海外部品产能情况、计划需求匹配情况监控、提前预示风险等。通过“需求—库存—物流信息”的收集整合，向供应商平台共享真实需求信息并收集反馈；再根据供应商满足信息向计划/销售反馈车辆计划满足情况，将作为供应商与市场衔接的中间环节做到最优化，满足市场变化需求，同时也提升整条供应链能效，实现整体共赢。

5. 原材料的产能协同管理

东风日产量产原材料的产能协同管理，是以钢材的周订单为试点，联合钢厂销售及生产计划排产团队，以东风日产原材料物流管理系统与钢厂的钢材生产销售一体化系统互联互通为基础，通过对未来需求的预测，实现钢厂产能的预分配以及主机厂的订单联动。

东风日产从整体角度重新审视供应商产能协同管理角度思路与目标。随着数字化的应用，数据得到积累，知识分类提炼，大大提升了管理科学性和技术管理工作的敏捷性，在数字化转型基础上不断提升东风日产核心竞争力，同时实现与供应商伙伴共赢①。

第六节　服装物流技术

服装行业的高速发展推动服装物流市场进一步发展。在现代物流转型期，服装物流作为重要细分领域也在寻求自己的新方向、新技术、新突破，使服装物流与服装行

① 李少新，乐德林．东风日产供应商产能协同数字化的探索与应用［J］．物流技术与应用，2020，25（9）：76－80.

业小批量、多品类、周期短、季节性强等特点相匹配。同时，随着线上线下不断深入融合、电商直播带货等新型服装销售模式的日趋成熟，服装物流也迎来了新的机遇与挑战。

一、服装物流概况

（一）服装物流的概念

服装物流是指服装从生产到销售这一过程中，一系列与服装产品生产、分销相关的经营活动。从定义可知，服装物流属于广义的概念，它涵盖了采购、生产、销售等过程中的所有实物流动。

目前根据服装企业分工的不同，服装物流可分为四类，即供应型物流、生产型物流、销售型物流和混合型物流。

（二）服装行业特点及物流需求

1. 小批量、多品类

小批量生产服装既可以满足消费者的个性化需求，又可以减轻库存压力方便清仓，同时还可以帮助服装企业降低风险。多品类的服装可以满足消费者的不同需求，使其在购买服装时有更多的选择，因此对物流储运过程中的信息管控要求较高，信息化的库存管理与全程货物可追踪也可以有效降低丢件的风险。

2. 周期短、季节性强

服装行业周期短、季节性强的特点十分突出，这不仅表现在时装季节性的更迭，也体现在同一季节中服装的面料、色彩、款式和其他配套方面的差异性，零星发货和按需发货的比例较高，对物流的快速响应有较高要求，应当缩短货物在流通环节的时间并减少库存。在新品上市的过程中，跨国品牌的物流需求范围更广，快速响应需求更高。

3. 返货多

返货多也是服装行业区别于其他行业的重点之一。一是由于线上消费使得消费者难以在购买前直接接触实体服装，造成返货多的问题。二是服装行业的季节性，造成当季的服装下架后的后续处理，促使企业以折扣消费后仍需返货给厂家或批量处理下沉市场。

4. 与其他行业融合程度深

服装行业除与纺织业、零售业、珠宝业、皮革业、化工业、信息业等深度融合外，与物流业的融合主要体现在以下两个方面。一是服装企业开始与专业的第三方物流企业合作，并提高自身的核心竞争力。二是服装企业逐渐意识到现代物流技术对提高企业物流运作水平极为重要，因此也纷纷建设企业物流系统和高水平的物流中心，提高物流管理和物流配送效率。

由于服装行业自身的特点，服装企业需要根据用户需求及时调整生产计划，按照订单生产，同时保证按照客户需求提供物流服务，可采取外包或自营的形式。虽然以前大多是采取自营，但是随着时代的发展，企业逐渐意识到这种方式极大地损耗了自身的精力和控制能力，因此开始与专业的第三方物流企业合作，与此同时进一步加强自身的物流运作水平。这对于增强客户体验感、快速抢占市场先机、打造品牌形象起到了重要作用。

服装行业销售渠道由线下转为线上，这种变化在很大程度上提高了服装物流在供应链中的重要程度。未来，服装物流将对服装行业及社会产生重要的积极影响。

二、服装业供应链管理技术

（一）我国服装企业供应链管理现状

1. 服装供应链信息系统功能

（1）线上线下一体化对接。

服装供应链客户服务系统的云平台，首先可以对接客户线上、线下的订单，做到可视化的订单交付执行和订单的协同处理。

（2）全链条打通的信息流。

平台融合全部的业务系统，打通全链条的信息流，实时掌控货物的状态及作业情况，为客户开通全方位的订单查询端口，品牌商可以追溯供应链全链信息，包括从接受订单到派车提货、货物起运、中转城市、到达情况、签收信息、异常报备、返单信息等。

（3）对接物流行业信息系统平台。

信息平台链接物流行业信息平台，同物流行业信息平台进行大数据的对接和共享，保证服装客户无论使用哪套信息系统，都可以快速对接到第三方的云平台①。

2. 服装供应链新变革

（1）数字化。

服装供应链数字化就是将服装供应链的每一个环节、步骤通过信息技术，以数字

---

① 谭志强，郑建科，温洪宪，等．服装物流发展创新模式研究［J］．物流技术，2018，37（2）：30－33.

的形式表现出来，进而运用互联网平台达成互链、共享、协作的一种日常工作方式①，通过提高速度、灵活性和建立厂商间的相互信任度，优化资源配置，使得供应链整体上更精简。主要体现在设计、制造、分销和销售四个阶段。

（2）智能化。

服装行业基于无人化、少人化的物流场景将会有较大发展，对与此相匹配的智能物流技术的需求也会增多。自动化、智能化的新型技术与产品的不断进步，对智能物流技术的深度应用与可靠性提出要求。

（3）柔性化。

面对服装零售行业整体进入存量竞争阶段，主流消费群体品牌忠诚度正在降低，服装行业零售业态的多元化、线上线下的结构性变化等推动服装企业将以用户及市场为导向，改变供应链模式思维，由刚性的推式供应链向适度柔性的拉式供应链转变②。柔性供应链是一个系统工程，要求企业进行全链路各环节改造，包括采购生产的生态化、仓网配送的一体化及智慧化，并向前、向后延伸到商品企划、设计、终端运营的全过程，最终目标是实现快反模式下的供应链快速响应及商品稳定供应③。

（4）绿色化。

服装绿色供应链管理是以绿色制造理论和供应链管理技术为基础，整合供应链的各个环节并形成回路，提高资源、能源使用效率，主要包括五点。一是绿色设计与开发。以顾客需求为导向，从源头减少销路不畅的风险。二是绿色采购。服装企业在考核和评估供应商时，除考虑成本外，还应着重考虑环境指标。三是绿色生产。将边角料运用到服装设计中，实现最大限度利用，实现经济和环境效益的最优化，鼓励提供包装服务的物流企业进行绿色包装。四是绿色运输。服装企业可以根据自身情况合理配置配送中心，科学制定运输路线，提高运输效率以降低货损量和货运量。中小服装企业可以采用协同形式，开展共同配送，有效地消除交错运输，缓解交通拥挤状况，提高市内货物运输效率，降低空载率。五是逆向物流。服装企业应完善售后服务，提供畅通有效的退换货渠道，对于因时间因素废弃的服装，也应通过合适的渠道进行回收处理④。

---

① 罗戈网．云海说：服装供应链数字化建设的前提和基础［EB/OL］．（2020－02－15）［2020－10－09］．http：//www.logclub.com/articleInfo/MTc1ODEtYzc3OTg2ZjA%3D.

② 赵皎云．面对疫情，鞋服供应链的变与不变［J］．物流技术与应用，2020（4）：100－103.

③ 赵皎云，任芳．科技赋能时尚供应链变革——记 GALTS 2019 第十一届全球鞋服行业供应链与物流技术研讨会［J］．物流技术与应用，2019（8）：65－73，64.

④ 孙欢．我国服装企业绿色供应链管理研究［J］．农村经济与科技，2017，28（2）：147－148.

（二）希杰荣庆物流“后疫情时代”鞋服物流解决方案

希杰荣庆物流独有的核心发展战略 TES（Technology、Engineering、System、Solution，即技术、工程、系统、解决方案），可为服装客户提高仓储、配送、退货运营效率，解决操作困难的问题。通过操作技术实现自动化，实现系统模拟并以数据工程为基础实现优化，以及通过系统搭建和信息智能化完成智慧体系。

1. 解决方案

希杰荣庆物流通过 TES 战略，将自动化仓储、智能配送、高效退货和定制化系统相结合，实现为鞋服客户提供仓储、配送及退货全链条智慧物流服务解决方案，如图 8－48 所示。

图 8－48　鞋服物流解决方案

资料来源：2020 服装物流与供应链行业年会演讲《后疫情时代鞋服供应链解决方案》。

其中，物流中心的建设目标是利用最小的空间、最少的劳动力、最合适的设备实现最高的操作效率。门店配送、电商“最后一公里”的目标要求是利用最优的网络设计，结合客户个性化需求实现快速、准确、安全配送。逆向/退货目标要求是使用合适的设备加速上架销售。

2. 自动化仓储

针对鞋服客户 SKU 多、保管库存多的行业特性，希杰荣庆物流可利用最小的空间、最少的劳动力、最合适的设备实现最高的操作效率。自动化仓储示意如图 8－49 所示。

3. 智能配送

通过网络优化构建完善的配送供应链网络，满足终端客户个性化配送需求，实现货物的快速、准确、安全送达。智能配送示意如图 8－50 所示。

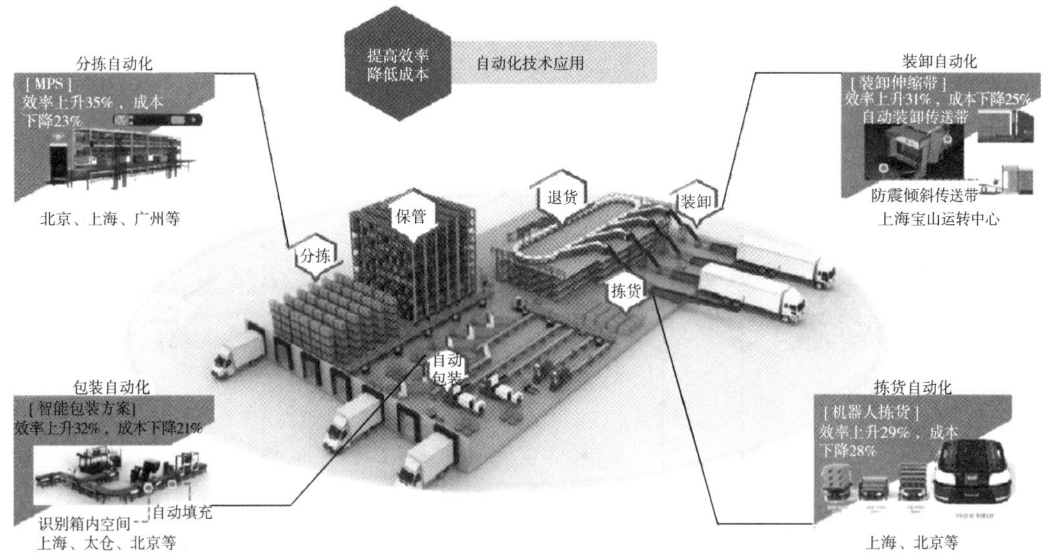

图 8－49　自动化仓储示意

资料来源：2020 服装物流与供应链行业年会演讲《后疫情时代鞋服供应链解决方案》。

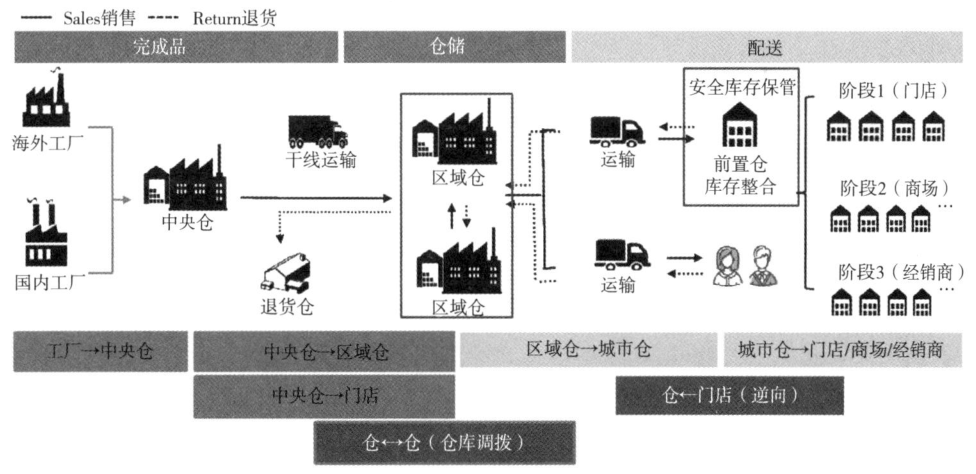

图 8－50　智能配送示意

资料来源：2020 服装物流与供应链行业年会演讲《后疫情时代鞋服供应链解决方案》。

4. 高效退货

希杰荣庆物流为提高鞋服类退货效率，研发了新一代机器人智能分拣技术，并持续进行技术提升与研发。手动退货模式工作效率为 1000pcs/h，半自动退货模式工作效率为 3500pcs/h，全自动退货模式工作效率为 5500pcs/h。高效退货示意如图 8－51 所示。

图 8－51　高效退货示意

资料来源：2020 服装物流与供应链行业年会演讲《后疫情时代鞋服供应链解决方案》。

三、服装物流节点运作技术

（一）装备技术

1. 灯带播种墙

灯带播种墙由灯带、方格支架、控制柜、底座组成，可根据用户使用需求进行定制，可用于各行业领域物流系统，实现货品播种效率的大幅提升，具有设计简单、应用灵活、成本低、效率高、支持叠加使用、操作便捷的特点，同时支持定制产品尺寸规格，无线移动版本可实现边拣边分，灯带颜色可自由设计。灯带播种墙如图 8－52 所示。

图 8－52　灯带播种墙

资料来源：2020 服装物流与供应链行业年会演讲《新形势下物流中心的规划建设》。

从组件上看，方格支架用于固定灯带，框内连接线路可定制材质和方格尺寸，底座用于固定产品，可选择固定式或移动滚轮式，控制柜含控制器、网络控制元件等固定于方格支架单侧，可定制无线网络或有线网络。灯带如图 8－53 所示。

图 8－53　灯带

资料来源：2020 服装物流与供应链行业年会演讲《新形势下物流中心的规划建设》。

2. 窄带分拣机

窄带分拣机具有场地依赖性低、交期短、模块化配制的特点，能够迅速匹配客户高速发展的业务需求。与传统分拣设备相比具有积木式拼接、即插即用、易部署、物美价廉的优点，其中，积木式拼接体现在产品精巧的模块化设计，可随客户业务增长进行产品扩展，产品扩展后可在一天内完成安装调试；即插即用体现在可以无缝对接客户的 WCS、MFC、ERP（企业资源计划）等系统，智能报表系统可实时输出分拣报告；易部署体现在整机采用可拼接、可拆分、可移动的轻巧型结构设计，可在场地内任意位置进行布局；物美价廉体现在设备采用轻巧型结构设计，具有节能模式，更具经济性。窄带分拣机如图 8－54 所示。

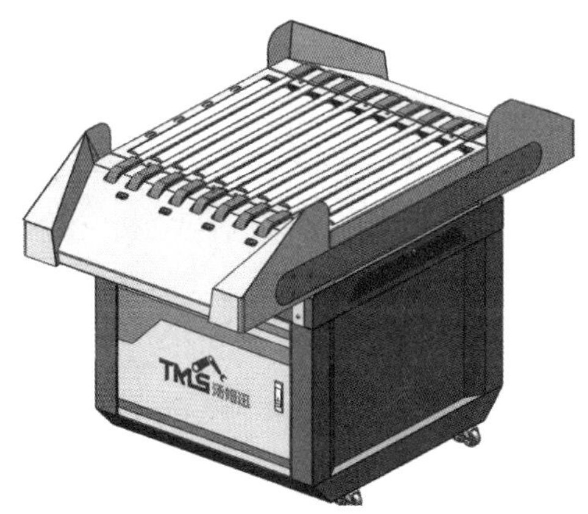

图 8－54　窄带分拣机

资料来源：2020 服装物流与供应链行业年会演讲《新形势下物流中心的规划建设》。

采用窄带分拣机及灯带播种墙联合分拣方案，设备有32个窄带分拣道口，每个道口对应18个灯带播种位，合计共572个灯带播种位。整个分拣流程如下：系统按照鞋、服装、配饰分别计算分拣波次，按照对应库位、数量等特征分配分拣位（未来算法可不断优化），货品按波次通过窄带分拣机进行粗分，然后用灯带播种墙细分到位，最后进行人工返配上架。分货效率为每小时3000～4000件，人员配置为扫描拣货3～4人，播种5～7人，供货、集货及空箱转运3人，日分拣退货3万件。

（二）信息系统

1. 通天晓WMS（仓库管理系统）

轩亿国际致力于为客户提供一套完整的线上线下鞋服供应链管理系统，通过扩建新仓满足日益增长的仓储需求，提升物流配送效率，并采用成熟的第三方WMS解决方案，为新仓提供更好的信息化支持，将收货上架、库存管理、拣货、包装复核、发货等基础库内操作，全部由线下转变为线上系统操作。

通天晓WMS首先将库存管控具体到每个库位，并记录相应交易明细，极大提升库存准确率。其次优化了入库和分拨环节，收货时将根据门店具体需求进行越库作业，剩余库存入库上架，有效减少物流环节、缩短物流路线，让物流运作更加高效。再次，整个发货流程中通过逐件扫描拣货和UI（User Interface，用户界面）逐件复核，降低发货错误率，发货效率也得到大幅提升，为物流与供应链后端快速响应市场需求提供保障，给客户以及消费者带来更好的服务体验。最后，通天晓WMS全程可视化追踪货品批次、溯源，能够做到严格管控，保证信息的准确性，为轩亿国际获取数据分析提供有力支撑。通天晓WMS的高可塑性和适应性，柔性满足轩亿国际对货品的快进快出、快速周转以及门店配送的需求①。

应用通天晓WMS，可以精准定位取货，盘点货品实时记录，确保仓库货品流转过程中信息得以精确采集，降低人工操作的差错率；利用系统的批次管理功能，能确保货品在周转过程中工序不漏、数量不差、产品不混，一旦发生质量问题能够迅速准确地查出原因。通天晓WMS可根据不同的仓库级别配置相应流程（见图8－55）。

通天晓WMS的作业流程和节点可以根据业务类型调整，为客户的业务扩展提供足够灵活的支持。

入库流程和节点可以根据业务类型调整，提供系统推荐、人工指定等多种收货上架方式，并支持自定义设置上架推荐。对于不同的商品形态、包装形态、订单类型可

---

① 现代物流网．构建专业物流协同体系 助力鞋服行业供应链升级［EB/OL］．（2019－01－11）［2020－10－09］．http：//www.materialflow.com.cn/anli/2019/0111/314.html.

自行选择收货方式，支持预设模板或现场灵活选择。收货上架全流程支持容器化跟踪管理，帮助仓库实时掌握收货过程的商品状态以及位置（见图8－56）。

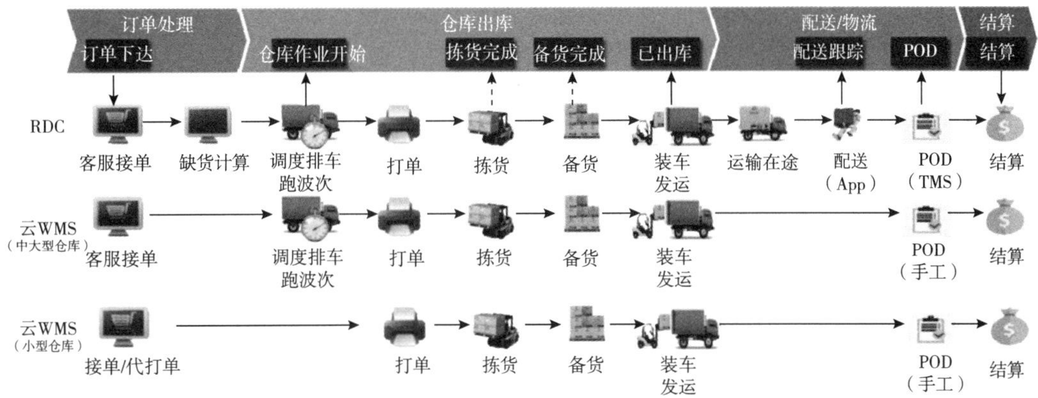

图8－55　根据不同的仓库级别配置的流程

资料来源：https：//www. ittx. com. cn/wmsckglxt。

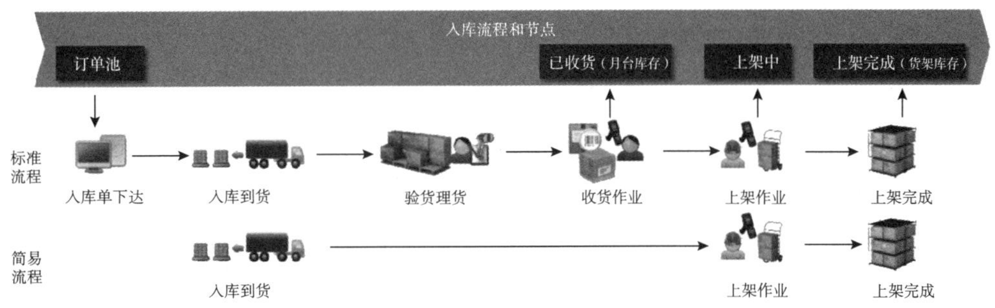

图8－56　根据不同业务场景配置的入库收货流程

资料来源：https：//www. ittx. com. cn/wmsckglxt。

出库流程和节点可以根据业务类型配置，支持增加和减少节点，支持高级自定义流程，可根据预设订单特征自行绑定，并支持自定义条件设定（见图8－57）。

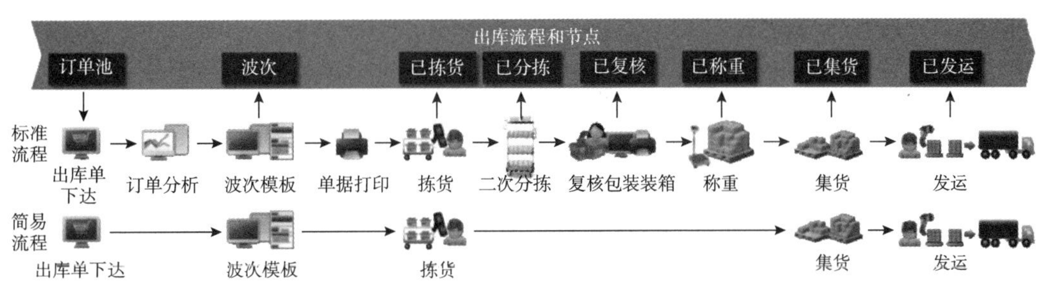

图8－57　根据不同业务场景配置的出库发货流程

资料来源：https：//www. ittx. com. cn/wmsckglxt。

该全渠道平台化仓库管理系统还可提供全程无纸化作业支持，WMS 无缝支持 RF 作业，支持用户在 RF 和纸张作业间自由切换系统支持从仓内全程 RF 流程，包括且不限于收货、定位、上架、拣货、补货、盘点/RF 实时盘点、库内查询、库内异常处理等功能，并可以进行基于优先级的自动任务指派。

2. RFID 服装物流管理系统

RFID 服装物流管理系统，是运用 RFID 技术的快速多标签阅读能力，通过在服装的吊牌或织唛上加入 RFID 电子标签作为服装的身份信息，在一些关键的点位安装 RFID 读写器和天线，在移动作业场合利用 RFID 手持终端，可以对服装物流各个环节如服装拣货、服装分包、物流监管、终端收货、物流追踪等的数据进行自动化的数据采集，保证物流与供应链管理各个环节数据输入的速度和准确性，确保企业及时准确地掌握服装物流的真实数据，提高流转效率和控制企业库存。

（1）主要系统功能。

一是服装拣货：应用加装了 RFID 读写器的小推车，小推车上的平板电脑从后台获取拣货数据后在屏幕上显示拣货清单以及路线，通过读取货架上的 RFID 电子标签确定位置并提示拣货人员拿取对应的服装，当拿好服装放入小车时，可以通过读取服装上的 RFID 电子标签与应拣数据核对，防止错拿。二是整箱扫描：对于整箱打包好的服装，经过装有 RFID 读写器的隧道式读取设备后，可以准确识别整箱服装。三是物流追踪：在整箱服装的封口处贴上转移标签，可以防止物流途中有人开箱换货。四是防伪防窜货：稽查人员用手持终端或其他识别设备读取服装上 RFID 电子标签，可以和后台数据库进行比对，以核查是否有窜货出现。

（2）硬件简介。

RFID 超高频电子标签读写器 UR6258（见图 8－58）是基于 IMPINJR2000 芯片深度开发的一款高性能的 UHF（Ultra High Frequency，超高频）电子标签读写器，属完全自主知识产权设计，在保持高识读率的同时，实现对电子标签的快速读写处理，广泛应

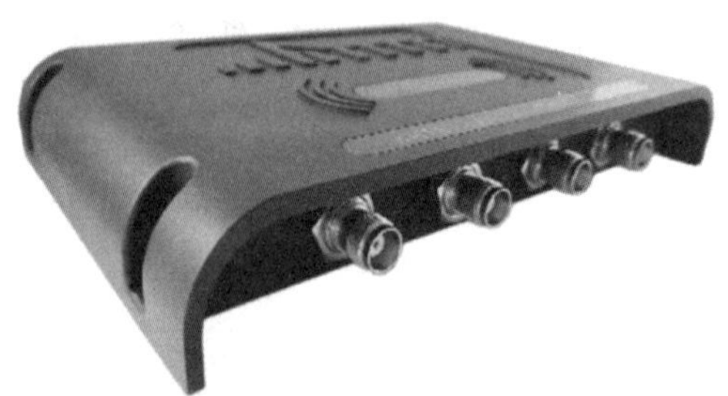

图 8－58　RFID 超高频电子标签读写器 UR6258

资料来源：http：//www.rfidhb.com/rfid/logistics/995.html。

用于仓储进出库管理、图书管理、称重管理、智能交通、门禁系统、防伪系统及生产过程控制等多种无线射频识别系统。

RFID 超高频远距离圆极化天线 UA2626（见图 8－59）是一款高性能的超高频天线，可广泛应用于仓储进出库管理、RFID 工具管理、防伪系统及生产过程控制等多种无线射频识别系统。

图 8－59　RFID 超高频远距离圆极化天线 UA2626

资料来源：http：//www. rfidhb. com/rfid/logistics/995. html。

此外还有 RFID 超高频水洗唛电子标签 UT3X07，是针对服装、纺织行业的专用标签，采用独特的标签天线设计和织唛的形式封装，保障电子标签在服装、纺织品生产环境中的应用，广泛用于服装管理、纺织品管理、皮草管理、被服管理、制服管理等领域。

3. oTMS

oTMS 在国内创造 SaaS 模式的 TMS，推出 oneTMS（运输管理云系统），实现从货主再到司机到客户的全链条全渠道真实管控，全程可视，实时追踪，提升终端客户满意度，节省对账时间。

（1）oTMS 与传统项目实施的区别。

一是标准化与定制化相结合：进行核心体系的标准化系统实施，结合特定行业提出解决方案，能够基于开放式的 API 对接外部功能。二是快速化：不同于传统项目实施时间较长，大部分 oTMS 项目能够在 4～6 周实现快速上线。三是落地化：项目实施专注在系统的执行落地，尤其是承运商与司机端，通过一系列的承运商与司机端落地推广措施，提升末端配送的管理力度①。

（2）绫致时装应用 oTMS 全渠道管理案例。

绫致时装的业务体量巨大，分仓以及门店数量多，导致其对承运商、下级分包商

---

① oTMS 官网 . TMS 物流管理系统概念详解，解读 oTMS 物流运输管理系统［EB/OL］.（2019－05－22）［2020－10－19］. http：//www. otms. com/information/otms2019052209/.

难以有效管理，企业内部管理方式过于传统，又导致了信息传输不及时、效率过低等问题。

oTMS 通过和绫致时装（Bestseller）的 ESB（Enterprise Service Bus，企业服务总线）对接，实现了同 Bestseller 的 SAP、POS（Point of Sales，销售点终端）系统的全面信息交互，实现了对于 B2B、B2C 和 O2O 运输的统一管理，通过 oTMS 将下游的承运商统一管控，实现集中管理，还实现了端到端可视化，可以基于订单级别追踪管控，提升物流管理满意度。

oTMS 对绫致时装的影响：首先，店与店的调配变得更加灵活，以前调货需要一周时间，现在可以当日达或次日达；其次，成本变得透明，更容易统计。对于货物承运的快递公司来说，能够清楚地知道要送多少单，送到哪里，方便了它们安排当日送货路线。

四、年度案例——中通云仓

在 2020 全国服装物流与供应链行业年会上，中通云仓作为服装物流领域的标杆代表参会，并斩获 2020 年全国服装物流与供应链“金纽扣”奖和“2020 服装物流行业年度贡献企业奖”，在服装物流领域表现突出。

（一）中通云仓简介

中通云仓建有完善的弹性人力保障体系和运营培训体系，可以根据单量情况，对仓内及时进行人员增减。全国各仓的管理人员和核心操作人员均拥有多年仓储行业实战经验，可高效完成仓内拣货、复核、打包、称重、出库等系列作业，保障库存准确性和发货效率。中通云仓自主研发景天系列物流仓储管理系统，引进自动打包机、自动称重机、灯光拣选机等自动化设备，极大地提升仓库智能化水平。中通云仓可以做到仓储与配送的无缝衔接。

（二）鞋服物流数字化云仓模式

1. 中通云仓主要业务

（1）仓储管理。

中通云仓配有 WMS 仓库管理系统，可对全国云仓资源整合，提供入仓管理、收货清点、商品质检、库存管理、循环盘点、货品拣选、多品包装、出仓验货、包裹发运、退货处理等服务。

（2）物流配送。

中通云仓可为企业提供干线运输、区域配送、门店配送、分仓调拨、快递配送、平台入仓、智能筛单、路线优化、包裹跟踪，以及其他个性化配送需求，满足客户的不同物流服务需求。

（3）智能系统。

中通云仓自主研发的包括 OMS、WMS、TMS、BMS（Billing Management System，计费管理系统）等系统在内的景天系统管理平台，帮助客户企业智能管理仓储，实现数据的实时传递，对仓储与配送的全程透明化管理。

（4）跨境供应链。

中通打造全球云仓，布局海外仓储和国内保税仓，为跨境电商平台、品牌商提供跨境物流与供应链一体化解决方案。

（5）供应链金融。

中通云仓深挖新零售行业需求，现已布局创新的供应链金融服务，为合作的新零售商家提供仓单质押、商业保理等全面的供应链金融服务。

2. 数字化云仓模式

中通云仓目前运营着近80个现代化智慧仓库，分布在全国40余个核心城市，可满足客户不同区域的仓储需求。中通云仓采用分仓模式，通过大数据预测，依托全国仓网体系实现客户商品智能分配，分仓操作，就近发货，以此实现更快送达。

3. 数字化供应链平台

中通云仓打造了鞋服行业全渠道、全链路、数字化供应链平台，该平台具有数字化、智能化、线上化和集成化的特点。平台结构如图 8－60 所示。

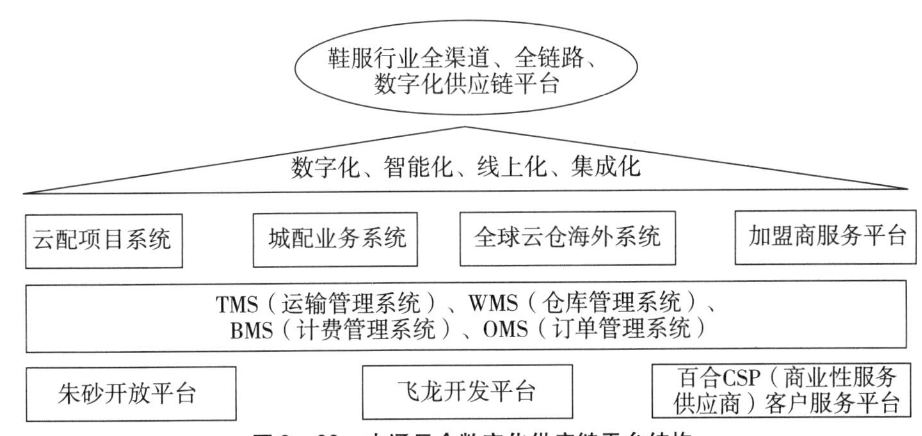

图 8－60　中通云仓数字化供应链平台结构

资料来源：2020 全国服装物流与供应链行业年会演讲《鞋服物流数字化的云仓模式》。

中通云仓的鞋服行业全渠道、全链路、数字化供应链平台主要由三个系统、一个平台构成，即云配项目系统、城配业务系统、全球云仓海外系统和加盟商服务平台。

运用了自主研发的运输管理系统、仓库管理系统、计费管理系统和订单管理系统等。其中，朱砂开放平台、飞龙开发平台和百合 CSP 客户服务平台共同构成了客户全渠道中台。

第七节　医药物流技术

医药物流作为物流业的重要细分领域之一，伴随着相继推行的新版 GSP（Good Supply Practice,《药品经营质量管理规范》）、药品购销“两票制”“4 +7”药品带量采购等重要政策，以及国家对“互联网 + 医疗健康”和第三方医药物流政策的放宽，医药流通的既有格局发生了巨大变动，医药物流的发展态势日趋向好，长期来看，医药行业的标准化、物流智能化以及药品的高质量要求等，仍引领着未来医药物流技术发展的主要方向。

一、医药物流发展概况

（一）医药物流发展的外部环境

1. 药品监管愈发严格

国家药品监督管理局在 2019 年发布的《药品信息化追溯体系建设导则》和《药品追溯码编码要求》两项信息化标准的公告，标志着重启电子监管码的到来。同年，国务院办公厅印发的《国务院办公厅关于同意建立疫苗管理部际联席会议制度的函》指出，同意建立由国家市场监管总局、国家卫生健康委、国家药品监督管理局牵头的疫苗管理部际联席会议制度。2019 年 12 月 1 日起施行《中华人民共和国疫苗管理法》，我国对疫苗管理进行专门立法，实行最严格的管理制度。

2. 医药冷链物流标准逐渐完善

目前，医药冷链物流的标准和行业规章并不统一，但是随着政府、企业等各方的努力，医药冷链物流的标准会逐渐完善。近年来，我国医药冷链物流相关标准如表 8 -6 所示。

表 8 -6　我国医药冷链物流相关标准

标准类型	实施日期	标准名称	标准编号	制定情况
国家标准	2018 年 5 月 1 日	《医药产品冷链物流温控设施设备验证 性能确认技术规范》	GB/T 34399—2017	已实施
	2012 年 12 月 1 日	《药品冷链物流运作规范》	20190924 - T - 469	修订阶段

续　表

标准类型	实施日期	标准名称	标准编号	制定情况
行业标准	2017 年 1 月 1 日	《药品阴凉箱技术要求和试验方法》	WB/T 1062—2016	已实施
	2018 年 8 月 1 日	《药品冷链保温箱通用规范》	WB/T 1097—2018	已实施
团体标准	2018 年 5 月 1 日	《医药冷藏车温控验证性能确认技术规范》	T/CFLP 0013—2018	已实施
	2018 年 5 月 1 日	《医药物流承运企业质量管理审计规范》	T/CFLP 0012—2018	已实施

3. “互联网 + 医疗健康”领域不断扩大

随着政策对互联网医药的不断开放，“互联网 + 医疗健康”的领域不断扩大，发展形势迅猛。近年来，互联网医药相关政策如表 8 – 7 所示。

表 8 – 7　　互联网医药相关政策

发布时间	政策名称	主要内容
2000 年 6 月 26 日	《药品电子商务试点监督管理办法》	药品电子商务，是药品生产者、经营者或使用者通过信息网络系统以电子数据信息交换的方式进行并完成各种商务活动和相关的服务活动
2005 年 9 月 29 日	《互联网药品交易服务审批暂行规定》（国食药监市〔2005〕480 号）	划定互联网交易服务的实施主体和类型
2017 年 1 月 21 日	《国务院关于第三批取消中央指定地方实施行政许可事项的决定》（国发〔2017〕7 号）	取消互联网交易服务资格 B、C 证审核
2017 年 9 月 29 日	《国务院关于取消一批行政许可事项的决定》（国发〔2017〕46 号）	取消互联网交易服务资格 A 证审核
2018 年 4 月 28 日	《国务院办公厅关于促进“互联网 + 医疗健康”发展的意见》（国办发〔2018〕26 号）	允许在线开展部分常见病、慢性病复诊，医师掌握患者病历资料后，允许在线开具部分常见病、慢性病处方
2018 年 7 月 12 日	《关于深入开展“互联网 + 医疗健康”便民惠民活动的通知》（国卫规划发〔2018〕22 号）	在全行业开展“互联网 + 医疗健康”便民惠民活动

（二）医药物流发展趋势

大体上，医药物流的发展趋势表现为四个方面，分别是第三方医药物流持续发展、质量管控愈发严格、医药物流智能化以及医药物流标准化。随着政策的不断放宽，第三方医药物流迎来了发展的黄金时期。但是，与此同时，国家对于医药产品的质量管控愈发严格，例如重启“电子监管码”加强对药品的质量监控等。在技术方面，药品交接的过程中，使用指纹、声纹、虹膜识别等新技术也是提高医药产品在流通过程中安全性的重要途径。医药物流的智慧化和标准化仍旧是未来发展的主要趋势，提升医药物流标准化和智慧化，对提升医药物流服务质量、提高运营效率、降低物流成本等至关重要。

二、医药物流关键技术

（一）温控技术

温控技术是医药物流的关键技术，对于保证医药产品的安全十分重要。特别是医药冷链产品对温度的要求极其苛刻，一旦失控或出现严重的“断链”问题，冷链药品将丧失价值，造成极大危害。

温控技术具体包括 RFID 技术、GPS 技术、无线通信技术和温度传感技术等。典型的温控技术产品如表 8－8 所示。

表 8－8　典型温控技术产品

项目	产品
最小销售包装单位监测	温度标签试纸
中包装监测	温度标签试纸、温度显色标签卡
箱件包装温控监测	电子温度记录标签、RFID 温度标签
冷藏运输温控监测	RFID 温度标签及 GPS
仓储温控监测	电子温度记录仪

资料来源：http：//www. 360doc. com/content/17/1121/09/46061716_705769929. shtml。

顺丰的精准温控和精温专递是温控技术在医药物流上的典型应用，以下将对这两项应用进行简要介绍。

1. 精准温控

2019 年 9 月 5 日，顺丰医药对其产品体系进行了升级迭代，发布了“精温定达”和“精温定航”两款 2～8℃的精准温控产品，标志着顺丰医药正式步入“精准温控”

领域。这两款新产品主要服务于生物制药、疫苗、IVD、DTP（Direct to Patient，直接面向病人）、新特药等冷链配送，同时针对小批量、多批次和多批量、少批次的不同需求场景分别设计了“定达”和“定航”。使用的技术手段是通过顺丰医药自主研发的TCEMS全程可视化监控系统，实时追踪寄物位置、温度、路由状态，做到全程温度可追溯。

2. 精温专递

顺丰医药对精温专递产品升级迭代，开通了3200条收寄流向，让我国90%以上大中城市实现胰岛素、冷藏抗癌药、血液制品等冷链药品直配到家，实现了严格的温控要求及快速配送。

精温专递的主要面向对象是实体医院、互联网医院、处方流转平台等，并为其提供2C端（面向消费者用户）的冷链药品直配到家服务，对构建“线上问诊/复诊开药，冷链药品线下配送到家”“医院现场就诊，免排队取药，药品全程冷链送药上门”的服务闭环起到了重要作用。精温专递的推广和普及极大地方便了慢性病患者长期、稳定用药，并且进一步落实了国家“互联网+”医疗发展的要求。

（二）设施设备

1. 医用冷藏车

冷藏车是指具有隔热功能，并设有制冷装置的大型移动式保温集装箱或车辆，适用于运量较大的冷链干线运输。医用冷藏车的构造与食品生鲜等普通冷藏车基本相同，如图8-61所示。

图8-61 医用冷藏车

资料来源：https：//www. sohu. com/a/254395893_606491。

（1）医用冷藏车分类。

按照底盘承载能力可分为大、中、小、微型冷藏车，按照车厢形式可分为面包式、厢式和半挂冷藏车，按照厢长可分为2.6米、3.2米、4.2米、5米、6.8米冷藏车。

（2）医用冷藏车应用技术。

医用冷藏车厢体要求具有极好的密封性能和隔热保温效果，这对制作工艺与保温材料提出了严格要求。目前，国内市场上通常采用“三明治式”的厢体结构（三层结构）。其内外蒙皮采用玻璃钢板、彩钢板、铝合金等材质的复合材料，中间夹层为保温材料，主要用聚氨酯或XPS发泡材料构成厢体保温层。厢体不同制作工艺的比较分析如表8－9所示。

但是，目前医用冷藏车在多温区管理方面存在不足，难以满足多品种药品的不同温度要求。

2. 医用冷链保温箱

医用冷链保温箱是药品、试剂、疫苗、血液等医药产品在冷藏运输中用于装载药品并控制温度的蓄冷箱的统称，主要由箱体、温度监测设备、冷热媒（蓄冷剂）等构成。目前，很多医药物流企业仍采用保温箱（泡沫箱加蓄冷剂）或便携式药品保鲜箱配送作为药品冷链终端配送模式。常见的医用冷链保温箱如图8－62所示。

表8－9　厢体不同制作工艺的比较分析

<table>
<tr><th colspan="2">工艺类型</th><th>优势</th><th>不足</th><th>分析</th></tr>
<tr><td rowspan="2">发泡工艺</td><td>开式发泡</td><td>俗称敞模发泡，采用无顶盖发泡、喷淋方式发泡，排气充分，浇料均匀，无死角，板材不易出现空洞，密度均匀，智能化控制，自动化程度高，环保</td><td>设备投入高，对工人的操作技能要求较高</td><td rowspan="4">发泡工艺（开式发泡和闭式发泡）是通过装模、现场发泡，制作成的厢板在业内称为注入发泡板。在理论上，发泡工艺要比干法粘接的冷藏车保温性能好，且发泡工艺无须额外使用黏合剂，因此较为环保</td></tr>
<tr><td>闭式发泡</td><td>在集装箱、冰箱等产品中大量使用，工艺成熟度较高，相比开式发泡设备采购成本较低</td><td>使用效率不高，容易出现空腔、密度不均匀、边角不到位等现象，非常考验企业技术和生产工艺</td></tr>
<tr><td rowspan="2">粘接工艺</td><td>湿法粘接</td><td>无金属骨架和连接件，板材容易形成整体，强度大，厢体重量比干法粘接轻15%～25%，有效降低运输成本，漏热率低，在欧洲应用得较为普遍</td><td>不能使用铝板等金属材料，并且内部蒙皮层可能需要另行打磨喷漆</td></tr>
<tr><td>干法粘接</td><td>玻璃钢可以提前预制或者外购，如果使用XPS保温材料生产的现场气味较小，无粉尘，相对环保</td><td>开放式板材，需要加强框架来保证板材强度，现在市面上各种产品繁多，用户需要了解不同产品的保温和密封性能的差异</td></tr>
</table>

资料来源：中物联医药物流分会。

图 8-62　医用冷链保温箱

资料来源：http：//www. nbcx360. com/bwxlcx/n177. html。

在众多医用冷链保温箱中，建大仁科 RS-BWX-＊冷链保温箱通过箱内的蓄冷冰排或冰盒吸收热量来抵抗外部传进箱体内的热量，从而使箱内的温度恒定在某一个范围内。不同条件下，温度范围可分为冷冻（-18℃左右）、冷藏（2～8℃）、阴凉（0～20℃），最为普遍的是 2～8℃。医用冷链保温箱的内部结构如图 8-63 所示。

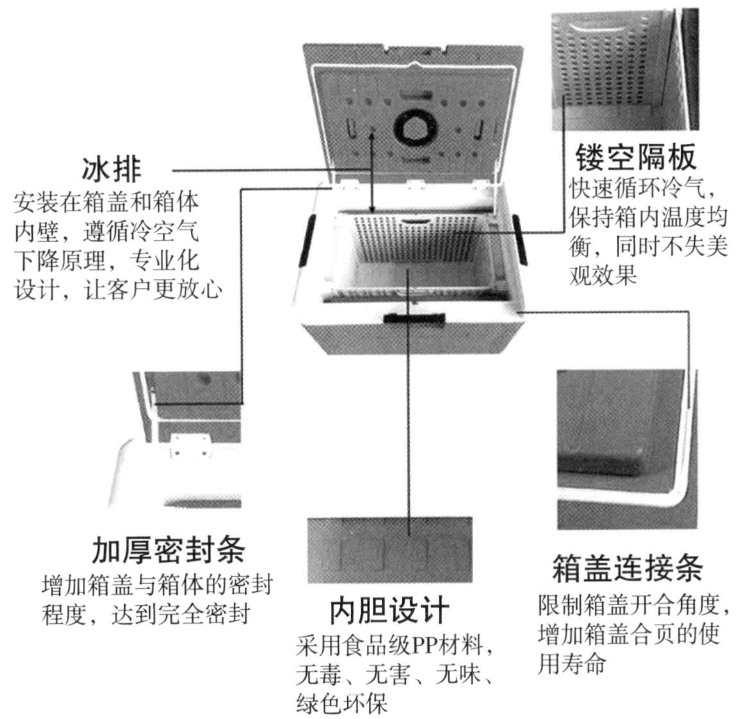

图 8-63　医用冷链保温箱的内部结构

资料来源：https：//xw. qq. com/cmsid/20200619A0HRBY00。

由于医药物流具有小批量、多批次的特点，终端保温箱配送模式很难满足药品全程温控的要求。同时，由于泡沫保温层、冰袋、冰排和蓄冷剂的成本高、体积大、周转率低、不环保，且温度等信息反馈不及时，易造成失温等异常问题，医用冷链保温箱还有很大的改进空间。

3. 医用智能冷藏箱

针对小批量、多批次、多品类、周期短等医药冷链物流需求特点，研发设计出医用智能冷藏箱，可利用物联网和无线通信技术实现对箱内温度的远程实时控制。此类医用智能冷藏箱的额定容积是800L，箱内温度控制在2～8℃，能在常温环境下续航5天以上。医用智能冷藏箱的结构如图8－64所示。

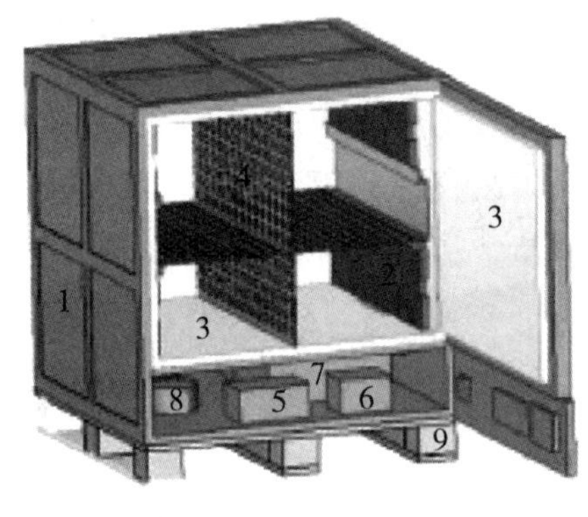

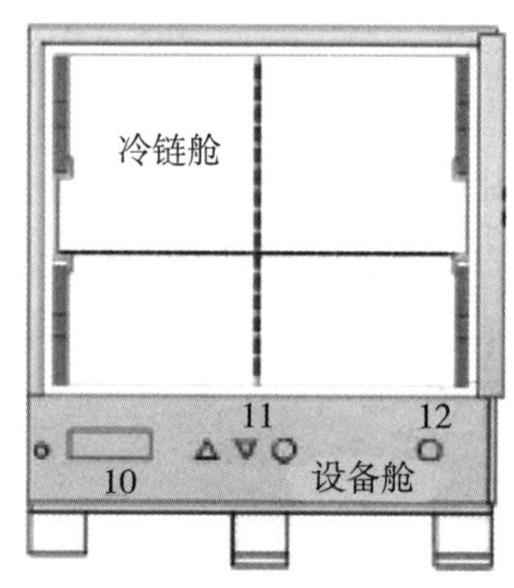

1—保温箱体；2—蓄冷板；3—保温板；4—分区隔板；5—压缩机；6—冷凝器；7—蓄电池；8—控制设备；9—底托；10—显示面板；11—控制按钮；12—充电接口

图8－64　医用智能冷藏箱的结构

资料来源：孟晓梅．医药冷链物流解决方案比较及应用［J］．集装箱化，2020，31（3）：18－22。

医用智能冷藏箱的系统构成包括箱体、制冷系统、控制及通信系统、监控系统等。其中，箱体采用新型塑料一次成型技术制造而成，应用最新的保温技术，能够适应高温、冲击、振动等多种工况；在其内部设计被动制冷备用方案，并具有远程电子锁闭、加热等功能，在实现医药零担运输的同时，也可以最大限度地确保医药冷链运输安全；采用的强制制冷系统，能够确保箱内温度均匀；配备的适合车载运行的高可靠性压缩机和特殊设计的对流系统，能够确保箱体在零担运输环境下正常工作。

医用智能冷藏箱的控制及通信系统负责电源管理、制冷系统控制以及实时监控数据的收集、发送和远程指令的执行等。系统通过内置通信SIM卡和移动通信网络上传监控数据、全球定位系统数据、电量信息等，同时接收控制指令，利用物联网连接和监控在各地使用中的冷藏箱，从而使运营控制中心通过客户端实时掌握箱体运行情况。系统在箱体上集成打印机，能现场打印温度数据并交付客户签收。监控系统设置在运营控制中心，能够通过移动通信网络实现对箱体的远程管理，包括实时跟踪和分析运输任务、预警温度、预警电量等，并且能按照国家相关要求记录数据并保存至服务器。运营控制中心的监控人员通过系统可以掌握箱体运行轨迹和箱内温度等数据。

医用智能冷藏箱的出现，使得医药冷链物流由之前的冷藏车整车运输转变为以冷藏箱为载体的微环境运输，并且通过冷藏箱的循环使用完成微冷链物流（见图8－65）。

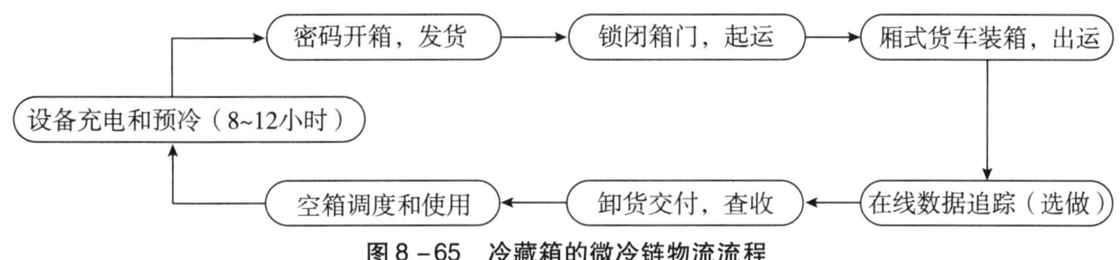

图8－65　冷藏箱的微冷链物流流程

资料来源：孟晓梅．医药冷链物流解决方案比较及应用［J］．集装箱化，2020，31（3）：18－22。

4．医药冷库

医药冷库主要储存在常温条件下无法保质的各类医药产品，使其在低温冷藏条件下不变质失效，延长保质期，一般库温在－5～8℃，如图8－66所示。医药冷库库体采用硬质聚氨酯隔热夹芯板，用高压发泡工艺一次灌注成型，采用偏心式的连接方式实现库板之间的紧密连接，以最大限度地减少冷气泄漏，增强隔热效果。其制冷控制系统采用全自动微电脑电气控制技术，库内温度在10～20℃自由设定；全自动维持恒温，可自动开关机，确保库内物品存放安全。

图8－66　医药冷库

资料来源：http：//www. czsllk. com/show. asp？ id＝614。

目前，医药冷库正逐渐向由高精尖技术系统集成的综合型医药物流中心发展，通过大数据、云计算、5G技术、智慧机器人、区块链等先进技术手段，助力医药供应链的现代化变革。新型冷库必须严格按照新版 GSP 标准设计，其主要设备系统包括自动化立体仓库、拆零拣选系统、高速箱式分拣系统、智能设备控制系统、仓库管理系统、拆垛机械臂、大数据分析系统、穿梭车货到人系统、柔性化生产执行系统等。

5. 温湿度记录仪

在医药冷链物流中，温湿度极大影响了医药产品的质量和安全，特别是对于温度敏感性产品。温湿度记录仪在医药冷链物流中发挥着不可替代的作用，这也是响应国家对医药产品温湿度实时监控的越来越高的要求。在运输过程中，温湿度记录仪可对温湿度状况进行实时自动监测和记录，从而有效预防医药冷链物流“断链”风险，同时最大限度确保医药产品的品质，减少损耗。不同温区适宜储存的医药产品如表 8 - 10 所示。

表 8 - 10　不同温区适宜储存的医药产品

温区	储存品种
0 ~ 8℃	疫苗、药剂等
2 ~ 8℃	药品、生物制品等
5 ~ 1℃	血液、生物制品等
- 20 ~ - 30℃	血浆、生物材料、疫苗、试剂、菌种等
- 30 ~ - 80℃	胎盘、精液、干细胞、血浆、骨髓、生物制品等

建大仁科大屏 USB（Universal Serial Bus，通用串行总线）温湿度记录仪可以对医药产品运输过程中的各个环节进行全程温湿度监控，以保证货品始终保持在一个温度中，并且可以提供完整的数据证明，此外还具有自动报警、定时记录时间段、传输数据等功能（见图 8 - 67）。

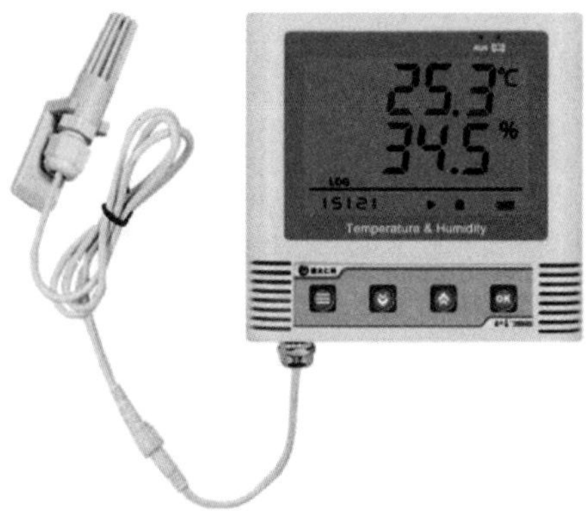

图 8 - 67　USB 温湿度记录仪

资料来源：http：//www. maimaisb. com/sell/201903/25/563909. html。

江苏省精创电气股份有限公司推出了先进的物联网记录仪 RCW－360、超低温记录仪 RCW－360L/DL、LogEt 8 BLE 蓝牙记录仪等。其中，搭载高精度 GPRS（General Packet Radio Service，通用分组无线业务）的物联网记录仪 RCW－360 具备完善的 4G 数据实时上传、平台报警等功能，其蓝牙打印功能可为医药产品验收提供多重凭证（见图 8－68）。

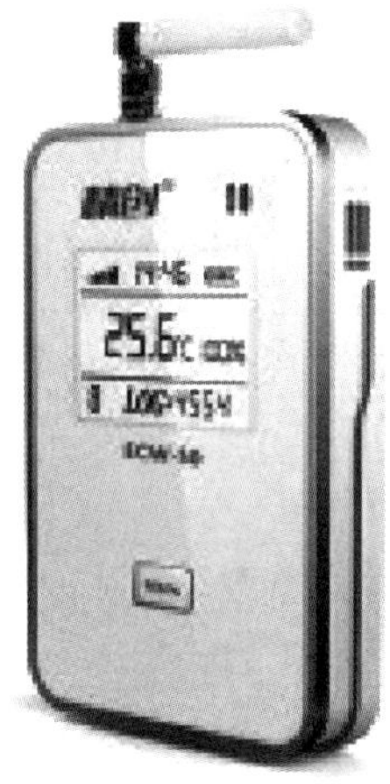

图 8－68 物联网记录仪 RCW－360

资料来源：https：//www. elitechonline. com/shangpin－shengmingkexuejiluyi/goods－472. html。

超低温记录仪 RCW－360L/DL 可在－200℃的环境下进行检测，72 小时内保证 5 分钟的数据上传间隔，可实现精密控温、实时报警，从而为医药冷链物流提供新的温控管理及监督方案（见图 8－69）。

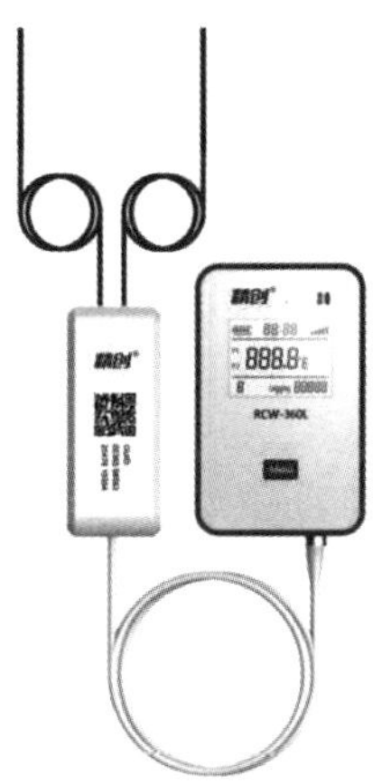

图 8－69 超低温记录仪 RCW－360L/DL

资料来源：http：//www. e－elitech. com/index. php？ v＝show&cid＝16&id＝467。

LogEt 8 BLE 蓝牙记录仪能够通过蓝牙通信进行打印、无线传输，不用开箱即可通过 App 实时监控，通过 USB 接口导出 PDF 报告，为医药冷链物流保驾护航（见图 8－70）。

图 8－70 LogEt 8 BLE 蓝牙记录仪

资料来源：http：//www. e－elitech. com/index. php？ v＝show&cid＝16&id＝457。

6. 拆零拣选机器人

苏州艾利特机器人有限公司针对医药物流环节的拆垛、拆零拣选环节提出了“机器人＋智能视觉解决方案”，目前已有艾利特 EC612（六轴协作机器人）和艾利特 EC75（七轴协作机器人），如图 8－71、图 8－72 所示。艾利特 EC612 智能视觉系统的核心技术包括相机系统、运动规划、机器视觉（如图像和点云处理）和人工智能等。

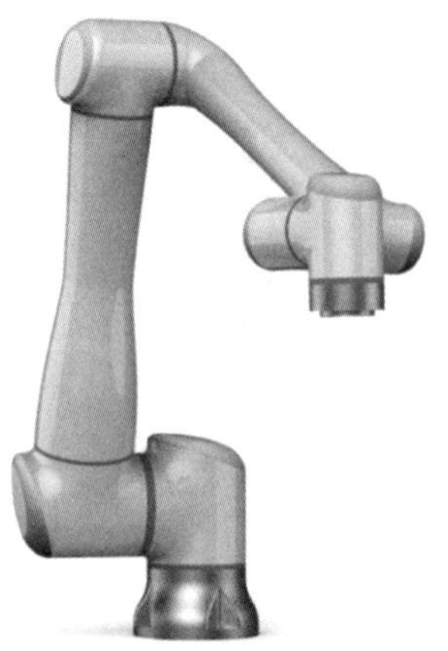

图 8－71 艾利特 EC612

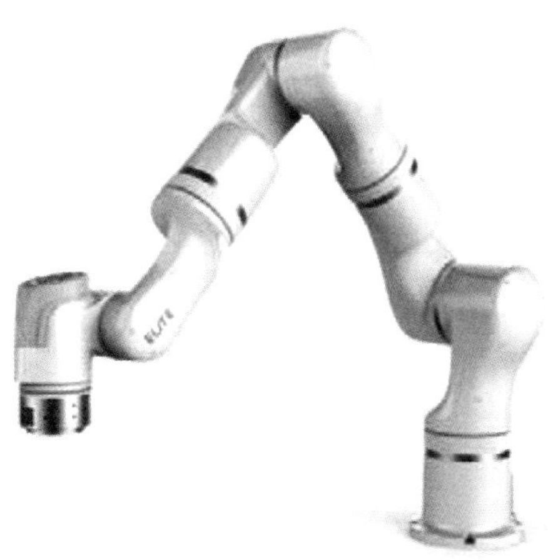

图 8－72 艾利特 EC75

艾利特机器人可以在不知道箱体外观及尺寸的情况下识别箱体，有效应对多种情况，同时采用并行、网络结构调优技术等优化深度神经网络性能，实时处理彩色图像、深度图像和三维点云信息，实时识别和定位箱体，且无须担心碰撞和奇异点问题，这对于医药产品的拆垛、码垛有重要意义。

（三）一体化运营管理服务平台

常规的一体化运营管理服务平台包括仓库管理系统、仓储控制系统、运输管理系统、物流资源计划、云平台等。

最初，医药冷链信息系统是分散独立的，主要包括仓库管理系统、运输管理系统和耗材管理系统，如图 8－73 所示。随着时代的发展，医药冷链信息系统逐渐朝着一体化的方向发展，构成了医药冷链一体化运营管理云服务平台，如图 8－74 所示。

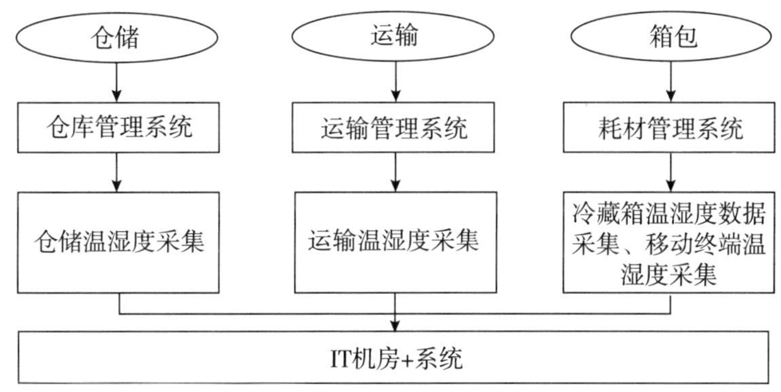

图 8－73 早期离散的医药冷链信息系统

资料来源：中物联冷链委。

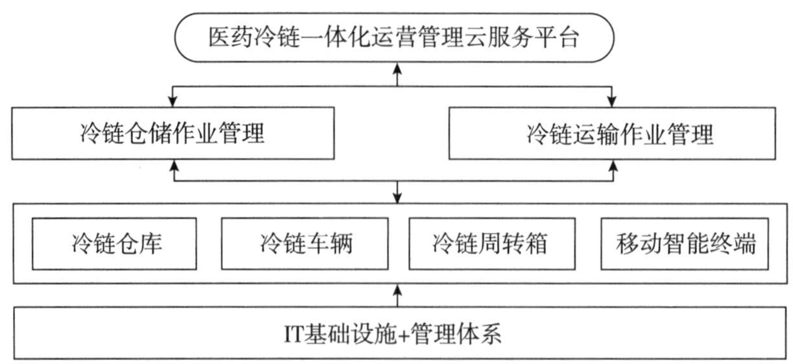

图8－74　医药冷链一体化运营管理云服务平台

资料来源：中物联冷链委。

医药冷链一体化运营管理云服务平台可实现的功能包括冷链全程可视化管理、订单管理、调度管理、资源管理、计费结算管理、设施设备管理、冷链优化、冷链全局库存管理、绩效分析报表服务、数据采集等。冷链仓储管理包括收货管理、养护管理、出库管理和盘点管理；冷链运输作业管理包括运输发运、运输跟踪和签收管理。应用的冷链智能设备及终端包括冷藏车、冷藏箱、无线温湿度监控终端、3G/4G移动监控终端、便携式无线打印机和蓝牙/WiFi/Zigbee（一种无线通信技术）网关。

三、医药物流在新冠肺炎疫情下的新发展

（一）在线问诊技术将改变医药物流

新冠肺炎疫情暴发后，“线上问诊”自然而然地成为许多人就医的另一种选择。线上问诊技术的应用也真正体现了“治病救人、便利生活”的宗旨。伴随着国家政策的推进和5G技术的成熟与运用，在线问诊方式将很快和分级诊疗、处方外流、百姓居家医护等需求结合起来。这将给医药物流的订单采购模式、物流配送模式带来颠覆性影响。

1. 技术介绍

在线问诊发端于互联网医疗的推广，至今已经较为成熟。在线问诊技术流程大致分为三步，如图8－75所示。

提取看诊信息和用户信息时需要借助图像分类、文字识别技术。通过关键词字典匹配技术或分类模型对问题语音、问题文本以及用户信息进行特征提取，得到用户的人群特征；通过文字识别技术和语音识别技术分别对所述问题文本和问题语音进行特征提取，得到医学实体特征。以上步骤可完成用户在线问诊的分诊环节，从而简化用户在线看诊流程，同时为用户匹配对应的科室进行看诊。

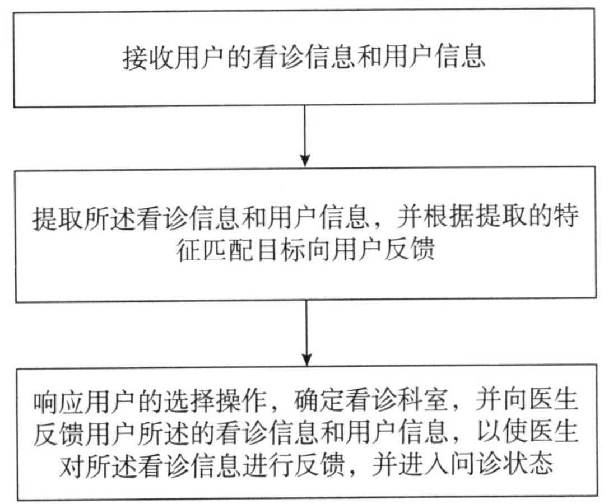

图 8-75　在线问诊技术流程

资料来源：曾柏毅，李蕊，杨三喜．一种在线问诊的分诊方法、服务器、终端、设备及介质［P］．北京市：CN109599187A，2019-04-09。

2. 运用情况

目前已经有多家线上医疗平台上线，可以为公众提供在线问诊服务，例如“快速问医生”“好大夫”“春雨医生”“平安好医生”等。2020 年 1 月 24 日起，武汉市多家医疗机构开通线上问诊，为广大市民提供在线问诊咨询服务。具体流程是用户通过在线问诊后，若符合开具处方的条件，医生开具处方并经药师审核通过，用户完成线上支付，最后由专业的医药配送人员送药到家，极大地便利了患者就医用药。根据“平安好医生”公布的数据，新冠肺炎疫情期间，“平安好医生”平台的访问量达 11.1 亿次，相关疫情防护视频累计播放量超 9800 万次。截至 2020 年 2 月 8 日，阿里健康问诊页面累计访问用户近 1000 万人，累计在线问诊用户超过 93 万人①。

（二）药品采购需求的变化

自从 2014 年 5 月国家食品药品监督管理总局公布了《互联网食品药品经营监督管理办法（征求意见稿）》，医药电商有了指引规则后增长迅速，至今已经发展得相对成熟。此次新冠肺炎疫情期间各类医药电商平台发挥了重要作用，很大程度上解决了百姓采购药品、口罩等医用防疫物资的需求。但是其物流慢、缺乏实体店支持等短板也暴露无遗。并且，大量的中老年人和受教育程度较低的群众不会有效使用智能手机、电脑等电子设备，从而无法在医药电商平台采购药品，甚至不知道有医药电商平台。

① 中物联医药物流分会．后疫情时代，医药物流能否抓住互联网 + 医疗带来的终端机遇［EB/OL］．（2020-03-13）［2020-12-09］．http：//yywlfh. chinawuliu. com. cn/zxdt/202003/13/495660. shtml.

可见，受新冠肺炎疫情影响人们对药品的采购需求，单纯的线下采购和医药电商已经不能满足所有人的需求。考虑到电视作为信息接收工具，具有普及性强、使用率高、操作简单的特点，建议大型医药企业与电视运营商合作，使电视成为个人医药物资采购的终端之一。

（三）药品配送的变化

此次新冠肺炎疫情期间药品配送的变化表现为两个方面。一方面是医院及药店的药品配送存在药品储备不足、配送人员不足、配送延迟等问题；另一方面是个人的药品配送需求量急剧增加，多为网上下单、送药上门模式。

新冠肺炎疫情期间，个人医药器械类货品的配送需求暴增，口罩、体温计以及抗流感病毒类药品的网络订单数量急剧增加，导致很多店铺售罄，个人药品需求不能得到及时满足。同时，由于正值春节假期期间，大部分工作人员都返乡回家，导致无车可送、无人可送，这从侧面反映了我国医药应急物流方面存在不足。因此，国家应进一步开放政策，提高医药电商的灵活性，增强医药电商的快速响应机制，以满足个人药品配送的需求。

四、年度案例——九州通医药物流

（一）助力抗疫

九州通医药集团（以下简称“九州通”）是我国领先的民营医药商业流通企业，目前在全国拥有31家省级大型医药物流中心、101家地区配送中心，是全国医药物流网络覆盖范围较广的企业，建立了覆盖全国95%以上行政区域的营销网络①。

2020年2月2日，九州通医药集团下属的九州通医药物流公司受武汉市新冠肺炎疫情防控指挥部的委派，协助武汉红十字会进行捐赠物资的仓储运营管理，医疗物资从到货至分配只花费两个小时，因此广受关注。一天搭建现代化仓库、最快一小时出库，在经历了重重考验之下，九州通完成了这次紧急且特殊的任务，为打赢新冠肺炎疫情防控阻击战贡献一份力量。

（二）九州云仓

2018年，九州通开始全力打造九州云仓智慧物流供应链平台，利用平台将全国

---

① 新浪财经．校友企业战“疫”记之四十四丨九州通在行动！［EB/OL］.（2020－03－13）［2020－12－09］. https://finance.sina.cn/2020－03－13/detail－iimxxstf8783516.d.html? sid＝258281.

125 个物流中心、1700 余台运输车辆、700 余家外部运力资源集中并网。该平台让运营主体间信息互联互通，协同联动。以网络化、平台化的经营模式，垂直化、数字化的管控模式为医疗健康生产企业、商业企业、医疗机构、物流企业等提供仓储服务、配送服务、控温品仓储配送服务、院内物流等全国性物流与供应链解决方案。

1. 全景数字智慧物流与供应链模型

九州云仓全景数字智慧物流与供应链的理论模型由组织体系、资源体系和价值体系构成。其中组织体系包括角色、产品、监管、绩效，资源体系包括装备、软件、网络、平台，价值体系包括计划、调度、执行、交付。其核心思想是数据驱动、开放融合、动态组织、一体协同、全景监管，致力于信息互联互通、资源并网集成、运作协同联合、过程链式监控、业财管控一体、主动风险防范、标准服务评价、数据驱动决策、生产能效提升九大核心内容。

2. 全国资源并网，信息互联互通

九州云仓智慧物流供应链平台基于互联网、物联网与大数据的技术架构，研发实施全国物流主数据系统。集中物流资源数据、业务状态数据、运作过程数据、物联数据构建物流数据中台。研发全国物流管理平台、全国物流业务管理平台、全国运配管理平台、仓储管理平台四大子平台构建物流服务中台。从资料导入、业务接入、调度组织、任务执行到客户交付实现全链运作产品覆盖，从资源、产品、合同、核算、客服、绩效、监管预警、分析决策实现全线管理产品覆盖。

委托方利用平台与自有业务无缝对接，制订业务计划、跟踪订单执行情况，包括订单执行时效、物流配送车辆实时地理位置、冷链运输实时温度等，并且获得实时运营报表。运营方利用平台进行权限、产品、合同、费用核算管理；进行运输、仓储任务的协同调度、监管与调配资源，组织任务执行。承运方利用平台获取承运任务，反馈对应任务执行情况、评分情况与费用情况相关的运营报表。客户利用平台进行订单实时信息查询、物流状态查询，并提供问题反馈与服务投诉。

3. 经营网络平台化，管控数字垂直化

平台的委托方、物流合伙人构成经营网络，平台的自有物流中心节点、运营网点构成仓储网络，平台的自有车辆与承运商构成运力网络。将这三大要素融合布局，形成二级调度三级管控的网络体系——以运力干线与枢纽省级物流中心组建一级网络，以支线运力与地市级物流中心组建二级网络，以终端配送运力与前置仓或配送站组建三级网络。平台级运营商进行一级协同调度、枢纽级运营商进行二级协同调度。

平台实时响应并接收委托方的全国物流订单数据，其各层级运营商可实时监控订单状态、资源状态、地理位置与温控等物联数据，凭借自身的集约化与数字化调度指挥，可为客户提供全国范围一体化、网络化、平台化的物流与供应链服务。

4. 智慧运营调度，深度运作协同

调度指挥中心系统应用于各物流调度中心，实时监控仓储任务、运输任务执行进度；实时监控车辆运营状态，监管车辆运行轨迹、到达配送点时效、配送任务执行进度；实时监控物流中心的流量、资源、作业效率情况。然后系统利用这些数据进行计划的调度决策，组织物流任务执行作业。

配送调度员筛选当日需要配送的客户订单，然后使用“路径规划”功能，系统就会自动推荐车型、每个装车单的配送顺序。智能装载与路径规划让配送调度员从日常烦琐的排车工作中解放出来，同时降低了对配送员的任职要求，大幅度地提升了配送质量，提高了客户满意度。

5. 集成智能装备，降本提质增效

智能装备在仓储作业的入库、储存、输送/搬运、分拣、扫码/复核、集货/配送作业环节全面集成使用。核心枢纽物流中心集成自动化立体仓库系统（Automated Storage and Retrieval System，AS/RS）、智能箱式穿梭车系统、自动输送分拣系统、智能拣选小车系统；运用了智能箱式穿梭车、拆零拣选小车、悬挂导轨牵引车、螺旋输送机、自动拆（合）盘输送机、自动码（拆）垛设备、自动条码复核设备、滑块分拣机、动态称重及外形检测设备、自动贴标机等多种物流装备。

6. 全程链式追踪，精益质量管控

医药的质量监管是物流与供应链运营的生命线，涉及生产、流通环节。九州云仓利用智慧物流供应链平台实现全景信息透明化运营、多维数据监控、空间追溯及责任追究，为供应链各角色主体提供全链追溯数据。

医药的质量监管主要涵盖三个维度，即订单生命周期维度、客户服务维度和物联监控与追溯维度。

在物联监控与追溯维度，利用药品监管码、追溯码、生产企业自定义识别码等唯一识别标识，在流通过程中通过条码或 OCR 技术采集信息并进行加工。仓储库区都装备了温湿度采集仪，高频率采集环境数据。检测到非合格环境数据自动预警，采取应急措施，控制药品储存环境来保证药品品质。冷链配送配备了温湿度采集设备，在运输过程中采集实时的温湿度数据，根据阈值进行监控预警及紧急处理。车辆装备 GPS 物联设备，在运输过程中对车辆坐标信息、速度、驾驶行为数据实时采集，行车路径与规划路径对比可以在地图上透明呈现，从而进行安全管控。

第八节　快递物流技术

2020 年，快递物流技术不断创新，全场景应用进程加快。快递物流技术应用场景从发散转为聚焦，从研发到应用时长不断缩短，研发应用领域不断扩大①。5G、IoT、无人驾驶、人工智能、大数据等技术加持，以及“新基建”的配套建设进程提速，推动了快递物流科技产品在物流场景中纷纷落地实现应用，新冠肺炎疫情检验了末端无人配送，产品总体效能提升加速。

一、快递物流技术创新发展

（一）快递配送环节

1. 无人机的创新发展及应用

无人机自进入民用市场后，其快速便捷特点得到不断放大，智能化配送方式有效降低了人工成本，提高了末端配送的效率。

（1）无人机配送的三大技术。

无人机配送主要依靠无人机数据链系统、无人机飞行控制导航系统（简称“飞控”）、无人机自主控制技术三项技术的支持。首先，无人机数据链系统有效连接飞行器与地面系统，属于多模式的智能通信系统，通过感知工作区域的电磁环境特征，实时动态调整通信系统工作参数，实现可靠通信，完成地面系统对无人机的遥控、遥测、跟踪定位和传感器传输，未来5G技术的应用将支持无人机采集的高清视频等数据达到实时传输的效果。其次，飞控是无人机飞行的核心系统，包括起飞、空中飞行、执行任务和返场回收等过程，其内嵌的导航系统向无人机提供参考坐标系位置、速度、飞行姿态，引导无人机按照指定航线飞行。最后，无人机自主控制技术主要包括态势感知技术、规划与协同技术、自主决策技术等方面，通过对各种信息的获取，自主地对任务环境进行建模，包括对三维环境特征提取、态势评估等，从而实现路径规划和协同控制，使得无人机拥有路径选择与重新规划能力②。

（2）新冠肺炎疫情推动无人机配送商业化发展。

新冠肺炎疫情期间，通过在市场中的实际应用，无人机配送的安全性在一定程度上得到商业化验证，充分证实无人机在交通限行、封闭管理等情况下进行物流运输具有优势，在给人们带来实际生活便利的同时，实践经验也推动了无人机配送的商业化发展，为区域配送服务的发展带来了新机遇。

新冠肺炎疫情期间，顺丰无人机团队在武汉市、十堰市、赣州市、温州市、哈尔

---

① 腾讯网．深度解读快递行业五大发展趋势［EB/OL］．（2020－06－18）［2020－11－10］．https：//new. qq. com/omn/20200618/20200618A0N2MO00. html.

② 搜狐网．疫情期间无人机快递“从天而降”展现便捷安全等优势［EB/OL］．（2020－04－29）［2020－11－18］．https：//www. sohu. com/a/391952794_206488.

滨市多个城市重点区域开展了特定场景下的无人机物流运输作业，利用方舟40型无人机可载重10千克续航20余分钟，航程可达18公里，抗风可达7~8级，最高运行海拔可达4800米的特点，提供针对小批量、多批次、点到点医疗、民生物资物流运输的完整解决方案，输出了一套标准化的作业模式，助力无人机配送的推广，通过科技手段促进物流业务流程无人化、少人化、自动化，有效减少人员接触。截至2020年3月，顺丰无人机在新冠肺炎疫情期间共运营32天，飞行超过3000架次，飞行里程近13000公里，运送超过11吨的物资①。

京东自2017年起成立专门的项目小组，研发物流无人机，并在同年7月于江苏宿迁正式开始试运行无人机配送，随后京东无人机在江苏宿迁、陕西西安等地开始筛选合适的订单进行无人机配送。2018年3月，京东在海南省启动无人机配送站，并完成首单无人机配送单，奠定了全场景末端无人机配送的基础。2020年，针对受新冠肺炎疫情影响导致轮渡停运、公路封闭的河北省白洋淀地区，京东通过无人机配送开通空中生命线，为村民送去了生活用品，将原本需要绕行100多公里的路程缩短到2公里的航程，协助完成了对该地区捐赠物资的运输任务。

（3）顺丰首创大型无人机配送。

顺丰在2020年8月完成国内大型无人机基于业务场景的首次载货飞行，成功将大型无人机应用于物流场景，有助于打通国内干线与支线的航空物流通道，解决偏远地区物流运输不便、运输效能低下等问题，为“大型有人运输机+大型支线无人机+末端投送无人机”三段式航空运输网络奠定基础。

如图8-76所示，顺丰大型无人机FH-98是目前国内最大的无人机，有适合货运的大业载（即可装载的最大限额）和大货舱，具有起降距离短、巡航速度快等优势，最大起飞重量5.25吨，最大容积15立方米，飞行高度4500米，最大航程1200公里，起飞与着陆距离最短仅为150米，能够以180公里/小时的巡航速度穿越云际，高效完成运输任务，是当前载重能力居全球前列的国产商业无人机，可以有效辐射区域枢纽及周边城市，大幅提升支线物流效率。

2. 无人车的创新发展及应用

（1）阿里巴巴达摩院发布“小蛮驴”配送机器人。

2020年9月的云栖大会上，阿里巴巴发布第一款物流系配送机器人“小蛮驴”（见图8-77），集成最前沿的人工智能和自动驾驶技术，设计功能嵌套类人认知智能，旨在实现末端配送场景中的规模化商用，解决“最后一公里”配送服务，用以协同人

① 佚名. 顺丰无人机助力抗疫第一线 累计运送物资超11吨［EB/OL］.（2020-03-17）［2020-11-20］. http://www.wuliujia2018.com/html/63817.html.

工的包裹配送环节。

图 8－76　顺丰大型无人机

资料来源：https：//new. qq. com/omn/20200823/20200823A0JW0Z00. html？ pc。

图 8－77　阿里巴巴“小蛮驴”配送机器人

整体外观方面，“小蛮驴”尺寸为 2100mm × 900mm × 1200mm，顶端设计有激光雷达，总高约 1445mm，车身外观采用银灰色调，车厢格口可以自由定制，配送机器人峰值运力可达 500 单/天，车速、续航和功耗方面也有专门适配和设计。车速方面，以末端配送场景为主，平均速度设定为 15km/h，最高速度达到 20km/h。续航方面，采用抽拉式充电电池，每次充电 4 度，可以实现 102 公里的续航里程。功耗方面，正常工作功率仅为 615W。创新技术应用方面，主要有三点。一是底盘，包括车身和线控集成，属于核心躯干，直接由整车厂加工生产提供。二是传感器，使用毫米波雷达、惯性导航系统等传感器，并在车前车后各配有 1 个激光雷达，车身周边共计 6 个摄像头，组成全方位的自动化环视方案，保证配送过程中出色的感知能力。三是计算单元，即配送机器人的“大脑”设计，利用嵌入式 GPU 和 FPGA 的相互配合，发挥 GPU 在计算性能方面的优势，借助 FPGA 降低成本，补足 GPU 在数据传输方面的局限，实现复杂场景下高性能计算。

算法架构应用“小前台、大中台”模式。其中“小前台”指的是感知、定位、决策、控制等方面的算法迭代。“大中台”是自动驾驶机器学习平台 AutoDrive，能代替人工进行算法调参、模型优化，还可将算法迭代效率提高 1 ~ 2 倍，实现基于复杂的多模态自动驾驶数据进行自我学习①。

领先行业的竞争力主要体现在智能、安全与可量产三点。一是智能，“小蛮驴”具备类人认知决策能力，使其能在复杂的末端场景中自如行驶、稳妥避障，顺滑处理转弯、急停、会车、倒车等情况，识别数量上百的行人、车辆只需 0.01 秒，遇到危险需要急停时，也只需 0.1 秒就能完成决策、规划并下发控制指令。二是安全，“小蛮驴”共有五重安全设计，多层次保障。在系统架构方面设计有大脑决策、异常检测刹车、接触保护刹车、远程防护等，并基于 5G 设计了远程驾驶系统，可以在特定情况（如遇到超越机器人认知能力边界之外时）由人力远程介入接管，5G 让这种远程接管的时延和安全性将得到进一步保障。三是可量产，“小蛮驴”的系统与配件设计能够保证规模化商用，基于嵌入式 GPU 和 FPGA，在算法自研和深度定制的基础上，其整体成本实现了大幅下降，并伴随供应链的进一步整合和激光雷达等成本的降低，“小蛮驴”将率先在菜鸟驿站大规模投入使用，并逐步扩展到社区、学校、办公园区等应用场景，推动配送机器人规模化商用进程。

（2）京东无人车助力“无人配送”。

京东的自建物流体系具有一体化的自动分拣、无人仓、无人配送，以无人机与无人车的结合，配合京东的自提柜，使得无人化的应用场景较为全面。新冠肺炎疫情期间无人车得到了市场的验证，京东物流在此基础上大力推动无人配送的商业化进程。

京东物流在 2018 年“6·18”活动时进行无人车试运营，2019 年推出智能配送机器人 4.0。新冠肺炎疫情暴发后，紧急将其运到武汉，实施无人配送。2020 年 9 月与厦门金龙正式签约，开始打造具备商业化落地条件的低速无人驾驶车辆，共同推进无人配送市场化，推动量产无人车开始走进大众生活，京东物流在物流环节的应用场景中有效实现全面自动化、无人化。

2019 年京东全球科技探索者大会上，智能配送机器人 4.0 亮相，从智能算法的精

---

① DeepTech 深科技．阿里进军机器人赛道，达摩院发布首款物流机器人“小蛮驴”［EB/OL］.（2020 - 09 - 17）［2020 - 11 - 20］. https：//www.sohu.com/a/418984192_354973.

准度、机器视觉的识别准确率以及各种商用场景的适应性、匹配度等方面，都有极强的跃升，实现了从研发测试到规模化商用的历史性跨越。

京东的智能配送机器人4.0如图8－78所示，主要依托京东自主研发的自动驾驶云仿真平台，搭配4级自动驾驶配送车，拥有远程接管模式，续航里程达到100公里，空载重量350kg，承载重量可以达到150kg，货箱容量1024升，并且能够对恶劣天气、夜间行驶等特殊情况进行应对处理，拥有独自应对各种复杂环境挑战的能力。同时，工程师已经对智能配送机器人4.0进行多次测试，根据测试结果便可快速进行算法更新，促使其迭代与优化①。

图8－78　京东的智能配送机器人4.0

资料来源：http：//www. robot－china. com/news/201911/19/59695. html。

智能配送机器人4.0的特色在于，可以改造成无人小型巴士、无人巡检车、无人观光车和无人接驳车等多功能无人驾驶车辆，有助于实现配送机器人大规模量产及商业化发展②。

新冠肺炎疫情期间，京东依托4级自动驾驶技术和北斗卫星定位系统，在智能配送机器人4.0的系统中载入配送地图采集和路径测试，成功在武汉街头投入使用，并

① 环球网．京东配送机器人4.0将实现量产商用［EB/OL］．（2019－11－20）［2020－11－21］．https：//baijiahao. baidu. com/s？ id＝1650680017593620269&wfr＝spider&for＝pc.

② 中国机器人网．京东发布配送机器人4.0，2020年将在开放路段正式运营［EB/OL］．（2019－11－19）［2020－11－20］．http：//www. robot－china. com/news/201911/19/59695. html.

通过远程部署使整个配送过程实现全自动化，助力无接触配送成为新冠肺炎疫情期间的安全保障。

以服务于武汉市第九医院的智能配送机器人 4.0 为例，每天承担医院 50% ~70% 的订单配送量，物品多为医疗用品和救援物资，快递员按照标准流程，对车辆进行消毒、放件，并根据货物尺寸，按照大、中、小三类放入，每一个智能配送机器人 4.0 有 24 个格口，快递员点击出发后，车辆会自动通过短信、语音电话通知收件人，并等待客户取件，实际车速平均在 15km/h，配送过程中优先使用 5G 网络，并在操作人员设计的规定时间内自动返程，未被取走的货物可以选择存放在智能配送机器人 4.0 中或联系客户约定时间配送，实现了包含人车混行、红绿灯路口等复杂场景的全程 4 级自动驾驶①。

京东数据显示，新冠肺炎疫情期间智能配送机器人 4.0 往返行驶总里程超过 6800 公里，运送包裹约 1.3 万件，在完成新冠肺炎疫情期间配送的使命后，被国家博物馆收藏②。

3. 自助寄递机

如图 8 -79 所示，基于菜鸟裹裹超过 2 亿的用户，为解决新冠肺炎疫情期间的寄件接触问题，截至 2020 年 9 月，菜鸟裹裹已在浙江、山东、河南、福建、四川、江苏、广西、上海、天津、广东和西藏等 25 省份推出自助寄递机，广泛应用在办公楼、学校、宿舍楼等场景，为用户提供全天式、一站式寄快递服务，包括可以随时寄快递。自助称重、支付，让寄件价格更加透明的服务功能，旨在为人们提供更加便捷、灵活的寄递服务③。

自助寄递机，是菜鸟裹裹 2020 年围绕“无人配送”，推出的智能 IoT 设备。使用后，用户全天都可寄件，每台寄递机都配置有环保寄件袋，并且专门设计了两道封口，一道供消费者使用，另一道是由快递员取到包裹后，验收后再封口，用户在自助寄递机通过扫描二维码、填写邮寄地址、实名认证、使用快递专用包进行包裹称重、包装、包裹验视等简单操作完成下单，只需等待邮递员或菜鸟无人车来将包裹取走。在新冠肺炎疫情期间，自助寄递机有效减少了人群聚集，并提供了安全的无接触服务。

---

① 亿邦动力网．京东“无人车”为疫情一线医院配送订单 可完成超 50% 单量［EB/OL］.（2020 -02 -12）［2020 -11 -22］. https://www. ebrun. com/20200212/373022. shtml.

② 快科技网．京东抗疫“五件套”被国家博物馆永久收藏！猜猜是哪五件？［EB/OL］.（2020 -08 -03）［2020 -11 -21］. https://news. mydrivers. com/1/704/704152. htm.

③ 搜狐网．三沙有了自动寄快递黑科技 菜鸟裹裹寄件机 24 小时服务［EB/OL］.（2020 -09 -10）［2020 -11 -21］. https://www. sohu. com/na/417520096_162522.

图 8－79　菜鸟裹裹自助寄递机

资料来源：http：//tibet. news. cn/ywjj/2020－08/03/c_139260491. htm。

4. 智能穿戴设备

如图 8－80 所示，顺丰智能穿戴设备（SF WEAR）是顺丰在第十五届中国（深圳）国际物流与供应链博览会上首次曝光的移动配送设备，旨在加强末端配送环节的智能化，帮助快件数量巨大且收派场景较为单一的快递员提高快递收派效率，助其高效快速、准确地完成每日收派任务，具有语音签收、地图导航、语音助手、健康管家等功能，助力快递派送员解放双手，高效完成收派工作。

顺丰智能穿戴设备由智能收派手表、工牌扫描器和蓝牙耳机（选配）组成。首先，快递员通过工牌扫描器扫码识别客户的扫码寄件单、自寄码、待派件等条码触发收派任务，并获取快件信息，再通过智能收派手表上的收派 App 完成线上操作，由此快速完成快件的收派工作。

与传统的收派方式相比，SF WEAR 具有高效、小巧便携特点，支持全程智能语音控制，快递员可通过语音完成联系客户、信息修改、客户签收等操作，以此达到解放双手的目的，同时 SF WEAR 内嵌顺丰的物流地图，快件派送的路径规划可以一目了然，实现收派全程的可视化。根据顺丰内部测评，在这套智能穿戴设备的帮助下，快递员收件平均每票可缩短 12 秒，派件平均每票可缩短 16 秒。此外，SF WEAR 的健康管家功能，还可以实时监测快递员心率状况，分析其劳动强度，辨别快递员摔倒等特殊状况，实时关怀快递员的健康安全。截至 2020 年 11 月，这款轻量化的智能穿戴设备已在深圳部分商业区使用，可以帮助快递员在件量大且场景较为单一的情况下高效完成收派任务①。

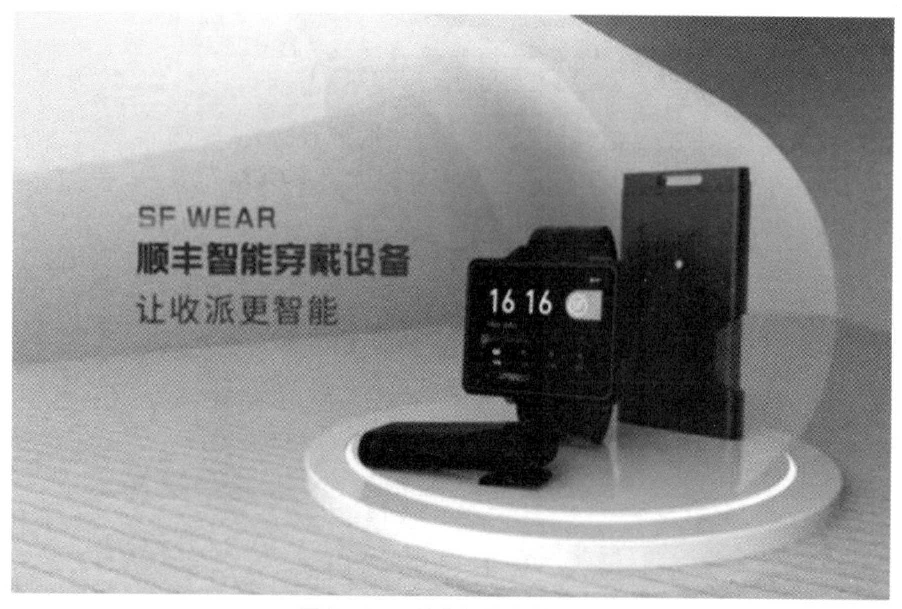

图 8 -80　顺丰智能穿戴设备

资料来源：http：//www.elecfans.com/d/1348341.html。

（二）快递运输环节

长距离范围内的运输，铁路运输相较于航空运输在价格、安全和网络通达能力上拥有比较优势，伴随高铁运力成网，其强大的运输、快速能力在物流领域带来的巨大优势和价值得到全面释放，高铁快递应运而生。

1. 顺丰与京东分别推出高铁快递专列

2012 年 3 月，广州铁路与顺丰签订运输合同尝试采用高铁运送快件业务，2013 年，中铁快运在京广线、京沪线上与快递企业合作试点高铁运送快件。2014 年顺丰和中铁快运正式合作，顺丰参与到铁路电商班列的运营，并作为主要客户使用京沪班列，以此替代了大量顺丰公路干线运输车辆。2016 年的“双十一”期间，顺丰与中铁快运达成合作，中铁快运首次利用高铁资源服务电商市场，共计使用了 149 条高铁列车线路。2017 年，顺丰高铁列车线路使用量上升到 192 条，增幅 29%，同年年底，顺丰和中铁快运联合研发了高铁极速达产品和高铁顺手寄产品，首创“高铁 +”的新模式，开启高铁网络与顺丰快递网的深度融合。2018 年，顺丰与中铁快运成立合资公司——中铁

① 快科技. 顺丰可穿戴智能设备 SF Wear，便于快递员完成收派工作［EB/OL］.（2020 -10 -12）［2020 -11 -28］. http：//www.elecfans.com/d/1348341.html.

顺丰国际快运有限公司，合资后双方联合产品网络不断完善。截至2020年上半年，高铁极速达产品覆盖城市达74个，开通420个流向，还有特快班列6条、普列108条，高效助力顺丰进一步稳固800～1500公里中长距离铁路运输能力。2020年6月，顺丰持续开展高铁快运助力地方特色产品活动，利用高铁发运樱桃、春茶、小龙虾、荔枝、杨梅等时令生鲜，创新农产品产地直销新模式。

2020年“双十一”期间，中铁顺丰国际快运有限公司推出高铁快递专列，满载快递包裹的高铁于早上五点从北京西站出发，并于当天到达武汉汉口站，标志着国内首条用于整列装运快件的复兴号动车组试点线路开行，该专列持续至2020年年底。除了载货量的提高，更大程度上分担货运压力外，高铁快递专列开行的时间早于客运的发车时间，一定程度上解决了现阶段没有货物专用通道的问题，并有效释放客运动车的空间和时间。此外，试点线路所承载的电商包裹种类不局限于文件，还包括鞋帽服饰、特产、数码产品等①。

截至2020年11月，京东持续深化与铁路部门的合作，已启用高铁线路400余条，在北京—上海、北京—武汉、武汉—广州、上海—郑州、广州—成都等主要线路上启用高铁货运专用车厢，单节车厢载货4吨，运输能力提升近10倍，进一步提升京东快递高时效运输保障服务能力，以此应对快递业务量的激增②。

2. 京东打造首个进驻铁路站点的营业部

2020年9月，京东快递与中铁快运在北京站共同打造的全国首个智享营业部，是首个进驻铁路站的快递站点，主要服务于高铁快递，有利于实现铁路网与城市配送网的精准对接，减少转运环节，推进货物运输公转铁。通过盘活北京站地库货场，融合周边多个营业部资源集约化管理，利用信息技术和科技手段，引入大型自动化分拣设备，在有效解决北京核心城区站点房租成本高、露天操作等问题的同时，完善了快递终端服务网络，提高快递站点集约化、智能化和数字化升级改造③。

（三）快递信息环节

1. 区块链应用下的快递寄递安全监测平台

根据《邮件、快件实名收寄实施办法》，快递寄递安全监测平台基于区块链技术，

① 顺丰集团．中铁顺丰助推高铁货运发展，国内首条复兴号动车组整列装运快件试行［EB/OL］．（2020－11－01）［2020－11－22］．https：//www.sohu.com/a/428700385_664414.

② 中国快递协会．京东携手中铁快运推出2020年高铁货运专列［EB/OL］．（2020－11－04）［2020－11－21］．http：//www.cea.org.cn/content/details_10_20837.html.

③ 物流指闻．京东快递全国首个智享营业部正式落地运营［EB/OL］．（2020－09－20）［2020－11－21］．https：//www.sohu.com/a/419605691_343156.

打造了可向全行业推广的，从揽收端查验，到后台实名信息校验的寄递实名制登记查验系统，实现了身份信息和物品信息的可记录、可查询、可核对和可追溯，实现了寄递企业、邮政管理部门、公安和国家安全部门等区块链网络节点单位的信息互通共享，解决了传统寄递安全规范性差、信息不互通、安全等级低等问题。

如图 8－81 所示，快递寄递安全监测平台充分利用区块链分布式存储、不可篡改、可追溯等优势，将快递服务收派端体系融入区块链系统架构，实现快递物流业“六化”（智能化、平台化、标准化、公共化、便捷化、集约化）。此外，该平台利用大数据与区块链技术对包含揽件、运输、派件、安全检查等众多环节进行数字化，收集示范点内各种感知终端采集到的安全监测信息、快递包裹信息、人员出入操作信息等进行在线统计、协同分析、联动处理和警情实时上报，实现运单数据、货物调度、资金收付、运营客服等功能模块的统一在线管理功能，供客户、快递员与系统管理员进行快件收寄、快件存取、终端维护、警情处理等操作，让快递物流企业可以在同一个平台上互联互通、优化运营和资源共享①。

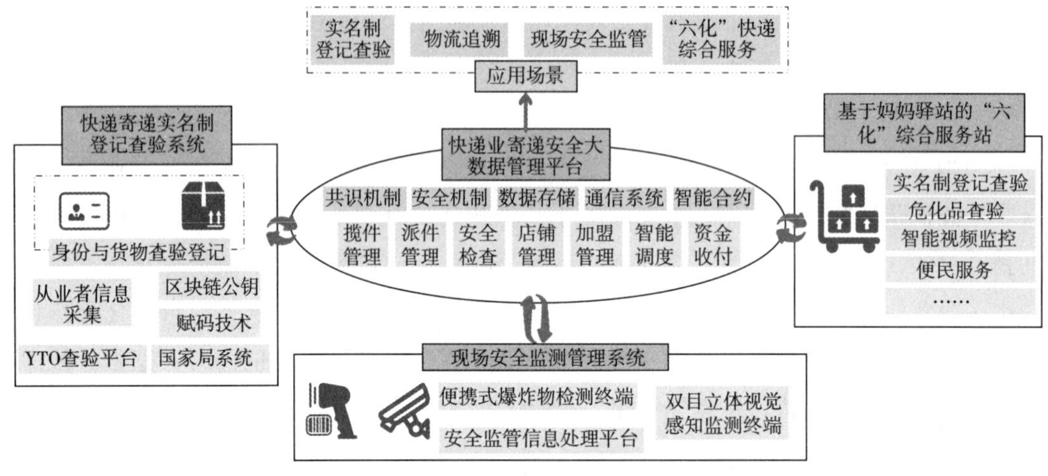

图 8－81　快递寄递安全监测平台系统架构

资料来源：https：//www.sohu.com/a/352686218_100210815。

2. 大数据应用下的隐私面单

2020 年中国国际服务贸易交易会上，国家邮政局邮政业安全中心发布了中国快递大数据平台，为保护公民信息安全，避免寄递过程中用户的手机号码等隐私信息泄露，中国快递大数据平台推出安易递全网通寄递身份二维码和隐私面单快递虚拟

① 搜狐网．快递寄递安全监测平台上线，区块链落地物流业［EB/OL］．（2019－11－09）［2020－11－21］．https：//www.sohu.com/a/352686218_100210815.

号服务。

安易递全网通寄递身份二维码是借用大数据技术，通过创新“互联网＋快递”模式，独创了“一次认证、全国通用、全网通行”的快递“全网通”身份二维码，用户可通过微信小程序搜索安易递用户版自助申领该二维码，还可在微信钱包直接获取相关服务。寄件时，用户只需出示身份二维码，快递员可通过扫描寄件用户身份二维码，有效采集和甄别寄件用户的身份信息，不需要再手动输入地址，便可实现面单信息快速填写打印，有效提升用户实名寄递效率，简化寄件手续，保障用户的身份信息安全，有效防范信息泄露的风险。

隐私面单快递虚拟号服务依托中国快递大数据平台配备的百亿级快递虚拟号码资源，对所有快件均通过该平台进行加密，为每一单快递的收寄双方分配快递虚拟号，替代原有收寄人员真实号码，打印在快递面单上，即可将面单打印的收寄件人的真实电话号码，替换为以 95013 开头的 15 位虚拟号码，快递员可通过拨打快递虚拟号联系收寄件用户。

二、快递物流技术发展趋势

（一）快递市场下沉带来的技术发展空间

2019 年快递业积极落实乡村振兴战略，“快递下乡”产业扶贫模式取得良好成效，快递市场下沉为行业带来增量，新冠肺炎疫情期间粮食等必需品受到关注，农产品上行通道打开，中国县镇及乡村表现出巨大的开发潜力和较大的挖掘空间，农村电商成为快递行业的重要市场，物流企业巨头推出的苏宁帮、京东帮、阿里“千村万县”等都是为电商下沉市场量身打造的快递服务。

但县、乡、镇等下沉市场存在人口密度小、服务范围大、配送成本高等特点，未来快递物流技术如何在下沉市场中实现区域全覆盖、降低配送成本，信息技术与网络化在农村电商场景中的充分应用，是快递物流技术的发展方向。

（二）末端配送智能化与无人化商用进程加速

新冠肺炎疫情期间的无人配送需求，极大地增加了无人机、无人车的应用场景，助力无人机与无人车得到市场的检验，加速了末端无人配送的场景落地和产品商业化进程，同时通过技术迭代和商业化探索，末端无人配送商业模式逐渐清晰。

通过新冠肺炎疫情期间为民众提供送快递等各类免接触配送服务，无人机、无人车得到了全国各地相关部门的大力支持，将无人配送推进大众视野，提高了社会对无人配送的接受度，无人配送的应急场景应用效果得到检验①。近期新推出的无人配送设备，在满足智能化需求之外，大多考虑了降低零部件成本。有效降低无人配送的成本，才能推动相关产品实现规模化量产，未来在供应链整合相关先进设备的成本下降影响下，无人配送的商业化进程将不断加速。

① 春城 e 路行．“战疫”2020，末端无人配送商业化或迎来春天［EB/OL］.（2020－02－20）［2020－11－21］. https：//www. sohu. com/a/374446782_120300381.

参考文献

［1］中国物流与采购联合会，中国物流学会．中国物流发展报告（2019—2020）［M］．中国财富出版社有限公司，2020.

［2］中国物流与采购联合会汽车物流分会．中国汽车物流发展报告（2020）［M］．北京：中国财富出版社有限公司，2020.

［3］张晓东，韩伯领．供应链管理原理与应用［M］．北京：中国铁道出版社，2008.